suhrkamp taschenbuch
wissenschaft 2048

Das Recht der Freiheit ist der Versuch, eine andere Theorie der Gerechtigkeit zu schreiben: eine, die nicht auf abstrakte normative Prinzipien fixiert ist, sondern die heute maßgeblichen Kriterien sozialer Gerechtigkeit direkt aus jenen normativen Ansprüchen gewinnt, die sich innerhalb der westlichen, liberaldemokratischen Gesellschaften herausgebildet haben. Zusammen machen sie das aus, was Axel Honneth »demokratische Sittlichkeit« nennt. Im Geiste von Hegels Rechtsphilosophie und unter anerkennungstheoretischen Vorzeichen zeigt er, wie in konkreten gesellschaftlichen Bereichen die Prinzipien individueller Freiheit generiert werden, die die Richtschnur für Gerechtigkeit bilden. Das Ziel des Buches ist ein höchst anspruchsvolles: die Gerechtigkeitstheorie als Gesellschaftsanalyse neu zu begründen.

Axel Honneth ist Professor für Sozialphilosophie an der Columbia University in New York und der Goethe-Universität in Frankfurt am Main sowie Direktor des dortigen Instituts für Sozialforschung. Im Suhrkamp Verlag sind zuletzt von ihm erschienen: *Das Ich im Wir. Studien zur Anerkennungstheorie* (stw 1959), *Vivisektionen eines Zeitalters* (es 2678) sowie *Verdinglichung. Eine anerkennungstheoretische Studie* (stw 2127).

Axel Honneth
Das Recht der Freiheit

Grundriß einer demokratischen Sittlichkeit

Suhrkamp

Bibliografische Information der Deutschen Nationalbibliothek
Die Deutsche Nationalbibliothek verzeichnet diese Publikation
in der Deutschen Nationalbibliografie; detaillierte bibliografische Daten
sind im Internet über http://dnb.d-nb.de abrufbar.

4. Auflage 2021

Erste Auflage 2013
suhrkamp taschenbuch wissenschaft 2048

Umschlag nach Entwürfen
von Willy Fleckhaus und Rolf Staudt
Druck und Bindung: C. H. Beck, Nördlingen
Printed in Germany
ISBN 978-3-518-29648-6

Inhalt

Für Christine Pries-Honneth
in Dankbarkeit für zwanzig Jahre
der Liebe, Freundschaft und
Auseinandersetzung

Vorwort

Die Arbeit an dem vorliegenden Buch hat nahezu fünf Jahre in Anspruch genommen; und an keinem der Tage, an denen ich mit dem Schreiben beschäftigt war, hatte ich am Ende nicht das Gefühl, künftig noch viel mehr an Argumenten und empirischen Belegen über das hinaus beisteuern zu müssen, was ich zu Papier gebracht hatte. Dieser Eindruck des trotz aller Anstrengung noch Unfertigen ist bis heute nicht verflogen, ohne daß ich wüßte, wie ich dem allein hätte beikommen sollen. Wahrscheinlich hängt der verspürte Mangel mit dem recht maßlosen Anspruch zusammen, den ich mir mit meinem Vorhaben von Anfang an gestellt hatte. Ich wollte dem Vorbild der Hegelschen »Rechtsphilosophie« in der Idee folgen, die Prinzipien sozialer Gerechtigkeit direkt in Form einer Gesellschaftsanalyse zu entwickeln; wie ich mir einige Jahre zuvor an seiner Schrift klargemacht hatte,[1] konnte das nur gelingen, wenn die konstitutiven Sphären unserer Gesellschaft als institutionelle Verkörperungen bestimmter Werte begriffen werden, deren immanenter Anspruch auf Verwirklichung als Hinweis auf die jeweils sphärenspezifischen Gerechtigkeitsprinzipien dienen kann. Ein solches Vorgehen verlangt freilich, sich zunächst einmal Klarheit über die Werte zu verschaffen, die in den verschiedenen Bereichen unseres gesellschaftlichen Lebens verkörpert sein sollen.

Meine »Einleitung« versucht darzulegen, auch hierin wieder Hegel folgend, daß diese Werte in den modernen liberaldemokratischen Gesellschaften auf einen einzigen zusammengeschmolzen sind, und zwar auf den der individuellen Freiheit in der Vielzahl der uns vertrauten Bedeutungen. Jede

1 Axel Honneth, *Leiden an Unbestimmtheit. Eine Reaktualisierung der Hegelschen ›Rechtsphilosophie‹*, Stuttgart 2001.

konstitutive Sphäre unserer Gesellschaft verkörpert mithin institutionell, so lautet die Ausgangsprämisse meiner Studie, einen bestimmten Aspekt unserer Erfahrung von individueller Freiheit. Die eine, moderne Idee der Gerechtigkeit splittert sich dann in ebenso viele Gesichtspunkte auf, wie es solche institutionalisierten Sphären eines legitimationswirksamen Freiheitsversprechens in unseren zeitgenössischen Gesellschaften gibt; denn in jedem dieser Handlungssysteme bedeutet es etwas anderes, sich untereinander »gerecht« zu verhalten, weil zur Realisierung der versprochenen Freiheit jeweils besondere soziale Voraussetzungen und wechselseitige Rücksichtnahmen erforderlich sind. Von dieser Grundidee aus bedurfte es nun im eigentlich zentralen und umfangreichsten Schritt der Analyse einer, wie ich es nennen werde, »normativen Rekonstruktion«, um im typisierenden Nachvollzug der historischen Entwicklung der einzelnen Sphären zu prüfen, bis zu welchem Grade die hier jeweils institutionalisierten Freiheitsverständnisse inzwischen bereits zur sozialen Verwirklichung gelangt sind.

An dieser Stelle meiner Untersuchung, genauer gesagt also dort, wo ich mit dem Versuch einer normativen Rekonstruktion beginne, setzten dann die Schwierigkeiten ein, die mit dem erwähnten Gefühl des unvermeidlich Unvollständigen einhergingen. Unterschätzt hatte ich nämlich die Tatsache, daß Hegel gewissermaßen ganz am Anfang der Herausbildung der ausdifferenzierten modernen Gesellschaften stand, so daß er die den jeweiligen Sphären zugrundeliegenden Legitimationsprinzipien ziemlich unbekümmert um deren zukünftige Folgen und nur im Rückgriff auf einige wenige Einzelwissenschaften bestimmen konnte; ich dagegen befand mich inmitten eines schon zweihundert Jahre andauernden Prozesses der konflikthaften und gewiß nicht geradlinigen Verwirklichung dieser Prinzipien, den ich nun normativ rekonstruieren mußte, um an den Punkt unserer Gegenwart zu gelangen, von dem aus ich die Chancen, Gefährdungen und Pathologien unserer sphärenspezifischen Freiheiten ermessen konnte. Von der Disziplin einer strengen Geschichtswissenschaft unterscheidet sich diese stärker soziologisch-typisierende Vorgehensweise zwar durch einen größeren Spielraum gegenüber dem historischen Material; aber ich war gleichwohl mit der Aufgabe konfrontiert, aus verschiedenen Wissensgebieten immerhin so viel an Befunden und Belegen beizubringen, daß die von mir behauptete Entwicklungsrichtung und die sich daraus ergebenden Schlußfolgerungen auch den weniger normativ gesinnten Leserinnen und Lesern plausibel erscheinen würden. Hier bleibt, wie ich im Rückblick sagen muß, noch vieles zu tun, weil alle vermuteten Entwicklungsverläufe mit weiteren Differenzierungen von nationalen Sonderwegen versehen werden müßten und auch die Gegenwartsdiagnose sicherlich der Vertiefung bedürfte. Trotzdem hoffe ich, daß in der Summe der Analysen der verschiedenen Freiheitssphären als Ergebnis meiner Studie zutage tritt: Wir werden uns über die zukünftigen Erfordernisse sozialer Gerechtigkeit heute nur dann ein klares Bewußtsein verschaffen können, wenn wir uns in einer gemeinsamen Rückerinnerung an die auf dem normativen Boden der Moderne ausgetragenen Kämpfe der Ansprüche versichern, die im historischen Prozeß des sozialen Einklagens institutionalisierter Freiheitsversprechen noch nicht abgegolten sind.

Ohne die bereitwillige Hilfe einer Reihe von Personen und ohne die großzügige Unterstützung durch verschiedene Institutionen hätte ich das vorliegende Buch nicht schreiben können. Da die deutsche Universität, ein bekanntes Lamento, wenig Zeit für die Forschungsarbeit läßt, war ich auf gelegentliche Freisetzungen von der normalen Semesterroutine angewiesen. Den Anfang machte ein Forschungsfreisemester, das mir im Rahmen eines von der VW-Stiftung großzügig geförderten und am Institut für Sozialforschung durchgeführten interdisziplinären Forschungsprojekts zum Thema »Der

Strukturwandel der Anerkennung im 21. Jahrhundert« gewährt wurde; erheblich profitiert habe ich anschließend von jeweils einmonatigen Gastaufenthalten an der Université Sorbonne, Paris 1, und an der École Normale Supérieure in Paris, wo ich dank der freundlichen und zurückhaltenden Atmosphäre in relativ kurzer Zeit meine Überlegungen weit vorantreiben konnte; und hilfreich war mir jetzt zum Abschluß der Studie ein weiteres Forschungsfreisemester, das ich dem Exzellenzcluster »Die Herausbildung normativer Ordnungen« an der Frankfurter Goethe-Universität verdanke. Mehr noch als von solchen Freisetzungen habe ich aber wahrscheinlich von den Workshops profitieren können, in denen ich Teile meiner Arbeit über mehrere Tage hinweg einer von Kollegen und Studierenden vorbereiteten Diskussion aussetzen konnte; als besonders fruchtbar habe ich das von Christoph Menke und Juliane Rebentisch ausgerichtete Seminar am Institut für Philosophie der Universität Potsdam und den vom Forschungsinstitut für Philosophie in Hannover veranstalteten Meisterkurs in Goslar in Erinnerung; sehr ergiebig war auch das Kolloquium, das das Institut für Philosophie der Universität Marburg im Anschluß an meine Christian-Wolff-Vorlesung veranstaltet hat. Allen Personen, die an der Vorbereitung und Durchführung sei es der Gastaufenthalte oder der Workshops beteiligt waren, bin ich zu großem Dank verpflichtet. Mehr noch gilt das natürlich für die Kolleginnen und Kollegen, die mir mit kritischen Einwänden, Literaturhinweisen und theoretischen Ratschlägen zur Seite gesprungen sind. Allen voran habe ich Titus Stahl zu nennen, wissenschaftlicher Assistent am Institut für Philosophie der Goethe-Universität, der mich mit seiner analytischen Intelligenz und Hartnäckigkeit über zwei Jahre hinweg unter einen äußerst lehrreichen Druck gesetzt hat; nicht alles, was er an Differenzierungen eingeklagt hat, habe ich am Ende umsetzen können. Darüber hinaus ist mir die Mithilfe folgender Personen zu unterschiedlichen Zeitpunkten besonders wichtig gewesen: Martin Dornes, Andreas Eckl, Lisa Herzog, Rahel Jaeggi, Christoph Menke, Fred Neuhouser und, bei vielen Gesprächen über literarische Quellen, Barbara Determann und Gottfried Kößler. Mit dem Arbeitsumfeld, in dem ich dieses Buch habe schreiben können, habe ich außerordentliches Glück gehabt: Frauke Köhler hat ohne viel Aufsehen ihr Bestes gegeben, um meine Handschrift zu entziffern, den Überblick über die verschiedenen Teile zu bewahren und das alles in eine korrekte Form zu bringen. Stephan Altemeier ist mir bei der Besorgung wichtiger Literatur äußerst behilflich gewesen und hat überdies gemeinsam mit Nora Sieverding das Sachregister erstellt – allen dreien danke ich für die gute Kooperation. Eva Gilmer danke ich für Jahre der intensivsten und beglückenden Zusammenarbeit; in ihr habe ich eine Lektorin gefunden, von der ich dachte, es gäbe sie nur noch in den Briefwechseln oder Autobiographien älterer Autoren – sie hat das Manuskript Zeile für Zeile gelesen, mir viele Vorschläge zur Verbesserung gemacht und mich schließlich zum rechten Zeitpunkt zur Abgabe gedrängt. Den Dank an meine Frau, die mit mir viele Stunden diskutiert und sich in das Manuskript vertieft hat, kann ich nicht genügend in Worten abstatten – ihr ist das Buch gewidmet.

Axel Honneth, im April 2011

Einleitung: Gerechtigkeitstheorie als Gesellschaftsanalyse

Eine der größten Beschränkungen, unter denen die politische Philosophie der Gegenwart leidet, ist ihre Abkoppelung von der Gesellschaftsanalyse und damit die Fixierung auf rein normative Prinzipien. Nicht, daß es nicht Aufgabe einer Theorie der Gerechtigkeit wäre, normative Regeln zu formulieren, an denen sich die moralische Legitimität der gesellschaftlichen Ordnung bemessen ließe; aber diese Prinzipien werden heute zumeist in Isolation von der Sittlichkeit gegebener Praktiken und Institutionen entworfen, um dann erst sekundär auf die gesellschaftliche Realität »angewendet« zu werden. Die darin zum Ausdruck kommende Entgegensetzung von Sein und Sollen oder, anders gesprochen, die philosophische Herabsetzung der moralischen Faktizität ist Resultat einer weit zurückreichenden Theorieentwicklung, die nicht unerheblich mit dem Schicksal der Hegelschen »Rechtsphilosophie« verknüpft ist. Nach dem Tod des Philosophen war seine Absicht, aus den gesellschaftlichen Verhältnissen seiner Zeit die vernünftigen, nämlich freiheitsverbürgenden Institutionen normativ zu rekonstruieren, auf der einen Seite nur im Sinne einer konservativen Restaurationslehre und auf der anderen Seite allein im Sinne einer Revolutionstheorie verstanden worden; diese Aufspaltung in eine Hegelsche Rechte und eine Hegelsche Linke[1] ermöglichte es späteren Generationen, nachdem beinah alle revolutionären Ideale verschlissen waren, die politische Philosophie Hegels im ganzen dem Konservatismus zuzuschlagen. Überlebt hat daher im öffentlichen Bewußtsein

1 Vgl. zur Herkunft und Logik dieser Unterscheidung: Karl Löwith, *Von Hegel zu Nietzsche. Der revolutionäre Bruch im Denken des 19. Jahrhunderts*, Hamburg 1978 (7. Auflage), S. 65 ff.

von der Hegelschen Idee, die Gerechtigkeitstheorie auf ganz neue, gesellschaftstheoretische Füße zu stellen, nur die recht primitive Vorstellung, den gegebenen Institutionen die Aura moralischer Legitimität zu verleihen. Damit aber war der Siegeszug einer letztlich an Kant (oder, angelsächsisch, an Locke) orientierten Theorie der Gerechtigkeit nahezu besiegelt: Die normativen Prinzipien, an denen sich die moralische Legitimität der sozialen Ordnung bemessen sollte, durften nicht aus dem existierenden Institutionengefüge heraus, sondern nur von ihm unabhängig, freistehend, entwickelt werden – und an dieser Lage hat sich bis heute nichts Wesentliches geändert.

Gewiß, gegen die Vormachtstellung des Kantianismus auf dem Feld der Gerechtigkeitstheorie hat es stets Einsprüche und Gegenentwürfe gegeben. In der zweiten Hälfte des 19. Jahrhunderts ist in der politischen Philosophie des britischen Neohegelianismus, die in Deutschland aus politisch-kulturellen Gründen nie Anklang gefunden hat, der Versuch einer Wiederbelebung Hegelscher Motive für die Zwecke einer Theorie der Gerechtigkeit unternommen worden;[2] und aus der jüngsten Vergangenheit lassen sich immerhin die Arbeiten von Michael Walzer, David Miller und Alasdair MacIntyre anführen, um zu belegen, daß der Impuls zur Überwindung rein normativer Gerechtigkeitstheorien und damit Anstrengungen zur Wiederannäherung an die Gesellschaftsanalyse nie wirklich erlahmt sind.[3] Aber gerade diese

2 Thomas H. Green, *Lectures on the Principles of Political Obligation*, Cambridge 1986; Francis H. Bradley, *Ethical Studies*, Oxford 1967; einen guten Überblick liefert Peter Nicholson, *The Political Philosophy of the British Idealists*, Cambridge 1990.

3 Vgl. Michael Walzer, *Sphären der Gerechtigkeit*, Frankfurt/New York 1992; David Miller, *Grundsätze sozialer Gerechtigkeit*, Frankfurt/New York 2008 (vgl. dazu: Axel Honneth, »Philosophie als Sozialforschung. Die Gerechtigkeitstheorie von David Miller«, ebd., S. 7-25); Alasdair MacIntyre, *Der Verlust der Tugend. Zur moralischen Krise der Gegenwart*, Frankfurt/New York 1987.

Unternehmungen machen auch deutlich, wie weit wir uns heute vom Vorbild der Hegelschen »Rechtsphilosophie« doch tatsächlich entfernt haben; was gegenwärtig betrieben wird, um die Mängel einer kantianischen, institutionenvergessenen Gerechtigkeitstheorie zu überwinden, besteht fast immer in der hermeneutischen Rückanpassung der normativen Prinzipien an existierende Institutionengefüge oder herrschende Moralüberzeugungen, ohne daß dabei der zusätzliche Schritt unternommen würde, deren Gehalt selbst als vernünftig oder gerechtfertigt auszuweisen. Machtlos und ohne Biß stehen solche Versuche daher heute aufgrund ihrer Tendenz zur Akkommodation den offiziellen Theorien gegenüber, die zwar nicht die gesellschaftliche Wirklichkeit, so aber doch die moralische Vernunft auf ihrer Seite haben. Hegel hingegen wollte in seiner »Rechtsphilosophie«[4] beides zu einer Einheit zusammenbringen: die institutionelle Realität seiner Zeit als in entscheidenden Zügen bereits vernünftig darlegen und umgekehrt die moralische Vernunft als in den modernen Kerninstitutionen schon verwirklicht nachweisen; der Begriff des Rechts, den er dabei verwendete, sollte all das an der gesellschaftlichen Wirklichkeit namhaft machen, was dadurch moralischen Bestand und Legitimität besitzt, daß es der allgemeinen Ermöglichung und Verwirklichung der individuellen Freiheit dient.[5]

Wenn ich an diesen Hegelschen Entwurf heute, nach zweihundert Jahren, noch einmal anknüpfe, so natürlich in dem Bewußtsein, daß sich nicht nur die gesellschaftlichen Verhältnisse, sondern auch die philosophischen Argumentationsbe-

4 Im folgenden zitiert nach: G.W.F. Hegel, *Grundlinien der Philosophie des Rechts*, in: ders., *Werke in zwanzig Bänden*, Frankfurt/M. 1970, Bd. 7.

5 Vgl. zu diesem weiten Rechtsbegriff: Ludwig Siep, »Vernunftrecht und Rechtsgeschichte. Kontext und Konzept der *Grundlinien* im Blick auf die *Vorrede*«, in: Ludwig Siep (Hg.), *G.W.F. Hegel. Grundlinien der Philosophie des Rechts*, Berlin 1997, S. 5-35; Axel Honneth, *Leiden an Unbestimmtheit. Eine Reaktualisierung der Hegelschen Rechtsphilosophie,* Stuttgart 2001, Kap. 2.

dingungen erheblich gewandelt haben. Eine bloße Wiederbelebung von Absicht und Gedankengang der »Rechtsphilosophie« ist inzwischen zu einem Ding der Unmöglichkeit geworden. Auf der einen Seite ist die soziale Realität, von der heute gezeigt werden müßte, welche ihrer Institutionen und Praktiken den Status moralischer Faktizität besitzen, eine vollkommen andere als die der frühindustriellen, konstitutionell-monarchistischen Gesellschaft des beginnenden 19. Jahrhunderts; alle institutionellen Verhältnisse, auf deren normative Stabilität Hegel noch wie selbstverständlich vertrauen konnte, haben im Zuge einer sich beschleunigenden, »reflexiv« genannten Modernisierung ihre ursprüngliche Gestalt verloren und sind zum großen Teil durch neue, ungleich verhaltensoffenere Gebilde und Organisationen ersetzt worden. Zudem hat die Erfahrung eines »Zivilisationsbruchs«, nämlich die Vergegenwärtigung der Möglichkeit des Holocausts inmitten zivilisierter Gesellschaften, jenen Hoffnungen einen entscheidenden Dämpfer versetzt, die Hegel noch in die kontinuierliche, vernünftig eingehegte Fortentwicklung moderner Gesellschaften setzen konnte. Auf der anderen Seite haben sich aber auch die theoretischen Prämissen der philosophischen Diskussion, die Rahmenbedingungen des letztlich Denkmöglichen, gegenüber den Zeiten Hegels erheblich verschoben: Die Voraussetzung eines idealistischen Monismus, in den er seinen dialektischen Begriff des Geistes verankert hat,[6] ist für uns, die Kinder eines materialistisch aufgeklärten Zeitalters, nicht mehr recht vorstellbar, so daß auch für seine Idee eines objektiven, in den sozialen Institutionen verwirklichten Geistes eine andere Grundlage gesucht werden muß.

Gleichwohl scheint es mir sinnvoll, die Hegelsche Absicht noch einmal aufzugreifen, eine Theorie der Gerechtigkeit aus den Strukturvoraussetzungen der gegenwärtigen Gesellschaften selbst zu entwerfen. Die Prämissen, die notwendig sind,

6 Vgl. etwa: Dina Emundts/Rolf-Peter Horstmann, *G.W.F. Hegel. Eine Einführung*, Stuttgart 2002, bes. S. 32ff.

um ein solches Unternehmen durchzuführen, lassen sich nicht ohne weiteres im vorhinein begründen; sie müssen sich vielmehr erst im Laufe der Untersuchung als gerechtfertigt erweisen. Andererseits ist es nahezu unvermeidlich, schon jetzt abstrakt die Voraussetzungen zu umreißen, die den Aufbau und den Gang der Studie verständlich machen; es wäre etwa gar nicht angemessen zu verstehen, warum ich den Entwurf einer solchen Gerechtigkeitstheorie im ganzen unter die Idee der Freiheit stellen würde, wenn nicht zuvor zumindest die allgemeinen Prämissen durchsichtig gemacht würden, von denen ich mich im folgenden leiten lasse. Die Absicht, eine Theorie der Gerechtigkeit als Gesellschaftsanalyse durchzuführen, steht und fällt mit der *ersten Prämisse*, daß die Reproduktion von Gesellschaften bis heute an die Bedingung einer gemeinsamen Orientierung an tragenden Idealen und Werten gebunden ist; solche ethischen Normen legen nicht nur von oben, als »ultimate values« (Parsons), fest, welche sozialen Maßnahmen oder Entwicklungen überhaupt als vorstellbar gelten können, sondern bestimmen auch von unten, nämlich als mehr oder weniger institutionalisierte Erziehungsziele, mit, woran sich der Lebensweg des einzelnen innerhalb der Gesellschaft auszurichten hat. Das beste Beispiel für eine derartige Auffassung von Gesellschaft bietet bis heute das handlungstheoretische Systemmodell Talcott Parsons', das ausdrücklich in der Nachfolge des Deutschen Idealismus, also von Hegel, Kant, Marx und Max Weber steht. Parsons zufolge fließen die ethischen Werte, die die »letzte Realität« jeder Gesellschaft bilden, über das kulturelle System in die untergeordneten Teilbereiche ein, indem sie hier über die Mechanismen von Rollenerwartungen, impliziten Verpflichtungen und einsozialisierten Idealen, kurz: einem Gefüge sozialer Praktiken, die Handlungsorientierungen der Mitglieder prägen; diese, die Parsons durchaus im Sinne von Freud als konflikthaft integrierte Subjektivitäten versteht, richten ihr Handeln im Normalfall an denjenigen Normen aus, die sich in den unterschiedlichen Subsystemen in Form einer bereichsspezifischen Objektivierung der höchsten Werte niedergeschlagen haben; von einer solchen »ethischen« Durchdringung aller gesellschaftlichen Sphären nimmt Parsons im übrigen auch das ökonomische Subsystem nicht aus, das er im Unterschied zu Luhmann oder Habermas als eine normativ integrierte, heute nämlich über das Leistungsprinzip verbindlich gemachte Handlungssphäre begreift. Das Besondere an diesem Gesellschaftsmodell, das, was es für die Aktualisierung der Hegelschen Absichten besonders geeignet macht, ist die Tatsache, daß es alle sozialen Ordnungen ausnahmslos an die Voraussetzung einer Legitimierung durch ethische Werte, durch erstrebenswerte Ideale, bindet: »Keine normative Ordnung [d.h. Gesellschaft, A.H.] ist durch sich selbst legitimiert in dem Sinn, daß gebilligte oder verbotene Lebensformen einfach richtig oder falsch wären und keiner Hinterfragung bedürften. Auch ist sie niemals zureichend legitimiert durch die auf den niedrigeren Stufen der Kontrollhierarchie bestehenden Notwendigkeiten – z.B. daß etwas in *spezifischer* Weise geschehen *muß*, weil die Stabilität oder gar das Überleben des Systems auf dem Spiel steht.«[7]

Auch die Tatsache »heterogener« Gesellschaften, also ethnisch oder religiös diversifizierter Gemeinwesen, ändert an dieser »transzendentalen« Voraussetzung des Zwangs zur normativen Integration wenig. Zwar entsteht damit ein Druck, die ethischen Werte umfassender und genereller werden zu lassen, um auch die Ideale der Minderheitenkulturen beherbergen zu können, aber es bleibt bei der Unvermeidbarkeit, die materielle Reproduktion und die kulturelle Sozialisation an den Vorgaben gemeinsam geteilter Normen auszurichten. In einem derartigen, zunächst nur schwachen Sinn ist jede Gesellschaft bis zu einem gewissen Grade eine Verkörperung des objektiven Geistes: In ihren Institutionen, in ihren sozialen Praktiken und Routinen hat sich niedergeschlagen,

7 Talcott Parsons, *Gesellschaften*, Frankfurt/M. 1975, S. 22.

welche normativen Überzeugungen die Mitglieder darüber teilen, worin die Ziele ihres Kooperationszusammenhangs bestehen. Später hätte sich zu zeigen, daß dieser Begriff des »objektiven Geistes« noch weiter angereichert werden muß, um tatsächlich all die Absichten begründen zu können, die ich mit der Idee einer Gerechtigkeitstheorie als Gesellschaftsanalyse verknüpfe.

Mit dieser Idee geht nun als *zweite Prämisse* der Vorschlag einher, als moralischen Bezugspunkt einer Theorie der Gerechtigkeit nur diejenigen Werte oder Ideale heranzuziehen, die als normative Ansprüche zugleich Reproduktionsbedingungen der jeweils gegebenen Gesellschaft bilden. Für Hegel, aber auch für andere Autoren in seiner Tradition, wie etwa Marx, ist die Idee der Gerechtigkeit gar keine unabhängige, aus sich selbst heraus erläuterbare und insofern freistehende Größe; das mag auch der Grund dafür sein, daß sich bei diesen Denkern nur selten ein nichtpolemischer, konstruktiver Gebrauch dieses Begriffs finden läßt. Im klassischen, aus der Antike überlieferten Wortsinn bezeichnet »Gerechtigkeit« die »verbindliche und dauerhafte Absicht, jedem das Seine zu geben« (Justinian, Cicero, Thomas von Aquin); im Kern ist damit die Anforderung gemeint, jede andere Person auf die ihrer individuellen Persönlichkeit angemessene Weise zu behandeln, was sowohl auf eine gleiche wie auch ungleiche Behandlung verschiedener anderer hinauslaufen kann. Hegel ist nun der Überzeugung, daß es für die Art dieser Angemessenheit, die die Gerechtigkeit fordert, gar keinen unabhängigen, im Begriff der Gerechtigkeit selbst angelegten Maßstab geben kann; wir können gewissermaßen nicht einen neutralen Standpunkt einnehmen, von dem aus wir die zu berücksichtigenden Eigenschaften der anderen Person analysieren könnten, weil unsere Beziehung zu ihr immer von den Praktiken geprägt sein wird, in die wir gemeinsam verstrickt sind. Insofern ergibt sich für Hegel das, was es heißt, »jedem das Seine zu geben«, jeweils nur aus dem internen Sinn von bereits etablierten Handlungspraktiken; da dieser Sinn, oder diese Bedeutung, sich aber wiederum nur aus dem ethischen Wert ergibt, den die entsprechende Sphäre im idealen Gesamtgefüge der Gesellschaft besitzt, lassen sich die Maßstäbe der Gerechtigkeit letztlich allein unter Bezug auf die Ideale analysieren, die in jener Gesellschaft faktisch institutionalisiert sind: Als »gerecht« muß mithin gelten, was in den verschiedenen sozialen Sphären dazu angetan ist, einen angemessenen Umgang im Sinne der ihnen tatsächlich zugedachten Rolle in der ethischen Aufgabenteilung einer Gesellschaft zu fördern.

Mit der Forderung nach einer immanent ansetzenden Analyse ist freilich der Unterschied zu den konventionellen, von mir als »kantianisch« bezeichneten Versionen einer Gerechtigkeitstheorie noch nicht hinreichend markiert, da auch diese sich häufig bemühen, ihre »konstruktiv« gewonnenen Prinzipien zugleich als Ausdruck der gegebenen Wertorientierung darzustellen; sowohl die Rawlssche Theorie der Gerechtigkeit[8] als auch die Habermassche Rechtstheorie[9] sind gute Beispiele für Ansätze, die von einer historischen Kongruenz zwischen unabhängig gewonnenen Gerechtigkeitsprinzipien und den normativen Idealen moderner Gesellschaften ausgehen. Die Differenz zu derartigen Theorien besteht darin, daß im Anschluß an Hegel darauf verzichtet werden muß, der immanent ansetzenden Analyse den Schritt einer freistehenden, konstruktiven Begründung von Gerechtigkeitsnormen vorzuschalten; ein solcher zusätzlicher Rechtfertigungsschritt ist überflüssig, wenn sich im Nachvollzug der Bedeutung der herrschenden Werte bereits nachweisen läßt, daß sie den historisch vorausliegenden Gesellschaftsidealen oder »ultimate

8 Vgl. insbesondere: John Rawls, *Politischer Liberalismus*, Frankfurt/M. 1998; zu den Hegelschen Motiven in der Gerechtigkeitstheorie von Rawls vgl. jetzt Jörg Schaub, *Gerechtigkeit als Versöhnung. John Rawls' politischer Liberalismus*, Frankfurt/M. 2009.

9 Jürgen Habermas, *Faktizität und Geltung. Beiträge zur Diskurstheorie des Rechts und des demokratischen Rechtsstaates*, Frankfurt/M. 1992.

values« normativ überlegen sind. Sicherlich läuft ein derartiges, immanentes Verfahren am Ende darauf hinaus, erneut ein Element geschichtsteleologischen Denkens in Anspruch zu nehmen; aber diese Art von Geschichtsteleologie ist genau bis zu dem Maße unvermeidbar, in dem sie auch von jenen Gerechtigkeitstheorien vorausgesetzt wird, die von einer Kongruenz praktischer Vernunft und existierender Gesellschaft ausgehen.

Auch der damit umrissene Unterschied reicht allerdings noch nicht aus, um tatsächlich die Eigentümlichkeit der Idee zu charakterisieren, eine Theorie der Gerechtigkeit direkt auf dem Weg einer Gesellschaftsanalyse zu entwickeln; denn auch die bloß immanent gewonnenen Gerechtigkeitsprinzipien könnten ja so verstanden werden, daß sie erst sekundär auf die gesellschaftliche Realität angewendet werden, indem sie als Richtschnur der Überprüfung der moralischen Qualität von Institutionen und Praktiken dienen. In diesem Fall bliebe insofern alles beim alten, als wiederum nur eine von dritter Seite aufbereitete und bestimmte Realität vorausgesetzt würde, auf die dann erst im nachhinein die normativen Maßstäbe appliziert werden; die Arbeitsteilung zwischen Sozialwissenschaften und normativer Theorie, zwischen empirischer Einzelwissenschaft und philosophischer Analyse würde in derselben Weise aufrechterhalten, wie wir es von den herkömmlichen Gerechtigkeitskonzeptionen schon kennen. Hegel hingegen wollte sich in seiner »Rechtsphilosophie« gerade nicht von außen vorgeben lassen, wie die soziale Wirklichkeit beschaffen ist, deren gerechte Ordnung er zu bestimmen suchte; ebensowenig wie Marx, der in dieser Hinsicht sein getreuer Schüler war, ist er bereit gewesen, einfach den empirischen Sozialwissenschaften (Staatswissenschaften, politische Ökonomie) das Geschäft der Gesellschaftsanalyse zu überlassen. Was Hegel der überkommenen Arbeitsteilung als ein methodisches Verfahren entgegensetzte, ist aufgrund der idealistischen Prämissen, die er dabei zugrunde legte, nur mit großem Aufwand zu verstehen;[10] ich werde für diese notorisch verkannte Strategie hier, um mir die Wiedergabe komplizierter Diskussionen zu ersparen, stets nur den Ausdruck der »normativen Rekonstruktion« verwenden. Darunter ist ein Verfahren zu verstehen, welches die normativen Absichten einer Gerechtigkeitstheorie dadurch gesellschaftstheoretisch umzusetzen versucht, daß es die immanent gerechtfertigten Werte direkt zum Leitfaden der Aufbereitung und Sortierung des empirischen Materials nimmt: Die gegebenen Institutionen und Praktiken werden auf ihre normativen Leistungen hin in der Reihenfolge analysiert und dargestellt, in der sie für die soziale Verkörperung und Verwirklichung der gesellschaftlich legitimierten Werte von Bedeutung sind. »Rekonstruktion« soll im Zusammenhang dieses Verfahrens also heißen, daß aus der Masse der gesellschaftlichen Routinen und Einrichtungen nur diejenigen herausgegriffen und vorgestellt werden, die für die soziale Reproduktion als unverzichtbar gelten können; und weil die Ziele der Reproduktion im wesentlichen durch die akzeptierten Werte festgelegt sein sollen, muß »normative« Rekonstruktion dementsprechend bedeuten, die Routinen und Einrichtungen unter dem Gesichtspunkt in der Darstellung aufzureihen, wie stark ihr arbeitsteiliger Beitrag zur Stabilisierung und Umsetzung jener Werte ist.

Auch wenn es den Anschein haben mag, als sei dieses von Hegel gewählte Verfahren weit davon entfernt, den Erfordernissen einer Gesellschaftstheorie Rechnung zu tragen, weist es doch überraschende Überschneidungen mit den Entwürfen einiger klassischer Vertreter der Soziologie auf. Sowohl Durkheim als auch Parsons, um nur zwei der bedeutendsten Autoren zu nennen, sortieren das Material ihrer Studien zu

10 Vgl. etwa Herbert Schnädelbach, »Zum Verhältnis von Logik und Gesellschaftstheorie bei Hegel«, in: Oskar Negt (Hg.), *Aktualität und Folgen der Philosophie Hegels*, Frankfurt/M. 1970, S. 58-80; Hans-Friedrich Fulda, *Das Recht der Philosophie in Hegels Philosophie des Rechts*, Frankfurt/M. 1968.

modernen Gesellschaften nicht einfach nach Gesichtspunkten, die mit den materiellen oder technischen Zwängen der sozialen Reproduktion zu tun haben; vielmehr konzentrieren sie sich auf diejenigen Sphären oder Subsysteme, denen eine erhöhte Bedeutung deswegen zukommt, weil sie zur Sicherung und Verwirklichung der in der Moderne maßgeblich institutionalisierten Werte beitragen.[11] Beide Soziologen bedienen sich, wenn man so will, eines Verfahrens der normativen Rekonstruktion, weil sie den Kreislauf der gesellschaftlichen Reproduktion daraufhin untersuchen, wie sich durch ihn bestimmte, sozial bereits akzeptierte Werte und Ideale erhalten; ähnlich wie Hegel in seiner »Rechtsphilosophie« reihen sie die sozialen Sphären entsprechend dem funktionalen Stellenwert auf, den diese für die Stabilisierung und Verwirklichung der modernen Werthierachie besitzen. Allerdings sind natürlich weder Durkheim noch Parsons daran interessiert, mit ihren soziologischen Strukturanalysen direkt eine Gerechtigkeitstheorie zu entwerfen; sie beschränken sich darauf, den Verlauf und die möglichen Gefährdungen der normativen Integration zu untersuchen, während Hegel in diesen Prozessen die sozialen Bedingungen ausfindig zu machen versucht, die zusammengenommen in der Moderne das Prinzip der Gerechtigkeit konstituieren.

Als eine *dritte Prämisse* bei dem Versuch, eine Gerechtigkeitstheorie in Form einer Gesellschaftsanalyse zu entwickeln, muß daher das methodische Verfahren der normativen Rekonstruktion gelten. Um der Gefahr zu entgehen, die immanent gewonnenen Prinzipien der Gerechtigkeit doch wieder nur auf die gegebene Wirklichkeit anzuwenden, sollte die gesellschaftliche Realität selbst nicht als ein schon hinreichend analysiertes Objekt vorausgesetzt werden; vielmehr müßten deren wesentliche Züge und Eigenschaften erst eigenständig

11 Emile Durkheim, *Über die Teilung der sozialen Arbeit*, Frankfurt/M. 1977; Talcott Parsons, *Das System moderner Gesellschaften*, München 1972.

herauspräpariert werden, indem im Verlauf der Analyse gezeigt wird, welche sozialen Sphären welchen Beitrag zur Sicherung und Verwirklichung der gesellschaftlich bereits institutionalisierten Werte leisten. Das Bild, welches auf diesem Weg von den zeitgenössischen, hochmodernen Gesellschaften entsteht, mag in vielem von dem abweichen, das heute in den offiziellen Sozialwissenschaften verbreitet ist; denn es treten Einrichtungen und Praktiken hervor, die im allgemeinen vielleicht wenig Aufmerksamkeit genießen, während zugleich andere Vorkommnisse, denen größeres Interesse gelten mag, gänzlich in den Hintergrund gedrängt werden. Aber solche Verschiebungen zwischen Vorder- und Hintergrund, zwischen Bedeutendem und Vernachlässigbarem sind innerhalb der Sozialwissenschaften, einer Disziplin, die im Grunde nur umkämpfte Begriffe kennt,[12] keine Seltenheit; im Zusammenhang der vorliegenden Studie verdanken sie sich der Absicht, nur diejenigen sozialen Praktiken und Institutionen überhaupt zur Darstellung zu bringen, deren normative Verfassung der Verwirklichung gesellschaftlich institutionalisierter Werte dient.

Mit dem Versuch, derartige Strukturbedingungen zeitgenössischer Gesellschaften hervortreten zu lassen, entsteht eine systematische Skizze dessen, was Hegel für seine Zeit »Sittlichkeit« genannt hat. Gemeinsam mit seiner »Rechtsphilosophie« im Ganzen ist auch dieser Begriff bald nach Hegels Tod in Mißkredit geraten; in aufgeklärten, progressiv gesinnten Kreisen galt er schnell als deutlicher Indikator für die Absicht, an den gegebenen Gesellschaften nur diejenigen eingespielten Praktiken und moralischen Einrichtungen zu erhalten, die dazu angetan schienen, die herrschende Ordnung zu bewahren. Hegel hingegen hatte ihn zunächst gewählt, um gegen die vorherrschende Tendenz der Moralphilosophie auf jenes Netzwerk von institutionalisierten Routinen und Verpflich-

12 Vgl. Bernard W. Gallie, »Essentially Contested Concepts«, in: *Proceedings of the Aristotelian Society*, 56 (1955), S. 167-198.

tungen aufmerksam zu machen, in dem moralische Einstellungen nicht in Form der Orientierung an Prinzipien, sondern in der Gestalt von sozialen Praktiken eingelassen waren; für ihn, der in Zusammenhängen der praktischen Philosophie methodisch weitgehend Aristoteliker blieb, stand es außer Frage, daß intersubjektiv praktizierte Gewohnheiten, und nicht kognitive Überzeugungen, die Heimstätte der Moral bildeten.[13] Allerdings hat Hegel seinen Begriff der Sittlichkeit nicht im Sinne einer bloßen Deskription vorfindlicher Lebensformen verstanden wissen wollen; schon das von ihm gewählte Verfahren, also jene zuvor geschilderte »normative Rekonstruktion«, macht ja deutlich, daß er viel selektiver, typisierender und normativer vorzugehen versuchte, als es ein aristotelischer Positivismus erlauben würde. Für Hegel sollte von der Vielfalt sittlicher Lebensformen nur dasjenige unter dem Begriff »Sittlichkeit« in seine »Rechtsphilosophie« aufgenommen werden, was nachweislich dazu dienen konnte, den allgemeinen Werten und Idealen moderner Gesellschaften zur Verwirklichung zu verhelfen; alles, was diesen normativen Erfordernissen widersprach, alles, was also partikulare Werte repräsentierte oder rückständige Ideale verkörperte, wurde erst gar nicht für berechtigt gehalten, zum Gegenstand der normativen Rekonstruktion zu werden.

Auch mit dieser Einschränkung scheint das Konzept der Sittlichkeit freilich noch eine Tendenz zur Affirmation des bereits Bestehenden zu besitzen; denn als »sittlich« kann offensichtlich nur das an den sozialen Lebensformen gelten, was in dem Sinn einen allgemeinen Wert verkörpert, daß die zu dessen Verwirklichung geeigneten Praktiken gesellschaftlich schon Gestalt angenommen haben. Wird das Hegelsche Verfahren jedoch genauer betrachtet, so zeigt sich, daß er damit über die bekräftigenden, affirmativen Absichten hinaus auch korrektive und verändernde Zielsetzungen verknüpfte:

13 Vgl. etwa Allen W. Wood, *Hegel's Ethical Thought*, Cambridge 1990, Teil IV.

Im Vollzug der normativen Rekonstruktion kommt das Kriterium, dem zufolge an der gesellschaftlichen Wirklichkeit als »vernünftig« gilt, was der Umsetzung allgemeiner Werte dient, nicht nur in Form einer Freilegung bereits existierender Praktiken zur Geltung, sondern auch im Sinne der Kritik existierender Praktiken oder des Vorausentwurfs noch nicht ausgeschöpfter Entwicklungspfade. Es ist schwer, für diese korrektive oder, besser, kritische Seite des Hegelschen Sittlichkeitsbegriffs eine angemessene Charakterisierung zu finden; denn es soll ja nicht einfach darum gehen, einen bestimmten, gewünschten Soll-Zustand zu skizzieren, also bloß normativ zu verfahren, sondern die bestehende Wirklichkeit auf Praxispotentiale hin auszudeuten, in denen die allgemeinen Werte besser, das heißt umfassender oder getreuer, zur Verwirklichung kommen könnten. Auf keinen Fall will Hegel mit derartigen Vorgriffen oder Korrekturen den Kreis der gesellschaftlichen Lebenswirklichkeit einfach nur hinter sich lassen; die existierenden Formen der Sittlichkeit sollen in dem Sinn stets Richtschnur aller normativen Erwägungen bleiben, daß nicht abstrakt irgendwelche, kaum erfüllbare Forderungen an das Sozialverhalten gerichtet werden. Wo Hegel daher im Namen der Gerechtigkeit Kritik übt oder aber, und ebenso häufig, Reformen avisiert, da verfährt er in seiner normativen Rekonstruktion derart, daß er nur knapp über den Horizont der existierenden Sittlichkeit hinwegschaut, um Spielräume für so viele Veränderungen zu eruieren, wie bei realistischer Berücksichtigung aller Umstände erwartbar sind; nicht falsch wäre es daher wahrscheinlich, hier an jenen Begriff der »objektiven Möglichkeit« zu erinnern, den Max Weber methodisch umriß, als er empirisch kontrollierte Wege des Vorausentwurfs sozialer Entwicklungen beschreiben wollte.[14]

Eine weitere, *vierte Prämisse* des hier unternommenen

14 Max Weber, »Objektive Möglichkeit und adäquate Verursachung in der historischen Kausalbetrachtung«, in: ders., *Gesammelte Aufsätze zur Wissenschaftslehre*, Tübingen 1968 (3. Auflage), S. 266-290.

Versuchs, eine Gerechtigkeitstheorie in Form einer Gesellschaftsanalyse zu entfalten, muß also in der These bestehen, daß das Verfahren der normativen Rekonstruktion stets auch die Chance einer kritischen Anwendung bietet: Es kann nicht nur darum gehen, auf rekonstruktivem Weg die Instanzen der bereits existierenden Sittlichkeit freizulegen, sondern es muß zugleich auch möglich sein, diese im Lichte der jeweils verkörperten Werte zu kritisieren. Die Maßstäbe, auf die sich eine derartige Form der Kritik stützt, sind keine anderen als diejenigen, die auch der normativen Rekonstruktion als Richtschnur dienen; wenn nämlich als eine Instanz von Sittlichkeit gilt, was allgemeine Werte oder Ideale durch ein Bündel von institutionalisierten Praktiken repräsentiert, dann können dieselben Werte auch dazu herangezogen werden, jene gegebenen Praktiken als noch nicht angemessen in Hinblick auf ihre repräsentativen Leistungen zu kritisieren. In einer solchen »rekonstruktiven Kritik« werden mithin den gegebenen Institutionen und Praktiken nicht einfach externe Maßstäbe entgegengehalten; vielmehr werden dieselben Maßstäbe, anhand derer jene überhaupt erst aus der Chaotik der sozialen Wirklichkeit herausgehoben wurden, dazu genutzt, um ihnen eine mangelhafte, noch unvollständige Verkörperung der allgemein akzeptierten Werte vorzuhalten. Dementsprechend besitzen die normativen Urteile, die in diesem Zusammenhang gefällt werden, nicht einen kategorischen, sondern einen graduellen Charakter: Kritisiert wird jeweils, daß eine als »sittlich« begriffene Institution noch besser, vollständiger oder umfassender die Werte repräsentieren könnte, die der Rekonstruktion der Sittlichkeit überhaupt als übergreifende Richtschnur dienen. Ein gutes Beispiel für diese »kritische« Absicht, die Hegel mit seinem Konzept der Sittlichkeit verbindet, bietet seine Darstellung der Korporationen, die sich am Ende des Teils über die »bürgerliche Gesellschaft« befindet. Hegel ist der Überzeugung, daß solche Korporationen im arbeitsteiligen Geschäft der Realisierung der übergreifenden

Werte die institutionelle Aufgabe übernehmen, die gewerbetreibenden Schichten mit einem sittlichen Bewußtsein ihres konstitutiven Beitrags zur marktvermittelten Reproduktion auszustatten; dazu sind eine Reihe von sozialen Praktiken nötig, deren Funktion es ist, nach innen die Standesehre zu stiften und nach außen die Absicht allgemeiner Wohlfahrt kundzutun. In § 253 seiner »Rechtsphilosophie« macht Hegel nun auf Erscheinungen des sittlichen Verfalls aufmerksam, die er dadurch im Entstehen begriffen sieht, daß die Korporationen ihre Aufgabe nicht umfassend genug erfüllen: »Wenn über Luxus und Verschwendungssucht der gewerbetreibenden Klassen, womit die Erzeugung des Pöbels zusammenhängt (§ 244), Klagen zu erheben sind, so ist bei den anderen Ursachen (z.B. das immer mehr mechanisch Werdende der Arbeit) der sittliche Grund, wie es im Obrigen liegt, nicht zu übersehen. Ohne Mitglieder einer berechtigten Korporation zu sein [...], ist der einzelne ohne *Standesehre*, durch seine Isolierung auf die selbstsüchtige Seite des Gewerbe reduziert, seine Subsistenz und Genuß nichts Stehendes. Er wird somit seine *Anerkennung* durch die äußerlichen Darlegungen seines Erfolgs in seinem Gewerbe zu erreichen suchen; Darlegungen, welche unbegrenzt sind, weil seinem Stande gemäß zu leben nicht stattfindet, da der Stand nicht existiert.« Diese Kritik des ostentativen Konsums bürgerlicher Schichten ist ersichtlich in der These begründet, daß die sittliche Institution des Zunftwesens nicht in dem Maße Mitglieder inkludiert, wie es ihre arbeitsteilige Funktion verlangt; hier wird kein äußerer Maßstab herangezogen, sondern nur »rekonstruktiv« kritisiert, indem auf ein vernachlässigtes Entwicklungspotential bereits bestehender Einrichtungen aufmerksam gemacht wird.

Mit diesen vier Prämissen sind nur die ganz allgemeinen, methodologischen Voraussetzungen der vorliegenden Untersuchung umrissen: Bei dem Versuch, auf gesellschaftstheoretischem Wege eine Konzeption der Gerechtigkeit zu entwikkeln, muß in einer *ersten Prämisse* zunächst vorausgesetzt werden, daß die jeweilige Form der sozialen Reproduktion einer Gesellschaft durch gemeinsam geteilte, allgemeine Werte und Ideale bestimmt ist; sowohl die Ziele der gesellschaftlichen Produktion als auch die der kulturellen Integration werden letztlich durch Normen reguliert, die insofern einen ethischen Charakter besitzen, als sie Vorstellungen des gemeinsam geteilten Guten enthalten. In der *zweiten Prämisse* wird im Sinne einer ersten Annäherung behauptet, daß der Begriff der Gerechtigkeit nicht unabhängig von diesen gesellschaftlich übergreifenden Werten verstanden werden kann: Als »gerecht« hat zu gelten, was innerhalb einer Gesellschaft an Institutionen oder Praktiken dazu angetan ist, die jeweils als allgemein akzeptierten Werte zu verwirklichen. Erst mit der *dritten Prämisse* kommt nun aber ins Spiel, was es des näheren bedeuten soll, auf der Basis der beiden vorangegangenen Bestimmungen eine Gerechtigkeitstheorie als Gesellschaftsanalyse durchzuführen; gemeint ist damit, aus der Mannigfaltigkeit der gesellschaftlichen Wirklichkeit diejenigen Institutionen oder Praktiken herauszudestillieren oder, methodisch gesprochen, normativ zu rekonstruieren, die tatsächlich als geeignet gelten können, die allgemeinen Werte sicherzustellen und zu verwirklichen. Mit der *vierten Prämisse* soll schließlich gewährleistet werden, daß die Anwendung eines solchen methodischen Verfahrens nicht dazu führt, jeweils nur die bereits bestehenden Instanzen der Sittlichkeit zu affirmieren; bei strikter Durchführung wird die normative Rekonstruktion vielmehr bis zu dem Punkt entwickelt werden müssen, an dem gegebenenfalls deutlich werden kann, inwiefern die sittlichen Institutionen und Praktiken die durch sie verkörperten allgemeinen Werte nicht umfassend oder vollständig genug repräsentieren.

Freilich reicht es nicht aus, diese vier Prämissen zusammenzuziehen, um erkennen zu können, was in der folgenden Studie unter »Gerechtigkeit« verstanden werden soll; die Vorbemerkung hat lediglich den theoretischen Rahmen umrissen, in dem es sinnvoll ist, eine Gerechtigkeitstheorie als Gesellschaftsanalyse zu entwerfen. Immerhin ist aber bereits deutlich geworden, daß ein solches Projekt vom ersten bis zum letzten Schritt davon abhängt, wie die allgemeinsten Werte unserer gegenwärtigen Gesellschaften bestimmt werden müssen; erst nachdem die damit bezeichnete Aufgabe gelöst worden ist, kann ernsthaft mit dem Geschäft der normativen Rekonstruktion unserer heutigen, posttraditionalen Sittlichkeit begonnen werden.

A.
Historische Vergegenwärtigung: Das Recht der Freiheit

Unter all den ethischen Werten, die in der modernen Gesellschaft zur Herrschaft gelangt sind und seither um Vormachtstellung konkurrieren, war nur ein einziger dazu angetan, deren institutionelle Ordnung auch tatsächlich nachhaltig zu prägen: die Freiheit im Sinne der Autonomie des einzelnen. Alle anderen Vorstellungen des Guten, angefangen mit dem Deismus der natürlichen Ordnung bis hin zum romantischen Expressivismus,[1] haben zwar seit mehr als zweihundert Jahren die Erfahrungen des Selbst und seiner Beziehungen um stets neue Akzente bereichert; aber wo sie sozial wirkmächtig werden sollten, wo sie den engen Kreis von ästhetischen oder philosophischen Avantgarden verlassen und den Imaginationsraum der Lebenswelt beflügeln konnten, gerieten sie schnell in das Fahrwasser des Autonomiegedankens, dem sie am Ende nur weitere Tiefenschichten verliehen. Heute, zu Beginn des 21. Jahrhunderts, ist es beinah unmöglich, einen dieser anderen Werte der Moderne zu artikulieren, ohne ihn nicht sogleich als Facette der konstitutiven Idee der individuellen Autonomie zu verstehen; ob es sich nun um die Beschwörung einer natürlichen Ordnung handelt oder um die Idealisierung der inneren Stimme, um den Wert der Gemein-

1 Charles Taylor, *Quellen des Selbst. Die Entstehung der neuzeitlichen Identität*, Frankfurt/M. 1994, v. a. Teil III und IV. Die Idee der »Gleichheit«, sicherlich einflußreich und wirkmächtig, betrachte ich im folgenden nicht als einen eigenständigen Wert, weil sie nämlich nur verstanden werden kann, wenn sie als Erläuterung des Werts der individuellen Freiheit begriffen wird: daß deren Vollzug allen Mitgliedern moderner Gesellschaften gleichermaßen zusteht. Alles, was sich über die Forderung sozialer Gleichheit aussagen läßt, erhält daher einen Sinn nur durch den Bezug auf individuelle Freiheit.

schaft oder den Lobpreis der Authentizität, stets wird es dabei inzwischen nur noch um zusätzliche Bedeutungskomponenten dessen gehen, was es heißt, von der individuellen Selbstbestimmung zu sprechen. Wie durch magische Anziehung sind alle ethischen Ideale der Moderne in den Bannkreis der einen Vorstellung der Freiheit geraten, vertiefen sie bisweilen, verleihen ihr neue Akzente, aber setzen ihr nicht mehr eine selbständige Alternative entgegen.[2]

Diese ungeheure Sogwirkung des Autonomiegedankens erklärt sich aus seiner Fähigkeit, zwischen dem individuellen Selbst und der gesellschaftlichen Ordnung eine systematische Verknüpfung herzustellen. Während alle anderen Werte der Moderne sich entweder auf den Orientierungshorizont des einzelnen oder den normativen Rahmen der ganzen Gesellschaft beziehen, bringt einzig die Idee der individuellen Freiheit eine Verbindung zwischen beiden Bezugsgrößen zustande: Ihre Vorstellungen davon, was für das Individuum das Gute ist, enthalten zugleich Anweisungen für die Einrichtung einer legitimen Gesellschaftsordnung. Mit dem sich nur allmählich durchsetzenden Gedanken, daß der Wert des menschlichen Subjekts in seiner Fähigkeit zur Selbstbestimmung liegt, ändert sich nämlich gleichzeitig auch die Perspektive auf die Regeln des gesellschaftlichen Zusammenlebens; deren normative Legitimität wird nun zunehmend davon abhängig gemacht, ob sie so vorgestellt werden können, daß sie die individuelle Selbstbestimmung entweder in ihrer Summe zum Ausdruck bringen oder in ihren Voraussetzungen angemessen verwirklichen können. Seither ist von der Vorstellung sozialer Gerechtigkeit, von Überlegungen darüber, wie die Gesellschaft eingerichtet werden soll, um den Interessen und Bedürfnissen ihrer Mitglieder gerecht zu werden, das Prinzip der individuellen Autonomie nicht mehr abzutrennen; so groß auch der Stellenwert all dessen sein mag, was zusätzlich

2 In eine derartige Richtung weist auch die Argumentation Taylors, ebd., S. 868.

noch an ethischen Gesichtspunkten in den Diskurs über Gerechtigkeit eingebracht wird, stets wird all das von der Bedeutung des Wertes überragt, den die Freiheit des einzelnen in der modernen Gesellschaftsordnung genießt. Die Verschmelzung von Gerechtigkeitsvorstellung und Freiheitsgedanken ist im Laufe der Zeit so weit fortgeschritten, daß heute im Detail manchmal gar nicht mehr recht zu erkennen ist, wo bestimmte Entwürfe den Verweis auf den zentralen Wert der individuellen Freiheit untergebracht haben; erst eine mühsame Rekonstruktion muß dann im nachhinein sichtbar machen, daß auch diese Gerechtigkeitstheorien in der Vielzahl ihrer anderen ethischen Bezüge die individuelle Autonomie in den Mittelpunkt gerückt haben.[3] So hat es Jahre gebraucht, bis sich auch von den vermeintlich subjektkritischen Ethiken der »postmodernen« Generation zeigte, daß sie letztlich nur eine tiefergelegte Variante der modernen Freiheitsidee darstellen: Was bislang für eine natürliche Grenze der individuellen Selbstbestimmung gehalten wurde, die biologische Identität der Geschlechter oder bestimmte Auffassungen des menschlichen Körpers, soll durch den Nachweis der Herkunft aus kulturellen Setzungen bloß eingerissen werden.[4] Keine Sozialethik, keine Gesellschaftskritik scheint heute mehr den Denkhorizont transzendieren zu können, der sich mit der Koppelung der Gerechtigkeitsvorstellung an den Autonomiegedanken seit mehr als zweihundert Jahren in der Moderne eröffnet hat.

Was für die philosophische Seite der sozialethischen Bemühungen gesagt werden kann, gilt nicht minder auch für die nach Gerechtigkeit strebenden Sozialbewegungen der Neuzeit. Kaum eine der gesellschaftlichen Gruppierungen,

3 Sehr schön wird diese Zentralstellung individueller Freiheit demonstriert von: Will Kymlicka, *Politische Philosophie heute. Eine Einführung*, Frankfurt/New York 1996.

4 Vgl. exemplarisch: Judith Butler, *Das Unbehagen der Geschlechter*, Frankfurt/M. 1991. Zum gesamten Themenkomplex vgl. Johanna Oksala, *Foucault on Freedom*, Cambridge 2005.

die nach der Französischen Revolution in Kämpfe um soziale Anerkennung verstrickt waren, hatte sich nicht das Losungswort der individuellen Freiheit auf ihre Fahnen geschrieben. Die Anhänger der nationalrevolutionären Bewegungen und die Verfechterinnen der Frauenemanzipation, die Mitglieder der Arbeiterbewegung und die Kombattanten des *civil rights movements*, sie alle kämpften gegen rechtliche und soziale Formen der Mißachtung, die sie als unvereinbar mit Ansprüchen auf Selbstachtung und individuelle Autonomie erlebten; bis in die Sensorien ihrer moralischen Wahrnehmung hinein waren die Anhänger dieser sozialen Bewegungen davon überzeugt, daß es die Gerechtigkeit verlangt, jeder Person die gleichen Chancen auf Freiheit zu gewähren; und selbst dort, wo es sich der Zielsetzung nach um eine Einschränkung individueller Freiheit handeln sollte, mußte noch das Freiheitspostulat dazu herhalten, den Zielen der Bewegung den Anschein der Gerechtigkeit zu verleihen. In der gesellschaftlichen Moderne ist die Forderung nach Gerechtigkeit öffentlich nur zu legitimieren, wenn in der einen oder anderen Weise auf die Autonomie des einzelnen Bezug genommen wird; nicht der Wille der Gemeinschaft, nicht die natürliche Ordnung, sondern die individuelle Freiheit bildet den normativen Grundstein aller Gerechtigkeitsvorstellungen.

Diese Verzahnung von Gerechtigkeit und individueller Freiheit ist freilich mehr als nur ein historisches Faktum. Zwar kommt in der Verschmelzung der beiden Konzepte das Resultat eines weit zurückreichenden Lernprozesses zum Tragen, in dessen Verlauf das klassische Naturrecht zunächst aus seinem theologischen Rahmen befreit werden mußte, um das individuelle Subjekt in die Rolle eines gleichberechtigten Autors aller gesellschaftlichen Gesetze und Normen einsetzen zu können; von Thomas von Aquin über Grotius und Hobbes bis zu Locke und Rousseau verläuft der schwierige, konfliktreiche Weg, auf dem so allmählich die individuelle Selbstbestimmung zum Bezugspunkt aller Vorstellungen von Gerechtigkeit wurde.[5] Aber im Ergebnis stellt diese ethische Legierung doch mehr dar als bloß den glücklichen Zufall einer Zusammenkunft von zwei unabhängigen Begriffsgeschichten; in ihr kommt vielmehr in irreversibler Weise zur Geltung, daß der Entwurf gerechter Normen auf keine anderen Kräfte vertrauen darf, als sie dem menschlichen Geist je individuell gegeben sind. Zwischen unserem unablässigen Insistieren darauf, daß eine gesellschaftliche Ordnung »gerecht« zu sein hat, und der individuellen Selbstbestimmung besteht insofern ein unauflösliches Band, als bereits die Orientierung an Gerechtigkeit nur Ausdruck unseres subjektiven Vermögens zur Rechtfertigung ist. Die individuelle Fähigkeit, Gesellschaftsordnungen zu hinterfragen und nach ihrer moralischen Legitimation zu verlangen, ist Bodensatz des Mediums, in dem die Perspektive der Gerechtigkeit ihrer ganzen Struktur nach beheimatet ist. Daher hat der menschliche Geist in der individuellen Selbstbestimmung, der Kraft, zu eigenen Urteilen zu gelangen, nicht irgendeine kontingente Eigenschaft, sondern das Wesen seiner praktisch-normativen Tätigkeit entdeckt: Nach Gerechtigkeit zu fragen, den entsprechenden Gesichtspunkt auch nur geltend machen zu wollen bedeutet, selbst (mit)bestimmen zu wollen, welchen normativen Regeln das gesellschaftliche Zusammenleben gehorchen soll.[6] Sobald die-

5 Vgl. Jerome B. Schneewind, *The Invention of Autonomy. A History of Modern Moral Philosophy*, Cambridge 1998.

6 In dieser Bindung aller Gerechtigkeit an die Voraussetzung wechselseitiger Rechtfertigbarkeit besteht der richtige Kern des Gedankens, den Begriff »Gerechtigkeit« mit Hilfe eines »Rechts auf Rechtfertigung« zu erläutern (vgl. exemplarisch im Anschluß an John Rawls und Thomas Scanlon: Rainer Forst, *Das Recht auf Rechtfertigung. Elemente einer konstruktivistischen Theorie der Gerechtigkeit*, Frankfurt/M. 2007). Allerdings ist mit dieser geradezu analytischen Grundbestimmung noch kaum etwas gewonnen, weil sich die Art und der Umfang der einzuräumenden Rechtfertigbarkeit jeweils nur an sozialen und historischen Voraussetzungen bemessen werden, die ihrerseits überhaupt erst festlegen, was jeweils als »gerechtfertigt« gelten kann. Ohne eine Berücksichtigung dieser normativ eingrenzenden Bedingungen – Gegenstände einer normativen Rekonstruktion – bliebe die Gerechtigkeitstheorie vollkommen leer.

ser interne Zusammenhang aber einmal entdeckt ist, sobald also ein Wissen darüber besteht, daß Gerechtigkeit und individuelle Selbstbestimmung zirkulär aufeinander verweisen, muß jeder Rückgriff auf ältere, vormoderne Legitimationsquellen sozialer Ordnung wie eine Auslöschung der Gerechtigkeitsperspektive selbst erscheinen; es ist von nun an nicht mehr verständlich, was es heißen soll, nach einer gerechten Ordnung zu verlangen, ohne simultan auch individuelle Selbstbestimmung einzuklagen. Insofern stellt die Verschmelzung der Gerechtigkeitsvorstellung mit dem Autonomiegedanken eine irreversible, nur um den Preis der kognitiven Barbarisierung noch einmal rückgängig zu machende Errungenschaft der Moderne dar; und dort, wo sich eine derartige Regression tatsächlich ereignet, wird sie »in den Gemütern aller Zuschauer (die nicht selbst in dieses Spiel mit verwickelt sind)«[7] moralische Empörung erregen.

Mit dieser teleologischen Perspektive, die ein unvermeidliches Element des Selbstverständnisses der Moderne bildet,[8] verliert das bislang umrissene Faktum seinen historischkontingenten Charakter. Als normativen Bezugspunkt aller Konzeptionen von Gerechtigkeit in der Moderne können wir nun aus Gründen, die universelle Geltung beanspruchen, die Idee der individuellen Selbstbestimmung betrachten: Als »gerecht« muß gelten, was den Schutz, die Förderung oder die Verwirklichung der Autonomie aller Gesellschaftsmitglieder gewährleistet. Allerdings ist mit dieser ethischen Bindung der Gerechtigkeit an ein oberstes Gut noch nicht das mindeste darüber ausgesagt, wie eine soziale Ordnung tatsächlich beschaffen sein soll, die das Prädikat »gerecht« verdient; alles, aber auch alles, hängt für die weitere Bestimmung der Ge-

7 Immanuel Kant, »Der Streit der Fakultäten,« in: ders., *Werke in zwölf Bänden*, Frankfurt/M. 1964, Bd. XI, S. 265-393, hier: S. 358.

8 Vgl. dazu Axel Honneth, »Die Unhintergehbarkeit des Fortschritts. Kants Bestimmung des Verhältnisses von Moral und Geschichte«, in: ders., *Pathologien der Vernunft. Geschichte und Gegenwart der Kritischen Theorie*, Frankfurt/M. 2007.

rechtigkeit nun davon ab, wie der Wert der individuellen Freiheit des näheren gefaßt wird. Die Idee der Autonomie ist als solche viel zu heterogen und vielschichtig, als daß sie von sich aus festlegen könnte, worin das Maß der Gerechtigkeit bestehen soll; weder die methodische Form noch die inhaltlichen Bestimmungen einer solchen Konzeption werden schon dadurch hinreichend fixiert, daß sie bloß ethisch auf die Gewährleistung von individueller Freiheit bezogen wird. Zwar mag das Gut der Freiheit den »Punkt« oder das »Ziel« der Gerechtigkeit bilden,[9] aber damit ist das Verhältnis zwischen dem ethischen Ziel und den Gerechtigkeitsgrundsätzen, zwischen dem Guten und dem Richtigen noch in keiner Weise bestimmt; dazu bedarf es erst einer rationalen Klärung nicht nur des Umfangs, sondern auch der Vollzugsweise jener individuellen Freiheit, die dem Entwurf im ganzen als Richtschnur dienen soll.

Seit den Tagen von Hobbes muß die Kategorie der individuellen Freiheit, ihre inhaltliche Füllung ebenso wie ihr logischer Aufbau, als einer der am stärksten umkämpften Begriffe der gesellschaftlichen Moderne gelten; an den Auseinandersetzungen um seine semantische Bestimmung beteiligten sich von Anfang an nicht nur Philosophen, Juristen und Gesellschaftstheoretiker, sondern auch die Aktivisten von sozialen Bewegungen, denen es um die öffentliche Artikulation ihrer spezifischen Erfahrungen von Diskriminierung, Degradierung und Ausschluß ging.[10] Im Verlauf dieser unabgeschlossenen

9 Vgl. dazu die beinahe schon klassischen Formulierungen in John Rawls, »Der Vorrang des Rechten und die Ideen des Guten«, in: ders., *Die Idee des politischen Liberalismus. Aufsätze 1978-1989*, Frankfurt/M. 1992, S. 364-397, bes. S. 364f. Hier lautet die zentrale Formulierung: »Die Gerechtigkeit zieht die Grenzen, das Gute setzt das Ziel.«

10 Leider sind mir keine begriffsgeschichtlichen Untersuchungen bekannt, die die Entwicklung des Freiheitsbegriffs in modernen Gesellschaften unter Einbeziehung auch der performativen Eingriffe von Vertretern sozialer Bewegungen und politischer Parteien nachverfolgt hätten. Vgl. aber für Deutschland: Peter Blickle, *Von der Leibeigenschaft zu den Menschenrechten. Eine Geschichte der Freiheit in Deutschland*, München

Debatte ist deutlich geworden, daß sich mit der propagierten Idee von Freiheit stets auch das Bild, ja die methodische Vorstellung von Gerechtigkeit wandelt: Eine Ausweitung all dessen, was zum »Selbst« der individuellen Selbstbestimmung gehören soll, ändert nicht nur die inhaltlichen Grundsätze, sondern auch die Konstruktionsgesetze der gerechten Ordnung; denn je mehr Fähigkeiten und Voraussetzungen für nötig befunden werden, um tatsächlich die Autonomie des einzelnen ermöglichen zu können, desto stärker muß in die Festlegung der Prinzipien auch der Blickwinkel derer einfließen, für die jene Prinzipien gelten sollen. Um also begründen zu können, von welcher Idee von Gerechtigkeit im folgenden ausgegangen werden soll, bedarf es zunächst einer Unterscheidung von verschiedenen Modellen individueller Freiheit; im Lichte solcher Differenzierungen dürfte sich dann auf dem Weg eines eliminativen Verfahrens das Freiheitsmodell herausschälen, an dem sich unsere Konzeption von Gerechtigkeit zu orientieren hat. Als Ausgangspunkt kann dabei die Beobachtung gelten, daß sich im moralischen Diskurs der Moderne, jenen erbittert geführten Konflikten um die Bedeutung von Freiheit, drei deutlich voneinander abgrenzbare Modelle herausgebildet haben; bei genauerer Analyse wird sich zeigen, daß die Unterschiede zwischen diesen historisch wirkmächtigen Ideen individueller Freiheit im wesentlichen mit verschiedenen Vorstellungen darüber zusammenhängen, wie jeweils die Verfaßtheit und der Charakter individueller Absichten aufgefaßt werden muß.[11] Entlang ihres zunehmenden Komplexitätsgra-

2003. Auch in der großartigen Globalgeschichte des 19. Jahrhunderts von Jürgen Osterhammel (*Die Verwandlung der Welt. Eine Geschichte des 19. Jahrhunderts*, München 2009) fehlt leider bei der Behandlung der großen Schlüsselthemen der Begriff der Freiheit.

11 Einen interessanten, von meinem eigenen allerdings abweichenden Vorschlag zur Unterscheidung von drei Freiheitsmodellen hat Philippe d'Iribarne entwickelt (»Trois figures de la liberté«, in: *Annales HSS*, 2003, Nr. 5, S. 953-978). D'Iribarne geht davon aus, daß sich die Eigenarten der drei Vorstellungen von individueller Freiheit (also negative,

des aufgereiht können wir von einem *negativen* (I.), einem *reflexiven* (II.) und einem *sozialen* (III.) Modell der Freiheit sprechen; nur indirekt spiegelt sich in der damit vorgenommenen Dreiteilung jene berühmt gewordene Unterscheidung, in der Isaiah Berlin eine bloß »negativ« bestimmte Freiheit einer »positiv« begriffenen Freiheit entgegengesetzt hat.[12]

kommunikative und reflexive Freiheit) aus den kulturellen Gepflogenheiten der jeweiligen Herkunftsnation (England, Deutschland, Frankreich) ergeben haben. Solchen Zusammenhängen gehe ich im folgenden nicht nach.

12 Isaiah Berlin, »Zwei Freiheitsbegriffe«, in: ders., *Freiheit. Vier Versuche*, Frankfurt/M. 1995, S. 197-256.

I.
Die negative Freiheit und ihre Vertragskonstruktion

Die Geburtsstunde der Idee einer negativen Freiheit des Subjekts fällt in die Zeit der religiösen Bürgerkriege des 16. und 17. Jahrhunderts. Obwohl der Konfliktstoff in den erbittert geführten Auseinandersetzungen schon damals den Blick auf die Reflexivität der Freiheit hätte lenken können, also darauf, daß Subjekte allein wollen können, was sie reflexiv für richtig halten, dirigiert Hobbes die streitenden Parteien geschickt auf das Gleis einer nur negativen Vorstellung von individueller Selbstbestimmung: »Die Freiheit des Menschen«, so behauptet er an einer berühmten Stelle des *Leviathan*, »bedeutet genau genommen das Fehlen von Widerstand, wobei [...] unter Widerstand äußere Beweggründe« verstanden werden sollen.[13] Auf der elementarsten Stufe besteht »Freiheit« für Hobbes in nichts anderem als der Abwesenheit von äußeren Widerständen, die natürliche Körper an der möglichen Bewegung hindern könnten; innere Hemmnisse, wie sie im Fall von einfachen Körpern aus der Beschaffenheit ihrer Materie stammen können, dürfen deswegen nicht als Einschränkungen von Freiheit gelten, weil sie den individuellen Dispositionen angehören und daher, so ließe sich sagen, selbstverursacht sind. Von dieser ersten, noch rein naturalistischen Bestimmung aus schließt Hobbes nun auf die Freiheit von Wesen, die wie die Menschen im Unterschied zu bloßen Körpern einen »Willen« besitzen; deren Freiheit besteht dementsprechend darin, nicht durch äußere Widerstände daran gehindert zu werden, ihre selbstgesetzten Ziele zu realisieren: »ein

13 Thomas Hobbes, *Leviathan oder Stoff, Form und Gewalt eines bürgerlichen und kirchlichen Staates*, Frankfurt/M. 1984, S. 163.

Freier« ist, so lautet, was sich geradewegs wie eine Definition verstehen läßt, »wer nicht daran gehindert ist, Dinge, die er auf Grund seiner Stärke und seines Verstands tun kann, seinem Willen entsprechend auszuführen«.[14] Auch hier, also bei menschlichen Wesen, dürfen innere Hemmnisse wiederum nicht als Beeinträchtigungen von Freiheit gelten; denn solche psychischen Faktoren, wie sie etwa Angst, Willensschwäche oder mangelndes Selbstvertrauen bilden mögen, können erneut nur dem individuellen Vermögen zur Last gelegt werden, so daß sie nicht auf die Seite der Widerstände geschlagen werden dürfen. Vor allem aber möchte Hobbes verhindern, daß bei der Frage, ob wir eine bestimmte Handlung als »frei« qualifizieren können, die Art der individuell verfolgten Ziele eine Rolle spielt; als diejenigen Absichten, von deren Durchführung Menschen durch äußere Freiheitseinschränkungen abgehalten werden können, dürfen alle Zwecksetzungen gelten, die sie »auf Grund ihrer eigenen Vernunft für das Vorteilhafteste halten«.[15]

Für Hobbes ist mit diesen wenigen, ausgesprochen dürftigen Bestimmungen schon hinreichend charakterisiert, was er für die »natürliche Freiheit«[16] des Menschen hält. Entscheidend an seinen Ausführungen ist der interne Zusammenhang, der hier beinah unmerklich zwischen dem Ausschluß innerer Hemmnisse und den möglichen Zielen freier Handlungen konstruiert wird: Weil die Freiheit des Menschen darin bestehen soll, all das zu tun, was in seinem unmittelbaren Selbstinteresse liegt, dürfen auch motivationale Komplikationen, die im weitesten Sinn aus mangelnder Klarheit über die eigenen Absichten resultieren, nicht als Einschränkungen von freien Handlungen gewertet werden.[17] Die Vorstellung, daß die Erfüllung jedes be-

14 Ebd.

15 Ebd., S. 165.

16 Ebd., S. 164.

17 Vgl. Charles Taylor, »Der Irrtum der negativen Freiheit«, in: ders., *Negative Freiheit? Zur Kritik des neuzeitlichen Individualismus*, Frankfurt/M. 1988, S. 118-144, bes. S. 124.

liebigen Wunsches schon Ziel von Freiheit sein kann, solange dieser aus der Sicht des Subjekts nur seiner Selbstbehauptung dient, erlaubt es Hobbes, sich in seiner Definition vollständig auf die äußeren Widerstände zu beschränken; denn mögliche Trübungen, Irrungen oder Beschränkungen des menschlichen Willens können schon deswegen bei der Bestimmung natürlicher Freiheit nicht ins Gewicht fallen, weil uns als Beobachtern kein Urteil darüber zusteht, was das Subjekt wollen sollte.

Bevor die Frage weiterverfolgt werden soll, welche Konsequenzen sich aus dieser minimalen Bestimmung von Freiheit für unsere Vorstellung von Gerechtigkeit ergeben, müssen zunächst kurz die Gründe für ihren historischen Siegeszug erörtert werden; denn obwohl die Hobbessche Definition äußerst simpel und geradezu primitiv anmutet, hat sie alle theoretischen Widerstände überlebt und ist später in erweiterter Gestalt zum Keim einer wirkmächtigen Freiheitsidee geworden. Hobbes selbst wollte mit seiner Lehre, wie wir inzwischen durch die Forschungen Quentin Skinners wissen, vor allem dem wachsenden Einfluß des politischen Republikanismus im englischen Bürgerkrieg entgegenwirken: Mit dem Vorschlag, unter Freiheit einzig die äußerlich ungehinderte Realisierung je eigener Ziele zu verstehen, versuchte er mit theoretischem Geschick und rhetorischer Brillianz solchen Vorstellungen von Freiheit öffentlich entgegenzuwirken, die dem Wunsch nach zivilen Assoziationen Auftrieb geben konnten.[18] Aber dieser politisch- strategische Sinn der Hobbesschen Freiheitsidee war bald schon verbraucht, so daß von ihr nur die äußerst schmale, bloß negative Formulierung übrigblieb; daß sie danach überhaupt fortexistieren konnte und bis heute allen normativen Anfechtungen widerstand, muß daher mit einem Kern an intuitiver Richtigkeit zusammen-

18 Quentin Skinner, *Liberty before Liberalism*, Cambridge 1998, S. 7-11; vgl. zusätzlich: ders., *Freiheit und Pflicht. Thomas Hobbes' politische Theorie. Frankfurter Adorno-Vorlesungen 2005*, Frankfurt/M. 2008, v. a. Kap. 3.

hängen, der gleichsam jede ihrer politischen Verwendungen transzendiert. Worin diese dauerhafte Anziehungskraft besteht, tritt zutage, wenn die Idee negativer Freiheit über ihren Hobbesschen Ausgangspunkt hinaus weiterverfolgt wird, um an den sich anschließenden Stationen jeweils das Gemeinsame auszumachen:[19] So sehr der ursprüngliche Gedanke später bei John Locke, John Stuart Mill oder Robert Nozick auch theoretisch verbessert werden sollte, stets blieb dabei die Vorstellung bestimmend, den Subjekten einen geschützten Spielraum für egozentrische, von Verantwortungsdruck entlastete Handlungen zu sichern. Wären es nicht die Individuen in ihren unendlichen Besonderungen gewesen, an die die Idee negativer Freiheit stets hatte appellieren können, so wäre der Hobbesschen Lehre keine Zukunft beschieden gewesen.

Die Idee, daß die Freiheit des einzelnen in der »von außen« ungestörten Verfolgung eigener Interessen besteht, rührt an eine tiefsitzende Intuition des modernen Individualismus; ihr zufolge hat das Subjekt selbst dort noch ein Recht auf Besonderung, wo es sich an Wünsche und Absichten hält, die keiner Kontrolle durch höherstufige Prinzipien unterworfen sind.[20] Die Hobbessche Freistellung der Ziele, die als legitime Zwecke freier Handlungen gelten können, hat daher ganz gegen seine eigenen Überzeugungen die Entstehung eines Freiheitsgedankens beflügelt, dem die Verteidigung der Idiosynkrasie das wichtigste Anliegen ist. Dieser Zug der negativen Freiheit tritt allerdings erst von dem Augenblick an deutlich in Erscheinung, als die individuelle Besonderung ihren elitären Charakter abgestreift hat und zu einer kulturellen Errungenschaft breiter Massen geworden ist;[21] jetzt, in der Blütezeit

19 Vgl. Berlin, »Zwei Freiheitsbegriffe«, a. a. O.

20 Vgl. Albrecht Wellmer, »Freiheitsmodelle in der modernen Welt«, in: ders., *Endspiele. Die unversöhnliche Moderne*, Frankfurt/M. 1993, S. 15-53, bes. S. 38 ff.

21 Vgl. etwa: Undine Eberlein, *Einzigartigkeit. Das romantische Individualitätskonzept der Moderne*, Frankfurt/M. 2000, bes. Kap. 5; Charles Taylor, *Das Unbehagen an der Moderne*, Frankfurt/M. 1995.

der Individualisierung im 20. Jahrhundert,[22] wird sichtbar, daß die Hobbessche Lehre auch Ausdruck der Tendenz ist, den Subjekten die Möglichkeit der Selbstsucht und Exzentrik einzuräumen. Sowohl der Existentialismus Sartres als auch der Libertarismus Nozicks sind Varianten dieses Bedeutungsstroms der negativen Freiheit.

Der Begriff der Freiheit, den Sartre in seinem philosophischen Hauptwerk entwickelt, ist zwar nicht auf die Art von Fragen zugeschnitten, die in der politischen Philosophie der Neuzeit im Mittelpunkt stehen; während hier das normative Problem behandelt wird, welche Form von Freiheit dem einzelnen in welchem Umfang gewährleistet werden soll, richtet jener sein Augenmerk primär auf die ontologische Verfassung der Freiheit.[23] Aber oberhalb dieser eigentlichen Untersuchungsebene, dort, wo die Argumente Sartres den Vorstellungshorizont der Lebenswelt berühren, weist sein Freiheitsbegriff Züge auf, die wie eine Radikalisierung des Hobbesschen Konzepts wirken. Auch für Sartre dürfen Willensschwäche oder psychische Belastungen, wenn auch aus anderen Gründen als bei Hobbes, nicht als Einschränkungen von Freiheit gelten; denn solche inneren Hemmnisse sind ihrerseits bereits »Ausdruck« einer Wahl, in der der Mensch jeweils festlegt, welche Möglichkeit der Existenz er ergreifen soll. Das Wollen, das sich auf dieser grundlegenden Ebene vollzieht, ist in einem absoluten Sinn frei von allen Bindungen: Weder die persönliche Biographie noch irgendwelche Prinzipien, weder die eigene Identität noch Rücksichten auf andere schränken das Subjekt in dem Augenblick ein, in dem es gehalten ist, sich für eine Weise des Lebensvollzugs zu entscheiden. Insofern stehen uns nach Sartre im Moment der existentiellen Wahl keine Maßstäbe zur Verfügung, die es erlauben würden,

22 Wiederum nur exemplarisch: Ulrich Beck, *Risikogesellschaft. Auf dem Weg in eine andere Moderne*, Frankfurt/M. 1986.

23 Jean-Paul Sartre, *Das Sein und das Nichts*, Reinbek b. Hamburg 1993, Vierter Teil, I. Kapitel.

uns vor uns selbst oder vor anderen »zu rechtfertigen«;[24] wir entwerfen uns vielmehr in solchen Augenblicken spontan, also ohne reflexives Innehalten, auf eine der unzähligen Existenzmöglichkeiten hin, die uns der Spielraum menschlichen Lebens bietet.

Es bedarf nur eines geringfügigen Wechsels in der Perspektive, um in dieser Konzeption eine Überbietung des Begriffs der negativen Freiheit zu sehen, wie ihn Hobbes dreihundert Jahre zuvor mit rein naturalistischen Mitteln entwickelt hat. Wenn wir nämlich als den Kern einer solchen negativen Auffassung nicht so sehr den Gedanken verstehen, daß nur äußere Hindernisse einer freien Handlung im Weg stehen können, sondern die Idee, daß die Art der Zwecke nichts über das Vorliegen von Freiheit besagt, dann tritt an der Konzeption Sartres die gleiche Tendenz zur Ausschaltung aller Reflexivität zutage: Wie Hobbes geht auch Sartre davon aus, daß zum Begriff der individuellen Freiheit nicht ein bestimmtes Maß der Abwägung von Zielen gehören darf, wobei er diese Entkoppelung als eine existentielle Nötigung begreift, während jener sie als ein normatives Faktum präsentiert. Für beide Denker besteht, so gesehen, die Freiheit des einzelnen zunächst nur im Ergreifen jeweils gegebener Ziele, mögen sie nun aus den Quellen des »spontanen Bewußtsein(s)«[25] oder faktisch vorfindlicher Wünsche stammen; es bedarf keines zusätzlichen Schritts der Reflexion, weil zum Vollzug der Freiheit nicht eine Rechtfertigung der Zwecke im Lichte irgendwelcher höherstufiger Gesichtspunkte gehört. »Negativ« ist diese Art von Freiheit, weil ihre Ziele nicht weiter daraufhin befragt werden müssen, ob sie ihrerseits Bedingungen der Freiheit genügen; gleichviel, welche existentielle Wahl getroffen wird, welche

24 Ebd., S. 805. Zur Kritik an Sartres Freiheitskonzeption vgl. etwa Charles Taylor, »Was ist menschliches Handeln?«, in: ders., *Negative Freiheit?*, a. a. O., S. 9-51, bes. S. 29-35; Peter Bieri, *Das Handwerk der Freiheit. Über die Entdeckung des eigenen Willens*, München/Wien 2001, Kap. 6.

25 Sartre, *Das Sein und das Nichts*, a. a. O., S. 819.

Wünsche befriedigt werden, der pure, ungestörte Akt des Entscheidens reicht aus, um die daraus resultierende Handlung als »frei« zu qualifizieren.

Dieser Nachweis einer untergründigen Verwandtschaft zwischen Hobbes und Sartre soll hier nur die These stützen, daß die Idee der negativen Freiheit deswegen zu einem unverbrüchlichen Element der modernen Vorstellungswelt werden konnte, weil sie dem Streben nach individueller Besonderung ein Recht verliehen hat. Entgegen seiner ursprünglichen Absicht hat Hobbes mit seinem Vorschlag, die individuelle Freiheit bloß von außen zu bestimmen, zur Bildung einer Tradition beigetragen, in welcher heute jede Handlung »frei« genannt wird, solange sie nur als Ausdruck einer Selbstwahl begriffen werden kann; im existentialistischen Pathos bedingungsloser Freiheit kommt an ein Ende, was einmal mit der unscheinbaren Feststellung begann, daß nur äußere Hindernisse die Handlungen eines Menschen begrenzen können. Noch deutlicher als die Lehre Sartres bringt aber inzwischen die Theorie Robert Nozicks zum Vorschein, welche radikale Bedeutung das Hobbessche Konzept der negativen Freiheit später einmal ungewollt annehmen sollte; an Nozicks Buch über »Anarchie, Staat, Utopie« läßt sich zudem gut studieren, wie die methodische Perspektive beschaffen ist, unter der im Ausgang von der negativen Freiheit die gerechte Ordnung einer Gesellschaft in den Blick genommen wird.[26]

Nozick hält sich in seiner Gerechtigkeitstheorie durchgängig an denselben Begriff von Freiheit, den auch Hobbes und Locke ihren Entwürfen einer gerechten Staatsordnung zugrunde gelegt hatten; auch er begreift mithin die individuelle Freiheit konsequent nur als Chance, ungehindert von äußeren Hindernissen die jeweils eigenen Wünsche und Absichten zu realisieren. Aber im Unterschied zu den beiden englischen Philosophen hat er nicht den um seine Glaubens-

26 Robert Nozick, *Anarchie, Staat, Utopie*, München 2006.

freiheit ringenden Bürger eines monarchistischen Staates vor Augen, sondern vielmehr den radikalen Individualisten des 20. Jahrhunderts: Frei zu sein heißt für einen derart charakterisierten Aktor, so viele egozentrische, vollkommen eigenwillige Lebensziele realisieren zu können, wie mit der Freiheit aller anderen Mitbürger eben noch vereinbar ist. Schon die Erwartung, sich bei der Verwirklichung eigener Wünsche an einen vernünftigen Lebensplan zu halten, muß aus der Sicht des Individualisten als eine Zumutung begriffen werden, weil seiner Freiheit damit eine rationale Einschränkung auferlegt wird;[27] die Tatsache, daß die Menschen in ihrer »individuellen Existenz«[28] auf sich allein gestellt und aufgrund der »ungeheuren Kompliziertheit« ihrer Triebe, Neigungen und Bindungen[29] füreinander undurchschaubar sind, erlaubt kein anderes Kriterium bei der Beurteilung von Lebenszielen als dasjenige der äußeren Vereinbarkeit mit den Zielen aller anderen Subjekte. Schon diese wenigen Bestimmungen geben zu erkennen, wie stark die Idee der negativen Freiheit bei Nozick den Bedingungen angepaßt worden ist, die in pluralistischen, extrem individualisierten Gesellschaften herrschen; als »äußere« Beschränkung von Freiheit muß es schon gelten, die Subjekte mit der Erwartung zu konfrontieren, ihre Wünsche oder Absichten minimalen Standards der Rationalität zu unterwerfen. Für Hobbes ist die Hohlform, als die die individuelle Freiheit vorgestellt wird, nach innen immerhin noch durch die Voraussetzung einer Rationalität des Selbstinteresses begrenzt, während bei Nozick selbst noch diese minimale Bedingung wegfällt: Alle Lebensziele, so unverantwortlich, selbstdestruktiv oder idiosynkratisch sie auch sein mögen, müssen als Zweck der Realisierung von Freiheit gelten, solange sie nur die Rechte anderer Personen nicht verletzen.

Diese Zuspitzung im Bedeutungsgehalt der negativen

27 Ebd., S. 80 ff.
28 Ebd., S. 66.
29 Ebd., S. 410.

Freiheit, ihre allmähliche Abkoppelung von jeder intern einschränkenden Bedingung, ändert freilich an der Tatsache nichts, daß die methodische Perspektive auf die Gerechtigkeit von Hobbes bis Nozick weitgehend die gleiche geblieben ist. Als Ausgangspunkt des Versuchs, zur Idee einer gerechten Staatsordnung zu gelangen, benutzen solche Theorien beinah ausnahmslos das Mittel, zunächst die Fiktion eines Naturzustands zu entwerfen: Mit mal stärkerer, mal schwächerer Tendenz zur Ausschmückung wird dargestellt, wie das soziale Zusammenleben sich hätte abspielen können, wenn keine staatliche Zwangsgewalt vorhanden gewesen wäre.[30] Noch bevor derartige Schilderungen jedoch eine methodische Funktion im engeren Sinn übernehmen, dienen sie zumeist der Aufgabe, die keinesfalls selbstverständliche Prämisse einer nur negativen Freiheit zu plausibilisieren; denn die Individuen, die in dieser vorstaatlichen Ordnung gelebt haben sollen, werden stets fiktiv mit dem Wunsch ausgestattet, möglichst ohne jede Einschränkung und rein nach Gutdünken zu handeln.[31] Die ausgesprochen dünne Vorstellung von Freiheit, mit der die auf Hobbes zurückgehenden Gerechtigkeitstheorien operieren, wird als ein Streben in den Naturzustand hineinprojiziert, so daß die Alternative eines Ausgangs von ursprünglichen Bindungen und wechselseitiger Zuwendung erst gar nicht denkbar ist; im Resultat wird daher der Mensch wie selbstverständlich als ein atomares Wesen dargestellt, das kein größeres Interesse als dasjenige besitzt, nach je eigenen Präferenzen uneingeschränkt handeln zu können.[32]

30 Hobbes, *Leviathan*, a. a. O., Kap. 13-15; John Locke, *Über die Regierung (The Second Treatise of Government)*, Stuttgart 2003, Kap. II; Nozick, *Anarchie, Staat, Utopie*, a. a. O., Teil I, Kap. 1.

31 Die deutsche Übersetzung der berühmten Formulierung von John Locke lautet im allgemeinen: »über seine Person so zu verfügen, wie es einem am besten scheint« (Locke, *Über die Regierung*, a. a. O., S. 5).

32 Vgl. dazu schon kritisch: G.W.F. Hegel, »Über die wissenschaftliche Behandlungsart des Naturrechts«, in: ders., *Werke in zwanzig Bänden*, Frankfurt/M. 1970, Bd. 2, S. 434-530.

Allerdings bestehen jenseits dieses harten Kerns in den verschiedenen Theorien zum Teil erheblich voneinander abweichende Vorstellungen darüber, wie der fiktive Ausgangszustand näher bestimmt werden soll. Je weiter sich die Ansätze von Hobbes entfernen, desto stärker ist ihre Tendenz, die natürlichen Subjekte in ihrem Freiheitsdrang von außen durch moralische Gesetze zu begrenzen; zwar bleibt die Vorstellung intakt, nach der menschliche Wesen von Haus aus nach möglichst schrankenloser Realisierung je eigener Interessen streben, aber diesem egozentrischen Verlangen werden äußere Grenzen auferlegt, die aus einem geradezu automatisch wirkenden Naturrecht stammen sollen.[33] Es ist bis heute nicht ganz klar, wie solche naturrechtlichen Imperative begrifflich mit dem Streben nach negativer Freiheit, nach möglichst schrankenloser Realisierung der je eigenen Wünsche, versöhnt werden sollen; entweder müßte die Befolgung der moralischen Grundsätze als ein internes Moment des Freiheitsimpulses selbst verstanden werden, so daß wir es allerdings nicht mehr mit einem rein negativen Begriff zu tun hätten, oder aber jene Befolgung würde als ein bloßes Reagieren auf externe Gegebenheiten beschrieben, was dann massive Beschränkungen der negativen Freiheit schon im Naturzustand zur Folge hätte. Jeder Versuch, dem fiktiven Naturzustand die Drastik des Hobbesschen Kriegsgeschehens zu nehmen, indem ihm moralische Einschränkungen implantiert werden, führt an die Grenzen des Modells negativer Freiheit; denn die Wirksamkeit jener Moral ließe sich widerspruchsfrei nur als eine Art von individueller Selbstbeschränkung auffassen, so daß die Freiheit schon im Ansatz mit einem Element der Reflexivität versehen würde.[34]

33 Locke, *Über die Regierung*, a.a.O., bes. S. 6 ff.; Nozick, *Anarchie, Staat, Utopie*, a.a.O., S. 23-27.

34 Vgl. die verräterische Formulierung von Robert Nozick: »Man käme der Sache näher [...], wenn man staatslose Verhältnisse ins Auge faßt, bei denen die Menschen im allgemeinen die moralischen Einschränkungen einhalten und im allgemeinen so handeln, wie sie sol-

Wie immer diese begrifflichen Schwierigkeiten nun auch im einzelnen gemeistert werden, es bleibt stets bei der zentralen Rolle, die die Fiktion eines Naturzustands in den Theorien negativer Freiheit methodologisch übernehmen muß. Die Bestimmung der Prinzipien, die in einer staatlich geordneten Gesellschaft herrschen sollen, wird auf die immer gleiche Weise in Form einer gedankenexperimentellen Befragung der Subjekte im Naturzustand durchgeführt: Welcher staatlichen Rechtsordnung, so lautet die fiktiv an sie gerichtete Frage, würden solche natürlich freien Individuen zustimmen können, weil sie sich von ihr eine nachhaltige Verbesserung ihrer Lage versprechen? Es ist leicht zu sehen, daß auch dieses, letztlich vertragstheoretische Rechtfertigungsverfahren schon mit einem Konsensprinzip operiert; denn die Antwort auf die besagte Frage, also der Entwurf einer bestimmten Rechtsordnung, darf nur dann als gerechtfertigt gelten, wenn hypothetisch gezeigt werden kann, daß ihr alle Subjekte im vorstaatlichen Zustand hätten zustimmen können. Deutlich ist auch zu erkennen, daß die Varianten der so legitimierten Rechtsordnung sich stets daran bemessen werden, welche moralischen Grundsätze vorweg in den fiktiven Naturzustand hineinprojiziert worden sind; der Spielraum an Alternativen reicht hier vom Hobbesschen Zwangsstaat, dessen Rechtfertigung ohne zugrunde gelegte Moralprinzipien auskommt, bis hin zum »Minimalstaat« Robert Nozicks, der in seiner normativen Begründung auf ein erhebliches Maß an moralischen Einschränkungen im Naturzustand angewiesen ist. In unserem Zusammenhang ist aber vor allem von Bedeutung, daß das umrissene Rechtfertigungsverfahren hervortreten läßt, von welcher Art die soziale Gerechtigkeit ist,

len.« (Ebd., S. 25.) Für John Rawls klären sich diese Widersprüche im Fall von John Locke nur auf, wenn eine religiöse Grundprämisse berücksichtigt wird, nach der wir Menschen Eigentum Gottes sind: John Rawls, *Geschichte der politischen Philosophie*, Frankfurt/M. 2008, S. 190.

die unter dem Blickwinkel negativer Freiheit ins Auge gefaßt werden kann.

Offensichtlich wirkt sich der negative Begriff von Freiheit, von dem alle hier abgehandelten Theorien ihren Ausgang nehmen, auch auf den Status und den Umfang der von ihnen jeweils entwickelten Gerechtigkeitskonzeptionen aus. Es beginnt damit, daß das Gedankenexperiment des Naturzustands den hypothetisch befragten Subjekten nur die Wahl läßt, rein individuelle Nutzenkalküle zur Geltung zu bringen; alle Überlegungen, die auf andere als prudentielle Gründe rekurrieren würden, werden schon insofern vorweg ausgefiltert, als definitorisch festgelegt ist, daß die Individuen ein Interesse nur an der Wahrung und Sicherung ihres je eigenen Freiheitsspielraums haben können. Diese Beschränkung überträgt sich dann zunächst auf das Ergebnis der gedankenexperimentellen Befragung, das in seiner zukünftigen Geltung von der nur strategischen Zustimmung der Subjekte abhängig bleibt: Jede staatliche Rechtsordnung, die in der angedeuteten Weise ermittelt worden ist, wird nur solange auf die Billigung von seiten ihrer Untertanen hoffen können, wie sie dazu in der Lage ist, deren je individuelle Erwartungen zu erfüllen. Die Subjekte besitzen in einer solchen Rechtsordnung gar nicht die Chance, ihre Zustimmung zu den staatlichen Maßnahmen dadurch gemeinsam zu prüfen und aufzufrischen, daß sie in die Verfahren zur Schaffung und Revision der rechtlichen Grundsätze einbezogen sind; vielmehr beschränkt sich die Rolle, die ihnen konzeptuell zugedacht ist, auf den Akt eines einmaligen, ursprünglichen Plazets, so daß sie fortan die Legitimität der staatlichen Ordnung nur individuell am Maßstab ihrer eigenen Interessen messen können. Der Ausgang von einer nur negativen Freiheit erlaubt es nicht, die Staatsbürger und -bürgerinnen selbst als Urheber und Erneuerer ihrer eigenen Rechtsgrundsätze zu begreifen; denn dazu bedürfte es begrifflich im Freiheitsstreben des einzelnen eines zusätzlichen, höherstufigen Gesichtspunktes, von dem aus es gerechtfertigt wäre, ihm ein Interesse an der Kooperation mit allen anderen zu unterstellen.[35]

Aber mit diesen beiden Folgewirkungen ist es nicht getan, weil sich der Begriff der negativen Freiheit auch noch im Umfang, ja dem Zuschnitt der zu ermittelnden Gerechtigkeitsgrundsätze niederschlägt. Weil es als sinnvoll betrachtet wird, den individuellen Freiheitswillen darauf zu beschränken, möglichst ungestört, »nach Gutdünken« zu handeln, können auch die Prinzipien einer gerechten Ordnung den Wert der Freiheit nur dadurch zum Ausdruck bringen, daß sie den Spielraum für persönliche Entscheidungen so weit wie nur eben möglich offenhalten; die Aufgabe, die dieser liberalen Gerechtigkeitskonzeption zufällt, besteht mithin darin, so viel an Einschränkungen individueller Freiheit zu rechtfertigen, wie für das friedfertige Zusammenleben aller einzelnen Subjekte erforderlich ist. Das Recht, das der individuellen Freiheit hier gesellschaftlich eingeräumt wird, ist auf eine bestimmte Sphäre der unbegrenzten Verfolgung eigener, gelegentlich auch eigenwilliger und idiosynkratischer Ziele reduziert; es erstreckt sich weder auf die Mitwirkung an der staatlichen Rechtssetzung selbst noch auf irgendeine Interaktion mit den übrigen Rechtsgenossen. In gewisser Weise setzt sich daher die bloß negative Bestimmung der Freiheit nahtlos im Negativismus der aus ihr hervorgehenden Gerechtigkeitskonzeption fort: Was sie normativ ins Auge faßt, ist eine sicherheitspolitische Beschränkung genau jener negativen Freiheit, deren Erhalt doch ihr ganzer Dreh- und Angelpunkt ist.

Alle Unzulänglichkeiten, die die Idee der negativen Freiheit damit aufweist, gehen letztlich auf den Umstand zurück, daß sie vor der eigentlichen Schwelle zur individuellen Selbstbe-

35 Jürgen Habermas, *Faktizität und Geltung. Beiträge zur Diskurstheorie des Rechts und des demokratischen Rechtsstaats*, Frankfurt/M. 1992. John Rawls mochte das hier behandelte Problem dadurch lösen, daß er für den Vertragsschluß seinen berühmten »Schleier des Nichtwissens« wirksam werden läßt. Vgl. dazu seine Kritik an John Locke in *Geschichte der politischen Philosophie*, a. a. O., S. 234-240.

stimmung haltmacht. Um eine Art von Freiheit konzipieren zu können, die zusätzlich genau das, also ein Element der »Selbstbestimmung«, enthalten würde, wäre es nämlich nötig, auch die Ziele des Handelns noch als eine Ausgeburt von Freiheit zu begreifen: Was der einzelne verwirklicht, wenn er »frei« handelt, müßte als das Ergebnis einer Bestimmung gelten können, die er selbst für sich vornimmt. Demgegenüber hebt der Begriff der negativen Freiheit vollkommen auf die »äußere« Befreiung der Handlung ab, wohingegen deren Ziele dem Spiel kausal wirkender Kräfte überlassen bleiben: Bei Hobbes war es die kontingente Natur des individuellen Selbstinteresses, bei Sartre die Spontaneität des vorreflexiven Bewußtseins, bei Nozick schließlich der Zufall persönlicher Wünsche und Vorlieben, was darüber entscheidet, auf welche Ziele der einzelne sein Handeln richtet. In keinem dieser Fälle reicht die Freiheit des Individuums bis in das Vermögen hinein, sich selbst die Zwecke zu setzen, die es in der Welt realisieren will; stets ist es die Kausalität entweder der inneren Natur oder eines anonymen Geistes, die das Subjekt hinter seinem Rücken bei der Wahl seiner Handlungsziele leitet. Erst jenseits der damit bezeichneten Grenze beginnt sich der Begriff abzuzeichnen, der in der Moderne gemeint ist, wenn von individueller Selbstbestimmung die Rede ist; er umfaßt seinerseits zwei verschiedene Formen, deren erste die *reflexive* Freiheit bildet.

II.
Die reflexive Freiheit und ihre Gerechtigkeitskonzeption

Während die Idee der negativen Freiheit kaum Vorläufer in der Gedankenwelt der Antike oder des Mittelalters besitzt, reichen die Wurzeln der Vorstellung einer reflexiven Freiheit weit in die intellektuelle Vorgeschichte der Neuzeit zurück: Daß das Individuum, um frei sein zu können, zu eigenen Entscheidungen gelangen und daher auf seinen Willen einwirken können muß, wußten seit Aristoteles schon eine Vielzahl von Gelehrten und Philosophen der alten Welt.[36] Diese ideengeschichtliche Asymmetrie zwischen den beiden Freiheitsbegriffen macht deutlich, daß die Idee der reflexiven Freiheit nicht bloß als eine Erweiterung oder Vertiefung des Ideals der negativen Freiheit betrachtet werden darf; es wäre fahrlässig, in der Vorstellung eines nach außen gesicherten Freiraums des Individuums nur die primitive Vorstufe eines Freiheitsmodells zu sehen, das sich dann konsequent auf das Inwendige konzentriert. Die negative Freiheit ist ein originäres und unverzichtbares Element des moralischen Selbstverständnisses der Moderne; in ihr kommt zum Ausdruck, daß der einzelne das Recht genießen soll, ohne äußere Einschränkung und unabhängig vom Zwang zur Prüfung seiner Motive »nach Belieben« zu handeln, solange er dabei nicht dasselbe Recht seiner Mitbürger verletzt.[37] Demgegenüber setzt die Idee der reflexiven Freiheit tatsächlich zunächst nur bei der

36 Zu dieser Kontinuität, die bis zu Aristoteles zurückreicht, vgl. etwa: Ernst Tugendhat, »Der Begriff der Willensfreiheit«, in: ders., *Philosophische Aufsätze*, Frankfurt/M. 1992, S. 334-351.

37 Den Gedanken einer Unersetzbarkeit negativer Freiheit hat vor allem Albrecht Wellmer hervorgehoben: ders., »Freiheitsmodelle in der modernen Welt«, a. a. O., S. 38 ff.

Selbstbeziehung des Subjekts an; ihr zufolge ist dasjenige Individuum frei, dem es gelingt, sich auf sich selbst in der Weise zu beziehen, daß es sich in seinem Handeln nur von eigenen Absichten leiten läßt.

Allerdings verrät schon diese allgemeine Bestimmung, daß mit der Idee einer solchen reflexiven Freiheit ganz unterschiedliche Vorstellungen verknüpft sein können; denn sowohl das, was hier »eigen« heißt, als auch das, was es bedeutet, »sich leiten zu lassen«, kann auf verschiedene Weise interpretiert werden, so daß eine Vielzahl von Bedeutungskombinationen denkbar ist. Isaiah Berlin, der statt von »reflexiver« von »positiver« Freiheit gesprochen hat, unterscheidet immerhin schon zwischen zwei Versionen einer derartigen, »nach innen« gerichteten Freiheit: Der Gedanke, daß das Subjekt nur in dem Maße frei ist, in dem es sich selbst zu bestimmen vermag, hat sich nach seiner Überzeugung in die beiden Richtungen der Idee der »Autonomie« und der der »Selbstverwirklichung« fortentwickelt.[38] Im Anschluß an Berlin hat Raymond Geuss sogar den Vorschlag gemacht, zwischen fünf Varianten des Begriffs der »positiven« oder »reflexiven« Freiheit zu unterscheiden; ihm zufolge spaltet sich die eine Idee in verschiedene Bedeutungskomplexe auf, die allen unterschiedlichen Aspekten oder Modi dessen Rechnung tragen, was es heißt, im Handeln nur dem eigenen Willen zu folgen.[39]

Den Kern der Idee reflexiver Freiheit bildet aber historisch zunächst wohl der Vorschlag, zwischen autonomen und heteronomen Handlungen zu unterscheiden. Mit dieser einen Entgegensetzung, deren intellektueller Wegbereiter Rousseau ist, werden die Gewichte der individuellen Freiheit mit einem Schlag vollständig verschoben: Als frei kann eine Handlung nicht schon dann gelten, wenn sie in der äußeren Welt ausgeführt wird, ohne darin auf Widerstände zu stoßen, sondern

38 Berlin, »Zwei Freiheitsbegriffe«, a. a. O., S. 215 ff.

39 Raymond Geuss, »Auffassungen der Freiheit«, in: *Zeitschrift für philosophische Forschung*, 49 (1995), H. 1, S. 1-14.

erst in dem Augenblick, in dem die Absicht zu ihrer Durchführung auf den eigenen Willen zurückgeht. Die Veränderungen am Begriff der menschlichen Natur, die nötig sind, um eine derartige Unterscheidung rechtfertigen zu können, nimmt Rousseau in seinem *Émile* vor; die in dieser Erziehungsschrift enthaltenen »Glaubensbekenntnisse eines savoyischen Vikars« entwickeln Vorstellungen über den menschlichen Willen, die vieles von dem vorwegnehmen, was Kant drei Jahrzehnte später über die moralische Autonomie behaupten wird.[40]

Schon in seinem *Gesellschaftsvertrag*, der nur wenige Monate vor dem *Émile* veröffentlicht worden war, hatte Rousseau festgestellt, daß der Mensch so lange als unfrei gelten müsse, wie er vom »Drang der bloßen Begierde« abhängig sei – Freiheit hingegen komme ihm erst dort zu, wo er »Gehorsam gegen das Gesetz« übe, »das [man, A. H.] sich selbst gegeben hat«.[41] Dieser Spaltung in der menschlichen Natur, in der die »sittliche Freiheit« in Konflikt mit der »Begierde« liegt, geht Rousseau im *Gesellschaftsvertrag* nicht weiter nach; zum Thema wird sie erst im *Émile*, wo er sich die Frage stellen muß, wie sein Zögling zur Selbstbestimmung in der Lage sein soll. Die Überlegungen, die Rousseau dem Vikar in den Mund legt, beginnen mit einer Behauptung, die sich wie eine Kritik an der Vorstellung bloß negativer Freiheit anhört: »Wenn ich mich versuchen lasse«, so heißt es, »handle ich auf Antriebe von außen … Ich bin Sklave durch meine Laster«.[42] Eine Handlung, die dadurch zustande kommt, daß auf sinn-

40 Jean-Jacques Rousseau, *Emil oder Über die Erziehung*, Paderborn 1998, S. 275-334; vgl. dazu Schneewind, *The Invention of Autonomy*, a. a. O., Kap. 21, S. 474-477.

41 Jean-Jacques Rousseau, »Vom Gesellschaftsvertrag oder Grundsätze des Staatsrechts«, in: ders., *Sozialphilosophische und politische Schriften*, München 1981, S. 269-391, hier: S. 284. Eine äußerst überzeugende Interpretation der Rolle der individuellen Selbstgesetzgebung im »Gesellschaftsvertrag« hat jetzt Frederick Neuhouser vorgelegt: *Rousseau's Theodicy of Self-Love. Evil, Rationality, and the Drive for Recognition*, Oxford 2008, bes. S. 214-217.

42 Rousseau, *Emil oder Über die Erziehung*, a. a. O., S. 292.

liche Anreize reagiert wird, darf nicht als »frei« beschrieben werden; denn in ihr setzt sich im menschlichen Tätigsein das »Gesetz des Körpers«, also die natürliche Kausalität, bloß fort, ohne an einer Stelle unterbrochen zu sein. Im Unterschied zu solchen heteronomen Handlungen, zu denen das Subjekt sich getrieben sieht, »fühlt« es im Falle wirklicher Handlungen, daß sie auf andere Weise zustande gekommen sind; es verspürt nämlich jetzt, daß es ihm gelungen ist, genau das in seiner Tätigkeit zu realisieren, was es ursprünglich gewollt hat. Rousseau begreift den Unterschied zwischen heteronomen und autonomen Handlungen zunächst als eine Differenz in der Selbstwahrnehmung des tätigen Subjekts: »Ob ich zustimme oder widerstehe, unterliege oder siege, ich fühle ganz deutlich in mir, ob ich getan habe, was ich tun wollte, oder ob ich meinen Leidenschaften nur nachgebe.«[43] Sobald ein Mensch das in der Welt verwirklicht, was sein Wille, und nicht seine Begierde, ihm auferlegt, vermag er sich als ein freies Wesen zu empfinden; er unterbricht die natürliche Gesetzmäßigkeit seiner sinnlichen Antriebe, indem er nicht dem äußeren Reiz, sondern dem Gebot eines vorgängigen Entschlusses gehorcht. Allerdings tut Rousseau sich nun sehr schwer damit, die Eigenschaften dieser rätselhaften Größe des »Willens« aufzuklären. Im Anschluß an Leibniz will er darunter zwar eine »immaterielle(n) Substanz«[44] verstehen, durch die das Subjekt in der Lage sein soll, Vernunfteinsichten oder Gewissensempfindungen zu wirksamen Motiven seines Handelns werden zu lassen; gleichzeitig aber nimmt er an, daß ein derart rationaler oder moralischer Wille den Handelnden nicht automatisch dazu befähigt, über den Ansturm seiner natürlichen Neigungen den Sieg davonzutragen. Auf der einen Seite soll es beinah definitorisch so sein, daß der »freie Wille« überall dort, wo er tatsächlich vorhanden ist, auch die ihm entsprechende Handlung verursachen kann; auf

43 Ebd.
44 Ebd., S. 295.

der anderen Seite scheint dann doch nur wieder das Subjekt selbst die Macht zu besitzen, entweder seinem Willen oder den eigenen Leidenschaften den Vorzug zu geben. Rousseau verfügt noch nicht über die konzeptionellen Mittel, die aus diesen Schwierigkeiten herausführen könnten; weder ist ganz klar, was er unter »Wille« wirklich verstehen möchte, noch vermag er schon hinlänglich zu durchschauen, was es mit der »Willensschwäche« auf sich hat. Seine tastenden Überlegungen zur Selbstgesetzgebung, seine Bestimmung der freien Handlung waren jedoch wegweisend und fruchtbar genug, um den Grundstein für gleich zwei Versionen der modernen Idee reflexiver Freiheit zu legen.

Es vergeht nur ein Vierteljahrhundert, bis Kant die Analysen Rousseaus aufgreift, um mit ihrer Hilfe seinen Begriff der Selbstbestimmung zu verfertigen; für ihn ist von dessen verstreuten Bemerkungen vor allem der Teil von Bedeutung, der darauf abzielt, die Freiheit als Resultat einer Selbstgesetzgebung zu präsentieren.[45] In demselben Zeitraum kommt aber die Freiheitslehre Rousseaus auch noch in einer zweiten Strömung zum Tragen, der es weniger um die Vernunft als vielmehr um die Wahrhaftigkeit der Selbstbestimmung geht; für diese Zirkel, bestehend aus den Frühromantikern und Randgängern des Deutschen Idealismus, sind primär die Elemente seiner Schriften von Interesse, in denen gezeigt wird, daß Freiheit von der Artikulation echter oder authentischer Wünsche abhängig ist.[46] Die ingeniösen, aber nicht immer kohärenten Analysen, die Rousseau der Unterscheidung von autonomen

45 Zum Einfluß Rousseaus auf Kants Idee der moralischen Selbstgesetzgebung vgl. Schneewind, *The Invention of Autonomy*, a.a.O., S. 487-492; Susan Meld Shell, *Kant and the Limits of Autonomy*, Cambridge/Mass. 2009, Kap. 2.

46 Vgl. zur literarischen Wirkungsgeschichte des Rousseauschen Ideals der Authentizität: Lionel Trilling, *Das Ende der Aufrichtigkeit*, München/Wien 1980, S. 61-79; zur philosophischen Wirkungsgeschichte vgl. Christoph Menke, *Tragödie im Sittlichen. Gerechtigkeit und Freiheit nach Hegel*, Frankfurt/M. 1996, Kap. 4c.

und heteronomen Handlungen gewidmet hat, entfalten somit eine intellektuelle Wirkung in zwei verschiedene Richtungen; zwar geht es in beiden Fällen darum, die reflexive Struktur der individuellen Freiheit zu erschließen, aber worin diese Reflexivität bestehen soll, was ihre Eigenart ausmacht, wird im Rekurs auf ein und denselben Autor in nahezu entgegengesetzter Weise beantwortet.

Kant schließt, wie gesagt, an die Elemente der Freiheitslehre Rousseaus an, die die individuelle Freiheit nach dem Muster einer Selbstgesetzgebung interpretieren: Als »frei« darf das menschliche Subjekt gelten, weil und insofern es das Vermögen besitzt, sich selbst Gesetze seines Handelns zu geben und ihnen gemäß tätig zu werden. Während Rousseau freilich noch in der Schwebe läßt, ob es sich bei diesen Gesetzen um bloß empirische Vorsätze oder um irgendwie rationale Prinzipien handeln muß, gibt Kant ihnen eine entschiedene Wendung ins Transzendentale; für ihn steht außer Frage, daß solche selbsterlassenen Gesetze nur dann Freiheit bewirken können, wenn sie sich einer Einsicht in die richtigen, also vernünftigen Gründe verdanken.[47] Zu dieser Überzeugung gelangt Kant, indem er in drei kühnen Schritten die Unklarheiten beseitigt, mit denen Rousseaus Begriff des Willens behaftet war. Zunächst macht er sich klar, daß jedes Wollen für vernünftige Wesen bedeuten muß, nicht nur einfach dem zu folgen, was die faktisch gegebenen Neigungen verlangen: Einen Vorsatz zu haben, eine Absicht zu formulieren impliziert bereits, sich der Gesetzmäßigkeit entgegenzustellen, mit der die Natur auf unsere Bestrebungen einwirkt. Insofern reicht für Kant schon das pure Faktum menschlichen Wollens aus, um zu belegen, daß der Mensch zur Freiheit befähigt ist. Aber erst mit dem nächsten Schritt erreicht Kant das Ziel, auf das er gegenüber Rousseau eigentlich hinauswill. Um zu belegen, daß der Mensch in seinem Wollen nicht anders kann, als sich

47 Immanuel Kant, »Grundlegung zur Metaphysik der Sitten«, in: ders., *Werke in zwölf Bänden*, Frankfurt/M. 1968, Bd. VII, S. 7-102.

an vernünftige Gesetze zu halten, argumentiert er folgendermaßen: Sobald der einzelne, weil er einen Vorsatz hat, sich nach der Richtschnur seines Handelns fragt, steht ihm dafür nichts anderes zur Verfügung als der Maßstab möglicher Verallgemeinerbarkeit; denn er wird sich nur solche Prinzipien zu eigen machen können, von denen er zugleich wollen kann, daß auch alle anderen vernünftigen Wesen ihnen folgen: »Da ich den Willen aller Antriebe beraubet habe, die ihm aus der Befolgung irgend eines Gesetzes entspringen könnten, so bleibt nichts als die allgemeine Gesetzmäßigkeit der Handlung überhaupt übrig, welche allein dem Willen zum Prinzip dienen soll, d. i. ich soll niemals anders verfahren, als so, daß ich auch wollen könne, meine Maxime soll ein allgemeines Gesetz werden. Hier ist nun die bloße Gesetzmäßigkeit überhaupt (ohne irgend ein auf gewisse Handlungen bestimmtes Gesetz zum Grunde zu legen) das, was dem Willen zum Prinzip dient [...]; hiermit stimmt die gemeine Menschvernunft in ihrer praktischen Beurteilung auch vollkommen überein, und hat das gedachte Prinzip jederzeit vor Augen.«[48]

In einer letzten Weiterung seines Arguments behauptet Kant schließlich, daß in einem solchen Prinzip der Gesetzmäßigkeit (oder Verallgemeinerbarkeit) zugleich eine Einstellung der universellen Achtung zum Ausdruck gelangt; sobald ich mich nämlich frage, ob die von mir auserkorene Handlungsmaxime die Zustimmung aller Mitsubjekte finden könnte, respektiere ich diese dadurch in ihrer Vernünftigkeit und behandle sie als Zwecke in sich selbst. In der berühmten Zweckformel des kategorischen Imperativs hat Kant den moralischen Ertrag seiner Argumentation vielleicht am bündigsten auf den Punkt gebracht; sie schreibt vor, nur so zu handeln, »daß du die Menschheit, sowohl in deiner Person, als in der Person eines jeden anderen, jederzeit zugleich als Zweck, niemals bloß als Mittel brauchest«.[49] Insofern ist der

48 Ebd., S. 28 f.
49 Ebd., S. 61.

Mensch tatsächlich und genau darin frei, daß er sein Handeln an dem moralischen Gesetz orientiert, welches er sich in der Betätigung seines Willens selbst gegeben hat. Bei Kant heißt es dementsprechend abschlußhaft, daß die individuelle Selbstbestimmung mit der Erfüllung des rational gebotenen Moralprinzips zusammenfällt: »Als ein vernünftiges, mithin zur intelligibelen Welt gehöriges Wesen kann der Mensch die Kausalität seines eigenen Willens niemals anders als unter der Idee der Freiheit denken; denn Unabhängigkeit von den bestimmten Ursachen der Sinnenwelt [...] ist Freiheit. Mit der Idee der Freiheit ist nun der Begriff der Autonomie unzertrennlich verbunden, mit diesem aber das allgemeine Prinzip der Sittlichkeit, welches in der Idee allen Handlungen vernünftiger Wesen ebenso zum Grunde liegt, als Naturgesetz allen Erscheinungen.«[50] Die reflexive Freiheit, die Kant vor Augen hat, besteht im Vollzug der Einsicht, daß ich die moralische Pflicht besitze, alle anderen Subjekte in derselben Weise als autonom zu behandeln, wie ich es von ihnen mir selbst gegenüber erwarte.

Einen ganz anderen Weg schlagen diejenigen ein, die in Rousseau nicht primär den Theoretiker der Selbstgesetzgebung, sondern den Verfechter der Aufrichtigkeit erblicken; für sie besteht die Reflexivität der individuellen Freiheit darin, erst dadurch zu einem wirklichen Individuum zu werden, daß der je eigene, authentische Wille in einem langgezogenen Prozeß der Reflexion angeeignet und artikuliert wird. Auch diese zweite Strömung der Beerbung von Rousseau kann sich mit guten Gründen auf Aspekte seiner Freiheitslehre berufen; denn schon im *Émile*, vor allem aber natürlich in *Bekenntnisse* oder in *Julie oder die neue Héloïse* war stets hervorgehoben worden, daß der Vollzug von Freiheit erst mit dem »Gefühl« endet, genau die Wünsche und Absichten verwirklicht zu haben, die dem eigenen Selbst auch tatsächlich inne-

50 Ebd., S. 88f.

wohnen.[51] Eine direkte Fortsetzung findet dieses Ideal der Selbstverwirklichung, das der Kantischen Idee der moralischen Autonomie dadurch entgegengesetzt ist, daß es das je eigene Gute normativ vor das allgemeine Gute rückt,[52] in den Schriften Johann Gottfried Herders; in dessen Abhandlung »Vom Erkennen und Empfinden der menschlichen Seele«[53] wird der reflexive Prozeß umrissen, in dem der einzelne lernt, schrittweise »sein inneres Ich«[54] im »Medium« der öffentlichen »Sprache«[55] zu verwirklichen. Herder ist der Überzeugung, daß jedes Individuum von Natur aus eine nur ihm eigene, unverwechselbare Seele besitzt, die nach Art eines »Keimes« allein der entsprechenden Pflege bedarf, um gemäß ihrer Anlagen zu wachsen und zu gedeihen; im Sinne dieser Analogie zum lebendigen Organismus gelangt der einzelne zum Punkt seiner Vollendung, sobald er all seine inneren Kräfte und Empfindungen so weit zum Ausdruck gebracht hat, daß er sein Handeln als Vollzug authentischer Freiheit erleben kann: »Je tiefer jemand in sich selbst, den Bau und Ursprung seiner edelsten Gedanken hinabstieg, desto mehr wird er Augen und Füße decken und sagen: Was ich bin, bin ich geworden.«[56] Die reflexive Freiheit, die Herder vor Augen hat, besteht im

51 Zum Authentizitätsideal in Rousseaus *Julie oder die neue Héloïse* vgl. Alessandro Ferrara, *Modernity und Authenticity. A Study of the Social and Ethical Thought of Jean-Jacques Rousseau*, Albany 1993, Kap. 5.

52 Vgl. dazu Menke, *Tragödie im Sittlichen*, a. a. O., Kap. 4; Taylor, *Das Unbehagen an der Moderne*, a. a. O., Kap. 3.

53 Johann Gottfried Herder, »Vom Erkennen und Empfinden der menschlichen Seele«, in: *Herders Werke in fünf Bänden*, Berlin/Weimar 1982 (6. Auflage), 3. Bd., S. 341-405. Eine eindrucksvolle Neuinterpretation dieser Schrift hat jetzt Christoph Menke vorgelegt: *Kraft. Ein Grundbegriff ästhetischer Anthropologie*, Frankfurt/M. 2008, Kap. III; zum Verhältnis Herders zu Rousseau vgl. noch immer: Hermann A. Korff, *Geist der Goethezeit. Versuch einer ideellen Entwicklung der klassisch-romantischen Literaturgeschichte*, 5 Bde., Leipzig 1923, Bd. I., Erster Teil, Kap. 1.2.

54 Ebd., S. 355.

55 Ebd., S. 370.

56 Ebd., S. 372.

Vollzug einer Aneignung, in deren Verlauf ich im Durchgang durchs Allgemeine der Sprache zu artikulieren lerne, was den authentischen Kern meiner Persönlichkeit ausmacht.

Die beiden Freiheitsmodelle, die am Ende des 18. Jahrhunderts im Ausgang von Rousseau entstehen, stellen zwei Versionen der Auffassung dar, wonach individuelle Freiheit stets nur das Produkt einer reflexiven Leistung sein kann. Sowohl Kant als auch Herder sind der Überzeugung, daß jede nur negative Bestimmung von Freiheit philosophisch zu kurz greift, weil sie nicht in den Bereich der Ziel- oder Zwecksetzung vordringt: Das Subjekt wird bloß in äußerlicher Hinsicht als frei vorgestellt, ohne daß Berücksichtigung findet, ob die von ihm realisierten Absichten selbst den Bedingungen der Freiheit genügen. Um diese gravierende Auslassung zu beheben, machen beide Denker sich die schon von Rousseau entwickelte Vorstellung zu eigen, der zufolge individuelle Freiheit an die Voraussetzung eines freien Willens gebunden ist: Das Subjekt ist nur unter der Bedingung wirklich frei, daß es sich in seinem Handeln auf Absichten oder Zwecke beschränkt, die von jeder Beimengung von Zwang gereinigt sind. Aber an der Aufgabe, den Vollzug einer solchen Reinigung zu erklären, scheiden sich die Wege der beiden Denker: Während Kant vorschlägt, den freien Willen als Produkt einer rationalen Selbstgesetzgebung zu interpretieren, geht Herder davon aus, daß die Reinigung des Willens eine Sache der Entdeckung der eigenen, authentischen Wünsche ist. Mit dieser Entgegensetzung von Selbstbestimmung und Selbstverwirklichung, von Autonomie und Authentizität ist der Weg abgesteckt, den die Idee der reflexiven Freiheit im weiteren Verlauf des philosophischen Diskurses der Moderne nehmen wird: Die reflexiven Leistungen, die immer mitgedacht werden müssen, wenn von individueller Freiheit die Rede ist, werden auch nach Kant und Herder stets entweder nach dem Muster einer rationalen Selbstbegrenzung oder nach dem Vorbild einer diachronen Selbstfindung begriffen. Allerdings werden diese beiden

Modellvorstellungen im Fortgang der Diskussion alsbald auf ein bescheideneres Maß zurückgeschnitten, als sie es bei Kant und Herder zunächst besessen hatten.

Die Depotenzierung, die Kants transzendentaler Begriff der Autonomie erfährt, läuft entweder auf eine empirische Umdeutung oder eine intersubjektivitätstheoretische Korrektur der reflexiven Leistungen hinaus. Im ersten Fall wird das, was Kant noch als ein rationales Vermögen des noumenalen Subjekts begriffen hatte, im Sinne eines Bündels von empirischen Fähigkeiten ausbuchstabiert: Die reflexiven Leistungen, die nötig sind, um individuelle Freiheit zu praktizieren, werden dann als Ergebnis eines Sozialisationsprozesses beschrieben, in dem jedes Subjekt lernt, sich als Koautor moralisch gültiger Gesetze zu verstehen. Solche empirisch ermäßigten Auffassungen der moralischen Autonomie finden sich heute in einem ganzen Spektrum miteinander konkurrierender Positionen: Das eine Mal werden Freuds moralpsychologische Spekulationen,[57] das andere Mal Piagets entwicklungstheoretische Untersuchungen herangezogen,[58] um im Lichte empirischer Belege zu zeigen, wie das Kind schrittweise zu einem Verständnis seiner selbst als eines moralisch verantwortungsvollen Aktors gelangt. Ferner sind derartige Umdeutungen dessen, was einmal transzendentale Leistungen waren, inzwischen auch in moralphilosophischen Analysen anzutreffen; hier wird der Nachweis angetreten, daß es nahezu existentielle Zwänge sind, die das Subjekt dazu nötigen, spontan eine Perspektive der moralischen Autonomie zu übernehmen.[59]

57 John Deigh, *The Sources of Moral Agency. Essays in Moral Psychology and Freudian Theory*, Cambridge 1996; David Vellemann, *Self to Self. Selected Essays*, Cambridge 2006, v. a. Kap. 5, 6 u. 12.

58 Im Anschluß an die bahnbrechende Studie von Jean Piaget (*Das moralische Urteil beim Kinde* [1932], Frankfurt/M. 1973) hat vor allem Lawrence Kohlberg empirische Studien zur Moralentwicklung im Geiste Kants vorgelegt: ders., *Die Psychologie der Moralentwicklung*, Frankfurt/M. 1995.

59 Christine M. Korsgaard, *The Sources of Normativity*, Cambridge 1996.

Die ursprüngliche Konzeption Kants wird heute aber nicht nur dadurch ihrer transzendentalen Züge entkleidet, daß sie in empirische Aussagen überführt wird, sondern auch auf dem Weg einer intersubjektivitätstheoretischen Reformulierung. Diesen Pfad einer Detranszendentalisierung haben Karl-Otto Apel und Jürgen Habermas eingeschlagen, als sie im Anschluß an Peirce und Mead damit begannen, das moralische Subjekt in die Welt einer ganzen Kommunikationsgemeinschaft hineinzuversetzen.[60] Was bislang die Leistung eines einsamen, auf sich selbst bezogenen Subjekts sein sollte, wird durch eine solche sprachphilosophische Wende als eine kommunikative Hervorbringung der Mitglieder einer Sprachgemeinschaft interpretiert: Der einzelne wird durch die normativen Präsuppositionen der Sprache hinterrücks dazu gezwungen, so lautet das Argument, sich selbst als Teilnehmer in einem Gespräch zu begreifen, in dem jeder den anderen als autonome Person respektieren muß. Die Idee der reflexiven Freiheit, bei Kant noch vollkommen monologisch gedacht, erhält auf diese Weise eine intersubjektivitätstheoretische Bedeutung, die sie viel stärker in den sozialen Strukturen der Lebenswelt verankert sein läßt; denn zur Autonomie der Selbstgesetzgebung gelangt das individuelle Subjekt nun dadurch, daß es in eine Kommunikationsgemeinschaft hineinsozialisiert wird, in der es lernt, sich als Adressat der allgemeinen Normen zu verstehen, die es gleichzeitig in Kooperation mit allen anderen konstituiert hat. Wir werden allerdings später sehen, daß auch eine solche Erweiterung des »Ich« zum »Wir« der Selbstgesetzgebung noch nicht ausreicht, um den Gedanken einer intersubjektiven Freiheit tatsächlich in seinem vollen Umfang zu fassen; denn es bleibt ausgeblendet, daß sowohl das »Ich« wie auch das »Wir« ihre Selbstbestimmung nur dann vollzie-

60 Vgl. Karl-Otto Apel, *Transformation der Philosophie, Bd. II: Das Apriori der Kommunikationsgemeinschaft*, Frankfurt/M. 1973; Jürgen Habermas, *Moralbewußtsein und kommunikatives Handeln*, Frankfurt/M. 1983, hier v. a. Kap. 3 u. 4.

hen können, wenn sie in der gesellschaftlichen Realität institutionelle Verhältnisse vorfinden, die ihren Zielsetzungen eine Realisierungschance bieten.

Dasselbe Schicksal, das spätestens im 20. Jahrhundert Kants Konzept der Selbstbestimmung erfaßt hat, ereilt bald nach seinem Tod auch Herders Idee der Selbstverwirklichung; auch diese wird Schritt für Schritt von ihren metaphysischen Prämissen losgelöst und dadurch den gedanklichen Voraussetzungen angepaßt, die sich in einer ernüchterten Moderne allmählich durchzusetzen beginnen. Nach Nietzsche und nach Freud wird es immer schwieriger, sich den Prozeß der Selbstverwirklichung so vorzustellen, als handele es sich dabei um die reflexive Freisetzung eines ursprünglichen, zumal natürlich angelegten Personenkerns; vielmehr wird nun eher davon ausgegangen, daß das »Selbst« einer Person etwas sozial Geformtes bildet, das zwar den Formierungsprozessen Widerstand entgegenzusetzen vermag, aber nicht im Sinne eines Keims, der vorgängig bereits alle individuellen Charakterpotentiale birgt. Mit der Voraussetzung eines fixen Persönlichkeitskerns entfällt bald auch die Vorstellung, nach der sich die Selbstverwirklichung als ein Prozeß der Entdeckung, ja der Wahrheitsfindung vollzieht; wo es kein ursprüngliches, »wahres« Selbst gibt, da darf die Verwirklichung der eigenen Person auch nicht als eine Selbstfindung begriffen, sondern muß als ein im wesentlichen konstruktiver Prozeß aufgefaßt werden, der nach anderen Maßstäben verlangt als solchen der Abbildung oder Übereinstimmung. Alle diese theoretischen Einschränkungen haben inzwischen dazu geführt, daß die Entdeckung der eigenen, authentischen Wünsche zunehmend in einen Gegensatz zum Prozeß der Selbstverwirklichung gebracht wird; die interne Verknüpfung, die Herder noch wie selbstverständlich zwischen den beiden Vorgängen herstellen konnte, droht endgültig zu zerreißen, weil mit der Prämisse eines vorgängigen Persönlichkeitskerns auch jede Möglichkeit einer Verklammerung verlorengegangen ist. Im Ergebnis stehen sich daher heute die beiden Ideen der Authentizität und der Selbstverwirklichung zumeist wie zwei fremde Größen gegenüber: Während die Freiheit, die darin besteht, nur gemäß eigener oder wirklicher Wünsche zu handeln, vorwiegend im Sinne eines einmaligen Aktes der Identifikation oder Artikulation gedeutet wird, bleibt demgegenüber die Freiheit der Selbstverwirklichung in einen diachronen Rahmen eingespannt, in dem sie als Vermögen der narrativen Einheitsstiftung begriffen wird.

Am weitesten bei der Bestimmung von Authentizität ist heute sicherlich Harry Frankfurt vorgedrungen, der von einer stufenförmigen Hierarchie des menschlichen Willens ausgeht; im Unterschied zum Tier soll der Mensch die Fähigkeit besitzen, zu seinen Wünschen erster Stufe noch einmal von der Warte eines übergeordneten Wunsches aus Stellung zu beziehen, indem er sie akzeptiert, verwirft oder bekräftigt.[61] Für Frankfurt ist nun das Handeln eines Subjekts auch dann noch nicht vollkommen frei, wenn es bloß aus einem Wunsch heraus geschieht, der auf der zweiten Stufe für akzeptabel oder bewahrenswert gehalten wird; es muß vielmehr stets noch ein besonderer Akt der Identifikation, der gefühlsmäßigen Übereinstimmung hinzutreten, um aus dem Wunsch das Motiv für ein Handeln werden zu lassen, welches als wirklich »frei« empfunden werden kann.[62] Der Abstand dieser Idee von authentischer Freiheit zu allen Modellen der Selbstverwirklichung wird deutlich, wenn man sich klarmacht, daß Frankfurt die Möglichkeit der vollständigen Identifikation mit einem Wunsch nicht an die Bedingung lebensgeschichtlicher Kontinuität knüpft: Zu den Voraussetzungen, die erfüllt sein

61 Harry Frankfurt, »Willensfreiheit und der Begriff der Person«, in: ders., *Freiheit und Selbstbestimmung*, Berlin 2001, S. 65-83.

62 Ebd., S. 75-79. Frankfurt hat gerade dieses Element seiner Freiheitslehre in späteren Schriften weiterentwickelt, vgl. dazu in dem zitierten Aufsatzband die Texte »Über die Bedeutsamkeit des Sich-Sorgens« (ebd., S. 98-115), »Die Notwendigkeit von Idealen« (ebd., S. 156-163) und »Autonomie, Nötigung und Liebe« (ebd., S. 166-183).

müssen, um authentisch handeln zu können, gehört nicht die Fähigkeit, den mich jetzt vollständig erfüllenden Wunsch als eine neue Stufe oder Komponente im Prozeß meiner persönlichen Entwicklung begreifen zu können. Demgegenüber bleibt das Ideal der Selbstverwirklichung zwangsläufig an die Unterstellung einer Kontinuität der eigenen Lebensgeschichte gebunden: So sehr heute auch die fiktive Seite dieser Kontinuitätsunterstellung betont wird, stets muß die Freiheit der Selbstverwirklichung als Ergebnis einer Reflexion begriffen werden, die sich auf das diachronische Ganze einer Lebensgeschichte bezieht.[63] Was bei Herder noch eine Einheit bildete – Authentizität und Selbstverwirklichung – ist in der Gegenwart somit in zwei unvermittelte Teile zerrissen: Die reflexive Freiheit der Selbstverwirklichung verlangt ganz andere Leistungen, als sie im Prozeß der Bildung eines authentischen Willens vorausgesetzt werden müssen.

Nicht anders als die Idee der negativen Freiheit haben auch die verschiedenen Begriffe der reflexiven Freiheit zu jeweils spezifischen Vorstellungen darüber geführt, wie die Frage der sozialen Gerechtigkeit methodisch in Angriff genommen werden muß. So übersichtlich dieser Zusammenhang freilich noch auf dem Gebiet der ersten Freiheitsidee war, so undurchsichtig scheint er demgegenüber zunächst auf dem Feld des zweiten Freiheitsideals zu sein: Hier stehen sich mit dem Autonomiegedanken und dem Begriff der Selbstverwirklichung mindestens zwei Ideale gegenüber, deren implizite Gerechtigkeitskonzeptionen sich kaum mehr auf einen einzigen Nenner bringen lassen. Relativ offen liegen die entsprechenden Verweisungszusammenhänge für die Idee der moralischen Autonomie zutage: Weil die Freiheit

63 Exemplarisch steht für diese Idee von Selbstverwirklichung als Selbstfindung Alasdair MacIntyre, siehe ders., *Der Verlust der Tugend. Zur moralischen Krise der Gegenwart*, Frankfurt/New York 1987, v.a. Kap. 15; vgl. dazu insgesamt: Dieter Thomä, *Erzähle dich selbst. Lebensgeschichte als philosophisches Problem*, München 1998, Kap. II.

des einzelnen in der Nachfolge Kants nach dem Muster einer Selbstbestimmung gedacht wird, die sich am Prinzip der universellen Achtung orientiert, müssen die Grundsätze der sozialen Gerechtigkeit als das Ergebnis eines Zusammenwirkens aller dieser individuellen Freiheitsvollzüge vorgestellt werden können. Im Kern läuft daher die Idee der moralischen Autonomie methodisch stets auf eine prozedurale Konzeption von Gerechtigkeit hinaus: Das Verfahren der individuellen Selbstbestimmung wird auf die höhere Stufe der gesellschaftlichen Ordnung übertragen, indem es hier als Prozedur einer gemeinsamen Willensbildung begriffen wird, in der die gleichgestellten Bürger und Bürgerinnen die Grundsätze einer ihnen »gerecht« erscheinenden Sozialordnung beschließen. Die »inhaltliche« Füllung einer solchen Gerechtigkeitskonzeption wird insofern nicht von seiten der Theorie selbst vorgenommen; diese beschränkt sich normativ vielmehr darauf, die Prozeduren der kollektiven Willensbildung festzulegen, gegebenenfalls einige Prinzipien zu bestimmen, die jenen Prozeduren aus Gründen der Fairneß oder Chancengleichheit vorgeordnet sind,[64] vielleicht sogar ein »System« von individuellen Rechten zu benennen, welches den Prozeduren eine verfassungsrechtliche Gestalt geben soll,[65] aber ansonsten die Konkretisierung der Gerechtigkeit vom Resultat der kollektiven Selbstbestimmung abhängig zu machen. Wie die Idee der negativen Freiheit letztlich immer in eine Vorstellung von Gerechtigkeit mündet, die ein soziales System des Egoismus fördert, so steht am Ende der Idee der moralischen Autonomie stets eine prozedurale Konzeption, die einem sozialen System der Kooperation oder der demokratischen Deliberation dienlich ist; allerdings bleibt hier, im zweiten Fall, dieses System selbst inhaltlich unbestimmt, weil die Theorie aus konzeptuellen Gründen nicht die Entscheidungen vor-

64 Vgl. dazu John Rawls, *Eine Theorie der Gerechtigkeit*, Frankfurt/M. 1975, Kap. 24.

65 Habermas, *Faktizität und Geltung*, a.a.O., Kap. III.

wegnehmen darf, die die autonomen Subjekte nur aus sich heraus fällen dürfen.

So unzweideutig sich die methodischen Zusammenhänge zwischen Freiheitsidee und Gerechtigkeitsvorstellung noch auf dem Feld der Selbstbestimmung darstellen mögen, so vieldeutig werden sie nun aber, sobald die reflexive Freiheit des Individuums nach dem Muster der »Selbstverwirklichung« oder der »Authentizität« gedeutet wird. Was in der Moderne jeweils unter Gerechtigkeit verstanden wird, hängt, so hatten wir gesehen, in beinah ausschließlicher Weise davon ab, welche Idee von individueller Freiheit vorausgesetzt wird; wenn die Freiheit nun als ein reflexiver Akt gedacht und diese Reflexion als ein lebenslanger Prozeß der Artikulation des eigenen Selbst interpretiert wird, so muß die daraus resultierende Konzeption von Gerechtigkeit ein soziales System vorstellbar machen, in dem jedes Subjekt ohne Schädigung der anderen zu einer derartigen Selbstverwirklichung in der Lage ist. Die inhaltliche Füllung dessen, was eine gerechte Ordnung dann ausmachen soll, ist hier weit weniger als im Fall des Autonomieideals eine Angelegenheit der kooperierenden Subjekte selbst; denn der Theoretiker weiß von sich aus zumindest in groben Zügen, worauf die Subjekte sozial angewiesen sind, wenn sie zur Verwirklichung ihres Selbst befähigt werden sollen. Im Unterschied zum Prozeduralismus jener Gerechtigkeitskonzeptionen, die aus der Voraussetzung der Freiheit als Selbstbestimmung hervorgehen, sind die am Ideal der Selbstverwirklichung orientierten Vorstellungen von Gerechtigkeit in der Regel substantiell verfaßt; sie dürfen zwar nicht die Ziele oder die Richtung des individuellen Artikulationsprozesses vorwegnehmen, können aber immerhin doch mit externem Wissen darüber aufwarten, auf welche sozialen Voraussetzungen der einzelne in diesem Prozeß angewiesen ist.[66]

66 Zur politischen Philosophie Herders vgl. Frederick C. Beiser, *Enlightenment, Revolution, & Romanticism: The Genesis of Modern German Political Thought, 1790-1800*, Cambridge/Mass. 1992, bes. Kap. 8.

Allerdings spalten sich nun die Gerechtigkeitskonzeptionen, die auf das Ideal der Selbstverwirklichung zurückgehen, noch einmal in zwei Unterklassen auf; denn die Vorstellung, daß der einzelne nur auf dem Weg einer Artikulation seines »wirklichen« Selbst zur Freiheit gelangt, kann eine entweder individualistische oder eine eher kollektivistische Form annehmen. Im ersten Fall, in dem die Reflexivität der Selbstverwirklichung als eine Leistung allein eines einzelnen Subjekts betrachtet wird, muß die entsprechende Gerechtigkeitskonzeption selbst einen individualistischen Zuschnitt besitzen: Die gerechte Ordnung wird in der Regel als eine Summe von sozialen Ressourcen und kulturellen Voraussetzungen gedacht, die es dem individuellen Subjekt ermöglichen sollen, im Laufe seines Lebens ungezwungen sein authentisches Selbst zu artikulieren. Das beste Beispiel für eine derartige Vorstellung von Gerechtigkeit stellen fraglos jene Teile der Freiheitslehre von John Stuart Mill dar, die sich nicht an einer bloß negativen Idee der Freiheit, sondern am Ideal der Selbstverwirklichung orientieren;[67] unter Berufung auf Wilhelm von Humboldt heißt es bei ihm an solchen Stellen, daß jede Regierung die Aufgabe besitze, durch geeignete Erziehungsmaßnahmen und die strikte Garantie eines Pluralismus der öffentlichen Meinung eine soziale »Atmosphäre der Freiheit«[68] zu schaffen, in der die Gesellschaftsmitglieder zu größtmöglicher »Entfaltung« ihrer je individuellen »Eigenschaften, Fähigkeiten und Empfänglichkeiten«[69] gelangen könnten. Mill sieht den Freiraum zur subjektiven Selbstverwirklichung, den der Staat durch allgemeine Bildungsmaßnahmen, Mei-

67 Zu diesem Zwiespalt in der Freiheitslehre Mills vgl. schon Berlin, »Zwei Freiheitsbegriffe«, a. a. O., bes. S. 208 ff.; vgl. auch ders., »John Stuart Mill und die Ziele des Lebens«, in: ders., *Freiheit. Vier Versuche*, a. a. O., S. 257-296.

68 John Stuart Mill, *Über die Freiheit*, Leipzig/Weimar 1991, S. 88. Zur Gerechtigkeitskonzeption von Mill siehe auch Rawls, *Geschichte der politischen Philosophie*, a. a. O., bes. S. 393-412.

69 Mill, *Über die Freiheit*, a. a. O., S. 84.

nungsvielfalt und kulturelle Angebote sicherzustellen hat, nur durch das Prinzip der Schädigung, das berühmte *harm-principle*, begrenzt;[70] jenseits solcher Grenzen, die die Verletzung der gleichen Rechte anderer ausschließen sollen, besitzt jedes Individuum einen geradezu staatlich verbürgten Anspruch darauf, seine eigene »Originalität« zu entdecken und in der eigenen Lebensgeschichte zu verwirklichen.[71]

Im Gegensatz zu solchen individualistischen Vorstellungen der Selbstverwirklichung, die auf eine nicht minder individualistische Konzeption von sozialer Gerechtigkeit hinauslaufen, begreifen die kollektivistischen Ansätze die der Selbstverwirklichung innewohnende Leistung als ein von Haus aus gemeinschaftliches, kooperatives Unterfangen.[72] Nach dieser Auffassung besitzt der einzelne von sich aus gar nicht die Fähigkeit, sich selbst zu verwirklichen, weil sein authentisches Selbst so stark Moment oder Ausdruck einer sozialen Gemeinschaft ist, daß er es auch nur im kollektiven Vollzug zu entfalten vermag; insofern ist die Freiheit, die hier zur Voraussetzung genommen wird, stets nur das Ergebnis einer reflexiven Leistung, die allein ein Kollektiv vollbringen kann. Die Gerechtigkeitskonzeption, in die diese Vorstellung von Selbstverwirklichung mündet, kann ihrerseits nun verschiedene Gestalten annehmen; gemeinsam ist diesen nur, daß sie methodisch gezwungen sind, die erstrebenswerte Sozialordnung als Verkörperung jener Handlungsvollzüge zu verstehen, in denen die Subjekte die von ihnen geteilten Absichten verwirklichen. Die demokratische Version einer solchen Vorstellung von Gerechtigkeit stellt der liberale Republikanismus dar; ihm zufolge – man

70 Ebd., Kap. 4.

71 Zu den Problemen dieser Konzeption vgl. Alan Ryan, *John Stuart Mill*, New York 1970, Kap. XIII.

72 Vgl. zu diesen Unterscheidungen den sehr hilfreichen Aufsatz von Charles Taylor: ders., »Aneinander vorbei: Die Debatte zwischen Liberalismus und Kommunitarismus«, in: Axel Honneth (Hg.), *Kommunitarismus. Eine Debatte über die moralischen Grundlagen moderner Gesellschaften*, Frankfurt/New York 1993, S. 103-130.

denke nur an Hannah Arendt oder, mit Abstrichen, an Michael Sandel[73] – treffen sich die Gesellschaftsmitglieder in dem Bestreben, alle ihnen gemeinsamen Belange öffentlich zu diskutieren und auszuhandeln, so daß die intersubjektive Beratung in der politischen Öffentlichkeit als kollektive Form der Selbstverwirklichung begriffen werden muß. Von hier aus wird die Brücke zur Thematik der Gerechtigkeit nun dadurch geschlagen, daß die institutionellen Arrangements einer gegebenen Gesellschaft daraufhin befragt werden, ob sie die erforderliche Solidarität der Bürgerschaft aufrechterhalten können: Als »gerecht« muß begrifflich letztlich gelten, was sozial dazu angetan ist, die solidarischen Einstellungen zu befördern, die für die gemeinsame Tätigkeit in der Öffentlichkeit eine notwendige Voraussetzung bilden. Die Füllung dieser abstrakten Idee von Gerechtigkeit hängt dann im weiteren davon ab, was im einzelnen für erforderlich betrachtet wird, um die soziale Integration der politischen Gemeinschaft zu gewährleisten; das Spektrum reicht hier von sozialegalitaristischen Ansätzen, die auf eine soziale Inklusion aller Bürger und Bürgerinnen drängen, bis hin zu solchen Formen des politischen Elitismus, wie sie gelegentlich bei Hannah Arendt zutage treten.[74]

Auf die Frage, ob auch jene Version der reflexiven Freiheit, die ganz auf die periodische, nur jeweils momentane Identifikation mit den eigenen Wünschen abhebt, eine eigenständige Idee der Gerechtigkeit hervorbringt, dürfte nur schwerlich eine Antwort zu finden sein. Vieles spricht dafür, daß solche Vorstellungen von Authentizität auf dasselbe Modell einer gerechten Ordnung hinauslaufen würden, das schon den

73 Vgl. Hannah Arendt, *Über die Revolution*, München 1974 (2. Auflage); dies., *Macht und Gewalt*, München 1969; Michael Sandel, *Liberalism and the Limits of Justice*, Cambridge 1982.

74 Zu diesen Tendenzen bei Hannah Arendt, die mit ihrer Herabstufung des »Sozialen« zusammenhängen, vgl. u. a.: Seyla Benhabib, *Hannah Arendt – Die melancholische Denkerin der Moderne*, Frankfurt/M. 1998, Kap. 5; Hauke Brunkhorst, *Hannah Arendt*, München 1999, S. 142-147.

normativen Fluchtpunkt des individualistischen Begriffs der Selbstverwirklichung dargestellt hatte; denn auch dann, wenn die Selbstverwirklichung nicht als ein kontinuierlicher Prozeß, sondern nur als eine diskontinuierliche Staffel von Akten der Identifikation gedeutet wird, muß doch als entscheidendes Kriterium für die Gerechtigkeit einer Sozialordnung gelten, ob sie allen ihren Mitgliedern genügend Raum und Ressourcen für derartige Vollzüge bietet. Aber im ganzen ist wohl diese Konzeption von Authentizität nicht umfassend genug, umklammert zu wenig das Verhältnis von Individuum und Gesellschaft, als daß sie aus sich heraus eine eigenständige Idee von Gerechtigkeit hervorbringen könnte; daher ist es wahrscheinlich nicht falsch, hier von einem Neutralismus oder einer Indifferenz gegenüber gerechtigkeitstheoretischen Fragen zu sprechen.[75]

Wie diese grobe Übersicht zeigt, ist es nicht leicht, die mit der Idee reflexiver Freiheit einhergehenden Gerechtigkeitskonzeptionen auf einen gemeinsamen Nenner zu bringen. Zwar zeichnen sich all die zuvor skizzierten Vorstellungen gegenüber dem Gerechtigkeitsmodell der negativen Freiheit dadurch aus, daß sie nicht ein soziales System des Egoismus, sondern eines der Kooperation in den Blick nehmen: Der Grad des Zusammenwirkens der Subjekte, der vorausgesetzt werden muß, um die sozialen Bedingungen der Verwirklichung reflexiver Freiheit angeben zu können, ist ungleich höher als im Fall bloß negativer Freiheit. Aber jenseits dieser eher formalen Gemeinsamkeit tut sich hier zunächst einmal eine Vielzahl von Differenzen auf, die im wesentlichen damit zusammenhängen, daß die reflexive Freiheit sowohl nach dem Muster der Selbstgesetzgebung als auch nach dem der Selbstverwirklichung begriffen werden kann; und je nachdem, welches der beiden Muster zugrunde gelegt wird, müssen die Basisinstitutionen der gerechten Ordnung, also jene Institu-

75 Vgl. aber Harry Frankfurt, »Gleichheit und Achtung«, in: ders., *Freiheit und Selbstbestimmung*, a. a. O., S. 189-200.

tionen, die die Verwirklichung der Freiheit sozial verbürgen sollen, ganz unterschiedlich charakterisiert werden. Allerdings ist das methodische Verfahren, durch das in beiden Fällen die entsprechenden Vorstellungen von Gerechtigkeit gewonnen werden, dann doch wieder das gleiche: Aus den vorausgesetzten Begriffen der reflexiven Freiheit, sei es dem der Selbstbestimmung, sei es dem der Selbstverwirklichung, werden Ideen darüber abgeleitet, welche institutionellen Gegebenheiten erforderlich wären, um allen Individuen den Vollzug der jeweiligen Freiheit zu ermöglichen.

In keinem der beiden Modelle reflexiver Freiheit werden daher die sozialen Bedingungen, die die Ausübung der jeweils gemeinten Freiheit erst ermöglichen würden, selbst schon als Bestandteile von Freiheit gedeutet; solche Voraussetzungen kommen vielmehr erst in den Blick, sobald mit der Frage nach der gerechten Ordnung auch die gesellschaftlichen Realisierungschancen zum Thema werden. Im Grunde genommen machen damit die Ideen der reflexiven Freiheit noch vor den Bedingungen halt, kraft deren sich der von ihnen charakterisierte Vollzug von Freiheit erst eigentlich vollenden könnte; geradezu artifiziell werden bei der Bestimmung von Freiheit jene institutionellen Gegebenheiten und Formen ausgespart, die zur begonnenen Reflexion stets hinzutreten müßten, um sie bis zum erfolgreichen Abschluß durchführen zu können. Zur Selbstbestimmung selbst gehört als ein weiteres Moment mindestens noch die soziale Voraussetzung, daß die moralischen Ziele institutionell verfügbar sind, so wie zur Selbstverwirklichung kategorial hinzugedacht werden muß, daß die den jeweiligen Wünschen entsprechenden Güter in der gesellschaftlichen Realität vorhanden sind. In beiden Fällen kommen derartige Gegebenheiten aber erst ins Spiel, nachdem der Vollzug von Freiheit schon vollständig bestimmt ist; sie werden von außen, als Elemente sozialer Gerechtigkeit, additiv hinzugefügt, nicht aber als dessen inneres Moment gedacht. Eine Ausnahme von dieser Logik der Nachträglichkeit macht auf dem Feld der reflexiven Freiheit nur deren diskurstheoretische Bestimmung: Weil der Vollzug der reflexiven Leistungen hier an die Bedingung der Teilnahme an diskursiven Veranstaltungen gebunden ist, darf die soziale Institution des Diskurses nicht als bloß externe Verlängerung, sondern muß als Bestandteil von Freiheit selbst gedeutet werden. Es ist eine solche institutionelle Erweiterung des Freiheitsbegriffs, die dem dritten, *sozialen* Begriff der Freiheit als Richtschnur dient; nach dieser Vorstellung läßt sich die Idee der reflexiven Freiheit nicht entfalten, ohne dabei die institutionellen Formen einzubeziehen, die ihren Vollzug ermöglichen.

III.
Die soziale Freiheit und ihre Sittlichkeitslehre

Das kommunikationstheoretische Modell des Diskurses, das von Karl-Otto Apel und Jürgen Habermas gemeinsam entwickelt wurde, bietet einen Begriff der individuellen Freiheit, der noch innerhalb des Territoriums der reflexiven bereits auf dasjenige einer sozialen Freiheit verweist; denn im Unterschied zu herkömmlichen, monologischen Auffassungen der reflexiven Freiheit wird hier ja die These vertreten, daß allein das intersubjektive Zusammenwirken im Diskurs die Art von rationaler Selbstkontrolle ermöglicht, die deren innersten Kern ausmacht.[76] »Sozial« an dieser neuen, diskurstheoretischen Auffassung von Freiheit ist der Umstand, daß eine bestimmte Institution der gesellschaftlichen Wirklichkeit nicht mehr als ein bloßes Additiv, sondern als Medium und Vollzugsbedingung von Freiheit betrachtet wird; das individuelle Subjekt kann aus einer solchen Sicht nur dann die reflexiven Leistungen erbringen, die zur Selbstbestimmung gehören, wenn es in einer sozialen Einrichtung mit anderen zusammenwirkt, die reziprok dieselbe Art von Leistung vollziehen. Die institutionelle Gegebenheit, hier also der Diskurs, ist nicht länger das, was zum jeweiligen Freiheitsbegriff noch hinzugedacht werden muß, um zu einer Vorstellung von sozialer Gerechtigkeit zu gelangen, sondern Element des Freiheitsvollzugs selbst; erst wenn derartige Institutionen in der sozialen Wirklichkeit gegeben sind, kann das Individuum in ihrem Rahmen die Art von Willensbe-

76 Gerd Wartenberg, *Logischer Sozialismus. Die Transformation der Kantschen Transzendentalphilosophie durch Charles S. Peirce*, Frankfurt/M. 1971, bes. S. 187ff.

stimmung vollziehen, die für die reflexive Freiheit erforderlich ist.

In der Diskurstheorie bleibt diese Hinwendung zum Sozialen allerdings in der Schwebe zwischen Transzendentalismus und Institutionalismus, zwischen Geltungsidealismus und Sozialtheorie. Daß der einzelne auf einen Gesprächsteilnehmer verwiesen ist, um zur Festlegung seines Willens und damit zur Erfahrung von Freiheit zu gelangen, wird einmal als ein geschichtsloses, rationales Faktum, das andere Mal als eine historisch wirksame Nötigung begriffen;[77] nie aber wird aus der Voraussetzung eines Intersubjektivismus der Freiheit die Konsequenz gezogen, daß es Gefüge institutionalisierter Praktiken bedarf, um jenen Vorgang der reziproken Selbstbestimmung in Gang zu setzen. Der »Diskurs« wird in der Diskurstheorie entweder als transzendentales Geschehen oder als Metainstitution, nie aber als partikulare Institution in der Vielzahl ihrer sozialen Erscheinungen verstanden; es fehlt der Entschluß zur historischen Konkretion, der zur kommunikationstheoretischen Ausgangsthese noch hinzutreten müßte, um von ihr aus einen Einblick in die institutionellen Grundlagen der Freiheit zu gewinnen. Daher hat der Ansatz von Apel und Habermas, obwohl alles in ihm darauf verweist, die Schwelle zu einem sozialen Begriff der Freiheit nicht nehmen können; erst im Rückblick auf Hegel zeigt es sich demgegenüber, wie es möglich sein soll, bestimmte Institutionen als Medien reflexiver Freiheit zu begreifen.

Hegel entwickelt seine eigene Konzeption von Freiheit, die hier im Anschluß an Frederick Neuhouser »sozial« genannt werden soll,[78] vor allem im Kontext seiner »Rechtsphilosophie«. Den Ausgangspunkt seiner Überlegungen stellt eine

77 Diese Spannung zeigt sich am deutlichsten im Werk von Jürgen Habermas, wo sie nach meinem Eindruck erst in *Faktizität und Geltung* (a. a. O.) zugunsten einer historischen Konkretisierung aufgelöst wird.

78 Frederick Neuhouser, *Foundations of Hegel's Social Theory. Actualizing Freedom*, Cambridge/Mass. 2000 (zur Begriffsverwendung vgl. u. a. S. 5 ff.).

Kritik an zwei Freiheitsvorstellungen dar, die zwar nicht in allen Details, aber doch in den wesentlichen Zügen den beiden Ideen von Freiheit ähneln, die wir bislang unterschieden haben: Während die Idee der negativen Freiheit, um unsere eigene Terminologie zu verwenden, an dem Umstand scheitern muß, daß die »Inhalte« des Handelns nicht selbst als »frei« begriffen werden können, ist die Idee der reflexiven Freiheit deswegen defizitär, weil sie die nun als inhaltlich frei, nämlich als selbstbestimmt gedachte Handlung einer objektiven Wirklichkeit gegenüberstellt, die selbst ihrerseits weiterhin als vollständig heteronom begriffen werden muß.[79] Es ist leicht zu sehen, daß sich Hegels Einwand gegen das zweite Freiheitsmodell komplementär zu dem verhält, den er zunächst gegen das erste Freiheitsmodell vorgebracht hatte: Ist dort der Mangel darin zu sehen, daß die Freiheit nicht bis in die Selbstbeziehung, die Subjektivität des Individuums hineinreicht, so besteht das entscheidende Defizit hier, bei der reflexiven Freiheit, darin, daß sich die nun nach innen ausgedehnte Freiheit nicht wiederum auch auf die Sphäre der Objektivität erstreckt. Dieser zweite Gedankengang, der uns im Unterschied zur Kritik an der negativen Freiheit noch unvertraut ist, verliert einiges von seiner Abstraktheit, wenn er auf die Formulierungen bezogen wird, mit denen die reflexive Freiheit hier bislang charakterisiert wurde. Wir hatten gesehen, daß diese Idee von Freiheit insofern eine reflexive Leistung des Individuums voraussetzt, als entweder ein Akt der Selbstgesetzgebung oder der Bestimmung der eigenen Wünsche vollzogen werden muß: Frei bin ich demnach nur in dem Maße, in dem ich dazu in der Lage bin, mein Handeln an autonom gesetzten Zielen oder an authentisch erschlossenen Wünschen zu orientieren. Wird Hegels Einwand nun auf die damit umrissene Vorstellung bezogen, so tritt zutage, daß nichts an ihr die Realisierbarkeit

79 G.W.F. Hegel, *Grundlinien der Philosophie des Rechts*, in: ders., *Werke in zwanzig Bänden*, Frankfurt/M. 1970, Bd. 7, Einleitung (§§ 1-32).

der reflexiv bestimmten Ziele zu garantieren scheint; zwar ist durch die Ausdehnung der Freiheit nach innen gesichert, daß tatsächlich nur solche Absichten zum Zuge kommen, die keiner fremden Autorität gehorchen, aber die Chancen für deren Verwirklichung werden erst gar nicht in den Blick genommen. Hegel möchte also offenbar zu einem dritten Modell der Freiheit gelangen, welches diesen Mangel überwindet, indem es auch die objektive Sphäre der Wirklichkeit noch dem Kriterium der Freiheit unterwirft: Nicht nur die individuellen Absichten sollen dem Maßstab genügen, ihrerseits ohne jede Fremdeinwirkung zustande gekommen zu sein, sondern auch die äußere, soziale Realität soll so vorgestellt werden können, daß sie frei von aller Heteronomie und jedem Zwang ist. Die Idee der sozialen Freiheit wäre dementsprechend als Ergebnis einer theoretischen Anstrengung zu verstehen, das dem Gedanken der reflexiven Freiheit zugrunde gelegte Kriterium auch noch auf jene Sphäre auszudehnen, die herkömmlicherweise dem Subjekt als äußere Wirklichkeit gegenübergestellt wird.

Nun macht allerdings schon die bloße Erwähnung dieser Absicht deutlich, wie schwierig es sein dürfte, ihr wirklich Genüge zu leisten. Während uns für den Bereich individueller Vorhaben und Ziele noch hinreichend viele Kriterien aus dem Alltag zur Verfügung stehen, die uns Hinweise darauf geben können, wie hier zwischen frei und unfrei zu unterscheiden wäre, scheinen uns derartige Intuitionen in Hinblick auf die Sphäre der gesellschaftlichen Wirklichkeit vollkommen zu fehlen; zumindest läßt sich nicht einfach spontan eine Reihe von Gesichtspunkten aufzählen, die es erlauben würden, am Bereich sozialer Institutionen Differenzierungen zwischen Graden der Freiheit vorzunehmen. Hegel selbst aber scheint sich auf eine solche Alltagserfahrung zu berufen, wenn er im Zusatz zum §7 seiner »Rechtsphilosophie« behauptet, daß die »Freundschaft« und die »Liebe« ein Beispiel für die Freiheit in der äußeren Sphäre des Sozialen abgeben:

»Hier ist man nicht einseitig in sich, sondern man beschränkt sich gern in Beziehung auf ein Anderes, weiß sich aber in dieser Beschränkung als sich selbst. In der Bestimmtheit soll sich der Mensch nicht bestimmt fühlen, sondern indem man das Andere als Anders betrachtet, hat man daran erst sein Selbstgefühl.«[80] Obwohl Hegel diese Ausführungen auf die Ebene der bloßen »Empfindung« beschränkt wissen möchte, ist in der darin verwendeten Formulierung vom »Bei-sich-selbst-Sein im Anderen« doch der Schlüssel seiner Konzeption sozialer Freiheit enthalten; sie ist in einer Vorstellung sozialer Institutionen begründet, die die Subjekte sich derart aufeinander beziehen läßt, daß sie ihr Gegenüber als Anderen ihrer Selbst begreifen können.

Die Kategorie der »wechselseitigen Anerkennung« ist für Hegel von Anbeginn ein Schlüssel für seine Vorstellung von Freiheit gewesen.[81] Als isoliertes Subjekt bleibt der Mensch in all seiner reflexiven Freiheit von der äußeren Welt der sozialen Einrichtungen und Institutionen abgeschnitten; so gut es ihm auch gelingen mag, sich in seinem Handeln auf nur selbstgesetzte Ziele zu beschränken, so ungewiß bleibt doch deren Realisierbarkeit in der objektiven Wirklichkeit. Das Freiheitsstreben hört auf, ein Element der bloß subjektiven Erfahrung zu bilden, sobald das Subjekt auf ein anderes Subjekt trifft, dessen Ziele sich zu den eigenen komplementär verhalten; denn nun kann Ego in den Bestrebungen des Interaktionspartners einen Bestandteil der äußeren Welt erblicken, der es ihm erlaubt, seine selbstgesetzten Ziele auch objektiv umzusetzen. Mit »wechselseitiger Anerkennung« ist, so gesehen, zunächst nur die reziproke Erfahrung gemeint, sich in den Wünschen und Zielen des Gegenübers insofern bestätigt zu sehen, als

80 Ebd., S. 57.
81 Vgl. v. a. Andreas Wildt, *Autonomie und Anerkennung. Hegels Moralitätskritik im Lichte seiner Fichte-Rezeption*, Stuttgart 1982; Axel Honneth, *Kampf um Anerkennung. Zur moralischen Grammatik sozialer Konflikte*, Frankfurt/M. 1992.

deren Existenz eine Bedingung der Verwirklichung der eigenen Wünsche und Ziele darstellt; unter der Bedingung, daß beide Subjekte die Ergänzungsbedürftigkeit ihrer jeweiligen Ziele anerkennen, sie also im Gegenüber den Anderen ihrer Selbst erblicken, erweitert sich die bislang nur reflexive zu einer intersubjektiven Freiheit. Die Verbindung zum Begriff der Institution oder des Mediums stellt Hegel nun dadurch her, daß er als soziale Voraussetzung einer solchen Anerkennung der Komplementarität von Zielen und Wünschen die Existenz normierter Verhaltenspraktiken begreift: Beide Subjekte müssen gelernt haben, sowohl ihre jeweiligen Ziele für ihre Gegenüber verständlich zu artikulieren, als auch dessen Äußerungen angemessen zu verstehen, bevor sie sich wechselseitig in ihrer Abhängigkeit voneinander anerkennen können. Für eine derartige Gewährleistung reziproker Verständlichkeit sorgen nach Auffassung Hegels die Institutionen der Anerkennung, also Bündel von normierten Verhaltenspraktiken, die individuelle Ziele »objektiv« ineinandergreifen lassen; sie stellen sicher, daß die Subjekte im Verhalten von Alter Ego den Wunsch erkennen können, dessen Ausführung Bedingung der Erfüllung ihres eigenen Wunsches wäre. Weil sich dementsprechend aber das Freiheitsstreben des einzelnen nur innerhalb oder mit Hilfe von Institutionen erfüllt, erweitert sich für Hegel der »intersubjektive« noch einmal zu einem »sozialen« Begriff der Freiheit: »Frei« ist das Subjekt letztlich allein dann, wenn es im Rahmen institutioneller Praktiken auf ein Gegenüber trifft, mit dem es ein Verhältnis wechselseitiger Anerkennung deswegen verbindet, weil es in dessen Zielen eine Bedingung der Verwirklichung seiner eigenen Ziele erblicken kann. In der Formel vom »Bei-sich-selbst-Sein im Anderen« ist also eine Bezugnahme auf soziale Institutionen insofern immer schon mitgedacht, als nur eingespielte, verstetigte Praktiken die Gewähr dafür bieten, daß die beteiligten Subjekte sich wechselseitig als Andere ihrer Selbst anerkennen können; und nur eine solche Form von Anerkennung ist es, die es dem einzelnen ermöglicht, seine reflexiv gewonnenen Ziele überhaupt umsetzen und verwirklichen zu können.[82]

Solange Hegel noch glaubte, die sittliche Einheit von modernen Gesellschaften direkt aus der emotionalen Verbundenheit der Subjekte erklären zu können, machte er sich diese soziale Struktur der Freiheit primär am Modell der Liebe zwischen Mann und Frau plausibel. Im Liebesverhältnis findet die bereits reflektierte, nicht mehr als bloße Begierde, sondern als erotische Zuneigung auftretende Freiheit von zwei Subjekten dadurch Erfüllung, daß sie sich wechselseitig als diejenigen anerkennen, die um ihre Abhängigkeit voneinander wissen: »Die Begierde befreit sich so von der Beziehung auf den Genuß, sie wird zu einem unmittelbaren Einssein beider in dem absoluten Fürsichsein beider, oder sie wird Liebe; und der Genuß ist in diesem Anschauen seiner selbst in dem Sein des anderen Bewußtsein.«[83] Daß Hegel auch bei dieser »unmittelbaren« Form von Anerkennung schon eine bestimmte Institution vor Augen hat, geht vor allem aus seinen Randnotizen hervor, in denen er wie zum Kontrast historisch ältere, etwa ritterliche Gestalten des Liebesverhältnisses aufführt:[84] Nur unter der geschichtlichen Bedingung, daß derartige Beziehungsmuster in der sozialen Praxis durch das moderne, romantische Ideal der Liebe ersetzt worden sind, können sich zwei Subjekte in der Weise aufeinander beziehen, daß

82 Mit dieser Bestimmung »sozialer Freiheit« im Sinne der wechselseitigen Ergänzung in institutionellen Sphären der Anerkennung weiche ich allerdings von dem Vorschlag Frederick Neuhousers ab, der dabei eher Hegels holistische Idee eines »sich selbstbestimmenden Ganzen« vor Augen hat (ders., *Foundations of Hegel's Social Theory*, a. a. O., bes. S. 82-84). Aus Gründen, die sich später vor allem im Rückgriff auf Talcott Parsons zeigen werden, halte ich meine »flachere« Begriffsbestimmung für geeigneter, auch den Ansprüchen einer soziologisch verfahrenden Gesellschaftstheorie zu genügen.

83 G.W.F. Hegel, *Jenaer Systementwürfe I. Das System der spekulativen Philosophie*, Hamburg 1986, Fragment 21, S. 212.

84 Vgl. etwa G.W.F. Hegel, *Jenaer Realphilosophie*, Hamburg 1969, S. 202, Randnotiz 2.

sie reziprok im anderen ihre erotische Freiheit zur Verwirklichung kommen sehen. Insofern enthält bereits Hegels frühe Konzeption der Liebe den Verweis auf eine Institution, die als soziale Voraussetzung dafür gedacht wird, daß die entsprechende Anerkennungsbeziehung überhaupt erst zustande kommen kann.

Den Anstoß zu einer Erweiterung seiner Anerkennungstheorie erhält Hegel schon bald durch die Kenntnisnahme der im Entstehen begriffenen Nationalökonomie. Wenn die Struktur moderner Gesellschaften, wie in dieser neuen Disziplin behauptet, stets auch durch eine unabhängige Sphäre des ökonomischen Marktes gekennzeichnet ist, dann kann deren sittliche Einheit nicht mehr zureichend aus dem Anerkennungsverhältnis der Liebe allein begriffen werden; vielmehr muß auch die expandierende Domäne marktvermittelten Handelns ein ihr eigenes Potential an Freiheit beherbergen, weil ansonsten nicht zu erklären wäre, warum sie so schnell moralische Zustimmung bei großen Teilen der Bevölkerung findet. Um angesichts dieser neuen Herausforderung nicht seine ursprüngliche Einsicht preisgeben zu müssen, der zufolge Freiheit stets ein institutionell gebundenes Anerkennungsverhältnis darstellt, hat Hegel mithin plausibel zu machen, inwiefern der ökonomische Markt eine solche Institution der Anerkennung bildet. Die ingeniöse Lösung, mit der er noch in Jena aufwartet, besteht in der Annahme, daß sich in der Sphäre des Marktes die Subjekte deswegen wechselseitig anerkennen müssen, weil sie im Gegenüber denjenigen wahrnehmen, der durch sein ökonomisches Angebot die Befriedigung ihrer rein egozentrischen Bedürfnisse gewährleistet; also besitzt selbst hier, im scheinbar vollkommen atomisierten Bereich marktvermittelten Handelns, wie Hegel schließen kann, die Freiheit wiederum die institutionelle Struktur einer Interaktion, weil nur durch die reziproke Anerkennung ihrer Abhängigkeit voneinander die einzelnen zur Erfüllung ihrer Zwecke gelangen können. Den

Markt als eine neue, indirekte Form des »Bei-sich-selbst-Sein(s) im Anderen« aufzufassen bedeutet, an dieser Institution verstehen zu lernen, daß sie ein Anerkennungsverhältnis schafft, durch welches die Individuen ihre Freiheit erweitern können.[85]

Für Hegel hat diese Einbeziehung des Marktes in seine Konzeption sozialer Freiheit zur Folge, daß er nun die Gesellschaft seiner Zeit als ein geschichtetes Verhältnis von Anerkennungsverhältnissen zu begreifen lernt. Am Ende wird er in seiner »Rechtsphilosophie« zu einer Differenzierung von drei derartigen institutionellen Komplexen gelangen, die sich jeweils danach unterscheiden, welche Zwecke oder Ziele der Individuen durch reziproke Anerkennung befriedigt werden. Durchgängig aber bleibt auf dem damit umrissenen Weg bei Hegel die Vorstellung intakt, daß die Freiheit der Individuen letztlich erst dort einsetzt, wo sie an Institutionen partizipieren können, deren normative Praktiken ein Verhältnis der wechselseitigen Anerkennung sicherstellen. Zwar hatte Hegel zu dieser eigenwilligen Konzeption zunächst scheinbar nur aus Gründen der Vervollständigung einer rein logischen Operation gefunden: Mangelt es dem rein negativen Begriff der Freiheit an einer Einbeziehung von Subjektivität, die ja ihrerseits auch irgendwie als frei vorgestellt werden können muß, so fehlt es dem daraus resultierenden Begriff der inneren, reflexiven Freiheit an einer Einbeziehung von Objektivität, weil die äußere Wirklichkeit weiterhin als bloß heteronome Sphäre gedacht wird; um die Mängel beider Konzeptionen zu überwinden, bedarf es daher eines dritten Begriffs von Freiheit, in dem Subjektivität und Objektivität, Besonderes und Allgemeines als versöhnt vorgestellt werden. Sobald Hegel aber darangeht, diese nur begrifflich gewonnene Konstruktion zu

85 Vgl. dazu u. a.: Birger P. Priddat, *Hegel als Ökonom*, Berlin 1990; Hans-Christoph Schmidt am Busch, *›Anerkennung‹ als Prinzip der Kritischen Theorie*, Berlin 2011, Kap. III. Siehe aber v. a. meine Überlegungen in Teil C, Kap. III, Abschnitt 2(a).

plausibilisieren, sie also unseren lebensweltlichen Erfahrungen anzunähern, tritt zutage, daß er einer äußerst überzeugenden Idee auf der Spur ist; denn mit dem Vorschlag, auch die Objektivität selbst noch in die Bestimmung von Freiheit einzubeziehen, wird mit einem gewissen Recht behauptet, daß wir uns so lange nicht als wirklich frei erfahren können, wie wir nicht in der äußeren Wirklichkeit die Voraussetzungen für eine Umsetzung unserer selbstbestimmten Ziele vorfinden. Alle Formulierungen, mit denen Hegel den Standpunkt der inneren, reflexiven Freiheit kritisiert, laufen zunächst einmal nur auf einen solchen Befund hinaus: Wird die Freiheit ausschließlich als »Vermögen« gedeutet, nämlich als Fähigkeit, sich in seinem Handeln nur von eigenen, selbstbestimmten Zielen leiten zu lassen, so wird »ihre Beziehung auf das, was sie will, überhaupt auf ihre Realität, nur für eine *Anwendung* auf einen gegebenen Stoff an(gesehen), die nicht zum Wesen der Freiheit selbst gehöre«.[86]

Nun lassen sich allerdings an dieser dritten Position, der zufolge die objektiven Voraussetzungen der Realisierung zum »Wesen der Freiheit selbst« gehören, eine schwache und eine starke Version unterscheiden; und die Eigenart der Hegelschen Idee sozialer Freiheit besteht darin, in entschiedener Weise eine spezifische Deutung der starken Version zu unterbreiten. In der schwachen Lesart soll die Einbeziehung von »Objektivität« besagen, daß unsere Vorstellungen von »Autonomie« oder »Selbstverwirklichung« unvollständig bleiben, solange nicht die sozialen Ressourcen zur Realisierung der entsprechenden Ziele begrifflich hinzugenommen werden; eine Spielart dieser Auffassung vertritt heute etwa Joseph Raz, wenn er zeigt, daß es aufgrund des zirkulären Verhältnisses zwischen gewählten Zielen und institutionellen Arrangements höchst unplausibel wäre, solche »social forms« nicht als Bedingungen dem Begriff der Autonomie selbst zuzurech-

86 Hegel, *Grundlinien der Philosophie des Rechts*, a. a. O., S. 61.

nen.[87] Aber so nah Raz damit bestimmten Aspekten der Freiheitslehre Hegels auch kommen mag, so tief bleibt doch die Kluft, die ihn von dessen zentraler Intuition trennt; denn Hegel möchte an der Wirklichkeit nicht nur irgendwelche sozialen Bedingungen freilegen, die die Realisierung selbstgesetzter Ziele ermöglichen, sondern er will den »Stoff« der Realität so weit verflüssigt sehen, daß sich in ihm die Struktur der reflexiven Freiheit selbst noch einmal objektiv gespiegelt findet. Die Welt der Objektivität soll dem individuellen Freiheitsstreben in dem Sinn entgegenkommen, daß sie gewissermaßen von sich aus will, was das Subjekt reflexiv intendiert. Dieses starke, ontologische Erfordernis wird nur erfüllt, wenn zu jener äußeren Wirklichkeit andere Subjekte gehören, deren Zielsetzungen ihrerseits verlangen, daß das erste Subjekt genau das ausführt, was es zu tun beabsichtigt; dann nämlich darf die Objektivität in der exemplarischen Gestalt solcher Mitsubjekte derart vorgestellt werden, daß sie von der Subjektivität will oder verlangt, sich in seiner reflexiv bestimmten Freiheit zu verwirklichen.

Es ist diese starke Lesart des um objektive Voraussetzungen erweiterten Begriffs der Freiheit, die Hegel mit seinem Begriff der »Anerkennung« zu verteidigen versucht; damit soll die Struktur einer Versöhnung nicht einfach nur zwischen Subjekten, sondern zwischen subjektiver Freiheit und Objektivität charakterisiert werden. In der Beziehung der Anerkennung trifft das Subjekt auf ein (seinerseits subjektives) Element der Wirklichkeit, durch das es sich darin bestätigt oder sogar dazu aufgefordert sieht, seine reflexiv gewonnenen Absichten zu verwirklichen; denn nur durch diese Realisierung gelangt jenes objektive Element seinerseits zur Befriedigung, weil es wie das Subjekt Ziele verfolgt, deren Verwirklichung die Durchführung der Absichten seines Gegenübers verlangt. Allerdings hat die damit umrissene Konstruktion nun ersichtlich zur Folge,

87 Joseph Raz, *The Morality of Freedom*, Oxford 1986, bes. S. 307ff. (Kap. 12.5.).

daß Hegel beiden Seiten nur solche Ziele oder Absichten unterstellen darf, die in einem sehr anspruchsvollen Sinn »allgemein« sind: Zu einer wechselseitigen Anerkennung in der bezeichneten Weise kann es nämlich nur kommen, wenn die Ziele beider Parteien sich derart ergänzen, daß sie zur Erfüllung allein bei komplementärer Durchführung gelangen. Was zuvor schon »Ergänzungsbedürftigkeit« genannt wurde, dient mithin als Voraussetzung der in der Anerkennungsbeziehung realisierten Form von Freiheit: Damit die individuelle Freiheit in der objektiven Wirklichkeit zum Tragen kommt, mit ihr in gewisser Weise versöhnt werden kann, muß das Subjekt Ziele verwirklichen wollen, deren Verwirklichung andere Subjekte voraussetzt, die komplementäre Zielsetzungen besitzen. Hegel muß also der Erlangung von sozialer Freiheit einen Prozeß vorauslaufen lassen, in dem die Subjekte lernen, im wesentlichen solche Wünsche oder Absichten herauszubilden, die im Sinne der Ergänzungsbedürftigkeit »allgemein« sind; verfügen sie einmal über derartige Zielsetzungen, so können sie in den entsprechenden Anerkennungsbeziehungen die Erfahrung machen, daß sie »in der Objektivität zugleich *bei sich*«[88] selbst sind.

Auch die Funktion einer solchen Verallgemeinerung von Wünschen und Absichten mutet Hegel wiederum den Institutionen zu, auf die hin seine ganze Freiheitslehre konzentriert ist. Dabei läßt er sich von der letztlich aristotelischen Vorstellung leiten, daß die Subjekte unter dem Einfluß von institutionalisierten Praktiken lernen, ihre Motive an deren internen Zielen auszurichten; am Ende eines derartigen Sozialisationsprozesses steht daher ein relativ stabiles, habitualisiertes System von Bestrebungen, die die Subjekte genau das beabsichtigen lassen, was zuvor an normativen Gewohnheiten in den Praktiken verankert war.[89] Wenn die Individuen

88 Hegel, *Grundlinien der Philosophie des Rechts*, a. a. O., § 28, S. 79.

89 Vgl. zu diesem aristotelischen Praxismodell, an das Hegel zweifellos anknüpft, etwa: MacIntyre, *Der Verlust der Tugend*, a. a. O., Kap. 14.

nun in Institutionen aufwachsen, in denen normative Praktiken der Reziprozität auf Dauer gestellt sind, dann, so denkt Hegel, werden sie im Zuge ihrer »Bildung« lernen, in ihrem Verhalten primär Wünsche und Absichten zu verfolgen, deren Befriedigung nur durch die komplementären Handlungen anderer möglich ist.[90] Wie in einem Kreislauf sorgt die Sozialisation in institutionellen Komplexen der Anerkennung dafür, daß die Subjekte allgemeine, ergänzungsbedürftige Ziele auszubilden lernen, die sie später dann allein durch reziproke Praktiken erfüllen können, kraft deren jene Institutionen am Leben bleiben.

Es sind mithin zwei wesentliche Aufgaben, die innerhalb der Hegelschen Freiheitslehre diejenigen Institutionen übernehmen, in denen Anerkennungsbeziehungen auf Dauer gestellt sind. Einerseits sorgen sie als Medien der Vermittlung dafür, daß bestimmte Klassen von Verhaltensäußerungen von den Beteiligten wechselseitig als Aufforderungen dazu verstanden werden können, komplementäre Zielsetzungen gemeinsam zu verwirklichen; nur auf dem Boden solcher intersubjektiv verbindlichen Regeln und Symbole kommen die einzelnen in einem Allgemeinen darin überein, daß sie sich miteinander identifizieren und gegenseitig ihre Ziele und Absichten realisieren. In diesem Sinn sind die Institutionen der Anerkennung nicht bloßes Anhängsel oder äußere Voraussetzung von intersubjektiver Freiheit; weil ohne sie die Subjekte nicht um ihre wechselseitige Abhängigkeit voneinander wissen könnten, bilden sie vielmehr den Grund und die Verwirklichungsstätte jener Freiheit in einem. Andererseits tragen dieselben Institutionen aber auch dazu bei, die individuierten einzelnen zu einem intersubjektiven Verständnis ihrer Freiheiten überhaupt erst zu befähigen; denn nur durch das Hineinwachsen in Praktiken, deren Sinn die gemeinsame Verwirklichung komplementärer Zielsetzungen ist, lernen sie

90 Vgl. Axel Honneth, *Leiden an Unbestimmtheit. Eine Reaktualisierung der Hegelschen Rechtsphilosophie,* Stuttgart 2001, Kap. 5.

sich als selbstbewußte Mitglieder von freiheitsverbürgenden Gemeinschaften zu verstehen. Insofern kann Hegel schließen, daß Individuen nur dann wirklich Freiheit erfahren und verwirklichen, wenn sie an sozialen Institutionen teilnehmen, die durch Praktiken der wechselseitigen Anerkennung geprägt sind.

Obwohl dieser Begriff sozialer Freiheit ausgesprochen eigenwillige, ja verstiegene Züge zu besitzen scheint, ist er nicht so einflußlos geblieben, wie es auf den ersten Blick erscheinen mag. Bereits Marx läßt sich in seinen Frühschriften, wenn auch vielleicht nicht bewußt, von Hegelschen Intuitionen leiten, wenn er die gesellschaftliche Kooperation zum Modellfall von Freiheit macht.[91] Den Ausgangspunkt seiner Überlegungen bildet jener Begriff der individuellen Selbstverwirklichung, den wir schon als eine besondere Gestalt der Idee der reflexiven Freiheit kennengelernt haben: Das menschliche Individuum ist nur in dem Maße wirklich frei, in dem es ihm gelingt, seine »wirklichen«, authentischen Bedürfnisse und Wünsche zu artikulieren und im Laufe seines Lebens zu verwirklichen. Für Marx aber bleibt dieses damals höchst verbreitete Modell viel zu abstrakt, solange es nur wie bei Herder und seinen Schülern im Bezugssystem von Sprache und poetischer Kreativität gedacht wird; statt dessen möchte er im Anschluß an Hegel, mit dessen *Phänomenologie* er seit 1837 bestens vertraut ist,[92] den Prozeß der Selbstverwirklichung nach dem Muster einer Tätigkeit verstehen, in der der einzelne seine »Individualität«, seine »Eigentümlichkeit« vergegenständlicht und »im Anschauen des [produzierten, A.H.] Gegenstandes« die Fülle seiner persönlichen Fähigkeiten ge-

91 Vgl. zum Folgenden u.a.: Daniel Brudney, *Marx's Attempt to Leave Philosophy*, Cambridge/Mass. 1998; George G. Brenkert, *Marx's Ethics of Freedom*, London 1983, v.a. Kap. 4; Allen W. Wood, *Karl Marx*, London 1981.

92 Vgl. zum Hegelschen Begriff der Arbeit, an den Marx direkt anschließt: Hans-Christoph Schmidt am Busch, *Hegels Begriff der Arbeit*, Berlin 2002.

nießt.[93] Ein solcher Prozeß der Selbstverwirklichung durch Arbeit ist aber für Marx kein in sich selbst kreisender, monologischer Vorgang, sondern erfolgt von Beginn an mit Blick auf die Bedürfnisse anderer Menschen; denn jeder einzelne ist in seiner Bedürfnisbefriedigung vital auf Produkte angewiesen, die andere für ihn erarbeitet haben, so daß er seine Arbeit an dem Bedürfnis dessen orientieren wird, von dem er umgekehrt ein Produkt zur Befriedigung seiner eigenen Bedürfnisse erwartet. In der Weise ihrer jeweiligen Selbstverwirklichung ergänzen daher die Subjekte einander, weil sie durch den Vollzug ihrer Arbeit wechselseitig zur Erweiterung ihrer Ziele beitragen. Es ist diese Ergänzungsbedürftigkeit ihrer Ziele, nämlich des Zwecks ihrer Bedürfnisbefriedigung,[94] die erklärt, warum Marx behauptet, daß der Mensch in seinem eigenen Vollzug von Selbstverwirklichung sowohl den anderen »bejaht« als auch sich durch ihn »bestätigt« sieht: »Ich hätte [...] in meiner Arbeit [...] den Genuß«, so heißt es, »für dich der Mittler zwischen dir und der Gattung gewesen zu sein, also von dir selbst als eine Ergänzung deines eigenen Wesens und als ein notwendiger Teil deiner selbst gewußt und empfunden zu werden, also sowohl in deinem Denken wie in deiner Liebe mich bestätigt zu wissen«.[95]

Marx ist an dieser Stelle vom Hegelschen Anerkennungsmodell nicht weit entfernt, weil er die Freiheit der Selbstverwirklichung an die Voraussetzung der Ergänzung durch ein anderes Subjekt bindet. Aus seiner Sicht bleibt der Versuch

93 Karl Marx, »Auszüge aus James Mills Buch ›Élements d'économie politique‹«, in: ders./Friedrich Engels, *Werke*, Berlin 1968, Ergänzungsband, Erster Teil, S. 443-463, hier: S. 462.

94 Zum Begriff der »Ergänzungsbedürftigkeit« in diesem Kontext vgl. Brudney, *Marx's Attempt to Leave Philosophy*, a. a. O., S. 183 ff.; vgl. zusätzlich: ders., »Marx' neuer Mensch«, in: Hans-Christoph Schmidt am Busch/Christopher F. Zurn (Hg.), *Anerkennung*, Berlin 2009, S. 145-180.

95 Marx, »Auszüge aus James Mills Buch ›Élements d'économie politique‹«, a. a. O., S. 462.

des einzelnen, sich durch vergegenständlichende Arbeit zu verwirklichen, so lange unvollendet, wie nicht ein Gegenüber durch seine produktive Selbstverwirklichung dazu beiträgt, die Befriedigung von dessen eigenen Bedürfnissen sicherzustellen; erst unter der Bedingung, daß dafür durch den anderen dauerhaft Sorge getragen ist, kann jenes Subjekt den begonnenen Prozeß beschließen und damit im fertiggestellten Produkt all seine Fähigkeiten »genießen«. Zu diesem Genuß der eigenen Freiheit gehört daher zwangsläufig das Bewußtsein, von seinem Interaktionspartner in dem Sinn abhängig zu sein, daß man ihm die »Ergänzung« des »eigenen Wesens« schuldet; weil aber jedes Subjekt auf eine derartige Ergänzung angewiesen ist, sind alle miteinander durch Anerkennungsbeziehungen verbunden, so daß sie sich wechselseitig in ihrer Arbeit ihre Abhängigkeit voneinander bestätigen. Marx ist sich allerdings im klaren darüber, daß eine solch grobmaschige Vernetzung aller Mitglieder eines Gemeinwesens nicht ohne eine äußere, objektive Vermittlung möglich ist. Daher sieht er eine soziale Einrichtung oder Institution vor, in der diese Form der wechselseitigen Anerkennung ihre bloß flüchtige Existenz verloren hat und mit allgemeiner Verbindlichkeit auf Dauer gestellt ist: In der Kooperation, verstanden als das wirkliche »Band unserer Produktion füreinander«,[96] wissen die Subjekte sich reziprok in der Ergänzungsbedürftigkeit ihres Wesens voneinander anerkannt. Für Marx stellt die kooperative Produktion die institutionalisierte Mitte zwischen den individuellen Freiheiten aller Mitglieder eines Gemeinwesens dar: Wenn sie an dieser Institution nicht partizipieren, von der Kooperation also ausgeschlossen sind, können sie sich in ihren produktiven Tätigkeiten nicht verwirklichen, weil ihnen die praktische Ergänzung durch ein anderes Subjekt fehlt, das in seiner Produktion ihre Bedürfnisse anerkennt.

96 Ebd., S. 460.

Diese spezifische Version eines Begriffs sozialer Freiheit gibt Marx zeit seines Lebens nicht mehr auf; stets wird dieser der Überzeugung sein, daß die reflexive Freiheit des einzelnen erst dort wirklich zum Zuge kommt, wo er in Ergänzung durch die Selbstverwirklichung der anderen zu eigener, produktiver Selbstverwirklichung gelangt. Schon in den Frühschriften dient Marx das damit umrissene Konzept freilich als normative Folie einer Gesellschaftskritik, die weit über die Absicht hinausgeht, die Hegel mit seiner Freiheitslehre verbunden hatte. Während dieser dem Liberalismus eine begrifflich erweiterte und vertiefte Grundlage verschaffen wollte, indem er dessen Angewiesenheit auf freiheitsverbürgende Institutionen herauszuarbeiten versuchte, hat jener eine Kritik des Vergesellschaftungsmodus der kapitalistischen Gesellschaft überhaupt im Sinn: Sobald die produktiven Tätigkeiten der einzelnen nicht mehr auf direkte Weise durch die Vermittlungsinstanz der Kooperation, sondern durch den »fremden Mittler«[97] des Geldes miteinander koordiniert werden, so argumentiert Marx, geraten auch die Beziehungen der wechselseitigen Anerkennung aus dem Blick, so daß sich am Ende jeder als nur noch bereicherndes, »eigennütziges« Wesen auf sich allein gestellt sieht. Der Kapitalismus, der an Stelle der Kooperation den Geldverkehr zum vermittelnden Medium werden läßt, schafft gesellschaftliche Beziehungen, in denen »unsere wechselseitige Ergänzung« nur noch »bloßer Schein« ist, »dem die wechselseitige Plünderung zur Grundlage dient«.[98] Obwohl Marx an diesem Bild im Laufe seiner weiteren Arbeit noch Veränderungen und Differenzierungen vornehmen wird, bleibt es doch bis in sein Spätwerk hinein in grundsätzlichen Zügen intakt: Auch in der vollendeten Kritik der politischen Ökonomie, dem *Kapital*, wird die kapitalistische Gesellschaftsformation vor allem deswegen kritisiert, weil sie den materialen Schein von nur noch sachlich vermittelten So-

97 Ebd., S. 446.
98 Ebd., S. 460.

zialbeziehungen erzeugt, die die intersubjektive Struktur der Freiheit aus dem Blick geraten lassen.[99]

Auch nach Hegel und Marx, den beiden Stammvätern eines Begriffs sozialer Freiheit, hat es noch verschiedentlich Versuche gegeben, gesellschaftliche Institutionen als intrinsischen Bestandteil von individueller Freiheit zu interpretieren. Dabei sind allerdings häufig die kategorialen Gewichte so verschoben worden, daß im Ergebnis nicht ein vertieftes Verständnis, sondern eine harsche Kritik des modernen Individualismus der Freiheit heraussprang. An vorderster Stelle ist hier Arnold Gehlen zu nennen, der die Institutionen geradewegs gegen das Freiheitspathos ausspielt, welches er in der auf Hegel zurückgehenden Tradition angelegt sieht.[100] Ihm zufolge stützen sich Hegel und seine linken Schüler auf die Fichtesche Formel, nach der das Subjekt so lange unfrei bleibt, wie es nicht alle Objektivität, alles Gegenständliche und scheinbar Geistfremde erneut zu einem Produkt seiner eigenen Bewußtseinsleistung gemacht hat; daher muß in dieser Tradition jede Institution und äußere Verhaltensregulierung als etwas angesehen werden, das der individuellen Freiheit nicht den Weg bereitet, sondern ihr fundamental entgegensteht. Für Hegel und Marx ist, so wie Gehlen es sieht, bereits die bloße Existenz von stabilisierten Handlungsgewohnheiten ein Problem, weil dadurch verhindert wird, daß die Subjekte sich im unmittelbaren Erzeugen ihrer Welt als frei erfahren. Schon hier, an diesem frühen Punkt, macht Gehlen allerdings den Fehler, daß er zwischen einem Individualismus und einem Intersubjektivismus der reflexiven Freiheit erst gar nicht unterscheidet; über die Tatsache, daß Hegel sich in seiner Freiheitslehre nicht auf den mono-

99 In Richtung einer solchen Interpretation zielt: Georg Lohmann, *Indifferenz und Gesellschaft. Eine kritische Auseinandersetzung mit Marx*, Frankfurt/M. 1991.

100 Arnold Gehlen, »Über die Geburt der Freiheit aus der Entfremdung«, in: ders., *Philosophische Anthropologie und Handlungslehre. Gesamtausgabe*, Bd. 4, Frankfurt/M. 1983, S. 366-379.

logischen Ansatz von Fichtes *Wissenschaftslehre*, sondern auf dessen intersubjektivistische Doktrin in der »Naturrechts«-Schrift stützt,[101] setzt er sich unbekümmert hinweg. Weder Hegel noch mit ihm Marx begreifen die individuelle Freiheit nach dem idealistischen Muster einer reflexiven Heimholung aller zunächst fremden Objektivität; beide gehen vielmehr davon aus, daß das Individuum seine reflexive Freiheit nur dann verwirklichen kann, wenn es in der objektiven Welt durch ein anderes Subjekt bestätigt wird, welches ihm durch seine reziproke Handlung die Ausführung der eigenen Ziele ermöglicht. Dabei ist keine Rede von einer Auflösung aller Gegenständlichkeit im erzeugenden Bewußtsein des je einzelnen; wenn Hegel überhaupt in eine solche Richtung denkt, dann im Sinne einer Objektivität, die die Voraussetzungen dafür enthalten muß, daß autonom gesetzte Ziele in ihr »objektiv« Bestätigung finden.

Weil Gehlen diesen anderen, intersubjektivitätstheoretischen Weg des Deutschen Idealismus ignoriert, kann er dann im zweiten Schritt seiner Argumentation so verfahren, als müsse gegen Hegel und Marx die freiheitsverbürgende Rolle von Institutionen erst eingeklagt werden. Aus seiner Sicht übernehmen institutionelle Gebilde bei der Verwirklichung von Freiheit die Funktion, dem einzelnen eine Verhaltenssicherheit zu geben, ohne die seine Subjektivität alle festen Konturen verlieren würde: »Der Mensch kann zu sich und seinesgleichen ein *dauerndes* Verhältnis nur *indirekt* festhalten, er muß sich auf einem Umwege, sich entäußernd, wiederfinden, und da liegen die Institutionen.«[102] Sich in die Institutionen zu entäußern soll heißen, mit deren normativen Verhaltensregeln so stark identifiziert zu sein, daß die eigene Subjektivität erst von ihnen her ihre identitätsbildenden Ziele und Prinzipien erlangt. Gehlen ist überzeugt davon, daß das

101 Vgl. erneut v. a. Wildt, *Autonomie und Anerkennung*, a. a. O.

102 Gehlen, »Über die Geburt der Freiheit aus der Entfremdung«, a. a. O., S. 378.

menschliche Subjekt von Natur aus zu antriebsoffen, zu reizabhängig und zu gestaltlos ist, um schon aus eigener Kraft zur Setzung von Zwecken seines Handelns in der Lage zu sein;[103] daher muß es erst genau jenen Akt einer Entäußerung, einer Überantwortung an die Institutionen vollziehen, bevor es zu den grundlegenden Operationen befähigt ist, die gewöhnlich als Voraussetzungen von individueller Freiheit genommen werden. In diesem Sinn ist Freiheit für Gehlen ein Produkt der Identifikation mit institutionellen Gebilden: Wer sich nicht von deren Regeln bestimmen läßt, wer sich ihnen entzieht und aus eigenem Antrieb zu handeln versucht, ist viel zu vielen Impulsen gleichzeitig ausgesetzt, um überhaupt zu individueller Freiheit fähig zu sein.

Wenn man will, so kann man auch in dieser Konzeption ein Modell sozialer Freiheit erblicken. Wie bei jenem intersubjektivistischen Hegel, den Gehlen in seiner Attacke nicht zu Wort hat kommen lassen, wird der Vollzug von Freiheit an die Voraussetzung der Partizipation an institutionell geregelte Praktiken gebunden; insofern ist die Institution auch hier nicht äußere Bedingung oder Ergänzung, sondern internes Medium von individueller Freiheit. Aber wozu dieses Medium taugen soll, welche Funktion es erfüllt, wird in den beiden Ansätzen doch so unterschiedlich bestimmt, daß der gemeinsame Nenner über grundlegende Differenzen hinwegtäuscht. Bei Hegel gelangen Institutionen deswegen im Begriff der Freiheit selbst zur Geltung, weil deren intersubjektive Struktur darauf angewiesen ist, vom aufwendigen Bedarf an notwendiger Koordinierung entlastet zu werden: An den eingespielten Praktiken, die in einem institutionellen Gebilde objektiviert sind, können die Subjekte nahezu automatisch ablesen, welchen Beitrag sie erbringen müssen, um zu der nur gemeinsam möglichen Verwirklichung ihrer Ziele zu gelan-

103 Vgl. zu diesem anthropologischen Hintergrund: Arnold Gehlen, *Der Mensch. Seine Natur und seine Stellung in der Welt*, Frankfurt/M. 1971, bes. §§ 6, 7 u. 8.

gen. Daher kann Hegel nicht jede beliebige Institution als Bestandteil seines Begriffs von Freiheit zulassen; er muß sich vielmehr auf institutionelle Gebilde beschränken, in denen Anerkennungsbeziehungen fixiert sind, die eine dauerhafte Form der wechselseitigen Realisierung individueller Ziele ermöglichen. Die Kategorie der Anerkennung, die Hegel schon als Schlüssel für eine Bestimmung der Intersubjektivität von Freiheit dient, ist auch für seinen Zugriff auf Institutionen die entscheidende Grundlage: Weil solche Komplexe normativ regulierten Verhaltens den Zweck zu erfüllen haben, den Subjekten soziale Muster der reziproken Verwirklichung von Freiheit bereitzustellen, müssen sie selbst geronnene Formen der wechselseitigen Anerkennung bilden. Institutionen kommen deshalb in der Freiheitslehre Hegels nur in der Gestalt von dauerhaften Verkörperungen intersubjektiver Freiheit zur Geltung.

Mit der Idee, nur solche Institutionen als Garanten von Freiheit zu begreifen, die ihrerseits Freiheit verkörpern, wird Gehlen aber in seiner Theorie überhaupt keinen Sinn verknüpfen können; denn für ihn muß schon jedes institutionelle Gebilde Freiheit gewährleisten, das nur die Funktion erfüllt, den Individuen möglichst starre Verhaltensregeln vorzugeben. Dieser gravierende Unterschied ergibt sich daraus, daß Gehlen die individuelle Freiheit erst gar nicht vor den Institutionen beginnen läßt; ihm zufolge setzt die Fähigkeit, sich als identisches Subjekt Ziele zu geben, überhaupt nur in dem Augenblick ein, in dem dessen amorphe Handlungsimpulse unter dem Druck institutioneller Vorschriften eine eindeutige, klare Richtung erhalten haben. Weil Gehlen aber damit nicht über Kriterien verfügt, die es ihm erlauben würden, Freiheit unabhängig von ihrer je gegebenen institutionellen Verkörperung zu bestimmen, kann er auch an Institutionen keine Unterscheidungen in Hinblick auf ihren Freiheitscharakter vornehmen; vielmehr muß er alle institutionellen Gebilde in exakt dem gleichem Maße als soziale Garanten von Freiheit begreifen.[104] Man kann, wie gesagt, auch diese Konzeption Gehlens ein Modell »sozialer« Freiheit nennen; aber dann ist es erforderlich, zwischen zwei Fassungen eines solchen Modells eine klare Demarkationslinie zu ziehen. Während bei Hegel das »Soziale« an der Freiheit darin besteht, daß Institutionen des »objektiven Geistes« den Subjekten Wege und Stationen eröffnen, auf denen sie in Wechselseitigkeit ihre Ziele gemeinsam verwirklichen können, will Gehlen von einer solchen Zwanglosigkeit der gesellschaftlichen Ordnungssysteme nichts wissen; für ihn manifestiert sich das »Soziale« in der Freiheit umgekehrt gerade darin, daß die Institutionen einen disziplinierenden Zwang ausüben, an dem sich die individuelle Freiheit des einzelnen überhaupt erst bildet.

Im Lichte dieser Unterscheidungen wird schließlich auch deutlich, daß Gehlen im Unterschied zu Hegel oder Marx mit seinem Begriff sozialer Freiheit gar keinen originären Zugang zur Gerechtigkeitsthematik gewinnen kann. Wir hatten gesehen, daß mit jeder neuen Idee von Freiheit, die im Zuge des philosophischen Diskurses der Moderne entsteht, auch eine Veränderung im Konzept sozialer Gerechtigkeit einhergeht; auf dem Weg, der von Hobbes über Rousseau bis zu Kant und Herder verläuft, wird nicht nur die Struktur individueller Freiheit immer stärker auf ihre Reflexivität hin erschlossen, sondern es wachsen damit parallel auch die methodischen Ansprüche, die an die Begründung von Gerechtigkeit gestellt werden. Unter diesem Gesichtspunkt stellt der Begriff sozialer Freiheit, den Arnold Gehlen schafft, einen Rückfall hinter die schon von Kant, wenn nicht von Rousseau gesetzten Maßstäbe dar; denn seine Vorstellung davon, wie individuelle Freiheit durch institutionelle Formung zustande kommt,

104 Zur Kritik vgl. etwa: Karl-Otto Apel, »Arnold Gehlens ›Philosophie der Institutionen‹ und die Metainstitution der Sprache«, in: ders., *Transformation der Philosophie*, Bd. I, a. a. O., S. 197-221; Jürgen Habermas, »Der Zerfall der Institutionen«, in: ders., *Philosophisch-politische Profile*, Frankfurt/M. 1981, S. 101-106.

ist so primitiv und elementar, daß sie Rückschlüsse auf die methodische Konstruktion einer gerechten Ordnung kaum zuläßt. Allerhöchstens ließe sich vielleicht sagen, daß Gehlen die Freiheit der Subjekte gesellschaftlich dort gesichert sieht, wo möglichst stabile Institutionen für eine Vermeidung von Reizüberflutung und Triebüberschuß sorgen; aber schon eine solche Aussage bringt zum Verschwinden, daß hier eigentlich überhaupt keine interne Verbindung zwischen Freiheitsbegriff und Gerechtigkeitskonzeption vorgesehen sein kann. Einzig die Idee der sozialen Freiheit, die Hegel geprägt hat, ist daher tatsächlich dazu in der Lage, einen neuartigen Blick auf die Frage nach der gerechten Ordnung zu eröffnen.

Weder Hegel noch Marx können natürlich die Gerechtigkeitskonzeptionen, die aus den jeweiligen Freiheitsbegriffen ihrer Vorgänger hervorgehen, für überzeugend oder richtig befinden. Gegen die Vertragskonstruktion, die vor allem bei den Theoretikern der negativen Freiheit zur Ermittlung von sozialer Gerechtigkeit herangezogen wird, bringen beide sogar den gleichen Einwand vor: Wenn für den hypothetischen Vertragsabschluß gelten soll, daß er einen Konsens nur unter je am eigenen Nutzen orientierten Subjekten bildet, so kann auch die daraus resultierende Gesellschaftsordnung auf nichts anderes hinauslaufen als ein wohlgeordnetes System des privaten Egoismus; damit aber wird verfehlt, was doch eigentlich die Wirklichkeit und die Chance des Menschen ausmacht, nämlich eine Art von Freiheit, in der der eine dem anderen zur Selbstverwirklichung verhilft.[105] Nur Hegel ist es dann aber, der Einwände auch gegen die anderen Gerechtigkeitskonzeptionen der ihm vorausgehenden Tradition bereithält; für Marx hingegen sind solche weiteren Differenzierungen nur von ge-

105 Für Hegel vgl.: ders., »Über die wissenschaftliche Behandlungsart des Naturrechts«, a. a. O.; für Marx, der hier weniger explizit ist, siehe aber die Kritik an der »Ideologie«, wonach der Staat und das Gesetz auf dem »freien Willen« beruhen: Karl Marx/Friedrich Engels, »Die deutsche Ideologie«, in: dies., *Werke*, Bd. 3, Berlin 1969, S. 9-530, hier: S. 62.

ringem Interesse, weil er zutiefst davon überzeugt ist, daß sich in der Orientierung an abstrakten Gerechtigkeitsprinzipien nur ein Bedürfnis an der Legitimierung der herrschenden Sozialordnung spiegelt.[106] Auch Hegel verfährt in seiner Kritik zwar nicht allzu differenziert, läßt aber immerhin durchblikken, warum er prozeduralistische Ansätze im Sinne Kants für verfehlt hält: Aus seiner Sicht verfangen sich derartige Theorien in einem schlechten Zirkel, weil sie bei ihrer Konstruktion des prozeduralistischen Gesichtspunkts schon eine ganze Kultur der Freiheit voraussetzen müssen, deren institutionelle und habituelle Gegebenheiten sie andererseits aber noch gar nicht für begründet halten können. Solche Inhalte oder materiellen Substanzen werden als etwas bloß Äußerliches hingestellt, das sich erst aus der Anwendung der Prozedur als deren Resultat ergeben könne, während es doch umgekehrt so ist, daß jenes Äußere, jene sozialen Gegebenheiten stets schon für die Durchführung der Prozedur erforderlich sind: »Bei dieser Methode wird das, was allein wissenschaftlich wesentlich ist, in Ansehung des Inhalts die *Notwendigkeit der Sache* an und für sich selbst [...], in Ansehung der Form aber die Natur des Begriffs, beiseite gestellt«.[107] Für Hegel steht es außer Frage, daß diese Zirkularität mit den Defiziten des vorausgesetzten Begriffs der reflexiven Freiheit zusammenhängt: Weil die prozeduralistischen Theorien einen Begriff von individueller Freiheit verwenden, in dem zwar die Subjektivität selbst, aber noch nicht deren äußere Wirklichkeit als »frei« gedacht wird, können sie sich bei der Bestimmung von Gerechtigkeit auf die Angabe eines reflexiven Verfahrens beschränken, ohne die entsprechenden Voraussetzungen in der institutionellen

106 Zu diesem ganzen, schwierigen Themenkomplex vgl.: Andreas Wildt, »Gerechtigkeit in Marx' ›Kapital‹«, in: Emil Angehrn/Georg Lohmann (Hg.), *Ethik und Marx. Moralkritik und normative Grundlagen der Marxschen Theorie*, Königstein/Ts. 1986, S. 149-173.

107 Hegel, *Grundlinien der Philosophie des Rechts*, a. a. O., S. 31 (§ 2); vgl. insgesamt: John Rawls, *Geschichte der Moralphilosophie*, Frankfurt/M. 2002, S. 427-438.

Realität der Gesellschaft zu bedenken. Zwischen dem Begriff reflexiver Freiheit und prozeduralistischen Gerechtigkeitstheorien besteht für Hegel ein interner Zusammenhang, weil dessen Aussparung von Objektivität sich in der Beschränkung auf bloß formale Prinzipien der Bestimmung von Gerechtigkeit spiegelt. Insofern opponiert Hegel gegen das ganze Schema der Abspaltung von Begründung und Anwendung, von prozeduraler Rechtfertigung und nachträglicher Applizierung des präsumtiven Ergebnisses auf eine gegebene Materie: Wenn der vorausgesetzte Begriff von Freiheit vielmehr von sich aus schon die Anweisungen auf institutionelle Verhältnisse enthält, muß sich aus dessen Darlegung der Inbegriff einer gerechten Gesellschaftsordnung gleichsam wie von selbst ergeben. Zwischen Begründung und Anwendung kann nach Hegel gar nicht die logische Kluft entstehen, die prozeduralistische Gesellschaftstheorien im Sinne Kants gemeinhin dort angelegt sehen; wird die Objektivität der reflexiven Freiheit nämlich nur sorgfältig genug nachgezeichnet, so entsteht damit zugleich ein Überblick über die kommunikativen Praktiken und Institutionen, die zusammengenommen die Bedingungen sozialer Gerechtigkeit definieren.

Hegel entfaltet mithin in seiner Kritik des gerechtigkeitstheoretischen Prozeduralismus bereits die Skizze eines alternativen Begründungsverfahrens; dieses besteht darin, in der Darlegung der individuellen Freiheit deren institutionelle Verfaßtheit sogleich mitzuerfassen, so daß sich bereits auf derselben Stufe auch die Umrisse einer gerechten Gesellschaftsordnung zeigen. Allerdings ergibt sich hier nun für Hegel ein gesondertes Problem, weil er vorweg wissen muß, welche Ziele der Subjekte von der Art sind, daß sie sich nur dank institutioneller Vermittlung in ungezwungener Wechselseitigkeit realisieren lassen. Während Kant sich bei seinem prozeduralistischen Verfahren damit begnügen kann, den Subjekten alle nur erdenklichen Ziele und Absichten zu unterstellen, solange sie nur den Bedingungen der (moralischen) Reflexivität genügen, kann Hegel sich mit einem solchen Pluralismus individueller Zwecke nicht zufriedengeben; weil er die gerechte Ordnung direkt mit der Summe der sozialen Institutionen gleichsetzen möchte, die für die Verwirklichung intersubjektiver Freiheit notwendig sind, muß er vorweg diejenigen Zwecke festlegen, die die Individuen nur gemeinsam in Wechselseitigkeit erreichen können. Es läßt sich nun nicht gerade behaupten, daß Hegel bei dieser für ihn unvermeidlichen Festlegung solcher Zwecke große Transparenz bewiesen hätte; die Darlegung seines eigenen Verfahrens erfolgt vielmehr so stark in der Sprache seiner ganzen Vernunftmetaphysik, daß es unabhängig davon weder gerechtfertigt noch auch nur präsentiert werden kann. Vielleicht läßt sich aber unter Verwendung einer unabhängigen Terminologie sagen, daß Hegel bei der Bewältigung der umrissenen Aufgabe eine Methode verwendet, die zwischen historisch-sozialen Gegebenheiten und rationalen Erwägungen ein Äquilibrium schaffen soll: Im Fortgang des korrektiven Vergleichs zwischen Reflexionen darüber, welche Ziele Individuen vernünftigerweise verfolgen sollten, und empirischen Bestimmungen der Bedürfnissozialisation in der Moderne sollen allmählich die Zwecke zutage treten, denen Subjekte realistischerweise folgen müssen, um sich unter den gegebenen Umständen zu verwirklichen. Wir können eine solche Methode der Suche nach einem Ausgleich zwischen Begriff und historischer Wirklichkeit auch als ein Verfahren »normativer Rekonstruktion« bezeichnen, um noch deutlicher zu machen, worauf es Hegel der Sache nach ankommt: Am Leitfaden einer allgemeinen Bestimmung dessen, was vernünftige Subjekte rational wollen könnten, sollen aus den geschichtlich gegebenen Verhältnissen diejenigen Ziele herausdestilliert werden, denen sie in möglichst großer Annäherung an das begriffliche Ideal tatsächlich folgen. Hegel muß sich also bei seinem Versuch, vorweg allgemeine Zwecke der Freiheit zu benennen, zugleich in die Perspektive des Gesellschaftstheoretikers und des Philosophen versetzen;

einerseits hat er rein begrifflich die Ziele zu umreißen, die sich alle menschlichen Subjekte vernünftigerweise setzen sollten, um diese dann mit den vorfindlichen, empirischen Absichten abzugleichen, zu denen die Individuen aufgrund ihres Aufwachsens in der Kultur der Moderne gelangt sind; und im Ergebnis sollen sich dann, nahezu in Form von idealtypischen Bestimmungen, diejenigen Zielsetzungen zeigen, denen die historisch situierten Subjekte als vernünftige Wesen in der Moderne folgen.

Gewiß, keine dieser Beschreibungen hätte Hegel selbst herangezogen, um sein methodisches Verfahren zu charakterisieren; bei ihm klingt es vielmehr so, als wolle er die Freiheitszwecke der Subjekte direkt und unvermittelt aus dem Begriff eines sich historisch entfaltenden Geistes entwickeln. Aber es ist durchaus sinnvoll, eine unabhängige, freistehende Beschreibungssprache zu verwenden, um damit deutlich zu machen, daß die von Hegel gewählte Methode auch dann Bestand hat, wenn sie vom Hintergrund seiner Geistmetaphysik abgetrennt wird. Hegel steht ja, wie wir gesehen haben, vor dem Problem, inhaltlich etwas über die Ziele und Wünsche aussagen zu müssen, die die Subjekte in der Moderne im Rahmen ihrer individuellen Freiheit verfolgen wollen; denn er will anhand solcher allgemeinen Zwecksetzungen die institutionellen Komplexe, die Institutionen der Anerkennung, festlegen, die zusammengenommen eine gerechte Ordnung in der modernen Gesellschaft ausmachen. Wenn sich im reflexiven Abgleich von Begriff und historischer Wirklichkeit nun zeigt, welche Zwecke die Subjekte unter den gegebenen Umständen idealerweise verfolgen, dann kann Hegel darangehen, ihnen die entsprechenden Institutionen zuzuordnen; jeder dieser institutionellen Komplexe soll die Gewähr dafür bieten, daß die Subjekte ihre Freiheit als etwas Objektives erfahren, weil sie in der institutionalisierten Rolle des anderen die äußere Bedingung der Verwirklichung ihrer individuellen Zwecke wahrnehmen müssen. Die Anzahl der Institutionen, die Hegel dabei zu unterscheiden hat, bemißt sich strikt an der Zahl der Zwecke, die er den Individuen als verallgemeinerbare Ziele in der Moderne zu unterstellen können glaubt; denn jedem dieser Ziele muß ein institutionelles Gebilde entsprechen, in dem Praktiken der Reziprozität auf Dauer gestellt sind, die deren intersubjektive Befriedigung sichern.

Hegel bezeichnet die Summe derartiger Gebilde bekanntlich mit dem aristotelisch gefärbten Begriff »Sittlichkeit«; erst mit dieser Kategorie ist in seiner Theorie letztlich umrissen, wie soziale Gerechtigkeit unter Bedingungen des modernen Ideals der Freiheit gewährleistet werden kann. »Gerecht« ist eine moderne Gesellschaftsordnung für Hegel nicht schon dann, wenn sie sich als getreuer Niederschlag des Ergebnisses entweder eines fingierten Gesellschaftsvertrages oder einer demokratischen Willensbildung erweisen läßt; solche Konstruktionsvorschläge scheitern ihm zufolge stets schon daran, daß sie den Subjekten als Mitwirkenden an derartigen Verfahren eine Freiheit zusprechen, die diese ohne die Teilhabe an bereits gerechten Institutionen doch gar nicht erwerben könnten. Über die Verlegenheit, in die sie damit geraten, können sich die modernen Gerechtigkeitstheorien aber hinwegtäuschen, weil sie Begriffe von individueller Freiheit voraussetzen, die deren Angewiesenheit auf objektive Vermittlung, auf Erfüllung in der Wirklichkeit, nicht angemessen in Rechnung stellen; reicht es nämlich zur Freiheit schon aus, entweder ohne äußere Einschränkung oder in reflexiver Einstellung zu handeln, so können die Subjekte als hinreichend frei noch vor jeder Einbindung in eine Sozialordnung gedacht werden. Wird demgegenüber aber das Subjekt nur dort als wirklich »frei« begriffen, wo seine Ziele von der Wirklichkeit selbst erfüllt oder verwirklicht werden, so muß sich das Verhältnis von legitimierendem Verfahren und sozialer Gerechtigkeit gewissermaßen umkehren: Erst muß jenes Subjekt als in soziale Strukturen eingebunden gedacht werden können, die seine Freiheit garantieren, bevor es dann als freies Wesen in Verfahren hineinversetzt werden kann, die über die Legitimität der gesellschaftlichen Ordnung wachen. Hegel muß die Skizzierung einer gerechten Sozialordnung vor jede legitimationssichernde Prozedur setzen, weil die Subjekte die individuelle Freiheit, die zur Teilnahme an solchen Prozeduren erforderlich wäre, nur in sozial gerechten, nämlich freiheitsverbürgenden Institutionen erwerben können. Daher läuft Hegels ganze Gerechtigkeitstheorie auf eine Darstellung von sittlichen Verhältnissen hinaus, auf eine normative Rekonstruktion jener gestaffelten Ordnung von Institutionen, in denen die Subjekte in der Erfahrung von wechselseitiger Anerkennung ihre soziale Freiheit realisieren können; und erst in Abhängigkeit von der Existenz solcher institutionellen Gebilde, denen jeweils einer der allgemeinen Zwecke entspricht, die die Subjekte in der Moderne verwirklichen wollen, kommen dann auch bei Hegel jene legitimationssichernden Prozeduren zum Tragen, aus denen die anderen Freiheitstheorien ihre Vorstellungen von sozialer Gerechtigkeit im ganzen herzuleiten versuchen.

Von einer Umkehrung des Verhältnisses von Sozialordnung und legitimitätssichernder Prozedur zu sprechen heißt nämlich für Hegel keinesfalls, auf die Rolle derartiger Verfahren bei dem Entwurf einer Gerechtigkeitstheorie überhaupt zu verzichten; deren Funktion soll vielmehr in den Rahmen der bereits als »gerecht« erwiesenen Sozialordnung eingefügt werden, indem sie hier statt die Aufgabe der Begründung diejenige eines Platzhalters für die individuelle Legitimitätsprüfung erhalten. Hegel rundet den methodischen Aufbau seiner Gerechtigkeitskonzeption dadurch ab, daß er den Individuen auf der Basis ihrer sozialen Freiheit das Recht einräumt, je individuell zu prüfen, ob die gegebenen Institutionen den eigenen Maßstäben genügen: Sowohl die Institution der »Rechtsfreiheit« als auch die Institution der »Gewissensprüfung«, die beide ausdrücklich nicht als sittliche Gebilde begriffen werden, sollen den Subjekten die staatlich verbürgte Chance geben, gegebenenfalls auf Distanz zu all den Anerkennungsverhältnissen zu gehen, denen sie ihre soziale Freiheit verdanken.[108] Es ist klar, daß Hegel damit auch noch die beiden anderen Formen der Freiheit, die wir in unserem Durchgang kennengelernt haben, in sein System der Sittlichkeit integrieren möchte: Durch die Zubilligung »abstrakter Rechte« sollen die Subjekte die Möglichkeit erhalten, unter prekären Umständen von ihrer negativen Freiheit Gebrauch zu machen, durch die Anerkennung ihrer »Moralität« sollen sie hingegen in die Lage versetzt werden, gegen die herrschende Ordnung ihre reflexiv gewonnenen Überzeugungen geltend zu machen. Beide Freiheiten werden von Hegel aber nur soweit zugelassen, wie sie das institutionelle Gefüge der eigentlichen, der sozialen Freiheit nicht gefährden können; sie sollen das geordnete System der sittlichen Institutionen nur flankieren, indem sie dem einzelnen das Recht geben, sich legitim von dessen Zumutungen abzukehren, nicht aber zur Quelle von neuen Ordnungssetzungen werden. Ob Hegel auch bereit gewesen wäre, bei einer gewissen Massierung solcher Abkehrungen und Einsprüche den rechtlichen und moralischen Freiheiten eine systemsprengende Legitimität einzuräumen, ist eine interessante, hier aber nicht weiterzuverfolgende Frage.

Die Darlegung der methodischen Konsequenzen, die Hegel aus seinem Begriff der Freiheit für eine Theorie der Gerechtigkeit ziehen zu können glaubt, ist damit abgeschlossen. Weil Hegel der Überzeugung ist, daß die individuelle Freiheit erst in Institutionen der Anerkennung zur Entfaltung kommt, kann er den Entwurf solcher institutionellen Gebilde nicht gedanklich an den hypothetischen Konsens aller potentiellen Gesellschaftsmitglieder binden; denn die Erzeugung eines derartigen Konsenses (im Vertragsschluß oder in der demokratischen Willensbildung) fände unter Voraussetzun-

108 Vgl. dazu: Michael O. Hardimon, *Hegel's Social Philosophy. The Project of Reconciliation*, Cambridge 1994, S. 164ff.; ders., »Role Obligations«, in: *Journal of Philosophy*, XCI (1994), Nr. 7, S. 333-363, bes. S. 348ff. Auf diesen Punkt komme ich in Teil A, Kap. I und II zurück.

gen statt, unter denen die Subjekte mangels institutioneller Einbindung noch gar nicht frei genug wären, um tatsächlich schon über eine wohlerwogene Perspektive und Meinung verfügen zu können. Hegel muß daher, wie zu sehen war, die Konstruktion einer gerechten Ordnung, eines Systems freiheitsverbürgender Institutionen, vor die Entscheidungsfindung der isolierten oder vereinigten Subjekte rücken: Erst muß jenes Gefüge aus Institutionen der Anerkennung entworfen sein, in denen die Subjekte zur sozialen Freiheit gelangen können, bevor diese dann auch noch in einem zweiten Schritt in die Rolle versetzt werden können, zu der skizzierten Ordnung Stellung zu beziehen. Die Anerkennung in Institutionen hat, so ließe sich vielleicht zusammenfassend sagen, der Freiheit der vereinzelten Person und der Freiheit der diskursiv miteinander Beratenden vorauszugehen. Allerdings will Hegel den Abstand zu den tatsächlichen Überzeugungen der historisch situierten Subjekte auch nicht allzu groß werden lassen; die Darlegung der sittlichen Ordnung versteht er nämlich gerade nicht als eine »Konstruktion«, sondern als eine »Rekonstruktion«, nicht als Entwurf eines Ideals, sondern als Nachzeichnung historisch bereits gegebener Verhältnisse. Die Institutionen, die den Subjekten als Stationen sozialer Freiheit dienen sollen, werden von Hegel nicht am Reißbrett theoretischer Idealisierungen gewonnen; vielmehr möchte er sie, wie wir schon an seiner Bestimmung allgemeiner Ziele gesehen haben, aus der geschichtlichen Wirklichkeit gleichsam herausdestillieren, indem er am Leitfaden seines Freiheitsbegriffs versucht, diejenigen institutionellen Gebilde zu identifizieren und darzulegen, die den gewünschten Anforderungen möglichst nahekommen. Bei diesem methodischen Verfahren spielt natürlich von seiten Hegels die teleologische Vorstellung eine gewisse Rolle, daß wir uns in jeder Gegenwart stets am vordersten Punkt eines geschichtlichen Prozesses befinden, in dem die vernünftige Freiheit schrittweise verwirklicht wird; nur weil er von einem solchen Fortschritt in der Geschichte überzeugt ist, kann Hegel sich nämlich derart sicher sein, daß in der Gesellschaft seiner Zeit Institutionen anzutreffen sind, die der sozialen, also entwickelten Form von Freiheit Raum und Halt geben. Von diesem geschichtlichen Vertrauen bleibt aber auch dann noch ein hinreichend großer Rest, wenn es seiner metaphysischen Grundlagen entkleidet wird und ohne objektive Teleologie auskommen muß; denn unter solchen veränderten Bedingungen besagt die Zuversicht Hegels nicht mehr, als daß sich in der vitalen Aufrechterhaltung von Institutionen die Überzeugung der Gesellschaftsmitglieder spiegelt, einer gesellschaftlichen Wirklichkeit anzugehören, die im Vergleich mit der Vergangenheit tatkräftige Unterstützung verdient. In diesem nur noch »transzendentalen« Sinn[109] kann Hegel die Tatsache, daß diejenigen institutionellen Gebilde, die aus seiner Sicht Freiheit verkörpern, mit »Leben« gefüllt sind, als Indikator eines allgemeinen Bewußtseins des Fortschritts in der Geschichte nehmen: Solange die Subjekte die freiheitsverbürgenden Institutionen in ihrem Handeln aktiv aufrechterhalten und reproduzieren, darf das als theoretischer Beleg für ihren geschichtlichen Wert gelten.

Von diesem Punkt an ließe sich der Aufbau der Hegelschen Freiheits- und Gerechtigkeitstheorie nur weiterverfolgen, wenn auch ihre inhaltliche Durchführung zur Sprache käme. Im Vergleich mit den anderen Gerechtigkeitsmodellen, die wir auf unserem Weg einer Rekonstruktion moderner Freiheitsideale kennengelernt haben, besitzt die Konzeption Hegels einen wesentlich höheren Grad an historischer Sättigung: Weil die Art von Freiheit, die er vor Augen hat, sich nur in Form einer Partizipation an konkreten Institutionen verwirklichen kann, muß er deren Existenz viel stärker an der geschichtlichen Wirklichkeit ausweisen und überprüfen, als es je für Hobbes, Locke oder Kant erforderlich gewesen ist. Mit

109 Vgl. dazu meine Überlegungen in »Die Unhintergehbarkeit des Fortschritts«, a. a. O.

Hegel wandert in die Gerechtigkeitskonzeption ein historischer Index ein, der es unmöglich macht, sie auf allgemeine Prinzipien oder Prozeduren zu reduzieren; vielmehr wäre es nötig, nun die Durchführung seiner Institutionenlehre selbst zu betrachten, die integraler Bestandteil seiner Vorstellung von sozialer Gerechtigkeit ist. Andererseits mag die bislang vorgelegte Rekonstruktion auch ausreichen, um eine These zu begründen, die als Resümee dieses gesamten Überblicks gelten kann: Hegels Idee sozialer Freiheit besitzt ein höheres Maß an Übereinstimmung mit vortheoretischen Intuitionen und sozialen Erfahrungen, als es den anderen Freiheitsvorstellungen der Moderne je möglich gewesen ist. Für vergesellschaftete Subjekte muß es eine Art von Selbstverständlichkeit bilden, daß der Grad ihrer individuellen Freiheit davon abhängig ist, wie responsiv sich die sie umgebenden Handlungssphären gegenüber ihren Zielen und Absichten verhalten: Je stärker sie den Eindruck haben können, daß ihre Zwecke von denjenigen unterstützt, ja getragen werden, mit denen sie regelmäßig zu tun haben, desto eher werden sie ihre Umwelt als den Raum einer Expansion ihrer eigenen Persönlichkeit wahrnehmen können. Die Erfahrung eines solchen ungezwungenen Zusammenspiels zwischen Person und intersubjektiver Umgebung stellt für Wesen, die auf Interaktionen mit ihresgleichen angewiesen sind, das Muster aller individuellen Freiheit dar:[110] Daß die anderen den eigenen Bestrebungen

110 Einen markanten Ausdruck findet diese intersubjektive Freiheitsvorstellung im Werk von John Dewey, der letztlich Freiheit mit ungezwungener Kooperation gleichsetzt: »Liberty is that secure release and fulfillment of personal potentialities which take place only in rich and manyfold association with others: the power to be an individualized self making a distinctive contribution and enjoying in its own way the fruits of association.« (John Dewey, »The Public and its Problems«, in: ders., *The Later Works 1925-1953*, Bd. 2, Carbondale 1988, S. 235-372, hier: S. 329.) In der deutschen Übersetzung, die ich später verwenden werde (Teil C, Kap. III, Abschnitt 3), lautet der Satz weniger schön: »Freiheit ist die gesicherte Entbindung und Erfüllung persönlicher Potenzen, welche sich nur in einer reichen und mannigfaltigen Assozia-

nicht entgegenstehen, sondern sie ermöglichen und fördern, macht in sozialen Zusammenhängen noch vor allen individuellen Rückzugstendenzen das Schema freiheitlichen Handelns aus. Es ist diese Erfahrung gewesen, die Hegel mit seiner Formulierung vom »Bei-sich-selbst-Sein im Anderen« auf den Begriff hat bringen wollen; damit hat er unsere intuitiven Vorstellungen von Freiheit noch vor der Schwelle zu greifen bekommen, auf der sie thematisiert werden, wenn nur auf das einzelne Subjekt Bezug genommen wird.

Auch die anderen Freiheitsideale der Moderne bringen natürlich Aspekte der Freiheit zur Geltung, die einen dauerhaften Platz in unseren Alltagserfahrungen einnehmen: Daß wir uns gelegentlich als frei erfahren, wenn wir uns störrisch gegenüber Zumutungen von Normalität verhalten, oder daß wird dort frei sind, wo wir entschieden auf unseren eigenen Überzeugungen beharren, all das dürfte im dichten Gewebe unserer sozialen Praxis ein wesentliches Moment dessen ausmachen, was wir als individuelle Freiheit bezeichnen. Aber solche Erfahrungen besitzen gewissermaßen einen sekundären Charakter, weil sie Reaktionsbildungen auf Zerwürfnisse darstellen, die sich an unseren Kommunikationen mit anderen Subjekten zugetragen haben; zunächst müssen wir in derartige Interaktionen verstrickt gewesen sein, bevor wir jene Freiheiten geltend machen können, die uns als individuelle einzelne oder moralische Subjekte zukommen sollen. Der Umgang mit anderen, die soziale Interaktion, geht den Distanzierungen zwangsläufig voraus, die in den Bezügen der negativen oder der reflexiven Freiheit festgehalten werden; daher ist es sinnvoll, eine vorgängige Schicht der Freiheit namhaft zu machen, die in derjenigen Sphäre beheimatet ist, in der die Menschen sich in der einen oder anderen Weise auf-

tion mit anderen ereignen: das Vermögen, ein individualisiertes Selbst zu sein, das einen spezifischen Beitrag leistet und sich auf seine Weise an den Früchten der Assoziation erfreut.« (Ders., *Die Öffentlichkeit und ihre Probleme*, Bodenheim 1996, S. 130.)

einander beziehen. Freiheit meint hier, wenn wir Hegel folgen, die Erfahrung einer persönlichen Ungezwungenheit und Erweiterung, die daraus resultiert, daß meine Zwecke durch die Zwecke des anderen befördert werden.

Wenn wir aber diese Art von sozialer Freiheit als den Kern all unserer Freiheitsvorstellungen verstehen, gegenüber dem sich die anderen hier behandelten Ideen von Freiheit nur derivativ verhalten, dann müssen wir daraus mit Hegel auch die Konsequenz einer Revision unserer herkömmlichen Gerechtigkeitskonzeptionen ziehen: Was in modernen Gesellschaften »gerecht« heißt, darf sich nicht mehr nur einfach daran bemessen, ob und in welchem Umfang alle Gesellschaftsmitglieder über negative oder reflexive Freiheiten verfügen, sondern muß vorgängig dem Maßstab genügen, diesen Subjekten gleichermaßen die Chance zur Partizipation an Institutionen der Anerkennung zu gewähren. Ins Zentrum der Idee sozialer Gerechtigkeit wandert damit die Vorstellung, daß bestimmte, normativ gehaltvolle und daher »sittlich« genannte Institutionen der rechtlichen Sicherstellung, der staatlichen Obhut und der zivilgesellschaftlichen Unterstützung bedürfen; nur im arbeitsteiligen Zusammenspiel von Recht, Politik und sozialer Öffentlichkeit können jene institutionellen Gebilde am Leben bleiben, denen die Gesellschaftsmitglieder die verschiedenen Facetten ihrer intersubjektiven Freiheit und damit im ganzen eine Kultur der Freiheit verdanken. Allerdings ist von Hegel auch zu lernen gewesen, daß ein derartiges Gefüge aus Institutionen der Anerkennung in der Moderne nur Bestand haben kann, wenn die Subjekte die verbriefte Chance besitzen, es jederzeit im Lichte ihrer eigenen Absichten und Überzeugungen zu testen und gegebenenfalls auch zu verlassen; die interpretativen Schemata, die die beiden Ideen der negativen und der reflexiven Freiheit bieten, müssen in dem Sinn auf die sittlichen Institutionen angewendet werden dürfen, daß sie den berechtigten Maßstab einer Überprüfung von deren Legitimität ausmachen. Mit dieser Einbeziehung »subjektiver«

Freiheiten in den Korpus institutionalisierter Sittlichkeit entsteht nun freilich schon innerhalb der Theorie eine Dynamik, eine Offenheit und Transgressivität, die es schwermachen, überhaupt noch stabile Institutionen der Anerkennung normativ auszuzeichnen; wenn nämlich individueller Einspruch und institutionelle Realität als derart aufeinander bezogen gedacht werden, daß die sittlichen Institutionen erst eine individuelle Autonomie ermöglichen, deren Betätigung dann wiederum zu einer Revision dieser Institutionen führen kann, dann läßt sich in der damit vorgestellten Spiralbewegung gar nicht mehr der Ruhepunkt finden, der in einem festgefügten System sittlicher Institutionen bestehen soll.

Es ist, wie erwähnt, nicht ganz klar, ob Hegel sein eigenes Konzept der Gerechtigkeit in eine solche Prozessualität hineinversetzt gesehen hat. Zwar finden sich in den verschiedenen Mitschriften der »Rechtsphilosophie« immer wieder Hinweise, die den Eindruck erwecken, als habe Hegel in der stilisierten, normativ zugespitzten Schilderung einer sittlichen Institution auch schon deren zukünftig mögliche Kritik miteinbezogen;[111] dann wäre es so, daß er seine Sittlichkeitslehre für die dynamischen, ja revolutionären Veränderungen offengehalten hätte, die sich aus den von ihm selbst zugelassenen Reibungen in seinem System sozialer Gerechtigkeit in Zukunft ergeben könnten. Hegels »Rechtsphilosophie« wäre, seinem eigenen Selbstverständnis nach, ein Buch nicht für den Rest der menschlichen Geschichte, sondern für die Zwischenstation seiner eigenen Gegenwart gewesen. Im ganzen

111 Vgl. etwa die von Dieter Henrich herausgegebene Mitschrift der Hegelschen Vorlesung zur »Philosophie des Rechts« aus dem Jahr 1819/20, in der im Kapitel über die »bürgerliche Gesellschaft« ständig Hinweise auf die »Empörung« anzutreffen sind, die die Armen angesichts ihrer Lage gerechtfertigterweise empfinden müssen: G.W.F. Hegel, *Philosophie des Rechts. Die Vorlesung von 1819/20 in einer Nachschrift*, hg. v. Dieter Henrich, Frankfurt/M. 1983, bes. S. 187-207. In diesem Zusammenhang ist auch von einem »Notrecht« zum Aufstand die Rede.

überwiegt aber in seiner Schrift wohl doch die Tendenz, den Prozeß der Verwirklichung von Freiheit mit der institutionalisierten Sittlichkeit der Moderne für abgeschlossen zu halten; mit den Institutionen der bürgerlichen Kleinfamilie, des korporativ eingehegten Marktes und des Staates scheint für Hegel die moralische Geschichte der Menschheit an ihr Ende gekommen zu sein. Wir aber, die wir nach beinah zweihundert Jahren Hegels Projekt noch einmal aufzugreifen versuchen, sind natürlich eines Besseren belehrt: Die Kräfte der Individualisierung und der Autonomie, das Potential der negativen und der reflexiven Freiheit, haben eine Dynamik freigesetzt, die in Hegels eigenes System der Sittlichkeit hineingewirkt und keine der Institutionen in dem normativen Zustand belassen hat, in dem sie von ihm einst dargestellt worden waren. Die Kultur der Freiheit, wenn es sie denn gibt, hat heute eine vollkommen neue Gestalt angenommen, die es erst wieder für den kurzen Augenblick einer historischen Epoche normativ zu rekonstruieren gilt. Die theoretischen Mittel, die zu einem solchen Unternehmen erforderlich wären, sind im Kontext der Darstellung des Hegelschen Freiheitsbegriffs schon fragmentarisch zutage getreten: Es bedarf einer historisch-soziologischen Freilegung der Klassen von normativen Praktiken, in denen die Subjekte heute ihre Zwecke wechselseitig so befriedigen, daß sie in der Erfahrung dieser Gemeinsamkeit ihre individuelle Freiheit verwirklichen. Offen ist dabei freilich noch, was es im einzelnen heißen soll, daß verschiedene Praktiken zusammengenommen die Einheit einer Institution bilden, welche der reziproken Befriedigung von individuellen Zwecken dient; erst im Zuge der Durchführung wird klarwerden, daß mit derartigen Gebilden standardisierte Muster sozialen Handelns gemeint sind, die bestimmte Kategorien der wechselseitigen Verpflichtung beinhalten. Darüber hinaus wird die wesentliche Aufgabe des ganzen Unternehmens wohl darin bestehen, exakt den Platz zu markieren und zu umreißen, den die negative und die reflexive Freiheit in einer posttraditionalen Sittlichkeit einnehmen sollen; denn von Hegel war ja zu lernen gewesen, daß es das Freiheitsversprechen der Moderne verlangt, dem Individuum in all seinen legitimen Freiheiten zum Recht in der sozialen Ordnung zu verhelfen.

Übergang: Die Idee der demokratischen Sittlichkeit

Aus den einleitend vorgestellten Überlegungen ergibt sich, daß mindestens zwei Gründe dafür sprechen, eine Gerechtigkeitskonzeption nicht auf die Darlegung und Begründung von allein formalen, abstrakten Grundsätzen zu beschränken. Gegen eine solche theoretische Purifizierung läßt sich zunächst der methodologische Einwand vorbringen, daß damit die normative Theorie in die mißliche Lage gerät, erst nachträglich wieder Anschluß an die soziale Realität finden zu müssen; die Grundsätze der Gerechtigkeit werden vorweg auf einer ersten Stufe ohne jede Berücksichtigung der Faktizität gesellschaftlicher Verhältnisse begründet, um sie dann auf einer zweiten (oder dritten) Stufe durch die schrittweise Einführung empirischer Gegebenheiten an die aktuellen Sozialbedingungen zurückzuvermitteln. Die Theorie weiß mithin im vorhinein gar nicht, ob sich die Kluft zwischen normativen Forderungen und gesellschaftlicher Realität überhaupt überbrücken läßt; es kann ihr ohne weiteres passieren, daß sie in idealistischer Versenkung Prinzipien der Gerechtigkeit konstruiert, die sich dann als vollkommen haltlos angesichts einer widerspenstigen Realität aus Institutionen und kulturellen Gewohnheiten erweisen. Dieses methodische Problem der Nachträglichkeit läßt sich nur dann grundsätzlich überwinden, wenn die Darlegung einer Gerechtigkeitskonzeption direkt auf dem Weg einer normativ angeleiteten Rekonstruktion der gesellschaftlichen Entwicklung durchgeführt wird; damit ist zwar ein erhebliches Maß an empirischem Aufwand verknüpft, das im nachhinein aber durch den großen Vorteil gerechtfertigt ist, die Prinzipien und Normen als Maßstäbe mit sozialer Geltungskraft präsentieren zu können.[112]

Nun wirft ein solches Vorgehen natürlich das Problem auf, gleich zu Beginn rechtfertigen zu müssen, was als normativer Bezugspunkt einer derartigen Rekonstruktion der gesellschaftlichen Entwicklung gelten können soll. Damit dieses Erfordernis nicht seinerseits dazu führt, den geeigneten Bezugspunkt nur normativ zu setzen, empfiehlt sich mit Hegel die Strategie, an die gesellschaftlich bereits institutionalisierten Werte und Ideen anzuknüpfen; allerdings ist ein derartig immanentes Verfahren nur möglich, wenn sich durch einen normativen Vergleich mit der Vorgeschichte wenigstens indirekt zeigen läßt, daß diesen etablierten Werten neben der sozialen Geltung auch eine moralische Gültigkeit insofern zukommt, als sie mehr an Fassungskraft hinsichtlich des Ziels der Gerechtigkeit besitzen. Unter einer solchen Voraussetzung läßt sich dann die soziale Ordnung der zu rekonstruierenden Gesellschaft als ein institutionalisiertes Gefüge von Handlungssystemen verstehen, in denen die kulturell anerkannten Werte in jeweils funktionsspezifischer Weise verwirklicht werden: Alle zentralen Subsysteme, um mit Talcott Parsons zu sprechen, müssen unter ihren bereichstypischen Beschränkungen Aspekte dessen verkörpern, was in Gestalt von übergreifenden Ideen und Werten für die Legitimität der sozialen Ordnung im ganzen sorgt. Eine derartige Ordnung normativ

112 In ähnlicher Weise rechtfertigt Habermas sein methodisches Vorgehen in *Faktizität und Geltung* (a. a. O., bes. S. 87 ff.). Der Unterschied zwischen seinem und meinem Unternehmen besteht allerdings darin, daß er nur die geschichtliche Entwicklung des modernen Rechtsstaates zum Bezugspunkt einer normativen Rekonstruktion machen möchte, während ich es angesichts der Aufgaben einer Gerechtigkeitstheorie für richtig halte, eine solche Rekonstruktion auf der ganzen Breite der aktuellen Entwicklung aller zentralen institutionellen Wertsphären durchzuführen. Damit handle ich mir natürlich das Problem ein, behaupten zu müssen, daß diese unterschiedlichen Sphären oder Handlungskomplexe tatsächlich funktionsspezifische Verkörperungen des einen übergreifenden Werts der individuellen Freiheit darstellen.

zu rekonstruieren soll nun bedeuten, deren Entwicklung unter dem Gesichtspunkt zu verfolgen, ob und wie die kulturell akzeptierten Werte in den verschiedenen Handlungssphären tatsächlich zur Verwirklichung gekommen sind und welche Verhaltensnormen jeweils idealerweise mit ihnen einhergehen. Die Forderungen der Gerechtigkeit ergeben sich auf diesem rekonstruktiven Wege als Inbegriff all der Normen, die innerhalb der unterschiedlichen Handlungssysteme zu einer möglichst angemessenen und umfassenden Verwirklichung der herrschenden Werte beitragen.

Bis zu diesem Punkt ist der Begriff »Gerechtigkeit« hier noch vollkommen inhaltsleer und substanzlos verwendet worden; er bezeichnet im vorliegenden Kontext nicht mehr als die jeweils adäquate Weise der bereichsspezifischen Realisierung von Werten, die zu einer bestimmten Zeit innerhalb einer Gesellschaft auf soziale Akzeptanz stoßen und daher für deren normative Legitimierung verantwortlich sind. Metatheoretisch kommt darin die Überzeugung zum Ausdruck, daß die Idee der Gerechtigkeit in ihrer Bedeutung vollständig vom Bezug auf ethische Werte abhängig ist; denn ohne die Grundierung durch eine Vorstellung des Guten besagt die Forderung, uns gegenüber anderen Menschen »gerecht« zu verhalten, schon deswegen rein gar nichts, weil wir nicht wissen können, in welcher Hinsicht wir ihnen das »Ihre« schulden;[113] erst, wenn wir uns über das ethische Worumwillen unseres gemeinsamen Handelns im klaren sind, verfügen wir über den Gesichtspunkt, der uns die notwendigen Maßstäbe gerechten Tuns und Lassens liefert.[114] Für die modernen Gesellschaften

113 Vgl. dazu aus juristischer Sicht: Bernd Rüthers, *Das Ungerechte an der Gerechtigkeit*, Tübingen 2009 (3. Auflage).

114 Für diese Vorrangstellung des »Guten« vor dem »Richtigen« plädieren, wenn auch häufig unter anderen Prämissen, als ich sie hier zugrunde lege, u. a.: Hilary Putnam, *Realism with a Human Face*, Cambridge/Mass. 1990; ders., »Werte und Normen«, in: Lutz Wingert/Klaus Günther (Hg.), *Die Öffentlichkeit der Vernunft und die Vernunft der Öffentlichkeit. Eine Festschrift für Jürgen Habermas*, Frankfurt/M. 2001,

nehmen wir nun mit einer Vielzahl anderer Autoren von Hegel über Durkheim bis zu Habermas und Rawls an, daß hier nur ein einziger Wert die Legitimationsgrundlage der sozialen Ordnung bildet: Für die unterschiedlichen Handlungssysteme dieses Typs von Gesellschaft kann gelten, daß in ihnen auf funktionsspezifische Weise Aspekte der ethischen Vorstellung verkörpert sind, allen Subjekten gleichermaßen zu individueller Freiheit zu verhelfen. Was »Gerechtigkeit« nunmehr also beinhaltet, bemißt sich jeweils an der Bedeutung, die der Wert der individuellen Freiheit unter funktionstypischen Aspekten in den ausdifferenzierten Handlungssphären angenommen hat; es gibt nicht *die* eine Forderung der Gerechtigkeit, sondern insgesamt so viele, wie bereichsspezifische Anwendungen des einen, übergreifenden Werts der Freiheit existieren. An dieser Stelle ergibt sich nun eine Komplikation, die damit zusammenhängt, daß in der Moderne von Anfang an unterschiedliche Interpretationen von dem, was die individuelle Freiheit ausmachen soll, miteinander konkurriert haben; und jede der vertretenen Kernvorstellungen scheint genügend Anziehungskraft, Plausibilität und intellektuelles Gewicht gehabt zu haben, um später tatsächlich zur normativen Grundlage einer mächtigen, strukturbildenden Institution zu werden. Wir können also nicht nur unterstellen, daß der eine Wert der Freiheit in verschiedenen Funktionsbereichen institutionelle Gestalt angenommen hat, sondern müssen zusätzlich davon ausgehen, daß es jeweils verschiedene Deutungen dieses einen Wertes waren, die in solchen institutionellen Handlungssphären zur Verkörperung gelangt sind. Erst damit haben wir den Punkt erreicht, an dem sich der zweite Grund

S. 280-313; Charles Taylor, »Die Motive einer Verfahrensethik«, in: Wolfgang Kuhlmann (Hg.), *Moralität und Sittlichkeit*, Frankfurt/M. 1986, S. 101-135; ders., *Quellen des Selbst*, a. a. O., Teil I; Martin Seel, »Das Gute und das Richtige«, in: Christoph Menke/Martin Seel (Hg.), *Zur Verteidigung der Vernunft gegen ihre Liebhaber und Verächter*, Frankfurt/M. 1993, S. 219-240; ders., *Versuch über die Form des Glücks*, Frankfurt/M. 1995, bes. Kap. 2.7.

abzeichnet, aus dem heraus wir den Entwurf einer zeitgemäßen Gerechtigkeitskonzeption nicht auf die Begründung rein formaler Prinzipien beschränken sollten.

Im Durchgang durch die verschiedenen Freiheitsmodelle der Moderne war zu sehen gewesen, daß sich drei Kernvorstellungen sinnvoll voneinander abheben lassen, die jeweils unterschiedliche Annahmen über die sozialontologischen Voraussetzungen individuell freien Handelns enthalten. Während die erste, negative Idee davon ausgeht, daß es zur individuellen Freiheit nur einer rechtlich geschützten Sphäre bedarf, in der das Subjekt nach nicht weiter geprüften Präferenzen schalten und walten kann, macht die zweite, reflexive Idee diese Freiheit von der Erbringung intellektueller Leistungen abhängig, die allerdings als Normalvollzüge jedes kompetenten Subjekts gedacht werden; erst mit der dritten, der sozialen Idee von Freiheit kommen nun zusätzlich gesellschaftliche Bedingungen ins Spiel, weil der Vollzug von Freiheit an die Voraussetzung eines entgegenkommenden, das eigene Ziel bestätigenden Subjekts gebunden wird. Mit dieser Hervorkehrung der intersubjektiven Struktur von Freiheit tritt zugleich die Notwendigkeit vermittelnder Institutionen in den Blick, deren Funktion darin besteht, die Subjekte vorgängig über die Verschränktheit ihrer Handlungsziele informiert sein zu lassen. Also besagt die Hegelsche Idee, wonach die individuelle Freiheit »objektiv« zu sein hat, nichts anderes, als daß es geeigneter Institutionen, nämlich Institutionen der wechselseitigen Anerkennung, bedarf, um der reflexiven Freiheit des einzelnen tatsächlich zur Verwirklichung zu verhelfen. Eine solche Rückbindung der Freiheit an Institutionen hat nun aber zur Folge, daß sich eine auf den Wert der Freiheit zugeschnittene Gerechtigkeitskonzeption gar nicht ohne die simultane Darlegung der entsprechenden Institutionengebilde entwickeln und begründen läßt: Die Theorie darf sich nicht auf die Herleitung von formalen Grundsätzen beschränken, sondern muß auf die soziale Wirklichkeit ausgreifen, weil sich nur dort die Bedingungen finden, unter denen das von ihr verfolgte Ziel einer gleichmäßigen Ausstattung aller mit möglichst großer Freiheit überhaupt Gestalt annehmen kann. Es ist, mit anderen Worten, der ethische Bezug auf die Idee der Freiheit, der es für eine Theorie der Gerechtigkeit erforderlich macht, den rein formalen Rahmen zu verlassen und die Grenze zur gesellschaftlichen Materie zu überschreiten; denn zu erläutern, was es für den einzelnen heißt, über individuelle Freiheit zu verfügen, impliziert notwendigerweise, die existierenden Institutionen zu benennen, in denen er in der normativ geregelten Interaktion mit anderen die Erfahrung der Anerkennung machen kann.

Fassen wir diese beiden Gründe gegen eine rein formale Gerechtigkeitskonzeption zusammen, so zeigt sich schon in ersten Umrissen, wie im folgenden verfahren werden muß. Die Methode der normativen Rekonstruktion verlangt von uns, die Bedingungen der Gerechtigkeit im Sinne einer schrittweisen Herauspräparierung derjenigen Handlungssphären in den liberaldemokratischen Gesellschaften der Gegenwart zu entfalten, in denen der Wert der individuellen Freiheit auf je spezifische, funktionstypische Weise institutionelle Gestalt angenommen hat. Dabei gilt es nun aber zusätzlich zu berücksichtigen, daß diese Idee der Freiheit im Zuge ihrer historischen Entwicklung selbst verschiedene Deutungen erfahren hat, die es ihrerseits nahelegen, jene institutionellen Handlungskomplexe noch einmal nach der Art der in ihnen verkörperten Freiheit zu unterscheiden. Auf der Basis der Differenzierungen, die in der Einleitung unterbreitet wurden, ist es ratsam, institutionelle Komplexe der negativen und der reflexiven Freiheit von solchen Handlungssystemen zu unterscheiden, in denen Formen der sozialen Freiheit institutionell Gestalt angenommen haben: Während die ersten beiden Sphären Handlungs- oder Wissensbereiche bilden, innerhalb deren sich der einzelne seiner intersubjektiv akzeptierten und gesellschaftlich verankerten Möglichkeiten eines

Rückzugs aus der sozialen Lebenswelt versichern kann, stellt nur der dritte Typus von Institutionen tatsächlich Handlungssphären bereit, in denen in unterschiedlichen Formen des kommunikativen Handelns soziale Freiheit erfahren werden kann. Die Unselbständigkeit, der bloße Möglichkeitscharakter der individuellen Freiheiten, die in den ersten beiden Sphären verkörpert sind, wird sich daran zeigen, daß bei ihrer ausschließlichen Inanspruchnahme typischerweise soziale Pathologien entstehen;[115] insofern lassen sich die jeweiligen Eigenarten dieser Freiheitssysteme nicht erläutern, ohne gleichzeitig die Anomalien im sozialen Handeln zu umreißen, die im Fall ihrer Verselbständigung erzeugt werden. Von solchen Gefährdungen sind die institutionellen Sphären der sozialen Freiheit vollkommen unbehelligt; hier kann es die Möglichkeit der Verselbständigung nicht geben, weil ihre ganze Existenz von der Bedingung abhängig ist, daß sich die Subjekte auf der Basis geteilter Handlungsnormen wechselseitig ergänzen und daher nicht in die Gefahr einer passiven Versteifung auf ein einziges Freiheitsverständnis geraten können.

Im Zuge der rekonstruktiven Einführung dieser ganz unterschiedlichen Existenzbedingungen von Freiheit wird zutage treten, daß die Kategorien des Rechts längst nicht hinreichen, um deren jeweils spezifische Geltungsgrundlagen und Sozialgestalten zu erfassen. Vieles von dem, was sich an tragenden Strukturen vor allem in den Sphären der sozialen Freiheit findet, besitzt eher den Charakter von Praktiken, Sitten und sozialen Rollen als den von juristischen Gegebenheiten.[116] Je weiter die folgende normative Rekonstruktion vordringt, je größer also der Abstand zur bloß negativen Sphäre der Freiheit wird, desto stärker werden daher Begrifflichkeiten zum Zuge kommen müssen, die der Tradition der Gesellschaftstheorie

115 Vgl. dazu im einzelnen unten, Teil A, Kap. I, Abschnitt 3.

116 Anders und pointierter formuliert: Vieles von dem, worauf jedes Subjekt im Namen der Freiheit ein Recht hat, kann nicht in Form von positiven Rechten gewährt werden.

und Soziologie und nicht dem Kontext des modernen Rechts entspringen. Bewußt wird damit der Tendenz widersprochen, die Grundlagen einer Gerechtigkeitstheorie allein auf der Basis juristischer Denkfiguren zu entwickeln. Nichts hat sich in den letzten Jahren fataler auf die Bemühungen um einen Begriff der sozialen Gerechtigkeit ausgewirkt als die Neigung, alle sozialen Verhältnisse vorweg in rechtliche Beziehungen aufgehen zu lassen, um sie dann um so leichter in Kategorien formaler Regeln erfassen zu können; die Folge dieser Vereinseitigung war es, jede Aufmerksamkeit dafür zu verlieren, daß Bedingungen der Gerechtigkeit nicht nur in Form von positiven Rechten, sondern auch in Gestalt von angemessenen Einstellungen, Umgangsweisen und Verhaltensroutinen gegeben sein können. Über einen großen Teil der individuellen Freiheiten, die zum Inbegriff einer zeitgenössischen Vorstellung von sozialer Gerechtigkeit gehören sollten, verfügen wir nicht deswegen, weil wir einen staatlich verbürgten Rechtsanspruch auf sie besitzen würden; sie verdanken sich vielmehr der Existenz eines schwer entwirrbaren Geflechts von eingespielten, nur schwach institutionalisierten Praktiken und Sitten, die uns die Erfahrung einer sozialen Bestätigung oder einer ungezwungenen Entäußerung unseres Selbst vermitteln. Die Tatsache, daß diese Bedingungen von Freiheit nur schwer zu bestimmen sind und sich rechtsstaatlichen Kategorien weitgehend entziehen, darf kein Grund sein, sie einfach aus dem Rahmen einer Theorie der Gerechtigkeit auszusparen.[117]

117 Zu den wenigen Autoren, die sich an diese nichtrechtlichen Bedingungen sozialer Gerechtigkeit herangewagt haben, gehören für mich neben Hegel in der Reihenfolge, in der sie für meine eigene Arbeit wichtig geworden sind: Emile Durkheim (v. a.: *Physik der Sitten und des Rechts. Vorlesungen zur Soziologie der Moral*, Frankfurt/M. 1999, sehr deutlich: S. 46), Andreas Wildt (*Autonomie und Anerkennung*, a. a. O.), Alasdair MacIntyre (*Der Verlust der Tugend*, a. a. O.) und Avishai Margalit (*Politik der Würde*, Berlin 1997).

B.
Die Möglichkeit der Freiheit

I. Rechtliche Freiheit

Die zuvor umrissene Theorie sollte nun aber gerade nicht von den sozialen Sphären her aufgerollt werden, die sich nicht vollständig und erschöpfend in Begrifflichkeiten des Rechts erschließen lassen. Zwar mag es sein, daß sich die Freiheit des einzelnen letztlich erst in derartigen Handlungsbereichen verwirklicht, aber die Voraussetzung zur ungezwungenen Teilnahme an ihnen wird doch zuvor durch eine ganz andere Kategorie von Freiheit gesichert. In den modernen, liberalen Gesellschaften herrscht von Beginn an weitgehend Einigkeit darüber, daß sich die Individuen nur dann überhaupt als unabhängige Personen mit einem eigenen Willen verstehen können, wenn sie über subjektive Rechte verfügen, die ihnen einen staatlich geschützten Spielraum zur Erkundung ihrer Vorlieben, Präferenzen und Absichten einräumen; an der damit umrissenen Vorstellung, daß die Basis all unserer Freiheiten eine rechtlich garantierte Privatautonomie darstellt, hat sich bis heute wenig geändert. Gewandelt hat sich allerdings in den letzten Jahrzehnten der Umfang dieser »subjektiv« genannten Rechte, weil unter dem Druck von sozialen Bewegungen und politisch-moralischen Argumenten zu den ursprünglichen, im engeren Sinn »liberalen« Kategorien noch neue, komplementär gedachte Kategorien hinzugetreten sind; aber nichts ändern derartige Erweiterungen an dem ethischen Sinn und der sozialen Funktion, die einer solchen »rechtlichen Freiheit« der hier vertretenen Gerechtigkeitskonzeption im ganzen zukommen.

Im Europa des 17. und 18. Jahrhunderts vollzieht sich schrittweise eine Positivierung des Rechtssystems, die die normativ ungerechtfertigte Privilegierung ständischer Interessen dadurch überwinden soll, daß ein Netzwerk staatlich verbürgter und sanktionierter Regeln geschaffen wird, welches die private Autonomie eines jeden Bürgers in gleichem Maße zu gewährleisten hat. Auf diesem Weg der Etablierung einer egalitären Rechtsordnung entsteht allmählich eine eigenständige Handlungssphäre, die durch einen Typus von Normen gekennzeichnet ist, die weder moralische Zustimmung verlangen noch auf sittliches Einverständnis angewiesen sind, sondern allein eine bloß zweckrationale Akzeptanz erfordern, die notfalls staatlich erzwingbar ist. Allerdings kann der Staat die umfangreichen Funktionen, die er dadurch nur deswegen zu erfüllen hat, weil er die positiven Rechte zugleich hervorbringen, implementieren und kontrollieren muß, alsbald nur noch erfüllen, indem er sich in dem vereinigten Willen aller der von seiner Tätigkeit betroffenen Staatsbürger eine neue Legimitationsquelle verschafft; insofern entsteht in einem einzigartigen historischen Parallelvorgang mit dem neuen System subjektiver Handlungsfreiheiten gleichzeitig auch der demokratische Rechtsstaat, in dessen Rahmen die Adressaten jener positiven Rechte sich simultan auch gemeinsam als deren Autoren verstehen können.[1] So eng sich diese beiden Aspekte der neu entstandenen Freiheiten nun aber auch miteinander berühren, weil sie streng komplementär aufeinander bezogen sind, so wenig empfiehlt es sich, sie zusammen unter derselben Kategorie von Bedingungen sozialer Gerechtigkeit abzuhandeln; denn als Adressaten können die Subjekte von den ihnen eingeräumten Rechten im Prinzip einen rein privaten Gebrauch machen, der sie von allen Erfordernissen sozialer Interaktion entbindet, während sie sich als Autoren nur in der aktiven Kooperation mit den anderen Rechtsgenossen verstehen können. Diese strukturelle Asymmetrie erklärt den eigentümlichen Umstand, daß die moderne, egali-

1 Vgl. Jürgen Habermas, *Faktizität und Geltung. Beiträge zur Diskurstheorie des Rechts und des demokratischen Rechtsstaats*, Frankfurt/M. 1992, Kap. III und IV.

täre Rechtsordnung hier in zwei freiheitsverbürgende Sphären aufgespalten werden muß, die aufgrund der Unterschiede in ihrer Architektonik und Infrastruktur an den entgegengesetzten Polen unseres Versuchs einer normativen Rekonstruktion der demokratischen Sittlichkeit zu stehen kommen: An deren Anfang muß das System des Rechts unter dem Gesichtspunkt treten, daß es den Individuen eine private Autonomie garantiert, in der sie sich hinter alle existierenden Rollenverpflichtungen und Bindungen zurückziehen können, um Sinn und Richtung der individuellen Lebensführung zu erkunden; und am Ende unserer Rekonstruktion (C. III.3.) taucht dann dasselbe Rechtssystem noch einmal unter dem ganz anderen Gesichtspunkt auf, daß es den vergesellschafteten Bürgern und Bürgerinnen eine kollektive Autonomie einräumt, in der sie in zivilgesellschaftlicher Kooperation beraten, welche Rechte wechselseitig eingeräumt und wie sie implementiert werden sollen. In dieser zweiten, aktiven und kooperativen Bedeutung verlangt die Institution des modernen Rechts mehr als nur zweckrationale Weisen der Befolgung; sie ist vielmehr auf einen ganzen Kranz aus demokratischen Einstellungen, Praktiken und Gesinnungen angewiesen, weil ohne deren Existenz der kollektive Impuls zur gemeinsamen Fortschreibung der Rechte erlöschen würde. Insofern darf das Rechtssystem im Sinne einer Ermöglichung kollektiver Autonomie hier erst an der Stelle auftauchen, wo es um institutionelle Sphären der sozialen Freiheit geht, also im Bereich dessen, was Hegel »Sittlichkeit« genannt hatte.

Um den ethischen Sinn der rechtlichen Freiheit verstehen und damit ihren Stellenwert für eine Konzeption sozialer Gerechtigkeit durchschauen zu können, ist es zunächst wichtig, die Funktion ihrer juristischen Kernelemente für die Konstitution der Privatautonomie nachzuvollziehen. Die Summe der subjektiven Rechte, wie sie sich heute, zu Beginn des 21. Jahrhunderts, formuliert finden, läßt sich in ihrem internen Zusammenhang als Resultat einer Anstrengung begreifen, dem einzelnen Subjekt eine vor äußeren, staatlichen wie nichtstaatlichen Eingriffen geschützte Sphäre zu schaffen, innerhalb der es entlastet von kommunikativen Zumutungen seine eigene Vorstellung des Guten erkunden und erproben kann; daher verbirgt sich hinter der negativen Freiheit, die hier gewährleistet wird, das Recht des modernen Individuums auf eine rein private Erschließung seines eigenen Willens (1.). Dieser Modus von Freiheit stößt freilich auf eine Grenze darin, daß es zu einer gelingenden Bestimmung eigener Zielsetzungen immer auch einer Form von sozialer Interaktion bedarf, für die die rechtliche Freiheit gerade nicht die Chancen bietet; daher ist die rechtliche Freiheit zu ihrer tatsächlichen Verwirklichung stets auf Ergänzungen durch Kommunikationen angewiesen, von denen sie andererseits aber den einzelnen aufgrund ihrer privatistischen Struktur auszuschließen droht (2.). Die Unvollständigkeit der individualrechtlich verstandenen Freiheit kommt aber vor allem darin zum Vorschein, daß bei ihrer ausschließlichen Inanspruchnahme jedesmal die Tendenz entsteht, das existierende Netzwerk sozialer Beziehungen auszuhöhlen und zu untergraben; denn seine eigene Freiheit nur noch in Form von Rechtsansprüchen zu formulieren bedeutet, in informellen, nichtjuridischen Verpflichtungen, Bindungen und Erwartungen nichts anderes als eine Blockierung der eigenen Subjektivität zu vermuten (3.).

1. Daseinsgrund der rechtlichen Freiheit

Schon für Hegel scheinen das »abstrakte Recht« und damit die Summe aller subjektiven Rechte die eigentümliche Doppelnatur zu besitzen, dem Subjekt nach außen hin eine bloß zweckrationale Form der Entscheidungsfindung zuzubilligen, um es nach innen hin um so effektiver in seiner Fähigkeit zur ethischen Formung seines Willens zu schützen. Aus der Perspektive der sich im Rechtsverhältnis gegenüberstehenden Personen handelt es sich beim jeweils anderen um einen Aktor, der über die Freiheit verfügt, nach Maßgabe bloßer »Willkür« zu handeln und also seinen je individuell bestimmten Präferenzen zu folgen; aber aus der Binnenperspektive dieser sich opak gegenüberstehenden Subjekte stellen die wechselseitig eingeräumten Rechte einen Schutzmantel dar, hinter dem sie ungestraft die Tiefen und Untiefen ihrer Subjektivität erkunden können. Ich will die damit angedeutete Doppelnatur der subjektiven Rechte zunächst an ihrem wohl befremdlichsten Bestandteil, dem Recht auf Eigentum, erläutern, um von hier aus dann den gerechtigkeitstheoretischen Leitfaden zu entwickeln, entlang dessen sich die Sphäre der rechtlichen Freiheit bis in jüngste Debatten hinein bestimmen läßt.

Zu den subjektiven Rechten, die von Anfang an ein Kernelement des modernen Rechtssystems bilden, gehört neben dem Recht auf Vertragsfreiheit vor allem das individuelle Recht auf Eigentum. Die stark ökonomische Ausrichtung dieser ersten Generation von Rechten hat schon früh die Tendenz befördert, darin maßgeblich ein instrumentelles Mittel zu sehen, um den wachsenden Organisationsbedarf des sich rasant entwickelnden Wirtschaftssystems des Kapitalismus zu befriedigen; allen voran war es Marx, der in den liberalen Grundrechten nichts anderes zu erblicken vermochte als eine Handvoll ideologischer Instrumente, mit denen die herrschende Klasse die ökonomischen Eigentumsverhältnisse festschreiben und eine beschleunigte Ausbeutung der Lohnarbeiterschaft rechtfertigen wollte.[2] Mit dieser funktionalistischen Interpretation, die in abgeschwächter Form noch heute anzutreffen ist,[3] gerät aber aus dem Blick, daß die subjektiven

2 Vgl. die Rekonstruktionen von Georg Lohmann (*Indifferenz und Gesellschaft. Eine kritische Auseinandersetzung mit Marx*, Frankfurt/M. 1991, S. 253 ff.) und Gerald A. Cohen (ders., *Karl Marx' Theory of History. A Defense*, Oxford 1978, Kap. VIII).

3 Ein Beispiel: Sonja Buckel, *Subjektivierung und Kohäsion. Zur Rekonstruktion einer materialistischen Theorie des Rechts*, Weilerswist 2007.

Rechte auch die Chance einer ganz anderen Verwendung bereithalten; nicht an der Vertragsfreiheit, sondern am Recht auf Eigentum hat Hegel klargemacht, wie eine ethische Deutung der Substanz der liberalen Grundrechte beschaffen sein könnte. Für Hegel ist die grundsätzliche Berechtigung aller (Rechts-)Personen, über privates Eigentum zu verfügen, nicht etwa in der Notwendigkeit begründet, ihnen gleichermaßen die Mittel für eine Befriedigung ihrer elementaren Bedürfnisse bereitzustellen;[4] für das »Auskommen« der Menschen muß nach seiner Auffassung nicht das positive Recht sorgen, sondern der Arbeits- und Gütermarkt der »bürgerlichen Gesellschaft«, der nur dann seinen eigenen Ansprüchen genügt, wenn er das ökonomische Überleben seiner Teilnehmer sichert.[5] Das Recht auf privates Eigentum findet seine vernünftige Begründung nach Hegel vielmehr darin, daß es jedem einzelnen die Chance gewährt, sich in dem ihm rechtmäßig zustehenden Gegenstand der Eigenheit seines Willens äußerlich zu versichern. Was das heißen soll, was es bedeutet, daß Hegel an dieser frühen Stelle schon von einem Erfordernis der »Veräußerlichung« des freien Willens spricht, läßt sich vielleicht durch folgende Überlegung verdeutlichen: Im System der positiven Rechte, das die erste Institution der Freiheit in der Moderne ausmacht, erkennen sich die Subjekte insofern als freie Wesen an, als sie sich wechselseitig die Fähigkeit zuschreiben, von allen Bestimmungen des eigenen Willens Abstand nehmen und daher auch den anderen gegenüber auf Verletzungen verzichten zu können;[6] mithin existieren sie füreinander nur als abstrakte Persönlichkeiten, die »von allem abstrahieren«[7] können und zu einer Respektierung der individuellen Freiheitssphären ihrer Rechtsgenossen

4 G.W.F. Hegel, *Grundlinien der Philosophie des Rechts*, in: ders., *Werke in zwanzig Bänden*, Frankfurt/M. 1970, Bd. 7, § 41 (Zusatz).
5 Ebd., § 49, § 236 (Zusatz).
6 Ebd., § 38.
7 Ebd., § 35 (Zusatz).

in der Lage sind. Würde sich der einzelne diese Zuschreibung nun aber komplett zu eigen machen, so könnte er gar nicht wissen, ob es sein »eigener« Wille ist, der hier als frei anerkannt wird; wie alle anderen würde er sich zwar als eine »Person« begreifen können, die über die Fähigkeit verfügt, sich gegenüber Dritten von seinen »Begierden« und »zufälligen Antrieben« zu distanzieren, aber sie besäße keinerlei Handhabe, um sich dabei noch als ein konkreter einzelner oder individueller Wille zu identifizieren. Die damit entstehende Lücke soll nun nach Hegel ein jedem Individuum gleichermaßen zukommendes Recht schließen, über privates Eigentum zu verfügen: Dem Subjekt soll, damit sein »freier Wille« ein »wirklicher Wille« werden kann,[8] ein staatlich verbürgter und geschützter Anspruch zustehen, eine unbestimmte Reihe von Gegenständen zu seiner ausschließlichen Verfügung zu haben.

Obwohl Hegel hier in seinen Formulierungen ein wenig schwankt und das eine Mal davon spricht, daß der »freie Wille«,[9] das andere Mal, daß der »subjektive Wille«[10] im Eigentum Wirklichkeit werden soll, ist doch die individualisierende Stoßrichtung seines Arguments deutlich zu erkennen: Um zu verhindern, daß das Subjekt sich inmitten der Abstraktionszwänge des formellen Rechts gar nicht mehr als individuelle Persönlichkeit zu erkennen vermag, muß ihm als ein grundsätzliches Recht die ausschließliche Verfügungsgewalt über eine Anzahl von leblosen, äußeren Dingen zukommen, anhand deren es sich der Individualität seines Willens versichern kann. Allerdings ist auch damit noch nicht klar, was es an diesen, das private Eigentum ausmachenden Gegenständen sein soll, das sie dazu befähigt, den einzelnen die Individualität seines freien Willens erkennen zu lassen; die Hegelsche Antwort, wonach die Rechtsperson im Eigentum

8 Ebd., § 45.
9 Ebd., § 50 (Zusatz), § 52, § 57, § 65 (Zusatz).
10 Ebd., § 71 und § 71 (Zusatz).

»seinen Willen zur Sache«[11] macht oder ihn darin »objektiv«[12] werden läßt, reicht sicherlich nicht aus, um den Sachverhalt zufriedenstellend zu klären. Erst wenn man mit Jeremy Waldron am Hegelschen Begriff des Eigentums die Dimension der zeitlichen Dauer hervorhebt, gewinnt das Argument deutlich an Plausibilität: Ein privat besessener Gegenstand kann einen »individuellen« Willen verkörpern, weil sich an ihm im Laufe der Zeit erkennen läßt, ob sich die eigenen Absichten oder Handlungspläne gewandelt haben oder ob sie die gleichen geblieben sind.[13] Mit einer Formulierung, die noch weiter von Hegel wegführt, ließe sich vielleicht sagen, daß sich im Spiegel eines dauerhaft der privaten Verfügung überlassenen Gegenstandes die Wandlungen der eigenen Persönlichkeit über die Zeit hinweg registrieren lassen; an den Spuren ihrer Bearbeitung, an den Weisen ihrer Verwendung geben die einem ausschließlich gehörenden Dinge zu erkennen, welcher besondere Wille sich hinter der »schützenden Maske« (Hannah Arendt) der Rechtsperson verborgen hält.

Sobald diese Überlegungen ein wenig aus dem Hegelschen Kontext herausgelöst und in den Problemhorizont alltäglicher Konflikte versetzt werden, ist es nun nicht mehr schwer, die ethische Bedeutung des Rechts auf Eigentum zu durchschauen. In einem ganz profanen Sinn erhält eine Person durch die Gegenstände, die sie um sich versammelt hat und auf die ihr ein ausschließlicher Zugriff zusteht, die Chance, all jene Bindungen, Beziehungen und Verpflichtungen einer Überprüfung zu unterziehen, auf die sie sich lebensgeschichtlich eingelassen hat; denn im Lichte der existentiellen Bedeutungen, die diese Dinge im Laufe der Zeit angenommen haben, läßt sich am ehesten erkunden, welche Art von Leben man führen möchte. Daher hat Virginia Woolf in utopisch anmutender Weise

11 Ebd., § 44
12 Ebd., § 46.
13 Jeremy Waldron, *The Right to Private Property*, Oxford 1988, S. 370ff.

auf das Recht eines jeden Menschen auf ein eigenes Zimmer bestanden,[14] daher gehört zum rechtlichen Schutz der Privatsphäre stets auch die materielle Dimension eines Rechts auf privates Eigentum.[15] Hegel hat in seinem Plädoyer vorweggenommen, daß ein solches Recht in der Aufgabe begründet ist, dem einzelnen diejenigen Gegenstände zur ausschließlichen Verwendung zu überlassen, mit deren Hilfe er seinen »wirklichen« Willen, das »Eigene« an seiner allgemeinen Existenz als Rechtsperson, in Erfahrung bringen kann; die »negative« Sphäre der vollkommen opaken Entscheidungsfindung, welche das System der subjektiven Rechte konstituieren soll, hat er im Sinn eines rechtlich garantierten Spielraums für ethische Selbstbefragungen verstehen wollen.

Mit diesem ersten Ergebnis ist uns ein Schlüssel an die Hand gegeben, um die Entwicklung normativ zu rekonstruieren, die der Ausbau der subjektiven Rechte von den Anfängen bis in die jüngste Gegenwart genommen hat. Wie unterschiedlich auch immer die sozialen Anlässe gewesen sein mögen, wie disparat die politisch-moralischen Konfliktstoffe jeweils waren, die Erweiterungen und Umformulierungen der liberalen Freiheitsrechte folgen im wesentlichen der Idee, jedem Subjekt eine Sphäre der negativen Freiheit zu eröffnen, die es ihm erlaubt, sich aus dem kommunikativen Raum wechselseitiger Verpflichtungen auf eine Position der Befragung und Überprüfung zurückzuziehen: Was für die anderen Rechtssubjekte folglich nach außen hin wie eine (rechtlich erlaubte) Haltung der bloß strategischen Abwägung und Beobachtung

14 Sehr schön dazu: Jeremy Waldron, »When justice replaces affection: The need for rights«, in: ders., *Liberal Rights: Collected Papers 1981-1991*, Cambridge 1993, S. 370-392.

15 Vgl. auch das Kapitel »Das private Zuhause: lokale Privatheit« in Beate Rösslers Studie *Der Wert des Privaten* (Frankfurt/M. 2001, S. 255-279), in der sie zwar das Recht auf private Autonomie nicht über den Begriff der »subjektiven Rechte« erschließt, in dem genannten Kontext aber zu ähnlichen Schlüssen bezüglich eines Anspruchs auf privates Eigentum gelangt.

wirken muß, kann nach innen hin von dem individuellen Rechtsträger als Freiraum für ethische Selbstproblematisierungen genutzt werden. Geradezu rührend im Vergleich mit dem Aufwand, der heute angesichts technologischer Möglichkeiten der Kontrolle und Überwachung nötig ist, wirken im Rückblick die ersten Versuche, allen mündigen Privatpersonen eine Sphäre rechtlicher Freiheit einzuräumen: Subjektive Rechte sind nach der Vorstellung der ersten Generation liberaler Freiheitstheoretiker negative Rechte, die Spielräume individuellen Handelns schützen, indem sie einklagbare Ansprüche auf die Unterlassung von nichterlaubten Eingriffen in Freiheit, Leben und Eigentum begründen.[16] Bald schon bedarf es allerdings einer exakteren Formulierung der Rechte, die mit dem Anspruch verknüpft sein sollen, vor Eingriffen in die eigene Freiheit geschützt zu sein; es entstehen vor allem unter Anstoß der erbitterten Auseinandersetzungen, die in den angelsächsischen Ländern darüber geführt werden,[17] die individuell einklagbaren Rechte auf Glaubens-, Rede- und Meinungsfreiheit, die bis heute zusammengenommen wohl den Kernbestand des liberalen Rechtssystems bilden.

Auf den ersten Blick ist freilich gar nicht leicht zu durchschauen, inwiefern diese subjektiven Rechte einen individuellen Schutzraum schaffen sollen, innerhalb dessen der einzelne seine Vorstellung vom Guten überhaupt erst befragen können soll; denn was damit doch viel eher geschützt zu sein scheint, ist die Äußerung und Praktizierung einer bereits gefestigten Überzeugung, nicht aber deren vorauslaufende Überprüfung und Erkundung. Der Zusammenhang mit der leitenden Idee, der zufolge die subjektiven Rechte letztlich stets

16 Zur Entstehung und Entwicklung des modernen rechtsstaatlichen Systems subjektiver Rechte vgl. Helmut Coing, »Zur Geschichte des Begriffs ›subjektives Recht‹«, in: ders. u. a., *Das subjektive Recht und der Rechtsschutz der Persönlichkeit*, Frankfurt/M. 1959, S. 7-23.

17 Günter Frankenberg/Ulrich Rödel, *Von der Volkssouveränität zum Minderheitenschutz. Die Freiheit politischer Kommunikation im Verfassungsstaat*, Frankfurt/M. 1981.

der Ermöglichung einer ethischen Selbstbefragung dienen, ergibt sich erst, wenn mit John Stuart Mill in dem staatlich verbürgten Recht auf Glaubens-, Rede- und Meinungsfreiheit der Garant für einen möglichst breiten Pluralismus von alternativen Vorstellungen über das Gute gesehen wird; dann nämlich kann das Zusammenspiel dieser Rechte als institutionelle Bedingung der Möglichkeit begriffen werden, sich im Lichte einer Vielfalt von konkurrierenden Wertvorstellungen eine eigene Überzeugung davon herauszubilden, welche Art von Leben man zumindest nicht zu führen gewillt ist.[18] In derselben Weise, in der es die ethische Selbstbefragung nötig macht, über ein Minimum an privatem Eigentum zu verfügen, erfordert sie auch den kulturellen Hintergrund eines kontrastreichen Horizonts an unterschiedlichen Visionen des guten und gelungenen Lebens; in Ermangelung solcher Vorstellungsalternativen wären dem Erkundungsprozeß des einzelnen äußerst enge Grenzen gezogen, weil ihm die intellektuellen Anstöße fehlen würden, sich für das eigene Leben auch ganz andere Ziele imaginieren zu können. Die subjektiven Rechte, die jedem Individuum die Freiheit einräumen, öffentlich seine Wertüberzeugungen zu artikulieren und zu vertreten, sollen genau diese Art von ethischem Pluralismus garantieren; dadurch, daß jeder den staatlich verbürgten Anspruch genießt, an der Äußerung seiner Vorstellungen des Guten nicht gehindert zu werden, entsteht jener permanente Strom an Bildern und Visionen des gelungenen Lebens, der den einzelnen in seiner ethischen Selbstvergewisserung mit stets neuen Alternativen versorgt.[19]

Mit der Revolutionierung der Kommunikationstechnologien haben sich in den letzten einhundertfünfzig Jahren natürlich sowohl die Spielräume der privaten Lebensgestaltung

18 John Stuart Mill, *Über die Freiheit*, Leipzig/Weimar 1991; vgl. dazu: Isaiah Berlin, »John Stuart Mill und die Ziele des Lebens«, in: ders., *Freiheit. Vier Versuche*, Frankfurt/M. 1995, S. 257-296.

19 Vgl. erneut Rössler, *Der Wert des Privaten*, a. a. O., S. 260-279.

erheblich erweitert als auch die staatlichen Zugriffsmöglichkeiten kontinuierlich verbessert. Durch diese Entwicklungen kam eine Spirale der ständig neuen Aushandlung des Verhältnisses von subjektiven Freiheitsrechten und Sicherheitsbestrebungen des Staates in Gang, deren Ende bis heute nicht abzusehen ist; jeder erweiterten Chance des einzelnen, sich mit Hilfe neuer Kommunikationstechniken geschützt vor dem Zugriff Dritter über seine individuellen Lebensziele zu verständigen, folgte ein entsprechender Vorstoß der staatlichen Sicherheitsbehörden auf dem Fuß, aus Gründen der Gefahrenabwehr diesen technologisch erzeugten Wall zu durchbrechen und der potentiellen Kontrolle zugänglich zu machen.[20] Bei dem Versuch der Verfassungsgerichte, in den damit umrissenen Konflikten den Auftrag einer Sicherung der individuellen Grundrechte wahrzunehmen, haben sich in den liberaldemokratischen Ländern des Westens eine Reihe von Konkretionen der subjektiven Freiheitsrechte ergeben: Der Einführung des Telefons entsprach nach geraumer Zeit die rechtliche Verankerung des Fernmeldegeheimnisses, den technologisch gestiegenen Chancen des Staates auf die Erhebung individueller Persönlichkeitsdaten folgte alsbald ein subjektiv einklagbares Recht auf Datenschutz, die rasante Verbreitung des Internets wird heute in wachsendem Maße durch die Institutionalisierung von Rechten auf »informelle Selbstbestimmung« oder auf die »Gewährleistung der Vertraulichkeit und Integrität informationstechnischer Systeme« begleitet.[21] Vor allem diese letzte Formulierung

20 Vgl. dazu die historisch gerichteten Analysen von Mary Ann Glendon, die ihre Darstellung des Einflusses der technologischen Entwicklung auf die Erweiterung und Vertiefung der subjektiven Rechte mit der Photographie beginnen läßt: Mary Ann Glendon, *Rights Talk. The Impoverishment of Political Discourse*, New York 1991, Kap. 3. Zum gesamten Komplex siehe auch: Judith Wagner DeCew, *In Pursuit of Privacy: Law, Ethics, and the Rise of Technology*, Ithaca 1997.

21 Zu diesem letzten, vom Bundesverfassungsgericht in Karlsruhe am 27. 2. 2008 formulierten Grundrecht vgl. Milŏs Vec, »Ein neues Grundrecht auf der Höhe der Zeit«; in: *Frankfurter Allgemeine Zeitung*, 28. Februar 2008, Nr. 50, S. 35. Zur Problematik im ganzen: Reg Whitaker,

macht deutlich, daß der normative Zweck der subjektiven Freiheitsrechte auch durch alle Herausforderungen der technisch-wissenschaftlichen Entwicklung hindurch bewahrt werden soll: Mit dem Internet sind kulturelle Praktiken der virtuellen Kommunikation und der Rollensimulation entstanden, die es in wesentlich stärkerem Maße als in vergangenen Zeiten erlauben, sich im kompletten Schutz vor fremden Blicken an die Erkundung und Erprobung alternativer Lebensziele zu machen; gleichzeitig sind im Windschatten solcher neuen Gebrauchsweisen aber auch die Möglichkeiten gestiegen, die nach außen hin anonymisierbare Informationsübertragung zu Zwecken der Verbreitung verfassungsfeindlicher Propaganda oder der Einfädelung krimineller Taten zu nutzen. Wenn angesichts des damit verknüpften Zielkonflikts das deutsche Bundesverfassungsgericht nun zu der genannten Formulierung greift, wonach der einzelne »einen grundrechtlichen Schutz der Vertraulichkeits- und Integritätserwartung« genießt, so bedeutet das nichts anderes als eine Reaktualisierung des alten Sinns der subjektiven Freiheitsrechte auf der neuen Stufe der computervermittelten Kommunikationstechnologien: Das Recht der Bürgerinnen und Bürger, sich bei der Nutzung des Internets unbeobachtet zu wissen, kann von seiten des Staates nur unter der äußerst anspruchsvollen Bedingung eingeschränkt werden, daß richterlich nachprüfbare Anhaltspunkte für die Gefährdung eines »überragend wichtigen Rechtsguts« vorliegen.

Während all diese positiv-rechtlichen Erweiterungen und Umformulierungen konzeptuell relativ leicht mit dem originären Sinn der subjektiven Rechte zusammenzubringen sind, den Individuen einen Spielraum für ethische Selbstvergewisserungen zu sichern, so gilt das kaum mehr für die spätere Entwicklung der Herausbildung neuer Klassen von Rechten.[22]

Das Ende der Privatheit, Überwachung, Macht und soziale Kontrolle im Informationszeitalter, München 1999.

22 Die Einteilung der subjektiven Rechte in »zivile«, »politische« und »soziale« Rechte verdankt sich der einflußreichen Studie, in der Tho-

Der sogenannten ersten Generation von subjektiven Rechten, ebenjenen liberalen Freiheitsrechten, steht es förmlich auf die Stirn geschrieben, daß sie die normative Bedeutung besitzen, den einzelnen eine staatlich geschützte Position der bloß privaten Selbstverständigung einnehmen zu lassen; aber wie sich dazu die nachfolgenden Generationen von Rechten verhalten, in welchem Zusammenhang also die politischen Teilnahmerechte und sozialen Teilhaberechte mit dem ursprünglichen Kern der Freiheitsrechte stehen sollen, ist bis heute in der Fachdiskussion höchst umstritten.[23] Für die Aufgabe einer normativen Rekonstruktion des modernen Rechtsverhältnisses, wie sie hier geleistet werden soll, ist die Frage nach den historischen Umständen und der sequentiellen Abfolge der Etablierung jener verschiedenen Klassen von Rechten von nur geringer Bedeutung; im Zentrum steht vielmehr die Untersuchung der Frage, was der normative Zusammenhang all dieser Rechtskategorien über die Art von individueller Freiheit besagt, die das positive Recht unseren Gesellschaften im ganzen gewährt. Unter dem damit umrissenen Gesichtspunkt scheint es zunächst sinnvoll, die Einführung sozialer Rechte als den Versuch zu verstehen, dem einzelnen die materiellen Voraussetzungen zu gewährleisten, unter denen er seine liberalen Freiheitsrechte effektiver wahrnehmen kann.

Der sehr enge Zusammenhang, der damit zwischen den liberalen und den sozialen Kategorien der subjektiven Rechte hergestellt wird, soll nicht von empirischer, sondern von konzeptueller Art sein. Es soll nicht behauptet werden, daß die Rechtssubjekte die sozialen Rechte, die ihnen eine Teilhabe am gesellschaftlichen Reichtum gewähren, unbedingt als materielle Basis einer Wahrnehmung ihrer rechtlichen Freiheiten auch verstehen müssen; gemeint ist vielmehr, daß der norma-

mas H. Marshall am Beispiel Englands die Expansion und Verfestigung des Staatsbürgerstatus untersucht hat: *Bürgerrechte und soziale Klassen*, Frankfurt/New York 1992.

23 Vgl. dazu Habermas, *Faktizität und Geltung*, a. a. O., S. 103 ff.

tive Sinn dieser sozialen Rechte sich aus der Aufgabe ergibt, es dem einzelnen materiell zu ermöglichen, die mit den liberalen Rechten verbürgte Privatautonomie tatsächlich effektiv auszuüben. Vor allem Jeremy Waldron hat in jüngerer Zeit eindrucksvoll herausgearbeitet, inwiefern die normative Idee der rechtlichen Freiheit sich erst in der zusätzlichen Gewährung sozialer Rechte vollendet: Die Vorstellung, bestimmte Rechte zu »haben« oder zu »besitzen«, enthält schon begrifflich auch die Voraussetzung, ebenfalls über die materiellen Bedingungen zu verfügen, die die Verwendung oder den Gebrauch dieser Rechte ermöglichen.[24] Insofern verweisen die liberalen Freiheitsrechte konzeptuell auf eine Ergänzung durch soziale Rechte, die den Individuen das Maß an ökonomischer Sicherheit und materiellem Wohlstand garantieren, das nötig ist, um im Rückzug von den gesellschaftlichen Kooperationszusammenhängen privat die eigenen Lebensziele zu erkunden. Der Unterschied zum Recht auf privates Eigentum besteht darin, daß solche ergänzenden Teilhaberechte nicht der Möglichkeit einer Veranschaulichung bisheriger Lebensziele dienen sollen, sondern der Befreiung von materiellen Zwängen, die die Besinnung auf zukünftige Lebensziele nachhaltig beeinträchtigen. Jeder Vorstoß, diese sozialen Rechte einzuschränken oder von Wohlverhalten abhängig zu machen, durchlöchert den normativen Zusammenhang, in dem sie mit der staatlichen Gewährleistung privater Autonomie stehen.

Viel schwerer zu durchschauen als die äußerst enge Verbindung, die die liberalen Freiheitsrechte mit den sozialen Rechten unterhalten, ist nun freilich deren Verknüpfung mit all jenen später hinzugekommenen Rechten, die die Chance zur politischen Teilnahme und Mitgestaltung sicherstellen sollen. Während die ersten beiden Klassen von Rechten im Prinzip einen unsichtbaren Schutzwall errichten, hinter den sich die Person auf sich selbst zurückziehen kann, ist jene dritte Klasse

24 Waldron, *Liberal Rights*, a. a. O., v. a. die Aufsätze Nr. 1, 10 u. 13.

von Rechten im Gegenteil auf die Überwindung der dadurch erzeugten Isolation gerichtet; ihrem ganzen Begriff nach verweisen die politischen Rechte nämlich auf eine Tätigkeit, die nur in Kooperation oder zumindest im Austausch mit allen anderen Rechtsgenossen auszuüben ist. Der Unterschied zwischen den Freiheits- und den Teilhaberechten auf der einen Seite, den Teilnahmerechten auf der anderen Seite ist wiederum nicht nur von empirischer, sondern von konzeptueller Bedeutung: Die ersten beiden Rechtskategorien werden nur dann angemessen verstanden und umgesetzt, wenn die mit ihnen garantierten Ansprüche als Chancen zur Bildung eines privaten Ichs genutzt werden, während die dritte Rechtskategorie im Sinne einer Aufforderung zur staatsbürgerlichen Aktivität und damit zur Bildung eines gemeinsamen Willens interpretiert werden muß. Mit dieser grundsätzlichen Differenz hängt zusammen, daß die Rechtspersonen sich je nach der beanspruchten Kategorie von Rechten in zwei sehr verschiedene Rollen hineindenken können müssen: Solange sie sich innerhalb der durch die Freiheits- und Teilhaberechte konstituierten Privatsphäre bewegen, können sie sich als passive Nutznießer der ihnen gesellschaftlich gewährten Freiheiten verstehen; verlassen sie aber diesen Bereich, um ihre politischen Rechte in Anspruch zu nehmen, so müssen sie von der Adressaten- in die Autorenrolle hinüberschlüpfen, die es ihnen erlaubt, an der kooperativen Gestaltung der zuvor nur passiv entgegengenommenen Rechte mitzuwirken. Die Spannung zwischen privater und kollektiver Autonomie, die das liberaldemokratische Rechtssystem auszeichnet, weil es von dessen Trägern zugleich in Anspruch genommen und erzeugt wird,[25] verläuft mitten durch die Rechtspersonen hindurch: Verwenden sie die erste Kategorie von Rechten angemessen und sinngemäß, so können sie sich nicht als demokratische Bürger und Bürgerinnen betätigen, weil sie privat auf sich

25 Vgl. erneut Habermas, *Faktizität und Geltung*, a. a. O., bes. Kap. III und IV.

selbst bezogen sind, nehmen sie aber die zweite Kategorie von Rechten adäquat in Anspruch, so können sie nicht länger in einer Haltung der bloß individuellen Vergewisserung verbleiben, weil sie sich an der kommunikativen Praxis der gemeinsamen Willensbildung beteiligen müssen. Jene Rechte legen eine Rückbesinnung auf den nur eigenen Willen nahe, den diese Rechte durch die Aufforderung zur demokratischen Interaktion gerade aufzubrechen versuchen.

Diese Asymmetrie, die konstitutiv für das Rechtsverhältnis liberaldemokratischer Staaten ist, gibt zu erkennen, daß die politischen Rechte im Grunde genommen einen anderen Typus von individueller Freiheit hervorbringen, als er von den liberalen Freiheitsrechten vorgesehen ist. Von der Freiheit, die durch die Institutionalisierung von Freiheits- und Teilhaberechten erzeugt wird, haben wir bislang gesehen, daß sie in der Chance besteht, sich aus dem öffentlichen Raum wechselseitiger Verpflichtungen auf eine Position der rein privaten Selbstvergewisserung zurückzuziehen: Wie ein Schutzwall legen sich diese Rechte um das einzelne Subjekt, um ihm einen nach außen hin abgesicherten Freiraum zu schaffen, den es für die ungestörte Befragung und Überprüfung seiner eigenen Lebensziele nutzen kann. Die politischen Rechte aber scheinen dieselben Rechtssubjekte aus der damit eingehegten Privatsphäre wieder herausholen zu wollen, indem sie ihnen eine Reihe von legalen Möglichkeiten an die Hand geben, sich aktiv an der demokratischen Willensbildung zu beteiligen und dadurch zugleich auf die politische Gesetzgebung Einfluß zu nehmen; und je engagierter sich die Individuen an einer solchen gemeinsamen Praxis beteiligen, desto stärker machen sie von einer Freiheit Gebrauch, die in ihrer konstitutiven Angewiesenheit auf andere Subjekte mit derjenigen des privaten Rückzugs nichts mehr gemeinsam hat. Daß dieser andere Typus von Freiheit graduell steigerbar sein soll, wie soeben behauptet, macht schon auf einen zentralen Unterschied zur bislang behandelten Freiheitsform aufmerksam:

Während es für die Existenz der privaten Freiheit unerheblich ist, ob und wie sie von den Individuen genutzt wird, weil sie in der puren Chance zur ethischen Selbstvergewisserung besteht, hängt die Existenz der durch die politischen Rechte ermöglichten Freiheit vollständig von dem Engagement ab, mit dem die Subjekte von ihr Gebrauch machen. Der Grund für diese Abhängigkeit ergibt sich daraus, daß hier der individuelle Vollzug der entsprechenden Freiheit auf die entgegenkommende Tätigkeit anderer Subjekte angewiesen ist; sie existiert nicht einfach schon in der bloßen Verfügung über subjektive Rechte, sondern steht und fällt mit dem Grad der Aktivität, mit der auch die restlichen Rechtsgenossen sich für deren Verwirklichung einsetzen. Insofern läßt sich der damit angedeutete, neue Typ von Freiheit gar nicht hinreichend in Form einer einfachen Auflistung von Grundsätzen subjektiver Rechte umreißen; auch wenn heute die Verfassungen aller liberaldemokratischen Gesellschaften mehr oder weniger umfangreiche Kataloge solcher politischen Teilnahmerechte enthalten, ist doch der normative Sinn der durch sie ermöglichten Art von Freiheit nur unter Einbeziehung all der sozialen Einstellungen und Praktiken zu erläutern, die zu ihrer gemeinsamen Verwirklichung nötig sind. In der Kategorie der politischen Rechte weist das Rechtsverhältnis auf eine soziale Sphäre der Freiheit voraus, deren Existenzbedingung ein ganzes Ensemble von sittlichen Verhaltensweisen ist.

2. Grenzen der rechtlichen Freiheit

Mit der Privatautonomie, deren soziale Existenzgrundlage durch die liberalen Freiheits- und sozialen Teilhaberechte geschaffen wird, bildet sich in modernen Gesellschaften ein bestimmter Typ der individuellen Freiheit heraus: Nach außen hin wird der einzelne durch diese staatlich verbürgten, sanktionsgestützten Rechte vor Eingriffen von seiten des Staates oder anderer Akteure geschützt, während ihm damit zugleich nach innen hin ein Bezirk der rein privaten Überprüfung seiner Lebensziele eröffnet wird. »Privatautonomie« soll heißen, daß ein solches Rechtssubjekt über einen allgemein akzeptierten, individuell einklagbaren Schutzraum verfügt, der es ihm erlaubt, sich von allen sozialen Verpflichtungen und Bindungen zurückzuziehen, um in einer derart entlasteten Selbstbesinnung seine individuellen Präferenzen und Wertorientierungen zu überdenken und festzulegen; insofern bildet den Kern der rechtlichen Freiheit die Konstitution einer Sphäre individueller Privatheit. Die Tatsache, daß diese Sphäre der Freiheit nicht nur aus entsprechenden Normsätzen und -interpretationen, sondern auch aus (staatlich sanktionierten) Handlungsregulativen besteht, gibt zu erkennen, warum wir es hier bereits mit einem institutionalisierten Handlungssystem zu tun haben:[26] Sich der rechtlichen Freiheit zu bedienen und sie zu praktizieren bedeutet, an einer gesellschaftlich institutionalisierten Handlungssphäre teilzunehmen, die durch Normen der wechselseitigen Anerkennung reguliert ist. Drei Bedingungen müssen solche Handlungssysteme erfüllen können, um als Sphären einer letztlich nur intersubjektiv zu verstehenden Freiheit gelten zu dürfen:[27] Erstens muß es sich dabei auf einer grundlegenden Ebene um gesellschaftlich ausdifferenzierte, institutionalisierte Systeme von Praktiken handeln, in denen Subjekte miteinander kooperieren, indem sie sich unter Bezug auf eine gemeinsam geteilte Norm wechselseitig anerkennen; zweitens muß dieses Verhältnis mitlaufender Anerkennung in einer wechselseitigen Statuszuweisung bestehen, die die Beteiligten gleichermaßen dazu berechtigt, auf ein bestimmtes Verhalten aller anderen rechnen und insofern eine normative Rücksichtnahme erwarten zu können; und drittens muß mit derartigen Handlungssystemen die Konstitution eines spezifischen Selbstverhältnisses

26 Vgl. ebd., S. 106f.

27 Für eine Klärung dieser Voraussetzungen bin ich Titus Stahl dankbar.

einhergehen, welches darin mündet, die für die Teilnahme an den konstitutiven Praktiken erforderlichen Kompetenzen und Einstellungen auszubilden.[28] Ich will diese drei Bedingungen kurz für die Sphäre rechtlicher Freiheit klären, um dann dazu überzugehen, die mit ihr verknüpften Begrenzungen und Einschränkungen aufzuzeigen:

(a) Schon Hegel hat in seiner »Rechtsphilosophie« das System des »abstrakten Rechts« durch eine besondere Klasse von sozialen Praktiken charakterisiert gesehen, die durch eine gemeinsame Akzeptanz der Norm zustande kommt, »sei eine Person und respektiere die anderen als Person«;[29] dabei hat er sich, obwohl doch sein spezifischer Begriff des Eigentums eine breitere Deutung zugelassen hätte, vor allem auf den vertragsrechtlich ermöglichten Sonderfall ökonomischer Transaktionen konzentriert. Wird diese Einschränkung nachträglich wieder rückgängig gemacht, so zeigt sich, daß die Institutionalisierung subjektiver Rechte einen Typ von sozialen Interaktionen ermöglicht, in denen die Subjekte sich unter Abstraktion von persönlichen Motiven und Wertorientierungen begegnen und daher mit der wechselseitigen Unterstel-

28 Die folgenden Bestimmungen sind hoffentlich auch geeignet, die Bedenken zu zerstreuen, die Christoph Menke inzwischen gegen meine Interpretation subjektiver Rechte im Anschluß an Hegel (*Leiden an Unbestimmtheit. Eine Reaktualisierung der Hegelschen Rechtsphilosophie*, Stuttgart 2001, S. 53-60) vorgebracht hat: Christoph Menke, »Das Nichtanerkennbare. Oder warum das moderne Recht keine ›Sphäre der Anerkennung‹ ist«, in: Rainer Forst/Martin Hartmann/Rahel Jaeggi/Martin Saar (Hg.), *Sozialphilosophie und Kritik*, Frankfurt/M. 2009, S. 87-108. Auch dann nämlich, wenn man den Wert subjektiver Rechte allein noch aus der Ermöglichung von individueller Willkürfreiheit erklärt, bleibt es nach meinem Eindruck dabei, daß es sich bei deren sozialer Institutionalisierung um die Etablierung einer Anerkennungssphäre handelt; denn die Subjekte müssen doch, um sich reziprok eine solche Privatautonomie einräumen zu können, einander in der Fähigkeit anerkennen, ohne Berücksichtigung von Wertbindungen bei bloßer Respektierung eines negativen Freiheitsraumes, also höchst abstrakt, miteinander umzugehen. Diesen Gedanken versuche ich auf den nächsten Seiten zu entwickeln.

29 Hegel, *Grundlinien der Philosophie des Rechts*, a. a. O., § 36.

lung rein willkürlicher Interessen handeln: Was den anderen bewegt, was ihn zu seiner tatsächlichen Handlung tatsächlich veranlaßt, ist für die Kommunikation hier nicht von Belang, so daß allen Beteiligten eine Vielzahl an Möglichkeiten offensteht, ihre wahrhaften Absichten zu verbergen und gegebenenfalls spielerisch damit umzugehen. Anonymisierung der Motivlagen und bloß erfolgreiche Koordinierung der nach außen sichtbaren Interessen, das sind die beiden zentralen Elemente des neuen, durch das System rechtlicher Freiheiten ermöglichten Typs sozialer Interaktionen.[30]

(b) Diese anonyme Form sozialer Kommunikation kann nur deswegen zustande kommen, weil die beteiligten Subjekte sich wechselseitig den normativen Status einräumen, all die Handlungen ohne öffentlichen Rechtfertigungsdruck ausüben zu können, die mit dem System der subjektiven Rechte vereinbar sind: Sie erkennen sich, mit den Hegelschen Worten, reziprok als Personen an, die berechtigt sind, im Rahmen der existierenden Gesetze selbst zu entscheiden, welche Zwecke sie verfolgen möchten. Das Besondere an einer solchen Form der Anerkennung, die »personaler Respekt« genannt werden soll,[31] ist der Umstand, daß alle ethischen Beweggründe und persönlichen Motive von ihr ungeprüft bleiben sollen: Was immer mein Gegenüber zu seiner Handlung veranlaßt, welche ethischen Beweggründe dabei auch eine Rolle spielen sollten, ich bin als Rechtsperson dazu angehalten, seine Entscheidungen zu respektieren, solange sie die von uns allen gebilligten Grundsätze des positiven Rechts nicht verletzen. Natürlich setzt die Respektierung der in den rechtlich koordinierten Handlungen allein sichtbar werdenden Entschlüsse

30 Vgl. dazu, allerdings ohne den Rahmen einer ethischen Theorie subjektiver Rechte: Helmuth Plessner, »Grenzen der Gemeinschaft. Eine Kritik des sozialen Radikalismus« (1924), in: ders., *Gesammelte Schriften*, Bd. V, Frankfurt/M. 1981, S. 7-133, bes. S. 79-94.

31 Hierzu Hans-Christoph Schmidt am Busch, *›Anerkennung‹ als Prinzip der Kritischen Theorie*, Berlin 2011, bes. Kap. III.3.

eines anderen Subjektes voraus, diesem die Fähigkeit und Bereitschaft zu unterstellen, für alle dadurch eingegangenen Verpflichtungen die Verantwortung zu übernehmen; insofern enthält die hier zugrunde gelegte Anerkennungsnorm die wechselseitige Erwartung, als ein Subjekt behandelt zu werden, das aus freien Stücken, also ohne Gewaltanwendung und mit Einsicht, den Rechtsnormen Folge leisten kann.

(c) Auf dem Weg der Etablierung dieses Anerkennungsverhältnisses entsteht jene besondere Form von Subjektivität, die wir »Rechtsperson« nennen können. Ein derartiges Subjekt muß einerseits gelernt haben, von seinen eigenen moralischen oder ethischen Überzeugungen gegebenenfalls zu abstrahieren, um sie in der rechtsvermittelten Interaktion mit anderen nicht handlungswirksam werden zu lassen; die individuell für richtig gehaltenen Moralnormen oder ethischen Grundsätze müssen gewissermaßen mental eingeklammert werden können, wenn die über das Recht ermöglichte Handlungskoordinierung erfolgreich sein soll. Umgekehrt wird von demselben Subjekt aber auch verlangt, seinem Gegenüber trotz aller Undurchsichtigkeit der wahrhaftigen Absichten und Motive die Bereitschaft zuzutrauen, sich autonom an die Rechtsnormen zu halten; das setzt einen hohen Grad von Vertrauensvorschuß, Selbstbeherrschung und Toleranz voraus, weil die rechtlich legitimen Handlungen des anderen auch dann akzeptiert werden müssen, wenn dahinter von den eigenen Überzeugungen abweichende, ja ihnen widersprechende Einstellungen vermutet werden können. Insgesamt muß die Rechtsperson, die durch die Einbeziehung in diese Anerkennungssphäre zu einer elementaren Selbstachtung gelangt,[32] gelernt haben, an sich und allen anderen Rechtsgenossen zwischen Oberfläche und Hintergrund, zwischen erlaubten Handlungsäußerungen und dahinterliegenden Absichten zu unterscheiden; ihr wird

32 Vgl. zusammenfassend: Axel Honneth, *Kampf um Anerkennung. Zur moralischen Grammatik sozialer Konflikte*, Frankfurt/M. 1992, S. 173-195.

eine Differenzierungsleistung abverlangt, die in extremen Situationen bis zum Opfer der Selbstverleugnung reichen kann.

Das Verhaltensschema, das den Subjekten innerhalb des Rechtsverhältnisses damit auferlegt wird, ist dasjenige eines einsamen Aktors mit vordergründig nur strategischen Zielsetzungen: Solange man sich untereinander allein in den Rollen von Rechtsträgern begegnet, muß man sich wechselseitig auf eine Position des bloßen Einwirkens auf den anderen beschränken, um zu einem erfolgreichen Abschluß der Kommunikation zu gelangen. Gewiß, die Beteiligten wissen im allgemeinen, daß sich hinter ihren reziprok erkennbaren Absichten gewöhnlich noch ganz andere Motive und Überzeugungen befinden, die etwas mit dem jeweiligen Selbstverständnis zu tun haben; aber die Art ihrer Kommunikation schließt gerade die Möglichkeit aus, dieses selbst nun ihrerseits ins Spiel zu bringen und dafür gegebenenfalls Rechenschaft einzufordern. An der damit umrissenen Neutralisierungsleistung des Rechts wird nun aber in ersten Ansätzen deutlich, worin das prinzipielle Unvermögen aller rechtlichen Freiheit bestehen muß: in der Sicherung einer Form von Privatautonomie, die nur dann sinnvoll anzuwenden und auszuüben ist, wenn der ihr eigene Boden des Rechts wieder verlassen wird; denn zu einer Abwägung unserer Lebensziele, zu einer tatsächlichen Vergewisserung über das Gute können wir nur in einer Einstellung gelangen, die von der des Rechts dadurch unterschieden ist, daß wir die anderen gedanklich oder real in unsere Abwägungen als ihrerseits ethisch motivierte Subjekte einbeziehen. Das Rechtsverhältnis erzeugt in der privaten Autonomie eine Freiheit, für deren erfolgreiche Praktizierung es selbst den Boden gar nicht bereiten kann; ja, es ließe sich sogar sagen, daß das Recht Einstellungen und Verhaltenspraktiken fördert, die einer Ausübung der von ihm geschaffenen Freiheit gerade im Wege stehen.

Wie wir gesehen haben, dienen die mit Hilfe staatlicher Zwangsgewalt verbürgten Freiheits- und Teilhaberechte vor allem dem Zweck, jedem Subjekt in gleichem Maße einen individuellen Schutzraum zu gewährleisten, innerhalb dessen es nach Gutdünken seine eigenen Lebensziele abwägen, überprüfen und erproben kann; wo es sich nicht um die Sicherstellung des Lebens und der körperlichen Unversehrtheit handelt, sollen diese Rechte dem einzelnen bestimmte Räume, Verrichtungen und Tätigkeiten zur Verfügung stellen, in die keiner anderen Seite selbst bei Angabe noch so plausibel klingender, kollektiv getragener Zielsetzungen einzugreifen erlaubt ist. Es liegt in der Logik solcher Individualrechte, daß sie die durch ihre Schutzleistungen geschaffene Sphäre persönlicher Autonomie als einen rein privaten, nur monologisch nutzbaren Bezirk konstruieren müssen; durch sie soll ja gerade jedes einzelne Subjekt zum Ausstieg aus dem Netzwerk kommunikativen Handelns berechtigt und damit von der Zumutung normativer Verpflichtungen entlastet werden. Für einen Aktor, der seine Entscheidungen kraft dieser rechtlichen Freiheit trifft, kann es daher gar keine Rolle spielen, ob die Gründe, die er für die richtigen hält, auch von seinen Interaktionspartnern akzeptiert werden können; durch die ihm zustehenden Rechte angehalten oder ermutigt, sich hinter einen Schutzwall zurückzuziehen, soll er ausschließlich mit sich allein ausmachen können, was das Gute oder Richtige für sein Leben ist. Darin liegt als solches noch kein Ungenügen der rechtlichen Freiheit; auch wenn wir im nächsten Schritt sehen werden, daß bei ihrer Verselbständigung pathologische Folgen im Sozialverhalten nicht ausbleiben können (vgl. Teil B, Kap. I.3), gibt sie jedem einzelnen ein unverzichtbares Element der radikalen Herauslösung aus allen sozialen Verpflichtungszusammenhängen an die Hand. Aber die Haltung, die der Aktor in dieser rechtlichen Position einzunehmen vermag, macht als solche den Zugang zur Welt intersubjektiver Bindungen und Verantwortungen zunächst einmal unmöglich; solange im Modus der bloßen Infragestellung vorgängiger Verpflichtungen verblieben wird, solange nur monologisch alternative Lebenspläne durchgespielt werden, hält sich das Individuum in einem Entscheidungsvakuum und somit in einem Zustand fast kompletter Unbestimmtheit auf. Schon der Versuch nämlich, gedanklich alte Bindungen zu prüfen oder neue Verpflichtungen zu antizipieren, würde verlangen, aus der Position rechtlicher Freiheit wieder herauszutreten, um in den imaginierten Interaktionspartnern mehr als nur Aktoren mit strategischen Zielsetzungen wahrzunehmen – sie müßten gewissermaßen erneut die lebensgeschichtliche Individualität und Farbigkeit annehmen, die sie so lange nicht besitzen, wie sie nur als Rechtsgenossen mit einem opaken Werthintergrund vorgestellt werden. Auf dem Boden der rechtlichen Freiheit ist es insofern nicht einmal möglich, ethische Reflexionen im Modus virtueller Gespräche und Ratsuche durchzuführen; wir müssen zunächst die Rolle der Rechtsperson wieder abgestreift haben, bevor wir uns an solche Versuche einer nach innen verlagerten Diskussion unserer Lebensziele machen können. Die subjektiven Rechte dienen allein der Befragung und Überprüfung unserer existierenden, nicht aber der Herauspräparierung und Formulierung von neuen Vorstellungen des Guten.

Was schon für den Vollzug der ethischen Selbstbesinnung gilt, hat natürlich eine noch viel stärkere Bedeutung für jeden Schritt in die reale Welt sozialer Bindungen und Abhängigkeiten hinein; hier können wir gar nicht irgendwelche Lebensziele verfolgen und an Interaktionen teilnehmen, wenn wir nicht zuvor die Sphäre rechtlicher Freiheit verlassen haben und damit erneut intersubjektive Rechtfertigungsverpflichtungen übernehmen. Im Alltag kommunikativen Handelns können wir nicht einfach Bitten oder Aufforderungen, für unsere jeweiligen Entscheidungen Gründe anzugeben, mit der Berufung auf solche persönlichen Freiheiten zurückweisen. Zwar agieren wir in der Lebenswelt gewöhnlich aus Gründen heraus, die wir mit unseren Interaktionspartnern präreflexiv teilen; tut sich aber einmal von unserer Seite aus ein Dissens auf, so stehen wir unter der selbstverständlichen Verpflichtung, unsere Abweichungen zu begründen. Die Inanspruchnahme subjektiver Rechte hat in solchen Situationen die Bedeutung, die Absicht eines Kommunikationsabbruchs zu signalisieren; wir trauen der diskursiven Erörterung von konfligierenden Gründen dann nicht mehr die Kraft zu, eine mißlungene Interaktion zu reparieren, und berufen uns daher auf das uns verbürgte Recht, bloß noch allein subjektiven Gründen zu folgen. Aber solange wir in einer derartigen Position verharren, können wir eben auch nicht einmal mehr versuchen wollen, das für uns Gute und unsere wesentlichen Ziele zu verwirklichen; vielmehr müssen wir alle Absichten der Selbstverwirklichung gewissermaßen suspendieren, weil wir uns ja dazu entschlossen haben, auf die anderen nur noch strategisch einzuwirken und sie daher als Partner für gemeinsame Projekte, Kooperationen oder Beziehungen nicht mehr in Betracht zu ziehen.

In keiner Weise stellt insofern die rechtliche Freiheit als solche schon eine Sphäre oder einen Ort der individuellen Selbstverwirklichung dar; es wird durch sie zwar die Möglichkeit gewährleistet, die eigenen Projekte und Bindungen zu suspendieren, zu hinterfragen oder zu beenden, nicht aber die Chance einer Realisierung von Gütern oder Zielen selbst eröffnet. Im Gegenteil, solange ein Subjekt den Status einer Rechtsperson einnimmt, kann es gerade nicht die Art von Reflexionen oder Tätigkeiten ausüben, die die Voraussetzung einer Verwirklichung von Lebenszielen bilden: Beruft sich jemand auf sein staatlich verbürgtes Recht der Redefreiheit, so bezieht er sich auf die ihm das Recht bestreitenden Dritten zwangsläufig in einer Weise, die es ihm unmöglich macht, sie als Adressaten seiner intendierten Rede zu begreifen; wer das individuelle Recht auf Scheidung heranzieht, um sich von seinem Ehepartner zu trennen, hat damit diesem gegenüber endgültig jede Chance zerstört, gemeinsam die von nun an getrennt verlaufenden Lebenswege im Lichte der bislang geteilten Erfahrungen zu erörtern; und derjenige schließlich, der sein Recht auf Meinungsfreiheit einklagt, wird nicht im selben Zuge damit beginnen können, seine Überzeugungen im öffentlichen Raum der Willensbildung zur Geltung zu bringen. Stets schafft hier die Inanspruchnahme eines subjektiven Rechts nur eine Art von temporärem Ausnahmezustand, in dem das, worum es im Sinne einer autonomen Lebensgestaltung eigentlich ginge, in gewisser Weise ausgeblendet oder eingeklammert wird: Die Rechtsperson kann gar nicht die für sie wichtigen Lebensziele in der Weise reflektieren oder verwirklichen, wie es für ihre ethische Autonomie erforderlich wäre, weil sie ihre Interaktionspartner stets nur als Akteure mit strategischen Interessen behandeln kann, obwohl doch deren diskursive Stellungnahmen oder Ratschläge für die eigenen Entscheidungen von ausschlaggebendem Gewicht wären.[33] Insofern verweist die rechtliche Freiheit immer nur auf eine Praxis der ethischen Deliberation oder Lebensgestaltung, für die sie selbst die erforderlichen Voraussetzungen an intersubjektiven Einstellungen und Umgangsweisen gar nicht bereitstellen kann; was sie hingegen hervorbringt und in der sozialen Wirklichkeit verankert, ist die Gewährung eines Moratoriums, in dem Entscheidungen so lange nur privat getroffen werden können, bis die Chancen einer Wiederanknüpfung an die lebensweltlichen Routinen wechselseitiger Begründungen und Verpflichtungen wieder gegeben scheinen.

Dieser bloß negative Charakter der rechtlichen Freiheit, der Umstand, daß sie allein den Aufschub persönlicher Entscheidungen gewährleistet, nicht aber deren ethische Formung und lebensweltliche Umsetzung ermöglicht, kommt in allgemeinster Weise wohl darin zum Ausdruck, daß sich der Wert

33 Zum intersubjektiven Charakter der ethischen Autonomie vgl. Jürgen Habermas, »Individuierung durch Vergesellschaftung. Zu G. H. Meads Theorie der Subjektivität«, in: ders., *Nachmetaphysisches Denken. Philosophische Aufsätze*, Frankfurt/M. 1988, S. 187-241; Charles Taylor, *Das Unbehagen an der Moderne*, Frankfurt/M. 1995, bes. S. 57ff.

der entsprechenden (subjektiven) Rechte aus intersubjektiven Voraussetzungen ergibt, die sie selbst kraft der von ihnen geförderten Einstellungen und Haltungen gar nicht erzeugen können.[34] Was sich zuvor schon exemplarisch für einen kleinen Kreis solcher Rechte gezeigt hatte, läßt sich nämlich ohne weiteres auf die ganze Bandbreite der liberalen Freiheitsrechte übertragen: Stets soll durch den rechtlichen Schutz von Minderheiten, durch die rechtliche Garantie von Vertragsfreiheit oder durch die rechtliche Verbürgung von Privatheit eine soziale Praxis ermöglicht werden, deren Bestand und Gedeihen davon abhängig ist, daß die jeweils betroffenen Subjekte nichtrechtliche Beziehungen miteinander unterhalten oder sich auf vorrechtliche Normen verpflichtet fühlen – die Mitglieder sozialer Minderheiten können vom rechtlichen Verbot der Diskriminierung offenbar nur profitieren, wenn sie mit Hilfe kooperativer Praktiken ihre eigene Kultur am Leben erhalten, die Akteure auf dem ökonomischen Markt können die ihnen rechtlich zugestandene Vertragsfreiheit nur genießen, wenn sie sich zugleich an ihre Tätigkeit jeweils einschränkende Absprachen, Konventionen und Normen gebunden wissen, und die Individuen können den rechtlichen Schutz ihrer Privatsphäre nur in Anspruch nehmen, wenn sie sich auf den kommunikativen Hintergrund einer nicht rechtlich zustande gekommenen Lebenswelt verlassen können.[35] Das Recht soll, so ließe sich auch sagen, eine Form von individueller Freiheit erzeugen, deren Existenzbedingungen es weder selbst hervorbringen noch aufrechterhalten kann; es lebt von dem bloß negativen, unterbrechenden Bezug auf einen sittlichen Praxiszusammenhang, der sich aus der sozialen Interaktion von nicht rechtlich kooperierenden Subjekten speist.

34 Vgl. Joseph Raz, *The Morality of Freedom*, Oxford 1986, v. a. Kap. 10.
35 Alle diese Beispiele finden sich: ebd., S. 250-255.

Von einer »sozialen Pathologie« können wir in Zusammenhängen der Sozialtheorie immer dann sprechen, wenn wir es mit gesellschaftlichen Entwicklungen zu tun haben, die zu einer nennenswerten Beeinträchtigung der rationalen Fähigkeiten der Gesellschaftsmitglieder führen, an maßgeblichen Formen der sozialen Kooperation teilzunehmen. Im Unterschied zu sozialen Ungerechtigkeiten, die heute in nicht notwendigen Bedingungen des Ausschlusses oder der Beeinträchtigung von Chancen zur gleichberechtigten Teilnahme am gesellschaftlichen Kooperationsprozeß bestehen, sind solche Pathologien auf einer höheren Stufe der sozialen Reproduktion wirksam, auf der es um den reflexiven Zugang zu den primären Handlungs- und Normensystemen geht: Immer dann, wenn einige oder alle Gesellschaftsmitglieder aufgrund von gesellschaftlichen Ursachen nicht mehr dazu in der Lage sind, die Bedeutung dieser Praktiken und Normen angemessen zu verstehen, können wir von einer »sozialen Pathologie« sprechen. Insofern stellen die Fehlentwicklungen oder Störungen, die damit gemeint sind, nach einem Vorschlag von Christopher Zurn »second-order disorders« dar;[36] es handelt sich um Rationalitätsdefizite, die darin bestehen, daß Überzeugungen oder Praktiken einer ersten Stufe von den Betroffenen auf einer zweiten Stufe nicht mehr angemessen angeeignet und verwendet werden können. Derartige Pathologien sind gewiß nicht im Sinne einer sozialen Häufung von individuellen Pathologien oder psychischen Störungen zu deuten; wer nicht dazu in der Lage ist, den rationalen Gebrauch einer bestimmten, sozial institutionalisierten Praxis zu begreifen, ist nicht etwa psychisch erkrankt, sondern hat nur aufgrund von gesellschaftlichen Einflüssen verlernt, die normative Gram-

36 Christopher Zurn, »Social Pathologies as Second-Order Disorders«, in: Danielle Petherbridge (Hg.), *Axel Honneth: Critical Essays*, Leiden u. a. 2001.

matik eines intuitiv eigentlich vertrauten Handlungssystems adäquat zu praktizieren.

Die Symptome, in denen sich solche sozialen Pathologien spiegeln, äußern sich daher auch nicht in Form von individuellen Verhaltensauffälligkeiten oder charakterlichen Deformationen; vielmehr kommen sie darin zum Ausdruck, daß die Mitglieder bestimmter Gruppen Tendenzen zur Verhaltenserstarrung, zur Rigidisierung ihres Sozialverhaltens und Selbstbezuges entwickeln, die sich in schwer greifbaren Stimmungen der Niedergedrücktheit und Orientierungslosigkeit offenbaren.[37] Es sind derartige Stimmungen der »reflexiven Betroffenheit«,[38] die uns erste Indikatoren an die Hand geben, um auf das Vorliegen einer sozialen Pathologie zu schließen. Allerdings finden wir Symptome dieser Art nur selten direkt in Gestalt von Resultaten empirischer Erhebungen vor: Die Analyseinstrumente der soziologischen Forschung sind selbst bei qualitativer Verwendung im allgemeinen zu grob, um diffuse Stimmungen oder kollektive Befindlichkeiten solcher Art zum Vorschein bringen zu können. Insofern bildet den Königsweg einer Pathologiediagnose noch immer, wie schon zu Zeiten Hegels oder des jungen Lukács,[39] die Analyse von ästhetischen Zeugnissen, in denen solche Symptome indirekt zur Darstellung gelangen – Romane, Filme oder Kunstwerke enthalten weiterhin den Stoff, aus dem wir primär Erkenntnisse darüber gewinnen, ob und inwiefern sich in unserer Zeit Tendenzen einer höherstufigen, einer reflexiven Deformation des Sozialverhaltens feststellen lassen.

Das institutionalisierte System der rechtlichen Freiheit stellt nun schon deswegen ein Einfallstor für solche Pathologien dar, weil es von den Teilnehmern hochgradige Ab-

37 Vgl. Georg Lohmann, »Zur Rolle von Stimmungen in Zeitdiagnosen«, in: Hinrich Fink-Eitl/Georg Lohmann (Hg.), *Zur Philosophie der Gefühle*, Frankfurt/M. 1993, S. 226-292.

38 Ebd., S. 289.

39 Vgl. Georg Lukács, *Die Seele und die Formen* (1911), Neuwied/Berlin 1971.

straktionsleistungen verlangt und daher regelmäßig zu Fehldeutungen einlädt; es bedarf nur einer außergewöhnlich rapiden Zunahme von Handlungsoptionen im sozialen Alltag, um Subjekte aus Gründen der Entlastung dazu zu bewegen, sich an ihre rechtlichen Ansprüche zu klammern und die eigene Freiheit schließlich nur noch im Sinne einer derartigen Rechtsförmigkeit zu begreifen. Die Bedeutung der über das Recht vermittelten Kommunikation wird dann im Zuge einer derartigen Vereinseitigung mißverstanden, weil nicht mehr gesehen wird, daß nur Chancen der temporären Verweigerung intersubjektiver Handlungsverpflichtungen gewährleistet werden sollen, nicht aber Alternativen der individuellen Lebensgestaltung; anstatt den negativen Sinn zu begreifen, der mit der rechtlichen Freiheit verknüpft ist, wird diese für das Ganze genommen und zum ausschließlichen Bezugspunkt des eigenen Selbstverständnisses erhoben. Schon Hegel hatte in seiner »Rechtsphilosophie« Tendenzen einer solchen Verselbständigung der rechtlichen Freiheit beobachtet, dabei aber wohl vor allem singuläre Persönlichkeiten vor Augen, die sich nach dem Muster des von Kleist geschaffenen »Michael Kohlhaas« in purem »Eigensinn« auf ihre Rechtsansprüche versteifen;[40] in der heutigen Zeit hingegen, in der die Verrechtlichung sozialer Beziehungen gegenüber damals stark zugenommen hat, scheinen derartige Pathologien längst die Schwelle bloß vereinzelter Vorkommnisse überschritten und beinah einen endemischen Charakter angenommen zu haben. Mit der Zunahme des Unvermögens, die primär negative, aufschiebende Bedeutung der subjektiven Rechte angemessen zu verstehen, haben sich freilich auch die Erscheinungsformen der entsprechenden Verhaltenssymptome wesentlich erweitert: Wir haben es nicht mehr nur mit Phänomenen einer kompromißlosen Versteifung auf die jeweils eigenen Rechtsansprüche zu tun, sondern auch mit solchen Sekundärwir-

40 Hegel, *Grundlinien der Philosophie des Rechts*, a. a. O., § 37 (Zusatz).

kungen einer Überstrapazierung der rechtlichen Freiheit, wie sie in dem unendlichen Aufschub von Handlungsverpflichtungen oder der ausschließlichen Orientierung an einem juridischen Gesellschaftsbild zum Tragen kommen.

Mit dem Ziel, hier nur einen ersten Überblick zu geben, will ich versuchen, zwei zeitgenössische Formen einer Pathologie der rechtlichen Freiheit zu unterscheiden: Nach meinem Eindruck können wir erstens verstärkt Tendenzen beobachten, sich im Falle von sozialen Entzweiungen oder Streitigkeiten wechselseitig so sehr auf die Rolle von Rechtsträgern zu kaprizieren, daß das Schlichtungspotential kommunikativen Handelns und damit nicht selten der ursprüngliche Anlaß der Auseinandersetzung in Vergessenheit geraten müssen – was als die eigene Freiheit begriffen wird, ist schließlich nur noch über die Summe der einem zur Verfügung stehenden Rechte definiert, weswegen es sich anbietet, hier von der Verkehrung eines Mittels zu dem Selbstzweck allen Handelns zu sprechen (a). Eine zweite Form der Pathologie rechtlicher Freiheit ist von eher indirekter Art, weil sie im wesentlichen in der Vorbildfunktion der in dieser Sphäre angelegten Freiheitsvorstellung für die schwieriger gewordene Identitätsfindung besteht: Die Idee, das eigene Handeln kurzfristig im Schutz des Rechts von intersubjektiven Verpflichtungen zu entlasten, wird in solchen Fällen gewissermaßen zeitlich entgrenzt und zum alleinigen Bezugspunkt des eigenen Selbstverständnisses genommen – was hier als Inbegriff von individueller Freiheit verstanden wird, ist dann zwar nicht über die subjektiven Rechte selbst, aber doch nach deren Muster einer Aussetzung definiert, so daß von der Verkehrung eines Mittels in ein Ideal persönlichen Lebens gesprochen werden kann (b). In beiden Fällen scheint die Ursache für die jeweils einsetzende Verkehrung im Unvermögen der Akteure zu liegen, den Sinn der ihnen durch das Recht eröffneten Handlungsspielräume angemessen zu verstehen und umzusetzen: Anstatt darin die Chance zu erblicken, sich temporär aller kommunikativen

Begründungszumutungen zu entledigen und die eigenen Absichten währenddessen nur erfolgsorientiert zu verwirklichen, wird der gewährte Kommunikationsabbruch als Koordinierungsform auch aller weiteren Interaktionen mißverstanden. Während aber im ersten Fall diese Verselbständigung eine allmähliche Umformulierung der eigenen Belange und Bedürfnisse in bloße Rechtsansprüche nach sich zieht, so daß von aller Subjektivität nur die Hülle der Rechtsperson übrigbleibt, geht sie im zweiten Fall mit einem entgrenzten Aufschub jeder verpflichtenden Entscheidung einher und läßt insofern eine nur rechtsförmige Persönlichkeit entstehen.

(a) Steht der von Heinrich von Kleist geschaffene »Michael Kohlhaas« noch für einen Typ von Persönlichkeit, deren anfänglich relativ intaktes Rechtsempfinden sich im Laufe der ihr widerfahrenden Intrigen und Schikane allmählich zu verabsolutieren beginnt und schließlich in Rachegelüste umschlägt, so kann heute angesichts der Veralltäglichung und Routinisierung einer weitgehend unparteilichen, klassenneutralen Rechtsprechung von der Typik einer solch exzeptionellen Verabsolutierung des Rechtsgedankens nicht mehr die Rede sein. Gewiß, schon Kohlhaas versteht den Sinn des gerade erst etablierten Systems der rechtlichen Freiheit in dem Augenblick falsch, in dem er die Erfahrung formalrechtlich verkleideten Unrechts zum Anlaß eines persönlichen Rachefeldzugs nimmt; aber eine solche dramatische Eskalierung ist doch nicht das, was wir vor Augen haben, wenn wir mit Blick auf die Gegenwart von einer Verselbständigung der Rechtspersönlichkeit sprechen. Nicht erlittenes Unrecht ist hier der Grund, sich auf die eigenen Rechte zu versteifen, nicht Rache ist die motivationale Folge, vielmehr scheinen wir es heute häufig mit der nach außen hin völlig unauffälligen Bereitschaft zu tun zu haben, sich in das Gehäuse subjektiver Rechte zurückzuziehen und gegenüber den anderen schließlich nur noch als Rechtsperson aufzutreten. Warum die Institution rechtlicher Freiheit in den letzten Jahrzehnten eine dermaßen große Gestaltungsmacht gewonnen hat, warum sie für die Subjekte nicht selten zu einem bestimmenden Prinzip ihres Selbstverständnisses geworden ist, läßt sich soziologisch gar nicht leicht erklären; der Prozeß einer zunehmenden Verrechtlichung von vormals noch weitgehend kommunikativ organisierten Lebensbereichen wird dabei den stärksten Einfluß ausgeübt haben, zusätzlich muß aber wohl auch die »ideologische« Wirkung der wachsenden Orientierung von politischen Diskursen am Medium des Rechts berücksichtigt werden.

Der Prozeß der Verrechtlichung, der mit dem Ziel des staatlichen Schutzes der jeweils am stärksten gefährdeten Partei seit den 1960er Jahren die Familie, die Schule, die Freizeit und die Kultur zu erfassen beginnt, hat binnen eines kurzen Zeitraums dazu geführt, daß die Teilnehmer dieser zuvor informell geregelten Sphären sich nun auch als Rechtsträger zu verstehen lernen:[41] Wo sie bislang gewohnt waren, sich vor allem unter Rückgriff auf gemeinsam geteilte Werte, Normen und Sitten miteinander zu verständigen, können sie nun in immer stärkerem Maße wechselseitig eine strategische Einstellung einnehmen, um ihre gefährdeten Interessen rechtlich gegenüber den Interaktionspartnern durchzusetzen. Natürlich bringt diese Entwicklung für jeden einzelnen zunächst einmal den zuvor schon umrissenen Vorzug mit sich, im Fall von Konflikten oder drohenden Verletzungen darauf beharren zu können, von existierenden Handlungsverpflichtungen entlastet zu werden und dadurch ein Moratorium zur Überprüfung bestehender Bindungen zu erhalten; die Freiheit derjenigen, die sich zuvor an informelle Regeln der Interaktion gebunden wissen mußten, wächst um genau den negativen Spielraum, der darin besteht, zumindest temporär nicht mehr den in den jeweiligen Handlungssphären geltenden Normen

41 Vgl. Jürgen Habermas, *Theorie des kommunikativen Handelns*, Bd. 2, Frankfurt/M. 1981, S. 525-547. Zusätzlich siehe auch: Rüdiger Voigt (Hg.), *Verrechtlichung*, Frankfurt/M. 1980.

und Werten Folge leisten zu müssen. Jeder weitere Schritt in der Verrechtlichung von vormals allein kommunikativ organisierten Lebensbereichen vergrößert dementsprechend die rechtliche Freiheit des einzelnen. Aber erst wenn wir zu diesen Tendenzen noch den sich zeitgleich entwickelnden Prozeß hinzunehmen, die öffentlichen Belange immer stärker im Medium des Rechts auszutragen, können wir vielleicht erklären, warum es zu der ersten Form einer Pathologie rechtlicher Freiheit kommen konnte: daß nämlich die Subjekte in den liberaldemokratischen Ländern des Westens mehr und mehr dazu übergehen, ihre Handlungen im Fall von sozialen Zwistigkeiten und Konflikten unter dem Gesichtspunkt der Erfolgsaussichten vor dem Gerichtshof zu planen und so allmählich das Gespür für ihre nicht rechtlich artikulierbaren Belange und Absichten verlieren.

Als eine Schattenseite der wachsenden Verrechtlichung wurde von Anfang an der Umstand betrachtet, daß durch die Justizialisierung kommunikativer Lebensbereiche alle direkt oder indirekt Betroffenen unmerklich gezwungen werden, eine objektivierende Einstellung gegenüber dem hochgradig individuierten Interaktionsgeschehen einzunehmen: Die Subsumtion lebensweltlicher Vorgänge unter das Medium des Rechts erzeugt den Zwang, von den konkreten Erfahrungen der Beteiligten abzusehen, ihre Bedürfnisse nur noch soweit gelten zu lassen, wie sie in das Schema allgemein zu typisierender Interessen passen, und damit insgesamt kommunikative Lebenszusammenhänge aufzutrennen.[42] Sobald solche Abstraktionszwänge nun aber über die Grenzen des Gerichtssaals hinausdrängen und sich im sozialen Alltag einzunisten beginnen, setzt sich hier sukzessive ein Verhaltensmodus durch, in dem die Subjekte ihre eigenen Absichten und diejenigen ihres Gegenübers unter dem Aspekt der rechtlichen Verwertbarkeit zu beobachten lernen: Die Fähigkeit, zwischen strategischem

42 Habermas, *Theorie des kommunikativen Handelns*, Bd. 2, a. a. O., S. 544ff.

Vorder- und lebensweltlichem Hintergrund am Interaktionspartner zu unterscheiden, geht verloren, und übrig bleibt nur die Person als Summe ihrer rechtlichen Ansprüche. Am Ende eines derartigen Einstellungswandels kann dann die Überzeugung stehen, daß meine Freiheit und die aller anderen genau den Umfang besitzt, der mit den Abstraktionserfordernissen des Rechts vereinbar ist und also nicht über dessen typisierende Beschreibungsgrenzen hinausreicht – statt individualisierte Bedürfnisse werden dann nur noch verallgemeinerbare Interessen zur Geltung gebracht, statt auf je eingespielte Normen und Werte wird dann nur noch auf rechtskonforme Prinzipien zurückgegriffen, an die Stelle von kommunikativen Konfliktregelungen treten schnell und beinah ausschließlich gerichtliche Schlichtungsverfahren.

Die Dynamik einer solchen sozialen Pathologie, wie sie mir für das Handlungssystem des Rechts insgesamt typisch zu sein scheint, wird auf eine heute noch überzeugende Weise in dem Film *Kramer vs. Kramer* zur Darstellung gebracht.[43] Auch wenn der Film eine Reihe von erzählerischen Schwächen besitzt, indem er zum Beispiel den Trennungswillen der Ehefrau motivgeschichtlich relativ unbegründet dastehen läßt und damit in seiner Zeit Vorurteile gegen weibliche Emanzipationsbestrebungen genährt haben dürfte, gelingt es ihm doch gelegentlich, einen Eindruck von den Wirkungen zu erzeugen, die die stete Vorwegnahme einer möglichen Rechtsverträglichkeit der Handlungen der Protagonisten auf ihre Absichten und ihre Persönlichkeit hat. Nicht die Kameraeinstellung oder gar die spezifische Sequenz der Bilder, also nicht die ästhetische Form werden dabei allerdings zum entscheidenden Medium der Diagnose, sondern einzig und allein der Plot selbst: Nur auf dieser, nicht formalen, sondern rein erzählerischen Ebene veranschaulicht der Film den Prozeß einer Verwandlung von Individuen in pure Charaktermasken des Rechts. Besonders

43 *Kramer vs. Kramer*, Columbia Pictures 1979, Regie: Robert Benton.

plastisch wird die damit angedeutete Verkehrung in dem Augenblick, in dem Ted Kramer von seiner von ihm bereits geschiedenen Ehefrau Joanne erfährt, daß sie nun doch wider ihre ursprünglichen Pläne das Sorgerecht für das gemeinsame Kind rechtlich erstreiten will; von da an beginnt der Ehemann, wie durch eine unsichtbare Hand gesteuert, alle seine alltäglichen Handlungen unter dem Gesichtspunkt zu kalkulieren, ob sie sich auf die richterliche Entscheidungsfindung günstig auswirken könnten: Nach der Kündigung durch seine Firma ist er nur deswegen so schnell zur Annahme eines wesentlich schlechter bezahlten Arbeitsplatzes bereit, weil die feste Stelle seine Fähigkeit zur Ausübung des Sorgerechts belegen kann, der unverschuldete Unfall des Kindes wird plötzlich im Rückblick nur noch als belastender Faktor im zukünftigen Gerichtsverfahren wahrgenommen, ja, die gesamte Interaktion mit dem Kind rückt jetzt zunehmend in die Perspektive einer öffentlich demonstrierbaren Fürsorge, Liebe und Anhänglichkeit. Auf diese Weise gerät nicht nur der männliche Protagonist, sondern auch der Zuschauer zunehmend in ein Schwanken darüber, ob die jeweils ausgeführten Handlungen letztlich noch Ausdruck tatsächlich empfundener Gefühle sind oder bereits Belege eines gerichtlich verwertbaren Wohlverhaltens sein sollen; und der Vorbehalt, daß es sich nur um das letztere handeln kann, daß also die kommunikativen Vollzüge schon von der nichtbewußten Absicht der Rechtsverträglichkeit, ja der Ausweisbarkeit der eigenen Rechtschaffenheit geprägt sind, gewinnt auf diese Weise bald die Oberhand. Wo der Film erfolgreich und überzeugend ist, läßt er den Betrachter die damit vorgeführte Verwandlung an sich selbst antizipieren: Wir erleben im Nachvollzug der Handlung an uns selbst, was es hieße, ein Subjekt zu werden, das sich in all seinen Belangen vom Recht her und auf es hin versteht.

Mag auch das Beispiel dieses Films einige Züge und Zuspitzungen enthalten, die sich nur dem emotional besonders aufgeladenen Fall eines Streits um das Sorgerecht verdanken, so wird darin doch auf verallgemeinerbare Weise deutlich, welchen Verlauf die erste Pathologie der rechtlichen Freiheit nehmen kann: Den Eltern, durch das von ihnen beanspruchte Recht dazu angehalten, die Wirkung all ihrer weiteren Schritte auf das zukünftige Gerichtsurteil hin zu bedenken, gerät im Zuge der Austragung ihres Konflikts allmählich aus dem Blick, daß sich hinter ihren wechselseitig wahrnehmbaren Erfolgsabsichten auch weiterhin kommunikative Bedürftigkeiten und Abhängigkeiten verbergen; je mehr sich diese Ausblendung des lebensgeschichtlichen Hintergrunds verstetigt, je stärker auch die anderen Beteiligten in sie einbezogen werden, desto größer wird die Tendenz, nur noch die Art von strategischer Interaktion für möglich zu halten, die das Recht als eine legitime Form des Kommunikationsabbruchs anerkennt. Auf dem damit umrissenen Weg verkehrt sich das, was seiner eigentlichen Bedeutung nach nur als Berechtigung zur temporären Verweigerung von lebensweltlichen Verpflichtungen gedacht ist, in einen Modus alltäglichen Handelns selbst: Anstatt das eigene Tun und Lassen an Gründen zu orientieren, die von den Interaktionspartnern potentiell geteilt werden können, wird es nur noch im Sinne einer Ausführung von rein privaten Erwägungen und Zwecken verstanden – aus der negativen Freiheit, die das Recht als eine Chance eröffnet, ist ein Stil des Lebens geworden.

Allerdings darf der besondere Fall, an dem hier die Verlaufsform der Pathologie erläutert wurde, nicht dazu verleiten, die beteiligten Individuen nun selbst für die Fehldeutung ihrer rechtlichen Praktiken verantwortlich zu machen. Die Ursache für die verbreitete Bereitschaft, die Perspektive der rechtlichen Freiheit so vollständig zu übernehmen, daß die Erfordernisse intersubjektiven Handelns aus dem Blick geraten, ist in der gesellschaftlichen Tendenz angelegt, die Aufgabe der Lösung sozialer Entzweiungen und Konflikte schnell und beinah automatisch dem Handlungssystem des Rechts zuzuweisen: Alternative Wege der Konfliktbereinigung werden institutionell kaum erprobt, die Sprache des Rechts durchzieht zunehmend auch die politisch-öffentliche Sphäre, schon in der Erziehung und im Schulunterricht wird in wachsendem Maße auf Bedürfnisse in Form von rechtlichen Ansprüchen Bezug genommen.[44] Mit dieser gesellschaftlichen Privilegierung des Rechtsmediums, seiner Stilisierung zum am besten geeigneten Instrument der Konfliktregelung, wird es für den einzelnen immer schwieriger, die Ergänzungsbedürftigkeit der damit gesetzten Chancen und Freiheiten noch angemessen zu durchschauen: Als seien sie bereits das Ganze der uns sozial eingeräumten Autonomie, geben sie nicht mehr recht zu erkennen, daß sie stets auf die Rückführung in den Kommunikationsfluß der Lebenswelt angewiesen sind.[45] Stärker als in der Herausbildung des bloßen Rechtscharakters spiegelt sich die Vorrangstellung des Rechtsmediums freilich noch in einer zweiten Pathologie; diese besteht nicht in der sozialen Verselbständigung von juridischen Handlungsformen, sondern in der Imitation von deren aufschiebendem, immer nur unterbrechendem Charakter.

(b) Es mag ein wenig weithergeholt klingen, auch den sozialen Typ der unentschlossenen, handlungsarmen Persönlichkeit als Resultat einer Pathologie der rechtlichen Freiheit zu beschreiben; schließlich finden sich in den Romanen der klassischen Moderne schon seit jeher genügend Charaktere, die an einer Handlungshemmung leiden oder zur Bildung eines

44 Vgl. zu diesen Folgen die an einigen Stellen zu parteilich geratenen und allein auf die USA bezogenen Darstellungen in: Philip K. Howard, *The Collapse of the Common Good: How America's Lawsuit Culture Undermines our Freedom*, New York 2002; ders., *Life without Lawyers: Liberating Americans from Too Much Law*, New York 2009.

45 Eine nahezu klassische Formulierung des Standpunkts einer solchen puren Rechtspersönlichkeit gelingt Philip Roth, wenn er seinen Helden Marcus Messner in einem Gespräch mit dem Dean seines Colleges eine Verteidigungsrede führen läßt. Siehe Philip Roth, *Empörung*, München 2009, S. 90f.

Willens erst gar nicht in der Lage sind. Während es aber in diesen älteren Werken vornehmlich nihilistische Stimmungslagen waren, die als Ursache der individuellen Unbestimmtheit hervortraten – man denke nur an Čechov, scheint dem zeitgenössischen Typ des Getriebenen oder Unentschlossenen jeder Hintergrund eines erlittenen Mangels an identifizierungsfähigen Werten und Überzeugungen zu fehlen;[46] auf befremdliche Weise ist nichts von einer Beunruhigung angesichts fehlender Bindungskräfte zu spüren, nichts von einer Sinnkrise, sondern nur das leichtgenommene, häufig ironisierte Hinausschieben einer jeden tiefergehenden Entscheidung. Wie bei den klassischen Gestalten der handlungsarmen, zaudernden Persönlichkeit handelt es sich zwar auch hier zunächst um die Unfähigkeit, überhaupt einen Willen herauszubilden – nicht Willensschwäche, nicht das Unvermögen, die eigenen Überzeugungen auch tatsächlich umzusetzen, sondern Willenlosigkeit ist das in Rede stehende Phänomen.[47] Aber jenseits dieser vordergründigen Gemeinsamkeit zeichnen sich die zeitgenössischen Gestalten einer solchen Unentschlossenheit doch durch die Abwesenheit irgendeines Krisenbewußtseins aus: Sie sind weder verstört noch beunruhigt durch ihren Mangel an dauerhaften Bestrebungen, vielmehr scheinen sie sich in der Situation einer bloßen Verzögerung von Entscheidungen schon häuslich eingerichtet zu haben. Die Entstehung dieses neuen Typus ist nach meinem Eindruck nur dann zu erklären, wenn wir in Rechnung stellen, daß das Ideal der rechtlichen Freiheit eine persönlichkeitsprägende Kraft auch jenseits seiner eigenen Hoheitssphäre entfalten kann: Was hier dann charakterbildend wirkt, ist nicht die ausschließliche Orientierung der eigenen Handlungen an den jeweils gegebenen Rechten,

46 Vgl. zum Typus des »Getriebenen«: Peter Bieri, *Das Handwerk der Freiheit. Über die Entdeckung des eigenen Willens*, München/Wien 2001, S. 84-90.

47 Zum Unterschied vgl. etwa: Juliane Rebentisch, »Der Demokrat und seine Schwächen. Eine Lektüre von Platons *Politeia*«, in: *Deutsche Zeitschrift für Philosophie*, 57 (2009), H. 1, S. 15-36.

sondern das Vorbild der Freistellung von allen kommunikativen Verpflichtungen, die jene im Konfliktfall gewähren.

Die mit dem modernen Recht verknüpfte Freiheitsvorstellung kann nach dieser These nicht nur in dem Sinn mißverstanden werden, daß die als Schutzgarantien gedachten subjektiven Rechte an die Stelle jeder intersubjektiv vermittelten Handlungsorientierung treten; in solchen Fällen werden sich die Subjekte, so haben wir gesehen, so stark auf die Verfolgung rein privater Erwägungen und Zwecke beschränken, daß sie sich am Ende nur noch wie strategisch eingestellte Rechtspersonen verhalten und den Anschluß an die kommunikativen Praktiken ihrer sozialen Umwelt verlieren. Eine zweite Möglichkeit des Mißverstehens der rechtlichen Freiheit besteht nun aber darin, die durch sie ermöglichte Verweigerung verpflichtender Bindungen als solche zu verstetigen und zu kultivieren, ohne die entstehende Leere durch subjektive Rechte zu füllen; in solchen Fällen werden nicht die rechtlich erlaubten Handlungsoptionen, sondern der Aufschub und die Unterbrechung aller kommunikativen Zumutungen für das Ganze genommen, so daß bereits die Bildung von Strebungen und dauerhaften Überzeugungen nicht gelingen kann. Die soziale Pathologie, die damit entsteht, kommt in jener charakterlichen Formation zum Ausdruck, die sich als Unentschlossenheit und bloßes Getriebensein bezeichnen läßt: Die Subjektivität des Individuums ist nicht zur Rechtsperson erstarrt, sondern nur dem aussetzenden Charakter des Rechts nachgebildet, indem sie sich von jeder bindenden Entscheidung freihält.

Kaum ein literarisches Werk hat in den letzten Jahren diese Art von Pathologie plakativer zur Darstellung gebracht als jener Roman, den sein Autor schon selbst mit dem Titel *Unentschlossen* (*Indecision*) versehen hat.[48] Benjamin Kunkel führt mit seinem Dwight Wilmerding einen negativen Helden vor,

48 Benjamin Kunkel, *Unentschlossen*, Berlin 2006 (engl. Original: *Indecision*, New York 2005).

dem es nicht gelingen will, Überzeugungen oder Absichten auszubilden, die über den Tag hinausreichen. In einem akademischen Milieu großgeworden, läßt es der junge Mann aber nicht dabei bewenden, seine immer stärker zur Last werdende Entscheidungslosigkeit bloß hinzunehmen; er entwickelt wie zum Ersatz für die ihm fehlenden Bestrebungen das geradezu obsessive Verlangen, der Genese seiner Störung auf die Spur zu kommen. Als er mit dem Ausdruck der »chronischen Abolie« aber schließlich nicht mehr als allein den medizinischen Namen für seine »Unentschlossenheit« gefunden hat, ohne daß deren Ursachen ihm klarer geworden wären, läßt er sich dazu überreden, als Testperson in der experimentellen Erprobung eines drogenähnlichen Gegenmittels mitzuwirken. Nachdem sich herausgestellt hat, daß auch der damit unternommene Versuch einer Heilung kläglich gescheitert ist, endet der Roman dort, wo er begann, nämlich bei der vollständigen Willenlosigkeit seines Helden; allerdings ist dieser nun, nach seiner unglücklich verlaufenen Bildungsgeschichte, um die Erfahrung reicher, daß es auch seiner Geliebten nicht sehr viel anders ergeht als ihm selbst.

Gewiß, vieles an diesem Roman wirkt so, als sei es nur um der Veranschaulichung einer eigenwilligen Zeitdiagnose willen geschrieben; eine Reihe von anderen Erzählungen der Gegenwart können die beklemmende Stimmung der Unentschlossenheit und Ziellosigkeit viel überzeugender präsentieren, weil sie davon nicht ununterbrochen ausdrücklich reden.[49] Aber als ein erster, äußerst anschaulicher Beleg für die These, daß derartige Pathologien heute eine verstärkte Rolle im individuellen Selbstverständnis spielen, kann das Buch von Benjamin Kunkel sicherlich herhalten; zumindest ihrer subjektiven Erfahrung nach scheint gegenwärtig für eine wachsende Zahl von Individuen gelten zu können,

49 Aus der deutschsprachigen Literatur nenne ich nur ein einziges, allerdings sehr beeindruckendes Beispiel: Judith Hermann, *Sommerhaus, später. Erzählungen*, Frankfurt/M. 1998.

daß sie sich auf eine eigentümlich undramatische Weise als willenlos empfinden, weil es ihnen an tiefergehenden, kontinuitätsstiftenden Wertbindungen und Überzeugungen fehlt. Nun ist es noch ein weiter Schritt von diesem Befund zu der Behauptung, daß solche Störungen im Selbstverhältnis aus einem allgemeinen Mißverständnis der rechtlichen Freiheit resultieren; hier können wir uns in Ermangelung besserer Argumente nur mit Spekulationen behelfen, in denen unter Zuhilfenahme soziologischer Phantasie der Versuch unternommen wird, für die umrissene Pathologie die möglichen Ursachen zu finden.

Der fortschreitende Prozeß der Verrechtlichung, von dem zuvor schon die Rede war, reicht heute im Familien- und Schulrecht schon weit in den Erfahrungshorizont von Heranwachsenden hinein; häufiger denn je können Kinder und Jugendliche die Erfahrung machen, daß existierende Bindungen aufgekündigt werden, sobald rechtlich konnotierte Konflikte drohen, daß strategische Einstellungen dann plötzlich an die Stelle von kommunikativen Orientierungen treten, wenn sich juristisch relevante Tatbestände abzeichnen. Nicht, daß die gehäufte Wahrnehmung solcher Interaktionsabbrüche schon ausreicht, um zwangsläufig ein Gefühl der Vergeblichkeit von längerfristigen Bestrebungen und Verpflichtungen entstehen zu lassen; die stets mögliche Erfahrung von gegenläufigen Beispielen, vom Befriedigungswert augenblicksübergreifender Identifikationen, kann immer wieder dazu beitragen, die Herausbildung eines derartigen Vergeblichkeitsbewußtseins zu verhindern. Andererseits ist aber nicht auszuschließen, daß Heranwachsende durch die wachsende Bedeutung von rechtlichen Interaktionsformen in ihrem Alltag immerhin dazu bewogen werden, längerfristigen Wertbindungen mit Skepsis entgegenzutreten und präventiv nur ein punktuelles Selbstverständnis auszubilden:[50] Wie um für den Fall der jederzeit

50 Zur philosophischen Verteidigung einer solchen Identitätskonzeption vgl. Galen Strawson, »Gegen die Narrativität«, in: *Deutsche Zeitschrift*

möglichen Aufkündigung wechselseitiger Verpflichtungen gerüstet zu sein, würden sie sich unbewußt davor hüten, überhaupt noch dauerhafte Bestrebungen in sich entstehen zu lassen. Wäre das eine denkbare Erklärung für die soziale Formulierung eines unsteten, ziellosen Charakters, so hinge sie erneut mit einer zunehmenden Pathologie der rechtlichen Freiheit zusammen: Die bloß aufschiebende, unterbrechende Funktion, die diese institutionalisierte Form der Freiheit besitzt, würde ohne eigenes Verschulden in dem Sinn mißverstanden, daß sie ein Leben unter immerwährendem Vorbehalt, unter Vermeidung von tieferreichenden Bestrebungen und Absichten nahelegt.

für Philosophie, 53 (2005), H. 1, S. 3-22; ders., »Episodische Ethik«, in: *Deutsche Zeitschrift für Philosophie*, 56 (2008), H. 5, S. 651-675.

II. Moralische Freiheit

Bevor es historisch überhaupt zu der gesellschaftlichen Vorstellung kommen konnte, daß die individuelle Freiheit in einer ausschließlich an moralischen Prinzipien orientierten Ich-Identität bestehen könne, bedurfte es erst des langen Vorlaufs einer zivilisationsgeschichtlichen Formung von größerer Langsicht, stärkerer Gefühlskontrolle und strengerer »Regelung der triebhaften Augenblicksimpulse«.[51] Im Resultat mündete dieser sich über Jahrhunderte hinziehende Bildungsprozeß, der nach Auffassung von Norbert Elias schon in Verhaltenskonflikten an den adligen Höfen des ausgehenden Mittelalters seinen Ausgang nahm,[52] in einer wachsenden »Psychologisierung« und »Rationalisierung« des individuellen Seelenhaushaltes, die es dem einzelnen von nun an erlaubten, sein Handeln an reflexiv für richtig gehaltenen Maximen oder Prinzipien zu orientieren. Allerdings war damit erst die psychokulturelle Basis geschaffen, auf der die Beurteilung des menschlichen Verhaltens vom Grad der jeweils zustande gebrachten Selbstkontrolle abhängig gemacht werden konnte;[53] um von hier aus zu der noch viel anspruchsvolleren Idee zu gelangen, daß die Freiheit des einzelnen sich in der Unterwerfung unter oder der Orientierung an für richtig gehaltenen Moralprinzipien verwirklichen könne, waren erst noch weitere

51 Norbert Elias, *Über den Prozeß der Zivilisation. Soziogenetische und psychogenetische Untersuchungen*, 2 Bde., Bern/München 1969, hier: 2. Bd., S. 395.

52 Ebd., S. 369-396.

53 Vgl. dazu Andreas Reckwitz, *Das hybride Subjekt. Eine Theorie der Subjektkulturen von der bürgerlichen Moderne zur Postmoderne*, Weilerswist 2006, Kap. 2; Heinz Kittsteiner, *Die Entstehung des modernen Gewissens*, Frankfurt/Leipzig 1991.

Schritte der begrifflichen Verfeinerung und reflexiven Durchdringung nötig. Ihren unbezweifelbaren Höhepunkt hat diese kategoriale Zuspitzung in der praktischen Philosophie Kants gefunden, die seither stets als Bezugsquelle dient, wenn von der individuellen Freiheit als einer moralischen Autonomie die Rede ist. Die Institutionalisierung der damit verknüpften Freiheitsvorstellung ist freilich anders verlaufen als diejenige der Idee der rechtlichen Freiheit: Während die subjektiven Rechte als Verkörperungen einer solchen Privatautonomie für den einzelnen als verbindliche Handlungsnormen etabliert wurden und daher zusammengenommen einen »regulativen« Institutionenkomplex gebildet haben, ist die Vorstellung moralischer Autonomie nicht mit staatlich kontrollierbarer Verbindlichkeit ausgestattet worden, so daß sie insgesamt nur die schwach institutionalisierte Form eines kulturellen Orientierungsmusters angenommen hat.[54] Gleichwohl wäre es irreführend, diese in modernen Gesellschafen etablierte Freiheitsidee nur für ein symbolisches Wissens-, nicht aber für ein Handlungssystem zu halten: Wie bei der Institutionalisierung der rechtlichen Freiheit gehen mit der Institutionalisierung der moralischen Autonomie bestimmte Praktiken der wechselseitigen Anerkennung einher, wird wechselseitig eine besondere Art des normativen Status zugeschrieben und eine spezifische Form des individuellen Selbstverhältnisses erwartbar gemacht. Mit der im modernen Rechtssystem verbürgten Privatautonomie teilt das ebenfalls als Handlungssystem organisierte Prinzip der moralischen Autonomie aber auch den Charakter, Freiheit nur zu ermöglichen, nicht aber institutionell zu verwirklichen; denn auch hier wird den Individuen nur die zwar nicht staatlich garantierte, so aber doch kulturell gewährte Chance gegeben, sich hinter intersubjektive

54 Vgl. zur Unterscheidung von relationalen, regulativen und kulturellen Institutionen: Talcott Parsons, *The Social System*, New York 1951, S. 51-58. Auf diese Unterscheidung komme ich beim Übergang von der »Möglichkeit« zur »Wirklichkeit« der Freiheit zurück.

Handlungsverpflichtungen zurückzuziehen, um im Lichte eines besonderen, des moralischen Gesichtspunkts wieder Anschluß an eine zuvor als entzweit erfahrene Lebenswelt zu finden.

Bevor aber die Grenzen der moralischen Freiheit aufgezeigt werden können, bedarf es zunächst einer Darstellung ihres ethischen Wertes im Rahmen der sittlichen Verfassung zeitgenössischer Gesellschaften. Dies soll hier im Anschluß an Kant in Auseinandersetzung mit den avancierten Fassungen der »moralischen Autonomie« geschehen, wie wir sie heute bei Christine Korsgaard und Jürgen Habermas vorfinden; auf dem damit beschrittenen Weg wird sich zeigen, daß die kulturell verankerte Vorstellung einer moralischen Freiheit deswegen einen legitimen Platz im institutionellen Netzwerk hochentwickelter Gesellschaften einnimmt, weil sie eine subjektive Einstellung anerkennt, auf die sich jedes Individuum bei der Zurückweisung von sozialen Rollenzumutungen und Handlungsverpflichtungen begründet zurückziehen darf (1.). Die Grenzen dieser zugestandenen Art von Freiheit treten allerdings systematisch schon darin zutage, daß die in Anspruch genommene Perspektive einer Verallgemeinerbarkeit von moralischen Handlungsgründen sich nur so lange als freistehend erweist, wie deren Rückbindung an bereits gegebene und akzeptierte Überzeugungen noch nicht offensichtlich geworden ist; das »moralische Bewußtsein« ist, so gesehen, nur das momentane Stadium in einem individuellen Überprüfungsprozeß, in dem noch nicht eingesehen worden ist, daß der eigene Standpunkt längst Gestalt in der sozialen Wirklichkeit angenommen hat (2.). Wie schon bei der rechtlichen Freiheit führt auch das Mißverstehen dieses bloß ausnehmenden Charakters der moralischen Freiheit zu sozialen Pathologien, die in habituellen Vereinseitigungen und Verhärtungen bestehen können; waren es dort Tendenzen der Verrechtlichung sozialer Beziehungen, worin die entsprechenden Fehldeutungen ihren gesellschaftlichen Ausdruck fanden, so hier die wachsende Bereitschaft, die eigene, persönliche Autonomie statt in Begriffen des Guten allein noch in Kategorien des Richtigen und moralischer Verpflichtungen zu interpretieren (3.).

1. Daseinsgrund der moralischen Freiheit

Kaum hatte Kant seine Idee moralischer Autonomie formuliert, wurde sie auch schon auf Wegen der kulturellen Beeinflussung lebensweltlicher Überzeugungen eine machtvolle Instanz des Alltags, an der sich in wachsendem Maße Subjekte bei der Artikulation von Ansprüchen und Forderungen orientierten.[55] Natürlich war diese besondere Konzeption von Freiheit keine vollkommene Neuschöpfung gewesen, sondern auf vielfältigen Bahnen durch theoretische Weichenstellungen im Denken des 17. und 18. Jahrhunderts vorbereitet worden; der politische Gedanke, daß Staaten zu souveränen Gebilden werden, indem sie sich selbst Gesetze auferlegen, die anthropologische Idee, daß Menschen gespaltene Wesen darstellen, weil sie sich das für sie Gute entweder von der Vernunft oder von ihren Leidenschaften vorgeben lassen können, die theologische Vorstellung schließlich, daß der Wille Gottes sich selbstgewollt und vollständig durch moralische Gesetze bestimmen läßt, all das wird von Kant zu der im Resultat dann neuartigen Konzeption geformt, daß die wirkliche Freiheit des Menschen in der Unterwerfung unter das für richtig gehaltene, als vernünftig eingesehene Moralgesetz besteht.[56] Kant entwickelt diese Idee moralischer Autonomie, wie wir bereits gesehen haben, in zwei Schritten, die bereits je für sich höchst

55 Einen Versuch, diesen Alltagssinn der Kantischen Autonomievorstellung zu erläutern, unternimmt etwa Julia Annas: dies., »Persönliche Liebe und Kantische Ethik in Fontanes ›Effi Briest‹«, in: Dieter Thomä (Hg.), *Analytische Philosophie der Liebe*, Paderborn 2000, S. 85-106.

56 Vgl. Jerome B. Schneewind, *The Invention of Autonomy. A History of Modern Moral Philosophy*, Cambridge 1998, v. a. Kap. 22 u. 23.

anspruchsvolle Voraussetzungen enthalten: Mit Rousseau ist er erstens der Überzeugung, daß wir nur dann im eigentlichen Sinn frei sind, wenn wir unser Handeln nicht (kausal) durch natürliche Impulse irgendwelcher Art, sondern (rational) durch die Einsicht in Gründe bestimmt sein lassen; bei dieser Bestimmung kann er sich auf die alltägliche Intuition stützen, daß Freiheit etwas damit zu tun haben muß, im Handeln nicht bloß getrieben oder beeinflußt zu werden, sondern selbstbestimmt und also aus eigenen Überzeugungen heraus tätig zu werden. Zweitens versucht Kant zu begründen, daß die Art der Gründe, an die wir uns sinnvoll bei der (Selbst-) Bestimmung unseres Handelns nur halten können, allein in der Weise vorstellbar ist, daß diese für alle anderen menschlichen Wesen zustimmungsfähig sein und daher jeden anderen als sich selbst bestimmendes Subjekt berücksichtigen müssen; auch bei dieser Festlegung scheint Kant sich auf eine vertraute Alltagsintuition berufen zu wollen, weil er gelegentlich die goldene Regel zitiert, die besagt, gegenüber jedem anderen nur so zu handeln, wie man es sich selbst gegenüber von allen anderen erwünscht oder erstrebt.

In Form einer Kombination beider Annahmen gelangt Kant nun zu dem Schluß, der ihm die weitgehende und radikale Behauptung ermöglicht, daß wir nur frei sind, solange wir unser Handeln am moralischen Sittengesetz orientieren: Jeder, der sein eigenes Tun nicht daraufhin befragt, ob es die Zustimmung aller anderen finden oder eben ein »allgemeines Gesetz« werden könne, handelt insofern unfrei, als er sich von nicht rational geprüften Motiven leiten und daher »naturgesetzlich« beeinflussen läßt. Gewiß ist die in diesem Zusammenhang philosophisch relevante Frage, wie stichhaltig Kants Argument dafür ist, daß jede Art von vernünftiger Überlegung oder Abwägung letztlich beinhalten muß, sich an das Prinzip der Verallgemeinerbarkeit und damit an das moralische Sittengesetz zu halten; hier tun sich eine Reihe von Alternativen auf, die von der strikten Ablehnung einer solchen Gleichsetzung bis hin zu ihrer wohlwollenden Reformulierung reichen.[57] Für unsere Fragestellung ist aber zunächst nur von Interesse, welcher sittliche oder ethische Wert in unseren sozialen Lebensverhältnissen der Vorstellung zukommt, daß wir zu individueller Freiheit allein durch Rückbesinnung auf einen moralischen Standpunkt der Verallgemeinerbarkeit gelangen; an der Kantischen Idee der moralischen Autonomie ist damit vorgängig nicht der Aspekt ihrer moralischen Implikationen, sondern derjenige ihrer spezifischen Vorstellung von Freiheit von Belang.

Schon bald, nachdem Kants Autonomiegedanke innerhalb der sozialen Realität eine gewisse Wirkmächtigkeit erlangt hatte, setzte er hier nicht nur eigentümlich autoritäre Vorstellungen der bloßen Pflichterfüllung frei, wie etwa John Dewey vermutet hat,[58] sondern auch emanzipatorische Motive des moralischen Widerstands gegen ungerechtfertigte Sozialverhältnisse. Zwar mag es für sich sozial auflehnende Subjekte implizit immer schon selbstverständlich gewesen sein, ihre Ablehnung bestimmter Zustände mit Verweis auf deren moralische Nichtverallgemeinerbarkeit zu rechtfertigen, aber erst die zum allgemeinen Handlungswissen geronnene Moralphilosophie Kants gibt ihnen nun die Möglichkeit an die Hand, diese negative Stellungnahme als Vollzug einer ihnen unverbrieft zustehenden Freiheit anzusehen: Als mensch-

57 Für die kritische Seite vgl. Bernard Williams, »Präsuppositionen der Moralität«, in: Eva Schaper/Wilhelm Vossenkuhl (Hg.), *Bedingungen der Möglichkeit. ›Transcendental Arguments‹ und transzendentales Denken*, Stuttgart 1984, S. 251-260; für die positive Seite vgl. Christine M. Korsgaard, »Morality as Freedom«, in: dies., *Creating the Kingdom of Ends*, Cambridge 1996, S. 159-187.

58 John Dewey, *Deutsche Philosophie und deutsche Politik*, Berlin 2000; ein ähnliches Motiv verfolgt auch Julia Annas in ihrem Beitrag: »Persönliche Liebe und Kantische Ethik in Fontanes ›Effi Briest‹«, a. a. O. Zu Deweys Sicht auf die politisch-sozialen Folgen der Moralphilosophie Kants vgl. auch meine Einleitung in den genannten Band: Axel Honneth, »Logik des Fanatismus. Deweys Archäologie der deutschen Mentalität«, in: Dewey, *Deutsche Philosophie und deutsche Politik*, a. a. O., S. 7-36.

liche Personen sind wir alle gleichermaßen und unabhängig von jeder Rechtsordnung darin frei, Ansprüche oder gesellschaftliche Einrichtungen zurückzuweisen, welche die Kriterien einer möglichen Zustimmung durch alle Betroffenen nicht erfüllen. Diese Art von »unveräußerlicher Freiheit«, die Rainer Forst in einer schönen Formulierung ein »Recht auf Rechtfertigung« genannt hat,[59] kommt demnach in den modernen Gesellschaften zunächst und vor allem in ihrer polemischen, kritischen Bedeutung zum Tragen: Nicht darüber, wie wir unser Leben und Handeln tatsächlich strukturieren sollten, sondern über die uns jederzeit gegebene Möglichkeit, existierende Verhältnisse auf ihre Rechtmäßigkeit hin zu hinterfragen, klärt uns die Kantische Idee der moralischen Autonomie in erster Linie auf. Schon Kant macht dabei in seinen Ausführungen in überzeugender Weise deutlich, daß die Ausübung dieser moralischen Freiheit an keinerlei Voraussetzungen sozialer oder psychologischer Art gebunden sein kann; weil die Heranziehung des Universalitätsgrundsatzes oder, wie er sagt, des »kategorischen Imperativs« etwas ist, das in unseren moralisch-praktischen Erwägungen mit einer gewissen »transzendentalen« Nötigung daherkommt, muß das Subjekt weder über bestimmte mentale Tugenden noch über soziale Macht verfügen, um eine derartige kritische Stellungnahme zu vollziehen. Jedes Individuum, gleichgültig welche gesellschaftliche Position es einnimmt oder welche psychischen Fähigkeiten ihm zur Verfügung stehen, besitzt in jeder erdenklichen Situation die Freiheit, Ansprüche, mit denen es konfrontiert ist, auf ihre Rechtmäßigkeit hin zu befragen; zu diesem Zweck aber wird es aus Gründen, von denen Kant glaubt, daß sie mit allgemeinen Zwängen unserer Rationalität zu tun haben, nicht einfach seinen eigenen Standpunkt als

59 Vgl. Rainer Forst, »Das grundlegende Recht auf Rechtfertigung. Zu einer konstruktivistischen Konzeption von Menschenrechten«, in: ders., *Das Recht auf Rechtfertigung. Elemente einer konstruktivistischen Theorie der Gerechtigkeit*, Frankfurt/M. 2007, S. 291-327.

Gradmesser heranziehen, sondern den aller anderen Subjekte ebenfalls zu berücksichtigen versuchen; erweist sich im Lichte einer solchen virtuell verallgemeinerten Perspektive, letztlich also dem Blickwinkel der Gemeinschaft aller Menschen, ein gegebener Anspruch als nicht nachvollziehbar und damit unbegründet, so kann das entsprechende Individuum sich berechtigt sehen, ihm nicht Folge zu leisten. Die moralische Autonomie, von der Kant spricht, besteht daher in dieser negativen Gestalt in der Freiheit, soziale Zumutungen oder Verhältnisse abzulehnen, die den subjektiv durchgeführten Test der gesellschaftlichen Verallgemeinerbarkeit nicht bestehen; sobald ein Subjekt nachzuweisen vermag, daß eine an es ergehende Forderung nicht auf universelle Zustimmung stoßen oder eben nicht ein »allgemeines Gesetz« werden kann, darf keine Rechtsordnung es daran hindern, öffentlich sein Veto kundzutun und jene zurückzuweisen.

Allerdings ist damit zunächst nur, wie gesagt, die kritische Seite der Freiheitslehre berührt, die Kant in seinen moralphilosophischen Schriften entwickelt hat; danach kann jeder Mensch beanspruchen, als eine moralische Person geachtet zu werden, deren begründete Urteile öffentlich vernommen und bei jeder Gesetzgebung berücksichtigt werden müssen. In dieser Gestalt findet die Idee der moralischen Autonomie schnell Rückhalt in der Bevölkerung der sich entwickelnden Gesellschaften des Westens; in Deutschland sorgen die Dramen Schillers, die im Laufe des 19. Jahrhunderts bis in die Arbeiterbewegung hinein wirksam werden,[60] für ihre zügige Popularisierung, in anderen Ländern kann sie retrospektiv als beste Interpretation der eigenen, revolutionär erstrittenen Verfassungsgrundsätze verstanden werden. Die Vorstellung, daß wir über die moralische Freiheit verfügen, gesellschaftliche Zumutungen und Rollenerwartungen im Nachweis verallgemeinerungsfähiger Gründe zurückzuweisen, wird zu

60 Vgl. Wolfgang Hagen, *Die Schillerverehrung in der Sozialdemokratie*, Stuttgart 1977.

einem kulturellen Orientierungsmuster, das auf den Wegen literarischer Zeugnisse und politischer Kommunikationen in die Poren der sozialen Lebenswelt eindringt. Von diesem Wandel in den normativen Mentalitäten bleibt auch die Idee nicht unberührt, der zufolge jedem Menschen jenseits aller Statusunterschiede und kulturellen Differenzen eine bestimmte »Würde« zukommen soll. Wo das damit verknüpfte Prinzip bislang überhaupt universalistisch verstanden wurde und nicht im Sinne traditioneller Ehrvorstellungen hierarchisch konnotiert blieb,[61] fußte es im Bild der »Ebenbürtigkeit Gottes«, also im wesentlichen auf theologischen Prämissen, während es nun infolge des durch Kants Moralphilosophie bewirkten Gesinnungswandels allmählich auf säkulare Grundlagen gestellt wird; demnach gründet die »Würde« des Menschen jetzt nicht mehr in der Voraussetzung, daß er als ein Geschöpf Gottes zumindest partiell dessen Eigenschaften teilt, sondern in seiner moralischen »Selbstzweckhaftigkeit«, die ihm allein dadurch zukommt, daß ihn alle anderen Menschen bei der rationalen Rechtfertigung ihres Handelns als eigenständige Person berücksichtigen müssen.[62] Was den einzelnen in derselben Weise normativ auszeichnet wie alle anderen Menschen, ist der Umstand, daß er als eine moralische Person anerkannt werden muß, deren Zwecke in der individuellen Begründung von Handlungsnormen nicht ignoriert werden dürfen. Auch die Ergebnisse dieser semantischen Transformation des Würdebegriffs werden alsbald zu einer stabilen Hintergrundorientierung in der Alltagskultur der modernen Gesellschaften und sind heute als ein normatives Letztargument aus den moralischen Diskursen nicht mehr wegzudenken.

Mit all diesen Wandlungen in den moralischen Alltags-

61 Vgl. Peter L. Berger/Brigitte Berger/Hansfried Kellner, *Das Unbehagen in der Modernität*, Frankfurt/M. 1987, S. 75 ff. (»Exkurs: Über den Begriff der Ehre und seinen Niedergang«).

62 Vgl. Immanuel Kant, *Grundlegung zur Metaphysik der Sitten*, in: ders., *Werke in zwölf Bänden*, Frankfurt/M. 1968, Bd. VII, S. 67 ff.

überzeugungen, die schon umrißhaft zu erkennen geben, worin das sittliche Recht der moralischen Freiheit zu bestehen vermag, ist freilich noch nicht der eigentliche Kern des Autonomiebegriffs von Kant berührt. Gewiß, allein schon die Vorstellung, daß wir »frei« darin sein sollen, existierende Erwartungen und Verpflichtungen unter Verweis auf ihre Nichtverallgemeinerbarkeit zurückzuweisen, ändert maßgeblich unser Selbstverständnis als Gesellschaftsmitglieder; wir können uns nun nämlich als Subjekte begreifen, deren moralische Überzeugungen bei der Einrichtung sozialer Verhältnisse zumindest nicht einfach überhört werden dürfen. Die universalistische Idee der »Würde«, inzwischen ein unverzichtbarer Bestandteil des normativen Selbstverständnisses liberaldemokratischer Gesellschaften, bekräftigt diese Bedeutung der moralischen Autonomie, indem sie jedem einzelnen die Fähigkeit und das Recht zuerkennt, sich selbst die Richtlinien seines Handelns aufzuerlegen; am stärksten spiegelt sich die gewachsene Geltungsmacht der damit verknüpften Vorstellungen sicherlich in den Wandlungen der Erziehungspraktiken, die heute viel stärker als in der Vergangenheit im Kind schon früh moralische Selbständigkeit wecken sollen, indem sie es als Kommunikationspartner in möglichst viele Verhandlungen einzubeziehen versuchen.[63] Aber in all diesen soziokulturellen Veränderungen kommt nicht zwangsläufig zu sozialer Geltung, was Kant in einem positiven Sinn unter »moralischer Freiheit« verstanden hat; denn damit ging bei ihm ja die Idee einher, daß wir nur insofern tatsächlich frei sind, als wir nicht bloß vorgegebene Ansprüche auf der Basis von allgemein nachvollziehbaren Gründen zurückweisen können, sondern unser Handeln selbst »von innen heraus«

63 Vgl. exemplarisch Peter Büchner u. a., »Transformation der Eltern-Kind-Beziehung? Facetten der Kindbezogenheit des elterlichen Erziehungsverhaltens in Ost- und Westdeutschland«, in: *Zeitschrift für Pädagogik* 37 (1997), S. 35-52 (Beiheft). Auf diesen Punkt komme ich in Kap. III. 1. zurück.

an solchen universalisierungsfähigen Gründen zu orientieren vermögen. Der Begriff der »Selbstgesetzgebung«, der den Kern der Vorstellung von moralischer Autonomie ausmacht, wird hier so verstanden, daß ein Subjekt bei der reflexiven Prüfung seiner Handlungsabsichten gar nicht anders kann, als sich an allgemeine Gesetze zu halten, durch die jedes andere Subjekt als Selbstzweck und daher als moralische Person anerkannt wird; weil es eine rationale Brechung des Naturzwangs in uns beinhaltet, bedeutet »frei« zu sein also eine Art von Umformung unserer bloßen Impulse und Antriebe in vernünftige Gründe, zugleich und in eins damit ein Handeln aus der unparteilichen Perspektive der Moral. Zwei Lesarten dieser äußerst starken These, die weit über die allein negative Verwendung des Gedankens der moralischen Freiheit hinausgeht, lassen sich heute unterscheiden; ihre Differenz besteht darin, daß jene deliberative Prüfung des eigenen Handelns am Maßstab verallgemeinerungsfähiger Gründe das eine Mal als eine transzendentale Nötigung, das andere Mal als Ergebnis eines historischen Wandels unserer Moralvorstellungen begriffen wird. Beide Fassungen aber abstrahieren in dem, was sie der »Moral« für die normative Integration moderner Gesellschaften zumuten, von soziokulturellen Voraussetzungen, die jedem Akt einer solchen individuellen Selbstgesetzgebung bereits als moralische Gegebenheiten vorausliegen.

Von Christine Korsgaard ist in den letzten Jahren im Anschluß an Kant die These entwickelt worden, daß wir im Vollzug der Bildung einer praktischen Identität unsere »natürlichen«, vorgängigen Neigungen nur dann in vernünftige Handlungsgründe transformieren können, wenn wir sie am moralischen Prinzip der Verallgemeinerungsfähigkeit überprüfen und demgemäß zwischen »falschen« und »richtigen« Absichten unterscheiden; insofern ist nach ihrer Auffassung unsere Freiheit, die ja beinhalten muß, nicht von bloßen Impulsen kausal bestimmt zu sein, an die Anwendung des kategorischen Imperativs gebunden.[64] Das Argument, das Korsgaard zur Begründung dieser These heranzieht, erstreckt sich über mehrere Stufen, die hier jeweils nur kurz umrissen werden können. Ihr Ausgangspunkt besteht in der anthropologischen Prämisse, daß die reflexive Struktur unseres Geistes uns als natürliche Wesen damit konfrontiert, jeweils entscheiden zu müssen, welche unserer gegebenen Neigungen oder Impulse wir zu einem Grund unseres Handelns machen wollen;[65] wir verhalten uns in der Welt, um mit Kant zu sprechen, indem wir den kausalen Zwang der Natur in uns brechen und an dessen Stelle einen Akt der freien Bestimmung unserer Handlungsabsichten setzen. Die Gründe aber, die uns in diesem Akt zur Entscheidung verhelfen, so argumentiert Korsgaard weiter, können nur aus allgemeinen Gesetzen stammen, die wir uns selber auferlegen; um nämlich bestimmen zu können, welche Richtung das eigene Handeln nehmen soll, muß ein Aktor eine Regel für sich etabliert haben, die es ihm erlaubt, in seine verschiedenen Äußerungen über die Zeit hinweg eine gewisse Konsistenz zu bringen und so die Möglichkeit des bloßen Zufalls auszuschließen.[66] Insofern verlangt jede reflexive Bestimmung unseres Handelns von uns, wie schon Kant festgestellt hatte, daß wir uns an Gesetze halten, die wir als selbsterzeugt betrachten können müssen. Im Unterschied zu Kant behauptet Korsgaard nun aber in ihrem nächsten Schritt, daß wir als die Quelle solcher allgemeinen Gesetze nicht einfach die moralischen Imperative, sondern zunächst einmal die praktische Identität eines Subjekts betrachten sollten: Sich selbst ein Gesetz aufzuerlegen heißt nach ihrer Überzeugung, in seinen reflexiv bestimmten Handlungen über die Zeit hinweg zum Ausdruck bringen zu wollen, welche Art von Person man sein möchte. Erst über diesen Umweg, der es ihr erlaubt,

64 Christine M. Korsgaard, *The Sources of Normativity*, Cambridge 1996; dies., *Creating the Kingdom of Ends*, a. a. O.

65 Korsgaard, *The Sources of Normativity*, a. a. O., Kap. 2.

66 Ebd., S. 225 ff.

dem Gedanken der Selbstgesetzgebung eine stärker existentialistische und damit moderne Wendung zu geben,[67] gelangt Korsgaard dann zu der These, die ihr den Weg zur Gleichsetzung von Freiheit und universalistischer Moral bahnt: Jemand, der unter seinen gegebenen Neigungen diejenigen zu Gründen seines Handelns macht, die Ausdruck seiner selbstgewollten Identität sein sollen, wird sich bei Anzweifelung der konkreten, aus seiner ethischen Wahl stammenden Verpflichtungen letztlich nur auf den Standpunkt zurückziehen können, hinter all seinen lokalen Bindungen die Identität als eines selbstzweckhaften menschlichen Wesens anzuerkennen.[68] An der Basis all unserer Bemühungen, zu einer praktischen Identität zu gelangen, steht daher alternativlos stets die Wertschätzung unserer selbst als einer Person, die die Menschheit insofern verkörpert, als sie wie alle anderen Artgenossen zur Selbstgesetzgebung in der Lage ist; wir können nicht anders, wie Korsgaard auch sagt, als in uns die »Humanität« als einen Selbstzweck zu betrachten.[69] Von hier aus soll es nur noch ein kleiner Schritt sein zu der Schlußfolgerung, nach der wir die Pflicht haben, jene »Humanität« auch in allen anderen Subjekten immer und überall zu respektieren: Denn so, wie unsere partikularen, ethischen Identitäten uns dazu verpflichten, den aus ihnen entspringenden Aufgaben und Zumutungen nachzukommen, so bindet uns dann unsere letzte, tiefste Identität als menschliche Person an das Prinzip, jeden anderen in gleichem Maße als eine solche Person zu achten.[70]

Was hier in Form von fünf kurzen Schritten wiedergegeben wurde, soll nach Auffassung von Christine Korsgaard insgesamt den Nachweis erbringen, daß wir unsere individuelle Freiheit angemessen nur im Sinne einer moralischen Ver-

67 Thomas Nagel, »Universality and the reflective self«, in: Korsgaard, *The Sources of Normativity*, a. a. O., S. 200-209.

68 Korsgaard, *The Sources of Normativity*, a. a. O., S. 129.

69 Ebd., S. 125.

70 Ebd., S. 132-160.

pflichtung gegenüber allen anderen menschlichen Subjekten verstehen können: Jeder, der sich über die Implikationen seiner eigenen praktischen Identität hinreichend rationale Klarheit verschafft, wird feststellen müssen, daß er zu einer Befolgung des universalistischen Moralprinzips genötigt ist.[71] Die Idee der moralischen Autonomie soll hier also nicht nur, wie zuvor, das Recht eines jeden einzelnen begründen, zu konkreten Verhaltenserwartungen moralisch Stellung beziehen zu können, sondern eine komplette Gleichsetzung von Moral und Freiheit gewährleisten: »Frei« sind wir letztlich nur dann, wenn wir uns als Personen verstehen, die sich selbst Gesetze auferlegt haben, welche sie zur Respektierung aller anderen menschlichen Subjekte anhalten. In ähnlicher Weise, wenn auch unter stärkerer Einbeziehung historischer Argumente, versucht auch Jürgen Habermas seit geraumer Zeit die These zu verteidigen, daß wir die individuelle Freiheit in der Moderne nur nach dem Muster der moralischen Selbstgesetzgebung begreifen können; bei ihm nimmt diese kantische Vorstellung zumeist die Gestalt der empirischen Behauptung an, daß Individuen heute über ein postkonventionelles Moralbewußtsein verfügen.

Die Kategorie der »moralischen Freiheit« wird von Habermas mit Vorliebe in sozialisationstheoretischen Kontexten verwendet, wo sie die Funktion übernimmt, die höchste Stufe des moralischen Bewußtseins unter den Bedingungen hochentwickelter Gesellschaften zu bezeichnen.[72] Schon dieser empirische Gebrauch macht deutlich, daß die von Kant entwickelte Idee hier nicht einfach wie bei Korsgaard in dem ursprünglich gemeinten Sinn einer transzendentalen Präsup-

71 Vgl. die Diskussion des Mafioso-Beispiels: ebd., S. 254-258.

72 Vgl. exemplarisch: Jürgen Habermas, »Moralentwicklung und Ich-Identität«, in: ders., *Zur Rekonstruktion des Historischen Materialismus*, Frankfurt/M. 1976, S. 63-91; ders., »Können komplexe Gesellschaften eine vernünftige Identität ausbilden?«, ebd., S. 92-126. Die Kategorie der »moralischen Freiheit« taucht hier stets als Kennzeichnung für die höchste Stufe des moralischen Bewußtseins auf.

position unserer rationalen Selbstverständigung verstanden werden soll; vielmehr wird die moralische Autonomie, also die Fähigkeit, das eigene Handeln an als selbstgesetzt begriffene Moralprinzipien zu binden, als die letzte Stufe in einem Bildungsprozeß aufgefaßt, den heute alle kompetenten Subjekte mit einer gewissen Zwangsläufigkeit durchlaufen haben sollen. Als Ausgangslage eines solchen Lernvorgangs wird die »natürliche« Identität eines Kleinkindes angenommen, das Ziele der Lustmaximierung verfolgt und sich im Konfliktfall an Verhaltenserwartungen hält, die es in Gestalt von Gratifikationen oder Sanktionen an den Handlungsvollzügen seiner Bezugspersonen wahrnimmt; das »moralische Bewußtsein«, wenn davon so früh überhaupt gesprochen werden kann, besitzt hier vorläufig nur die Form einer generalisierten Bereitschaft, durch die Unterwerfung unter als heteronom erlebte Regeln nach Möglichkeit Unlust zu vermeiden. Erst, wenn das heranwachsende Kind allmählich lernt, sich die Rollen zunächst eines Familienmitglieds oder später eines Gruppenangehörigen anzueignen, vermag es dann auch, von jenen konkreten Verhaltenserwartungen allgemeine Normen abzuheben, die als moralische Richtlinien des eigenen Handelns akzeptiert werden; auch jetzt werden solche Handlungsverpflichtungen zwar noch als Ausfluß bloß vorgegebener Regeln verstanden, so daß sie nicht als Produkte des eigenen Willens begriffen werden können, aber immerhin ist schon ein Begriff des moralisch Gesollten entstanden, der kategorial dem Bereich der eigenen Wünsche und Absichten entgegengesetzt wird. Das »moralische Bewußtsein« besitzt also jetzt die Form einer bereits einsichtsvollen, reflexiven Bereitschaft, im Falle von moralisch relevanten Handlungskonflikten nach einer einvernehmlichen Lösung in dem Sinn zu streben, daß die normativen Regeln der entsprechenden Bezugsgruppe dabei akzeptiert werden. Für Habermas besteht nun der Fortschritt auf der nächsten Stufe des moralischen Bildungsprozesses darin, daß der Heranwachsende lernt, von solchen partikularen Normensystemen noch einmal allgemeine Normen abzugrenzen; erst jetzt soll der einzelne begreifen können, daß sich traditional eingeübte Gruppenzugehörigkeiten auch als »falsch« oder »unvernünftig« erweisen können, weil sie mit Prinzipien kollidieren, die als im Interesse aller Betroffenen liegend und damit als verallgemeinerungsfähig verstanden werden.[73] Auf dieser dritten Stufe besitzt das »moralische Bewußtsein« dementsprechend die Form einer auf Dauer gestellten Einsicht, das eigene Handeln im Konfliktfall von moralischen Normen abhängig zu machen, für die virtuell mit einer Zustimmung von allen direkt und potentiell Beteiligten gerechnet werden kann. Aber selbst wenn sich das gereifte Subjekt damit schon an Moralgesetzen orientiert, die es insofern als selbsterzeugt begreifen kann, als im Prinzip ein jeder in sie eingewilligt haben können müßte, fehlt nach Habermas für die Verwirklichung von »moralischer Freiheit« nun noch das Moment, daß auch die eigenen, bislang als »naturhaft« verstandenen Bedürfnisse in die Formung moralisch richtiger Handlungsorientierungen eingehen können. Offenbar soll mit diesem weiteren Schritt die bei Kant noch vorhandene Entgegensetzung von Natur und Sittlichkeit, also seine Zwei-Welten-Lehre, insofern überwunden werden, als nun auch die individuellen Neigungen in den Akt der moralischen Selbstgesetzgebung einbezogen werden. Als letzte Phase der moralischen Entwicklung nimmt Habermas daher eine Stufe an, auf der die Subjekte einsehen, daß sie im Konfliktfall ihre Absichten von moralischen Normen abhängig machen müssen, auf die sich alle Beteiligten in einem diskursiven, zwanglosen Verfahren geeinigt haben, welches für die Möglichkeit einer Uminterpretation und »Verflüssigung« der eigenen Bedürfnisse offen ist.[74] Allerdings ist bis auf den heutigen Tag recht unklar geblieben, wie eine solche Umformung der je individuellen Neigungen oder Bedürfnisdispositionen innerhalb

73 Habermas, »Moralentwicklung und Ich-Identität«, a. a. O., S. 80.
74 Ebd., S. 84f., S. 87f.

des moralischen Diskurses möglich sein soll, wenn dafür doch gelten muß, daß sich alle Beteiligten in einem beschränkten Zeitraum auf verallgemeinerungsfähige Normen geeinigt haben können sollen.

Auf jeden Fall wird auch in Habermas' Konzeption nicht anders als bei Korsgaard die individuelle Freiheit nach dem Muster einer Bindung an moralische Normen begriffen, die einen strikt universalistischen Charakter besitzen müssen: Das postkonventionelle Subjekt muß, wie Habermas sagt, »sein Ich hinter die Linie aller besonderen Rollen und Normen zurücknehmen«[75] können, um im Konfliktfall aus der damit eingenommenen Perspektive einer Verständigung mit allen anderen Menschen die Gründe seines Handelns bestimmen zu können. Es ist an dieser Stelle von nur sekundärer Bedeutung, ob die dargestellte Orientierung an universalistischen Moralprinzipien als eine Art rationale Nötigung unserer ethischen Selbstvergewisserung oder als historisches Ergebnis eines soziokulturellen Lernprozesses aufgefaßt wird; entscheidend ist nur, daß in beiden Fällen die kantische Idee zugrunde gelegt wird, der zufolge wir unsere Freiheit letztlich der Möglichkeit verdanken, beim Auftreten von Handlungskonflikten uns aus allen existierenden Bindungen und Verpflichtungen herauszulösen, um im Lichte von verallgemeinerungsfähigen Erwägungen unser Verhalten von Grund auf neu zu bestimmen. Die Vorstellung einer solchen Paarung von radikaler Distanznahme *und* allgemeiner Übereinstimmung, von Herauslösung aus allem Gegebenen *und* zugleich universalistischem Einverständnis, ist es dann wohl auch, was den Wert dieser Idee von Freiheit für die moderne Gesellschaft ausmacht: Wir sollen, sobald wir in Konflikt mit anderen geraten, jederzeit dazu in der Lage sein, uns fiktiv oder real, allein oder gemeinsam, aus dem Flußbett unserer lebensweltlichen Sittlichkeiten herauszunehmen, ohne dabei doch der Zustimmung durch

75 Ebd., S. 80.

die Gemeinschaft aller Menschen verlustig zu gehen. Dieser Synthetisierungsleistung verdankt die Vorstellung, nur in der Bindung an verallgemeinerungsfähige Normen frei zu sein, bis heute ihre Attraktivität; sie verspricht dem einzelnen oder der kooperierenden Gruppe, in der Einklammerung der sozialen Lebenswelt bei einer entsprechenden Orientierung am Sittengesetz nicht das Einverständnis mit dem Rest der Menschheit zu verlieren.

Wie die Idee der rechtlichen Freiheit, so ist auch die damit umrissene Freiheitsvorstellung aus dem institutionellen Gefüge der modernen Gesellschaften heute nicht mehr wegzudenken; sie verleiht den Subjekten nicht nur das Selbstverständnis, existierende Verhältnisse als »unvernünftig« zurückweisen zu dürfen, sondern auch die intellektuelle Kraft und Befähigung, über gegebene Normensysteme in begründeter Weise hinausgreifen zu können. Der einzelne, zuvor noch aufgrund der herrschenden Moralauffassungen an die konkrete Sittlichkeit seiner Lebenswelt gebunden, wird mit der Gedankenfigur der moralischen Selbstgesetzgebung im Namen der Freiheit dazu ermächtigt, sich in eine Perspektive zu versetzen, aus der heraus er sowohl kritisch gegen bestehende Normen opponieren als auch konstruktiv für neue Normensysteme eintreten kann. Die Schattenseite der damit bewirkten Befreiung der Subjekte tritt freilich zutage, wenn man sich klarmacht, wie unschwer sie durch eine von ihr selbst beförderte Vereinseitigung zu sozialen Fehldeutungen führen kann; solche Pathologien sind allerdings erst zu benennen, wenn wir uns zuvor vor Augen geführt haben, worin die systematischen Grenzen der moralischen Freiheit bestehen.

2. Grenzen der moralischen Freiheit

Mit der moralischen Autonomie, für deren kulturelle Institutionalisierung die schnelle Verbreitung und Popularisierung des kantischen Gedankenguts sorgt, bildet sich in den modernen Gesellschaften ein zweiter Typ der individuellen Freiheit heraus, der hier schon bald zu einem normativen Fundament aller sozialen Beziehungen wird: Unter der Voraussetzung einer Respektierung der gegebenen Rechtsordnung wird der einzelne kraft kulturell wirksamer Normen dazu ermächtigt, sich in seinem Verhalten allein an Grundsätze zu halten, die er nach Prüfung ihrer Verallgemeinerungsfähigkeit für richtig befinden kann. »Moralische Freiheit« soll dementsprechend heißen, daß ein solches Subjekt über einen allgemein akzeptierten, informell zugestandenen Spielraum verfügt, nur solchen moralischen Normen zu folgen, denen es deshalb rational zustimmen kann, weil sie die Zustimmung aller direkt oder indirekt Betroffenen finden würden. Die Handlungssphäre, auf die sich diese Art von Freiheit erstreckt, umfaßt daher zunächst einmal all die sozialen Lebensbereiche, für die die Willensbildung des politischen Gesetzgebers keine bindenden Regeln oder Normen erlassen hat; hier, wo wir durch kein juridisches Gesetz zu einem bestimmten Verhalten verpflichtet sind, sollen wir in dem Sinn »frei« sein, daß wir uns nur an von uns als vernünftig einsehbare Grundsätze halten dürfen.

Schon diese Formulierung macht freilich deutlich, daß wir die Institution der »moralischen Freiheit« in modernen Gesellschaften nicht nur als eine Art von Platzhalter für eine öffentliche, von allen gemeinsam durchgeführte Praxis der rationalen Deliberation begreifen können; sie ist handlungswirksam nicht erst dann, wenn die individuellen Subjekte sich in gemeinsamer Beratschlagung Gesetze ihres Handelns auferlegen, sondern schon für den einzelnen in seinem alltäglichen Leben, weil er in Interaktionen eingespannt ist, die nach einer vernünftigen, aber persönlich zu verantwortenden Lösung von Konflikten verlangen. Über diesen ethischen Wert der »moralischen Freiheit« täuscht sich hinweg, wer sie allzu schnell nur für die Form von Selbstgesetzgebung hält, die wir immer schon kooperativ in Prozessen des öffentlichen Diskurses vollziehen;[76] im Modus eines allgemein geteilten Wissens ist sie vielmehr als ganz eigenständige Berufungsinstanz für jeden einzelnen relevant, weil sie ihm eine legitime Möglichkeit an die Hand gibt, gegebene Handlungsnormen in Frage zu stellen und gegebenenfalls zu überschreiten. Die Subjekte räumen sich auf der Basis eines postkonventionellen Moralverständnisses wechselseitig die Chance ein, bei juristisch ungeregelten, allein persönlich zu verantwortenden Handlungskonflikten einen Standpunkt einzunehmen, auf dem sie scheinbar von allen gegebenen Verpflichtungen abstrahieren und allein nach Maßgabe verallgemeinerungsfähiger Gründe entscheiden können; gegen das Ergebnis dieses präsumtiv vernünftigen Prozesses der Willensbildung ist dann im Prinzip kein weiterer Einwand möglich, weil es als Ausdruck des am Sittengesetz orientierten Gewissens des einzelnen gedeutet werden muß. Auch wenn die Voraussetzungen solcher Interaktionen nicht in Form von staatlich sanktionierten Handlungsregulativen etabliert sind, sondern nur auf dem brüchigen Fundament einiger informeller Sanktionen des Schuldgefühls und der moralischen Beschämung aufruhen,[77] bilden sie doch das Gerüst eines kulturell institutionalisierten Handlungssystems: Sich seiner moralischen Freiheit zu bedienen und sie zu praktizieren bedeutet, an einer durch geteiltes und verinnerlichtes Wissen zustande gekommenen Interaktionssphäre teilzunehmen, die durch Normen der wechselseitigen Anerkennung reguliert ist. Wie schon bei dem System der rechtlichen Freiheit, so müssen also auch hier die

76 Dazu neigt Jürgen Habermas in seinen moraltheoretischen Schriften, vor allem aber in: ders., *Faktizität und Geltung*, a.a.O., S. 135-150 (Kap. III.II.). Vgl. die entsprechende Kritik bei Albrecht Wellmer, *Ethik und Dialog. Elemente des moralischen Urteils bei Kant und in der Diskursethik*, Frankfurt/M. 1986, v.a. Kap. 2.

77 Vgl. zu diesem Begriff der »informellen Sanktionen«: Peter Stemmer, *Normativität. Eine ontologische Untersuchung*, Berlin/New York 2008, Kap. 7 u. 8.

drei Bedingungen herrschen, daß bestimmte Praktiken der wechselseitigen Anerkennung vorliegen, eine besondere Art des normativen Status zugeschrieben und schließlich eine spezifische Form des individuellen Selbstverhältnisses erwartbar gemacht wird. Ich will diese Voraussetzungen der Sphäre der moralischen Freiheit kurz erläutern, bevor ich dazu übergehe, die mit ihr verknüpften Begrenzungen und Einschränkungen aufzuzeigen:

(a) Die kulturelle Idee der »moralischen Autonomie« erzeugt in dem Maße, in dem sie auf gesellschaftliche Akzeptanz stößt und stabile Handlungsdispositionen schafft, einen Typ von sozialen Interaktionen, in dem sich die Subjekte mit der wechselseitigen Unterstellung der vernünftigen Urteilsfindung begegnen und sich daher untereinander die Chance der moralischen Stellungnahme einräumen. Der eine traut dem jeweils anderen zu, im Konfliktfall auf der Basis von allgemein rechtfertigbaren, universalisierungsfähigen Gründen zu urteilen, so daß dessen moralische Überzeugungen im gleichen Maße berücksichtigt werden müssen wie die eigenen; die individuelle Freiheit, die sich die Beteiligten daher hier reziprok zugestehen, ist die der Selbstgesetzgebung, die darin besteht, sein Handeln auf ausschließlich für »richtig« gehaltene Grundsätze unter der Voraussetzung stützen zu dürfen, daß für deren Richtigkeit gegebenenfalls allgemein einsehbare Gründe geliefert werden können. Im Unterschied zur Praktizierung der »rechtlichen Freiheit« ist diejenige der »moralischen Freiheit« insofern an die wechselseitige Bereitschaft gebunden, auf Nachfrage die eigenen Entscheidungen intersubjektiv zu rechtfertigen und für sie mit nachvollziehbaren Argumenten einzustehen: Bin ich in der Sphäre rechtlicher Interaktionen »frei«, im Rahmen der bestehenden Gesetze nach Gutdünken und also ohne Rechtfertigungspflicht zu handeln, so kann ich in der Sphäre moralisch bestimmter Interaktionen nur dann die »Freiheit« beanspruchen, mir die Richtlinien meines Handelns selbst aufzuerlegen, wenn ich gleichzeitig bereit bin, für deren allgemeine Akzeptierbarkeit intersubjektiv einsehbar die Gründe zu benennen.

(b) Weil sich die Gesellschaftsmitglieder als »moralisch freie« Subjekte nur begegnen können, wenn sie die Bereitschaft zur Rechtfertigung ihrer Handlungsgründe besitzen, müssen sie sich zuvor wechselseitig den normativen Status eingeräumt haben, ihren Willen rational an verallgemeinerungsfähige Normen oder Prinzipien binden zu können. Reicht es für die rechtsvermittelte Interaktion aus, dem jeweils anderen nur zweckrationale Fähigkeiten zu unterstellen, die zur individuellen Interessenkalkulation und zum erforderlichen Rechtsgehorsam erforderlich sind, so sind die entsprechenden Rationalitätszuschreibungen im Fall der moralisch vermittelten Interaktion wesentlich anspruchsvoller: Um gegenüber allen anderen über die Freiheit verfügen zu können, sein Handeln ausschließlich auf individuell für richtig gehaltene Grundsätze stützen zu dürfen, muß ein Aktor aus der Sicht all dieser Kommunikationspartner als eine Person gelten, die ihre Neigungen durch höherstufige Willensanstrengungen kontrollieren kann und sich dabei von allgemein zustimmungsfähigen Prinzipien leiten läßt. Das Besondere an einer solchen Form der wechselseitigen Anerkennung, die im folgenden »moralische Achtung« genannt werden soll, besteht in dem Umstand, daß sie die Respektierung für den unvertretbar einzelnen mit dessen Einbeziehung in die Gemeinschaft aller Menschen, also Individualität und Allgemeinheit, zur Deckung bringen soll: Dadurch, daß der einzelne normativ für fähig gehalten wird, die Richtlinien seines individuellen Handelns gegebenenfalls vor allen anderen zu rechtfertigen, wird ihm zugleich das Recht eingeräumt, nur solche Grundsätze in seinen Handlungen zu artikulieren, die er selbst aus sich heraus für richtig hält.[78]

78 Zu dieser Verschränkung von zwei Respektformen in der moralischen Achtung vgl. Lutz Wingert, *Gemeinsinn und Moral. Grundzüge einer intersubjektivistischen Moralkonzeption*, Frankfurt/M. 1993, Kap. 6a (S. 179-189).

Im modernen Begriff des »Gewissens«, sozusagen das Produkt einer kantianischen Umdeutung einer ursprünglich viel partikularistischer verstandenen Instanz, kommen beide Aspekte gemeinsam zur Geltung: Das Recht zu haben, sich in moralisch relevanten Konflikten auf sein »Gewissen« zu berufen, soll nicht etwa der Begründung eigener Entscheidungen an bloß individuellen Prinzipien Vorschub leisten, sondern setzt die Bereitschaft voraus, jene öffentlich als verallgemeinerbar darzulegen.

(c) Auf dem Weg der kulturellen Institutionalisierung dieses Anerkennungsverhältnisses bildet sich jene besondere Form von Subjektivität heraus, die wir als »moralisch« bezeichnen können. Ein derartiges Individuum muß einerseits gelernt haben, seine primären Handlungsimpulse kraft reflexiver Anstrengungen in für richtig gehaltene Handlungsgründe umzuformen; dazu bedarf es freilich nicht nur der Frustrationstoleranz und einer gewissen Willensstärke, sondern auch der rationalen Fähigkeit, jeweils zwischen »richtigen« und »falschen« Gründen zu unterscheiden. Nach den Vorstellungen, die heute schon im Alltag herrschen, besteht dieses Diskriminierungsvermögen darin, sich über die Verträglichkeit der eigenen Handlungsgründe mit den Interessen und Absichten aller Betroffenen Rechenschaft ablegen zu können: »Richtig« in einem solchen Sinn handelt der, dem es gelungen ist, bei seiner Willensbildung den Willen jedes anderen Beteiligten nicht zu verletzen und daher dessen »Selbstzweckhaftigkeit« zu respektieren.[79] Insofern aber verlangt die moralische Subjektivität nicht nur selbstbezügliche, sondern auch sozial gerichtete Fähigkeiten: Um sich im eigenen Handeln nämlich von verallgemeinerungsfähigen Gründen leiten lassen zu können, muß der einzelne Aktor zuvor gelernt haben, sich in die Perspektive derer zu versetzen, die von seinem Tun be-

79 Zum »Erlernen« dieser moralischen Fähigkeiten vgl. die philosophisch, nicht sozialisationstheoretisch gehaltenen Studien von Barbara Hermann in *Moral Literacy*, Cambridge/Mass. 2007.

troffen sein könnten. Das Vermögen, virtuell eine derartige Perspektivübernahme zu vollziehen, gehört mithin ebenso zu dem Bündel von elementaren Kompetenzen, die einem Subjekt unterstellt werden können müssen, um es als Träger moralischer Freiheit sozial in Erscheinung treten zu lassen. Ist ein Individuum einmal zu einer solchen gesellschaftlichen Existenz gelangt, indem ihm die entsprechenden Fähigkeiten öffentlich zugerechnet werden, so kann es sich als ein Subjekt wissen, dem die Freiheit der moralischen Selbstgesetzgebung zukommt.

Das Verhaltensschema, das Subjekten innerhalb der Sphäre moralischer Freiheit damit auferlegt wird, ist dasjenige eines kommunikativen Aktors mit universalistischen Handlungsorientierungen: Im Falle von intersubjektiven Konflikten, die nicht rechtlich geregelt sind, wird hier vom einzelnen erwartet, sich von allen seinen bislang bestehenden Rollenverpflichtungen und normativen Bindungen lösen zu können, um sich bei seinen Entscheidungen am Prinzip der allgemeinen Zustimmungsfähigkeit zu orientieren. Nun ist bei genauerer Betrachtung aber zu sehen, daß in diese wechselseitige Verhaltenserwartung eine Art von notwendiger Illusion eingelassen ist, die in der Annahme besteht, daß das moralisch reflektierende Subjekt durch schrittweise Einklammerung seiner bereits existierenden Bindungen an einen Punkt gelangen könnte, von dem aus es sich gewissermaßen neutral der allgemeinen Zustimmung zu seinen möglichen Grundsätzen zu versichern vermag; wir sollen uns gemäß einer solchen Vorstellung die anderen Subjekte so denken können, als ob wir mit ihnen nicht schon ein bestimmtes Vorverständnis über institutionelle Sachverhalte und Normen teilen, so daß wir dann an deren virtuell zwanglosem, unvoreingenommenem Einverständnis die Richtigkeit unserer Handlungsgründe prüfen können. An der damit angedeuteten Fiktion, unvermeidlich, aber gleichwohl Schein, kommen die Grenzen der moralischen Freiheit zur Geltung; sie spiegeln sich auch noch dort, wo das moralische Subjekt in intersubjektive Beziehungen hineinversetzt wird, um ihm die Eigenschaften reiner Selbstbezüglichkeit zu nehmen. In beiden Fällen muß der Vorgang der (individuellen oder kooperativen) Selbstgesetzgebung so beschrieben werden, als könne er durch reflexive Distanzierung von allen gegebenen Normen eine Perspektive erreichen, unter der vollkommen bindungslos und in dem Sinn unparteilich über die Verallgemeinerungsfähigkeit von moralischen Grundsätzen befunden werden kann; für die Subjekte, die sich in ihren sozialen Praktiken eine derartige Perspektive wechselseitig zuschreiben, bedeutet das erneut, individuelle Freiheit nur zu erproben und zu ventilieren, nicht aber zu verwirklichen.

Die Unmöglichkeit, im Prozeß der moralischen Deliberation zu einer Warte zu gelangen, von der aus wir unvoreingenommen zu prüfen in der Lage wären, ob all unsere Handlungsgründe allgemeine Zustimmung finden könnten, ist von verschiedenen Seiten aus einzusehen. Dazu gehört sicherlich nicht die bloße Feststellung, daß wir schon deswegen nicht eine solche gleichsam neutrale Perspektive einnehmen können, weil wir uns ja bis zum Abschluß unserer Distanzierungen sprachlicher Ausdrücke zu bedienen haben, die auf eine kommunikative Verwendung angewiesen und daher mit geschichtlichen Erfahrungen gesättigt sind; auch wenn dieser Hinweis richtig ist, besagt er doch nichts über die Möglichkeit, sich im Horizont einer intersubjektiv geteilten Sprache so weit von vorgegebenen Rollen und Normen zu lösen, daß unter den historisch gegebenen Bedingungen die Einnahme eines unparteilichen oder allgemeinen Standpunktes zumindest vorstellbar wird. Unparteilichkeit oder Verallgemeinerungsfähigkeit kann im Zusammenhang moralischer Freiheit nicht Geschichtslosigkeit bedeuten, wie es gelegentlich bei Kant anzuklingen scheint; sich von den eigenen, zuvor eingegangenen Verpflichtungen zu lösen heißt nicht, eine Perspektive »im Nirgendwo«, in einem ortlosen Raum aufzusuchen,[80] sondern nur, zu einer möglichst unvoreingenommenen, von keiner Parteinahme getrübten Beurteilung einer gegebenen Situation zu gelangen. Schwerer wiegt in diesem Kontext allerdings schon die Vermutung, daß die Subjekte sich bei einem solchen Perspektivenwechsel zwar vielleicht von ihren konkreten Bindungen und damit verknüpften Verpflichtungen distanzieren können, nicht aber von den institutionellen Arrangements, in die sie jeweils eingelassen sind; an irgendeiner Stelle bei ihrem Versuch, einen möglichst unvoreingenommenen, unparteilichen Blickwinkel einzunehmen, werden gemäß einer solchen Überlegung die Beteiligten auf normative Regeln stoßen, von denen sie sich nicht weiter loslösen können, weil sie sie für den Inbegriff ihrer sozialen Lebenswelt halten müssen. Das damit angerissene Bedenken stellt eine Seite des Einwands dar, den Hegel gegen Kants Konstruktion des moralischen Standpunkts vorgebracht hat; trotz aller notwendigen Relativierungen hat er bis heute nichts von seiner Relevanz verloren.

Im Handlungssystem moralischer Freiheit muten sich die Subjekte wechselseitig zu, so hatten wir gesehen, sich unter der Bedingung an allein individuell für richtig gehaltenen Grundsätzen zu orientieren, daß sie für deren Legitimität gegebenenfalls allgemeine Gründe namhaft machen können; der Standpunkt, den sie daher jederzeit einzunehmen bereit sein müssen, ist der eines unparteilichen Aktors, der rechtlich nicht geregelte Konflikte ohne Rücksichtnahme auf existierende Bindungen und Verpflichtungen zu beurteilen vermag. Nun ist es wahrscheinlich tatsächlich der Fall, daß wir uns die Bereitschaft zur Einnahme einer solchen Perspektive im sozialen Alltag unserer Gesellschaften wechselseitig unterstellen; keiner wird jemanden anderen für einen zurechnungsfähigen, begründetermaßen den eigenen Grundsätzen folgenden Interaktionspartner halten, wenn dieser nicht im Fall einer Recht-

80 Vgl. dazu Thomas Nagel, *Der Blick von nirgendwo*, Frankfurt/M. 1992.

fertigung seines Handelns dafür Gründe anzugeben weiß, die aus der Sicht aller potentiell Betroffenen als prinzipiell zustimmungsfähig gelten können. Diese Form einer wechselseitigen Zuschreibung von moralischer Autonomie ist gewissermaßen zu einer Kulturtechnik geworden, ohne die die alltägliche Bewältigung von rechtlich nicht geregelten Konflikten inzwischen nicht mehr vorstellbar ist. Allerdings müssen bei der hierbei vorausgesetzten Bereitschaft, zu der erforderlichen Distanzierung oder Dezentrierung zu gelangen, nun zwei Abstraktionsschritte unterschieden werden, die nicht immer hinlänglich voneinander abgehoben worden sind; an dem Gefälle zwischen diesen beiden Stufen wird zutage treten, worin die Grenzen der moralischen Freiheit bestehen.

Auf einer ersten Stufe der Abstraktion muß das für moralisch autonom gehaltene Subjekt den Schritt vollziehen, sich in die Perspektiven *aller* potentiell Betroffenen zu versetzen, indem es von seiner ursprünglichen Parteinahme für einzelne von ihnen absieht; es darf für jemanden, dem wir die Kompetenz unterstellen, sich an richtigen Grundsätzen zu orientieren, im moralisch relevanten Konfliktfall keine Rolle spielen, wie nah oder fern ihm die beteiligten Personen stehen. Natürlich sollte das Resultat dieser ersten Abstraktion, dieser ersten Stufe der Distanzierung, nicht mit dem Erfordernis verwechselt werden, nun gegenüber unserer sozialen Umwelt einen entpersönlichten und vollkommen affektfreien Standpunkt einzunehmen. Unparteilichkeit ist nicht mit Depersonalisierung identisch, weil sie nur verlangt, den eigenen persönlichen Belangen keinen privilegierten Status in der Lösung moralischer Konflikte einzuräumen, nicht aber, privaten Bindungen oder sozialen Beziehungen gegenüber stumpf und empfindungslos zu werden.[81] Unser Gespür für die emotionalen Abstufungen von Nähe und Ferne bleibt intakt, wenn

81 Zu dieser Unterscheidung von »unparteilich« und »unpersönlich« vgl.: Adrian M.S. Piper, »Moral Theory and Moral Alienation«, in: *The Journal of Philosophy*, LXXXIV (1987), Nr. 2, S. 102-118.

wir uns in eine Perspektive versetzen, aus der heraus die Wünsche und Absichten aller Beteiligten zunächst einmal als gleichrangig erscheinen; wir wollen dann nur nicht, daß unser Urteilen und Handeln im Fall eines Konflikts von Gesichtspunkten beeinflußt wird, die aus der Bevorzugung eigener Interessen, Vorlieben oder Bindungen stammen. Diese Art von Abstraktionsleistung ist daher für die Teilnahme am Handlungssystem moralischer Freiheit ganz unvermeidlich, denn erst durch sie versetzt sich der einzelne in die Lage, gesellschaftlich als ein Subjekt gelten zu können, das sein Handeln auf individuell für richtig gehaltene, »selbstgesetzte« Grundsätze stützt. Im übrigen folgt aus einem solchen Verständnis der Unparteilichkeit auch, daß auf dieser ersten Stufe noch nicht jene entfremdenden Effekte entstehen, von denen im Anschluß an Bernard Williams in der Kritik des moralischen Standpunktes häufig die Rede ist:[82] Sich im moralisch relevanten Konfliktfall unparteilich zu verhalten heißt nach dem bislang Gesagten nur, nach besten Kräften zunächst einmal von den eigenen Belangen und persönlichen Verstrickungen in die Situation abzusehen, um zu einer möglichst fairen und ausgewogenen Lösung zu gelangen – dieser Schritt der Abstraktion ist bei hinreichender Zeit zur Überlegung notwendig, weil erst danach jede getroffene Entscheidung für einen selbst als »richtig« gelten kann.

Nun ist zumindest in der kantischen Tradition für den Standpunkt moralischer Freiheit noch ein weiterer Schritt der Abstraktion vorgesehen, der von dem zuvor geschilderten freilich nicht immer klar genug geschieden wird. Danach sollen wir, um moralisch autonom handeln zu können, nicht nur dazu in der Lage sein, unsere persönlichen Interessen zunächst einmal zurückzustellen, sondern auch vom sozialen Bedeu-

82 Vgl. Bernard Williams, »Personen, Charakter und Moralität«, in: ders., *Moralischer Zufall. Philosophische Aufsätze 1973-1980*, Königstein/Ts. 1984, S. 11-29; ders., *Ethics and the Limits of Philosophy*, Cambridge/Mass. 1985, S. 19f., S. 65-67, S. 103f.

tungsgehalt der Beziehungen absehen können, in denen wir uns immer schon befinden. Der Unterschied zwischen diesen beiden Abstraktionsschritten besteht darin, daß wir im ersten Fall bei Konflikten bestehende Bindungen nicht automatisch bevorzugen sollen, während wir im zweiten Fall zusätzlich ignorieren sollen, was es überhaupt heißt, eine derartige Bindung zu pflegen und zu unterhalten. Man kann sich die damit angedeutete Differenz leicht am Beispiel eines Hochschullehrers veranschaulichen, der auf das nicht allzu gravierende Plagiatsdelikt eines befreundeten Kollegen aufmerksam wird und sich nun fragt, wie er angemessen reagieren soll: Wäre es richtig, direkt den Rektor der Universität zu informieren, soll er das Gespräch mit dem Übeltäter suchen oder soll er den Fall aufgrund seiner Geringfügigkeit auf sich beruhen lassen? Hier das Richtige zu tun verlangt von diesem Mann zunächst, sich die Frage vorzulegen, wie jenes Delikt aus der Perspektive der anderen direkt und indirekt Betroffenen beurteilt werden würde; er muß und wird in seinen ersten Überlegungen ganz selbstverständlich versuchen, die Bindung an den befreundeten Kollegen mental einzuklammern, um zu einer möglichst unparteilichen Einschätzung der Schwere und der Folgen des Falls zu gelangen. Solange wir einer solchen Person überhaupt nur unterstellen, an einer aus seiner Sicht moralisch »richtigen« Lösung des Konflikts interessiert zu sein, ist dieser erste Schritt der Dezentrierung für sie im strikten Sinne unvermeidlich; denn der Sinn des Prädikats »richtig« läßt sich hier gar nicht anders als aus dem Gegensatz zur Voreingenommenheit oder Parteilichkeit verstehen, so daß ein Blickwinkel eingenommen werden muß, der die präsumtiven Urteile möglichst vieler Beteiligten in sich enthält.

Nach Kant und der von ihm begründeten Tradition muß besagter Hochschullehrer nun aber noch einen weiteren Schritt der Dezentrierung vollziehen können, der darin besteht, auch von den bereits existierenden Normen der Freundschaft oder der Kollegialität abzusehen; das moralisch richtige

Urteil, zu dem die »autonome« Person gelangen soll, muß nämlich auf Grundsätzen beruhen, die die Zustimmung eines jeden Menschen finden könnten und für die daher bestehende Regeln des sozialen Umgangs keine Rolle spielen dürfen. Wenn wir jetzt aber versuchen, dieses Erfordernis im moralisch-praktischen Erwägungsprozeß des Hochschullehrers zur Geltung zu bringen, werden wir feststellen müssen, daß es hier eine sinnvolle Anwendung gar nicht finden kann; denn was soll es für die betreffende Person heißen, sich in die Rolle des Gesetzgebers einer Welt aller moralischen Wesen zu versetzen, wenn es ihr doch darum geht, nach einer »richtigen« Lösung für sich in der Rolle des Freundes oder Kollegen zu suchen. Der Hochschullehrer kann in seinen Überlegungen nicht einfach von den impliziten Normen solcher Beziehungsmuster abstrahieren, weil diese vorweg einschränken, was für ihn überhaupt als mögliche Antwort auf seinen moralischen Konflikt in Frage kommt; nicht als beliebige Person, sondern als Freund und Kollege will er praktisch erkunden, wie er sich angemessen oder richtig zu dem Plagiatsdelikt verhalten soll. Insofern ist es für diese Person unmöglich, auch noch einen solchen zweiten Schritt der Dezentrierung zu vollziehen; der Spaten seiner praktischen Erwägungen, so ließe sich mit einem berühmten Bild sagen, stößt dort auf unüberwindlichen Widerstand, wo er auf die Schicht jener moralischen Normen trifft, die in einer bestimmten Zeitspanne die sozialen Beziehungen zwischen den Menschen immer schon geregelt haben. Die Dezentrierung der ersten Stufe muß zwangsläufig aus der Perspektive der Rolle vollzogen werden, in der das Subjekt mit einem moralischen Konflikt konfrontiert ist; und diese Rolle wiederum ist durch soziale Regeln bestimmt, die festlegen, wie das Verhältnis zwischen den Subjekten in bestimmten Sphären der Gesellschaft normativ beschaffen ist.

Der damit skizzierte Einwand deckt sich insofern mit der Kritik Hegels, als auch dieser hat nachweisen wollen, daß die von Kant beschriebene Prozedur der Maximenprüfung nur unter der Bedingung von bereits vorgängig akzeptierten Regeln des sozialen Zusammenlebens stattfinden kann: In jeder Anwendung des kategorischen Imperativs werden wir irgendwann auf konstitutive Normen unserer jeweiligen Gesellschaftsform stoßen, die wir nicht als durch uns selbst autorisiert begreifen können, weil wir sie zunächst einmal als institutionelle Tatsachen hinnehmen müssen.[83] Insofern bestreitet Hegel, daß wir im kantischen Sinn moralisch autonom oder frei sein können, weil wir aus seiner Sicht die Grundsätze unseres Handelns gerade nicht vom Anfang bis zum Ende allein aus uns selbst heraus zu setzen vermögen; vielmehr sind wir in unserem moralischen Urteilen und Handeln stets zu einer vorgängigen Anerkennung von institutionellen Tatsachen genötigt, die in Gestalt von gesellschaftlich fundamentalen Normen unserer jeweiligen Form des Zusammenlebens daherkommen und daher eine für den einzelnen unverfügbare Geltungskraft besitzen.[84] Für unseren Hochschullehrer spiegelt sich diese Einschränkung seiner Selbstgesetzgebung darin, daß er in seinen Überlegungen die impliziten Normen der Freundschaft und Kollegialität nicht einfach willentlich außer Kraft setzen kann; wie auch immer er urteilen, was auch immer er tun wird, er muß sich zu diesen Normen in irgendein Verhältnis setzen, weil sie die Ausgangslage seines moralischen Konflikts und die ihm zur Verfügung stehenden Lösungswege wie von außen bestimmen.

In diesen Beschränkungen der moralischen Selbstgesetzgebung treten die Grenzen jener individuellen Freiheit zutage, die wir hier mit Kant als »moralisch« bezeichnet haben. Der einzelne stößt im Vollzug der Freiheit, die es jedem wechselseitig erlauben soll, sein Handeln nur auf selbstgesetzte, subjektiv für richtig gehaltene Grundsätze zu stützen, immer wieder auf normative Regeln, die er nicht als selbstgesetzt be-

83 Vgl. Hegel, *Grundlinien der Philosophie des Rechts*, a. a. O., § 135.

84 Vgl. dazu Robert B. Pippin, *Hegel's Practical Philosophy. Rational Agency and Ethical Life*, Cambridge 2008, Kap. 3.

greifen kann; vielmehr ist er gezwungen, sie zunächst einmal als institutionelle Tatsachen hinzunehmen, denen gegenüber zwar verschiedene Deutungen möglich sind, nicht aber willentliche Anstrengungen der Einklammerung oder Außerkraftsetzung. In Hinblick auf diese Einschränkungen macht es keinen gravierenden Unterschied, ob die Durchführung der moralischen Selbstgesetzgebung nun als ein monologischer oder als ein kooperativer, diskursiver Akt gedacht wird; denn auch die zwanglos miteinander diskutierenden Subjekte, die gemeinsam versuchen, sich über die Verallgemeinerungsfähigkeit ihrer Handlungsnormen zu einigen, werden dabei stets wieder mit moralischen Regeln konfrontiert sein, die sie selbst nicht außer Kraft setzen können. Der Sinn dessen, was eine Freundschaft ausmacht, die Normen einer Verfassung, die Verpflichtungen zwischen Eltern und Kindern, all das sind zu einer bestimmten Zeit institutionelle Tatsachen mit normativem Gehalt, denen gegenüber auch die moralische Diskursgemeinschaft trotz vereinigter Anstrengungen nicht einfach auf Distanz gehen kann; solche Normen ragen vielmehr in das Verfahren der gemeinsamen Willensbildung hinein und begrenzen es von innen in Gestalt von jeweils schon mehr oder weniger akzeptierten Verpflichtungen. Jedem moralischen Diskurs liegen, um es mit anderen Worten zu sagen, elementare Formen der wechselseitigen Anerkennung voraus, die für die ihn umgebende Gesellschaft so konstitutiv sind, daß sie von dessen Teilnehmern nicht weiter hinterfragt oder aufgehoben werden können.

Wenn wir uns diese Begrenzungen der moralischen Freiheit vor Augen führen, so wird daran zugleich auch deutlich, daß sich ihr ethischer Wert erneut aus der Gewinnung eines bloß negativen Abstands zu einem bereits etablierten Praxiszusammenhang ergibt. Jeder, der sich als einzelner oder als Mitglied einer Diskursgemeinschaft daranmacht, in Form eines Verallgemeinerungstests die Grundsätze seines Handelns zu prüfen, tut das, weil er zu einer rational vertretbaren, individuell gutzuheißenden Lösung von Handlungskonflikten gelangen möchte, deren Wurzeln in den Spannungen einer sittlichen Lebenswelt liegen, die ihm als Ganzes unverfügbar ist. Wie schon die rechtliche Freiheit, so besitzt auch die moralische Freiheit mithin im wesentlichen einen unterbrechenden, einen aufschiebenden Charakter; wer von ihr Gebrauch macht, will eine reflexive Distanz gewinnen, um auf eine öffentlich zu rechtfertigende Weise wieder Anschluß an eine soziale Praxis zu finden, die ihn mit sei es unzumutbaren, sei es unvereinbaren Forderungen konfrontiert hat. Auf diesem negativen Weg kommt der moralischen Freiheit freilich eine verändernde Kraft zu, die der rechtlichen Freiheit von Haus aus nicht innewohnt: Während wir uns im Gebrauch subjektiver Rechte nämlich aus dem sittlichen Lebenszusammenhang zurückziehen, um für uns selbst einen Freiraum zur Bestimmung unserer persönlichen Lebensziele zu gewinnen, können wir in der Einstellung der moralischen Freiheit insofern zur Transformation der gegebenen Gesellschaft beitragen, als uns deren Allgemeinheitsbezug eine öffentliche Infragestellung der jeweiligen Auslegung lebensweltlicher Normen erlaubt. Im Schutzraum rechtlicher Freiheit ziehen wir uns mit Zustimmung aller anderen gewissermaßen nur auf uns selbst zurück, im reflexiven Moratorium der moralischen Selbstgesetzgebung aber müssen wir zu intersubjektiv rechtfertigbaren Lösungen von Handlungskonflikten gelangen, so daß unsere individuellen Entscheidungen immer auch Rückwirkungen auf andere haben. Der Wert der moralischen Freiheit geht daher über den der rechtlichen Freiheit hinaus: Hier besitzen wir nur das Recht, ungestört unser eigenes Leben zu ändern, dort aber das Recht, auf die öffentliche Auslegung moralischer Normen Einfluß zu nehmen.

Soziale Pathologien entstehen immer dann, so haben wir gesehen, wenn einige oder alle Gesellschaftsmitglieder die rationale Bedeutung einer in ihrer Gesellschaft institutionalisierten Form von Praxis systematisch mißverstehen: Anstatt in einer mehr oder weniger kreativen Weise die Regeln zu praktizieren, deren gemeinsame Ausübung den gesellschaftlichen Wert eines solchen Handlungssystems ausmacht, lassen sie sich von Deutungen jener Regeln leiten, die deren sozialen Sinn falsch wiedergeben. Derartige Fehlinterpretationen, also Störungen auf der Ebene der reflexiven Aneignung sozialer Praktiken, münden im allgemeinen in individuelle oder kollektive Verhaltensweisen, die eine Teilnahme am Prozeß der sozialen Kooperation erschweren; denn diejenigen, die zu einer angemessenen Deutung des normativen Gehalts institutionalisierter Praktiken nicht in der Lage sind, isolieren sich gegenüber dem Rest der Gesellschaft, der dadurch sozial integriert ist, daß die jeweiligen Formen der wechselseitigen Anerkennung gemeinsam beherrscht werden. Insofern stellen soziale Pathologien das Ergebnis der Verletzung einer gesellschaftlichen Rationalität dar, die als »objektiver Geist« in der normativen Grammatik der institutionalisierten Handlungssysteme verkörpert ist.

Wie das System der rechtlichen Freiheit, so enthält nun auch das Handlungssystem der moralischen Freiheit eine Reihe von Einfallstoren für derartige, sich in sozialen Pathologien niederschlagende Fehldeutungen. Ihrem rationalen Gehalt nach ist diese Interaktionssphäre auf die wechselseitige Gewährung einer individuellen Freiheit angelegt, die darin besteht, im Falle von rechtlich ungeregelten Konflikten oder Forderungen jeweils subjektiv für richtig gehaltenen Grundsätzen folgen zu dürfen, sofern dafür allgemein nachvollziehbare, verallgemeinerungsfähige Gründe angegeben werden können. Der Ansatzpunkt für Fehldeutungen besteht im

Zusammenhang solcher Kommunikationen nun darin, daß der einzelne sich nicht hinlänglich klarmacht, in welchem Maße er vorgängig bei der Bestimmung seiner Handlungsgrundsätze an die bereits existierende Moralität seiner Gesellschaft gebunden ist; sobald davon abstrahiert wird, daß unser Verhältnis zueinander immer schon durch bestimmte Handlungsnormen geregelt ist, die uns nicht einfach zur Disposition stehen, machen sich Illusionen einer Unsituiertheit breit, die zu unterschiedlichen Gestalten einer Pathologie der moralischen Freiheit führen. Stets wird dabei die Perspektive der Unvoreingenommenheit und Unparteilichkeit mit dem Blickwinkel eines Aktors verwechselt, der so frei von allen mit seinen jeweiligen Rollen verknüpften Verpflichtungen ist, daß er die Grundsätze seines Handelns tatsächlich einzig und allein am Leitfaden ihrer Verallgemeinerbarkeit bestimmen kann; damit aber schrumpft für ein solches Subjekt entweder das eigene Leben oder die soziale Welt auf ein Feld von Begebenheiten oder Ereignissen zusammen, die sich nach Maßgabe allein von moralischen Gründen gestalten lassen sollen. Im ersten Fall führt diese illusionäre Ausblendung aller normativen Faktizität zum Persönlichkeitstyp des unverbundenen Moralisten (a), im zweiten Fall hingegen zu Erscheinungsformen des moralisch begründeten Terrorismus (b). In beiden Fällen wird das, was den Wert der moralischen Freiheit in unseren Gesellschaften ausmacht, insofern systematisch mißverstanden, als ihre inneren Begrenzungen nicht gesehen und daher ihre bloß kritischen, suspendierenden Funktionen nicht akzeptiert werden.

(a) Nicht anders als bei der rechtlichen Freiheit besteht auch bei der moralischen Freiheit die Logik ihrer pathologischen Praktizierung darin, daß die ihr innewohnende Grenze nicht mitvollzogen und daher ihr Gebrauch auf das Ganze einer sozialen Lebenspraxis ausgedehnt wird. Die habituelle Folge einer derartigen Verselbständigung ist jeweils eine Rigidisierung und Erstarrung individuellen Handelns, die sich in Symptomen der gesellschaftlichen Isolierung und des Kommunikationsverlustes spiegeln: Weil die Subjekte nicht sehen können, daß ihnen die gewährte Freiheit nur die sehr beschränkte Möglichkeit einer reflexiven Reparatur zerbrochener oder gestörter Intersubjektivitäten bietet, nehmen sie sie als Quelle ihres gesamten Selbstverständnisses wahr und bringen sich damit um die Chance einer Wiederanknüpfung an lebensweltliche Interaktionen. Allerdings reichen die Analogien zwischen den Pathologien der rechtlichen und der moralischen Freiheit auch nur bis an diese Stelle; denn obwohl beide nach dem Muster der Verkehrung eines bloßen Mittels in einen Selbstzweck beschrieben werden können, unterscheiden sie sich im weiteren doch darin, daß nur im zweiten Fall von einer tatsächlich fehlerhaften Praktizierung des gewährten Freiheitsvollzugs gesprochen werden kann. Diejenigen, die sich in Pathologien der rechtlichen Freiheit verstricken, verstehen den Gebrauch der subjektiven Rechte nicht eigentlich falsch, sondern dehnen ihn nur über jeden sinnvollen, adäquaten Zeitraum hinaus aus: Sie werden zu rechtsförmigen Persönlichkeiten, so hatten wir gesehen, weil sie ihre Freiheit auch dort noch primär im Sinne einer Verfügung über Rechte begreifen, wo andere Formen der sozialen Interaktion erforderlich wären. Hingegen scheinen diejenigen, die in eine Pathologie der moralischen Freiheit hineingerissen werden, am Vollzug der moralischen Selbstgesetzgebung selbst etwas mißzuverstehen: Sie werden zu Charaktermasken einer moralischen Gesinnung, weil sie ihre Handlungsgründe aus einer Perspektive der Verallgemeinerung heraus zu bestimmen versuchen, für die bereits existierende Normen des sozialen Verkehrs keinerlei Geltung besitzen – man versteht sich tatsächlich in der Rolle eines Gesetzgebers für eine Welt aller menschlichen Wesen, so als ob die je gegebene Welt nicht schon durch eine Reihe von normativen Regeln geprägt wäre, die den Horizont unserer moralischen Erwägungen vorgängig begrenzen. Jemand, der in dieser Weise die moralische Faktizität seiner sozialen Lebenswelt ausblendet, wird die Tendenz entwickeln, seinen Lebensweg primär an Zielen zu orientieren, die dem Kriterium universalistischer Geltung genügen; eine solche »moralistische« Verformung der persönlichen Autonomie stellt die erste Form einer Pathologie der moralischen Freiheit dar.[85]

Im Lebensvollzug von Personen, die moralische Achtung genießen, spielen im Falle von moralischen Deliberationen die aus sozialen Beziehungen stammenden Verpflichtungen gewöhnlich die Rolle von einschränkenden Bedingungen: Aus der Perspektive der jeweils bereits eingenommenen Rolle wird überlegt, was angesichts eines Konflikts bei möglichst unparteilicher Berücksichtigung der Interessen aller Betroffenen zu tun sei. Das heißt zunächst einmal nur, daß die moralisch autonome Person bei ihren Erwägungen nicht vergißt, welche Arten von Beziehungen sie zu den verschiedenen Beteiligten jeweils unterhält; sie fragt sich, was zu tun moralisch richtig sei – nicht als beziehungsloses, unsituiertes Wesen, sondern als Mutter, Kollege oder Freund. Eine solche vorgängige Gebundenheit unserer Deliberationen impliziert keinesfalls eine blinde Bevorzugung der jeweils nächststehenden Personen; die Suche nach der »richtigen«, individuell zu verantwortenden Lösung, die unsere moralische Freiheit ausmacht, verlangt von uns ja schließlich eine Dezentrierung, die zu einer Berücksichtigung der möglichen Reaktionen aller Betroffenen führt. Aber dabei werden wir die unsere persönliche Identität bestimmenden Normen der Elternschaft, der Kollegialität oder Freundschaft gerade nicht einklammern, sondern wie perspektivische Beschränkungen behandeln, an denen unser Versuch einer Dezentrierung entlanggleitet; die Antwort, zu

85 Der Ausdruck »moralism of personal autonomy« findet sich bei Jeremy Waldron, »Moral Autonomy and Personal Autonomy«, in: John Christman/Joel Anderson (Hg.), *Autonomy and the Challenges to Liberalism*, Cambridge 2005, S. 307-329, hier: S. 323; vgl. auch die Diagnosen zur Figur des »moralisch Heiligen«, die Susan Wolf vorgelegt hat: dies., »Moral Saints«, in: *Journal of Philosophy*, 79 (1982), S. 419-439.

der wir gelangen, wird in einer möglichst ausgewogenen, die bereits bestehenden Verpflichtungen allerdings einbeziehenden Fixierung eines Grundsatzes bestehen, an den wir uns bei der Bewältigung des Konflikts zu halten versuchen. Auch im Fall der moralischen Infragestellung von Zumutungen, die uns unbegründet erscheinen, werden wir gewöhnlich nicht von einem Standpunkt aus argumentieren, der sich jenseits »aller besonderen Rollen und Normen«[86] befindet; wiederum bilden diese sozial existierenden Handlungsverpflichtungen vielmehr den normativen Kontext, innerhalb dessen wir verallgemeinerungspflichtige Gründe dafür vorzubringen versuchen werden, warum die mit jenen einhergehenden Aufgaben bislang entweder ungerecht verteilt oder falsch ausgelegt worden sind. Sobald nun aber der begrenzende Kontext eingeklammert wird, sobald so vorgegangen wird, als seien wir nicht schon vorgängig auf elementare Handlungsnormen verpflichtet, entsteht die Fiktion eines unverbundenen Subjekts, welches all seine Grundsätze aus der abstrakten Perspektive einer allgemeinen Menschheit gewinnen muß; die Lebensziele, die ein solches Subjekt sich setzen kann, entbehren am Ende jeder persönlichen Färbung, weil in der Ausübung individueller Autonomie von all den konkreten Verpflichtungen abstrahiert werden muß, die als normative Voraussetzungen unserer intersubjektiven Beziehungen einen Kern unserer Identität ausmachen.

Die entfremdende Wirkung, die mit der Einnahme des moralischen Standpunkts einhergehen kann,[87] entsteht daher nicht automatisch mit dem Vorsatz der Unparteilichkeit, sondern erst mit deren selbst- und kontextvergessener Anwendung. Jeder weitere Schritt einer Abstraktion davon, daß wir persönlich eingegangene Beziehungen nur durch Respek-

86 Habermas, »Moralentwicklung und Ich-Identität«, a. a. O., S. 80.

87 Vgl. vor allem: Michael Stocker, »The Schizophrenia of Modern Ethical Theory«, in: Robert B. Kruschwitz/Robert C. Roberts (Hg.), *The Virtues. Contemporary Essays on Moral Character*, Belmond 1987, S. 36-45.

tierung der ihnen sozial zugrundeliegenden Verpflichtungen aufrechterhalten können, nährt die Illusion einer vollkommen freischwebenden, unsituierten moralischen Selbstgesetzgebung; der Kontext, in den wir sozial eingebunden sind, weil wir als individuelle Personen bestimmte Handlungsnormen nicht einfach abstreifen können, ist endgültig vergessen, wenn wir uns bei moralischen Herausforderungen stets in die Perspektive aller zustimmungsfähigen Wesen glauben versetzen zu müssen. Ein derartiges Subjekt definiert das für sein persönliches Leben Belangvolle und Gute ausschließlich in Begriffen des moralisch Richtigen; weil es sich nämlich nicht mehr gestattet, aus der Perspektive eines bereits vorgängig gegenüber anderen verpflichteten Aktors zu urteilen und zu handeln, muß es jedes Gespür dafür verlieren, welcher Wert sozialen Beziehungen und Bindungen für das Ganze eines Lebens zukommt.

Der rigide Moralismus, der mit einer solchen Entgrenzung der Selbstgesetzgebung einhergeht, begegnet uns in der sozialen Wirklichkeit überall dort, wo angesichts moralischer Konflikte persönliche Beziehungen ohne Zögern preisgegeben, vorgängig übernommene Rollenverpflichtungen ohne Not aufgekündigt werden. Die Nötigung zur Unparteilichkeit, die mit der moralischen Freiheit unverbrüchlich verknüpft ist, wird nicht im Sinn der Dezentrierung eines sozial situierten, vielfältig bereits verpflichteten Subjekts verstanden, sondern als Abstreifung aller persönlichen Identität. Figuren dieser Art sind in der Literatur häufig anzutreffen, ausgestattet nur mit einem Willen zur moralischen Unbedingtheit, blind aber für die in der Situation bereits angelegten Handlungsverpflichtungen; sie fragen sich allein danach, wie sie im Lichte allgemein zustimmungsfähiger Gründe handeln sollten, ohne zu berücksichtigen oder auch nur wahrzunehmen, daß sie durch ihre soziale Rolle schon vorgängig gegenüber bestimmten Personen in besonderer Weise verpflichtet sind. Ein Schriftsteller, der solche Pathologien moralischer Freiheit sogar für eine Signatur der Moderne hielt, war Henry James; in seinen Romanen finden sich immer wieder Protagonisten, die im Eifer ihres Einsatzes für allgemeine Moralprinzipien zu vergessen beginnen, worin die nächstliegenden Pflichten für sie liegen oder wo ein moralisches Übel in ihrer Umgebung wirklich zu bekämpfen wäre.[88] Besonders anschaulich werden derartige Verselbständigungen der moralischen Freiheit von Henry James anhand von Charakteren geschildert, die in der rigiden Orientierung am moralischen Standpunkt gerade das Unglück heraufbeschwören, das sie so entschieden zu verhindern versuchen. So treibt Frederick Winterbourne, der männliche Protagonist in *Daisy Miller*, die von ihm geliebte Daisy dadurch immer stärker in die Sackgasse eines selbstzerstörerischen Agierens, daß er ihr zu erkennen gibt, inwiefern sie den Ansprüchen einer abstrakten, beziehungsvergessenen Moralität nicht entspricht; erst als das junge Mädchen stirbt, weil sie sich bei einem aus Trotz unternommenen Besuch des Kolosseums in Rom eine Fieberkrankheit zugezogen hat, muß er einsehen, daß es sein rigider Moralismus war, der den Prozeß ihrer Selbstpreisgabe ausgelöst hat.[89] Ähnlich, wenn auch mit den kunstvoll herangezogenen Mitteln einer klassischen Gespenstergeschichte, schildert Henry James in *Die Drehung der Schraube (The Turn of the Screw)*, wie eine Gouvernante das Leben der ihr anvertrauten Kinder dadurch zerstört, daß sie diesen im missionarischen Eifer ihrer moralischen Hingabe die von ihr bloß halluzinierten Gestalten als reale, furchteinflößende Bedrohungen nahezubringen versucht; nicht anders als in *Daisy Miller* ist es auch hier der unbedingte Wille zum Guten, der in paradoxaler Umkehrung eine Kette von im Unheil endenden Ereignissen in Gang setzt.[90]

88 Vgl. Robert Pippin, *Henry James and Modern Moral Life*, Cambridge 2000, v. a. Kap. 2 (»A Kind of Morbid Modernity«).

89 Henry James, *Daisy Miller* (1878), Frankfurt/M. 2001.

90 Henry James, *Die Drehung der Schraube* (1898), Zürich 1993. Weitere großartige Beispiele für solche Pathologien moralischer Freiheit liefern die Erzählungen, die in dem Band *Benvolio* (Zürich 2009) versammelt

In diesem Punkt der Diagnose einer fatalen Tendenz zum Moralismus in der Moderne stimmt der Romanschriftsteller Henry James sogar mit seinem ihm ansonsten gar nicht besonders nahestehenden Bruder William überein; auch der Philosoph unter den beiden Geschwistern war der Überzeugung, daß »unparteiische Prüfungsmaßstäbe« nur dort tatsächlich für den einzelnen handlungsverpflichtend werden können, wo sie »in der Forderung irgendeines wirklich existierenden Menschen« verkörpert sind.[91] Beide Autoren, Henry und William James, sind sich darüber einig, daß die moderne Idee der moralischen Autonomie mißverstanden wird, wenn sie im Sinne einer Aufforderung zur Einnahme eines unbedingten, sozial unvermittelten Standpunkts der Moralität begriffen wird; wir sind, so können wir in den Romanen des einen und in den philosophischen Abhandlungen des anderen lesen, immer schon in ein dichtes Gewebe von besonderen Rollen und Handlungsverpflichtungen einbezogen, von dem wir als unverfügbarem Ausgangspunkt unserer moralischen Deliberationen nicht abstrahieren dürfen.[92]

Die sozialen Pathologien, die innerhalb der Sphäre der moralischen Freiheit dadurch entstehen können, daß das ihr innewohnende Prinzip der Selbstgesetzgebung individuell gewissermaßen überdehnt wird, dürfen freilich nicht mit jenem gesellschaftlichen Mißbrauch der kantischen Moralität verwechselt werden, die John Dewey vor Augen hatte, als er den geistigen Wurzeln des Nationalsozialismus auf die Spur

sind, an vorderster Stelle James' »Der lange Weg der Pflicht«. Ein viel späteres Beispiel für die literarische Darstellung einer solchen Pathologie der moralischen Freiheit stellt ein früher Roman von Philip Roth dar: *When She Was Good*, New York 1965 (den Hinweis auf diesen außerordentlichen Roman verdanke ich Lisa Herzog).

91 William James, »Der Moralphilosoph und das moralische Leben«, in: ders., *Essays über Glaube und Ethik*, Gütersloh 1948, S. 199-206, hier: S. 192.

92 Zur impliziten Moralphilosophie von Henry James vgl. insgesamt die Studie von Robert Pippin, *Henry James and Modern Moral Life*, a. a. O., v. a. Kap. 7.

zu kommen versuchte.[93] Dewey war der Überzeugung, daß die deontologischen Vorstellungen Kants insofern einem fatalen Obrigkeitsgehorsam geistesgeschichtlich den Weg bereiten konnten, als die ausschließliche Ausrichtung der Moral an unbedingt zu erfüllenden Pflichten bei Unterlegung einer staatlichen Gesetzesmacht leicht im Sinne einer Aufforderung zur Einhaltung bloß autoritär vorgegebener Pflichten mißzuverstehen war. Aber wie immer es um eine solche Fehlentwicklung der Moralität Kants bestellt sein mag – und es gibt gute Gründe, die Interpretation Deweys komplett anzuzweifeln –,[94] der von ihm genealogisch zurückverfolgte Pflichtgehorsam darf nicht mit der hier genannten Pathologie des Moralismus verwechselt werden. Der Moralismus als eine Haltung der ausschließlichen Orientierung am moralisch Guten entsteht, sobald im Akt der Selbstgesetzgebung die in ihn hineinragenden, vorgängigen Bindungen und Verpflichtungen nicht mehr akzeptiert werden, der Autoritarismus der konventionellen Pflichterfüllung hingegen nimmt seinen Weg, sobald auf die Selbstgesetzgebung überhaupt verzichtet wird und an deren Stelle die Unterwerfung unter bestehende Gesetze tritt. Dort handelt es sich tatsächlich um eine Pathologie der moralischen Freiheit, hier aber um eine entlastende Befreiung von ihr.

(b) Halten wir uns an die politisch-kulturellen Zeugnisse der Moderne, so wird deutlich, daß sich auf dem Boden der moralischen Freiheit noch eine zweite Form der sozialen Pathologie entfalten kann. Wiederum ist Ursache für diese Fehlentwicklung die von der Institution der moralischen Autonomie selbst genährte Illusion, sich im Akt der Selbstgesetzgebung über alle bereits bestehenden Handlungsnormen hinwegsetzen und daher die Perspektive eines allgemeinen, unverbundenen Gesetzgebers einnehmen zu können; dies-

93 Dewey, *Deutsche Philosophie und deutsche Politik*, a.a.O.

94 Vgl. dazu Honneth, »Logik des Fanatismus. Deweys Archäologie der deutschen Mentalität«, a.a.O., S. 7-36.

mal aber ist der Träger einer solchen Entgrenzung nicht das einzelne Individuum, welches sich in die Abgründe eines verstiegenen Moralismus verrennt, sondern das Kollektiv einer nach politischen Veränderungen strebenden Gruppe. Die Institutionalisierung der moralischen Freiheit bringt es mit sich, daß in modernen Gesellschaften der moralisch motivierte Terrorismus zu einer endemischen Erscheinung wird. Ihr Ausgangspunkt ist immer der gleiche und besteht darin, daß eine soziale Gruppe moralische Zweifel an der Legitimität der herrschenden Sozialordnung entwickelt, weil diese aus ihrer Sicht die Kriterien der wechselseitigen Verallgemeinerbarkeit verletzt; zunächst liegen mithin gute Gründe dafür vor, politische Maßnahmen zu ergreifen, die zu einer Bloßstellung des präsumtiven Unrechts der gegebenen Gesellschaft beitragen können. Der damit eingeschlagene Weg, den die Institution der moralischen Freiheit eröffnet, wird aber in dem Augenblick verlassen, wo die Hinterfragung der bestehenden Ordnung allmählich in die Anzweifelung aller existierenden Handlungsregeln abgleitet: Unter den politischen Aktivisten gewinnt die Vorstellung Oberhand, einen moralischen Standpunkt einnehmen zu können, von dem aus sich die Interessen aller potentiell von Unrecht Betroffenen so weit sollen verallgemeinern lassen, daß jede gegebene institutionelle Regelung als unbegründet gelten muß. Hat sich die moralische Deliberation in der Fiktion der Selbstgesetzgebung einmal so weit vom institutionellen Boden der existierenden Gesellschaft gelöst, scheinen den Beteiligten alle Mittel moralisch gerechtfertigt, die herrschende Ordnung als Unrechtsordnung anzugreifen.

Gewiß, diese Hinwendung zum Terrorismus läßt sich nur dort als eine Pathologie der moralischen Freiheit begreifen, wo am Anfang auch tatsächlich universalistische Absichten und Überlegungen den Weg zur politischen Aktion gebahnt haben; es gibt andere Formen terroristischen Handelns in der Moderne, bei deren Motivierung nicht der Bezug auf die Verletzung allgemeiner Interessen, sondern die Verteidigung partikularer Werte den Ausschlag gegeben haben.[95] Aber in den Fällen, in denen sich die Beteiligten ganz zu Beginn ihrer Aktionen von Ideen des moralischen Universalismus haben leiten lassen, ist es die böse Folgerichtigkeit einer Entgrenzung der begründeten Selbstgesetzgebung gewesen, welche Pate stand bei der Herausbildung terroristischer Gesinnungen: Weil in die Rechtfertigung des eigenen Handelns am Ende nicht mehr vorgängig bereits bestehende Handlungsnormen einbezogen, sondern nur abstrakt die anonymen Interessen des unterdrückten Teils der Menschheit heraufbeschworen wurden, mußte das, was anfänglich gute Absicht war, in Größenphantasien der revolutionären Gewalt umschlagen. Neben einigen Protagonisten in den Romanen Dostojewskis, die gute Beispiele für eine solche Verkehrung moralischer Unbedingtheit in politischen Terrorismus abgeben,[96] können hier vor allem die Mitglieder der RAF als Vorlage herangezogen werden. Konzentrieren wir uns auf Ulrike Meinhof, mit Abstand die moralisch reflektierteste Angehörige der terroristischen Vereinigung, so tritt die Entwicklungsdynamik dieser Pervertierung moralischer Freiheit deutlich zutage.

Wie für viele Mitglieder der Generation, die in den 1930er Jahren im nationalsozialistischen Deutschland groß wurde, bildete für Ulrike Meinhof die Schlüsselerfahrung ihrer politischen Sozialisation der Plan einer Einführung von sogenannten Notstandsgesetzen in die bundesrepublikanische Verfassung. Das 1949 verabschiedete Grundgesetz der Bundesrepublik Deutschland stellte für die junge Journalistin bis in die

95 Zu diesen Differenzen vgl. Rudolf Walther, »Terror, Terrorismus«, in: Otto Brunner/Werner Conze/Reinhart Koselleck (Hg.), *Geschichtliche Grundbegriffe*, Bd. 6, Stuttgart 1990, S. 323-443.

96 Vgl. vor allem die um Nikolaj Stavrogin versammelten Figuren in *Böse Geister* von Fjodor M. Dostojewski (Zürich 1998). Zum rassistischen Terrorismus des ausgehenden 19. Jahrhunderts als einer Figur moralischen Bewußtseins vgl. jetzt: Claudia Verhoeven, *The Odd Man Karakozov: Imperial Russia, Modernity and the Birth of Terrorism*, Ithaca 2009.

Mitte der 1950er Jahre hinein die normative Basis für eine freiheitliche Rechtsordnung dar, in der für willkürliche Freiheitseinschränkungen oder für Absichten einer Remilitarisierung »schlechterdings kein Platz«[97] war. Als sich dieser moralische Konsens dadurch aufzulösen beginnt, daß auch die SPD allmählich Bereitschaft zur Akzeptierung von grundrechtseinschränkenden Notstandsgesetzen signalisiert, reagiert die inzwischen zur Chefredakteurin der Zeitschrift *konkret* avancierte Meinhof mit wachsender Wut und Empörung; der Ton der zahlreichen Artikel, die sie während der späten 1950er und frühen 1960er Jahre verfaßt, wird schärfer, die moralische Unruhe spürbar stärker, stets aber wahren die Argumente noch den Charakter einer kritischen Anwendung von Grundsätzen der bundesrepublikanischen Verfassung. Was bis zum Jahr 1968 in der politischen Publizistik von Ulrike Meinhof zur Veröffentlichung gelangt, läßt sich mithin durchgängig als Resultat einer Inanspruchnahme jener moralischen Freiheit verstehen, die die freiheitlichen Gesellschaften der Moderne normativ jedem ihrer Mitglieder einräumen: »Advokatorisch«, so ließe sich vielleicht sagen, werden hier politische Entwicklungen und Zustände angeklagt, in Hinblick auf die die Autorin mit überzeugenden Gründen nachzuweisen können glaubt, daß sie mit den verfassungsrechtlich garantierten Grundsätzen und daher mit Bedingungen der moralischen Verallgemeinerbarkeit nicht in Übereinstimmung stehen.[98]

Warum dann aber im Jahr 1970 die stetig gewachsene Empörung, dokumentiert noch einmal in dem meisterhaften Fernsehfilm *Bambule*, plötzlich in terroristischen Fanatismus überschlägt, welche Überlegungen Ulrike Meinhof schließlich zum abrupten Verlassen ihrer bürgerlichen Existenz bewogen haben, läßt sich in der rückblickenden Distanz eher nur erah-

97 Ulrike Meinhof, »Die Würde des Menschen«, in: Peter Brückner, *Ulrike Meinhof und die deutschen Verhältnisse*, Berlin 2006, S. 11-14, hier: S. 11.

98 Vgl. insgesamt Ulrike Meinhof, *Die Würde des Menschen ist unantastbar. Aufsätze und Polemiken*, Berlin 2008.

nen, als wirklich rekonstruieren. Gewiß aber hat die politisch aktive Journalistin an dieser Schwelle ihres Lebens nicht unvermittelt all ihre moralischen Überzeugungen hinter sich gelassen; vielmehr muß sie am Leitfaden ihres bis dahin intakten Universalismus selbst zu dem Punkt gelangt sein, an dem es ihr aus moralischen Gründen plötzlich gerechtfertigt erscheint, die als unrechtmäßig erfahrene Sozialordnung mit Waffen zu bekämpfen. Hier, im Augenblick einer extremen Verdichtung historischer Ereignisse, vollzieht sich die Verwandlung moralischer Freiheit in eine ihrer pathologischen Gestalten: In den moralischen Überlegungen der Ulrike Meinhof, wenn davon angesichts der zunehmend wahnhaften Züge überhaupt noch die Rede sein kann, werden Schritt für Schritt alle institutionellen Gegebenheiten ihrer gesellschaftlichen Umwelt eingeklammert, so daß am Ende nur ein vollkommen abstrakter, bezugsloser Universalismus der »Unterdrückten aller Länder« bestehen bleibt. Aus einer solchen Perspektive, die es dem einzelnen erlaubt, sich in der fiktiven Rolle eines Gesetzgebers für eine mögliche Welt reiner Zwecke zu wähnen, müssen dann nicht nur die rechtsstaatlichen Verfassungsnormen, sondern auch die existierenden Bande der Freundschaft und des Familienlebens jede Geltungskraft verlieren;[99] übrig bleibt nur die phantasmagorische Vorstellung, diese insgesamt moralisch korrumpierte Sozialordnung mit terroristischen Mitteln bekämpfen zu müssen.

99 Dieser letzte Schritt in der Verselbständigung moralischer Autonomie, nämlich die Außerkraftsetzung von elementaren, sozial regulierten Normen der Freundschaft und Familienbeziehung, wird besonders anschaulich in den Briefen von Gudrun Ensslin an Bernward Vesper: Gudrun Ensslin/Bernward Vesper: *»Notstandsgesetze von Deiner Hand«. Briefe 1968/69*, Frankfurt/M. 2009.

C.
Die Wirklichkeit der Freiheit

In der Rekonstruktion von gesellschaftlichen Existenzbedingungen der individuellen Freiheit haben wir bisher zwei institutionelle Komplexe kennengelernt, in denen diese Freiheit im wesentlichen in Form der Möglichkeit auf Dauer gestellt ist, sich aus eingespielten Interaktionspraktiken der Lebenswelt zurückzuziehen oder sie moralisch in Frage zu stellen. Die Institutionen der rechtlichen und der moralischen Freiheit sichern jedem einzelnen Mitglied der entwickelten Gesellschaften des Westens heute im Prinzip das entweder staatlich geschützte oder intersubjektiv gewährte Recht zu, soziale Verpflichtungen und eingegangene Bindungen zurückzuweisen, sobald sie sich als unvereinbar mit den eigenen legitimen Interessen oder moralischen Überzeugungen erweisen. Mit Blick auf die drei einflußreichsten Freiheitsvorstellungen, die die moderne Zeit hervorgebracht hat, können wir auch sagen, daß die ersten beiden, die negative und die reflexive Freiheit, in diesen zwei Handlungssystemen zu sozialer Wirklichkeit und Gestalt gelangt sind: Die Institution der rechtlichen Freiheit soll dem einzelnen die vom Rechtsstaat kontrollierte Chance geben, ethische Entscheidungen für einen gewissen Zeitraum auszusetzen, um eine Abwägung des eigenen Wollens vornehmen zu können; die Institution der moralischen Freiheit räumt dem einzelnen die Möglichkeit ein, bestimmte Handlungszumutungen unter Verweis auf rechtfertigende Gründe abzulehnen. Beide Freiheiten aber verhalten sich, so ist ebenfalls deutlich geworden, in gewisser Weise parasitär gegenüber einer sozialen Lebenspraxis, die ihnen nicht nur immer schon vorausgeht, sondern der sie überhaupt erst ihr eigentliches Existenzrecht verdanken: Nur weil die Subjekte vorgängig bereits in ihrem Alltag Handlungsverpflichtungen eingegangen sind, soziale Bindungen aufgenommen haben oder sich in partikularen Gemeinschaften vorfinden, bedürfen sie der rechtlichen oder moralischen Freiheit, sich von den daraus erwachsenden Zumutungen loszusagen oder ihnen gegenüber einen Standpunkt der reflexiven Überprüfung einzunehmen. Weil diese Praktiken der individuellen Freiheit aber ihrerseits keine neuen substantiellen Handlungszusammenhänge generieren, die ihrerseits gehaltvolle Ziele mit verpflichtenden Bindungen beinhalten, stellen sie ihrer modalen Verfaßtheit nach nur »Möglichkeiten« der Freiheit dar; sie dienen der Distanzierung, Überprüfung oder Zurückweisung von gegebenen Interaktionsverhältnissen, bilden selbst aber nicht eine solche intersubjektiv geteilte Wirklichkeit innerhalb der sozialen Welt aus.

Eine solche »Wirklichkeit« der Freiheit ist hingegen erst dort gegeben, so hatten wir gesehen, wo Subjekte sich in wechselseitiger Anerkennung derart begegnen, daß sie ihre Handlungsvollzüge jeweils als Erfüllungsbedingung der Handlungsziele des Gegenübers begreifen können; denn unter dieser Bedingung können sie die Realisierung ihrer Absichten als etwas erfahren, das sich insofern vollkommen ungezwungen und daher »frei« vollzieht, weil es innerhalb der sozialen Wirklichkeit von anderen erwünscht oder erstrebt wird. Auch die damit umrissene, von Hegel und seinen Nachfolgern entwickelte Freiheitsvorstellung ist nicht ohne Niederschlag in der gesellschaftlichen Wirklichkeit geblieben; ja, sie ist im Gegenteil sogar diejenige gewesen, die auf die Herausbildung der konstitutiven Regeln und des Geistes einer Reihe von modernen Institutionen den größten Einfluß genommen hat. Weder die erst junge Institution der »romantischen« Liebesbeziehung noch das kapitalistische Handlungssystem des Marktes, um nur zwei zu nennen, lassen sich nämlich angemessen verstehen, wenn sie ausschließlich mit Hilfe der Kategorien rechtlicher oder moralischer Freiheit analysiert werden;

ihre soziale Legitimation und Bindungskraft verdanken diese institutionellen Komplexe vielmehr überhaupt erst dem Umstand, daß sie von den Beteiligten als Verwirklichungen genau der Art von individueller Freiheit aufgefaßt werden konnten, die sich mit Hegel als »sozial« oder »objektiv« bezeichnen läßt. Allerdings ist die Geschichte der modernen Gesellschaften auch immer wieder von Tendenzen geprägt gewesen, das Element der sozialen Freiheit an den zuvor genannten Institutionen zu verkennen; dann mußten schwächere, entweder rechtliche oder moralische Ideen von individueller Freiheit dafür herhalten, den »eigentlichen« Geist von institutionellen Komplexen wie dem der Ehe, der Familie oder des Marktes zu beschreiben. Um diesem tiefsitzenden Hang zum gesellschaftlichen Selbstmißverständnis entgegenzuwirken, halte ich es für ratsam, zunächst den Zusammenhang zwischen einem bestimmten Typus institutionalisierter Handlungssysteme und der sozialen Freiheit begrifflich zu skizzieren; erst danach kann ich den Faden meiner normativen Rekonstruktion dort wiederaufnehmen, wo ich ihn mit der Darstellung der Institution der moralischen Freiheit liegengelassen habe.

Auch diejenigen Handlungssysteme der individuellen Freiheit, die wir bislang kennengelernt haben, also die der rechtlichen und der moralischen Freiheit, sind durch Normen der wechselseitigen Anerkennung reguliert: Die Subjekte gelangen nur dann dazu, sich einen staatlich geschützten Spielraum der egozentrischen Distanznahme oder den Anspruch auf eine moralisch begründete Stellungnahme einzuräumen, wenn sie sich zuvor unter Bezug auf eine gemeinsam geteilte Norm wechselseitig einen bestimmten Status zugewiesen haben, der sie zu den entsprechenden Rücksichtnahmen berechtigt. Aber das Verhalten, auf das jedes mit einem derartigen Status versehene Subjekt rechnen kann, dient nicht von sich aus der Verwirklichung der eigenen Handlungsziele, sondern gewährt ihm nur die Chance entweder der distanzierten Überprüfung oder der zu respektierenden Selbstfestlegung; die zu erwartende Rücksichtnahme, so ließe sich vielleicht sagen, stellt hier keine hinreichende Bedingung dar, um die eigenen Absichten überhaupt sozial ausführen zu können, vielmehr verhilft sie diesen nur zu einer weiteren Klärung, internen Qualifizierung und intersubjektiven Wirksamkeit. Von der hier nur begrenzten Funktion des anerkennenden Verhaltens muß jedoch ein anderer Fall abgegrenzt werden, in dem die reziproke Rücksichtnahme genau die unerläßliche Voraussetzung bildet, unter der die jeweils eigenen Handlungsziele überhaupt nur verwirklicht werden können: Die Handlung des einen Aktors ist dann gewissermaßen unvollständig, solange nicht der andere Aktor entsprechend der Norm gehandelt hat, auf die sich beide in ihrer wechselseitigen Anerkennung implizit bereits festgelegt haben. Die reziproke Einräumung eines normativen Status, der die Substanz aller Anerkennungsverhältnisse ausmacht, besitzt in diesem zweiten Fall einen anderen Charakter als in den zuvor geschilderten Handlungssystemen; jetzt nämlich berechtigt der eingeräumte Status ein Subjekt, auf ein Verhalten von seiten des anderen rechnen zu können, das sein eigenes Handeln erst zur Erfüllung bringt.[1] Im ersten Fall dient die normativ zu erwartende Rücksichtnahme allein dazu, die jeweils eigenen Absichten ungehindert und selbstbestimmt formulieren zu können, im zweiten Fall aber sind die Absichten der beteiligten Subjekte in der Weise verschränkt, daß sie nur in der Erwartung der entsprechenden Rücksichtnahme überhaupt sinnvoll formuliert und ausgeführt werden können. In Handlungssystemen des ersten Typs »regulieren« die zugrundeliegenden Anerkennungsnormen das Handeln der beteiligten Subjekte so, daß es intersubjektiv aufeinander abgestimmt ist, in Handlungssystemen des zweiten Typs »konstituieren« sie ein Handeln, welches die beteiligten Subjekte nur kooperativ oder gemeinsam ausführen können; sol-

1 Zu dieser Idee der »Vervollständigung« des eigenen Handelns vgl. Daniel Brudney, »Gemeinschaft als Ergänzung«, in: *Deutsche Zeitschrift für Philosophie*, 58 (2010), H. 2, S. 195-220.

che Systeme von sozialen Praktiken können wir mit Talcott Parsons »relationale Institutionen«[2] oder mit Hegel »sittliche Sphären«[3] nennen.

Als »relational« müssen diese Handlungssysteme bezeichnet werden, weil sich in ihnen die Tätigkeiten der einzelnen Mitglieder wechselseitig ergänzen und daher komplementär aufeinander bezogen sind, als »sittlich« können sie hingegen vorgestellt werden, weil mit der komplementären Bezogenheit eine Form von Verpflichtung einhergeht, der im allgemeinen die Widrigkeit des bloß Gesollten fehlt, ohne ihm im Grad der moralischen Rücksichtnahme auf den anderen jedoch nachzustehen.[4] Die Verhaltenserwartungen, mit denen sich die Subjekte innerhalb solcher »relationalen« Institutionen begegnen, sind in Gestalt von sozialen Rollen institutionalisiert, die im Normalfall für ein reibungsloses Ineinandergreifen der entsprechenden Tätigkeiten sorgen; bei Erfüllung der jeweiligen Rollen ergänzen sich daher die in sich unvollständigen Handlungsvollzüge wechselseitig in einer Weise, daß sie erst gemeinsam die von allen Beteiligten beabsichtigte Gesamthandlung oder Handlungseinheit ergeben. Was sich in den sozialen Rollen als reziprok erwartbares Verhalten gebündelt findet, besitzt deswegen den Charakter einer nicht weiter auffälligen, gleichsam selbstverständlichen Handlungsverpflichtung, weil es von den mitwirkenden Subjekten als Bedingung der erfolgreichen Realisierung ihres gemeinsamen Tuns erfahren wird; nichtsdestoweniger haftet solchen in die kooperative Handlung einbezogenen Rollenverpflichtungen etwas von dem an, was wir gemeinhin als »Moral« bezeichnen, denn sie sind darauf abgestellt, dem jeweils anderen in der Weise zu begegnen, wie dieser es gemäß seiner Zwecke für

2 Vgl. Talcott Parsons, *The Social System*, New York 1951, S. 51 ff.

3 Vgl. G.W.F. Hegel, *Grundlinien der Philosophie des Rechts*, in: ders., *Werke in zwanzig Bänden*, Frankfurt/M. 1970, Bd. 7, §§ 142-155.

4 Dem Deutschen fehlt die Unterscheidung von »duty« und »obligation«, die dazu in der Lage ist, den Unterschied zwischen diesen zwei Typen von Verpflichtung kenntlich zu machen.

angemessen hält.[5] Die »Moral« ist hier nicht die wechselseitige Einräumung der Möglichkeit individueller Selbstbestimmung, sondern intrinsischer Bestandteil derjenigen sozialen Praktiken, die zusammengenommen ein relationales Handlungssystem konstituieren.

Allerdings bilden diese Handlungssysteme nur dann Sphären einer sozialen Freiheit, wenn die sie konstituierenden Rollenverpflichtungen von den Subjekten auch tatsächlich als reflexiv zustimmungsfähig aufgefaßt werden können; würden derartige Verpflichtungen nämlich nur als sozial auferlegt oder gar erzwungen erfahren werden, dann könnten jene Subjekte in der wechselseitigen Ergänzung ihrer Handlungen nicht eine »objektive«, von außen gewollte und erstrebte Verwirklichung ihrer eigenen Freiheit erkennen. Schon Hegel hat daher die Existenz seiner »sittlichen« Sphären an die Voraussetzung einer reflexiven Zustimmung der Mitglieder zu ihren jeweiligen, komplementär verschränkten Rollenverpflichtungen gebunden; dafür sollten in seiner »Rechtsphilosophie« die vorauslaufenden, jederzeit zugänglichen Handlungssysteme des Rechts und der Moral sorgen, die auf je spezifische Weise sicherzustellen haben, daß die Subjekte sich aus ihren gegebenen Bindungen und Handlungsverpflichtungen zum Zweck der Überprüfung zurückziehen können.[6] Ist diese Voraussetzung aber erfüllt, unterliegen die sphärenspezifischen Rollenverpflichtungen also der Bedingung reflexiver Zustimmungsfähigkeit und können somit als vom einzelnen bewußt gewollt begriffen werden, dann ist es gerechtfertigt, in den relationalen Handlungssystemen Sphären der sozialen Freiheit zu erblicken: In ihnen beschränkt man »sich gern in Bezie-

5 Dazu und zum Folgenden ist hier für mich wegweisend: Michael O. Hardimon, »Role Obligations«, in: *Journal of Philosophy*, Bd. XCI (1994), Nr. 7, S. 333-363.

6 Frederick Neuhouser, *Foundations of Hegel's Social Theory. Actualizing Freedom*, Cambridge/Mass. 2000, Kap. 7; vgl. auch Michael O. Hardimon, *Hegel's Social Philosophy. The Project of Reconciliation*, Cambridge 1994, S. 164ff.

hung auf ein Anderes«, um eine etwas pathetische Formulierung Hegels zu zitieren, »weiß sich aber in dieser Beschränkung bei sich selbst«.[7] Das Besondere an solchen Formen der individuellen Selbstbeschränkung ist es, daß sie den einzelnen die jeweiligen Verpflichtungen als etwas erfahren lassen, was der Realisierung seiner eigenen Zielsetzungen, Bedürfnisse oder Interessen entspricht; nicht als Sperriges, den persönlichen Neigungen Widerstreitendes müssen die moralischen Beschränkungen gegenüber den anderen empfunden werden, sondern als Ausfluß und soziale Verkörperungen derjenigen Zwecke, die als konstitutiv für die eigene Person angesehen werden.

Diese Bestimmungen dürfen natürlich nicht zu der Annahme verleiten, daß die in einer sittlichen Sphäre anzutreffenden Rollenverpflichtungen stets einen transparenten und unzweideutigen Gehalt besitzen. Was an Verhaltenszumutungen in einer solchen sozialen Rolle jeweils normativ gebündelt ist und welche Tätigkeiten die Beteiligten damit gerechtfertigterweise voneinander erwarten können, wird im Regelfall eher deutungsoffen sein und daher Raum für soziale Aushandlungen lassen.[8] Schon in traditionellen Gesellschaften dürften die Rollendefinitionen in den verschiedenen Sozialsphären nicht so starr gewesen sein, daß sich an deren Rändern nicht Spielräume für situationsabhängige Interpretationen auftaten; je stärker aber mit den Prozessen wachsender Individualisierung der Druck von bloßer Tradition und Sitte abnahm, je offener die institutionellen Komplexe damit für soziale Abweichungen und Neuarrangements wurden, desto mehr Möglichkeiten für intersubjektive Auslegungen mußten auch die Rollenverpflichtungen in den einzelnen Sphären bieten. Heute besitzen daher in fast allen relationalen Subsystemen

7 Hegel, *Grundlinien der Philosophie des Rechts*, a. a. O., § 7 (Zusatz).

8 Vgl. dazu Hardimon, »Role Obligations«, a. a. O., bes. S. 339 f. Lesenswert ist in bezug auf diesen Punkt noch immer die Studie von Hans Joas, *Die gegenwärtige Lage der soziologischen Rollentheorie*, Frankfurt/M. 1973.

der hochentwickelten Gesellschaften die entsprechenden Verhaltensanforderungen nur noch vage Umrisse, so daß ihr präskriptiver Gehalt immer unklarer wird; vieles an individuellen Deutungen und Aushandlungen kann als legitim gelten, was noch vor fünfzig Jahren sozial als undenkbar angesehen worden wäre.[9] Gleichwohl sind die Mitglieder dieser Gesellschaften weiterhin dazu in der Lage, zwischen den verschiedenen Handlungssystemen deutliche Grenzlinien zu ziehen und sie in ihrer normativen Struktur voneinander abzuheben;[10] die Fähigkeit, sich an verschiedenen Orten des sozialen Lebens an jeweils besondere Rollen gebunden zu wissen, also etwa zwischen familiären und beruflichen Verpflichtungen deutliche Unterschiede machen zu können, ist weitgehend intakt geblieben, auch wenn der Bestimmungsgrad der einzelnen Rollenmuster erheblich nachgelassen hat. An der Persistenz eines solchen Unterscheidungsvermögens ist nichts Überraschendes, weil es Teil eines gesellschaftlich notwendigen Wissensvorrats darstellt, ohne den elementare Prozesse der Koordinierung sozialen Handelns gar nicht möglich wären; dazu bedarf es nämlich eines Grundstocks an gemeinsam geteilten Differenzierungen, die jeden einzelnen intuitiv darüber informiert sein lassen, in welchen Bereichen seiner sozialen Umwelt welche Regeln, Normen und Routinen gelten.[11] Ein zentrales Element dieses lebensweltlichen Hintergrundwissens bildet das Vertrautsein mit den Grenzlinien, die zwischen den Hoheitsgebieten der unterschiedlichen Rollenverpflichtungen verlaufen; daher können die Gesellschaftsmitglieder auch bei

9 Statt vieler naheliegender Beispiele will ich nur eine Erzählung nennen, die diesen schnellen Veränderungsprozeß unserer kulturellen Auffassungen während der letzten fünfzig Jahre wie einen Verfremdungseffekt einsetzt: Ian McEwan, *Am Strand*, Zürich 2007.

10 Vgl. dazu die von David Miller zusammengetragenen Erhebungen: David Miller, *Grundsätze sozialer Gerechtigkeit,* Frankfurt/M. 2008, v. a. Kap. 4.

11 Vgl. Peter L. Berger/Thomas Luckmann, *Die gesellschaftliche Konstruktion der Wirklichkeit*, Frankfurt/M. 1970, S. 81 ff.

wachsender Deutungsoffenheit ihrer jeweils besonderen Verpflichtungen weiterhin mühelos von einer Handlungssphäre zur nächsten hinüberwechseln, ohne dabei aus den Augen zu verlieren, daß sie dort potentiell andere Rollen wahrnehmen müssen als hier.

An diese »moralische Grammatik« der Gesellschaftsmitglieder kann eine normative Rekonstruktion anknüpfen, die es sich zur Aufgabe gesetzt hat, die freiheitsverbürgenden Handlungssphären gegenwärtiger Gesellschaften in ihrem vollen Umfang freizulegen. Dabei läßt sie sich von der zuvor umrissenen Prämisse leiten, daß die individuelle Freiheit nur in institutionellen Komplexen mit komplementären Rollenverpflichtungen zu sozial erfahrbarer und gelebter Wirklichkeit gelangt, während sie in den »offiziell« für sie vorgesehenen Sphären des Rechts und der Moral nur den Charakter der bloßen Distanznahme oder reflexiven Überprüfung besitzt. Um also die »Wirklichkeit« der Freiheit an den gesellschaftlichen Verhältnissen unserer Zeit ausmachen zu können, bedarf es nun einer Rekonstruktion der Handlungssphären, in denen die sich wechselseitig ergänzenden Rollenverpflichtungen dafür sorgen, daß die Individuen in den freiheitlichen Tätigkeiten ihrer Kooperationspartner eine Bedingung für die Verwirklichung ihrer eigenen Zwecke zu erkennen vermögen. Ohne hier schon eine ausreichende Rechtfertigung dafür liefern zu können, gehe ich unter Anknüpfung an lebensweltlich eingespielte Unterscheidungen im folgenden davon aus, daß sich solche relationalen Institutionen heute in der *institutionellen Sphäre persönlicher Beziehungen* (III.1), in der *institutionellen Sphäre marktwirtschaftlichen Handelns* (III.2) und in der *institutionellen Sphäre der politischen Öffentlichkeit* (III.3) antreffen lassen.

In jedem einzelnen Fall dieser drei Handlungssysteme wird es darauf ankommen, jeweils die Muster wechselseitiger Anerkennung und komplementärer Rollenverpflichtungen herauszuarbeiten, auf deren Basis die Mitglieder unter den heutigen Bedingungen Formen von sozialer Freiheit verwirklichen können. Wie bisher wird sich die normative Rekonstruktion dabei zwischen den Ebenen empirischer Faktizität und rein normativer Geltung bewegen müssen; es geht weder nur um die Analyse faktischer Verhältnisse noch um die Herleitung idealer Grundsätze, sondern um das schwierige Geschäft einer Freilegung derjenigen Verständnisse sozialer Praktiken, die am ehesten geeignet sind, als Gestalten einer Realisierung intersubjektiver Freiheit zu dienen. Was also im folgenden an den drei genannten Sphären jeweils als ein Kernbestand an normativen Handlungsregeln rekonstruiert wird, ist nicht zwangsläufig immer das, was die Subjekte in ihrem Alltag auch tatsächlich praktizieren; ja, im Zuge unserer Rekonstruktion werden wir immer wieder auf individuelle Abweichungen von diesen »idealtypisch« zusammengefaßten Handlungsmustern stoßen,[12] die sich als äußerst charakteristisch für bestimmte Tendenzen unserer Zeit erweisen werden. Aber solche Differenzen müssen hier, wenn sie nicht bloß kontingente Erscheinungen bilden, als soziale Fehlentwicklungen gedeutet werden, weil sie daran scheitern, den der jeweiligen Sphäre zugrundeliegenden Anspruch der sozialen Freiheit zu realisieren.

Der Unterschied zwischen solchen Fehlentwicklungen und den Pathologien, die wir zuvor kennengelernt haben, besteht darin, daß es sich im ersten Fall nicht um Abweichungen handelt, die durch das zugehörige Handlungssystem selbst hervorgerufen oder befördert werden. Die Pathologien der rechtlichen oder der moralischen Freiheit, so hatte sich gezeigt, stellen soziale Verkörperungen von Fehldeutungen dar, an denen die zu verstehenden Handlungsregeln nicht ganz unschuldig sind; denn die normativen Praktiken, die es in diesen beiden Sphären einzuüben gilt, sind in sich selbst unselbständig und auf die Ergänzung durch lebensweltliche Handlungsbezüge angewiesen, ohne dafür aber ihrerseits im

12 Vgl. v. a. Kap. III.2 (b) und (c).

Vollzug den Blick zu öffnen – die Kurzformel für derartige Pathologien kann daher immer lauten, daß sie sich einer »Einladung« des zugrundeliegenden Handlungssystems verdanken, die bloße »Möglichkeit« der Freiheit schon für deren ganze »Wirklichkeit« zu halten. Von solchen Versuchungen sind die nun zu behandelnden Sozialsphären jedoch schon deswegen vollkommen frei, weil sie auf normativen Handlungsregeln beruhen, deren rationaler Gebrauch nicht auf die Einbeziehung externer Praktiken angewiesen ist; zwar mag es, wie wir noch sehen werden, in einzelnen Fällen erforderlich sein, diese Handlungssysteme »von außen« mit zusätzlichen Normen und Sanktionen auszustatten, um die Bedingungen der reflexiven Zustimmungsfähigkeit zu erfüllen, aber »an sich« realisiert sich hier die jeweils institutionalisierte Freiheit bereits im Vollzug der intersubjektiven Praktiken. Die sittlichen Sphären sind in dem, und nur in dem Sinn autark, daß die vernünftige Ausübung der sie konstituierenden Regeln nicht daran gebunden ist, erst noch durch Wiederanschluß an die Lebenswelt vervollständigt zu werden. Insofern stellen die Fehlentwicklungen, auf die wir im Durchgang durch die relationalen Institutionen stoßen werden, keine systeminduzierten Abweichungen, keine »Pathologien« im eigentlichen Sinn dar; es wird sich vielmehr um Anomien handeln, deren Quellen woanders zu suchen sind als in den konstitutiven Regeln der jeweiligen Handlungssysteme selbst.

III.
Soziale Freiheit

Die drei relationalen Handlungssysteme der persönlichen Beziehungen, des ökonomischen Marktes und der politischen Öffentlichkeit, auf die hier bereits kurz verwiesen wurde, unterscheiden sich in mehr als nur einer Hinsicht strukturell voneinander. Eine erste Differenz betrifft die Weise, in der die konstitutiven Rollenverpflichtungen jeweils in den sozialen Sphären institutionalisiert sind; dabei wird es sich als hilfreich erweisen, vertragliche und nichtvertragliche Rollen voneinander abzuheben, um so zunächst einmal den unterschiedlichen Grad der rechtlichen Verankerung der entsprechenden Handlungsverpflichtungen in den Blick zu bekommen. Lassen wir uns von herkömmlichen Beschreibungen leiten, so scheint die Annahme nahezuliegen, daß in den Sphären persönlicher Beziehungen und politisch-demokratischer Öffentlichkeiten nichtkontraktuelle Rollenverpflichtungen vorherrschen, während in den etablierten Systemen marktvermittelten Handelns die vertragsförmigen Verpflichtungen dominieren;[13] auf den zweiten Blick wird sich dann allerdings zeigen, daß auch für das Handlungssystem des ökonomischen Marktes eine Reihe von rechtlich nichtsanktionierten Verpflichtungen konstitutiv sind, die von den herrschenden Lehren jedoch häufig ignoriert werden. Von größerer Bedeutung als diese erste Unterscheidung ist aber eine zweite, die an der Art der individuellen Zwecke ansetzt, die in den relationalen Handlungssystemen durch die entsprechenden Rollenverschränkungen jeweils erst zur Realisierung gelangen. Auch hier bietet es sich an, sich zunächst an herkömmlichen Vorstellungen zu orientieren, um

13 Vgl. zu dieser Unterscheidung: Hardimon, »Role Obligations«, a. a. O.

zu einer ersten, noch sehr tentativen Differenzierung zu gelangen; danach können wir grob unterstellen, daß in die Sphäre persönlicher Beziehungen die individuellen Bedürfnisse und Eigenschaften, in der Sphäre des ökonomischen Marktes die jeweils partikularen Interessen und Fähigkeiten der einzelnen und in der Sphäre der politischen Öffentlichkeit schließlich die individuellen Absichten der Selbstbestimmung soziale Gestalt annehmen und intersubjektiv zur Verwirklichung kommen. Mit diesen sehr vorläufigen Unterscheidungen sind wir nun ausreichend gerüstet, um die normative Rekonstruktion dort beginnen zu lassen, wo in ontogenetischer Hinsicht die ersten Erfahrungen sozialer Freiheit gesammelt werden, nämlich in der Sphäre persönlicher Beziehungen.

1. Das »Wir« persönlicher Beziehungen

Das breite Feld persönlicher Beziehungen, von der Freundschaft bis hin zur Liebe, wird nun schon seit mehr als zweihundert Jahren als ein sozialer Ort begriffen, an dem sich eine besondere, schwer zu charakterisierende Form von Freiheit verwirklicht. Schon bei Schiller heißt es in »Über Armut und Würde«, daß allein »die Liebe [...] also eine freie Empfindung« sei,[14] bei Hegel ist an einer bereits zitierten Stelle nicht weniger emphatisch davon die Rede, daß man nur »in der Freundschaft und Liebe« im anderen vollkommen bei sich selber sein könne,[15] und von Schleiermacher stammt der schöne Gedanke, daß sich in der »modernen Freundschaft« die unterschiedlichen Gemütskräfte zweier Subjekte zu einem »freien Spiel« vereinigen.[16] Aber auch bei weniger romantisch

14 Friedrich Schiller, »Über Armut und Würde«, in: ders., *Sämtliche Werke*, Bd. V, München 1984, S. 433-488, hier: S. 483.

15 Hegel, *Grundlinien der Philosophie des Rechts*, a. a. O., § 7 (Zusatz).

16 Friedrich Schleiermacher, »Brouillon zur Ethik«, in: ders., *Philosophische Schriften*, hg. von Jan Rachold, Berlin 1984, S. 125-263, hier: S. 166ff.

gesinnten Denkern wie Feuerbach oder Kierkegaard finden sich ein wenig später Überlegungen, die auf die Idee hinauslaufen, daß sich in der persönlichen Beziehung zwischen zwei sich vertrauten Menschen eine besondere Form von Freiheit vollzieht, die in der wechselseitig ermöglichten Vervollkommnung des eigenen Selbst besteht.[17] Unzählig sind schließlich auch die Romane, Erzählungen und Theaterstücke, in denen ebenfalls die Erfahrung artikuliert wird, daß sich die individuelle Freiheit in und durch die Liebe steigern, ja überhaupt erst verwirklichen soll.[18]

All diese philosophischen und literarischen Erwägungen sind freilich nur ein schwacher Abglanz der tiefgreifenden Veränderungen, die sich in demselben Zeitraum in den Binnenverhältnissen der Lebenswelt selbst abspielen; hier werden zunächst im Bürgertum, anschließend in breiteren Bevölkerungskreisen die persönlichen Beziehungen allmählich von den Fesseln der ökonomischen Vorteilsnahme und der sozialen Allianzenbildung gelöst und damit für emotionale Erfahrungen geöffnet, in denen der eine im anderen die Chance und Bedingung seiner Selbstverwirklichung erblicken kann.[19] Was von nun an »Liebe«, »Intimität« oder »Ehe« heißen wird, ist von grundsätzlich anderer Art als noch zu Zeiten der adligen Höfe und eines um das Haus kreisenden Arbeitslebens: Der Geliebte, der Freund oder die Ehegattin können jetzt als

17 Vgl. Ludwig Feuerbach, »Grundsätze zur Philosophie der Zukunft« (1843), in: ders., *Kleine Schriften. Mit einem Vorwort von Karl Löwith*, Frankfurt/M. 1962, S. 145-219, hier: § 33 (S. 196-198). Zu Kierkegaard, bei dem die Bemerkungen zur Liebe weit verstreut sind, vgl.: Søren Kierkegaard, *Der Liebe Tun. Gesammelte Werke*, übersetzt und hg. von Emanuel Hirsch u. a., Düsseldorf/Köln 1950-69, Bd. 14; vgl. dazu die schöne Studie von Sergio Muñoz Fonnegra, *Das gelingende Gutsein. Über Liebe und Anerkennung bei Kierkegaard*, Berlin/New York 2010, v. a. Kap. II.

18 Vgl. etwa Ian Watt, *The Rise of the Novel: Studies in Defoe, Richardson and Fielding*, London 1957.

19 Dazu Niklas Luhmann, *Liebe als Passion. Zur Codierung von Intimität*, Frankfurt/M. 1982.

Personen verstanden werden, an die einen nichts als sexuelles Begehren, Wertschätzung oder Zuneigung bindet, so daß die Verbindung nach außen wie nach innen als eine zwanglose Formgebung von rein spontanen Antrieben erlebt wird. Persönliche Beziehungen sind, so will es die moderne Gesellschaft, diejenigen Sozialverhältnisse inmitten von Anonymität und Vereinzelung, in denen die innere Natur der Menschen durch wechselseitige Bestätigung ihre Freiheit findet.

Es hat nicht lange gedauert, bis diese neue Sozialform auch institutionell in verläßlichen Rollenmustern auf Dauer gestellt wurde. Für all die Arten von persönlichen Beziehungen, die schon im ausgehenden 18. Jahrhundert unterschieden wurden, bilden sich alsbald stabile Netzwerke von Praktiken heraus, innerhalb deren die Gesellschaftsmitglieder relativ sicher darüber sein können, welche Verhaltenserwartungen sie reziprok untereinander voraussetzen dürfen: Für die überwiegend gleichgeschlechtlichen Freundschaften gelten in dieser Zeit andere Handlungsregeln als für die vorläufig nur heterosexuell gedachten Intimbeziehungen, die ihrerseits wiederum meistens nur als Vorstufen zu oder Nebengleis von den stärker gesetzlich geregelten Ehe- und Familienverhältnissen gedacht werden. Gewiß stellen sich an den Rändern dieser unterschiedlichen Systeme von Praktiken immer wieder hartnäkkige Abgrenzungsprobleme, die zu mancherlei Mißverständnissen und literarisch typisierten Rollenkonflikten führen; außer Frage steht auch, daß die jeweiligen Handlungsregeln die Männer insofern massiv privilegieren, als sie ihnen ein höheres Maß an Autoritätsbefugnissen und Definitionsmacht einräumen. Aber zumindest der herrschenden Idee nach kann für alle die sich damit etablierenden Beziehungsmuster doch gelten, daß in ihnen die komplementären Rollenverpflichtungen auf den Zweck zugeschnitten sind, die Beteiligten sich durch wechselseitige Bestätigung, Unterstützung und Hilfe in ihren für wesentlich gehaltenen Eigenschaften verwirklichen zu lassen; so sind Freundschaften, grob gesagt, durch die

Handlungsregel vertraulicher Authentizität und Beratschlagung konstituiert, in Intimbeziehungen gilt häufig die Regel eines Austauschs von weiblich gewährter Sexualbefriedigung gegen die ökonomisch-soziale Sicherstellung der Frau, und in Familienverhältnissen schließlich herrscht die Norm wechselseitiger, sich über die Zeit erstreckender und dementsprechend ausgleichender Fürsorge und Hilfeleistung.

Allerdings sorgt die einseitige Abstellung allein auf die Gefühle der Beteiligten dafür, daß in diesen Verhältnissen persönlicher Beziehungen die einmal institutionalisierten Umgangsformen nie stillstehen, sondern einem ständigen Druck weiterer Vereinseitigung unterworfen bleiben.[20] Je stärker die jeweiligen Bindungen von äußeren Zwängen und sozialen Aufgabenstellungen entlastet werden, je deutlicher sie sich also auf die Affektlagen ihrer Träger zu konzentrieren beginnen, je größer wird in ihnen der Spielraum für die individuelle Artikulation von subjektiv empfundenen Gefühlszuständen; vor allem die Frauen sind es, die in jahrzehntelangen Dauerkämpfen an den privaten Konfliktzonen immer wieder Versuche unternehmen, ihre eigenen, strukturell benachteiligten Bedürfnisse innerhalb der etablierten Praktiken zur Geltung zu bringen, um deren Regelwerk zu ihren Gunsten zu verändern.[21] So vollziehen sich im Laufe der zweihundert Jahre nach der Herausbildung der Freiheit persönlicher Beziehungen an deren institutionalisierten Gestalten Veränderungen und Wandlungen, die an gesellschaftlicher Bedeutung denjenigen in den ökonomischen und sozialstrukturellen Verhältnissen in nichts nachstehen; keine der voneinander abgehobenen Sozialformen bleibt hier, was sie zu Beginn einmal war; sie alle werden in einen sich beschleunigenden Strudel von Um- und Neudefinitionen hineingerissen, in dem sich mit

20 Vgl. zusammenfassend: Anthony Giddens, *Wandel der Intimität. Sexualität, Liebe und Erotik in modernen Gesellschaften*, Frankfurt/M. 1996.

21 Exemplarisch: Claudia Honegger, *Listen der Ohnmacht: zur Sozialgeschichte weiblicher Widerstandsformen*, Frankfurt/M. 1981.

den Geschlechtsidentitäten auch die jeweiligen Rollenmuster ändern. Heute bietet das Feld persönlicher Beziehungen daher ein vollkommen anderes Bild als noch zu Beginn des 20. Jahrhunderts; nicht nur ist in den westlichen Gesellschaften die institutionelle Klammer zwischen sexuellem Intimverhältnis, Ehe und Familie weitgehend aufgelöst worden, nicht nur beginnen sich inzwischen neben den heterosexuellen Beziehungen auch öffentlich anerkannte Bindungsmuster unter Homosexuellen zu entwickeln, sondern selbst innerhalb von Freundschaften haben sich vielmehr erhebliche Wandlungen im institutionellen Gefüge vollzogen.

An diese neuen, sich gerade erst herausbildenden Gestalten von Intimität und Privatheit muß eine normative Rekonstruktion anknüpfen, die sich vorgenommen hat, in den persönlichen Beziehungen eine erste Sphäre sozialer Freiheit darzulegen; dabei wird sie darauf abheben müssen, im rapiden Wandel diejenigen Rollenmuster von größerer Dauer zu identifizieren, deren reziproke Erfüllung den Beteiligten zur Erfahrung einer intersubjektiven Verwirklichung ihrer jeweiligen Besonderheit verhilft. Ratsam scheint es in diesem Zusammenhang, an der Sozialform persönlicher Beziehungen anzusetzen, die den geringsten Grad an institutioneller Verankerung besitzt, also jener Spielart sozialer Freiheit, die sich in Freundschaften (a) findet; hier sind in schwacher, gesellschaftlich nur wenig standardisierter Weise die Verhaltensweisen auf Dauer gestellt, die sich dann in den Intimbeziehungen (b) und Familien (c) aufgrund der Steigerung des Eigenwerts körperlicher Beziehungen wesentlich differenzierter wiederfinden werden.

(a) Freundschaft

Schon in dem Umstand, daß Schleiermacher in seinen ethischen Erörterungen zwischen der »antiken« und der »modernen« Freundschaft unterscheidet,[22] mag ein erster Hinweis darauf liegen, daß auch diese höchst informelle Beziehungsform nicht ohne ein gewisses Maß an sozialer Institutionalisierung auskommt. Zwar wird heute immer wieder die Ansicht vertreten, Freundschaft könne schon deswegen keine »Institution« im soziologischen Sinn darstellen, weil sie nicht eine sich selbst reproduzierende Struktur besitzen würde und damit in ihrer Identität jeweils vollkommen abhängig von dem Selbstverständnis der beteiligten Personen sei;[23] darüber, ob eine Freundschaft in einem konkreten Fall vorliegt, so ließe sich der Einwand auch formulieren, entscheidet nicht der Grad der Übereinstimmung mit bereits vorgängig existierenden Handlungsregeln, sondern allein die Übereinkunft der beiden involvierten Parteien. Dagegen spricht nun allerdings bereits der empirische Befund, daß wir auch im gegenwärtigen Alltag weiterhin wie selbstverständlich zwischen »echten« und »falschen« Freunden, zwischen »wahren« und »nichtauthentischen« Freundschaften differenzieren;[24] dabei beziehen wir uns nicht auf irgendein Selbstverständnis der miteinander befreundeten Personen, sondern auf ein vages Geflecht von Praktiken, welches wir unseren Urteilen als Kriterium zugrunde legen. Aber nicht nur von außen, in der Einschätzung durch Dritte, vielmehr auch in der Binnenkommunikation unter Freunden werden stillschweigend bestimmte Handlungsnormen wechselseitig vorausgesetzt, die im allgemeinen immer dann thematisiert werden, wenn Krisen in der Beziehung verarbeitet werden müssen; auch in solchen Fällen werden die entsprechenden Regeln nicht einfach aus den beziehungsgeschichtlich gewachsenen Selbstinterpretationen hergeleitet, sondern als etwas betrachtet, daß auch außerhalb der jeweils eigenen Freundschaft in der sozialen Welt existiert.

22 Schleiermacher, »Brouillon zur Ethik«, a. a. O., S. 167f.

23 Hardimon, »Role Obligations«, a. a. O., S. 336.

24 Vgl. Liz Spencer/Ray Pahl, *Rethinking Friendship. Hidden Solidarities Today*, Princeton/New Jersey 2006, Kap. 3.

Die Handlungsnormen von Freundschaften sind mithin insofern gesellschaftlich institutionalisiert, als jeweils ein gemeinsam geteiltes Wissen über diejenigen Praktiken vorliegt, die zusammengenommen das beschreiben, was deren normativ angemessene Realisierung ausmacht; sobald Abweichungen von diesen intuitiv gewußten Regeln stattfinden, wird das gemeinhin als Krise erlebt, massive Verletzungen der entsprechenden Normen werden als Aufkündigungen von Freundschaften wahrgenommen.[25]

Die Unterscheidung von »antiker« und »moderner« Freundschaft, mit der Schleiermacher operiert hat, verweist nun auf einen institutionellen Wandel, der am Beginn der Herausbildung all dessen steht, was wir heute unter dieser Beziehungsform verstehen.[26] Zwar wissen wir über die tatsächliche Praxis der Freundschaft aus der Zeit der Antike oder des Mittelalters relativ wenig und können daher nur mehr oder weniger gut begründete Vermutungen anstellen. Als relativ gesichert kann für diesen Zeitraum indes gelten, daß es aufgrund der sozialen Höherstellung weitgehend nur den Männern offenstand, innerhalb der engen Grenzen ihres Standes informelle, »freundschaftlich« zu nennende Beziehungen untereinander zu unterhalten, während Frauen infolge der starken, aufoktroyierten Bindung an Hof und/oder Haus derartige Ver-

25 Michael Argyle/Monika Henderson, »The Rules of Friendship«, in: *Journal of Social and Personal Relationships*, 1 (1984), S. 211-237; Gerald D. Suttles, »Friendship as a Social Institution«, in: George McCall u. a. (Hg.), *Social Relationships*, Chicago 1970, S. 95-135.

26 Igor S. Kon bezeichnet diesen institutionellen Wandel der Freundschaft als einen Prozeß der »Säkularisierung« und »Individualisierung«, in: ders., *Freundschaft. Geschichte und Sozialpsychologie der Freundschaft als soziale Institution und individuelle Beziehung*, Reinbek b. Hamburg 1979, S. 50ff.; dieselbe Unterscheidung von »alter«, »aristokratischer« und moderner »ziviler« Freundschaft findet sich dann auch in der schottischen Moralphilosophie, auf die ich noch zu sprechen kommen werde, vgl. dazu: Allen Silver, »Friendship in Commercial Society: Eighteenth Century Social Theory and Modern Sociology«, in: *American Journal of Sociology*, 95 (1990), Nr. 6, bes. S. 1480ff.

kehrsformen beinah vollständig versperrt waren.[27] Noch im Mittelalter besitzen in den Oberschichten die Männerfreundschaften jedoch eher einen zeremoniellen, auf die Etablierung vorteilhafter Allianzen abzielenden Charakter, in den sozialen Unterschichten hingegen wird es im wesentlichen auf Nachbarschafts- und Arbeitserfahrungen beruhende Formen der informellen Sozialbeziehung zwischen Männern gegeben haben.[28] Überhaupt zeichnen sich all diese »freundschaftlichen« Männerbündnisse wohl vor allem durch die Verschränkung mit politischen oder geschäftlichen Absichten aus, so daß sie weniger auf wechselseitiger Zuneigung oder Wertschätzung als auf reziproker Interessenwahrnehmung beruhen; dementsprechend sind die komplementären Rollenverpflichtungen, die nicht unbedingt gleich verteilt sein müssen, auf die Erledigung von Aufgaben zugeschnitten, die in einem weiten Sinn dem Nutzen des Gegenübers dienen. Trotz aller ethischen Auszeichnung, die Aristoteles der selbstlosen, auf Tugenden gegründeten Freundschaft hat zuteil werden lassen,[29] ist die Welt der männlichen Freundschaften bis in die frühe Neuzeit hinein doch stark von puren Nutzenerwägungen durchzogen;

27 Zur verschwindend kleinen Rolle von Frauenbeziehungen oder -gemeinschaften in der Antike vgl. etwa: Louise Bruit Zaidman, »Die Töchter der Pandora. Die Frauen in den Kulturen der Polis«, in: Georges Duby/Michelle Perrot (Hg.), *Geschichte der Frauen*, Bd. 1 (Antike), Frankfurt/M. 1993, S. 375-417.

28 Zum zeremoniellen Charakter von Freundschaften in den Oberschichten des Mittelalters vgl.: J. Huizinga, *Herbst des Mittelalters. Studien über Lebens- und Geistesformen des 14. und 15. Jahrhunderts in Frankreich und in den Niederlanden*, Stuttgart 1939, S. 72 ff.; zu den sozialen Unterschichten vgl. die Hinweise bei Igor S. Kon, *Freundschaft*, a. a. O., S. 48. Eine historisch übergreifende und kulturell vergleichend angelegte Rekonstruktion von Freundschaftstypen unternehmen Shmuel N. Eisenstadt und Luis Roniger, *Patrons, Clients and Friends: Interpersonal Relations and the Structure of Trust in Society*, Cambridge 1984. Diese Studie unterstützt das hier grob angedeutete Bild, wonach sich die Freundschaft historisch von hochformalisierten Patronagebeziehungen zu intimisierten, persönlichen Vertrauensverhältnissen hin entwickelte.

29 Aristoteles, *Nikomachische Ethik*, übersetzt und hg. von Ursula Wolf, Reinbek b. Hamburg 2006, Kap. VIII u. IX.

wenn auch, zumal in den Oberschichten, nicht selten durch rituelle Formen wechselseitiger Ehrbezeugung kaschiert, stiftet sie im wesentlichen soziale Netzwerke, die den Zweck der Patronage und Protektion zu erfüllen haben.

Als eine Sphäre sozialer Freiheit konnten diese Institutionen der Freundschaft schon deswegen nicht begriffen werden, weil es nicht im Ermessen des einzelnen lag, in sie ein- oder auszutreten; nicht nur waren in strikter Weise Standesgrenzen einzuhalten, sondern es bedurfte auch erst der gemeinsamen Wahrnehmung von Interessenüberschneidungen, bevor solche Bündnisse geknüpft werden konnten. Sicherlich gab es innerhalb der sozialen Unterschichten daneben auch Formen der Kumpanei und männlichen Kameradschaft; aber diese besaßen offenbar eher sporadischen Charakter, konnten sich auf keine Kultur oder eingespielte Praxis stützen und vermochten daher nie die Gestalt einer sozialen Institution anzunehmen. Das alles ändert sich nach allem, was wir wissen, erst in dem historischen Augenblick, als mit der Aufwertung von wirtschaftlichem Handel und kapitalistischem Markt zugleich das Bedürfnis nach einer Gegenwelt des privaten Rückzugs wächst; jetzt erst entsteht, wie Allen Silver gezeigt hat, in der schottischen Moralphilosophie der Gedanke, daß die (männlichen) Marktteilnehmer zur Entlastung und als Gegengewicht »freundschaftlicher« Beziehungen bedürfen, die von kommerziellen Erwägungen vollkommen frei und statt dessen allein auf »sympathy« und »sentiment« gegründet sind.[30] Mag es auch immer ein wenig problematisch sein, von der »Geburtsstunde« einer Idee oder Institution zu sprechen, so drängt sich im Fall der Schriften von Ferguson, Hume, Hutcheson und Adam Smith doch auf, sie als Gründungsdokumente der modernen Form von Freundschaft anzusehen; denn hier wird zum ersten Mal mit systematischen Ambitionen die Vorstellung umrissen, daß es neben den Familienbindungen

30 Silver, »Friendship in Commercial Society«, a. a. O., S. 1474-1504.

eine zweite Gestalt von sozialen Beziehungen gibt, in denen die Subjekte allein aufgrund von wechselseitiger Zuneigung und Anziehung miteinander verbunden sind.

Die enorme Breitenwirkung, die diese Begründung der Freundschaft als eine der kommerziellen Gesellschaft entgegengesetzte Form der Sozialbeziehung gehabt haben muß, ist schon daran zu erkennen, daß Kant und Hegel nur ein paar Jahrzehnte später denselben Gedanken mit größter Selbstverständlichkeit verwenden; wann immer sie in ihren Werken die Freundschaft als ein distinktes Beziehungsgefüge behandeln – und das geschieht recht häufig –, haben sie zwar auch deren ethische Charakterisierung durch Aristoteles vor Augen, aber mehr noch das bereits rudimentär praktizierte Ideal der schottischen Moralphilosophie. Nicht anders verhält es sich natürlich in der romantischen Bewegung, in der die »Freundschaft« bald neben der »Liebe« zur idealen Form der Sozialbeziehung aufsteigt; auch hier werden deren charakteristische Eigenschaften nicht einfach aus der klassischen Literatur hergeleitet, sondern an sozialen Praktiken abgelesen, die sich im Alltag schon in ersten Umrissen niedergeschlagen haben.[31] In den europäischen Ländern ist die institutionelle Umsetzung der neuen Vorstellung nun kaum mehr aufzuhalten, überall in den Zentren intellektuellen Lebens beginnen sich Beziehungen zwischen Männern zu etablieren, die der Welt ökonomischer Kalkulationen und Interessen darin entgegengesetzt sein sollen, daß sie auf offen eingestandener Zuneigung und wechselseitiger Ergänzung beruhen.[32] Allerdings darf die soziale Verbreitung dieses veränderten Verständnisses von Freundschaft auch nicht überschätzt werden, denn es

31 Vgl. Kon, *Freundschaft*, a.a.O., S. 61-73; dazu auch: Friedrich Tenbruck, »Freundschaft. Ein Beitrag zur Soziologie der persönlichen Beziehungen«, in: *Kölner Zeitschrift für Soziologie und Sozialpsychologie*, 16 (1964), S. 431-456.

32 Albert Salomon, »Der Freundschaftskult des 18. Jahrhunderts in Deutschland: Versuch zur Soziologie einer Lebensform«, in: *Zeitschrift für Soziologie*, 8 (1979), S. 279-308.

bleibt zunächst nur einigen gebildeten Schichten vorbehalten, sich in die Praktiken einer kommunikationszentrierten und gefühlsbetonten Zweisamkeit einzuüben. Was sich aber in solchen ersten Experimenten vorbildhaft herausbildet, was sich hier Bahn zu brechen beginnt, ist eine Form von Sozialbeziehung, für die es offenbar historisch keine Vorläufer gegeben hat: Die Subjekte erziehen sich dazu, wechselseitig Rollen anzunehmen, die sie zur wohlwollenden Anteilnahme an den lebensgeschichtlichen Geschicken und Einstellungswandlungen ihres Gegenübers anhalten. Neu an dieser Art von Zweierbeziehung ist nicht nur, daß in ihr gegenüber dem gleichgeschlechtlichen anderen eine Verständnis- und Einfühlungsbereitschaft an den Tag gelegt werden soll, die bislang höchstens innerhalb der Familie und Verwandtschaft als selbstverständlich gelten konnte; neu ist auch, daß hier mit einemmal im Zwiegespräch Empfindungen und Einstellungen zur Sprache kommen sollen, für die zuvor eine öffentliche Bühne wohl gar nicht existiert hatte. Im Horizont solcher experimentell erprobten »romantischen« Freundschaften entstehen somit allmählich Rollenmuster und Praktiken, die deswegen von beiden Seiten als Steigerung von individueller Freiheit erlebt werden können, weil die eigenen Gefühle jetzt in der wohlwollenden Aufmerksamkeit und Widerspiegelung des Gegenübers eine soziale Verweltlichung erfahren – daher die von nun an gängige Assoziation von Freundschaft und Freiheit, daher Schleiermachers Hinweis auf das »freie Zusammenspiel« der Gemütskräfte in der neuen Form von Zweisamkeit.

Bevor diese neue Sozialform der Freundschaft jedoch die engen Grenzen der gebildeten Kreise zu überschreiten vermochte und auch in breiteren Bevölkerungsschichten habituell Fuß fassen konnte, mußten im ganzen wohl noch einhundertfünfzig Jahre vergehen. Alles, was sich in den Jahrzehnten nach der Blütezeit der Romantik an wesentlichen Veränderungen im Zusammenleben zwischen Frauen oder zwischen Männern vollzieht, läßt sich zwar schon als schrittweise Expansion solcher veränderter Vorstellungen von gleichgeschlechtlicher Vertraulichkeit verstehen: Auch junge Mädchen und unverheiratete Frauen beginnen im 19. Jahrhundert damit, die neue Verkehrsform für sich zu entdecken, indem sie in Pensionaten und Erziehungsanstalten untereinander sogenannte »Seelenfreundschaften« pflegen, die einen Raum für den Austausch von emotionalen Befindlichkeiten bieten;[33] in den exklusiv den Männern vorbehaltenen Vereinen, die zumeist der Organisation von wirtschaftlichen und politischen Interessen dienen, entwickeln sich nun unterhalb der offiziellen Geschäftskontakte verstärkt vertraulichere Zweierbeziehungen, in denen auch private Angelegenheiten zum Thema werden können.[34] All diese zaghaften Tendenzen einer sozialen Ausweitung der Freundschaft finden ihre Grenze freilich an der vor allem unter Männern weitverbreiteten Unfähigkeit, die eigenen Gefühle und Empfindungen gegenüber anderen zur Sprache zu bringen; noch herrscht in den verschiedenen Sozialmilieus das seit Jahrhunderten vermittelte Bild des robusten, gefühlsbeherrschten Mannes so stark vor, daß nur wenig Chancen bestehen, sich unter seinesgleichen rein persönliche Belange und Unsicherheiten anzuvertrauen.

Insofern hat sich das moderne Ideal der Freundschaft erst vollständig als institutionalisierte Praxis durchsetzen können, nachdem in so gut wie allen Gesellschaftsschichten für beide Geschlechter die Hemmschwellen zur Artikulation eigener Lebensziele niedergerissen worden waren. Wir liegen wahrscheinlich nicht falsch, wenn wir den Zeitpunkt einer solchen umfassenden, sozial durchgreifenden Entkrampfung des Sub-

33 Yvonne Knibiehler, »Leib und Seele«, in: Georges Duby/Michelle Perrot, *Geschichte der Frauen*, Bd. 4 (19. Jahrhundert), Frankfurt/M. 1997, Kap. 14, S. 373-415, bes. S. 404ff.

34 Besonders deutlich tritt dieser Wandel der Männerbeziehungen in den realistischen Romanen Theodor Fontanes (*Schach von Wuthenow* [1883], *Der Stechlin* [1898]) hervor. Leider ist mir keine Studie bekannt, die dieses Thema anhand der Romane Fontanes gesondert behandelt hätte.

jekts in der historischen Epoche lokalisieren, die nach dem Ende des Zweiten Weltkriegs anbricht, als sich in einer Welle ökonomischer Prosperität in den meisten Ländern des Westens Prozesse einer enorm beschleunigten Individualisierung abzeichnen;[35] waren bis dahin unter der Vorherrschaft des Mannes in der Familie, im Krieg und in der Wirtschaft die überkommenen Geschlechterrollen, die beiden Seiten wenig Spielraum für persönliche Selbsterkundungen boten, weitgehend intakt geblieben, so treten an deren Stelle nun wesentlich offenere, emotional verflüssigte Identitätsentwürfe. Damit hat, so läßt sich vermuten, die große Stunde der rein privaten Freundschaft in den westlichen Gesellschaften geschlagen; denn jetzt erst sind hier die Frauen und Männer aller Schichten kulturell dazu in der Lage, untereinander die schon lange bereitstehende Sozialform der vertrauensvollen, freundschaftlichen Zweierbeziehung zu praktizieren, um interesselos am Lebensschicksal des jeweils anderen Anteil zu nehmen. Es entfallen nun zudem auch allmählich jene Restbestände an sozialer Etikette, die bislang dafür gesorgt hatten, daß Freundschaften nur innerhalb desselben Geschlechts gepflegt werden durften; solche privaten Nahbeziehungen werden nun auch ohne Peinlichkeiten oder Verunglimpfungen zwischen Männern und Frauen möglich und können sich darüber hinaus nach Belieben über alle Lebensphasen erstrekken.[36]

Seither, also seit den sechziger Jahren des 20. Jahrhunderts, ist die Freundschaft zu einer schichtübergreifend genutzten Form der persönlichen Beziehung geworden; die alten, geschlechtsspezifischen Elemente der männlichen Kumpanei oder des zweckdienlichen Bündnisses hat sie zwar nicht voll-

35 Vgl. exemplarisch: Ulrich Beck, *Risikogesellschaft*, Frankfurt/M. 1986, Teil II; zur damit einhergehenden Verbreitung des Freundschaftsideals vgl. auch: Anthony Giddens, *Konsequenzen der Moderne*, Frankfurt/M. 1993, S. 148f.

36 Dazu informativ: Rosemary H. Blieszner/Rebecca G. Adams, *Adult Friendship*, London 1992.

kommen abgestreift, aber sie wird im allgemeinen nur dort als »angemessene« oder »authentische« Realisierung des normativen Grundmusters verstanden, wo ihr jegliche nutzenorientierte Erwägungen fehlen und sie statt dessen durch das wechselseitige Interesse am Wohlergehen des anderen geprägt ist.[37] Die Rollenverpflichtungen, die diesem schon in der schottischen Moralphilosophie vorausgedachten Sozialverhältnis zugrunde liegen, werden gewöhnlich schon in der frühen Pubertät erlernt[38] und besitzen daher trotz Wegfalls jeglicher Rechtskontrolle den Charakter von institutionalisierten Normen: Die Subjekte beherrschen intuitiv die normativen Regeln, daß sie sich in »wahren« Freundschaften wechselseitig eine dauerhafte Aufmerksamkeit für die lebensgeschichtlichen Sorgen und Entscheidungsnöte des jeweils anderen schulden, daß sie mit den entsprechenden Bekenntnissen vertrauensvoll umgehen müssen und diese daher nicht unaufgefordert an Dritte weitergeben dürfen, daß sie in individuellen Krisensituationen einander mit Ratschlag und Fürsorge beizustehen haben und daß sie dem Freund oder der Freundin auch dann noch die gewohnte Anteilnahme entgegenbringen sollten, wenn dessen oder deren private Entscheidungen für sie vorläufig unverständlich bleiben.[39] Die Voraussetzung von Freundschaften, die den damit vage umrissenen, stets interpretationsbedürftigen Handlungsregeln gehorchen, bildet im Normalfall, wie bereits Aristoteles wußte,[40] eine reziproke Wertschätzung, die nicht einfach den äußerlich wahrnehmbaren Lebensvollzügen des anderen gilt, sondern den ethischen Sichtweisen und Entscheidungen, die sich dahinter als motivationaler Bestimmungsgrund verbergen – Freunde oder Freundinnen halten sich einander für schätzenswert aufgrund

37 Spencer/Pahl, *Rethinking Friendship*, a. a. O., Kap. 3.

38 Vgl. exemplarisch: Monika Keller/Michaela Gummerum, »Freundschaft und Verwandtschaft – Beziehungsvorstellungen im Entwicklungsverlauf und Kulturvergleich«, in: *Sozialer Sinn*, 1 (2003), S. 95-121.

39 Argyle/Henderson, »The Rules of Friendship«, a. a. O.

40 Aristoteles, *Nikomachische Ethik*, a. a. O., Achtes und Neuntes Buch.

der Art und Weise, in der sie jeweils existentiell ihr eigenes Leben bewältigen.

In Hinblick auf diese »ethischen« Eigenschaften der Freundschaft sind in den letzten Jahren eine Reihe von Versuchen unternommen worden, deren Bedeutung als Bedingung für ein gelingendes Leben im allgemeinen und für die moralische Bildung im besonderen herauszuarbeiten. Im ersten Kontext ist dabei der alte aristotelische Gedanke wieder neu zur Geltung gebracht worden, wonach die interesselose Freundschaft deswegen eine notwendige Voraussetzung für ein individuell gutes Leben bildet, weil sie in der gemeinsamen, zwanglosen Beratung die Chance einer reflexiven Betrachtung und Überprüfung der eigenen Lebensentscheidungen bietet;[41] gerade in Zeiten einer verstärkten Atomisierung, so wird häufig betont, bedarf es des sozialen Gegengewichts dauerhafter Freundschaftsbeziehungen, weil nur sie dank der in sie eingebauten Rechenschaftspflichten vor den Verfehlungen schützen, die aus einer rein privatistischen Orientierung am Guten resultieren könnten.[42] Innerhalb des zweiten, thematisch engeren Kontextes, in dem die Frage nach dem moralischen Wert der Freundschaft behandelt wird, besteht inzwischen weitgehend Einigkeit darüber, daß von engen und vertrauensvollen Beziehungen zum konkreten Anderen ein sanfter, lehrreicher Druck ausgeht, die eigenen Moralprinzipien stets wieder den situationalen Gegebenheiten des Einzelfalls anzupassen und ihnen damit ihre Rigidität zu nehmen;[43] unter sozialisationstheoretischen Gesichtspunkten wird zudem im Anschluß an Jean Piaget häufig hervorgehoben, daß Freundschaften in der

41 Vgl. Ursula Wolf, *Aristoteles' »Nikomachische Ethik«*, Darmstadt 2002, bes. Kap. IX, 3.

42 So etwa Arne Johan Vetlesen, »Freundschaft in der Ära des Individualismus«, in: Axel Honneth/Beate Rössler (Hg.), *Von Person zu Person. Zur Moralität persönlicher Beziehungen*, Frankfurt/M. 2008, S. 168-207.

43 Vgl. Marilyn Friedman, »Freundschaft und moralisches Wachstum«, in: ebd., S. 148-167. Insgesamt dazu auch: dies., *What are Friends for? Feminist Perspectives on Personal Relationships and Moral Theory*, Ithaca 1993.

Peergroup einen idealen Erfahrungsraum für Kinder und Jugendliche abgeben, um den sozialen Sinn von moralischen Verpflichtungen und Prinzipien zu erlernen.[44] Aber all das sind natürlich Erwägungen und Behauptungen, die nicht im entferntesten an die Frage heranreichen, inwiefern die heute praktizierten Formen der Freundschaft eine erste institutionelle Sphäre der sozialen Freiheit darstellen; persönliche Zweierbeziehungen, wie sie gegenwärtig innerhalb eines gewissen Toleranzspielraums normativ verstanden und mit großer Selbstverständlichkeit ausgeübt werden, mögen dem Gelingen des individuellen Lebens oder der moralischen Bildung in vielerlei Hinsicht förderlich sein; das erklärt jedoch noch lange nicht, warum der einzelne darin eine soziale Verkörperung seiner eigenen Freiheit erblicken können soll.

Unter diesem, hier entscheidenden Gesichtspunkt ist das Besondere an modernen Freundschaften, daß sie einer Person das eigene Wollen als etwas erfahrbar machen, dessen Artikulation vom konkreten Gegenüber seinerseits erstrebt wird und das damit jede Verschließung nach innen verliert. Die komplementären Rollenverpflichtungen, durch die die Praktiken der Freundschaft heute bestimmt sind, ermöglichen eine wechselseitige Offenlegung von Gefühlen, Einstellungen und Absichten, die ohne den jeweils anderen kein Gehör fänden und damit als nicht darstellbar empfunden werden müßten. So selbstverständlich ist uns diese Erfahrung einer »Befreiung« unseres Wollens im freundschaftlichen Gespräch und Beisammensein, daß wir für sie kaum mehr die Sprache der Freiheit verwenden, obwohl nur sie doch erklären könnte, was wir zunächst und vor allem in Freundschaften suchen und welchen Platz sie inmitten unseres gesellschaftlichen Lebens einnehmen. Beziehungen der Freundschaft bilden eine institutionalisierte Form vorreflexiver Gemeinsamkeiten, die durch den nicht weiter thematisierten Wunsch beider Seiten

44 Jean Piaget, *Das moralische Urteil beim Kinde*, Frankfurt/M. 1976.

geprägt ist, die jeweils eigenen Gefühle und Einstellungen einander vorbehaltlos zu offenbaren; die implizit gewußten Rollenverpflichtungen greifen hier derart ineinander, daß wechselseitig Vertrauen und Sicherheit darüber bestehen, selbst noch in den idiosynkratischsten oder abwegigsten Wünschen ernst genommen und nicht verraten zu werden. Es ist diese Erfahrung einer zugleich gewollten und umsorgten Selbstartikulation, die die Freundschaft zu einer Heimstätte sozialer Freiheit werden läßt: Der einzelne kann und soll in ihr die ihm privilegiert zugänglichen Erlebnisse vor einem anderen enthüllen, so daß innere Grenzen wegfallen, die ansonsten in der Alltagskommunikation wie selbstverständlich aufrechterhalten werden müssen. In einem anderen bei sich selbst zu sein bedeutet daher in der Freundschaft, das eigene Wollen in all seiner Unschärfe und Vorläufigkeit der anderen Person ungezwungen und ohne Angst anvertrauen zu können.

Es ist, wie gesagt, wahrscheinlich nicht diese Art von Freiheit, die die Subjekte heute vordergründig mit dem Wert der Freundschaft für ihr individuelles Leben assoziieren; dabei mögen Motive des Beistands in existentiellen Randsituationen, der Ratsuche bei privaten Entscheidungsproblemen oder nur des Vergnügens an gemeinsam geteilten Interessenlagen eine viel stärkere Rolle spielen. Der Freiheitsgewinn, der darin besteht, eigene Gefühle und Erlebnisse vorbehaltlos mitteilen zu können, besitzt die Eigentümlichkeit einer selbst kaum zu thematisierenden Erfahrung; sie vollzieht sich ohne bewußte Aufmerksamkeit, ist daher sprachlich nicht gesondert artikulierbar und zeigt sich doch indirekt an den Gefühlen plötzlicher Entkrampfung, Leichtigkeit und Zwanglosigkeit, die den kommunikativen Austausch unter Freunden typischerweise begleiten. Mehr als die Darstellung solcher Empfindungen der Befreiung und Verflüssigung findet sich auch in Romanen nicht, die um die einzigartige Erfahrung der Freundschaft kreisen; selbst dort wird man vergeblich nach Belegen suchen, die helfen könnten, als Kern aller modernen Freundschaft eine zuvor unbekannte Gestalt der Freiheit auszumachen.[45] Aber diese phänomenologische Ungreifbarkeit sollte uns nicht davon abhalten, an der Einsicht der schottischen Moralphilosophie und der romantischen Bewegung festzuhalten, wonach sich in der erst im 18. Jahrhundert entstandenen, von instrumentellen Erwägungen entlasteten Institution der Freundschaft eine besondere Form der intersubjektiven Freiheit vollzieht: Der andere ist hier nicht Begrenzung, sondern Bedingung der individuellen Freiheit, weil er dem einzelnen als vertrauter Interaktionspartner die Chance gibt, sich der auferlegten Grenzen in der Artikulation des eigenen Wollens zu entledigen und damit einen »öffentlichen« Spielraum für die ethische Selbsterkundung zu erlangen. Wie in allen relationalen Institutionen, so kann sich freilich auch in der Freundschaft der Zugewinn an Freiheit nur realisieren, wenn komplementäre Rollenverpflichtungen übernommen werden, die für eine Verstetigung der freiheitsverbürgenden Praktiken sorgen; die moralische Einstellung, sich dem Freund oder der Freundin gemäß allgemein ausgeübter Regeln verpflichtet zu wissen, ist insofern hier die unerläßliche Voraussetzung von Freiheit.

Nun ist in den letzten Jahren immer wieder die zeitdiagnostische Vermutung geäußert worden, daß heute aufgrund der verstärkten Individualisierung und des erhöhten Leistungsdrucks besonders die Sozialform der persönlichen Freundschaft in ihrem Bestand bedroht sei: Wo die Gesellschaftsmitglieder zunehmend dazu angehalten seien, sich im beruflichen Wettbewerb zu bewähren und dabei individuelle Leistungsbereitschaft zu demonstrieren, wo die Flexibilisierung im Arbeitsleben es zum alltäglichen Zwang mache, sich nur noch

45 Als eine wahre Apotheose der durch Freundschaft gewährten Freiheit läßt sich lesen: Harry Mulisch, *Die Entdeckung des Himmels* (1992), München/Wien 1993; ähnlich enthusiastisch bei feinsinniger Unterscheidung von Freundschaft und Liebe ist: Wallace Stegner, *Zeit der Geborgenheit*, München 2009.

privatistisch an den eigenen Aufstiegschancen zu orientieren, da könne es kaum noch jene uneigennützige Bereitschaft zur persönlichen Anteilnahme geben, die für die Aufrechterhaltung von vertrauensvollen Freundschaften unerläßlich ist.[46] Es ist nicht leicht, solche skeptischen Prognosen auf ihre empirische Triftigkeit hin zu prüfen; valide Untersuchungen zu diesem Thema gibt es nur wenige, im allgemeinen ist man auf klug verallgemeinerte Alltagsbeobachtungen oder auf zeitdiagnostisch sensible Kunstwerke angewiesen. Halten wir uns an derartige Zeugnisse, so sind sicherlich gewisse Tendenzen erkennbar, Freundschaften wieder verstärkt zur Knüpfung vorteilhafter Beziehungen zu nutzen und damit für instrumentell definierte Zwecke einzuspannen.[47] Gleichzeitig aber macht das wenige, über das empirische Studien der letzten Zeit Auskunft geben, immer wieder in überraschender Übereinstimmung deutlich, daß die Gesellschaftsmitglieder die Regeln der vertrauensvollen Freundschaft weiterhin beherrschen und dementsprechend auf deren Verletzung mit informellen Sanktionen reagieren:[48] Wie in der jüngeren Vergangenheit, so wird auch heute offenbar in jedem Ansinnen, freundschaftliche Beziehungen zu instrumentalisieren, ein Verstoß gegen die normativen Praktiken der Freundschaft gesehen; und ebenso scheint nach wie vor zu gelten, daß sich Freunde untereinander ein hohes Maß an persönlicher Anteilnahme am jeweiligen Wohlergehen schulden. Wo von diesen sozialen Normen abgewichen wird, so geht aus den genannten Untersuchungen hervor, da werden die entsprechenden Privatbeziehungen gemeinhin nicht mehr als »Freundschaften« im strik-

46 Vgl. etwa Vetlesen, »Freundschaft in der Ära des Individualismus«, a. a. O.; Robert N. Bellah u. a., *Gewohnheiten des Herzens. Individualismus und Gemeinsinn in der amerikanischen Gesellschaft*, Köln 1987, S. 165ff.

47 Reich an Schilderungen solcher strategischer Freundschaften ist etwa der zeitdiagnostische Roman *Freiheit* von Jonathan Franzen (Reinbek b. Hamburg 2010).

48 Vgl. u. a. Spencer/Pahl, *Rethinking Friendship*, a. a. O.

ten Sinn bezeichnet; für sie hält der öffentliche Wortschatz andere Begriffe bereit, die von der »Kumpanei« über die »Vetternwirtschaft« bis zur bloßen »Arbeitsbeziehung« reichen. Insgesamt besteht daher wenig Anlaß, an der Stabilität der modernen Institution der Freundschaft zu zweifeln; ja, unter all den persönlichen Beziehungen unserer Tage mag sie sogar diejenige sein, die in den beschleunigten Prozessen der Individualisierung und Flexibilisierung die größte Beharrungskraft besitzt. Nimmt man hinzu, daß sich derartige Freundschaften heute stärker als früher über alle Schichtgrenzen hinweg erstrecken, kaum mehr vor ethnischen Differenzen haltmachen und zunehmend auch die Bindung an einen gemeinsamen Ort verlieren, so ist darin vielleicht das elementarste Ferment aller demokratischen Sittlichkeit zu erkennen.

(b) Intimbeziehungen

Daß wir heute überhaupt Intim- oder Liebesbeziehungen als eine gesonderte Sozialform begreifen können, ist das Resultat eines Prozesses der Ausdifferenzierung persönlicher Bindungen, der erst vor kurzem zu einem vorläufigen Abschluß gekommen ist. Zwar ist die Liebe in der institutionellen Gestalt, in der wir sie inzwischen kennen, nämlich als eine allein in sexuellem Begehren und wechselseitiger Zuneigung begründete Form der persönlichen Beziehung, schon in der zweiten Hälfte des 18. Jahrhunderts entstanden; damals vollzog sich jener große Wandel im Verhältnis zwischen Mann und Frau, der dazu führte, daß allmählich allein die leidenschaftliche Bindung als Prinzip der Wahl des Geschlechtspartners akzeptiert wurde.[49] Aber bis dieses neue Beziehungsmuster sich in

49 Luhmann, *Liebe als Passion*, a. a. O., Kap. 13; Lawrence Stone, »Passionate Attachments in the West in Historical Perspective«, in: Williard Gaylin/Ethel Person (Hg.), *Passionate Attachments: Thinking about Love*, New York 1988, S. 15-26; eine höchst informative, psychoanalytisch

dem Sinn vollständig zu »demokratisieren« vermochte, daß es nicht nur für die heterosexuelle, sondern auch für die homosexuelle Paarbildung in allen Gesellschaftsschichten eine gleichermaßen bereitgehaltene Möglichkeit bilden konnte, mußten erst noch zweihundert Jahre vergehen;[50] heute ist die Intimbeziehung institutionell so weit von der Eheschließung und Familiengründung abgekoppelt, daß sie für alle Gesellschaftsmitglieder, gleich welcher sexuellen Orientierung, eine legitime Beziehungsform auch dann darstellt, wenn nicht die Absicht einer längerfristigen, staatlich sanktionierten Bindung besteht.

Für den historischen Zeitraum vor dem Ende des 18. Jahrhunderts selbst schon von Intimbeziehungen sprechen zu wollen, stellt wohl bereits ein begriffliches Mißverständnis dar. Gewiß hat es auch in der Antike und im Mittelalter Verhältnisse aus Leidenschaft, sexuelle Affären und homosexuelle Bindungen gegeben, aber keine dieser auf Zuneigung oder Attraktion beruhenden Paarbeziehungen konnte sich auf irgendein institutionelles Muster intimer Nähe und Offenheit stützen; es mußte sich bei ihnen vielmehr um strikt regulierte Ausnahmen oder Abweichungen von den offiziellen Regeln handeln, welche für den sexuellen Verkehr vorsahen, daß er sich nur in gesellschaftlich legitimierten, eheförmigen Zweierbeziehungen abzuspielen hatte, die zudem strikt in Standesgrenzen eingebunden waren und auf ökonomischen Erwägungen der Familienvorstände beruhten. Bis spät ins 17. Jahrhundert hinein galt es in den über Eigentum verfügenden Schichten innerhalb Europas als selbstverständlich, daß die Erziehungsberechtigten eine Verheiratung ihrer Töchter oder Söhne zu arrangieren hatten, wobei sie sich nicht von Gedanken über emotionale Harmonie oder individuelles

ausgerichtete Geschichte der Intimbeziehung bietet auch: Eric Smadja, *Le couple et son histoire*, Paris 2011.

50 Von einer allmählichen »Demokratisierung« der Liebe spricht auch Luhmann, *Liebe als Passion*, a. a. O., S. 175.

Glück leiten ließen, sondern von Kalkulationen über langfristige Vorteile für die gesamte Verwandtschaftsgruppe; daher ist es irreführend und höchst problematisch, schon für diesen Zeitraum den Begriff der »Intimbeziehungen« zu verwenden, der doch einen gewissen Spielraum für die wechselseitige Erkundung individueller Gefühlslagen voraussetzt.[51]

Im allgemeinen werden Shakespeares Liebessonette und sein Drama *Romeo und Julia* als erste literarische Zeugnisse eines allmählichen Wandels in den kulturellen Einstellungen zur Ehe und Liebe angesehen; neu ist an diesen die Darstellung der Bindung aus leidenschaftlichen Gefühlen, die gezielt mit Hilfe sprachlich-poetischer Mittel von den herrschenden Praktiken in der sozialen Umwelt abgesetzt wird.[52] Zumindest an den aristokratischen Höfen in Spanien, Frankreich und England scheint sich im Laufe des 17. Jahrhunderts insofern ein gewisser Umbruch zu vollziehen, als hier nun Nischen für experimentelle Erprobungen von Bindungen aus Leidenschaft oder Zuneigung entstehen.[53] Allerdings ist die öffentliche Reaktion auf diese Befreiungsversuche noch von größter Ablehnung getragen, wie populäre Ratgeber, Medizinhandbücher und Predigten aus der Zeit unmißverständlich zu erkennen geben; weiterhin herrscht in der großen Masse der Bevölkerung die Meinung vor, daß der erst nach der arrangierten Ehe erlaubte Geschlechtsverkehr zwangsläufig die Gefühls-

51 Vgl. dazu insgesamt: Reinhard Sieder, »Ehe, Fortpflanzung und Sexualität«, in: Michael Mitterauer/Reinhard Sieder, *Vom Patriarchat zur Partnerschaft. Zum Strukturwandel der Familie*, München 1977, S. 141-161.

52 Zu Shakespeare vgl. Stephen Greenblatt, *Will in der Welt. Wie Shakespeare zu Shakespeare wurde*, Berlin 2004, Kap. 4; zur Wandlung des Liebesbegriffs in diesem Zeitraum siehe Jean-Paul Desaire, »Ambivalenzen des literarischen Diskurses«, in: Georges Duby/Michelle Perrot (Hg.), *Geschichte der Frauen*, Bd. 3 (Frühe Neuzeit), Frankfurt/M. 1994, S. 279-310.

53 Dazu: Luhmann, *Liebe als Passion*, a. a. O., Kap. 6 und 7; zur Verarbeitung dieses Wandels bei den französischen Moralisten vgl. Louise K. Horowitz, *Love and Language: A Study of the Classical French Moralist Writers*, Columbus 1977.

einstellungen hervorbringen würde, die für eine harmonische und stabile Beziehung zwischen Mann und Frau erforderlich seien. Wie für die moderne, vertrauensvolle Freundschaft, so zeichnen sich daher auch für die moderne, gefühlsbegründete Liebesbeziehung erste Prozesse einer sozialen Institutionalisierung nicht vor dem Ende des 18. Jahrhunderts ab; in dieser tiefgreifenden Umbruchperiode, in der fast alle entscheidenden Voraussetzungen für die Anerkennungskultur der gesellschaftlichen Moderne geschaffen werden, beginnt sich in den Alltagspraktiken der sozialen Oberschichten die Vorstellung niederzuschlagen, daß nur wechselseitige Zuneigung eine legitime Basis für die eheliche Bindung zwischen Mann und Frau bilden dürfe. Von Beginn an wird dabei die neue Auffassung von Sexualität und zwischengeschlechtlicher Beziehung mit einem Wandel auch in der Architektonik der individuellen Freiheit assoziiert: Nicht nur soll das Individuum nun darin freier als zuvor sein, daß es sich zur lebenslangen Beziehung unabhängig von den elterlichen Weisungen und allein aus Gründen persönlicher Empfindungen entschließen kann: darüber hinaus wird die frei gewählte Beziehung zwischen Mann und Frau jetzt selbst als ein soziales Arrangement gedacht, in dem sich eine besondere Form von Freiheit vollzieht. Hegel ist nur einer unter vielen, wenn er in seiner »Rechtsphilosophie« darzustellen versucht, inwiefern in der rein auf Zuneigung gegründeten Ehe die Bedürfnisse der beiden vereinten Personen zur wechselseitig gewollten Entfaltung gelangen und damit im »freien« Zusammenspiel erst ihre eigentliche Erfüllung finden;[54] ja, in der auf Hölderlin zurückgehenden Vereinigungsphilosophie wird sogar der Gedanke verfochten, daß sich nur in der Liebe die menschliche Freiheit vollkommen verwirklicht, weil hier der Eine dem Anderen die Chance einer ungehinderten Selbstverwirklichung bietet.[55]

54 Hegel, *Grundlinien der Philosophie des Rechts*, a. a. O.
55 Vgl. dazu Dieter Henrich, »Hegel und Hölderlin«, in: ders., *Hegel im Kontext*, Frankfurt/M. 1971, S. 9-40.

Im nüchternen Alltag der bürgerlichen Ehe bleibt damals von diesem idealistischen Überschwang freilich wenig übrig, weil die Frauen aufgrund der herrschenden Geschlechtszuschreibungen nur über geringe Möglichkeiten verfügen, ihre Bedürfnisse frei und ungezwungen zu artikulieren; sie sind bekanntlich gemäß der institutionell fixierten Rollenverteilungen zum Vollzug von subordinierten Tätigkeiten im Haushalt und in der Kinderbetreuung verpflichtet, während den Männern das Privileg zukommt, im Licht der Öffentlichkeit gesellschaftlich tätig zu sein und damit für den Erwerb des Familieneinkommens zu sorgen.[56] Zudem bildet sich im Laufe des 19. Jahrhunderts in Verlängerung älterer solcher Einrichtungen die Institution der halboffiziellen Konkubine heraus, die es den Männern aus den begüterten Gesellschaftsschichten unter Duldung aller Beteiligten erlaubt, ihre sexuellen Bedürfnisse außerhalb der Ehe zu befriedigen; unzählig sind die Romane zumeist französischer Provenienz, in denen geschildert wird, wie alleinstehende Frauen aus vermögensarmen Verhältnissen zu einem gewissen Auskommen und Ansehen dadurch gelangen, daß sie im Austausch gegen materielle Versorgungsleistungen begüterten Ehemännern sexuelle Befriedigung gewähren.[57] Das 19. Jahrhundert ist im ganzen insofern eine typische Übergangsperiode, in der das neue Beziehungsmuster zwar schon gesellschaftlich institutionalisiert ist, aber noch nicht die alltagspraktische Umsetzung erfährt, die es dem normativen Prinzip nach eigentlich verlangt: Der

56 Vgl. z. B.: Joan B. Landes, *Women and the Public Sphere in the Age of the French Revolution*, Ithaca 1988.

57 Vgl. exemplarisch: Emile Zola, *Nana*, München 1985. Zu dem gesamten Themenkomplex vgl. auch: Albrecht Korschorke u. a., *Vor der Familie. Grenzbedingungen einer modernen Institution*, München 2010, S. 57-66. Darauf, wie lange sich diese Praxis historisch noch gehalten hat, wirft schlaglichtartig einen Blick der Essay von Heinrich Adolf: »Adornos verkaufte Braut – Rekonstruktion einer Beziehung«, in: Stefan Müller-Doohm, *Adorno-Portraits. Erinnerungen von Zeitgenossen*, Frankfurt/M. 2007, S. 309-334.

Geschlechtsverkehr ist von den Fesseln der elterlichen Nutzenkalkulation befreit und allein den Gefühlserwägungen der Partner anheimgestellt, bleibt aber offiziell in den gesetzlichen Rahmen der Ehe eingebunden und daher nur den heterosexuellen Praktiken vorbehalten; innerhalb der nunmehr als »frei« gedachten Ehe herrscht normativ der Grundsatz der Gleichstellung von Mann und Frau, untergründig sorgen jedoch traditionelle Rollenbilder und männliche Gewalt dafür, daß die häuslichen Aufgaben höchst ungleich verteilt bleiben. Von der intersubjektiven Freiheit, die Hegel und seine Zeitgenossen im Blick haben, als sie die neuen Verkehrsformen zwischen den Geschlechtern preisen, kann also kaum die Rede sein. Immerhin aber ermöglicht es das gerade erst institutionalisierte Prinzip der gleichberechtigten und freien Intimbeziehung, daß sich im Lauf desselben Jahrhunderts auch vermehrt Frauen daranmachen, ihre leidenschaftlichen Gefühle ernst zu nehmen und gegen die herrschenden Verhältnisse aufzubegehren; wiederum sind es die klassischen Romane der Epoche, denen es mit enormer Nachwirkung gelingt, auf diese weiblichen Emanzipationsbemühungen ein Schlaglicht zu werfen.[58]

Derartige Versuche, das bereits institutionalisierte Prinzip der »romantischen Liebe« auch für Frauen und sexuelle Minderheiten zur Geltung zu bringen, sind es dann wohl auch gewesen, die im Laufe des 20. Jahrhunderts zu einer schrittweisen Demokratisierung der Institution der rein gefühlsbestimmten, gesetzlich uneingeschränkten Intimbeziehung geführt haben. Zwar verzögern die beiden Weltkriege diesen Befreiungsprozeß jeweils noch einmal, indem sie im traumatischen Nachklang der katastrophalen Ereignisse kollektive

58 Neben den bekannten Romanen wie *Effi Briest*, *Madame Bovary* und *Anna Karenina* seien hier nur zwei außerordentliche Erzählungen erwähnt: Anton Čechov, »Die Dame mit dem Hündchen«, in: ders., *Die Dame mit dem Hündchen. Erzählungen 1887-1903*, Zürich 1976, S. 250-271; Iwan Bunin, »Visitenkarten,« in: ders., *Dunkle Alleen. Erzählungen 1920-1953*, Berlin und Weimar 1983, S. 367-374.

Stimmungen und Mentalitäten erzeugen, die ein Festklammern an den bewährten, männlich dominierten Praktiken begünstigen; daher sind die zwanziger und fünfziger Jahre die beiden Epochen im 20. Jahrhundert, in denen die bürgerliche Ehe mit all ihrer männlichen Autorität und Zwangsbefugnis noch einmal zur vollen Blüte gelangt, obwohl sich doch im sozialen Untergrund und jenseits des Gesetzes bereits viele alternative Intimbeziehungen zu etablieren beginnen – homosexuelle Paare leben illegal zusammen, Männer und Frauen bilden unverheiratete Lebensgemeinschaften, außereheliche Affären werden nun vermehrt auch von weiblicher Seite aus eingegangen. Aber all das kann sich daher erst in institutionalisierten Praktiken niederschlagen und zu einem legitimen Bestandteil des sozialen Alltagslebens werden, als die letzten retardierenden Nachwirkungen des Zweiten Weltkriegs verflogen sind und die ökonomische Prosperität im Westen eine beschleunigte Individualisierung ermöglicht. In einer Serie von sozialen Kämpfen und Konflikten, die das Ergebnis eines sozial erweiterten Spielraums für die Artikulation eigener Bedürfnisse und Identitätsvorstellungen sind, erstreiten Frauen und sexuelle Minderheiten ab Beginn der sechziger Jahre eine Reihe von rechtlichen und sittlichen Reformen, die zusammengenommen eine veränderte Einstellung gegenüber Ehe, Familie und Sexualität bewirken: Die Empfängnisverhütung wird legalisiert und mit Hilfe der Pille weitgehend demokratisiert, das Verbot der Homosexualität wird in den meisten westlichen Ländern aufgehoben und damit die Praxis gleichgeschlechtlicher Paarbeziehungen öffentlich zumindest geduldet, die Frauen werden nicht nur endgültig den Männern rechtlich gleichgestellt, sondern auch im wachsenden Maße in den gesellschaftlichen Arbeitsprozeß integriert, die Ehescheidung wird von staatlicher Seite aus flexibilisiert und dadurch beiden Seiten eine umstandslosere Wiederverheiratung ermöglicht, die sittliche Tabuisierung des vor- und außerehelichen Geschlechtsverkehrs beginnt sich zu zerstreuen und einer größeren Toleranz gegenüber einem sexuellen Erprobungsverhalten Platz zu machen; schließlich verändern sich die Erziehungsstile in den Familien und Schulen, indem dem Eigenrecht des Kindes größere Aufmerksamkeit geschenkt und auf physische Strafmaßnahmen beinah vollständig verzichtet wird.[59] Was sich in diesen rechtlichen und kulturellen Umbrüchen vollzieht, die im nachhinein verkürzt auf den einen Nenner der »sexuellen Revolution« gebracht worden sind, läßt sich aus einer gewissen Distanz wohl am besten als Beginn einer allmählichen Deinstitutionalisierung der bürgerlichen Kleinfamilie bezeichnen, an dessen Ende die institutionelle Verselbständigung der Intim- oder Liebesbeziehung steht:[60] Die intersubjektive Bindung aus sexuellen und emotionalen Motiven ist so weit von dem institutionellen Komplex aus familialem Zusammenleben und Kindererziehung abgekoppelt worden, daß sie als ein vollkommen eigenständiges System sozialer Praktiken dasteht, welches im Prinzip jedem erwachsenen Gesellschaftsmitglied zugänglich ist.

Gewiß mußten im sozialen Alltag noch einige weitere Einstellungsänderungen über die genannten Reformen hinaus geschehen, bevor dieses neue Verhaltenssystem sich auch tatsächlich breitenwirksam und nachhaltig zu etablieren vermochte: Erst seit wenigen Jahren beginnt sich abzuzeichnen, daß lesbische oder homosexuelle Paare in der Öffentlichkeit wie andere, heterosexuelle Beziehungen akzeptiert werden,

59 Zur rechtlichen Seite dieses Transformationsprozesses vgl. etwa: Jutta Limbach/Siegfried Willutzki, »Die Entwicklung des Familienrechts seit 1949«, in: Rosemarie Nave-Herz, *Kontinuität und Wandel der Familie in Deutschland*, Stuttgart 2002, S. 7-43.

60 Zum Prozeß der »Deinstitutionalisierung« der Kleinfamilie vgl.: Hartmann Tyrell, »Ehe und Familie«, in: Kurt Lüscher/Franz Schultheis/Michael Wehrspaun (Hg.), *Die »postmoderne« Familie. Familiale Strategien und Familienpolitik in der Übergangszeit*, Konstanz 1990, S. 145-156; statt weiterer Literaturangaben sei auf meinen kurzen Forschungsbericht verwiesen: Axel Honneth, »Strukturwandel der Familie«, in: ders., *Desintegration. Bruchstücke einer soziologischen Zeitdiagnose*, Frankfurt/M. 1994, S. 90-99.

erst seit kurzem können Frauen darauf hoffen, daß sie ohne Mißverständnisse und Unterstellungen von sich aus die Initiative ergreifen können, um eine Liebesbeziehung anzubahnen. Es ist auf der anderen Seite sicherlich nicht zu voreilig, wenn für die gegenwärtigen Gesellschaften des Westens behauptet wird, daß hier Intimbeziehungen von nur begrenzter Dauer für alle erwachsenen Subjekte unabhängig von der sexuellen Orientierung eine eigenständige Möglichkeit der persönlichen Bindung darstellen: Wir sind sowohl rechtlich als auch weitgehend kulturell frei darin, uns an Männer oder Frauen persönlich zu binden, zu denen wir uns sexuell und emotional hingezogen fühlen. Allerdings verlangt die Aufnahme derartiger Beziehungen, daß wir uns untereinander zukünftig an normative Regeln gebunden wissen, die deren Identität über den momentanen Zeitpunkt hinweg gewährleisten; in Gestalt von nur intuitiv gewußten Praktiken gegeben, legen diese Regeln komplementäre Rollenverpflichtungen fest, deren Vollzug eine wiederum besondere Form der sozialen Freiheit ermöglicht.

Auch wenn sich die moderne Intimbeziehung seit ihren romantischen Anfängen von ihrer schichtspezifischen Ausprägung gelöst und damit für alle Gesellschaftsmitglieder geöffnet hat, so haben sich deren normative Regeln doch über die vergangenen zweihundert Jahre hinweg nicht grundsätzlich geändert. Wer sich auf eine Liebesbeziehung einläßt, sei sie gleich- oder gegengeschlechtlich, erwartet heute wie damals von der geliebten Person, wegen derjenigen Eigenschaften geliebt zu werden, die man an sich selbst für zentral hält;[61] die wechselseitige Liebe soll nicht in irgendwelchen beliebigen Qualitäten des jeweils anderen gegründet sein, sondern in genau den Wünschen oder Interessen, die dieser in seinen Selbstdeutungen für sich als maßgeblich betrachtet. Aus der

61 Vgl. zum folgenden Neil Delaney, »Romantische Liebe und Verpflichtung aus Liebe. Die Artikulation eines modernen Ideals«, in: Honneth/Rössler (Hg.), *Von Person zu Person*, a. a. O., S. 105-140.

Tatsache, daß sich solche, von einem selbst für konstitutiv gehaltenen Eigenschaften und Neigungen im Laufe der Zeit verändern können, ergibt sich eine Form der reziproken Verpflichtung, die auf eine gemeinsame Zukunft hin bezogen ist: Wir bilden in dem Maße das »Wir« einer Intim- oder Liebesbeziehung, in dem wir wie selbstverständlich voneinander erwarten, nicht nur in den gegenwärtigen konstitutiven Eigenschaften vom anderen wertgeschätzt zu werden, sondern auch noch in den Neigungen und Interessen, die wir zukünftig einmal entwickeln könnten. Diese Zukunftsbezogenheit des »Wir« unterscheidet solche persönlichen Bindungen von allen intimen Verhältnissen, die im Selbstverständnis der Beteiligten zunächst nur von vorübergehender Dauer sind und daher noch heute von jenen durch Begriffe wie »Liebschaft« oder »Affäre« abgehoben werden; sobald sich in derartigen Beziehungen die zeitliche Perspektive beider Partner nach vorne hin öffnet, so daß eine reziproke Anteilnahme auch an den später möglicherweise einmal herausgebildeten Eigenschaften des jeweiligen Gegenübers erwartbar wird, können wir von einer Liebes- oder Intimbeziehung sprechen.[62]

Es ist im wesentlichen diese Zukunftsdimension der Liebe, aus der sich viele der komplementären Rollenverpflichtungen ergeben, die heute die institutionalisierte Praxis der Intimbeziehung regeln. Eine solche Beziehung erfüllt im Bewußtsein sowohl der Beteiligten als auch der nahestehenden Beobachter die ihr innewohnende Norm nur, wenn die beiden Partner eine dauernde, mitlaufende Aufmerksamkeit für Verhaltensänderungen ausüben, die einen Wandel in den konstitutiven Vorlieben oder Interessen des anderen anzeigen; auch wenn die wechselseitige Erwartung, derartige Signale wahrnehmen

62 Vgl. dazu neben dem Aufsatz von Neil Delaney auch: Amélie Oksenberg Rorty, »Die Historizität psychischer Haltungen – Lieb' ist Liebe nicht, die nicht Wandel eingeht, wenn sie Wandel findet«, in: Dieter Thomä (Hg.), *Analytische Philosophie der Liebe*, Paderborn 2000, S. 175-194.

zu können, keine explizit vereinbarte Verpflichtung zwischen Liebenden darstellt, so bedeutet deren Enttäuschung doch einen Regelverstoß, der deutlich die institutionellen Grenzen der Intimbeziehung offenbart. Nur dort, wo sich zwei Menschen reziprok darauf einlassen, auch dann noch die Persönlichkeitsentwicklung des Gegenübers mit unterstützendem Wohlwollen zu begleiten, wenn sie eine Richtung nimmt, die vom jetzigen Zeitpunkt aus nicht zu antizipieren ist, sprechen wir von einem intersubjektiven Verhältnis, das die Bezeichnung »Liebe« verdient; ob diese für die unbekannte Zukunft in Aussicht gestellte Zuneigung dann auch tatsächlich ausreicht, um selbst tiefgreifenden Identitätswandlungen noch wohlwollend zu folgen, ist eine empirische Frage, deren Ausgang nichts am Stellenwert des anfänglich gemachten, zumeist implizit bleibenden Versprechens ändert.[63] Insofern stellt eine Liebesbeziehung ihrer zeitlichen Struktur nach einen Pakt zur Gründung einer Erinnerungsgemeinschaft dar, deren Rückblick auf die gemeinsam geteilte Geschichte in Zukunft einmal so ermutigend und motivierend sein soll, daß sie Persönlichkeitswandlungen beider Partner zu überdauern vermag; selbst heutzutage, da wir ernüchtert um die Kurzlebigkeit vieler in Verliebtheit begonnenen Beziehungen wissen, wird die Liebe zwischen zwei Menschen nicht ohne die Antizipation einer solchen, sich selbst bekräftigenden Geschichte eines zurückblickenden Wir auskommen – man denke nur an die vielen Objekte, die Paare sich zulegen, um für die Zukunft eine Erinnerung an die gegenwärtig durchlebte Gemeinsamkeit sicherzustellen.[64]

63 Vgl. die von Neil Delaney vorgeführten Beispiele in »Romantische Liebe und Verpflichtungen aus Liebe«, a. a. O., bes. S. 131 ff.

64 Vgl. die Hinweise bei Tilmann Habermas, der allerdings die Bedeutung persönlicher Objekte vor allem aus der Perspektive des Ich, nicht eines gemeinsamen Wir, erschließt: Tilmann Habermas, *Geliebte Objekte. Symbole und Instrumente der Identitätsbildung*, Frankfurt/M. 1999, v. a. Kap. IV, b. Zur gewachsenen Bedeutung von Konsumobjekten für die Stabilisierung moderner Intimbeziehungen vgl. Eva Illouz, *Der Konsum*

Bis hierhin könnte man die heutige Sozialform der Liebe noch für eine Art intensivierter Freundschaft halten. Mit dieser teilt sie die implizite Verpflichtung darauf, wechselseitig an den konstitutiven Absichten des Partners Anteil zu nehmen und alles aufzubieten, um ihnen zur befriedigenden Verwirklichung zu verhelfen; auch die selbstverständliche, nicht erst eigens thematisierte Erwartung, im Fall einer persönlichen Krise mit der Unterstützung und dem Ratschlag des anderen rechnen zu können, macht ein zentrales Element ebenso der Liebesbeziehung wie der Freundschaft aus. Zwar ist nur die Liebe durch einen Vorgriff auf eine gemeinsam zu durchlebende Geschichte gekennzeichnet, die von Anfang an in ihrer Zukünftigkeit als ein bestärkendes Element der Beziehung erfahren wird, aber ein Abglanz dieser besonderen Struktur von Zeitlichkeit mag es auch in manchen Formen der Freundschaft geben. Was die Liebesbeziehung jedoch von aller Freundschaft abhebt und sie zu einer einzigartigen Institution der persönlichen Bindung macht, ist ein wechselseitiges Verlangen nach sexueller Intimität und eine alles umfassende Freude an der Körperlichkeit des Partners.[65] An keinem anderen Ort, vielleicht mit Ausnahme der Intensivstationen und Altersheime, ist der menschliche Körper in all seiner unkontrollierbaren Eigenständigkeit und Fragilität heute sozial so präsent wie in den sexuellen Interaktionen eines sich liebenden Paares.

Im Vergleich zu den Zeiten, als die Idee der romantischen Liebe im europäischen Kulturkreis aufkam, ist die sexuelle Intimität heute durch eine wesentlich größere Offenheit in der Artikulation von individuellen Neigungen geprägt; nicht nur

der Romantik. Liebe und die kulturellen Widersprüche des Kapitalismus, Frankfurt/M. 2003. Zum Typus der »reflexiv« gewordenen romantischen Liebe, die er »skeptisch-romantische Liebe« nennt, vgl. auch die eindringliche Darstellung von Reinhard Sieder, *Patchworks – das Familienleben getrennter Eltern und ihrer Kinder*, Stuttgart 2008, S. 41-47.

65 Dazu Delaney, »Romantische Liebe und Verpflichtungen aus Liebe«, a. a. O., bes. S. 126ff.

spielt inzwischen das kulturelle Deutungsschema keine Rolle mehr, nach dem Frauen keine eigenständigen Bedürfnisse am Geschlechtsverkehr besitzen, nicht nur ist mittlerweile das Tabu gegenüber gleichgeschlechtlichen Spielarten der Sexualität weitgehend gefallen, vielmehr hat seit einigen Jahrzehnten selbst die Vorstellung, daß es so etwas wie sexuelle »Perversionen« gäbe, ihre vormals zentrale Stellung eingebüßt. Heutzutage gilt in Intimbeziehungen all das als eine legitime Form von Sexualität, wozu die beiden Partner im Rahmen ihrer moralischen Autonomie die Zustimmung gegeben haben.[66] Das heißt freilich nicht, daß der Bereich der sexuellen Interaktionen inzwischen komplett von allen verpflichtenden Handlungsregeln entbunden ist; nur haben sich diese von der Oberfläche der physischen Vollzüge auf die darunterliegende Ebene der wechselseitigen Einstellungen verschoben. Als eine »Perversion« oder Normabweichung werden unter den Beteiligten nicht mehr bestimmte Praktiken, nicht mehr einzelne Arten des Geschlechtsverkehrs verstanden, sondern nur noch solche Formen des sexuellen Verlangens, die die Bedingungen der reziproken Wahrnehmung als eines Sexualobjekts des anderen untergraben.[67] Enttabuisiert ist daher mittlerweile fast alles, was in den Bereich der Zufälligkeit sexueller Neigungen fällt, solange bei deren Entäußerung nicht die Voraussetzung verletzt wird, daß auch der Partner oder die Partnerin sich im Spiegel des Gegenübers als ein Objekt sexuellen Begehrens

66 Vgl. Onora O'Neill, »Between Consenting Adults«, in: *Philosophy and Public Affairs*, 14 (1985), H. 3, S. 252-277.

67 Vgl. den instruktiven Aufsatz von Thomas Nagel, »Sexuelle Perversionen«, in: ders., *Letzte Fragen*, Bodenheim b. Mainz 1996, S. 65-82. Der ganze Unterschied, der zwischen der heutigen Sexualmoral und derjenigen vor fünfzig Jahren besteht, ist an dem Abstand dieses Aufsatzes zu einem Werk wie demjenigen von Aurel Kolnai zu ermessen: Aurel Kolnai, *Sexualethik. Sinn und Grundlagen der Geschlechtsmoral*, Paderborn 1930. Hier werden mit erstaunlich transparenten Argumenten, die bereits um die Normen der freien Wechselseitigkeit kreisen, sowohl die Homosexualität als auch nichtgenitale Formen des Geschlechtsverkehrs ethisch verworfen.

erleben kann. Das Ideal, das heute als Gradmesser für sexuelle Perversionen gilt, ist das der wechselseitigen Ermöglichung, sich als Quelle und Gegenstand der sexuellen Erregung des jeweils anderen zu verspüren; was davon abweicht, wie im stärksten Fall die Pädophilie, die gesetzlich verboten ist, wird als Verletzung der impliziten Normen wahrgenommen, die im gegenwärtigen Alltag das Feld der sexuellen Interaktionen regeln.

Aber nicht nur das reziproke Begehren, sondern auch die überbordende Präsenz körperlicher Verbundenheitsgesten kann als Ausweis des Umstands dienen, daß sich Paare in Intimbeziehungen zunächst und vor allem als ein leiblich vereinigtes Wir erleben. Beinah reflexartig reagiert in solchen Beziehungen der eine auf den anderen, indem er ihm durch subtile Gesten, mimische Andeutungen oder Körperbewegungen zu erkennen gibt, wie wichtig und erstrebenswert ihm dessen physische Nähe ist; fallen derartige Kurzformeln leiblicher Intimität einmal weg oder bleiben sie unerwidert, so gilt das unter den Beteiligten bereits als ein erstes Signal, daß mit der Beziehung etwas nicht in Ordnung ist. Gesteigert wird diese Aufmerksamkeit für die körperliche Dimension der Verbundenheit natürlich immer dann, wenn ein Mensch die Trennung von einem geliebten Partner zu verarbeiten hat; in solchen Phasen geschieht es nicht selten, daß die Abwesenheit des anderen wie ein physischer Schmerz am eigenen Leib erfahren wird, so, als fehle dem Körper nun etwas, worauf er in seinem Funktionieren vital angewiesen ist. Liebesbeziehungen lassen sich vom alltäglichen Körperempfinden gar nicht trennen; sie bringen die physischen Grenzen, die normalerweise zwischen uns Individuen herrschen, in einem leiblichen Wir zum Verschwinden, indem der eine den anderen physisch ergänzt und erweitert.

Allerdings lassen sich Intimbeziehungen dieser Art nicht vollständig beschreiben, wenn nicht auch die Tatsache in Rechnung gestellt wird, daß heterosexuelle Paare heute weiterhin von der Möglichkeit der juridischen Eheschließung Gebrauch machen können: Auch dann, wenn nicht die Absicht der Zeugung von Kindern und damit der Familiengründung vorliegt, steht es Mann und Frau offen, ihrer Liebesbeziehung die Form einer staatlich registrierten Ehe zu geben und sie auf diesem Weg mit einem ganzen Kranz von juristisch einklagbaren Rechten und Pflichten auszustatten. Gewiß werden solche, sich aus der förmlichen Eheschließung ergebenden Rechtswirkungen schon längst nicht mehr als das Mittel begriffen, durch das die Substanz der emotionalen Zuneigung gewissermaßen erst erzeugt werden soll; im Zuge einer Personalisierung des Eheverständnisses, angestoßen wiederum durch die romantische Revolutionierung der Beziehungsformen, wird die staatliche Sanktionierung inzwischen vielmehr als ein bloß deklamatorischer Akt verstanden, der nur förmlich anerkennt, was ohnehin bereits besteht.[68] Allerdings ist aus dieser sich über zwei Jahrhunderte erstreckenden Transformation des Ehebegriffs, die ja darauf hinausläuft, eine »wahre« Ehe auch dort gelten zu lassen, wo sie nicht die Gestalt staatlicher Legalität angenommen hat, in keinem der

68 Vgl. den ergiebigen Artikel von Dieter Schwab, »Eheschließungsrecht und nichteheliche Lebensgemeinschaft – eine rechtsgeschichtliche Skizze«, in: *Zeitschrift für das gesamte Familienrecht*, 28 (1981), H. 12, S. 1151-1156. Hochinteressant ist in diesem Zusammenhang das von Johann Gottlieb Fichte im Anhang seiner Naturrechtsschrift formulierte Eherecht, in dem die Umstellung von einem »schaffenden«, die Liebe erst erzeugenden, zu einem bloß »deklamatorischen« Verständnis der staatlichen Eheschließung besiegelt wird: Johann Gottlieb Fichte, »Grundlage des Naturrechts nach Principien der Wissenschaftslehre« (1796), in: *Fichtes Werke*, hg. von Immanuel Hermann Fichte, Bd. III, Berlin 1971, S. 1-385, hier: S. 308-343. Das romantische Liebesverständnis, das Fichte dieser Neudefinition des Eherechts zugrunde legt (»über das Verhältnis beider Ehegatten« hat der Staat »gar keine Gesetze zu geben, weil ihr ganzes Verhältnis gar kein juridisches, sondern ein natürliches und moralisches Verhältnis der Herzen« ist, ebd. S. 325), hindert ihn im übrigen nicht daran, die Frau im moralischen Geschlechterverhältnis dem Mann komplett unterzuordnen (vgl. ebd., § 16).

demokratischen Länder des Westens je die Konsequenz einer vollständigen Abschaffung des Eherechts gezogen worden, um es ersatzlos durch ein reines Familienrecht zu ersetzen; im Gegenteil, im Laufe des 20. Jahrhunderts ist die staatlich geschlossene Ehe insofern sogar noch weiter verrechtlicht worden, als zwar die innere, als Liebesverhältnis gedachte Beziehung weitgehend von Zwangsvorschriften befreit worden ist,[69] dafür aber doch zunehmend das »äußere«, die Versorgungs- und Unterhaltsleistungen betreffende Verhältnis der Ehepartner neueren Rechtsregeln unterworfen wurde: Ganz im Sinne des Sozialstaatsprinzips, das wir in unserer normativen Rekonstruktion bislang nur gestreift haben, sah man sich genötigt, den allein für den Haushalt zuständigen Ehepartner, also zumeist die verheirateten Frauen, davor zu schützen, nach einer Auflösung der Ehe oder nach dem Ableben des berufstätigen Partners ganz ohne einen ökonomischen Versorgungsanspruch dazustehen. Die Fortschritte, die in dieser Hinsicht in den letzten Jahrzehnten erzielt wurden, sind vielleicht noch nicht ausreichend, aber doch schon beachtlich, weil die Ehe inzwischen verbreitet als eine Versorgungs- und Zugewinngemeinschaft definiert wird, so daß dem nichterwerbstätigen Partner nach dem rechtlichen oder natürlichen Ende der Ehe die Hälfte des während ihrer Zeit erworbenen Vermögens in Form eines Zugewinn- oder Versorgungsausgleichs zusteht[70] – alles das befindet sich freilich im Augenblick quer durch Europa stark im Fluß.

Diese »äußere« Verrechtlichung der Ehe zugunsten des ökonomisch abhängigen Partners hat freilich aufgrund der gleichzeitig erfolgten Freistellung der Intimbeziehung zu der paradoxen Situation geführt, daß gleichgeschlechtliche Lebensgemeinschaften heute zwar kulturell und rechtlich geduldet, im Vergleich zu heterosexuellen Paarbeziehungen

69 Dazu Limbach/Willutzki, »Die Entwicklung des Familienrechts seit 1949«, a. a. O., S. 19f.
70 Ebd., S. 22-28.

jedoch stark benachteiligt werden; denn ihnen steht es ja (noch) nicht offen, den Weg der juridischen Eheschließung einzuschlagen, so daß sie auch über keine rechtliche Chance verfügen, sich vorsorglich auf die ökonomische Sicherstellung des erwerbslosen Partners zu verpflichten. Hier muß alles, solange es keine rechtliche Gleichstellung gibt, aus dem gütlichen Einvernehmen der beiden Beteiligten fließen, während es dort kraft der Sanktionsgewalt des Staates als gewährleistet gelten kann. Erst recht schlägt diese Benachteiligung der sexuellen Minderheiten aber dort zu Buche, wo den verheirateten Paaren Privilegien eingeräumt werden, die den gleichgeschlechtlichen Lebensgemeinschaften vorenthalten werden; an erster Stelle sind hier sicherlich gewisse Steuervorteile zu nennen, aber als nicht minder diskriminierend mag auch die Ausschließung von dem Recht empfunden werden, sorgebedürftige und elternlose Kinder zu adoptieren. Das Eherecht in den meisten Ländern des demokratischen Westens ist noch immer von einem hartnäckigen Vorurteil geprägt, für das heute wissenschaftliche Argumente kaum mehr mobilisiert werden können und das selbst in der öffentlichen Meinung kaum noch einen Nährboden findet: daß nämlich nur, wo Mann und Frau ein stabiles Liebesverhältnis eingehen, dank der gegengeschlechtlichen Ergänzung alle Voraussetzungen erfüllt sind, die es gerechtfertigt erscheinen lassen, Paarbeziehungen auf Wunsch staatlich als »Ehe« anzuerkennen und damit die Bedingungen für eine Reihe von Rechtswirkungen zu schaffen. Die rechtliche Lösung, die zur Beseitigung dieser Ungleichbehandlung inzwischen herangezogen wurde, indem »nichteheliche« Lebensgemeinschaften einen schwachen Rechtsstatus erhielten, kann sicherlich nur von vorübergehender Dauer sein; auf lange Sicht wird die Quelle der Gründe versiegen, die es rechtfertigen, gleichgeschlechtliche Paare von den rechtlichen Privilegien der staatlich beglaubigten Ehe auszuschließen – und dann bleibt nur die Möglichkeit, das selbständige Eherecht im Ganzen abzuschaffen oder jeder Art von intimer Lebensgemeinschaft den Weg zur juridischen Eheschließung zu öffnen. Im ersten Fall würden die Rechtsfolgen der Ehe nur im Augenblick der Familiengründung wirksam, so daß kinderlose Paare ihre zukünftigen Versorgungsleistungen allein noch in privaten Verträgen zu regeln hätten, im zweiten Fall würden alle Paare ganz unabhängig von der sexuellen Orientierung über die rechtliche Option verfügen, ihre Beziehung »behördlich« registrieren zu lassen und damit die entsprechenden staatlichen Rechtsfolgen zu etablieren.

Aber das, was heute die Erfahrung sozialer Freiheit in Liebesbeziehungen ausmacht, wird gewiß nicht durch die vertraglich geregelten Verpflichtungen geschaffen, die vom Staat dem behördlich anerkannten Eheverhältnis zur Auflage gemacht werden; aus den subjektiven Rechten, die dadurch erzeugt werden, können nur individuelle Ansprüche gegeneinander erwachsen, die die jeweils eigene, private Autonomie schützen, nicht aber jene Formen einer komplementären Wechselseitigkeit, die zum Inbegriff sozialer Freiheiten gehören. Vor allem aber kann sich diese Art von Freiheit in Intimbeziehungen schon deswegen nicht dem staatlichen (Ehe-) Recht verdanken, weil sie ja auch dort erfahrbar ist, wo der Schritt zur Eheschließung nicht vollzogen wurde oder nicht vollzogen werden darf; schon Fichte wußte, natürlich innerhalb der kulturellen Beschränkungen seiner Zeit, daß die Freiheit in derartigen Beziehungen eine Sache der »Verbindung der Herzen und des Willens« ist, nicht der rechtlichen Regelungen.[71] Es ist die Erfahrung sexueller Intimität und körperlicher Verbundenheit, die zwischen Liebenden den Boden für die Art von ungezwungener Wechselseitigkeit bereitet, welche die Vollzugsform von sozialer Freiheit bildet; gebunden an die reziproke Ergänzung im leiblichen Verhalten, ist diese hier phänomenologisch wesentlich leichter zu greifen als im

71 Fichte, »Grundlage des Naturrechts nach Principien der Wissenschaftslehre« (1796), a.a.O., S. 323.

Fall der weitgehend sprachlich vermittelten Freundschaft. Die normativen Regeln der Freundschaftsbeziehung sorgen heute dafür, so haben wir gesehen, daß in ihrem Rahmen zwei Individuen einander ergänzen, indem jedes zum vertrauensvollen Zeugen und Ratgeber bei den existentiellen Entscheidungen des anderen wird; der eine ist hier insofern Bedingung der Freiheit seines Gegenübers, als er ihm dazu verhilft, sich in seinem eigenen Wollen durchsichtig zu werden und zu größerer Entscheidungsreife zu gelangen. Im Unterschied zu dieser Form von sozialer Freiheit, die von den Beteiligten als eine solche kaum eigenständig zu erfahren ist, kommt derjenigen innerhalb der Liebesbeziehung eine ungleich größere Erlebnisnähe zu, weil hier die ganze leibliche Identität in die Wechselseitigkeit einbezogen ist: Die zwei Individuen ergänzen und vervollständigen sich einander nicht nur darin, daß sie sich in ihrer ethischen Formierung wechselseitig fördern und unterstützen, sondern auch und vor allem in der reziproken Befriedigung von körperlichen Bedürfnissen, die jedem von ihnen als besonders wichtig für die eigene Vitalität und das eigene Wohlbefinden erscheinen. In der Sozialform der Liebe, wie wir sie heute kennen, ist daher der eine für den anderen eine Bedingung von Freiheit insofern, als er ihm zur Quelle einer körperlichen Selbsterfahrung wird, in der die eigene Naturhaftigkeit ihre gesellschaftlich auferlegten Fesseln verliert und im Gegenüber ein Stück ihrer ursprünglichen Ungezwungenheit wiedererlangen kann.[72] In einem anderen bei sich selbst zu sein bedeutet daher in der Intimität der Liebe, sich die natürliche Bedürftigkeit des eigenen Selbst in der leiblichen Kommunikation erneut anzueignen, ohne dabei Angst vor Bloßstellungen oder Verletzungen haben zu müssen. Die

72 Eine solche Idee von Liebe stellt wohl auch den normativen Hintergrund dar, vor dem Adorno in seiner *Minima Moralia* die Auszehrung dieser Beziehungsform durch nur noch kalkulatorische Erwägungen schildert: Theodor W. Adorno, *Minima Moralia*, Frankfurt/M. 1951, Aphorismen 10, 11, 12, 107, 110.

moralischen Regeln, die heute implizit in Liebesverhältnissen herrschen, sollen ein wechselseitiges Vertrauen sicherstellen, das die körperliche Selbstoffenbarung vor dem konkreten Anderen angstfrei ermöglicht; werden solche Regeln von der einen Seite verletzt, so wird das von der anderen Seite im allgemeinen als hinreichender Grund genommen, die Beziehung zu beenden.

Weil dieser besondere Vollzug von Freiheit etwas ist, das die Beteiligten in ihren Interaktionen als solches bewußt erfahren, bereitet es auch keine Mühe, den Stellenwert der modernen Form der Liebe für das gesamte Sozialgefüge unserer Freiheiten darzustellen: Es gibt kaum ein Werk der neueren Literatur, in dem nicht die Erfahrung erwiderter Liebe als eine subjektiv erlebte Persönlichkeitserweiterung geschildert wird, durch die sich das gesamte Selbst- und Weltverhältnis ändert: der einzelne scheint im Zustand eines solchen körperlichen »Wir« plötzlich all der Grenzen verlustig zu sein, die ihn zuvor psychisch von seiner Umwelt getrennt haben, er wird als jemand dargestellt, der dank der körperlichen Vereinigung eine ihm bislang ganz unbekannte Zwanglosigkeit in all seinen Vollzügen verspürt – nicht selten wird daher in solchen Passagen entweder zu religiösen Metaphern oder Bildern einer Interaktion mit der Natur gegriffen, um diesen Freiheitsgewinn durch Liebe zu evozieren.[73] Nimmt man den Film oder die Literatur allerdings als zeitdiagnostische Sonden, die genauer als andere Medien die soziale Verfaßtheit derartiger Interaktionsverhältnisse zu erfassen vermögen, so ist daran gerade in jüngerer Zeit eine gewisse Verschiebung zu bemerken, die in Richtung einer gewachsenen Ziellosigkeit oder Bindungsunfähigkeit weist; des öfteren werden die Protagonisten jetzt so dargestellt, als ob sie nicht länger die motivationale Bereitschaft besäßen, sich auf die normativen Verpflichtungen einzulassen, die zur Verstetigung von Liebesbe-

73 Als ein großartiges Beispiel für viele andere: Iwan Bunin, »Mitjas Liebe«, in: ders., *Dunkle Alleen*, a. a. O., S. 106-176.

ziehungen erforderlich sind.[74] Solche Beobachtungen decken sich in manchen Punkten mit soziologischen Beschreibungen, die zu zeigen versuchen, daß in der Gegenwart egozentrische Motive der Selbstverwirklichung oder des individuellen Fortkommens den einzelnen vermehrt davon abhalten, die für längerfristige Intimbeziehungen konstitutive Verbindlichkeit aufzubringen: Zum einen Teil durch die neuen Beschäftigungsverhältnisse gezwungen, die die bislang zwischen Arbeit und Freizeit gezogenen Grenzen verschwimmen lassen, zum anderen Teil durch veränderte Selbstkonzepte angetrieben, die auf Mobilitätsbereitschaft eine kulturelle Prämie setzen, sollen die Gesellschaftsmitglieder gegenwärtig immer weniger dazu bereit sein, den normativen Regeln zu folgen, die zusammengenommen den persönlichen Bindungen überhaupt erst die notwendige Stabilität verschaffen. Infolge dieser motivationalen Veränderungen, so beschreibt es Ann Swidler in einem berühmt gewordenen Aufsatz, überwiegen heute in Intimbeziehungen der Tendenz nach individuelle Karriereabsichten die notwendigen Verpflichtungsgefühle, Ziele der Selbstverwirklichung die weiterhin erforderlichen Bereitschaften zur Selbstaufopferung und Ansprüche der sexuellen Freiheit die einstmals selbstverständlichen Treuegebote;[75] daher wird inzwischen, wie Niklas Luhmann resümierend feststellt, »die Alternative des Abbrechens (von Beziehungen, A. H.) und des Alleinseins« für den eigenen Lebensplan, »ernst genommen und verstanden«.[76]

Die empirische Angemessenheit solcher Tendenzaussagen ist im ganzen natürlich, wie schon die der entsprechenden Prognosen über die Stabilität der Freundschaft, schwer einzu-

74 Für den zeitgenössischen Film sei nur auf *Greenberg* (2007, Regie: Noah Baumbach) verwiesen, für die Gegenwartsliteratur auf die Erzählungen *Reiche Mädchen* von Silke Scheuermann (Frankfurt/M. 2005).

75 Ann Swidler, »Love and Adulthood in American Culture«, in: Neil J. Smelser/Erik H. Erikson (Hg.), *Themes of Work and Love in Adulthood*, Cambridge/Mass. 1980, S. 120-147.

76 Luhmann, *Liebe als Passion*, a. a. O., S. 197.

schätzen. Sicherlich hat die institutionelle Autonomisierung der Intimbeziehung, die ihr jeden Außenhalt in gesellschaftlichen Aufgabenstellungen und verwandtschaftlichen Erwartungshaltungen genommen hat,[77] in der Zwischenzeit dazu geführt, daß nur noch individuelle Gefühle der Zuneigung und Anziehung über die Dauerhaftigkeit der Bindung an einen anderen entscheiden; sobald diese emotionalen Ressourcen wegbrechen, scheint es mangels externer Zumutungen immer schwerer zu fallen, die für die Aufrechterhaltung einer Liebesbeziehung erforderlichen Verpflichtungsbereitschaften aufzubringen. Hinzu kommt, was neben Ann Swidler auch Arlie Hochschild beobachtet hat,[78] daß die heute wieder wachsende Entgrenzung von Arbeit und Freizeit es für den einzelnen zunehmend schwieriger macht, seine persönlichen Bindungen von Erwägungen der Karriereplanung vollkommen freizuhalten; dabei handelt es sich gewiß nicht um erste Anzeichen einer Wiedereinbettung der Liebe in den gesellschaftlichen Reproduktionszusammenhang, sondern eher um Symptome einer Aushöhlung von individuellen Bindungsfähigkeiten dadurch, daß alle persönlichen Beziehungen stets auch unter dem Gesichtspunkt beruflichen Fortkommens bewertet werden müssen. Insofern scheint die erst seit kurzem vollständig demokratisierte, allen Bevölkerungskreisen gleichermaßen zugängliche Institution der »reinen« Intimbeziehung, die an die reziproke Übernahme bestimmter Rollenverpflichtungen gebunden ist, heute schon wieder in eine Krise geraten zu sein; auf jeden Fall sprechen die weiterhin wachsenden Scheidungsraten, die steigende Zahl von Single-Haushalten und die vielen Berichte über die hohe Konfliktanfälligkeit von persönlichen Beziehungen dafür, daß die Kräfte oder Bereitschaften der Subjekte schwinden, die für eine län-

77 Vgl. dazu auch: Giddens, *Wandel der Intimität*, a. a. O., Kap. 8, S. 148-172.

78 Vgl. Arlie Hochschild, *Keine Zeit. Wenn die Firma zum Zuhause wird und zu Hause nur Arbeit wartet*, Wiesbaden 2002.

gerfristige Bindung erforderlichen Selbstbeschränkungen auf sich zu nehmen.

Diesen negativen Beschreibungen stehen allerdings auch andersgelagerte Analysen gegenüber, die die statistischen Daten und die alarmierenden Befunde in dem ganz anderen Sinn einer mit vielen Anpassungsproblemen versehenen Etablierungsphase der nun erstmals demokratisierten Institution der reinen Intimbeziehung deuten. Aus einer derartigen Perspektive muß die institutionelle Tatsache, daß jetzt alle Gesellschaftsmitglieder gleichermaßen ohne sozialen Erwartungsdruck freie und egalitäre Paarbindungen eingehen können, als eine Herausforderung verstanden werden, deren Bewältigung zumindest in der historischen Anfangsphase Krisen und Auflösungserscheinungen ganz selbstverständlich erscheinen läßt; in den empirischen Indikatoren, die auf einen Zerfall der Sozialform der Liebe hinzuweisen scheinen, spiegeln sich dann nicht die Symptome schwindender Bindungsfähigkeiten oder gewachsener Selbstverwirklichungsbedürfnisse, sondern nur die ganz normalen Lernschwierigkeiten, die mit der sozialen Generalisierung eines institutionellen Prinzips einhergehen. Viele der zuvor zusammengefaßten Beobachtungen verlieren im Blickwinkel dieser alternativen These tatsächlich ihren negativen Beiklang und lassen auch wesentlich zuversichtlichere Interpretationen zu: Die wachsenden Scheidungsraten können auch in dem Sinn verstanden werden, daß heute die Bindung aus reiner Zuneigung viel ernster genommen wird als früher, die längeren Phasen des erwachsenen Alleinlebens erlauben die Deutung, daß inzwischen Moratorien für die Erkundung der eigenen Bindungsbedürfnisse erstrebt werden, und die angestiegene Konflikthaftigkeit persönlicher Beziehungen kann als ein Hinweis auf all die alltäglichen Schwierigkeiten gewertet werden, die es den Beteiligten, zumal den Männern, bereitet, das normativ akzeptierte Prinzip der Gleichberechtigung auch verhaltenswirksam umzusetzen.[79] Ferner gilt es zu berücksichtigen, daß sich neben heterosexuellen Paarbeziehungen mittlerweile auch homosexuelle Lebensgemeinschaften als eine legitime Sozialform haben etablieren können; daher mag die gestiegene Zahl von gescheiterten Beziehungen des klassischen Typs zumindest teilweise dadurch aufgewogen werden, daß sich auf diesem neuen Terrain erfolgreich erste Muster eines offiziell akzeptierten Zusammenlebens herausgebildet haben. Schließlich darf nicht das Maß an Reflexivität, ja, an ironischer Bewußtheit unterschätzt werden, das Paare heute nicht selten aufbringen, um in Zeiten einer ernüchternden Statistik gleichwohl am Prinzip dauerhafter Bindung und wechselseitiger Liebe festzuhalten; alles, was dazu dienlich sein kann, der geteilten Geschichte Ausdruck zu verleihen und damit der unausweichlichen Veralltäglichung der Gefühle entgegenzuwirken, wird hier reflexiv aufgeboten, nur um die soziale Freiheit ungezwungenen Miteinanderseins auf Dauer zu stellen.[80]

Es bleibt freilich auch in diesem Gegenlicht die nicht zu bestreitende Tatsache, daß es die gewachsenen Anforderungen an berufliche Flexibilität, an Arbeitsplatzwechsel und entgrenzte Verfügbarkeit für Paare immer schwieriger sein lassen, die normativen Regeln der gesellschaftlich freigesetzten Intimbeziehung auch tatsächlich zu praktizieren; die wechselseitigen Verpflichtungen des leiblichen Beistehens und fürsorglichen Umgangs sind häufig nur deswegen nicht zu erfüllen, weil die ausgedehnte Inanspruchnahme durch die beruflich ausgeübte Tätigkeit es verhindert, die entsprechenden Einstellungen und Haltungen dauerhaft auszuüben. Das, was in der letzten Zeit verstärkt als »kapitalistische« Formierung von

79 Vgl. zu letzterem Kai-Olaf Maiwald, »Die Liebe und der häusliche Alltag. Überlegungen zu Anerkennungsstrukturen in Paarbeziehungen«, in: Christine Wimbauer/Annette Henninger/Markus Gottwald (Hg.), *Die Gesellschaft als institutionalisierte »Anerkennungsordnung«*, Opladen/Farmington Hills 2007, S. 69-98.

80 Vgl. etwa Illouz, *Der Konsum der Romantik*, a. a. O., v. a. Kap. 4.

Subjektivität bezeichnet worden ist,[81] beginnt wahrscheinlich auch schon die Sphäre der modernen Intimbeziehung zu erobern: Durch die Entgrenzung der gesellschaftlichen Arbeit dazu angehalten, sich selbst gegenüber eine Einstellung permanenter Verfügbarkeit und Berechenbarkeit einzunehmen, werden die Gesellschaftsmitglieder immer unfähiger dazu, sich auf die kaum kalkulierbaren Abhängigkeiten einzulassen, die mit der Aufrechterhaltung persönlicher Bindungen einhergehen. Wäre dem so, geriete diese wirkmächtige Institution sozialer Freiheit in die Gefahr einer inneren Auszehrung, deren Quelle in dem ganz anderen Bereich des kapitalistischen Marktes läge; dessen Tendenzen zur Expansion und Verselbständigung wären es, die der aus der romantischen Liebe erwachsenen Intimbeziehung dadurch zusetzen, daß den Subjekten die erforderlichen Dispositionen für die längerfristige Bindung an ein Gegenüber genommen würden. Das Gerüst der demokratischen Sittlichkeit, das auf ein Zusammenspiel verschiedener Gestalten sozialer Freiheit angewiesen ist, bliebe nach solch einem Wegfall nicht mehr dasselbe; genommen wäre ihm die tragende Säule, deren Bedeutung für die Gesellschaftsmitglieder darin besteht, sich in ihrer natürlichen Bedürftigkeit institutionell aufgehoben zu wissen und aus dieser spezifischen Erfahrung wechselseitigen Anerkanntseins ein elementares Selbstvertrauen zu schöpfen.[82] Daher wird es bei der Behandlung der ökonomischen Sphäre sozialer Freiheit, der des marktvermittelten Wirtschaftshandelns, darauf ankommen, deren normative Grenzen in einer noch rekonstruktiv zu nennenden Weise derart zu bestimmen, daß die Gefahr der Kolonialisierung benachbarter Sphären sozialer Freiheit erst gar nicht entstehen kann.

81 Eine informative Analyse liefern: Pierre Dardot/Christian Laval, »Néolibéralisme et subjectivation capitaliste«, in: *Cités*, 4 (2010), S. 35-50.

82 Dazu Axel Honneth, *Kampf um Anerkennung. Zur moralischen Grammatik sozialer Konflikte* (erweiterte Ausgabe), Frankfurt/M. 2003, S. 153-172.

(c) Familien

Handelte es sich bei den bislang rekonstruierten Sphären der persönlichen Bindung ihrer Struktur nach stets um Zweierbeziehungen, so sind Familien als eine dritte solche Sphäre typischerweise dadurch gekennzeichnet, daß hier zu zwei aneinander gebundenen Personen mindestens eine weitere Person, nämlich das Kind, hinzutritt; in ihrer intersubjektiven Verfassung stellen Familien Dreier-, nicht Zweierbeziehungen dar.[83] Freilich ist schon diese allgemeine Bestimmung insofern historisch äußerst voraussetzungsvoll, als der vormoderne Familienhaushalt häufig weitere Familienmitglieder wie das Dienstpersonal, die Großeltern oder unverheiratete Elterngeschwister einschloß,[84] während heute die Zahl der Einelternfamilien ständig zunimmt, so daß im ersten Fall von einem noch komplexeren Beziehungsmuster und im zweiten Fall wiederum von einer Zweierbeziehung ausgegangen werden muß. Aber die moderne Familie, wie sie sich vor etwa zweihundertfünfzig Jahren herauszubilden begann und gegenwärtig noch den institutionellen Normalfall darstellt, sollte doch ihrer intersubjektiven Struktur nach als eine Dreierbeziehung begriffen werden; dabei ist längst nicht mehr entscheidend, ob die Eltern verheiratet und ein heterosexuelles Paar oder die Kinder tatsächlich der eigene (biologische) Nachwuchs sind, sondern nur, daß hier die Beziehung zwischen zwei affektiv aufeinander bezogenen Erwachsenen durch die zusätzliche Beziehung auf einen Dritten, nämlich das Kind oder die Kin-

83 Zentral in dieser Hinsicht: Tilman Allert, *Die Familie. Fallstudien zur Unverwüstlichkeit einer Lebensform*, Berlin/New York 1997; aus psychologischer Sicht: Smadja, *Le couple et son histoire*, a. a. O., S. 178-193.

84 Vgl. Edward Shorter, *Die Geburt der modernen Familie*, Reinbek b. Hamburg 1977, Kap. 1. Allerdings hielt sich die Zahl der Großfamilien doch in engeren Grenzen, als in der Geschichtsschreibung ursprünglich vermutet worden war. Siehe dazu Michael Mitterauer, »Der Mythos von der vorindustriellen Großfamilie«, in: Mitterauer/Sieder, *Vom Patriarchat zur Partnerschaft*, a. a. O., S. 38-63.

der, vermittelt ist. Für die soziale Freiheit, von der wir mit Blick auf die moderne Familie sprechen können, ist diese Tatsache der konstitutiven Triangularität entscheidend.

Die Familie ist, wie wir inzwischen aus vielfältigen Untersuchungen wissen, keine biologische Konstante der menschlichen Geschichte; ihre institutionelle Gestalt unterliegt einem steten Wandel, so daß ihre Kernfunktion, die der Sozialisation der Kinder, in jeweils anderen Formen zur Erfüllung gelangt. In der langgezogenen Periode des späten Mittelalters und der frühen Neuzeit galt es als selbstverständlich, daß sich die Erziehung der Kinder dem Rhythmus der alltäglichen Arbeiten anzupassen hatte, die im »ganzen Haus« der patriarchalischen Wirtschaftsgemeinschaft oder der herrschaftlichen Höfe des Adels verrichtet werden mußten; waren es dort, in den Bauern- und Handwerkerfamilien, land- und hauswirtschaftliche Tätigkeiten, in die die Heranwachsenden schon früh einbezogen wurden, so hier, in den Familien der Oberschichten, die Funktionszusammenhänge repräsentativen Handelns. Von einer »Kindheit« im heute üblichen Sinn kann für die damalige Zeit ebensowenig gesprochen werden[85] wie schon von einer irgendwie gearteten Intimität des familialen Zusammenlebens: Die Tatsache, daß die Ehen der Eltern häufig auf puren Nutzenerwägungen fußten, der Umstand, daß der Haushalt aus einer ganzen Reihe von weiteren Mitgliedern bestand, sowie schließlich das räumliche Arrangement der Wohnanlagen verhinderten, daß sich zwischen Vater, Mutter und Kind die Art von intensiver Gefühlsbindung entwickeln konnte, die uns heute für die Beziehungsform der Familie als charakteristisch erscheint. Eine solche »Erwärmung des familiären Binnenklimas« (Edward Shorter) vollzieht sich erst im Gefolge des Prozesses, der mit der Befreiung der Ehe von äußerlichen, strategischen Zwängen auch die Idee der romantischen Liebe entstehen läßt; denn von den Eheleuten wird im Horizont

85 Philippe Ariès, *Die Entstehung der Kindheit*, München/Wien 1975.

des neuen Anerkennungsmusters nun institutionell nicht nur wie zuvor erwartet, daß sie möglichst zeitnah eine Familie gründen und also Kinder zeugen, sondern auch, daß sie diesen Kindern die gleiche Zuneigung und Liebe entgegenbringen, die sie auch füreinander empfinden. Zu Beginn ist die moderne Familie daher, weil Verheiratetsein und Elternschaft gleichgesetzt werden, nichts anderes als die »natürliche« Form der um den kindlichen Dritten ergänzten heterosexuellen Zweierbeziehung.

Bevor sich freilich das für die moderne Familie lange Zeit vorherrschende Beziehungsmuster zu etablieren vermochte, bedurfte es neben der Romantisierung der Liebesbeziehung noch weiterer historischer Neuerungen, die hier nur stichwortartig aufgezählt werden können: Das familiäre Zusammenleben mußte sich zunächst in einem langgezogenen, vom Bürgertum vorangetriebenen Prozeß von all den Personen lösen, die nicht zur Trias von Vater, Mutter und Kind gehörten;[86] ferner war es nötig, innerhalb des derart gereinigten Familienlebens eine strikte Arbeitsteilung zu etablieren, nach der die Mutter nun alle Verantwortung für die emotionale Betreuung der Kinder und die Hausarbeit zu übernehmen hatte, während der Vater außerhäuslich für den Erwerb des Familieneinkommens zuständig wurde;[87] und schließlich mußte mit Hilfe von zeremoniellen Vorkehrungen und alltäglichen Ritualen erst jene besondere Atmosphäre von »Häuslichkeit« geschaffen werden, die zukünftig dafür Sorge tragen sollte, daß sich zwischen den Familienmitgliedern die engen Bande emotionaler Zuwendung und Beistehens schließen

86 Sehr differenziert dazu: Mitterauer, »Der Mythos von der vorindustriellen Großfamilie«, a. a. O., S. 38-63.

87 Daß sich dieser Prozeß auch einer sozialen Konstruktion der beginnenden Moderne verdankte, durch die alles, was Familien- und Hausarbeit ausmachte, nicht mehr als »richtige« Arbeit definiert wurde, macht sehr schön deutlich: Karin Hausen, »Arbeit und Geschlecht«, in: Jürgen Kocka/Claus Offe (Hg.), *Geschichte und Zukunft der Arbeit*, Frankfurt/M. 2000, S. 343-361.

konnten[88] – ein Blick in einige dem Familienleben gewidmete Schriften von Friedrich Schleiermacher reicht aus, um einen lebhaften Eindruck davon zu gewinnen, wie diese emotionale Aufladung im christlichen Rahmen vonstatten gehen sollte.[89] Nachdem alle damit angedeuteten Voraussetzungen zumindest in den familialen Lebensformen des Bürgertums historisch hergestellt waren, also etwa gegen Ende des 18. Jahrhunderts, konnte sich darin jenes komplexe Beziehungsmuster etablieren, an das Autoren wie Hegel oder Schleiermacher ihr Bild von der Familie als einer zentralen Verwirklichungsstätte sozialer Freiheit hefteten:[90] Die Freiheit des einen Familienmitglieds sollte hier in den Freiheiten der anderen Familienmitglieder ihre Bestätigung und Erfüllung finden, weil die institutionalisierten, sich wechselseitig ergänzenden Rollenverpflichtungen dafür Sorge tragen würden, daß die Frau als Mutter ihre emotionalen Bedürfnisse gegenüber ihrem Mann und den Kindern befriedigen kann, der Mann als Vater unter bewundernder Anerkennung der Ehefrau und Kinder seinem »Trieb« nach öffentlichem Ansehen durch Einkommenserwerb nachzugehen vermag und die Kinder schließlich mit Hilfe der elterlichen Fürsorge und Zuwendung zu der Art von individueller Selbständigkeit gelangen, die gesellschaftlich von ihnen erwartet wird. Alles, was zu der Vorstellung gehört, daß wir unsere (natürliche) Freiheit nur auf dem Weg der komplementären Erfüllung von Rollenverpflichtungen erlangen können, schien in dieser bürgerlichen Familienform auf eine derart ideale Weise gegeben, daß deren imaginäres

88 Vgl. Shorter, *Die Geburt der modernen Familie*, a. a. O., S. 258-265. Zur Herausbildung und sozialen Generalisierung des Ideals familialer Häuslichkeit, des »Heims« vgl. den vorzüglichen Aufsatz von Tamara K. Hareven, »The Home and the Family in Historical Perspective«, in: *Social Research*, 58 (1991), Nr. 1, S. 253-285.

89 Vgl. etwa Friedrich Schleiermacher, *Die Weihnachtsfeier. Ein Gespräch* (1806), Zürich 1989.

90 Für Hegel vgl.: ders., *Grundlinien der Philosophie des Rechts*, a. a. O., §§ 158-181.

Porträt das normative Selbstverständnis der modernen Gesellschaft noch mindestens einhundertfünfzig Jahre lang prägte.

Gewiß, daß an diesem idealisierten Bild eines harmonischen Ergänzungsverhältnisses innerhalb der modernen Familie etwas nicht stimmte, haben schon die vielen fiktiven und empirischen Schilderungen von außerehelichen Sexualbeziehungen der Ehemänner oder von Ausbruchsversuchen der Ehefrauen öffentlich bekundet; kaum ein anderer Ort der Gesellschaft wird im 19. Jahrhundert stärker auf persönliche Spannungen, Konflikte und Auflösungserscheinungen hin durchleuchtet als das Familienleben in den bürgerlichen Schichten – man denke nur an Ibsen, Flaubert und die russischen Erzähler. Allerdings ist dabei noch keine klare Grenze zwischen der dyadischen Intimbeziehung und der triadischen Familienkonstellation gezogen, weil eine solche auch in der institutionellen Wirklichkeit in gewisser Weise noch gar nicht existierte; die Aufnahme des Geschlechtsverkehrs wurde als Besiegelung der Eheschließung genommen und diese wiederum als Vorstufe zur Familiengründung gedeutet, so daß es unklar bleiben mußte, ob sich die entstehenden Konflikte eher an den patriarchalischen Beschränkungen in der Liebesbeziehung oder der einseitigen Arbeitsteilung innerhalb der Familien entzündeten; erst heute, nachdem sich die emotionale Bindung zwischen zwei Personen gegenüber der Familienbeziehung auch institutionell verselbständigt hat, können wir derartige Grenzlinien ziehen, die es uns dann auch erlauben, hier klarere Zurechnungen vorzunehmen. Auf jeden Fall spricht vieles dafür, daß Frauen im 19. Jahrhundert nicht nur bereits gegen die männlich dominierte Beziehungsmoral aufbegehren, sondern auch die oppressiven Verhältnisse in den bürgerlichen Familien zu attackieren beginnen: Das Recht des Ehemannes, allein über das Familieneinkommen zu verfügen, die ihm eingeräumte Autorität, einseitig alle sensiblen Entscheidungen bezüglich der familiären Zukunft zu treffen, die schroff ungleiche Arbeitsteilung in den Haushalten, die den

Müttern die ganze Bürde der emotionalen Fürsorge und alltäglichen Hausarbeit auftrug, das mehr oder minder fixierte Verbot für Frauen, ein akademisches Studium aufzunehmen und damit einen gehobenen Beruf anzustreben, all das waren innerhalb des Familienlebens wirkende Benachteiligungen, gegen die sich damals schon erste Stimmen des Unbehagens oder des Protests regten.[91]

Wie wenig allerdings dieser weibliche Widerstand, der ein »Feminismus avant la lettre« war, im ganzen auszurichten vermochte, wird allein schon daran deutlich, daß Talcott Parsons in der Mitte des 20. Jahrhunderts seine Familiensoziologie noch im wesentlichen auf denselben Prämissen beruhen lassen konnte, von denen bereits Hegel zu Beginn des 19. Jahrhunderts ausgegangen war: In den einhundertfünfzig Jahren hatte sich nach außen hin an den faktischen Familienverhältnissen so wenig geändert, daß auch Parsons als deren normativen Kern noch ein Verhältnis komplementärer Rollenverpflichtungen annehmen konnte, welches den Ehefrauen einseitig alle Fürsorge und Hausarbeit aufträgt, den Ehemännern hingegen die Aufgabe des außerhäuslichen Erwerbs des Familieneinkommen zuschreibt. Zwar stellt für Parsons das, was er die moderne »Kern-« oder »Kleinfamilie« nennt, insofern den paradigmatischen Fall einer relationalen Institution dar, als darin symmetrische Muster der wechselseitigen Fürsorge und Anteilnahme herrschen sollen, aber dieses egalitäre Anerkennungsgefüge sieht er durch ein Autoritätsgefälle konterkariert, das in den ungleichen Rollenverpflichtungen von Vater und Mutter begründet ist: Weil die institutionalisierte Arbeitsteilung in den (Mittelschichts-)Familien vorsieht, daß der Vater mit seiner beruflichen Tätigkeit für den Lebensunterhalt aller Familienmitglieder sorgt und damit deren gesellschaftlichen Status festlegt, kommt ihm in familiären Angelegenheiten

91 Höchst lesenswert ist in diesem Zusammenhang: Michelle Perrot, »Ausbrüche«, in: Duby/Perrot (Hg.), *Geschichte der Frauen*, Bd. 4 (19. Jahrhundert), a. a. O., S. 505-538.

seiner Ehefrau gegenüber eine erhöhte Bestimmungsmacht zu, die sich wiederum in der Münze bewundernder Anerkennung durch die restlichen Familienmitglieder auszahlt.[92] Allerdings war Parsons soziologisch hellsichtig genug, um schon in den frühen 1960er Jahren die ersten Anzeichen eines erneuten Strukturwandels der modernen Familie vorauszusehen: Einerseits antizipierte er, daß mit einem wachsenden Funktionsverlust der Familie, nämlich einer zunehmenden Delegierung ihrer erzieherischen und versorgenden Aufgaben an gesellschaftliche Einrichtungen (Kindergarten, Schule, Sozialstaat), die Beziehungen der Angehörigen untereinander einen immer stärker emotionalen, bedürfnisresponsiven Charakter annehmen würden; vor allem die Einstellungen der Eltern gegenüber ihren Kindern sollten sich im Zuge dieses Vereinseitigungsprozesses nach seiner Überzeugung maßgeblich verändern, weil sie den zuvor erforderlichen Konformitätsdruck allmählich abstreifen und durch eine erhöhte Aufmerksamkeit für die je individuelle Persönlichkeit ersetzen würden.[93] Sollten von den damit umrissenen Entwicklungen in besonderem Maße die Kinder profitieren, die zur Selbständigkeit nun statt mit Disziplin »gezwungen« durch Zuwendung »geführt« werden würden,[94] so von dem zweiten Prozeß, den Parsons voraussah, vor allem die bislang als abhängig betrachteten Mütter und Ehefrauen: Auch wenn diese, wie er gelegentlich bemerkte, ihren geringen gesellschaftlichen

92 Talcott Parsons, »Alter und Geschlecht in der Sozialstruktur der Vereinigten Staaten«, in: ders., *Beiträge zur soziologischen Theorie*, Neuwied am Rhein 1964, S. 65-84; ders., »Das Vatersymbol: Eine Bewertung im Lichte der psychoanalytischen und soziologischen Theorie«, in: ders., *Sozialstruktur und Persönlichkeit*, Frankfurt/M. 1979, S. 46-72. Parsons' Analyse der Familienform der 1950er Jahre wird rückblickend bestätigt durch Hans Bertram, *Familien leben. Neue Wege zur flexiblen Gestaltung von Lebenszeit, Arbeitszeit und Familienzeit*, Gütersloh 1997, S. 46-49.

93 Vgl. dazu den großartigen Aufsatz: Talcott Parsons, »Über den Zusammenhang von Charakter und Gesellschaft«, in: ders., *Sozialstruktur und Persönlichkeit*, a. a. O., S. 230-296, bes. S. 270-272.

94 Ebd., S. 271.

Status, der aus der rein häuslichen Tätigkeit resultierte, durch Betonung und Herausstreichung von körperlicher Attraktivität zu kompensieren versuchten, so werde das angesichts der wachsenden Entleerung hausfraulicher Aufgaben auf Dauer nicht ausreichen, um den Mangel an öffentlicher Anerkennung wettzumachen; daher sollten die Mütter über kurz oder lang, so nahm Parsons an, aus intrinsischen Motiven auf den Arbeitsmarkt drängen, wo sie eigenständig zu dem sozialen Ansehen gelangen könnten, das ihnen im Haus nur dank der Abfärbung des Status ihrer Ehemänner zukam.[95]

Beide Entwicklungen sind, wie wir inzwischen wissen, in einem viel stärkeren Maße eingetreten, als Parsons es sich wohl hat vorstellen können. Die moderne Familie hat sich seit rund sechzig Jahren in ihrem inneren Beziehungsgefüge wesentlich verändert und besitzt heute einen Grad an intersubjektiver Diskursivität und Gleichheit, der mit ihrem ursprünglichen Erscheinungsbild zu Beginn der Moderne kaum mehr in Übereinstimmung zu bringen ist. Unbestritten in der Forschung ist, daß sich die leitenden Erziehungsvorstellungen innerhalb dieses Zeitraumes in genau die Richtung verschoben haben, die Parsons vorausgesagt hatte: An die Stelle einer elterlichen Fixierung auf »Befehl« und »Gehorsam« ist inzwischen breitenwirksam eine Bevorzugung von verhandlungsorientierten Erziehungsstilen getreten, die deswegen als angemessen betrachtet werden, weil sie der Eigenpersönlichkeit der Kinder Rechnung tragen und damit der Herausbildung ihres freien Willens dienen.[96] Während zuvor die Überzeu-

95 Vgl. beispielsweise die Hinweise in: Talcott Parsons, »Über wesentliche Ursachen und Formen der Aggressivität in der Sozialstruktur westlicher Gesellschaften« (1947), in: ders., *Beiträge zur soziologischen Theorie*, a. a. O., S. 223-255, hier: S. 243.

96 Vgl. Peter Büchner u. a., »Transformationen der Eltern-Kind-Beziehung? Facetten der Kindbezogenheit des elterlichen Erziehungsverhaltens in Ost- und Westdeutschland«, in: *Zeitschrift für Pädagogik* 37 (1997), S. 35-52 (Beiheft); Karl-Heinz Reuband, »Aushandeln statt Gehorsam? Erziehungsziele und Erziehungspraktiken in den alten und

gung vorherrschte, daß die selbständigen Impulse des Kindes »gebrochen« werden müssen, um es zur Übernahme sozialer Verhaltenserwartungen zu bewegen, überwiegt heute in fast allen Schichten die umgekehrte Vorstellung, nach der die kindlichen Willensabsichten eine prinzipielle Wertschätzung auch dann verdienen, wenn sie mit den gesellschaftlichen Zumutungen konfligieren. Dieser Wandel im Anerkennungsverhältnis zwischen Eltern und Kindern ist von einer weitaus größeren Bedeutung, als es auf den ersten Blick den Anschein haben mag; denn damit ist, um Hegelsche Kategorien zu verwenden, die konstitutive Triangularität der modernen Familie insofern von einem »An-sich« zu einem »Für-sich« geworden, als nun ihr bislang stummes, drittes Glied als selbständiges Wesen in sie einbezogen ist – es verhandeln nicht mehr Vater und Mutter »über« das Kind, sondern beide nach Möglichkeit »mit« diesem, so daß es in der familiären Interaktion »eine eigene Stimme«[97] erhalten hat.

Bevor sich freilich diese neuen Bedingungen vollständig zu entfalten vermochten, die ja Vater und Mutter als gleichberechtigte Partner bereits voraussetzen, mußte erst noch jener zweite Veränderungsprozeß in Gang kommen, den Parsons ebenfalls schon vorausgeahnt hatte. Bis zur Epochenschwelle der 1960er Jahre bestand innerhalb der modernen Familie, wie wir gesehen haben, trotz allen Anspruchs auf symmetrische Liebe und Fürsorge insofern ein starkes Autoritätsgefälle, als dem Vater aufgrund seiner Ernährerrolle sowohl rechtlich als auch kulturell eine Entscheidungsmacht eingeräumt wurde, die sich auf alle gesellschaftlichen Angelegenheiten der Ehe und Familie erstreckte; weit mehr als nur vom kontingenten Verhaltensstil des Ehemannes abhängig, war diese

neuen Bundesländern«, in: Lothar Böhnisch/Karl Lenz (Hg.), *Familien. Eine interdisziplinäre Einführung*, Weinheim/München 1997, S. 129-153.

97 Yvonne Schütze, »Zur Veränderung im Eltern-Kind-Verhältnis seit der Nachkriegszeit«, in: Nave-Herz (Hg.), *Kontinuität und Wandel der Familie in Deutschland*, a. a. O., S. 71-98.

Vormachtstellung in einem »Vatersymbol« institutionell auf Dauer gestellt worden, das in generalisierter Weise zum Ausdruck brachte, daß dem Vater die entscheidende Aufgabe einer Rückübersetzung von gesellschaftlichen Werten und Zumutungen in die Binnenkommunikation der Familie zufiel;[98] in Ergänzung dazu war, wie wir inzwischen über Parsons hinausgehend wissen, auch die Rolle der Ehefrau in einem entsprechenden Symbol verallgemeinert worden, das im expressiven Schema der »Mutterliebe« vorsah, daß die Mutter sich um eine fürsorgende Einbettung der väterlichen Autorität im Erziehungsprozeß zu kümmern hatte.[99] Beide institutionalisierten Symbolkomplexe, der des mit sozialer Autorität ausgestatteten »Vaters« ebenso wie der der »guten Mutter«, geraten nun in dem historischen Augenblick unter erheblichen Legitimationsdruck, als die Frauen gegen Ende der 1950er Jahre im Wirtschaftsaufschwung in einem zuvor unbekannten Maße den Arbeitsmarkt zu bevölkern beginnen;[100] je stärker jetzt nämlich die Ehefrauen durch eigene Erwerbstätigkeit ihren Teil zum Familieneinkommen beisteuern, desto schwerer muß es in der Folge den Vätern fallen, für ihre bislang unangetastete Vormachtstellung noch überzeugende Gründe zu benennen. Die beiden Jahrzehnte, die auf die studentischen Unruhen der 1960er Jahre folgen, stellen daher die Periode eines langgezogenen Kampfes um Anerkennung dar, in dem die Männer und Frauen innerhalb des noch veralteten Gehäuses der Familie darüber streiten, wie das Bild von Vater und Mutter zukünftig beschaffen sein soll; am Ende dieser Um-

98 Parsons, »Das Vatersymbol«, a. a. O., bes. S. 52-67.

99 Vgl. Yvonne Schütze, *Die gute Mutter. Zur Geschichte des normativen Musters »Mutterliebe«* (= Schriftenreihe des Instituts Frau und Gesellschaft), Hannover 1986.

100 Vgl. für die Bundesrepublik Deutschland die statistischen Angaben in: Ingrid N. Sommerkorn/Katherina Liebsch, »Erwerbstätige Mütter zwischen Beruf und Familie: Mehr Kontinuität als Wandel«, in: Nave-Herz (Hg.), *Kontinuität und Wandel der Familie in Deutschland*, a. a. O., S. 99-130, bes. S. 123.

bruchphase ist zugleich mit dem traditionellen Vatersymbol auch das institutionalisierte Bild der »guten Mutter« weitgehend aufgelöst, an deren Stelle nun in ersten, noch unfertigen Umrissen die neuen Leitbilder des »engagierten Vaters« und der erwerbstätigen Mutter zu treten beginnen.[101]

Dieser schleichende Wandel in den symbolischen Deutungsmustern war von zu großer Wirkung für das gesamte Beziehungsgefüge der modernen Familie, als daß er in seinen Resultaten heute schon vollständig überblickt werden könnte. Sobald sich die Rolle des Vaters innerhalb der Familie zu verschieben begann, der nun seine abgehobene Autoritätsstellung nicht länger mit Verweis auf die nur ihm übertragene Ernährerfunktion rechtfertigen konnte, so daß er sich zur Mitarbeit im Haushalt und bei der Kindererziehung irgendwie verpflichtet sehen mußte, war auch dem traditionellen Abhängigkeitsverhältnis zwischen den Eltern jeder Boden entzogen; die Mutter, bislang nur für die innerhäuslichen Tätigkeiten zuständig, konnte jetzt aufgrund ihrer Bereitschaft zur Erwerbsarbeit nicht nur das gleiche Mitspracherecht bei allen familialen Angelegenheiten beanspruchen, sondern mit guten Gründen auch eine Mitwirkung ihres Ehepartners bei aller Hausarbeit einklagen. Die Machtverhältnisse zwischen Vater und Mutter hatten sich viel stärker verschoben, als am Beginn dieses Prozesses, dem massenhaften Eintritt von Frauen in den Arbeitsmarkt, wohl zu vermuten gewesen war; zum ersten Mal, seitdem die romantische Bewegung in eins mit der Idee der rein gefühlsbestimmten Liebe auch die Vorstellung einer symmetrischen Fürsorge und Anteilnahme in der Familie hervorgebracht hatte, stand nun der Institutionalisierung von familialer Gleichheit kein ideologisches Hindernis mehr im Wege. Damit aber mußten auch die normativen Erwartungen, die beide Seiten an den Vollzug des Ehe- und

101 Für die Mütter vgl. Hans Bertram/Hiltrud Bayer, *Berufsorientierung erwerbstätiger Mütter. Zum Struktur- und Einstellungswandel mütterlicher Berufstätigkeit*, München 1984.

Familienlebens stellten, im hohen Maße anwachsen; da die alten, traditionellen Rollenzwänge wegzubrechen begannen, schien nun das elterliche Zusammenwirken unter partizipatorischen Bedingungen zugleich auch das Versprechen zu beinhalten, sich innerhalb der Familie zwanglos in seiner Persönlichkeit verwirklichen zu können; immerhin hatte ja auch die intersubjektive Substanz des veränderten Familienlebens, nämlich die ursprüngliche Intimbeziehung des noch kinderlosen Paares, schon unter dem historisch neuen Anspruch gestanden, ein in jeder Hinsicht freies, auch von sexuellen Tabus emanzipiertes Verhältnis zu bilden. Zugleich war allen Beteiligten zunächst aber vollkommen unklar, wie die sich neu eröffnenden Chancen eines gleichberechtigten Zusammenwirkens in der Familie mit entsprechenden Lebens- und Arbeitsformen gefüllt werden sollten; vor allem die Männer, ihrer symbolischen Macht als Familienvorstand enthoben, verarbeiteten den rapiden Anerkennungsverlust häufig durch ein krampfhaftes Festhalten an den alten Rollenverteilungen, da sie in ihrer Sozialisation auf Alternativen noch gar nicht vorbereitet worden waren. Der Übergang vom »Patriarchat zur Partnerschaft«,[102] der durch die veränderte Rolle der Frau in der Familie in Gang gekommen war, schlug sich daher zunächst in einer Reihe von innerfamilialen Spannungen und Verwerfungen nieder, in denen unter der alten Kruste schon das historisch Neue konflikthaft zum Vorschein kam.

Die erste Konsequenz, die sich aus diesen Umbrüchen im Beziehungsgefüge der modernen Familie ergab, war ein schnelles Anwachsen der Scheidungsrate in allen westlichen Ländern seit den späten sechziger Jahren.[103] Auch wenn unter Soziologen keine Einigkeit darüber existiert, wie der plötzli-

102 Siehe Mitterauer/Sieder, *Vom Patriarchat zur Partnerschaft*, a. a. O.

103 Vgl. die eingehende Analyse in: Bertram, *Familien leben*, a. a. O., S. 39-51. Hier wird auch sehr schön deutlich, daß der Einfluß historischer Umbrüche bei der Entwicklung der Scheidungsraten nicht unterschätzt werden darf.

che Anstieg letztlich zu erklären ist, so steht doch außer Frage, daß dabei das Aufeinanderprallen von neu entstandenen Ansprüchen auf Selbstverwirklichung und einem ängstlichen Festhalten an altbewährten Rollenmustern von entscheidender Bedeutung war.[104] Das Recht hatte dem Druck der erhöhten Bereitschaft zur Ehetrennung schnell nachgegeben und war in vielen Ländern im Laufe der siebziger Jahre vom Schuldprinzip auf ein Zerrüttungsprinzip umgestellt worden; dabei war man der allgemeinen Auffassung gefolgt, daß es in einer stark pluralisierten Gesellschaft keinen verbindlichen Verhaltenskodex für die Ehe mehr geben könne, der die Feststellung einer Normabweichung und damit den Vorwurf eines Verschuldens erlauben würde.[105] Im Vorfeld oder bei der Abwicklung der derart erleichterten Scheidungsprozesse erwies sich freilich alsbald als eine Konstante, daß Kinder verbreitet als eine Barriere für den Wunsch nach einer Auflösung der Ehe angesehen wurden; wo die Sorge um deren Wohlergehen die Trennung nicht verhinderte, da kooperierten die Eltern in den meisten Fällen auch nach der Scheidung so miteinander, daß sie sich zeitverschoben um die Erziehung und fürsorgliche Betreuung ihrer Kinder kümmerten.[106] In diesen empirischen Befunden ist mit Recht ein Hinweis auf die Tendenz gesehen worden, die Definition der Familienbeziehung viel stärker als früher um die gemeinsame Sorge um das Kindeswohl kreisen zu lassen;[107] wurde nämlich in der traditionellen Kleinfamilie die fürsorgliche Betreuung des Kindes beinah ausschließlich als eine Aufgabe der Mutter angesehen, so daß sie auch nach

104 Vgl. etwa: Swidler, »Love and Adulthood in American Culture«, a. a. O.

105 Vgl. Siegfried Willutzki, »Zum Wandel der Leitbilder von Ehe und Familie in Gesetzgebung und Rechtsprechung«, in: Kirchenamt der EKD (Hg.), *Zur ethischen Orientierung für das Zusammenleben in Ehe und Familie*, Gütersloh 1998, S. 143-168.

106 Michael Wagner, *Scheidung in Ost- und Westdeutschland*, Frankfurt/New York 1997.

107 Vgl. Schütze, »Zur Veränderung des Eltern-Kind-Verhältnisses seit der Nachkriegszeit«, a. a. O., bes. S. 93 ff.

einer Scheidung allein dafür verantwortlich blieb, so hatte sich inzwischen jener bereits erwähnte Einstellungswandel vollzogen, der den Vater zum gleichberechtigten und -verpflichteten Partner in der Interaktion mit dem als potentiell selbständig betrachteten Kind machte. Innerhalb der Familien hatte sich infolge der Abflachung der Arbeitsteilung das Selbstverständnis der Eltern dahingehend verschoben, nun als Paar in gemeinsamer Verantwortung für die Entfaltung der kindlichen Autonomie sorgen zu müssen; man sah sich nicht mehr primär als eine Paarbeziehung, die sich arbeitsteilig um die Erziehung des abhängigen Familienmitglieds zu kümmern hatte, sondern als eine Eltern-Kind-Beziehung, die das »Wir« einer von nun an lebenslang existierenden Form von primärer Gemeinschaft repräsentierte.[108] Auch in dieser Hinsicht also, dem Selbstverständnis der Eltern, war die konstitutive Triangularität der Familie zu einer sich selbst wissenden Einheit geworden; die (verheirateten und unverheirateten) Paare waren sich nun zunehmend bewußt, daß man gemeinsam mit dem Kind (oder den Kindern) eine Dreiecksbeziehung bildet, die sich aus den beiden Elementen der Gattenbeziehung und der Eltern-Kind-Beziehung zusammensetzt. Zu dem damit umrissenen Wandel hatte vor allem die nachträgliche Einbeziehung des Vaters in den affektiv-fürsorglichen Sozialisationsprozeß beigetragen,[109] der zuvor, wie wir gesehen haben, im wesentlichen in den Verantwortungsbereich der Mutter gefallen war; sobald die beiden Ehepartner begannen, sich gemeinsam sowohl um die emotionale Betreuung als auch um die

108 Dieter Thomä, *Eltern. Kleine Philosophie einer riskanten Lebensform*, München 1992, bes. Kap. 1.

109 Vgl. zu diesem Wandlungsprozeß den aus einem empirischen Forschungsprojekt am Institut für Sozialforschung (Frankfurt/M.) hervorgegangenen Aufsatz von Hans-Werner Gumbinger/Andrea Bambey, »Zwischen ›traditionellen‹ und ›neuen‹ Vätern. Zur Vielgestaltigkeit eines Wandlungsprozesses«, in: Karin Jurczyk/Andreas Lange (Hg.), *Vaterwerden und Vatersein heute. Neue Wege – neue Chancen!*, Gütersloh 2009, S. 195-216.

instrumentelle Erziehung zu kümmern, verloren die Rollenzumutungen in der Familie immer stärker ihren fixen Gehalt und wurden diffuser, so daß alle Beteiligten sich wechselseitig als ganzheitliche Personen anzusehen lernten, die voneinander in ihren besonderen Eigenarten Liebe und Fürsorge erwarten dürfen.

Allerdings führte die Tatsache, daß die Eltern sich nun auch nach einer Scheidung gewöhnlich weiterhin gemeinsam für das Schicksal ihrer leiblichen Kinder verantwortlich fühlten, nun schnell zu einer Pluralisierung der bislang nur in der Einzahl auftretenden Familienformen; denn je nachdem, welche Beziehungsform die Eltern jetzt nach der Trennung je für sich anstrebten, konnte es passieren, daß deren Kind oder Kinder über kurz oder lang zum Mitglied von gleich zwei neu entstandenen Familien wurden und hier zugleich Stief- und später sogar Halbgeschwister dazugewannen. Solchen Neuarrangements, den sogenannten Patchwork-Familien, scheinen heute durch die erstaunliche Bereitschaft der ursprünglichen Eltern, trotz ihres Scheiterns eine Art von Kooperationsbeziehung beizubehalten, kaum irgendwelche Grenzen gezogen;[110] freilich wird den Kindern dabei nicht selten ein Maß an emotionaler Elastizität und Bindungsoffenheit zugemutet, das es fragwürdig sein läßt, ob sie nicht überfordert werden und daher psychische Verletzungen davontragen. Die empirische Forschung ist noch nicht so weit, um hier klare Auskunft geben zu können; sie beschränkt sich notgedrungen zumeist auf die Untersuchung der psychischen Folgen von Scheidungserfahrungen und kann nicht gesondert die Belastungen erkunden, die mit dem simultanen Aufwachsen in zwei neuen Beziehungsgefügen einhergehen. Die Anzahl solcher Patchwork-Familien darf darüber hinaus – bei all dem Signalwert, den diese für zeitdiagnostische Beobachtungen besitzen – nicht überschätzt werden. Gewiß kennen wir alle in unserem nähe-

110 Sieder, »Patchworks – Das Familienleben getrennter Eltern und ihrer Kinder«, a. a. O.

ren Umfeld Fälle von scheidungsbedingten Familienkonstellationen, deren emotionale Durchlässigkeit und Vielschichtigkeit erstaunlich ist; aber deren Zahl wird nur gerade deswegen häufig als so hoch angesetzt, weil sie eine spektakuläre Ausnahme von der noch immer weitverbreiteten Regel darstellt. Nach den verläßlichen Angaben von Hans Bertram aus dem Jahr 1995 berichteten damals mehr als achtzig Prozent der um 1970 Geborenen, bis zum achtzehnten Lebensjahr mit beiden leiblichen Eltern zusammengelebt zu haben;[111] und ähnliche Prozentzahlen sind regelmäßig mit leichten Schwankungen den Schätzungen der amtlichen Statistik der Bundesrepublik Deutschland zu entnehmen.

Was heute demgegenüber im Alltag persönlicher Beziehungen viel stärker ins Gewicht fällt als die relativ wenigen Patchwork-Familien, ist die durch die inzwischen viel größere durchschnittliche Lebenserwartung ebenfalls erheblich angewachsene Dauer von Ehe- und damit auch Familienbeziehungen. Wahrscheinlich hat nichts die Binnenerfahrung familiärer Verhältnisse in den letzten fünfzig Jahren mehr verändert als die enorme Ausdehnung des Zeitraums, der im individuellen Lebensverlauf aus der Nähe oder Ferne mit den eigenen Eltern verbracht wird: »Heute können Väter davon ausgehen, mit ihren erstgeborenen Kindern mehr als fünfzig Jahre gemeinsame Lebenszeit zu verbringen; aus der Perspektive der Mütter sind es sogar fast sechzig Jahre geteilter Lebenszeit [...]«.[112] Diese zeitliche Streckung der Familienbeziehung hat zu einem neuartigen Phänomen geführt, das von einigen Soziologen als Tendenz zu einer »multilokalen Mehrgenerationenfamilie« bezeichnet wird: Während es für die klassische Kleinfamilie, wie sie noch Parsons vor Augen hatte, als typisch angesehen

111 Bertram, *Familien leben*, a.a.O., S. 94.

112 Ebd., S. 100. Besonders erhellend ist in diesem Zusammenhang: Matilda White Riley, »The Family in Aging Society: A Matrix of Latent Relationships«, in: Arlene S. Skolnik/Jerome H. Skolnik (Hg.), *Family in Transition*, New York 1997, S. 407-419.

werden konnte, daß sich ihre emotionale Bindungskraft vor allem aus der unter einem Dach verbrachten Zeit des direkten Zusammenlebens ergab, haben sich solche Bindungen heute von den gemeinsamen Erfahrungen an einem einzigen Ort gelöst, wachsen häufig sogar noch, nachdem die Kinder das Haus verlassen haben, und erstrecken sich später dann aus der räumlichen Distanz auch auf die Enkelkinder.[113] Die Fixierung familialer Intimität auf die Phase der Sozialisation der Kinder bis zum Ende der Adoleszenz beginnt sich aufzulösen und wird allmählich durch die Vorstellung ersetzt, daß die emotionalen Beziehungen lebenslang bestehen bleiben und im fortgeschrittenen Alter der Eltern sogar noch einmal an Intensität gewinnen; die räumliche Distanz stellt dabei kein Hindernis mehr dar, weil sie durch die technischen Hilfsmittel des Verkehrswesens, des Telefons oder des Internets leicht kompensierbar ist. Für die meisten Eltern bilden daher heute die eigenen Kinder und deren Kinder mit Abstand die wichtigsten Interaktionspartner nach dem Ausscheiden aus dem Berufsleben; kurz, was das familiäre Zusammenleben durch das Eindringen von Massenmedien, schulischen Anforderungen und beruflichen Ansprüchen in der frühen Sozialisationsphase an affektiver Intensität verloren haben mag, hat es durch die zeitliche Streckung der emotionalen Beziehungen und durch das Anwachsen einer »Intimität auf Distanz« (Leopold Rosenmayer) längst wettgemacht.

Insofern erweist es sich im Rückblick als gerechtfertigt, heute viel stärker zwischen partnerschaftlichen Zweierbeziehungen und Familien zu unterscheiden, als es in der Vergangenheit der liberaldemokratischen Gesellschaften erforderlich gewesen ist. Während in den institutionalisierten Praktiken

113 Bertram, *Familien leben*, a.a.O., S. 104-108. Eine große Rolle spielen in diesem Zusammenhang die gewachsenen Beziehungen zwischen Großeltern und Enkelkindern, die sich aus dem Anstieg der Lebenserwartung ergeben haben: Andrew J. Cherlin/Frank F. Fürstenberg, Jr., »The Modernization of Grandparenthood«, in: Skolnik/Skolnik (Hg.), *Family in Transition*, a.a.O., S. 419-425.

der intimen Partnerschaft nämlich inzwischen das Prinzip der Kündbarkeit zu selbstverständlicher Geltung gelangt ist, besitzt es innerhalb der Institution der Familie gegenwärtig vielleicht sogar noch geringere Legitimität als in vergangenen Zeiten: Eltern-Kind-Beziehungen gelten nicht nur rechtlich und normativ als unkündbar, sondern haben in den letzten fünfzig Jahren auch einen Prozeß der »strukturellen Verfestigung«[114] durchlaufen, weil sie zum Mittelpunkt einer lebenslangen Aufmerksamkeit und Sorge des Elternpaares geworden sind. Sowohl die bewußte Beschränkung der Kinderzahl, die sich in den stark abnehmenden Geburtenzahlen niederschlägt, als auch die gewachsene Bereitschaft, sich selbst nach einer Trennung gemeinsam um das Kind zu kümmern, lassen sich als Ausdruck der Tendenz deuten, eine verantwortungsbewußte Elternschaft als moralischen Kern der Familienbeziehung zu begreifen.[115] Daß die Bindungen zwischen den Familienmitgliedern daher heute eine längere Lebensdauer besitzen als fast alle anderen persönlichen Beziehungen, ja, daß ihnen von seiten der meisten Menschen beinah wie selbstverständlich eine emotionale Priorität zukommt, ist Resultat dieser beinah paradox anmutenden Zunahme an selbstbewußter Triangularität in modernen Familien.

Wenn der Befund richtig ist, daß sich Familien heute in der Vielzahl ihrer Gestalten (verheiratete/unverheiratete Elternpaare, biologische/»soziale« Kinder, hetero-/homosexuelle Elternpaare) viel stärker als früher als ein Beziehungsgefüge aus drei gleichberechtigten und -wertigen Mitgliedern verstehen, deren Rollen und Aufgaben sich mit der jeweiligen Phase der gemeinsam verbrachten Lebenszeit verändern, so lassen

114 Rosemarie Nave-Herz, »Die These über den Zerfall der Familie«, in: Jürgen Friedrichs/Rainer M. Lepsius/Karl Ulrich Meyer, *Die Diagnosefähigkeit der Soziologie*, Opladen 1998, S. 286-313, hier: S. 306.

115 Besonders hilfreich ist: Thomas Meyer, »Das ›Ende der Familie‹ – Szenerien zwischen Mythos und Wirklichkeit«, in: Ute Volkmann/Uwe Schimank (Hg.), *Soziologische Gegenwartsdiagnosen II*, Wiesbaden 2006, S. 199-224.

sich daraus schon erste Schlüsse bezüglich der impliziten Normen des gegenwärtigen Familienlebens ziehen. Weggefallen ist in den letzten Jahrzehnten, so haben wir gesehen, die über einen langen Zeitraum der Moderne hinweg dominierende Vorstellung, nach der Vater und Mutter fixe, sich ergänzende Rollen ausüben, die in ihrer Komplementarität von gesellschaftsrepräsentativer Autorität und fürsorglicher Liebe dazu beitragen, daß das Kind in einer Mischung aus Dressur und Zuneigung zur Selbständigkeit erzogen wird; an die Stelle dieses patriarchalischen Familienideals beginnt heute allmählich ein partnerschaftliches Gleichheitsideal zu treten, das nicht nur besagt, daß die beiden Eltern nach Möglichkeit alle Erziehungs- und Hausarbeit fair unter sich aufteilen, sondern auch, daß das Kind so weit wie eben möglich als ein dritter Partner in die familiale Kommunikation mit einzubeziehen ist. Gewiß verläuft der damit in Gang gekommene Strukturwandel nicht komplikationslos und ohne die in solchen Fällen üblichen Retardationen, so daß wir für einen gewissen Zeitraum noch mit einem ständigen Wiederaufleben der alten Rollenfixierungen rechnen müssen. Auf der anderen Seite aber sprechen fast alle empirischen Indikatoren dafür, daß das neue Ideal insofern alternativlos ist, als es mit der zwanglosen Macht des Einklagens normativer Geltungsüberschüsse einen permanenten Rechtfertigungsdruck ausübt, an dem die noch bestehenden Reste traditioneller Praktiken über kurz oder lang zerbrechen müssen. Was sich auf diesem konflikthaften Weg heute nämlich allmählich institutionell herauszubilden beginnt, ist die Verwirklichung eines normativen Versprechens, das die moderne Familie seit ihren Anfängen in der romantischen Liebe wie ein ständiger Schatten begleitet hat: daß jedes ihrer drei Mitglieder – Vater, Mutter und Kind – jeweils in der Besonderheit seiner Subjektivität gleichberechtigt in sie einbezogen sein und dementsprechend eine der eigenen Bedürftigkeit entsprechende Fürsorge und Anteilnahme erhalten soll. Sobald aufgrund der wachsenden Berufstätigkeit von Frauen der alten Ideologie die Legitimationsgrundlage entzogen war, nach der Mütter in den aufopferungsvollen Tätigkeiten der Hausarbeit und Kindererziehung ihre »wahre« Natur befriedigen, war das erste Hindernis in der Realisierung des zugrundeliegenden Anerkennungsprinzips genommen; der epochale Wandel in den Erziehungspraktiken, der mit der kulturellen Veralltäglichung der antiautoritären Bewegung in den sechziger Jahren einherging, hat auch das zweite Hindernis auf diesem Weg zum Einsturz gebracht. Alle drei Familienmitglieder, unabhängig davon, ob es sich dabei um ein Kind oder mehrere Kinder handelt, stehen sich daher heute dem normativen Prinzip nach als gleichberechtigte Interaktionspartner gegenüber, die jeweils das Maß an Anteilnahme, Zuwendung und Fürsorge voneinander erwarten dürfen, das ihre jeweils phasenspezifische Bedürftigkeit erfordert – auf normativer Ebene ist genau das die Konsequenz, die mit dem Umstand einhergeht, daß die Triangularität der Familie inzwischen tendenziell von einem »An-Sich« zu einem »Für-Sich« geworden ist.

Die normativen Verpflichtungen zwischen den Familienmitgliedern, die bislang an institutionell fixierte Rollenzumutungen gebunden waren, haben im Zuge dieser Enttraditionalisierung ihren starren, über die Zeit hinweg unveränderlichen Charakter verloren und statt dessen eine viel stärker situationsbezogene Gestalt angenommen: Weder für die Eltern untereinander noch für deren Verhältnis zum Kind gilt heute noch, daß eine stets gleichbleibende Art von wohlwollender Aktivität gefordert wird, vielmehr bemißt sich der Umfang und der Gehalt solcher nichtvertraglichen Pflichten im wesentlichen an der Bedürftigkeit, die sich aus der jeweiligen Lage oder dem Alter der Familienmitglieder ergibt. Das wenige, was wir aus empirischen Untersuchungen über die normativen Praktiken in gegenwärtigen, häufig »postmodern« genannten Familien wissen, belegt eine solche Flexibilisierung und Verzeitlichung der von den Mitgliedern wahrgenommenen Verpflichtungen:[116] Erheblich stärker als früher schränkt sich inzwischen auch der Vater in der frühen Lebensphase seines Kindes ein, um in Arbeitsteilung mit der Mutter Zeit für Betreuung und spielerische Zuwendung zu finden, untereinander räumen sich beide Partner häufig mit Hilfe eines entweder impliziten oder sogar formalisierten Zeitkontos Freiräume ein, um den jeweils eigenen Interessen nachgehen zu können; nimmt das Lebensalter des Kindes zu, muten ihm die Eltern gewisse Aufgaben im Haushalt oder der Betreuung von Geschwistern zu, um mehr Zeit für sich selbst zu gewinnen; und bei ersten Anzeichen einer Erkrankung oder altersbedingten Gebrechlichkeit kümmern sich die nun bereits erwachsenen Kinder im Regelfall intensiver um die Eltern, als es eine pessimistische Zeitdiagnose vermuten läßt. Überdies hat die Tendenz zur multilokalen Mehrgenerationenfamilie, die eine Folge des erheblich angewachsenen Lebensalters von Männern und Frauen ist, zur Herausbildung eines zeitlich langgezogenen Reziprozitätsmusters zwischen Eltern und Kindern geführt, welches in dieser Weise historisch vollkommen neuartige Züge besitzen dürfte: Weil die Eltern heute in der Regel erst zwischen dem 45. und dem 60. Lebensjahr ihrer Kinder sterben, können diese als Erwachsene ihnen im hohen Alter das an Pflege und Zuwendung zurückgeben, was sie von ihnen in ihrer frühen Kindheit erhalten haben.[117] Die Familie versteht sich heute unter geglückten Bedingungen, faßt man all diese Belege eines Anwachsens situationsbezogener Verpflichtungen zusammen, stärker als jemals zuvor als eine Solidargemeinschaft, in der der eine phasenweise für den anderen einsteht, um gemeinsam die existentiellen Herausforderungen eines von steten Gefährdungen bedrohten Lebens zu bewältigen; entgegen aller Klagen über den Zerfall der Familie und der Auflösung ihres moralischen Zusammenhalts geben die meisten älteren Menschen daher an, sich im Falle von Kri-

116 Vgl. zusammenfassend: Bertram, *Familien leben*, a.a.O., Kap. 4.
117 Ebd., S. 104f., S. 143-159.

sensituationen auf ihre (biologischen oder sozialen) Kinder verlassen zu können.[118]

Die Tatsache, daß die innerfamiliären Verpflichtungen inzwischen viel stärker mit der jeweiligen Fähigkeit und Bedürftigkeit des einzelnen Mitglieds variieren, bedeutet natürlich auch ein Anwachsen des Bedarfs an kommunikativer Verständigung:[119] Wenn das, was von dem einzelnen innerhalb der Familie normativ erwartet wird, nicht mehr wie selbstverständlich durch die ihm zuvor zugewiesene Rolle festgelegt ist, muß im konkreten Fall unter den Mitgliedern ausgehandelt werden, worin dessen Beitrag gemäß dem Solidarprinzip zu bestehen hat. So früh, wie es angesichts seiner geistigen Entwicklung möglich ist, wird heute daher im allgemeinen das Kind von den Eltern in den Prozeß der gemeinsamen Willensbildung einbezogen; zwar gilt es in den meisten Sozialmilieus mittlerweile als selbstverständlich, daß am Lebensbeginn Fürsorge und liebevolle Zuwendung den angemessenen Erziehungsstil bilden, aber schon bald nach dem Eintritt ins Schulalter wird dem Heranwachsenden ein Grad an individueller Autonomie zugemutet, der in der Blütephase der patriarchalischen Familie unvorstellbar gewesen wäre. Mit der kommunikativen Verflüssigung von Rechten und Pflichten wächst innerhalb der Familie heute allerdings auch die Tendenz, die Bereitschaft zur Normerfüllung von den je existierenden Gefühlen der Zuneigung oder Abneigung abhängig zu machen: Das einzelne Familienmitglied ist viel stärker als früher nur dann bereit, die ausgehandelten Verantwortlichkeiten arbeitsteilig zu übernehmen, wenn es sich im Kreis der restlichen Mitglieder emotional akzeptiert und aufgehoben sieht.

Diese Tendenz, die eigene Pflichterfüllung unter affektiven Vorbehalt zu stellen, hat einige Moralphilosophen veranlaßt, die Art der moralischen Verpflichtung in heutigen Familien

118 Ebd., S. 107.

119 Vgl. Jürgen Habermas, *Theorie des kommunikativen Handelns*, Frankfurt/M. 1981.

nach dem Muster von Freundschaftspflichten zu konzeptualisieren: Weil erwachsene Kinder sich nur dann ihren Eltern gegenüber zu Hilfeleistungen und Unterstützung verpflichtet sehen, wenn die Beziehung zu ihnen weiterhin von Liebe und Zuneigung geprägt ist, sollten wir uns von der alten Vorstellung verabschieden, nach der es sich dabei um rollengebundene oder gar »natürliche« Pflichten handelt, und uns statt dessen auf das normative Vorbild von Freundschaftsverhältnissen besinnen; nicht anders als in derartigen Beziehungen nämlich, in denen nur moralische Normen herrschen, die in wechselseitiger Zuneigung begründet sind, ergeben sich auch in Familien die konstitutiven Verpflichtungen allein aus den je empfundenen Bindungen und Anhänglichkeiten.[120] Allerdings wiederholt dieser Vorschlag nur auf der Stufe besonderer Verpflichtungen denselben Fehler, den wir in bezug auf allgemeine Pflichten schon am Prinzip der »moralischen Autonomie« haben feststellen können: Es wird suggeriert, eine erwachsene Person könne sich restlos von allen institutionellen Bedeutungen ihrer sozialen Lebenspraxis lösen, um dann gewissermaßen unvoreingenommen zu prüfen, welche Gefühle sie gegenüber ihren Eltern empfindet. Übersehen wird dabei, daß die Empfindungen gegenüber dem »Vater« oder der »Mutter« stets auch von den Erwartungen geprägt sind, die innerhalb der Gesellschaft an den Vollzug der beiden Rollen geknüpft sind; meine eigenen Gefühle gegenüber meinen Eltern sind nämlich nicht zuletzt davon abhängig, ob sie jeweils die normativen Ansprüche erfüllt haben, die ich als Kind meiner Zeit im Laufe meines Heranwachsens an sie gestellt habe. Daher haben die positiven oder negativen Gefühle, die in meinem späteren Leben über den Umfang meiner Verpflichtungen gegenüber meinen Eltern entscheiden, eine ganz andere Geschichte hinter sich als meine Bindungsgefühle in Freundschaften; denn weiterhin haften sie an Erfahrungen

120 Diane Jeske, »Familien, Freunde und besondere Verpflichtungen«, in: Honneth/Rössler (Hg.), *Von Person zu Person*, a. a. O., S. 215-253.

der Erfüllung oder Nichterfüllung von elementaren Funktionen, wie sie für Familien auch dann charakteristisch bleiben, wenn sie nicht mehr wie zuvor an starre Rollenschemata gebunden sind. Hinter die jeweils institutionell festgelegte Bedeutung von Elternschaft und Kindesrolle, die grundsätzlich durch das Inzesttabu, leibliche Nähe und Unkündbarkeit bestimmt sind, läßt sich nicht artifiziell zurückgreifen; insofern sind die moralischen Verpflichtungen, die heute in Familien vorherrschen, in ganz anderen intersubjektiven Einstellungen begründet als diejenigen zwischen Freunden oder Freundinnen.

Allerdings stellt der bloße Umstand, daß die Familienmitglieder heute ihre Bereitschaft zur Erfüllung solidarischer Hilfs- und Fürsorgepflichten vom Grad ihrer emotionalen Bindung abhängig machen, kein historisch wirklich neuartiges Phänomen dar; schon immer, seitdem die Familie primär als eine in wechselseitiger Liebe gegründete Sozialbeziehung interpretiert wurde, dürfte sich die Art und Weise der Übernahme solcher Pflichten an den tatsächlich füreinander empfundenen Gefühlen bemessen haben – man denke nur daran, mit wie vielen Abstufungen in den begleitenden Gefühlen die Ausübung der familiären Rollen in den Familienromanen der klassischen Moderne geschildert wird.[121] Neuartig gegenüber dieser »bürgerlichen« Vergangenheit ist vielmehr, daß sich heute infolge der Diffusion der arbeitsteiligen Rollen auch der Spielraum für das Eingestehen solcher Gefühle geweitet hat: Die Empfindungen der Familienmitglieder untereinander sind nicht mehr durch starre Rollenmuster normativ vorgeprägt, sie können daher wesentlich freier artiku-

121 Ich denke hier etwa an die Romane von Jane Austen, in denen die emotionalen Beziehungen zwischen den Eltern und ihren Kindern, fast immer Töchter, in den unterschiedlichsten Färbungen geschildert werden: Jane Austen, *Stolz und Vorurteil* (1813), Leipzig/Weimar 1990; *Emma* (1816), Zürich 1990. Für die Differenzen in den emotionalen Beziehungen zwischen Ehepartnern vgl. etwa: George Elliot, *Middlemarch. Eine Studie des Provinzlebens* (1871/73), Zürich 1962.

liert werden und dementsprechend bei den Entscheidungen über den Grad des moralischen Engagements auch ein ungleich größeres Gewicht erhalten. Nicht, daß die moralischen, selbsteinschränkenden Leistungen innerhalb der Familie von abweichenden Gefühlen begleitet sind, sondern daß derartige Abweichungen auch tatsächlich einen Unterschied im Verhalten machen können, ist das historisch neue Phänomen. Die moderne Familie hat sich eben innerhalb der letzten fünfzig Jahre von einem rollenförmig organisierten, patriarchalischen Sozialverband in eine partnerschaftliche Sozialbeziehung verwandelt, in der der normative Anspruch institutionalisiert ist, sich untereinander als ganze Personen in all der konkreten Bedürftigkeit Liebe entgegenzubringen; wird eine solche Liebe nicht empfunden, geht somit das Gefühl dafür verloren, in der eigenen Besonderheit angenommen worden zu sein, so fühlt sich das Familienmitglied normativ berechtigt, die von ihm erwarteten Verpflichtungen zu vernachlässigen.

Diese »Reinigung«[122] der modernen Familie von all den in sie von außen hineinragenden Rollenzumutungen ist es auch, was heute ihre Stärke und ihre Schwäche zugleich ausmacht. Ihre Schwäche besteht, wie zuvor zu sehen war, in ihrer Fragilität als Sozialverband, die deswegen stark zugenommen hat, weil die Mitglieder ihre je existierenden Gefühle von Zuneigung und Zugehörigkeit viel zwangloser artikulieren können als noch in vergangenen Zeiten; es gibt, wenn einmal Empfindungen erloschener Liebe oder mangelnder Bindung geäußert werden, keine argumentativen Möglichkeiten mehr, auf die bloße Tatsache rollenförmiger Verpflichtungen zu verweisen, um die Abtrünnigen zum Verbleib in der Familie zu bewegen. Dieses reale, handlungswirksame Anwachsen der Austrittsoptionen, von denen die heranwachsenden Kinder ebenso

122 Die Metapher der »Reinigung« übernehme ich von Anthony Giddens, der mit Bezug auf die Gegenwart von »reinen« Beziehungen spricht: Anthony Giddens, *Modernity and Self-Identity. Self and Society in the Late Modern Age*, Cambridge 1991, v. a. Kap. 3.

Gebrauch machen können wie die beiden Elternteile, hat in positiver Hinsicht aber zur Folge, daß sich Familien inzwischen viel stärker als früher auf die tatsächliche, ungezwungene Zustimmung ihrer Mitglieder verlassen können: Bleiben Eltern und Kinder heute über die unvermeidlichen Phasen krisenhafter Entzweiungen zusammen, so können sich alle Beteiligten relativ sicher sein, daß nicht soziale Konventionen oder verinnerlichte Rollenklischees, sondern Gefühle wechselseitiger Zuneigung den Zusammenhalt ermöglicht haben. Insofern ist trotz erhöhter Scheidungs- und Trennungsraten die innere Bindungskraft dieser triangulären Beziehungsform in den letzten Jahrzehnten eher gewachsen; erst heute kommt daher das, was schon in ihren Anfängen als eine besondere Form der Freiheit in modernen Familien angesehen wurde, wirklich zu sozialer Entfaltung.

Nun war es freilich selbst in dieser Anfangsphase nicht ohne weiteres klar, welche spezifische Eigenart der modernen, bürgerlichen Familie es sein sollte, die einer nicht nur individuellen, sondern einer intersubjektiven Freiheit zur Verwirklichung verhelfen könnte. So groß die Übereinstimmung zwischen den deutschen Idealisten und den Frühromantikern auch bezüglich der Auffassung war, daß die Freundschaft und die Liebe Gestalten sozialer Freiheit bildeten, so wenig einig war man sich darüber, ob und in welcher Weise sich innerhalb der Familie eine derartige Freiheit realisieren sollte. Wie sich an Hegel und Schleiermacher schon kurz gezeigt hatte, ging man im allgemeinen wohl davon aus, daß es die komplementären Rollenverpflichtungen von Vater, Mutter und Kind waren, die hier zu einer höherstufigen Form von Freiheit führten: Der eine ergänzt innerhalb der Familie durch seine spezifische Tätigkeit den anderen in der Weise, daß sie nur gemeinsam jeweils die individuellen Zwecke realisieren können, die ihnen aufgrund ihrer natürlichen Bestimmung vorgegeben sind. Insofern kam die Erschließung des Freiheitselements in der Institution der modernen Familie nicht ohne stark naturalistische Annahmen aus, durch die festgelegt schien, daß der Vater nach Befriedigung seiner Autoritätsansprüche, die Mutter nach Befriedigung ihrer Fürsorgeimpulse und das Kind schließlich nach Befriedigung seiner Anlehnungs- und Orientierungsbedürfnisse strebte; dadurch, daß die Rollenmuster der unterschiedlichen Familienmitglieder ja tatsächlich institutionell darauf zugeschnitten waren, diese Bedürfnisse wechselseitig zu erfüllen, ergab sich das Bild eines nahezu perfekten Ergänzungsverhältnisses, das die Rede von der sozialen Freiheit zu rechtfertigen schien. Aber neben der damit umrissenen Idee, die bis in die Familiensoziologie Parsons' hinein nachwirkte,[123] gab es schon in der historischen Gründungsphase der modernen Familie auch die entgegengesetzte Vorstellung, nach der die Familiengründung letztlich der in der Intimität der Liebe realisierten Freiheit ein Ende bereitet; hier wurde der Hinzutritt von Kindern zum romantisch gedeuteten Eheverhältnis als eine Gefährdung der sozialen Freiheit begriffen, weil mit ihnen externe Versorgungsverpflichtungen entstanden, die den ungezwungenen Kommunikationsfluß zwischen den Eheleuten zu unterbrechen drohten. Im ganzen dürfte aber damals die Idee überwogen haben, daß mit der Verschränkung von drei komplementären Aufgaben in der Familie die Chance entsteht, eine ganz besondere, natürliche Form von sozialer Freiheit zu realisieren.

Heute können solche Bestimmungen innerfamiliärer Freiheit schon deswegen nicht mehr überzeugen, weil sich mit der allmählichen Zersetzung fixierter Rollenmuster auch die traditionelle Idee eines funktionalen Ergänzungsverhältnisses aufzulösen begonnen hat; den besonderen Freiheitsgewinn der modernen Familie noch darin zu vermuten, daß sich de-

123 Innerhalb der Kritischen Theorie findet sich dieselbe Idee im übrigen bei Max Horkheimer, der stets daran festhielt, die bürgerliche Familie klassischen Typs als einen Ort sozialer Freiheit zu beschreiben: Max Horkheimer, »Autorität und Familie in der Gegenwart«, in: ders., *Gesammelte Schriften*, Bd. 5, hg. von Gunzelin Schmid Noerr, Frankfurt/M. 1987, S. 377-395.

ren Mitglieder in ihren natürlichen Zielen wechselseitig ergänzen, muß wie ein Anachronismus klingen, wenn hier die Zuneigung und Anteilnahme untereinander längst der ganzen Person des jeweils anderen gilt. Eine zweite, ebenfalls in der romantischen Gründungsphase entwickelte Idee ist daher wahrscheinlich viel besser geeignet, die besondere Form von sozialer Freiheit hervortreten zu lassen, die sich unter günstigen Umständen in der modernen Familie zu realisieren vermag; diesem Gedanken zufolge, der bei Hegel, aber auch etwa bei Friedrich Schlegel oder sogar im *Wilhelm Meister* Goethes anzutreffen ist,[124] besitzen »die Eltern« in ihren Kindern »die objektive Gegenständlichkeit ihrer Verbindung«;[125] und an einer anderen Stelle bei Hegel heißt es, daß die Eltern in ihren Kindern »nicht bloß das Gegenbild ihrer selbst, sondern ihrer Liebe« vor Augen haben.[126] Zwar dürften wir uns schwer damit tun, derartige Vorstellungen umstandslos auf die gegenwärtigen Verhältnisse zu übertragen, andererseits aber enthalten sie doch den Schlüssel, um zu verstehen, warum sich in dem Dreieck zwischen den Eltern und dem Kind (oder den Kindern) eine eigentümliche Vollzugsform von intersubjektiver Freiheit findet. Auf den fruchtbaren Kern des zitierten Gedankens stoßen wir allerdings erst, wenn wir von ihm einige Bestandteile abgestreift haben, die sich den kulturellen Prämissen der damaligen Zeit verdanken. So dürften sich Hegel und seine Zeitgenossen jene »objektive Gegenständlichkeit« der Kinder, in der die Eltern wie in einem Spiegel ihre eigene Liebe erblicken können sollen, noch ganz direkt als das Produkt eines Zeugungspaktes vorgestellt haben: Weil das Kind tatsächlich das natürliche Resultat ihrer sexuellen Vereinigung bildet, ist den Eltern in dessen leiblicher Gestalt lebenslang

124 Vgl. zu diesem Ideenkomplex: Hermann A. Korff, *Geist der Goethezeit*, III. Teil: Frühromantik, Leipzig 1949, S. 88-97 (»Die romantische Ehe«).

125 Hegel, *Grundlinien der Philosophie des Rechts*, a. a. O., § 175 (Zusatz).

126 G.W.F. Hegel, *Die Philosophie des Rechts. Vorlesung von 1820/21*, hg. von Hansgeorg Hoppe, Frankfurt/M. 2005, § 173.

ein sichtbares Zeugnis ihrer damaligen Zuneigung gegeben. Unter den gegenwärtigen Bedingungen aber, in denen viele Väter oder Mütter Kinder großziehen, die in einem biologischen Sinn nicht ihre eigenen sind, hat dieser Bestandteil der Hegelschen Gedankenfigur jegliche Plausibilität verloren; das, was das sich liebende Paar im »eigenen« Kind leibhaftig vor Augen hat, muß nicht mehr zwangsläufig das Produkt ihrer sexuellen Beziehung sein. Schon hier bedarf also die Vorstellung, nach der die soziale Freiheit in der Familie mit einer Spiegelung der elterlichen Anerkennungsbeziehung im dritten Glied, dem Kind, zusammenhängt, einer erheblichen Korrektur. Nicht anders verhält es sich mit dem Umstand, daß Hegel und seine Zeitgenossen dieses Spiegelungsverhältnis allein vom Blickwinkel des Elternpaares aus konstruieren; vor allem wohl deswegen, weil damals das Risiko des Ablebens von Vater oder Mutter schon in der frühen Kindheit hoch war, wird überhaupt nicht thematisiert, ob nicht auch das Kind in seinen Eltern etwas über sich wie in einem Spiegel in Erfahrung zu bringen vermag. Wollen wir die Gedankenfigur Hegels auf die Gegenwart übertragen, so muß daher angesichts der erheblich angestiegenen Dauer der Familienbeziehungen aus der Perspektive aller Beteiligten gefragt werden, in welchem Sinn hier der eine dem anderen ein Spiegel von elementaren Lebensvollzügen sein kann; nicht nur Vater oder Mutter haben im Kind, sondern auch das Kind hat in seinen Eltern die Verkörperung einer existentiellen Erfahrung vor Augen, die eng mit dem Rhythmus des familialen Lebens verknüpft sein muß.

Soll unter der Voraussetzung dieser beiden Korrekturen an der Vorstellung festgehalten werden, daß die soziale Freiheit in heutigen Familien etwas mit einer wesentlichen Zurückspiegelung, mit einer elementaren »Vergegenständlichung« oder »Versinnbildlichung« zu tun hat, so muß also angegeben werden können, welche Erfahrungen hier der eine für den anderen jeweils verkörpern kann. Es liegt nahe, die Antwort in einem existentiellen Bereich zu suchen, der in keiner anderen Institution persönlicher Beziehungen, also weder in der Freundschaft noch in Liebesverhältnissen, in derselben Weise angelegt und beheimatet ist wie in der Familie; denn nur, wenn deren Mitglieder sich wechselseitig Lebensvollzüge zurückzuspiegeln vermögen, die nirgendwo sonst in vergleichbarer Intensität und Nähe in Erfahrung zu bringen sind, darf mit Recht von einer besonderen Gestalt sozialer Freiheit in bezug auf dieses eine Sozialverhältnis gesprochen werden. Wird dabei zusätzlich berücksichtigt, daß Familien heute wesentlich länger in engem persönlichen Kontakt bleiben als noch vor hundert Jahren, so drängt sich nachgerade auf, als den Kern einer solchen wechselseitigen Spiegelung die zeitliche Dimension des menschlichen Lebens, ja, dessen biologische Verlaufsform im Ganzen anzunehmen. In keiner anderen Sozialform persönlicher Beziehungen ist die Leiblichkeit des Menschen auf Dauer derart erfahrungsnah präsent wie innerhalb der Familie. Das beginnt mit der körperlichen Versorgung und Pflege des Kleinkindes, setzt sich für das heranwachsende Kind in der latenten Gegenwärtigkeit der Sexualität seiner Eltern fort, schließt gewöhnlich Zustände der Krankheit oder Gebrechlichkeit eines der Familienmitglieder mit ein und endet, tritt nicht vorher der frühzeitige Tod des Kindes ein, mit dem Ableben von Vater und Mutter; in all diesen Phasen, die sich mitunter auch überlappen können, kreist das Familienleben mehr oder weniger bewußt um die organische Rhythmizität des menschlichen Lebens – sie ist die organisierende Mitte in der affektiven Beziehung der Familienmitglieder untereinander. Aber die Beteiligten nehmen sich hier nicht nur permanent in jeweils neuen leiblichen Zuständen wahr, die den Anlaß das eine Mal für Sorge und Bekümmerung, das andere Mal für Mitfreude und Zuversicht sein können; vielmehr erblicken sie in der organischen Verfassung des anderen stets auch je nach Perspektive ein Bild der eigenen Vergangenheit oder Zukunft. Kinder und Eltern sind sich wechselseitig ein Spiegel für Lebensphasen, die entweder noch vor ihnen oder bereits hinter ihnen liegen; insofern können sie hier am jeweils anderen ein Verständnis nicht nur für die Periodizität des menschlichen Lebens insgesamt gewinnen, sondern auch für die unverfügbare Seite an ihrem je eigenen, biologisch bestimmten Leben.

Das alles wäre nun freilich nicht mehr als bestenfalls ein Zugewinn an Wissen und Reife und weit davon entfernt, auch eine Bereicherung von individueller Freiheit zu bilden, würde nicht die familiäre Kommunikation auch die Chance beinhalten, sich gleichsam spielerisch mit der derart eingesehenen Unverfügbarkeit auseinanderzusetzen. Aufgrund der leiblichen Nähe zwischen den Familienmitgliedern, die im Unterschied zu früheren Zeiten heute selbstverständlich geworden ist, besteht ständig die Möglichkeit, die bloß kognitive Spiegelung im anderen in einen praktischen Vollzug des Sich-hinein-Versetzens hinübergleiten zu lassen: Vater und Mutter können sich im spielerischen Umgang mit dem Kind ebenso dazu aufgefordert sehen, sich auf dessen psychische Entwicklungsstufe zurückfallen zu lassen, wie das Kind umgekehrt in der Interaktion mit den Eltern dazu ermuntert wird, sich experimentell und tastend auf deren Entwicklungsniveau zuzubewegen. Auf eine eigentümliche Weise werden durch diese Regressionen und Progressionen die Generationsgrenzen verflüssigt, durch »Einverleibung« wird hier das Unverfügbare an unserer Natur für kurze Augenblicke entmächtigt: Das Kind kann sich probeweise zum Interaktionspartner seines Vaters oder seiner Mutter machen, die Eltern können sich von den biologischen Gegebenheiten ihres Alters entlasten, indem sie zum Spielkameraden ihrer Tochter oder ihres Sohnes werden. In beiden Richtungen stellt die damit nicht nur in der Phantasie, sondern im praktischen Umgang vollzogene Entgrenzung eine Befreiung dar, weil sie uns dazu befähigt, der unvermeidlichen Periodizität unseres organischen Lebens die Schwere zu nehmen und sie für Momente des Spiels aufzuheben. Nach vorne wie nach hinten in unserem organischen Dasein können wir uns in solchen Augenblicken plötzlich so bewegen, als seien uns durch unsere äußere und innere Natur keine Grenzen gezogen.

Für diese Art von intersubjektiver Freiheit, nämlich der spielerischen Einklammerung und Aufhebung der Altersgrenzen, ist im institutionellen Netzwerk unserer Gesellschaften kein anderer Ort gegeben als der der modernen, demokratisierten Familie; denn nur hier findet sich, zumal unter Bedingungen eines erheblich verlängerten Zeitraums persönlicher Intimität und Vertrautseins, die leibliche Interaktion zwischen den Generationen auf Dauer gestellt.[127] Das, was Hegel als »Vergegenständlichung« der Liebe der Ehegatten im eigenen Kind hat begreifen wollen, um darin das Element intersubjektiver Freiheit in Familien auszumachen, sollte daher heute in dem ganz anderen Sinn einer wechselseitigen Versinnbildlichung von vergangenen und zukünftigen Altersstufen aufgefaßt werden: Dadurch, daß die Mitglieder einer demokratisierten Familie in einer solchen wechselseitigen Spiegelung spielerisch mit ihren natürlichen Grenzen umzugehen lernen, verwirklichen sie im institutionalisierten Miteinander eine einzigartige Form von Freiheit.[128]

Ganz eng mit dieser Gestalt sozialer Freiheit hängt eine

127 Genau in dieser Möglichkeit ist auch die Gefahr des sexuellen Mißbrauchs in Familien und Erziehungsanstalten angelegt: Ulrich Oevermann, »Sexueller Mißbrauch in Erziehungsanstalten. Zu den Ursachen«, in: *Merkur*, 64 (2010), H. 7, S. 571-581.

128 Meisterhaft hat diese besondere Gestalt der sozialen Freiheit Jonathan Franzen in seinem Roman *Freiheit* (a. a. O.) zur Darstellung gebracht: Die Zerwürfnisse und Konflikte, die innerhalb der zunächst intakten Familie Berglund durch die gewachsenen Chancen zur Artikulation je eigener Bedürfnisse und Stimmungen ausgelöst werden, können am Ende durch die fürsorgende Unterstützung der eigenen Kinder wieder geheilt werden, die dadurch, so ließe sich sagen, zu den »Eltern« ihrer Eltern werden. Auf die vielen weiteren Aspekte, unter denen hier die Freiheit in zeitgenössischen Familien thematisiert wird, kann ich hier leider nicht eingehen, sie wären eine eigenständige Abhandlung wert.

zweite Leistung heutiger Familien zusammen, für deren Bestimmung sich wahrscheinlich bei genauerer Betrachtung wiederum nur der Gedanke der Freiheitssteigerung eignet. In der Konsequenz von innerer Gleichstellung und zeitlich erheblich gewachsener Bindungsdauer ist die moderne Familie in den letzten Jahrzehnten, soweit sie nicht durch solche Ansprüche in ihrem Zusammenhalt beschädigt wurde, zu einer Lebensgemeinschaft geworden, in der sich im Laufe ihrer Existenz die elementaren Funktionen ihrer Mitglieder gleichsam verkehren können: Die Kinder, von ihrer Mutter, ihrem Vater oder beiden zunächst unter normalen Umständen fürsorglich in die Welt geführt, werden am Lebensende ihrer Eltern zu deren fürsorgenden Betreuern, gewissermaßen zu den Eltern ihrer wieder hilflos und betreuungsbedürftig gewordenen Eltern. Die Verkehrung der Generationsrollen, mit der im Spiel der wechselseitigen Regressionen und Progressionen zunächst nur experimentiert wurde, wird hier gewissermaßen zur Wirklichkeit:[129] Die Eltern werden in ihrer wachsenden Gebrechlichkeit und Orientierungslosigkeit beinah in einem buchstäblichen Sinn wieder zu Wesen, wie sie einst ihre eigenen Kinder waren, die ihrerseits nun auf dem Höhepunkt ihres erwachsenen Lebens ihren Eltern gegenüber jene Fürsorge ausüben müssen, die diese zuvor ihnen gegenüber praktiziert hatten.[130] In einer derartigen Zyklizität, von der Hegel und seine Zeitgenossen noch nichts ahnen konnten, weil dafür die relativ niedrigen Lebenserwartungen nicht die Zeitspanne bo-

129 Eine der ergreifendsten Darstellungen dieser Verkehrung von Kind- und Elternrolle findet sich in dem Roman *Mein Leben als Sohn* von Philipp Roth (München/Wien 1992; Orig.: *Patrimony*, New York 1991).

130 Das bleibt auch dort der Fall, wo, wie heute zumeist in unseren Gesellschaften üblich, die direkte, physische Betreuung am Lebensende von Pflegekräften ausgeübt wird; auch unter derartigen Umständen findet meistens eine Umkehrung der Adressierung statt, die Eltern sehnen sich in ihren Kindern nach fürsorgenden »Eltern«, die Kinder sprechen ihre Eltern wie hilfsbedürftige Wesen an.

ten, kommt ein Element des Trostes zum Tragen, das nicht mit dem Faktum des Todes versöhnt, ihm aber doch die Schwere nehmen kann: Dadurch, daß die Kinder am Lebensende ihrer Eltern zu deren »Eltern« werden, handeln sie so, als versinnbildlichten sie den Kreislauf des Lebens auf der Stufe menschlicher Sozialität. Nicht, daß eine solche fürsorgliche Heimholung in den Lebensanfang die existentielle Einsamkeit und Angst je aufzuheben in der Lage wäre; aber vielleicht vermag sie doch mit der eigentümlichen Kraft der Derealisierung die heilsame, tröstende Fiktion zu erzeugen, daß unser Leben im Kreis der Familie an seinen Anfangspunkt zurückkehrt und daher einen stimmigen Abschluß finden kann.[131] Wenn wir darin ein Moment der Befreiung, nämlich der Entlastung von bedrückender Einsamkeit und Todesfurcht sehen, so verdankt sich auch diese individuelle Freiheit den intersubjektiven Praktiken, die sich heute in der modernen Familie zu institutionalisieren beginnen; sie wird zu einer der ganz wenigen Stätten in unseren Gesellschaften, an denen die Subjekte noch säkulären Trost zu empfangen vermögen, weil sie sich zumindest fiktiv in einem sie überdauernden Ganzen aufgehoben wissen können.

Nun können natürlich alle diese neuen normativen Praktiken, die sich heute in den nicht durch Konflikte zerrissenen Familien infolge der Egalisierung und zeitlichen Streckung ihrer internen Beziehungen abzuzeichnen beginnen, nur dann institutionell Fuß fassen und gedeihen, wenn dafür die entsprechenden Voraussetzungen in der sozioökonomischen Umwelt bereitstehen; aber weder die Familien- noch die Sozial- und Arbeitspolitik in den westlichen Gesellschaften sind gegenwärtig in der erforderlichen Weise darauf abgestellt, die besondere Art der sozialen Freiheit in den demokratisierten

131 Zur tröstenden Kraft der Derealisierung vgl. Axel Honneth, »Entmächtigungen der Realität. Säkulare Formen des Trostes«, in: ders., *Das Ich im Wir. Studien zur Anerkennungstheorie*, Berlin 2010, S. 298-306.

Familien unserer Zeit zu gewährleisten. Das, worüber diese Familien am ehesten verfügen können müßten, um ihr Potential an solidarischer Bewältigung von existentiellen Lebensrisiken zu entfalten, wären ergiebige Zeit für die Interaktion mit den Kindern, hinreichend Spielräume für die auf die Gesamtdauer des Familienlebens hin egalitäre Verteilung von Verpflichtungen und schließlich verläßliche Aussichten auf stabile, existenzsichernde Beschäftigungsverhältnisse für die erwachsenen Familienmitglieder. Von sozioökonomischen Verhältnissen aber, in denen derartige Voraussetzungen flächendeckend vorhanden wären, sind wir heute denkbar weit entfernt. So ergibt sich, was die mit den Kindern verbrachte Zeit anbelangt, ein gewisser kalkulatorischer Druck für die Eltern oder Alleinerziehenden heute schon daraus, daß sie durch den temporären Wegfall von Erwerbsarbeitszeit gegenüber dem Rest der erwerbstätigen Bevölkerung ökonomisch ins Hintertreffen geraten; denn die sozialen Sicherungssysteme unserer Gesellschaften sind weiterhin an dem traditionellen Modell der Versorgerehe ausgerichtet, so daß sich Ansprüche auf Existenzsicherung im Fall von Krankheit, Arbeitslosigkeit oder Rente nur aus der Erwerbsarbeit ergeben und die mit den eigenen Kindern verbrachte Zeit überhaupt nicht zu Buche schlägt.[132] Diese offensichtliche Benachteiligung, die zu einer gezielten Verknappung der den Kindern gewidmeten Zeit anhalten mag, wäre nur durch eine grundlegende Reform unserer Sicherungssysteme aufzuheben, deren Ziel eine gesellschaftliche Unterstützung derjenigen wäre, die einen Teil ihrer Erwerbsarbeit der Erziehung und Betreuung ihrer Kinder oder Enkel geopfert haben; in die Berechnung von Versorgungsansprüchen müßte vollkommen unabhängig vom Ehestatus all die Zeit einfließen, die der Interaktion mit der heranwachsenden Generation gewidmet wurde.

Freilich erfüllen solche Strukturreformen nur dann die ih-

132 Bertram, *Familien leben*, a.a.O., S. 167ff.

nen zugedachte Funktion, wenn gleichzeitig im öffentlichen Bewußtsein die traditionelle Dreiteilung der Lebensläufe in eine frühe Phase der Sozialisation, eine mittlere Phase der Erwerbsarbeit und eine späte Phase tätigkeitslosen Ruhestands aufgebrochen wird; denn angesichts der Tatsache, daß sich innerhalb der Familien die moralischen Verpflichtungen längst zeitlich und sozial entschränkt haben, weil jeder im Prinzip je nach existentieller Bedürftigkeit und sozialer Situation für den anderen einzuspringen hat, ist es nicht mehr sinnvoll, die Ausübung spezifischer Funktionen an jeweils nur eine der drei Phasen zu binden: »Phasen des Lernens, der Arbeit, der Familienaktivität, der Kindererziehung, möglicherweise auch der gesellschaftlichen Solidarität können in einem Lebensprozeß, der im Durchschnitt für Männer 75 bis 77 Lebensjahre und für Frauen 80 bis 82 Jahre umfaßt, ganz anders kombiniert werden als in einer Lebensperspektive von 60 bis 65 Jahren.«[133] Schon zeichnet sich ja ab, daß sich bei Müttern oder Vätern Phasen des Lernens, der Erwerbsarbeit und des familialen Engagements in einer Reihenfolge abwechseln, die zuvor als kulturell undenkbar galt; wird darüber hinaus berücksichtigt, daß sich die Großeltern heute viel stärker als noch vor fünfzig Jahren an der Betreuung ihrer Enkelkinder beteiligen und damit das Vorurteil des bloßen Müßiggangs im Rentenalter widerlegen, so wird vollends deutlich, wie abwegig es ist, weiterhin die alte Dreiteilung des Lebenslaufs auf das Familienleben anzuwenden. Der allmähliche Strukturwandel der Biographien, in denen sich gegenwärtig Phasen des Lernens, der Berufstätigkeit und des familialen Miteinanders viel stärker durchmischen können, müßte auch im offiziellen Familienbild der Sozialpolitik nachhaltiger Berücksichtigung finden; dann würde sich das, was hier als eine Bewußtwerdung der familialen Triangularität und damit als institutionelle Verwirklichung der Familie als Solidargemeinschaft geschildert wurde,

133 Ebd., S. 169.

in politisch-ökonomischen Maßnahmen niederschlagen, die es all ihren Mitgliedern erlaubt, zwischen den verschiedenen Funktionsbereichen ohne wirtschaftliche Benachteiligung müheloser hin- und herzuwechseln.

Für die finanziellen Umverteilungen, die eine derartige Familien- und Sozialpolitik mit sich bringen dürften, müßte in einer demokratischen Gemeinschaft im Prinzip unschwer Zustimmung zu finden sein. Zwar hat der politische Liberalismus, dessen Prinzipien das normative Selbstverständnis unserer Gesellschaften bis heute prägen, die ganze Sphäre der Familie und der Kindererziehung stets am Rande liegen lassen; diese wurden irgendwie als historisch gegeben betrachtet, ohne daß weiter darüber nachgedacht wurde, unter welchen Bedingungen sie zur politisch-moralischen Reproduktion von demokratischen Gesellschaften beitragen könnten.[134] Weder der inneren Verfassung von Familien noch den sozialisatorischen Voraussetzungen, unter denen Kinder zu zukünftigen Staatsbürgerinnen und Staatsbürgern werden sollten, wurde hier größere Aufmerksamkeit geschenkt; gelegentliche Hinweise auf den demokratischen Wert einer zuwendungsreichen, liebevollen Erziehung, wie sie sich etwa bei John Rawls finden,[135] haben an dieser mißlichen Lage nichts wirklich geändert. Macht man sich aber klar, wie viel in einem demokratischen Gemeinwesen davon abhängt, daß dessen Mitglieder zu einem kooperativen Individualismus befähigt werden, wird man die politisch-moralische Bedeutung der familiären Sphäre nicht länger in Abrede stellen können; denn für so gut wie alle Einstellungen, die der einzelne mitbringen muß, um sich jenseits aller Bindungen an partikulare Gemeinschaften kraft seiner individuellen Fähigkeiten und Kompetenzen für

134 Eindrücklich dazu: John O'Neill, *The Missing Child in Liberal Theory: Towards a Covenant Theory of Family, Community, Welfare and the Civic State*, Toronto 1994.

135 John Rawls, *Eine Theorie der Gerechtigkeit*, Frankfurt/M. 1975, Kap. 70 und 71 (S. 503-513).

die Belange des übergreifenden Gemeinwesens einzusetzen, werden die psychischen Voraussetzungen innerhalb von intakten, vertrauensvollen und egalitären Familien geschaffen. Kaum ein anderer Sozialtheoretiker wußte das besser als Émile Durkheim. Daher hat er in seiner »Soziologie der Moral«, die ja als eine »normative Rekonstruktion« all der moralischen und »sittlichen« Verhaltensregeln gedacht war, deren individuelle Befolgung die Aufrechterhaltung einer kooperativen Demokratie garantieren können sollte, die Familie als ein »sekundäres Organ des Staates« behandelt.[136] Die liberale Vorstellung, nach der die familiale Sphäre als eine bloß gegebene, nicht weiter beeinflußbare Größe im politisch-moralischen Aufbau moderner Gesellschaften betrachtet werden soll, wäre ihm vollkommen fremd gewesen; wie selbstverständlich ging Durkheim vielmehr davon aus, daß ein demokratisches Gemeinwesen mit Hilfe staatlicher Gesetze und entsprechender Umverteilungen alles in seiner Macht Stehende unternehmen müsse, um Familien eine Entfaltung ihrer eigensinnigen, letztlich bereits kooperationsfördernden Interaktionsformen zu ermöglichen.

Heute befindet sich die moderne Familie, wie wir gesehen haben, auf einem normativen Entwicklungsweg, der es ihr besser als jemals zuvor in ihrer noch kurzen Geschichte erlaubt, demokratische, kooperative Verkehrsformen sozialisatorisch einzuüben und zu praktizieren. Die Mitglieder dieser schon immer fragilen, weil vor allem durch emotionale Bande zusammengehaltenen Institution sind in den letzten fünfzig Jahren dank sozialer Kämpfe und einer ihnen folgenden Rechtsprechung von starren Rollenmustern befreit worden und stehen sich daher inzwischen in bewußter Triangularität

136 Émile Durkheim, *Erziehung, Moral und Gesellschaft*, Neuwied a. Rhein/Darmstadt 1973, S. 124. Leider ist von den Vorlesungen, die Durkheim zur »Soziologie der Moral« gehalten hat (ders., *Physik der Sitten und des Rechts. Vorlesungen zur Soziologie der Moral*, Frankfurt/M. 1999), der Teil über die »Familie« nicht erhalten.

als vollwertige, im Prinzip gleichberechtigte Personen gegenüber; die Beziehung zwischen Vater und Mutter, unabhängig davon, ob verheiratet oder unverheiratet, homosexuell oder heterosexuell, kreist viel stärker als in der »bürgerlichen« Vergangenheit um das Wohl des Kindes, dessen gedeihliche Entwicklung und zukünftiges Lebensglück im allgemeinen als die eigentliche Funktion der Familie begriffen wird. Mit dieser Veränderung im institutionellen Selbstverständnis haben sich auch die Kommunikationsmuster und Erziehungsstile in den Familien gewandelt, die längst nicht mehr hierarchisch auf die Autoritätsfigur des Vaters zulaufen, sondern eine deliberative Form angenommen haben, durch die sich jedes Mitglied zur Stellungnahme aufgerufen wissen kann. Die innerfamilialen Verpflichtungen, die vormals strikt an die Rollenmuster von Vater, Mutter und Kind gebunden waren, haben im Zuge einer solchen Demokratisierung ebenfalls ihren Charakter grundlegend geändert; sie sind heute nicht mehr auf die Erfüllung rollenspezifischer Aufgaben zugeschnitten, sondern dienen nahezu reziprok der Fürsorge und Hilfeleistung in Situationen, die für den einzelnen mit besonderen existentiellen Belastungen verknüpft sind. Insofern erkennen sich die Mitglieder heutiger Familien wechselseitig als menschliche Subjekte an, die miteinander deswegen eine einzigartige, durch Geburt und Tod begrenzte Solidargemeinschaft bilden, weil sie sich gemeinsam in bewußter Verantwortung den Übergang ins öffentliche Leben ermöglichen wollen – man hilft sich reziprok darin, derjenige sein zu können, als der man sich aufgrund der eigenen Individualität in der Gesellschaft verwirklichen können möchte.

Auch wenn die moderne Familie damit noch nicht zu einem demokratischen Gemeinwesen im kleinen geworden ist, weil sie nicht zum Zwecke der deliberativen Erörterung und Entscheidung öffentlicher Angelegenheiten existiert, so bildet sie in ihren geglückten Formen inzwischen doch die Keimzelle all der für solche Kooperationen erforderlichen Einstellungen und Dispositionen – die Zeiten, in denen die bürgerliche Familie eine Brutstätte autoritärer Verhaltenszüge war, weil sie den Kindern im Leerlauf ihrer Disziplinierungen keine Ich-Stärke vermitteln konnte, sind längst vorbei.[137] Heute können Kinder innerhalb von Familien, die unter günstigen sozioökonomischen Voraussetzungen leben, schon früh die Erfahrung machen, was es heißt, sich als individuelles Wesen an einer gemeinsamen Kooperation zu beteiligen; sie lernen im Zuge der Internalisierung der innerfamiliären Anerkennungsregeln ihre egozentrischen Interessen dann zurückzustellen, wenn ein anderes Mitglied auf ihre Hilfe und Unterstützung angewiesen ist. Alles, was an Fähigkeiten und Dispositionen zu einem derartigen »kooperativen Individualismus« gehört, kann im Prinzip durch die Teilnahme an den inzwischen verbindlich gewordenen Praktiken der Familie erworben werden: die Fähigkeit, das gedankliche Schema eines generalisierten Anderen zu entwickeln, in dessen Perspektive die innerfamiliären Verantwortlichkeiten fair und gerecht verteilt werden müssen, die Bereitschaft, diejenigen Verpflichtungen auch tatsächlich zu übernehmen, die in der eigenen Stellungnahme zur deliberativen Aushandlung solcher Verantwortlichkeiten implizit enthalten sind, die Toleranz schließlich, die erforderlich ist, wenn andere Familienmitglieder Lebensstile oder Vorlieben ausbilden, die den eigenen im ethischen Grundsatz widersprechen. Weil die Familie im Prozeß der institutionellen Veränderungen zu einer Bildungsstätte all dieser Verhaltensweisen geworden ist, tut der politische Liberalismus falsch daran, sie weiterhin als eine geradezu naturwüchsig gegebene Voraussetzung liberaldemokratischer Gesellschaftsordnungen zu behandeln. Jedes demokratische Gemeinwesen müßte, ganz im Gegenteil, ein vitales Interesse daran haben, sozio-

137 Zum Zusammenhang von autoritärem Charakter und »bürgerlicher« Familiensozialisation vgl.: Institut für Sozialforschung (Hg.), *Studien über Autorität und Familie. Forschungsbericht des Instituts für Sozialforschung*, Paris 1936.

ökonomische Verhältnisse zu schaffen, unter denen sich alle Familien die heute institutionell bereits verfügbaren Praktiken auch tatsächlich zu eigen machen können; denn schließlich vermag ein solches Gemeinwesen sich nur dann auf Dauer zu erhalten, wenn auch in der nachfolgenden Generation wieder die Verhaltensweisen nachwachsen, die schon in ihr selbst als Inbegriff demokratischer Tugenden angesehen werden.

2. *Das »Wir« des marktwirtschaftlichen Handelns*

Es erscheint heute im allgemeinen wohl eher als abwegig, das System des marktvermittelten Wirtschaftshandelns als eine Sphäre sozialer Freiheit zu begreifen; denn während der letzten zwei Jahrzehnte hat die kapitalistische Ökonomie durch interne, politisch ermöglichte Entgrenzungen eine soziale Gestalt angenommen, die all dem Hohn spricht, was mit dem Versprechen ineinandergreifender Rollenverpflichtungen und damit einer Institutionalisierung von sozialer Freiheit verknüpft ist.[138] Noch wird zwar über die Deutung der »neoliberal« genannten Reformen des Wirtschaftssystems gestritten – umstritten ist etwa, ob es sich dabei nur um eine neue Welle der Expansion kapitalistischer Profitinteressen oder um eine »Refeudalisierung« der grundlegenden, marktvermittelten Wirtschaftseinrichtungen handelt –,[139] aber schon heute dürfte ohne jeden Zweifel feststehen, daß wir es bei je-

138 Vgl. Wolfgang Streeck, *Re-Forming Capitalism. Institutional Change in the German Political Economy*, Oxford 2010; Wolfgang Streeck/Martin Höppner, »Einleitung: Alle Macht dem Markt?«, in: dies. (Hg.), *Alle Macht dem Markt? Fallstudien zur Abwicklung der Deutschland AG*, Frankfurt/M. 2003.

139 Die erste Deutung vertritt im Rahmen seines historischen Institutionalismus zum Beispiel Wolfgang Streeck (*Re-Forming Capitalism*, a. a. O., Teil III), die zweite Deutung etwa Sighard Neckel, *Refeudalisierung der Ökonomie. Zum Strukturwandel kapitalistischer Wirtschaft*, MPIfG Working Paper 10/6, Köln 2010.

ner Form eines Systems wirtschaftlichen Handelns, wie wir es im Augenblick in den entwickelten Ländern des Westens kennen, nicht mit einer »relationalen« Institution und dementsprechend gewiß nicht mit einer Sphäre sozialer Freiheit zu tun haben. Alles, was zu einer solchen institutionalisierten Freiheitssphäre gehören müßte, fehlt dem gegenwärtigen Wirtschaftssystem ganz augenscheinlich: Es ist nicht in zustimmungsfähigen Rollenverpflichtungen verankert, die derart ineinandergreifen würden, daß die Mitglieder in der Freiheit des anderen eine Bedingung ihrer eigenen Freiheit erkennen könnten; es mangelt ihm daher an einem vorgängigen Verhältnis der wechselseitigen Anerkennung, aus dem die jeweiligen Rollenverpflichtungen ihre individuelle Geltungs- und Überzeugungskraft beziehen könnten. Wie aber soll dann eine normative Rekonstruktion, die sich ja zum Ziel gesetzt hat, an den heute existierenden Institutionen des persönlichen Lebens, des wirtschaftlichen Handelns und der politischen Praxis die sozialen Bedingungen unserer »wahren«, intersubjektiven Freiheit bloßzulegen, im Bereich des kapitalistisch organisierten Wirtschaftssystems fündig werden? Bedarf es hier nicht doch wieder aufgrund fehlender »normativer Faktizität« des Rückgriffs auf eine Methode des moralischen Konstruktivismus, um wenigstens gedankenexperimentell die normativen Regeln anzudeuten, deren Befolgung eine wechselseitige Ermöglichung von individueller Freiheit im Wirtschaftssystem erlauben würde?[140]

Halten wir uns an ein solches Verfahren, so hätten wir allerdings schon resigniert, bevor wir die normativen Verhältnisse im kapitalistischen Marktsystem genauer geprüft haben; wir würden, wie die meisten Kritiker des Kapitalismus, die

140 Für ein solches konstruktivistisches Verfahren in bezug auf unser heutiges Wirtschaftssystem vgl. etwa in Hinblick auf die Idee der Konsumentenfreiheit: Peter Penz, *Consumer Sovereignty and Human Interest*, Cambridge 1986; für die Idee einer gerechten Arbeitsorganisation: Nien-Hê Hsieh, »Justice in Production«, in: *Journal of Political Philosophy*, 16 (2008), Nr. 1, S. 72-100.

Beschreibung der heute gegebenen Wirtschaftssphäre den Vertretern der zeitgenössischen Ökonomie überlassen, ohne überhaupt zu hinterfragen, ob die von ihnen verwendeten Begrifflichkeiten und Modellannahmen empirisch angemessen sind. Diese theoretischen Prämissen aber sind seit den Anfängen der modernen Wirtschaftstheorie, im Grunde genommen schon seit Adam Smiths bahnbrechender Schrift über *The Wealth of Nations*,[141] höchst umstritten; denn das, was bereits kurz nach dem Tod des großen Gelehrten und Philosophen als das »Adam-Smith-Problem« behandelt wurde und letztlich der Frage einer Vereinbarkeit seines wirtschaftstheoretischen und seines moraltheoretischen Denkens galt,[142] war nichts anderes als eine Debatte darüber, ob sich das Freiheitsversprechen des modernen Wirtschaftsmarktes eher in Begriffen sich strategisch verhaltender Einzelsubjekte oder in der Terminologie sich intersubjektiv aufeinander beziehender Kommunikationspartner erläutern lassen sollte. In der Begrifflichkeit, die hier zur Differenzierung der modernen Freiheitsmodelle vorgeschlagen wurde, ließe sich wohl auch sagen, daß es im moralischen Selbstverständnis der Moderne von Beginn an unklar war, ob die Etablierung marktvermittelten Handelns der Erweiterung negativer Freiheit oder der Durchsetzung sozialer Freiheit im Bereich der Wirtschaft zugute kommen sollte. Weil damit auf den ersten Blick aber unbestimmt ist, von welchem empirischen Gegenstandsbereich wir überhaupt reden, wenn wir uns an die normative Rekonstruktion des marktvermittelten Wirtschaftshandelns machen wollen, bedarf es hier zunächst einer begrifflichen Vorklärung; wir

141 Adam Smith, *Untersuchung über Wesen und Ursachen des Reichtums der Völker* (1776), Tübingen 2005.

142 Einen ersten Überblick gibt Laurenz Volkmann, »Wem gehört Adam Smith? Gedanken zur Auseinandersetzung um das geistige Erbe des schottischen Philosophen und Ökonomen«, in: *Berichte zur Wissensgeschichte* (2003), S. 1-11. Zusätzlich: Samuel Fleischacker, *On Adam Smith's ›Wealth of Nations‹. A Philosophical Companion*, Cambridge 2004, S. 48-54.

müssen, anders als im Fall persönlicher Beziehungen, wo sich sowohl die Teilnehmer als auch die Beobachter seit dem Durchbruch der Romantik auf die normative Idee der »Liebe« als neuem Anerkennungsmuster bezogen haben, vorweg zu bestimmen versuchen, in welchem Sinn es sich bei der Sphäre des kapitalistisch organisierten Marktes um eine »relationale« Institution sozialer Freiheit handeln kann (a). Erst, wenn es uns auf diesem Weg einer Gegenstandsbestimmung gelungen ist, am Marktgeschehen der modernen Wirtschaft die implizite Unterstellung einer Gewährung und Erweiterung sozialer Freiheit zu identifizieren, können wir mit dem eigentlichen Geschäft der normativen Rekonstruktion beginnen; hier bedarf es dann einer empirisch informierten Erläuterung, welche institutionellen Mechanismen zur Sicherung einer solchen Freiheit sich heute zunächst in der Konsumsphäre (b) und schließlich im Produktions- und Dienstleistungsbereich (c) abzuzeichnen beginnen. Am Ende des Weges, der damit beschritten wird, soll sich unschwer erkennen lassen, daß es sich bei den gegenwärtigen Entgrenzungen des kapitalistischen Marktes um eine soziale Fehlentwicklung handelt, die dessen normatives Potential systematisch aushöhlt und untergräbt.

(a) Markt und Moral. Eine notwendige Vorklärung

Das kapitalistische Wirtschaftssystem ist nach Auffassung fast aller Wirtschaftshistoriker und Gesellschaftstheoretiker in jenem historischen Augenblick entstanden, in dem die für die materielle Reproduktion erforderlichen Prozesse der Produktion und Konsumtion mit Hilfe des generalisierten Austauschmediums des Geldes so ausschließlich über den Mechanismus von Angebot und Nachfrage organisiert werden konnten, daß sie von nun an unabhängig von normativen Erwartungen und moralischen Rücksichtnahmen, also einer sittlichen Einbettung, abzulaufen vermochten: Wo vorher, in den subsistenzwirtschaftlich oder feudalstaatlich verfaßten Gesellschaften, die Herstellung und Verteilung der lebensnotwendigen Güter noch an persönliche Abhängigkeits- und Kommunikationsverhältnisse rückgebunden waren, soll nun allein noch die stumme Sprache des ökonomischen Marktes herrschen, die den privatisierten Wirtschaftsakteur schnell und unaufwendig darüber informiert, wo es sich aufgrund eines wachsenden Bedarfs lohnt, Zeit und Aufwand in die Verfertigung des entsprechenden Produkts zu investieren.[143] Gewiß gab es schon vor dieser »Great Transformation«, wie Karl Polanyi den endgültigen Durchbruch zur sozialen Etablierung des kapitalistischen Marktsystems genannt hat,[144] sowohl innere als auch äußere Märkte; sie dienten dem wirtschaftlichen Austausch von Gütern und Leistungen, die entweder vor Ort oder innerhalb der Grenzen des jeweiligen politischen Territoriums nicht zur Verfügung standen, so daß sie gegen Geld zu den nachfragebestimmten Preisen von außen bezogen werden mußten. Aber erst mit dem Kapitalismus entsteht nach landläufiger Meinung ein Wirtschaftssystem, welches die Beziehungen aller an der ökonomischen Reproduktion Beteiligten, also der Arbeitenden, Konsumenten und Unternehmer, nur noch in Form von marktvermittelten Transaktionen abwickelt; nicht mehr allein bestimmte, nachgefragte Güter, sondern auch die Arbeit selbst, der Boden und das Geld werden jetzt, folgt man der berühmten Analyse Polanyis,[145] derart in den marktwirtschaftlichen, über Angebot und Nachfrage gesteuerten Kreislauf einbezogen, daß sich dank der Dauerkon-

143 Exemplarisch: Max Weber, *Wirtschaft und Gesellschaft. Grundriß der verstehenden Soziologie*, Tübingen 1972 (Studienausgabe), Erster Teil, Kap. II, § 13; Talcott Parsons, *Das System moderner Gesellschaften*, München 1972, S. 96-102; Habermas, *Theorie des kommunikativen Handelns*, Bd. 2, a. a. O., Kap. VI, 2.

144 Karl Polanyi, *The Great Transformation. Politische und ökonomische Ursprünge von Gesellschaften und Wirtschaftssystemen*, Frankfurt/M. 1978.

145 Ebd., Zweiter Teil, I.6. (S. 102-112).

kurrenz zwischen den an ihrer Nutzenmaximierung interessierten Privatleuten die ökonomische Produktivität erheblich steigert und ganz neue, als »effektiv« beschriebene Formen annimmt. Bevor es freilich zu einer solchen Generalisierung des Marktverkehrs kommen konnte, bedurfte es erst einer flächenwirksamen Institutionalisierung jener subjektiven, gleichen Rechte, die wir unter dem Titel »rechtliche Freiheit« bereits kennengelernt haben; die einzelnen, zunächst wiederum nur männlichen Akteure mußten nämlich vorweg mit dem Status einer privaten, allein für sich verantwortlichen »Rechtsperson« ausgestattet werden, bevor sie individuelle Verträge mit anderen Wirtschaftsakteuren schließen konnten, welche ihnen wiederum den möglichst ertragreichen Verkauf ihrer Güter, ihrer Arbeitskraft oder ihres Bodens erlauben würden; insofern war es, wie schon Hegel gesehen hat,[146] erst der sich allmählich etablierende Rechtsstaat, der in den westlichen Gesellschaften die institutionellen Voraussetzungen dafür schuf, daß sich eine Sphäre von rechtlich domestizierten Austauschbeziehungen zwischen strategisch handelnden Privatpersonen herausbilden konnte – das kapitalistische Wirtschaftssystem, das doch seinem Anspruch nach frei von allem staatlichen Einfluß sein sollte, verdankte sich historisch einer massiven Interventionstätigkeit des Staates, die von der Schaffung der notwendigen Verkehrswege über protektionistische Maßnahmen bis zur Etablierung von rechtlichen Voraussetzungen der Vertragsfreiheit reichte.[147]

Als das Besondere an dieser neuen Form von Wirtschaftsorganisation wurde von Anfang an begriffen, daß sie aufgrund ihrer ausschließlichen Inanspruchnahme von rein zweckrationalen, auf den eigenen Nutzen bedachten Interessen von allen individuell aufwendigen Rücksichtnahmen oder Wert-

146 Siehe die berühmten Formulierungen in: Hegel, *Grundlinien der Philosophie des Rechts*, a. a. O., § 187.

147 Zu diesem »Paradox« vgl. wiederum Polanyi, *The Great Transformation*, a. a. O., S. 194 f.

orientierungen unabhängig zu sein schien; die sich differenzierenden Bedürfnisse einer ständig wachsenden Bevölkerung sollten durch das neue System wesentlich schneller und effektiver befriedigt werden können, weil nicht mehr moralische Einstellungen, sondern pure Nutzenerwägungen jeden am Marktgeschehen Beteiligten dazu anhielten, sein Bestes für die Erwirtschaftung der entsprechenden Güter zu geben. Die Kette der ökonomischen Transaktionen, an die man dabei im Sinne einer Produktivitätssteigerung der gesamten Wirtschaft dachte, nahm ihren Ausgang beim individuellen Lohnarbeiter, der im Interesse der Versorgung seiner Familie bereit sein sollte, seine Arbeitskraft möglichst teuer zu verkaufen; sie setzte sich fort über den privatkapitalistischen Unternehmer, der im Interesse einer Vergrößerung seines Besitzes die im eigenen Betrieb beschäftigten Arbeitskräfte möglichst rentabel einsetzen sollte, und fand ihren Abschluß schließlich im finanzkapitalistischen Spekulanten, der im Interesse von Zinsgewinnen sein Geld für noch unterfinanzierte Unternehmungen ausleihen sollte; all die vertraglichen Vereinbarungen, die zwischen diesen Akteuren auf dem Arbeits-, dem Produkt- und dem Kapitalmarkt möglich wurden, sollten der Idee nach einer Intensivierung und Beschleunigung der wirtschaftlichen Produktion dienen, die im ganzen der Bevölkerung in Form einer besseren und schnelleren Versorgung zugute kommen würde.

Allerdings wurden schon bald, nachdem sich ein solches Netz von scheinbar rein strategischen Marktbeziehungen über die Länder Westeuropas gelegt hatte, die ersten Klagen laut, daß mit der neuen, kapitalistischen Wirtschaftsordnung auch erhebliche Beschädigungen des sozialen Lebens einhergehen könnten; als Inbegriff der sich verändernden Produktionsverhältnisse wurde zumeist der »Homo oeconomicus« verstanden, also jene Figur des nüchtern seine Gewinnchancen kalkulierenden Geschäftsmannes, die als Karikatur, als abschrekkendes Beispiel oder als zukünftiges Vorbild bereits in den

Romanen und Dramen des frühneuzeitlichen Englands in Erscheinung getreten war.[148] Kaum einen intellektuellen Zeitgenossen in den aufgeklärten Ländern des 18. Jahrhunderts ließ dann auch die Frage kalt, ob nicht mit der historischen Entstehung und gesellschaftlichen Verbreitung eines derartigen Menschentyps die Gefahr einer allmählichen Aushöhlung sozialer Bindungen verknüpft sei; je nach Temperament und politischer Gesinnung nahmen die einen in der Durchsetzung des neuen Verhaltensstils die Chance einer Verwandlung von »Leidenschaften« in »Interessen«, von schwer kontrollierbaren Passionen in ausgekühlte, leichter zu beherrschende Nutzenerwägungen wahr, die anderen erblickten darin die ersten Anzeichen einer rapide voranschreitenden Erosion von moralischen Einstellungen und auf persönlichem Vertrauen fußenden Sozialbeziehungen.[149] In England setzte man, wie wir bereits gesehen haben, den Tendenzen einer Ausweitung der »commercial society«, also der sich nur in Marktbeziehungen erschöpfenden Gesellschaft, das Ideal der intimen, auf wechselseitige Zuneigung gegründeten Freundschaft entgegen;[150] in Deutschland beschrieb Schiller, um ein weiteres Beispiel zu nennen, die sich abzeichnenden Entwicklungen als Prozesse einer Mechanisierung und Kommerzialisierung des sozialen Lebens, die den Menschen zu einem bloßen »Abdruck seines Geschäfts« machen würden.[151] Wohin man auch in den ökonomisch fortgeschrittenen Ländern Europas blickte, überall

148 Großartig hierzu: Laurenz Volkmann, *Homo oeconomicus. Studien zur Modellierung eines neuen Menschenbildes in der englischen Literatur vom Mittelalter bis zum 18. Jahrhundert*, Heidelberg 2003.

149 Vgl. Albert O. Hirschman, *Leidenschaften und Interessen. Politische Begründungen des Kapitalismus vor seinem Sieg*, Frankfurt/M. 1980; ders., »Der Streit um die Bewertung der Marktgesellschaft«, in: ders., *Entwicklung, Markt und Moral. Abweichende Bemerkungen*, München/Wien 1989, S. 192-225.

150 Vgl. Silver, »Friendship in Commercial Society«, a. a. O.

151 Friedrich Schiller, »Über die ästhetische Erziehung des Menschen in einer Reihe von Briefen«, in: ders., *Sämtliche Werke*, Bd. V, a. a. O., S. 570-669, hier: S. 584.

machte sich im Laufe des 18. Jahrhunderts eine intellektuelle Unruhe über die gesellschaftlichen Folgeerscheinungen bemerkbar, die mit dem raschen Anwachsen von Marktbeziehungen, strategischen Einstellungen und ökonomischen Nutzenkalkülen einhergehen könnten.

Freilich blieb diese untergründige Debatte vorläufig nur auf die kulturellen Wirkungen der neuen Wirtschaftsorganisation beschränkt. Im Zentrum der Besorgnis standen nicht die sozialstrukturellen Verwerfungen, die mit der Freisetzung privatkapitalistischer Profitinteressen entstehen sollten, nicht die Tendenzen zu sozialer Verelendung oder erniedrigender Arbeit, sondern beinahe ausschließlich die kommunikativen und atmosphärischen Veränderungen, die sich am sozialen Leben durch die Verbreitung des veränderten, sich rechnerisch verhaltenden Persönlichkeitstyps, eben des Homo oeconomicus, zu ergeben schienen. Erst im 19. Jahrhundert nimmt dann die Kritik, nicht zuletzt unter dem Einfluß von »soziologisch« gesonnenen Denkern wie Hegel oder Saint-Simon,[152] eine stärker sozialtheoretische Form an, durch die an dem sich jetzt massiv ausbreitenden Marktsystem auch die tieferliegenden, strukturellen Probleme zutage treten. Es sind vor allem zwei Themen, mit denen sich die Intellektuellen und Wissenschaftler nun verstärkt beschäftigen, wenn sie sich der Frage nach der Legitimität und den Grenzen der neuen Wirtschaftsordnung zuwenden; beide kreisen um die Chancen einer Erweiterung von individueller Freiheit, gehen diese aber von so unterschiedlichen Seiten an, daß sie beinahe entgegengesetzte Schlußfolgerungen nahelegen.[153] Der

152 Vgl. Ludwig Siep/Hans-Ulrich Thamer/Norbert Waszek (Hg.), *Hegelianismus und Saint-Simonismus*, Paderborn 2007; Hans-Christoph Schmidt am Busch, *Religiöse Hingabe oder soziale Freiheit. Die saint-simonistische Theorie und die Hegelsche Sozialphilosophie*, Hamburg 2007.

153 Hilfreich ist hier wieder der bereits zitierte Aufsatz von Albert O. Hirschman (»Der Streit um die Bewertung der Marktgesellschaft«, a.a.O.), auch wenn er andere Einteilungen vornimmt als die, die ich im folgenden verwende.

Einfachheit halber will ich die beiden gemeinten Themenbereiche jeweils mit den Namen der Autoren belegen, deren Werke heute wirkungsgeschichtlich wohl am deutlichsten für die jeweilige Problematik einstehen; auf der einen Seite haben wir es dann mit einer Fragestellung zu tun, die sich als das »Marx-Problem« bezeichnen läßt, auf der anderen Seite mit einer Fragestellung, die im Anschluß an eine bereits gängige Formulierung das »Adam-Smith-Problem« genannt werden kann.[154] Marx faßt in seinem Werk die kritischen Einwände, die schon von den Frühsozialisten mit jeweils unterschiedlichen Akzentsetzungen gegen das kapitalistische Marktsystem vorgebracht worden waren, zu der ökonomiekritisch entwickelten These zusammen, daß diese Produktionsweise schon deswegen nicht zu der versprochenen Steigerung individueller Freiheit führen kann, weil die eigentlich Wirtschaftenden, die Arbeiter oder Produzenten, ihren scheinbar »freien« Arbeitsvertrag unter dem Zwang der Alternativlosigkeit schließen müssen; die Marktwirtschaft, von ihren Fürsprechern legitimiert unter Verweis auf die allgemeine Ermöglichung von rechtlicher Freiheit, untergräbt nicht nur die Bedingungen von sozialer Freiheit, wie sie unter der Voraussetzung einer planwirtschaftlichen Kooperation möglich wäre, sondern verletzt selbst noch ihr eigenes Versprechen, indem sie den Arbeitenden keine andere Wahl läßt als die, in Verträge mit den Folgen erniedrigender Arbeit und ökonomischer Ausbeutung einzuwilligen.[155]

154 Beide Formulierungen liegen allerdings auf unterschiedlichen Ebenen, weil mit dem »Marx-Problem« ein Strukturdefizit des Kapitalismus bezeichnet wird, das Marx selbst thematisiert hat, während mit dem »Adam-Smith-Problem« auf eine Schwierigkeit in der Beschreibung der Marktwirtschaft hingewiesen wird, die Adam Smith sich selbst gar nicht zum Problem gemacht hat.

155 Vgl. summarisch die großartig ironische Darstellung in: Karl Marx, »Das Kapital. Erster Band«, in: Karl Marx/Friedrich Engels, *Werke*, Bd. 23, Berlin 1971, S. 181-191 (II. Abschnitt, 4. Kap., 3.: »Kauf und Verkauf der Arbeitskraft«).

Neben dieser von Marx aufgeworfenen Problematik, die von nun an die intellektuellen Auseinandersetzungen über den Kapitalismus stark beherrschen wird, entwickelt sich im Laufe des 19. Jahrhunderts aber noch ein zweiter Schwerpunkt in der Thematisierung von Vor- und Nachteilen der marktwirtschaftlichen Ordnung, der indirekt mit einer scheinbar ungelösten Schwierigkeit im Werk von Adam Smith zusammenhängt; den Anfang macht hier Hegel mit seiner »Rechtsphilosophie«, die bekanntlich 1820 in Berlin als Buch erscheint, den vorläufigen Schlußpunkt setzt Émile Durkheim am Ende des Jahrhunderts mit seiner Schrift *Über die Teilung der sozialen Arbeit*, die 1893 veröffentlicht wird.[156] Beide Autoren fragen sich – zwar in Kenntnis der Schriften von Smith, aber ohne ausdrücklichen Verweis auf deren innere Spannung –, ob nicht eine erfolgreiche, nämlich allgemein zustimmungsfähige Etablierung der neuen Wirtschaftsordnung es verlangt, dieser Wertorientierungen und entsprechend institutionelle Einrichtungen vorausgelagert oder beigesellt zu denken, die sich nicht in den normativen Einstellungen individueller Nutzenmaximierung erschöpfen; die Sphäre marktvermittelten Handelns soll nämlich nach Auffassung Hegels und Durkheims nur dann die ihr öffentlich zugedachte Funktion erfüllen können, mittels vertraglicher Beziehungen die ökonomischen Aktivitäten der einzelnen zwanglos und harmonisch zu integrieren, wenn sie in ein allen Verträgen vorauslaufendes Solidaritätsbewußtsein eingebettet ist, das dazu

156 Hegel, *Grundlinien der Philosophie des Rechts*, a. a. O.; Emile Durkheim, *Über die Teilung der sozialen Arbeit*, Frankfurt/M. 1977. Als ein Vermittlungsglied zwischen diesen beiden Ansätzen können sicherlich John Stuart Mills *Grundsätze der politischen Ökonomie* (Jena 1921; engl. Original [1848]: *Principles of Political Economy*) gelten, die einige der von Hegel und Durkheim angemahnten Elemente einer moralischen Einbettung des Marktes enthalten. Zum Einfluß von Hegel auf Durkheim, der lange Zeit unterschätzt wurde, vgl. darüber hinaus: Spiros Gangas, »Social Ethics and Logic. Rethinking Durkheim through Hegel«, in: *Journal of Classical Sociology*, 7 (2007) H. 3, S. 315-338.

verpflichtet, sich fair und gerecht zu behandeln. Keiner der beiden Autoren will dieses System von vorvertraglichen, moralischen Regeln als ein bloß normatives Additiv zur Marktwirtschaft verstanden wissen, so als müsse es erst von außen den blind ineinandergreifenden Nutzenerwägungen auferlegt werden; vielmehr sind sie wie selbstverständlich davon überzeugt, daß sich solche solidarischen Einstellungen des gerechten Umgangs schon deswegen bei allen Beteiligten einstellen werden, weil sie das reibungslose Funktionieren des Marktmechanismus überhaupt erst ermöglichen. Hegel sieht daher die Möglichkeit eines durch Angebot und Nachfrage vermittelten Ineinandergreifens von egozentrischen Interessen an die zusätzliche Voraussetzung gebunden, daß die Beteiligten sich wechselseitig in ihrer »Ehre« als Wirtschaftsbürger achten und untereinander dementsprechend bestimmte Rücksichtnahmen und ökonomische Absicherungen schulden;[157] und Durkheim glaubt sogar zeigen zu können, daß das ganze System der modernen Marktwirtschaft überhaupt nur dann frei von Anomien ist, also integrationsfördernd funktionieren kann, wenn nicht nur weitgehende Chancengleichheit und Leistungsgerechtigkeit herrschen, sondern auch für allseitig »sinnvolle« Arbeitstätigkeiten gesorgt ist.[158]

So unterschiedlich die von Hegel und Durkheim gelieferten Beschreibungen auch sein mögen, so stark überschneiden sie sich doch in den ihnen zugrundeliegenden Perspektiven: Das neue System der Marktwirtschaft, so wollen beide Den-

157 Vgl. dazu jetzt: Hans-Christoph Schmidt am Busch, *›Anerkennung‹ als Prinzip der Kritischen Theorie*, Berlin 2011, Kap. III.4. Zu Hegels »gerechtigkeitstheoretischer« Fassung des Marktes vgl. auch: Birger P. Priddat, *Hegel als Ökonom*, Berlin 1990, Kap. 8 (hier findet sich auch ein hilfreicher Vergleich der Marktkonzeptionen von Hegel und Smith).

158 Durkheim, *Über die Teilung der sozialen Arbeit*, a. a. O., drittes Buch, Zusammenfassung, S. 437-450; zusätzlich: Axel Honneth, »Arbeit und Anerkennung. Versuch einer Neubestimmung«, in: ders., *Das Ich im Wir. Studien zur Anerkennungstheorie*, Frankfurt/M. 2010, S. 78-102.

ker letztlich sagen, darf nicht ohne eine ihm vorausliegende Klasse von nichtkontraktuellen moralischen Regeln analysiert werden, weil es ansonsten nicht dazu in der Lage wäre, die ihm zugedachte Funktion einer harmonischen Integration der wirtschaftlichen Einzelinteressen zu erfüllen. Derselbe Gedanke läßt sich in der von Hegel gewählten Sprache auch so ausdrücken, daß die vom Markt vorgenommene Koordinierung von bloß individuellen Nutzenerwägungen dann überhaupt nur gelingen kann, wenn die beteiligten Subjekte sich vorweg nicht nur rechtlich als Vertragspartner, sondern auch moralisch oder sittlich als Mitglieder eines kooperierenden Gemeinwesens anerkannt haben; denn ohne ein solches vorauslaufendes Solidaritätsbewußtsein, das wechselseitig zu mehr verpflichtet als nur zur Einhaltung einmal geschlossener Verträge, wäre nicht auszuschließen, daß die Chancen des Marktverkehrs zur Übervorteilung, zur Reichtumsbildung und zur Ausbeutung genutzt werden. In bezug auf das nach Adam Smith benannte Problem ergibt sich aus dieser Perspektive zunächst einmal, daß dessen *Theory of Moral Sentiments* als Vorstufe oder Unterbau seiner Analyse der »unsichtbaren Hand« des Marktes in *Wealth of Nations* verstanden werden sollte: Das, was er dort über die Möglichkeit einer allgemeinen Vorteilsmehrung mittels eines Austauschs zwischen rein nutzenorientierten Einzelsubjekten ausgesagt hatte,[159] darf nur unter der Bedingung für realistisch und aussichtsreich gehalten werden, daß diese Subjekte vorweg schon eine wohlwollende, vertrauensvolle Einstellung gegenüber ihren Mitbürgern eingenommen haben.[160] Aber weit darüber hinaus,

159 Siehe etwa die berühmte Passage über den »Metzger, Brauer oder Bäcker«: Smith, *Untersuchung über Wesen und Ursachen des Reichtums der Völker*, a. a. O., S. 98.

160 Zu einer solchen Lesart vgl. Alec L. Macfie, *The Individual in Society. Papers on Adam Smith*, London 1967, Kap. 4; zum Stand der Forschung, vgl. Steven Darwall, »Sympathetic Liberalism: Recent Work on Adam Smith«, in: *Philosophy and Public Affairs*, 28 (1999), Nr. 2, S. 139-164.

bloß retrospektiv eine bestimmte Lösung des »Adam-Smith-Problems« nahezulegen, sind die Analysen von Hegel und Durkheim natürlich vor allem dazu angetan, die Frage nach einer angemessenen Beschreibung des marktwirtschaftlichen Systems ganz neu aufzurollen; denn beide gehen ja gemeinsam von der überraschend klingenden Vorstellung aus, daß eine derartige Beschreibung so lange unvollständig bleiben muß, wie nicht auch eine bestimmte Klasse von nichtvertraglichen, aber gleichwohl verpflichtenden Handlungsregeln in sie einbezogen wird. Gewiß, weder Hegel noch Durkheim sind der Überzeugung, daß diese außerkontraktuellen Anerkennungsnormen stets und überall auch empirisch Anwendung finden müssen; ersterer räumt in seiner Darstellung des »Pöbels«, der Mechanisierung von Arbeit und der »ostentativen« Bereicherung,[161] der letztere in seiner Diagnose von »Anomien« sogar ausdrücklich ein, daß es viele Fälle der Abweichung von den vorauszusetzenden Regeln der wechselseitigen Respektierung und Wertschätzung geben kann. Aber beide wollen im Rahmen ihrer Beschreibungen solche Vorkommnisse eben nur als Verletzungen eines implizit bereits bestehenden Solidaritätsbewußtseins verstanden wissen; erst wenn die darin angelegten Handlungsnormen allgemein befolgt werden, wenn also der Markt als eine Sphäre auch von sozialer Freiheit begriffen wird, sind nach ihrer Auffassung all die sozialen Bedingungen gegeben, unter denen sich eine marktwirtschaftliche Ordnung störungsfrei entwickeln kann.

161 Vgl. dazu in der genannten Reihenfolge: Hegel, *Grundlinien der Philosophie des Rechts*, a. a. O., § 244; Hegel, *Die Philosophie des Rechts. Vorlesung von 1821/22*, a. a. O., § 198; ebd., § 195. Leider ist mir eine sehr profunde Untersuchung der Hegelschen Theorie der Marktwirtschaft, in der auch Bezüge zur gegenwärtigen Wirtschaftsethik hergestellt werden, zu spät zur Kenntnis gekommen, als daß ich sie im folgenden noch hätte berücksichtigen können: Albena Neschen, *Ethik und Ökonomie in Hegels Philosophie und in modernen wirtschaftsethischen Entwürfen*, Hamburg 2008.

Das damit aufgeworfene Problem, was alles an institutionellen Voraussetzungen zum kapitalistischen Wirtschaftssystem selbst gerechnet werden muß, ist, so dürfte unschwer zu sehen sein, dem von Marx behandelten Thema logisch vorgeordnet; denn die Frage danach, ob der ökonomische Markt tatsächlich ein pures Zwangsverhältnis darstellt und somit jede Form von individueller Freiheit ausschließt, ist nur dann überhaupt zu beantworten, wenn zuvor geklärt ist, wie sich das neue Wirtschaftssystem angemessen beschreiben lassen soll. Die Analysen, mit denen Hegel und Durkheim auf die damit umrissene Fragestellung reagiert hatten, klangen freilich in den Ohren der jeweiligen Zeitgenossen ein wenig zu idealistisch, um wirklich ernsthaft weiterverfolgt zu werden: Warum sollte die institutionelle Sphäre des Marktes intrinsisch eine Reihe von vormarktlichen, auf wechselseitige Rücksichtnahme angelegten Handlungsregeln beinhalten, wenn doch der ganze Sinn der neuen Ordnung darin zu bestehen schien, sich die individuellen Gewinnorientierungen aller Beteiligten nutzbar zu machen? Und war es nicht simple Augenwischerei, von einem derart in Gang gesetzten Wettbewerb zu behaupten, er werde immer schon durch vorgängige Bande einer Solidarität unter Kooperationspartnern domestiziert oder gar »versittlicht«? Hegel und Durkheim hatten in ihren jeweiligen Analysen zweifellos zu wenig unternommen, um methodologisch zu klären, welchen Status ihre Behauptungen über die moralischen Grundlagen der Marktwirtschaft besitzen sollten; beide wollten jene vorvertraglichen Handlungsregeln zwar nicht, so viel war gewiß, als eine bloß äußerliche, normative Ergänzung zum Marktgeschehen verstanden wissen, beide versuchten mithin reine Sollensaussagen zu vermeiden, aber jenseits dieser gemeinsamen Absicht blieb doch recht unbestimmt, wie die prätendierten Moralnormen als Bestandteile der Marktwirtschaft begriffen werden sollten. Eine Möglichkeit, die Analysen der beiden Autoren zu verstehen, bestand sicherlich darin, sie als funktionalistische Feststellungen über die Reproduktionsbedingungen kapitalistischer Märkte aufzufassen; zu konstatieren, daß ein solches Wirtschaftssystem in einen Kranz von intersubjektiven, gerade nicht egozentrischen Handlungsorientierungen eingebettet sei, mußte dann soviel bedeuten wie, daß dessen Bestand auf einen permanenten Zufluß von außermarktlichen, moralischen Einstellungen angewiesen war. Aber abgesehen davon, daß das bloß funktionale Erfordernis einer Regelung oder Institution nicht deren tatsächliche Existenz erklären kann,[162] schien einer solchen funktionalistischen Analyse auch die historische Entwicklung des Marktsystems selbst zu widersprechen; denn im Laufe des 19. Jahrhunderts war ja die kapitalistische Wirtschaft augenscheinlich unabhängig von jeder moralischen Drosselung und um den Preis einer Verelendung großer Teile der Bevölkerung enorm expandiert, ohne in ihrem institutionellen Bestand jemals ernsthaft bedroht gewesen zu sein. Insofern widerstritten sowohl methodologische Erwägungen als auch schlichte historische Beobachtungen dem Versuch, Hegels oder Durkheims Behauptung einer moralischen Grundlage des kapitalistischen Marktes im Sinne einer funktionalistischen Analyse zu verstehen; auf jeden Fall sprach nichts dafür, den Bestand dieser neuen Wirtschaftsordnung bereits als solchen von den Voraussetzungen außervertraglicher Solidaritätsbeziehungen abhängig zu machen.

Einen Ausweg aus der Schwierigkeit, die Beschreibungen der beiden Sozialtheoretiker methodisch richtig verorten zu können, bietet schließlich nur die Möglichkeit, sie im Sinne eines anspruchsvolleren, gewissen normativen Funktionalismus zu begreifen; als Referenzpunkt einer solchen funktionalistischen Analyse darf dann nicht mehr der pure Bestand einer institutionellen Sphäre gelten, sondern nur die von ihr

162 Vgl. etwa: Carl Gustav Hempel, »Die Logik funktionaler Analyse«, in: Bernhard Giesen/Michael Schmid (Hg.), *Theorie, Handeln und Geschichte: Erklärungsprobleme in den Sozialwissenschaften*, Hamburg 1975, S. 134-168.

jeweils verkörperten Werte oder Normen, soweit sie von den Mitgliedern als Bedingung ihrer Zustimmungsbereitschaft gesehen werden. Versteht man die Analysen von Hegel und Durkheim in einem solchen Sinn, so würden sie also besagen, daß die marktwirtschaftliche Ordnung deswegen auf eine »sittliche« Rahmung durch vorvertragliche Handlungsnormen angewiesen ist, weil sie nur unter dieser normativen Voraussetzung auf das Einverständnis aller Beteiligten rechnen kann; wie jede andere soziale Sphäre bedarf auch der Markt der moralischen Zustimmung durch alle an ihm mitwirkenden Teilnehmer, so daß sich seine Bestandsbedingungen nicht unabhängig von den ergänzenden Normen beschreiben lassen, die ihm in deren Augen überhaupt erst Legitimität verleihen. Für Hegel, dem die funktionalistische Sprache natürlich fremd war, liegt eine derartige Sichtweise schon insofern nahe, als er im Begriff des »objektiven Geistes« alle von ihm behandelten Kerninstitutionen der Moderne an die Voraussetzung bindet, von den Subjekten für gerechtfertigt gehalten zu werden; diese Bedingung kann die neue Wirtschaftsordnung für ihn nur dann erfüllen, wenn sie über die vertragsrechtlichen Regelungen hinaus auch moralische Normen verkörpert, die die »bürgerliche« Ehre aller Marktteilnehmer sicherstellen.[163] Nicht anders argumentiert letztlich Durkheim, wenn er die Pathologien der modernen, marktvermittelten Arbeitsteilung darauf zurückführt, daß bestimmte Bedingungen der Fairneß und Gerechtigkeit verletzt werden; auch für ihn bemißt sich nämlich die Stabilität und Intaktheit der neuen Ordnung daran, daß sie moralischen Normen genügt, die auf allgemeine Zustimmung stoßen können.[164] Beide Autoren müssen daher schon in ihrem Begriff des Marktes all die vorvertrag-

163 Vgl. dazu Schmidt am Busch, *›Anerkennung‹ als Prinzip der Kritischen Theorie*, a. a. O., Kap. III.4; Priddat, *Hegel als Ökonom*, a. a. O., Kap. 8.

164 Durkheim entwickelt seinen Begriff der »Anomie« der Arbeitsteilung geradezu aus den Bedingungen des Fehlens allgemeiner Zustimmungsfähigkeit: Durkheim, *Über die Teilung der sozialen Arbeit*, a. a. O., drittes Buch, Kap. 2.

lichen, sittlichen Handlungsnormen einbezogen haben, die sicherzustellen vermögen, daß dessen institutionelle Existenz von allen Beteiligten gutgeheißen werden kann.

Die Chance, die Analysen von Hegel und Durkheim im Sinne eines solchen normativen Funktionalismus fortzusetzen, wurde im 20. Jahrhundert nur sehr zögerlich ergriffen. Schon bald nach der russischen Revolution im Februar 1917, also ein Jahr nach Durkheims Tod, begann sich die Diskussion über Wert und Unwert der Marktordnung zunächst so stark auf die Alternative zwischen Kapitalismus und Kommunismus, zwischen Markt- und Planwirtschaft zu konzentrieren, daß sich bei kaum einer politischen Gruppierung noch vermittelnde oder ausgewogene Stimmen fanden; entweder verwarf man die Sphäre des Marktes in Gänze, weil sie für die Arbeitenden nichts anderes als ein Zwangs- und Entfremdungsverhältnis bedeuten konnte, oder man verteidigte sie ohne jedes Wenn und Aber, weil sie trotz aller konjunkturellen Schwankungen auf Dauer doch zu einer enormen Steigerung des Bruttosozialprodukts und damit des individuellen Lebensstandards geführt hatte. Eine ungute Rolle in diesem Deutungskonflikt spielte von Anfang an die akademisch immer mächtiger werdende Wirtschaftswissenschaft, die zu Beginn des 20. Jahrhunderts energisch darangegangen war, sich als eine eigenständige Disziplin zu etablieren.[165] Jede Erinnerung an die einstige Verwandtschaft mit den Sozial- und Geschichtswissenschaften war hier inzwischen beiseite geschoben worden, um den Typus eines rein nutzenorientierten Akteurs konstruieren zu können, dessen Verhaltensweisen zum artifiziellen Bezugspunkt allen ökonomischen Geschehens werden sollten; derart in Isolation von außerökonomischen Faktoren betrachtet, vom Legitimitätsbegehren und Gerechtigkeitsstreben der Subjekte, konnte der Markt nun tatsächlich als eine institutionelle Sphäre erscheinen, in der eine Uniformität der

165 Vgl. Gerhard Stavenhagen, *Geschichte der Wirtschaftstheorie*, Göttingen 1969, Kap. IX.

beteiligten Motive und nur Gesetzmäßigkeiten einer Konkurrenz um Angebot und Nachfrage herrschten.[166] Eine Wirtschaftswissenschaft, die so verfuhr, keine außervertraglichen Fairneßregeln kannte und jede »moral economy« in Abrede stellte, mußte in der Wahrnehmung der Öffentlichkeit den Verteidigern einer unregulierten Marktwirtschaft direkt in die Hände spielen; was von dieser politischen Seite aus gefordert wurde, nämlich eine möglichst weitgehende Entgrenzung der Konkurrenz auf den Märkten, wurde hier, in der zuständigen Disziplin, schon dadurch offiziell beglaubigt, daß man ein derartiges Konkurrenzverhältnis zwischen isolierten Akteuren zum methodischen Apriori des eigenen Ansatzes gemacht hatte. In den Jahrzehnten, die auf den Tod Durkheims folgten, konnte es daher so scheinen, als stünden sich in der Debatte um die Bewertung der Marktwirtschaft nur erbitterte Kritiker und entschiedene Befürworter gegenüber; die Tatsache, daß Adam Smith seiner ökonomischen Analyse über die Segnungen des rein interessegeleiteten Austauschs einen Traktat über die Erfordernisse moralischer Anteilnahme vorausgeschickt, daß Hegel den Markt in einen ethischen Rahmen zusätzlicher Verpflichtungen eingebettet und daß Durkheim den ökonomischen Vertrag an die Bedingung einer vorkontraktuellen Solidarität gebunden hatte, war offenbar vollkommen in Vergessenheit geraten.

Allerdings täuschte dieser Eindruck insofern erheblich, als sich in England und Frankreich zwischenzeitlich durchaus soziale Bewegungen gebildet hatten, deren Programmatik vom moralischen Ökonomismus Hegels oder Durkheims nicht ganz unbeeinflußt war. In Frankreich hatte sich der gemäßigte Flügel des Syndikalismus häufig auf Durkheims »Arbeitsteilungs«-Buch gestützt, als er sich für eine umfassende Durchsetzung der Chancengleichheit unter politischer Mitwirkung von Arbeiterräten und Berufsgruppen ein-

166 Vgl. dazu etwa: Birger P. Priddat, *Theoriegeschichte der Wirtschaft*, München 2002, S. 204-213.

setzte;[167] und in Großbritannien waren Hegels Ideen zu einer sittlichen Einfriedung der Marktgesellschaft von sozialpolitischer Bedeutung für den sogenannten Neuhegelianismus geworden, dessen Gedankengut später immer wieder die Labour Party beeinflussen sollte.[168] Aber stärker noch als diese vereinzelten Bewegungen vermochten es singuläre Forscherpersönlichkeiten, die aus dem 19. Jahrhundert stammenden Vorstellungen Hegels und Durkheims in das neue Jahrhundert hinüberzuretten; bei ihrem Versuch, sich dem Mainstream der Nationalökonomie entgegenzustemmen, stützten sie sich auf ähnliche Überlegungen wie jene beiden Denker, auch wenn ihnen die geistige Verwandtschaft selbst nicht immer deutlich vor Augen stand. Aus der Vielzahl der Autoren, die in der Mitte des 20. Jahrhunderts an solchen Gegenentwürfen zur herrschenden Wirtschaftstheorie arbeiteten, ragen zwei Wissenschaftler heraus, die mit besonders großer Originalität und Umsicht ans Werk gingen: Der erste ist Karl Polanyi, der aus Ungarn stammende Wirtschaftshistoriker, dem wir das inzwischen klassisch zu nennende Werk *The Great Transformation* verdanken,[169] der zweite Talcott Parsons, dessen Beiträge zur moralischen Grundlage des Marktes heute allerdings so gut wie vergessen sind.[170] Obwohl beide Forscher dieselbe Art von normativem Funktionalismus vertreten und daher in eine Reihe mit Hegel und Durkheim zu stellen sind, verfahren sie in ihrer Neubeschreibung des kapitalistischen Marktsystems

167 Vgl. zu diesem Komplex insgesamt: Jean-Claude Filloux, *Durkheim et le socialisme*, Genf 1977.

168 Zu den Einflüssen des britischen Neohegelianismus auf die englische Sozialpolitik vgl. Andrew Vincent/Raymond Plant, *Philosophy, Politics, Citizenship: The Life and Thought of the British Idealists*, Oxford 1984.

169 Polanyi, *The Great Transformation*, a. a. O.; vgl. zusätzlich die Aufsatzsammlung: ders., *Ökonomie und Gesellschaft*, Frankfurt/M. 1979. Zu Person und Werk vgl. Kari Polanyi-Levitt (Hg.), *The Life and Work of Karl Polanyi*, Montreal/New York 1990.

170 Vgl. aber die großartige Rekonstruktion von Jens Beckert, *Grenzen des Marktes. Die sozialen Grundlagen wirtschaftlicher Effizienz*, Frankfurt/New York 1997, Kap. 3.

doch sehr unterschiedlich: Während Polanyi mit seinem Begriff des »eingebetteten Marktes« direkt ein Kriterium zur normativen Beurteilung der modernen Wirtschaftsordnung liefern möchte, geht Parsons in seiner Systemtheorie viel indirekter und subtiler vor, indem er eine faktische Angewiesenheit dieser Wirtschaftsordnung auf normative Regelungen nachweisen möchte. Gleichwohl können die Werke beider Autoren wohl so verstanden werden, daß sie das Gelingen des Marktverkehrs von der Voraussetzung einer Reihe von institutionellen Schutzmechanismen abhängig machen wollen, die dessen moralische Rechtfertigbarkeit gegenüber allen Beteiligten sicherstellen können sollen.

Polanyi versucht auf historischem Wege zu zeigen, daß in kapitalistischen Gesellschaften immer dann lebensweltliche Verwerfungen und damit kollektive Gefühle des Unbehagens entstehen müssen, wenn die verschiedenen, ineinandergreifenden Märkte jeder politisch-normativen Regelung verlustig gehen. Wirkten zu Beginn der Industrialisierung in Europa noch Gesetze und sittliche Übereinkünfte fort, die in der vorangegangenen Epoche den abhängigen Teil der Bevölkerung vor Verarmung und Ausbeutung geschützt hatten, so bricht sich mit der allmählich einsetzenden, staatlich geförderten Deregulierung der Märkte ein Prozeß Bahn, der die eigensinnigen Handlungsnormen der Lebenswelt zu zerstören beginnt: Wo vorher noch verbreitet Statussicherheit und Empfindungen des sozialen Einbezogenseins herrschten, gewinnen jetzt in immer mehr Schichten Stimmungen der Entwurzelung und des bloßen Ausgesetztseins die Oberhand.[171] Um nicht in Gefahr zu geraten, damit nur eine bestimmte Phase besonders krasser Kapitalakkumulation im 19. Jahrhundert erfaßt zu haben, bemüht sich Polanyi auf der systematischen Ebene seiner Studien darum, für den immanenten Zusammenhang von Deregulierung und sozialer Verwerfung struk-

171 Polanyi, *The Great Transformation*, a. a. O., Kap. 7 u. 8 (S. 113-146).

turelle Ursachen zu finden. Bekanntlich stützt er sich dabei auf die These, daß bestimmte Güter nur unter der Bedingung striktester Kontrollen dem wirtschaftlichen Markt zugeführt werden sollten, weil sie andernfalls schwere Folgeschäden in der sozialen Umwelt hervorrufen würden: So bewirkt die Etablierung eines unreglementierten Arbeitsmarktes aus seiner Sicht eine Auszehrung und Verletzung der Fähigkeiten der individuellen Persönlichkeit; wird das Geld einem schrankenlosen Wettbewerb von Angebot und Nachfrage überlassen, so folgen daraus staatlich nicht mehr kontrollierbare Finanzspekulationen; und ist schließlich der Boden zur umkämpften Ware auf deregulierten Märkten geworden, sind Raubbau an der Natur und ökologische Schäden die unmittelbaren Konsequenzen.[172] Aus den damit umrissenen Überlegungen, die nichts weniger als eine Lehre von den unverrückbaren Grenzen der kapitalistischen Vermarktlichung begründen sollen, entwickelt Polanyi seine berühmte These von den in unseren Gesellschaften stets wiederkehrenden »Gegenbewegungen«: Sobald sich innerhalb der sozialen Lebenswelt der Eindruck verfestigt, daß die schrankenlose Kommerzialisierung von Arbeit, Geld oder Boden zu desaströsen Konsequenzen führt, werden sich dort regelmäßig politische Kräfte zu Wort melden, die auf einschneidende Maßnahmen zur Begrenzung der entsprechenden Märkte drängen.[173] Es ist unschwer zu sehen, daß Polanyi mit dieser historisch-soziologischen Behauptung indirekt eine Art empirischer Demonstration der Anomie-These von Durkheim liefert: Ist der kapitalistische Markt erst einmal zu stark seiner vorvertraglichen Stützen in Gestalt gemeinsam geteilter Solidaritätsnormen beraubt, ist er also im

172 Ebd., Kap. 6 (S. 102-112).

173 Ebd., S. 206 ff.; mit der These von einer dem Kapitalismus inhärenten »Doppelbewegung« widerspricht Polanyi indirekt auch Auffassungen, die von einer unilinearen Zeitlichkeit der Entwicklungen in kapitalistischen Gesellschaften ausgehen, vgl. etwa: William H. Sewell, Jr., »The Temporalities of Capitalism«, in: *Socio-Economic Review*, 6 (2008), S. 517-597.

Sinne Durkheims »anomisch« geworden, so kommt Polanyi zufolge der daraus resultierende Unwille der Bevölkerung zwangsläufig in sozialen Gegenbewegungen zum Ausdruck, die nach moralischer Abhilfe von seiten des Staates verlangen.

Nicht anders als Hegel oder Durkheim legt auch Polanyi mithin seinen historischen Analysen der Marktgesellschaft einen normativ erweiterten Funktionalismus zugrunde; das Versagen des kapitalistischen Marktes bemißt sich für ihn nicht erst an ökonomischer Ineffizienz oder periodischen Krisen, sondern an dem Legitimationsentzug durch eine Bevölkerung, die einen begründeten Anspruch auf Lebenssicherheit und soziale Anerkennung besitzt. Allerdings zieht Polanyi aus seiner Verurteilung der moralisch »entbetteten« Marktwirtschaft weitaus radikalere Konsequenzen als seine beiden theoretischen Vorläufer; da er ökonomische Märkte für soziale Gebilde hält, die nach Belieben geschlossen, kanalisiert oder politisch gestaltet werden können, geht er von der Möglichkeit aus, daß diese »einer demokratischen Gesellschaft« untergeordnet werden können.[174] Das zentrale Mittel, eine solche Unterordnung zu bewirken, stellen für Polanyi staatliche Maßnahmen dar, kraft deren die Faktoren der Arbeit, des Geldes und des Bodens dem Markt wieder weitgehend entzogen werden; statt deren Preise einem unbegrenzten Wettbewerb um Angebot und Nachfrage zu überlassen, sollen sie im Interesse der Betroffenen nach Maßgabe demokratischer Aushandlungen politisch festgesetzt werden.[175] So ist aus den Überlegungen, die Hegel und Durkheim entwickelt hatten, um den kapitalistischen Markt einzuhegen, bei Polanyi unter der Hand eine marktsozialistische Programmatik geworden; war man einmal bereit, den Marktverkehr nur so weit für legitim zu halten, wie er hypothetisch mit allgemeiner Zustimmung rechnen konnte, lagen derartige Schlußfolgerungen nicht mehr fern.

174 Polanyi, *The Great Transformation*, a.a.O., S. 311.
175 Ebd., S. 332f.

Demgegenüber geht Talcott Parsons bei seiner Behandlung der Sphäre des kapitalistischen Marktes wesentlich verhaltener und, wenn man so will, systemkonformer vor; daß er überhaupt in eine Reihe mit den bislang erwähnten Autoren gestellt werden kann, ergibt sich nur daraus, daß auch er die soziale Integration des modernen Wirtschaftssystems allein unter der Bedingung der institutionellen Berücksichtigung von außerökonomischen, moralischen Imperativen für möglich hält.[176] Wie Polanyi, so erblickt auch Parsons eine Grenze für den rein interessegeleiteten Austausch auf Märkten vor allem in dem Umstand, daß sich die menschliche Arbeitskraft nicht beliebig von ihren Trägern, den Arbeitssubjekten, abkoppeln läßt; insofern stellt für ihn, nicht anders als für den Wirtschaftshistoriker, die Integration der Beschäftigten in den Arbeitsmarkt eines der Schlüsselprobleme dar, an dessen Lösung sich das kapitalistische Wirtschaftssystem zu bewähren hat. Im Unterschied zu Polanyi glaubt Parsons aber nun, daß die moderne Marktökonomie an dieser Herausforderung nicht scheitern und dementsprechend die Arbeit dem Warenverkehr entziehen muß, sondern im Gegenteil bereits institutionelle Mechanismen entwickelt hat, die den sich abzeichnenden Konflikt bewältigen können; alle Ideen, die wir Parsons im Sinne einer moralischen Ökonomie des Kapitalismus verdanken, liegen auf der Ebene einer solchen Analyse von konfliktreduzierenden Institutionen der Marktgesellschaft.

Es sind vor allem zwei institutionelle Komplexe, die Parsons in den existierenden Wirtschaftssystemen des Westens für geeignet hält, das virulente Problem der Integration der Arbeitnehmer in die Marktprozesse zu lösen; beide Mechanismen haben aus seiner Sicht die Aufgabe, den normativen Abstand zu überbrücken, der zwischen den affektiven Werten der sozialen Lebenswelt auf der einen und den leistungsbezogenen Prinzipien der Arbeitssphäre auf der anderen Seite

176 Zum Folgenden vgl. u. a. Beckert, *Grenzen des Marktes*, a. a. O., v. a. Kap. 3.3.

besteht.[177] Die erste dieser institutionellen Vorkehrungen erblickt Parsons, hier ganz in der Tradition Durkheims stehend, im Arbeitsvertrag, den er sich stets auch mit einer vorvertraglichen, gewissermaßen moralischen Komponente ausgestattet denkt; weit über die bloß instrumentelle Dimension hinaus, die in der wechselseitig vereinbarten Leistungserbringung besteht, muß demnach jeder Arbeitsvertrag unausgesprochen auch das normative Element beinhalten, sich untereinander an Verpflichtungen zu binden, die aus dem allgemein akzeptierten Wertsystem der Gesellschaft stammen.[178] Für den Arbeitnehmer ergibt sich aus dieser zweiten, impliziten Komponente nach Auffassung von Parsons, daß er nicht nur Anspruch auf eine symbolische Anerkennung im Unternehmen besitzt, sondern dort auch dauerhaft mit einer »worth-while«, mit einer achtbaren Arbeitstätigkeit rechnen kann;[179] und für das Unternehmen leitet sich umgekehrt aus den moralischen Bestandteilen des Arbeitsvertrages die legitime Erwartung ab, auf Loyalität und Verantwortung von seiten der Beschäftigten zählen zu können. Der Arbeitsvertrag leistet daher, so wie Parsons es sieht, viel mehr, als schwarz auf weiß in ihm geschrieben steht; mit seinem Abschluß verpflichten sich beide Seiten darauf, moralischen Handlungsnormen zu folgen, die außerhalb des Marktes festlegen, was es heißt, fair und gerecht miteinander umzugehen.

Den zweiten institutionellen Komplex, der innerhalb der kapitalistischen Wirtschaftssphäre dazu angetan sein soll, das Gefälle zur lebensweltlichen Moral zu überbrücken, erblickt Parsons in dem, was er die »Berufsrolle« nennt.[180] Nach seiner

177 Vgl. Talcott Parsons, *The Marshall Lectures* (1953), Research Reports from the Department of Sociology, Uppsala, University, 1986, Nr. 4 (den Hinweis auf diese Vorlesungen verdanke ich der Studie von Jens Beckert).

178 Ebd., S. 105.

179 Ebd., S. 110.

180 Vgl. etwa Parsons, »Über den Zusammenhang von Charakter und Gesellschaft«, a. a. O., bes. S. 258-262.

Überzeugung findet sich in unseren Gesellschaften zwischen dem familiären Alltag und der Marktwirtschaft das Vermittlungsglied eines Sozialisationsvorgangs angelegt, der den einzelnen darauf vorbereitet, sein Handeln an den Imperativen wirtschaftlicher Leistungsfähigkeit auszurichten; im Zuge dieses Bildungsprozesses, der in der frühen Kindheit beginnt und erst mit der beruflichen Ausbildung endet, lernt jedes (männliche) Subjekt, sich die Werte intrinsisch zu eigen zu machen, die später in der leistungsbezogenen Arbeitswelt herrschen werden. Kein Arbeitnehmer tritt mithin nach Parsons ethisch indifferent oder gar ablehnend in die ökonomische Sphäre des Marktes ein, vielmehr ist ein jeder sozialisatorisch so vorgeprägt, daß er nur aus der Erfüllung seiner Berufspflichten psychische Befriedigung und Selbstachtung ziehen kann.[181] Umgekehrt verlangt nun aber diese individuelle Pflichterfüllung wiederum von den Unternehmen, alles mit ihrer wirtschaftlichen Lage Vereinbare zu tun, um ihrerseits die in sie gesteckten Erwartungen der Beschäftigten zu erfüllen; dazu gehört, folgen wir Parsons, nicht nur die Gewährung von Arbeitsplatzsicherheit, Krankheitsschutz und befriedigender Tätigkeit, sondern auch die Garantie eines stabilen Familieneinkommens.[182]

Es ist nach dem Gesagten nicht schwer zu sehen, daß Parsons im Arbeitsvertrag und in der Berufsrolle zweier Institutionen im existierenden Wirtschaftssystem habhaft zu werden versucht, die in etwa das leisten sollen, was auch Hegel oder Durkheim als notwendig für die soziale Integration des Marktsystems erachten: Um sicherzustellen, daß alle Beteiligten den darin stattfindenden Verkehr unter interessegeleiteten Akteuren auch ethisch für gerechtfertigt halten können, bedarf es der zusätzlichen Verankerung von Handlungsnormen, die eine faire und wohlwollende Behandlung der jeweils ande-

181 Vgl. dazu den wegweisenden Aufsatz: Talcott Parsons, »Die Motivierung wirtschaftlichen Handelns«, in: ders., *Beiträge zur soziologischen Theorie*, a. a. O., S. 136-159.

182 Beckert, *Grenzen des Marktes*, a. a. O., S. 251.

ren Seite vorschreiben. Zwar stellt Parsons diese Verbindung zur allgemeinen Legitimationsbedürftigkeit des Marktsystems nicht selbst her, sondern beschreibt sie systemtheoretisch als Adaptionsproblem zwischen zwei normativ unvereinbaren Handlungssphären, gemeint ist aber doch auch bei ihm: daß die kapitalistische Wirtschaftsordnung sich ohne stillschweigenden oder lautstarken Widerstand nur reproduzieren kann, wenn sie zugleich und stets auch außerökonomische, moralische Imperative zu erfüllen vermag.

Die Tradition einer Sittlichkeit der Marktgesellschaft, die im 19. Jahrhundert ihren Ausgang von Denkern wie Hegel und Durkheim nimmt, ist auch nach der Zeit der großen Entwürfe von Polanyi und Parsons nicht etwa zum Erliegen gekommen; immer wieder machen sich auch in der zweiten Hälfte des 20. Jahrhunderts Autoren bemerkbar, die gegen die von der herrschenden Wirtschaftstheorie fabrizierte Vorstellung des Marktes Einspruch erheben, indem sie auf dessen Abhängigkeit von vorauslaufenden Übereinkünften über Art und Umfang, über die soziale Gestaltung und Begrenzung der Austauschprozesse verweisen. Die einen, wie etwa Amitai Etzioni, stützen sich dabei auf die Erkenntnisse der Organisationssoziologie, um mit ihrer Hilfe zu zeigen, daß Entscheidungen auf dem Markt wirtschaftlich um so rationaler sind, je stärker sie aus einer Perspektive gesellschaftlicher Verantwortung getroffen werden; auf der Linie solcher Ansätze liegen dann Vorstellungen wie die der »encapsulated competition«, des »eingekapselten« Wettbewerbs, der zufolge nicht nur die allgemeine Akzeptanz, sondern auch die ökonomische Effizienz der marktvermittelten Konkurrenz in dem Maße zunimmt, in dem sie vorgängig durch moralische Handlungsregeln unterschiedlichen Erzwingungsgrades eingeschränkt ist.[183] Wiederum andere Vertreter dieser kapitalis-

183 Amitai Etzioni, *The Moral Dimension. Towards a New Economics*, New York 1988, bes. Kap. 12 (dt.: *Die faire Gesellschaft. Jenseits von Sozialismus und Kapitalismus*, Frankfurt/M. 1996, S. 338-366).

muskritischen Tradition, wie etwa der Ökonom Fred Hirsch, benutzen die Mittel der modernen Wirtschaftstheorie selbst, um den Nachweis anzutreten, daß der Markt einer moralischen Zähmung des individuellen Interesses am bloßen Eigennutz bedarf; im Umfeld solcher Ansätze ist etwa die Idee entwickelt worden, den Zugang zu intrinsisch knappen und damit statusbestimmenden Gütern durch drastische Steuererhöhungen und Einkommensbeschränkungen so einzuengen, daß der darauf gerichtete Wettbewerb nachläßt und sich dementsprechend egozentrische Konkurrenzneigungen abschwächen.[184] Wie auch immer die Lösungsvorschläge im einzelnen beschaffen sein mögen, ob sie mit Etzioni eher positiv auf die Revitalisierung kommunitärer Verantwortlichkeiten oder mit Hirsch negativ auf die moralisch heilsame Wirkung von Einkommensnivellierungen setzen: Alle diese Ansätze machen deutlich, daß auch heute die Quellen eines moralischen Ökonomismus noch nicht vollkommen versiegt sind.

Freilich gibt die Vielzahl der von Hegel über Durkheim bis in die Gegenwart hinein entwickelten Therapien auch zu erkennen, daß sich die hier nur umrißhaft freigelegte Tradition eines normativen Funktionalismus des Marktes inhaltlich nicht auf einen Nenner bringen läßt – die verschiedenen Modelle mögen vielleicht in der theoretischen Vorentscheidung übereinstimmen, die Marktprozesse nicht ohne einen für sie erforderlichen Rahmen aus kommunikativen Handlungsverpflichtungen analysieren zu wollen, aber in den Vorstellungen davon, worin diese außer- oder vormarktlichen Handlungsnormen tatsächlich bestehen sollen, weichen sie erheblich voneinander ab. Während Hegel all seine Erwartungen in die Vorgängigkeit einer wechselseitigen Wertschätzung durch die in den Korporationen sozialisierten Gewer-

184 Fred Hirsch, *Social Limits to Growth*, Cambridge/Mass. 1976, v.a. Kap. 12 u. 13 (dt.: *Die sozialen Grenzen des Wachstums. Eine ökonomische Analyse der Wachstumskrise*, Reinbek b. Hamburg 1980, S. 225-270).

betreibenden setzt und Durkheim, in gewisser Weise daran anschließend, ganz auf die moralisierende Wirkung einer diskursiven Aushandlung sozialer Arrangements durch die Berufsgruppen abhebt,[185] finden sich derartige Hoffnungen auf die zivilisierende Rolle von intermediären Gruppen und Körperschaften bei Polanyi und Parsons schon nicht mehr; jener macht vielmehr die Chance einer sozialverträglichen Einhegung des Marktes von tiefgreifenden Einschränkungen seines preisbildenden Mechanismus abhängig, dieser vertraut vollständig darauf, daß institutionelle Vorkehrungen innerhalb des Arbeitsmarktes für eine hinreichende Implementierung von übergreifenden Werten der Gerechtigkeit und Fairneß sorgen können. Bei Etzioni und Hirsch schließlich ist dann die Erwartung, daß sich innerhalb der Marktwirtschaft selbst bereits die sozialen oder institutionellen Gegenkräfte ihrer moralischen Einbettung antreffen lassen, beinah gänzlich erloschen; beide versetzen die von ihnen umrissenen Einhegungsprozesse in eine nahe Zukunft – sei es die eines Wiedererstarkens kommunitärer Verbindlichkeiten, sei es die einer sozial ausgehandelten Einkommensbeschneidung –, nicht aber in die gesellschaftliche Wirklichkeit existierender Marktprozesse.

Mit dieser vorläufigen, nur erst vagen Zusammenfassung sind wir an einen Punkt gelangt, an dem sich aus der skizzierten Theoriegeschichte allgemeinere, systematisch tragfähige Schlußfolgerungen ziehen lassen, die dann im weiteren auch auf die von Marx aufgeworfene Problematik angewendet werden können. Obwohl die genannten Autoren in ihren theoretischen Grundannahmen stark voneinander abweichen und im übrigen auch unterschiedlichen politisch-kulturellen Milieus angehören, stimmen sie doch alle in der Auffassung überein, daß der ökonomische Markt nicht isoliert von dem ethischen Werthorizont der ihn umgebenden liberaldemo-

185 Vgl. dazu spezifisch: Beckert, *Grenzen des Marktes*, a. a. O., S. 186-188.

kratischen Gesellschaft betrachtet werden darf; vielmehr bleiben die wirtschaftlichen Austauschprozesse, in denen sich strategisch handelnde Anbieter in einer Konkurrenz um Angebot und Nachfrage gegenüberstehen, auch dann in diesen Rahmen aus vormarktlichen Normen und Werten eingebettet, wenn sie ihn verletzen oder davon abweichen, weil unter solchen Bedingungen die Bereitschaft der Subjekte zur aktiven Mitwirkung an den entsprechenden Vorgängen schwindet. Zwischen den Wettbewerbsbedingungen auf dem Markt und den lebensweltlich eingespielten Handlungsnormen besteht insofern ein intrinsischer Zusammenhang, als jene nur unter der Voraussetzung für legitim und gerechtfertigt gehalten werden, daß sie diesen in ihren Gestaltungen Rechnung tragen. Ganz unabhängig davon, ob derartige Motivationsprobleme eher in Begriffen ökonomischer Effizienz oder normativer Legitimation gemessen werden, ergibt sich aus dem behaupteten Zusammenhang zunächst einmal, daß die verschiedenen Märkte die außerhalb ihrer selbst geltenden Handlungsregeln bis zu einem gewissen Grad in sich abbilden können müssen, um überhaupt zur Erfüllung der ihnen zugewiesenen Funktion der Koordinierung wirtschaftlichen Handelns in der Lage zu sein; entfällt eine solche interne Widerspiegelung der herrschenden, allgemein akzeptierten Normen, so muß mithin nicht nur mit einer Störung des Marktmechanismus selbst, sondern auch mit unterschwelligem oder öffentlich artikuliertem Legitimationsentzug von seiten der Bevölkerung gerechnet werden. In Form eines Zwischenresümees besagt ein derartiger, normativer Funktionalismus dann, daß die institutionelle Sphäre des Marktes gerade nicht im Sinne eines »normfreien Systems« aufgefaßt werden darf; wird nämlich so verfahren und damit diese Sphäre als gesellschaftlich hinlänglich legitimiert betrachtet, insofern sie nur den rechtlich akzeptierten Bedingungen der negativen Freiheit zu strategischen Entscheidungen genügt, dann gerät gänzlich aus dem Blick, in welchem Maße ihre soziale Akzeptanz auch an die Erfüllung vormarktlicher Normen und Werte gebunden ist.[186]

Allerdings besagt eine solche normativistische Beschreibung des Marktes nun noch nichts darüber, von welchen Werten und in welcher Weise die jeweiligen Austauschprozesse begrenzt sein müssen. Schon auf die erste dieser beiden Fragen, die nach den marktbegrenzenden Werten, geben die von uns behandelten Autoren höchst unterschiedliche Antworten: Polanyi stützt sich, um die normative Schwelle zu benennen, jenseits derer die Deregulierung von Märkten zwangsläufig soziale Gegenbewegungen erzeugen soll, auf recht vage Annahmen über invariante Erfordernisse einer sozialen Lebenswelt, die ihren Mitgliedern Statussicherheit und soziale Wertschätzung schuldet; von Parsons erhalten wir die zwar bestimmtere, empirisch aber sehr offene Auskunft, daß der Arbeitsmarkt zum Zweck seiner motivationalen Verankerung im Persönlichkeitssystem generalisierten Werten und Normen Rechnung tragen muß, die während der familiären Sozialisation internalisiert wurden. Einzig Hegel und Durkheim deuten übereinstimmend Antworten an, die solchen Unschärfen und Vagheiten enthoben sind, weil sie sich im Prinzip auf einer formaleren Ebene bewegen; beide sind nämlich der Überzeugung, daß die durch den Markt institutionalisierte Konkurrenz von den Beteiligten selbst noch einmal aus einer Perspektive gemeinsamer Kooperation verstanden werden können muß, um in ihren Augen tatsächlich als verstehbar und legitim zu gelten. Hier spielen nicht bestimmte, anthropologisch oder empirisch fixierte Werte die Rolle von einschränkenden Bedingungen, sondern diejenigen Normen, die es jeweils erlauben, die zum Zweck der Steigerung öko-

186 Diese Bemerkungen spielen natürlich auf den von Habermas unternommenen Versuch an, die Vorgänge innerhalb der Marktsphäre unter der Annahme mit Hilfe des Systembegriffs zu analysieren, daß hier normative Orientierungen und Werte für die Koordinierung des Handelns nicht erforderlich sind (vgl. Habermas, *Theorie des kommunikativen Handelns*, Bd. 2, a. a. O., Kap. VI. 2).

nomischer Effizienz etablierten Wettbewerbsbeziehungen überhaupt noch als im Interesse aller Mitwirkenden liegend zu begreifen. In die Terminologie zurückübersetzt, die wir bislang verwendet haben, bedeutet dies, daß die für den Markt konstitutive Erlaubnis zu rein individuellen Nutzenorientierungen die normative Bedingung erfüllen können muß, von den Beteiligten als ein geeignetes Mittel zur komplementären Verwirklichung ihrer je eigenen Zwecke verstanden werden zu können; die negative oder vertragliche Freiheit, deren Institutionalisierung die Dynamik der kapitalistischen Wirtschaft ermöglicht, findet stets daran ihre Grenze, daß sie jene Schwelle nicht überschreitet, jenseits welcher es den Akteuren nicht mehr möglich ist, sie gemeinsam als eine Formgebung ihrer sozialen Freiheit aufzufassen. In diesem Sinn binden Hegel und Durkheim, anders als die übrigen Vertreter der hier skizzierten Tradition, den Bestand der Marktökonomie an die Voraussetzung der Realisierung einer höherstufigen, nicht mehr nur negativen Freiheit; nicht an lebensweltlichen Imperativen oder den Werten benachbarter Subsysteme soll die Eigengesetzlichkeit des Marktes auf ihre normativen Grenzen stoßen, sondern an dem ihre ganze Legitimität ausmachenden Versprechen, durch Tauschprozesse zu einer komplementären Ergänzung individueller Handlungsabsichten beizutragen.

Hegel und Durkheim unterlegen der institutionellen Sphäre des Marktes, wie diese Klärung deutlich macht, den normativen Anspruch einer Realisierung sozialer Freiheit; das, was in ihren Augen den marktvermittelten Verkehr für die Beteiligten überhaupt als legitim und nachvollziehbar erscheinen läßt, ist nicht schon die Erlaubnis zur egozentrischen Verfolgung je eigener Interessen, sondern erst, daß durch die anonyme Verzahnung solcher individuellen Nutzenorientierungen auf eine besondere Weise die Freiheit des einen zur Voraussetzung derjenigen des anderen wird. Beide Denker knüpfen daher, um es zugespitzt zu sagen, die Marktprozesse an die normative Bedingung, diese zugrundeliegende

Ansprüchlichkeit sozialer Freiheit institutionell nach Möglichkeit auch abzubilden und dadurch im Bewußtsein der Beteiligten wachzuhalten; nur wenn die ökonomische Konkurrenz um Angebot und Nachfrage so organisiert ist, daß sie sich von den Akteuren als ein System komplementärer Rollenverpflichtungen begreifen läßt, besitzt sie für Hegel sittliche Qualität und ist sie für Durkheim frei von Anomien. In Begriffen der Anerkennung wiedergegeben heißt das, daß die ökonomischen Akteure sich vorweg als Mitglieder einer kooperativen Gemeinschaft anerkannt haben müssen, bevor sie sich wechselseitig das Recht zur individuellen Nutzenmaximierung auf dem Markt einräumen können; und der Umfang dieser negativen Freiheiten hat sich dann daran zu bemessen, bis zu welchem Grad sie noch mit den Erfordernissen jener vorgängigen Anerkennung vereinbar sind.

Das immanente, nichtsdestotrotz recht formale Kriterium, über das beide Denker damit zur normativen Beurteilung des Marktgeschehens verfügen, gibt ihnen zugleich auch das Mittel zu einer produktiven Antwort auf die zweite der zuvor angerissenen Fragen an die Hand. Angesichts des Problems, wie das vorauszusetzende Bewußtsein gemeinsamer Kooperation als bereits innerhalb der Marktwirtschaft verankert gedacht werden kann, richten Hegel und Durkheim ihren Blick nicht so sehr auf stabile Institutionenkomplexe oder stets wiederkehrende, heilende Gegenbewegungen; vielmehr fragen sie sich geradezu prozeduralistisch, welche Mechanismen der Bewußtseinsbildung sich jeweils als geeignet erweisen könnten, um die Beteiligten zu einer Überschreitung ihrer rein nutzenorientierten Handlungsstrategien zu bewegen. Der Grundgedanke, von dem die beiden Denker sich dabei leiten lassen, ist der, daß die Interessen der Marktteilnehmer entgegen der offiziellen Doktrin gar nicht ein für allemal feststehen; natürlich sind die Akteure auf den verschiedenen Märkten dazu angehalten, ihren jeweils eigenen Nutzen zu optimieren, aber sie können solche Strategien mit einer mehr oder weniger großen Rücksichtnahme auf die Belange der anderen Teilnehmer verfolgen; in diesen blinden Fleck der Wirtschaftstheorie, der Plastizität einer Festlegung individueller Interessen,[187] versuchen Hegel und Durkheim nun hineinzustoßen, indem sie nach bereits vorhandenen Mechanismen suchen, die den Prozeß der Interessendefinition zugunsten einer Berücksichtigung kooperativer Verantwortlichkeiten beeinflussen könnten. Fündig werden sie beide nicht zufällig auf derselben Ebene des sozialen Prozesses, nämlich an der Stelle, wo durch berufliche Gemeinsamkeiten konstituierte Gruppen sich untereinander an die Regulierung wirtschaftlicher Beziehungen machen müssen; sobald derartige Gemeinschaften, so denkt Hegel nicht anders als Durkheim, unter den Druck geraten, sich über die Gestaltung des Marktverkehrs einigen zu müssen, werden sie allein aufgrund der für die Aushandlung erforderlichen Verallgemeinerungen und Perspektivübernahmen dahin gelangen, bei der Festlegung ihrer Interessen stärker die zugrundeliegenden Kooperationsprinzipien zu berücksichtigen. Ob wir mithin an Hegels Korporationen oder an die Berufsgruppen Durkheims denken: Sie hatten auf der abstrakteren Ebene von Mechanismen der Bewußtseinsbildung jedesmal die Aufgabe, die Mitglieder auf dem Weg einer diskursiven Verflüssigung von scheinbaren Gesetzmäßigkeiten an die dem Markt vorausgehenden Solidaritätsverpflichtungen zu erinnern und sie nach Möglichkeit daran auch zu binden. Generalisieren wir diesen Gedankengang der beiden Autoren noch einen Schritt weiter, so läßt sich ihm die Idee entnehmen, daß innerhalb der Marktwirtschaft überall dort Stützpunkte ihrer moralischen Einhegung zu finden sind, wo sich bereits Gruppen oder Körperschaften herausgebildet haben, deren Zweck es verlangt, perspektivisch auf die Belange

187 Dazu äußerst hilfreich: Albert O. Hirschman, »Wider die ›Ökonomie‹ der Grundbegriffe. Drei einfache Möglichkeiten, einige ökonomische Grundbegriffe komplizierter zu fassen«, in: ders., *Entwicklung, Markt, Moral*, a. a. O., S. 226-243, bes. S. 227-231.

der anderen Marktteilnehmer Rücksicht zu nehmen; und je mehr derartige diskursive Mechanismen der Perspektivübernahme im Marktverkehr verankert sind, desto größer dürfte die Chance sein, ein kooperatives Bewußtsein sich ergänzender Verantwortlichkeiten wachzuhalten.[188]

Nun läßt es aber vor allem Durkheim bei dem Vertrauen auf die bewußtseinsbildenden Effekte sozialer Berufsgruppen nicht bewenden, wenn es um die Möglichkeiten einer Institutionalisierung der vorvertraglichen Solidaritätsprinzipien innerhalb des Marktsystems geht. Stärker als Hegel ist ihm bewußt, daß es die offiziellen, moralisch also noch unangepaßten Regeln dieses Systems erlauben würden, genügend Reichtum in den Händen eines privaten Aktors zu konzentrieren, um nach Belieben Verträge erzwingen zu können; daher sieht Durkheim für seine Zeit eine Reihe von rechtlichen Reformen vor, die die Aufgabe haben, die bestehenden Rechtsnormen des Marktverkehrs an das als vorauslaufend gedachte Bewußtsein reziproker Abhängigkeiten und Verpflichtungen anzupassen. Wiederum in der Sprache sozialer Anerkennung ausgedrückt, bedeutet das, daß der Umfang

188 Anregungen zu solchen Schlußfolgerungen finden sich bei Jens Beckert (*Grenzen des Marktes*, a.a.O., Kap. 6) und Amitai Etzioni (*The Moral Dimension*, a.a.O., Part. III). In der Tradition der klassischen Nationalökonomie finden sich Anregungen dieser Art auch bei John Stuart Mill, der in seinem bereits erwähnten Werk *Grundsätze der politischen Ökonomie* (a.a.O.) den Genossenschaften einen systematischen Platz im kapitalistischen Marktverkehr einräumt: Durch solche Assoziationen werden die »besten Ziele des demokratischen Geistes« auf dem Markt verwirklicht, weil sie dazu beitragen, innerhalb der Gesellschaft den Unterschied zwischen einem »erwerbstätigen Teil und einem nichtstuenden Teil« zu beseitigen und alle Statusdifferenzen auf »persönliche Verdienste und Mühen« zu gründen (ebd., Bd. 2, S. 450). Zu diesen »moralischen« Elementen der Ökonomie von John Stuart Mill vgl. auch Peter Ulrich/Michael S. Aßländer (Hg.), *John Stuart Mill: Der vergessene politische Ökonom und Philosoph*, Bern u.a. 2006. Vgl. darüber hinaus zur Rolle von Zünften, Korporationen und Genossenschaften in der politischen Theorie der Moderne: Anthony Black, *Guilds and Civil Society in European Political Thought from the Twelfth Century to the Present*, Cambridge 1984.

der negativen, rechtlich sanktionierten Freiheiten auf dem Markt erheblich eingeschränkt werden muß, um den Erfordernissen einer wechselseitigen Anerkennung unter Kooperationspartnern Rechnung tragen zu können. Eine wesentliche Bedingung für ein solches Anerkennungsverhältnis im System marktvermittelten Austauschs erblickt Durkheim, wie bereits erwähnt, in der Realisierung völliger Chancengleichheit; denn nur, wenn jeder Marktteilnehmer die Chance hätte, seine wirklichen Fähigkeiten zu entdecken und auszubilden, dafür die entsprechende Arbeitstätigkeit auf dem Arbeitsmarkt zu finden und zudem den erforderlichen Vertrag ohne jeden inneren oder äußeren Zwang zu schließen, könnte er sich als ein Gleicher unter Gleichen bei der gesellschaftlichen Organisation der Arbeitsteilung begreifen.[189] In dem Katalog von rechtlichen Reformen, den Durkheim ins Auge faßt, um eine derartige Chancengleichheit durchzusetzen, spielen daher neben bildungspolitischen Vorhaben Maßnahmen zur Verhinderung von illegitimer Reichtumsbildung eine zentrale Rolle; in diesem Zusammenhang scheut er gelegentlich selbst nicht davor zurück, eine radikale Beschränkung des Erbrechts zu fordern, da in mühelosem, nicht auf Leistung gegründetem Einkommen eine wesentliche Ursache für Machtasymmetrien im Vertragsverhältnis bestehen soll.[190]

Aber nicht diese Reformvorschläge Durkheims im einzelnen sollen hier interessieren, verdanken sie sich doch weitgehend den zu seiner Zeit herrschenden Verhältnissen; von Bedeutung sind vielmehr nur die sich dahinter verbergenden Leitgedanken, weil sie es erlauben, nun zu der von Marx behandelten Problematik des kapitalistischen Marktes zurückzukehren. Wie Hegel ist auch Durkheim davon überzeugt, daß sich die Sphäre des Marktes nur dann als ein »sittliches«, freiheitsverbürgendes Verhältnis begreifen läßt, wenn es gelingt,

189 Durkheim, *Über die Teilung der sozialen Arbeit*, a. a. O., drittes Buch, Kap. 2.

190 Vgl. dazu besonders: Beckert, *Grenzen des Marktes*, a. a. O., S. 182.

sie als ein in vormarktlichen Solidaritätsbeziehungen begründetes und auf sie zurückgehendes System von wirtschaftlichen Aktivitäten zu beschreiben; zu diesem Zweck müssen beide darangehen, am Marktgeschehen die Mechanismen herauszuarbeiten, die es ermöglichen, die individuellen Teilnehmer bei der Festlegung ihrer Interessen dahingehend zu beeinflussen, stärker die Belange anderer Akteure wahrzunehmen und damit die zugrundeliegenden Kooperationsprinzipien zu berücksichtigen; in beruflichen Körperschaften, die den antiken Kooperationen oder mittelalterlichen Zünften nachgebildet sein sollen, glauben die Autoren einen solchen Mechanismus ausfindig gemacht zu haben, weil die Beratschlagung in und die Aushandlungen zwischen den Gruppen zu einer wechselseitigen Perspektivübernahme zwingt, die im anderen primär den Kooperationspartner und nicht den Konkurrenten zu erkennen gibt. Aber Durkheim gibt sich mit dem Nachweis solcher diskursiven Mechanismen nicht zufrieden, weil er sieht, daß ungerechte, aufgezwungene Verträge auch durch vormarktliche Ungleichverteilungen ökonomischen Reichtums zustande kommen können; daher faßt er rechtliche Reformen ins Auge, die die gegebenen Vertragsfreiheiten so einschränken sollen, daß derartige Asymmetrien in der gemeinsamen Koordinierung der gesellschaftlichen Arbeitsteilung keinen Niederschlag mehr finden können. Damit sind wir an den Ort im System marktwirtschaftlichen Handelns gelangt, an dem die folgenschwere Kritik ansetzt, die Marx gegen den Kapitalismus vorgebracht hat; in der auf ihn zurückgehenden Tradition, die neben dem moralischen Ökonomismus Hegels und Durkheims die zweite Alternative zur herrschenden Marktideologie bildet, wird schon deswegen jede Möglichkeit einer »sittlichen« Einbettung des Marktes bestritten, weil dieser einem großen Teil der Bevölkerung nicht einmal die Ausübung der versprochenen negativen Freiheit erlauben soll.

Sehen wir von den vielen wertvollen Einsichten ab, die

wir der Marxschen Analyse der Verselbständigungstendenzen kapitalistischer Verwertungsimperative verdanken, so sind es vor allem zwei Sachverhalte, um die seine Erörterungen des Arbeitsmarktes kreisen. Zum einen bezweifelt Marx, daß diejenigen Marktteilnehmer, die keine andere Ware als die ihrer Arbeitskraft besitzen, jemals in die Lage von gleichberechtigten Vertragspartnern versetzt werden können, deren Zustimmung zu den ausgehandelten Bedingungen dementsprechend als freiwillig angesehen werden dürfte; er ist vielmehr überzeugt, daß die Besitzer der Produktionsmittel, die Kapitalisten, aufgrund ihrer Monopolstellung stets über genügend Machtmittel verfügen, um den Arbeitenden oder Produzenten die Konditionen ihres Arbeitsvertrags zu diktieren.[191] Zum anderen geht Marx davon aus, daß kein noch so üppiger Lohn jemals die tatsächliche Arbeitsleistung der abhängig Beschäftigten aufwiegen kann, weil diese die einzige Quelle der ökonomischen Wertschöpfung darstellt; alle Debatten um einen gerechten oder fairen Preis der Arbeitskraft scheinen ihm daher bloße Propaganda zu sein, dazu angetan, den tieferliegenden Sachverhalt kapitalistischer Ausbeutung zu verschleiern.[192] Dieser zweite der genannten Einwände, also die Behauptung einer dem Kapitalismus innewohnenden Notwendigkeit der Ausbeutung »produktiver« Arbeit, wird heute selbst von marxistischer Seite aus angezweifelt; nicht nur gelten deren arbeitswerttheoretische Prämissen inzwischen als höchst fragwürdig, weil undurchsichtig ist, wie Marx zu den für sein Argument erforderlichen Vergleichsmaßstäben gelangt,[193] vielmehr ist auch vollkommen rätselhaft, warum Dienstleistungs-, Verwaltungs- und Wissensarbeiten keine

191 Vgl. Marx, »Das Kapital. Erster Band«, a. a. O., S. 181-191.

192 Karl Marx, »Kritik des Gothaer Programms« (1875), in: Karl Marx/Friedrich Engels, *Werke*, Bd. 19, Berlin 1969, S. 13-32.

193 Vgl. dazu exemplarisch: Cornelius Castoriadis, »Wert, Gleichheit, Gerechtigkeit, Politik. Von Marx zu Aristoteles und von Aristoteles zu uns«, in: ders., *Durchs Labyrinth. Seele, Vernunft, Gesellschaft*, Frankfurt/M. 1981, S. 221-276.

Rolle bei der ökonomischen Wertschöpfung spielen sollen.[194] Vor dem Hintergrund dieser Bedenken wird jedoch die Aussage, wonach jede Beschäftigung in kapitalistischen Betrieben zwangsläufig die »Ausbeutung« der eigenen Arbeitskraft beinhalte, zu einer rein empirischen These; ihr Wahrheitsgehalt bemißt sich an der nicht vorweg zu entscheidenden Frage, ob und nach welchem Schlüssel der nicht wieder reinvestierte Anteil der wirtschaftlichen Erträge eines Unternehmens an die Arbeiter und Angestellten zurückgeleitet wird.

Lassen wir also den zweiten Einwand beiseite, den Marx ganz grundsätzlich gegen das System der kapitalistischen Marktwirtschaft vorgebracht hat, so bleibt es bei der schwerwiegenden Behauptung, daß ein solches System dem größten Teil der Bevölkerung nicht einmal gestattet, auch nur von den negativen Freiheiten der Marktteilnahme Gebrauch zu machen.[195] In diesem Argument mischen sich, wie unschwer zu sehen ist, kategoriale und empirische Erwägungen, die gar nicht leicht voneinander zu lösen sind. Die kategoriale Seite der Frage ist berührt, wenn es darum geht, was als eine hinreichende Voraussetzung für die Ausübung von Vertragsfreiheit gelten kann. Weil dazu sicherlich die Bedingung gehören muß, einen angebotenen Vertrag auch ausschlagen zu können, schließt Marx aus der Alternativlosigkeit der Lohnarbeiter, ihr Überleben anders als durch den Verkauf ihrer Arbeitskraft zu sichern, auf deren reale Unfreiheit: Selbst die elementare Freiheit des kapitalistischen Marktsystems, das Recht, nach eigenem Ermessen Verträge zu schließen, können diese nicht in Anspruch nehmen, weil ihnen aus Gründen purer Lebensfristung die Möglichkeit zur Ablehnung fehlt. Genau auf diesen Sachverhalt der strukturellen, aus ökonomischer Alternativ-

194 Vgl. dazu die klassischen Einwände von Joan Robinson, *Kleine Schriften zur Ökonomie*, Frankfurt/M. 1968, S. 67-78.

195 Zu aktuellen Reformulierungen dieser These vgl. Samuel Bowles, »What Markets Can and Cannot Do«, in: *Challenge*, July/August 1991, S. 11-16; Gerald A. Cohen, »The Structure of Proletarian Unfreedom«, in: *Philosophy and Public Affairs*, 12 (1983), S. 3-33.

losigkeit entspringenden Erzwingbarkeit von Verträgen war aber die Überlegung gemünzt, mit der Durkheim hat begründen wollen, warum in Marktwirtschaften eine vorvertragliche Annäherung der ökonomischen Lebensumstände erforderlich ist: »Wenn eine Klasse der Gesellschaft, um leben zu können, gezwungen ist, ihre Dienste zu jedem Preis zu verkaufen, während die andere, dank ihrer sozialen Hilfsmittel, die nicht notwendigerweise auf irgendeiner sozialen Höherwertigkeit beruhen, dies nicht nötig hat, dann übt sie über die erste ungerechterweise Gewalt aus. Anders gesagt: Es darf nicht von Geburt an Arme und Reiche geben, ohne daß es ungerechte Verträge gibt.«[196] Entschiedener hätte auch Marx nicht formulieren können, daß aus Überlebensdruck eingegangene Arbeitsverträge nicht als Vereinbarungen gelten dürfen, die dem Kriterium freiwilliger Zustimmung und damit negativer Freiheit genügen; der Unterschied ist nur, daß er, Marx, solche Bedingungen des Zwangs innerhalb des Marktsystems für unvermeidbar hält, während Durkheim ganz im Gegenteil davon überzeugt ist, daß zwangsfreie Vertragsverhältnisse unter denselben Bedingungen im Prinzip institutionalisierbar sind. Damit nimmt die Frage, die hier zur Diskussion steht, doch wieder eher empirische Züge an; ob es innerhalb von kapitalistischen Marktwirtschaften möglich ist, die sozialen Voraussetzungen allgemeiner Vertragsfreiheit zu etablieren, läßt sich nicht im vorhinein entscheiden, sondern bedarf der Überprüfung in einem Prozeß von zu diesem Zweck durchgeführten Reformen.

Nimmt man zu diesem Ergebnis noch hinzu, daß im Augenblick praktikable Alternativen zum ökonomischen Steuerungsmedium des Marktes nicht erkennbar sind, so spricht vieles dafür, die von Marx in seiner Kapitalismuskritik skizzierten Mißstände in den von Hegel und Durkheim eröffneten Denkhorizont zu übersetzen: Weder das Problem der

196 Durkheim, *Über die Teilung der sozialen Arbeit*, a. a. O., S. 426.

Ausbeutung noch das der aufgezwungenen Verträge sollten als Strukturdefizite begriffen werden, die nur jenseits der kapitalistischen Marktwirtschaft aufzuheben sind, sondern als letztlich durch ihr eigenes normatives Versprechen bewirkte und daher auch nur in ihr selbst zu bewältigende Herausforderungen. Allein die von Hegel angestoßene und durch Durkheim fortgesetzte Tradition eines moralischen Ökonomismus bietet die Gewähr für eine theoretische Perspektive, in der es gelingen kann, jene Mißstände systematisch als Abweichungen von einer dem Marktsystem zugrundeliegenden Ansprüchlichkeit zu beschreiben; dazu bedarf es nämlich mehr als nur einer Terminologie der sich hinterrücks vermittelnden Handlungspläne individueller Nutzenmaximierer, weil an den ökonomischen Transaktionen stets auch gezeigt werden können muß, inwiefern mit ihnen intrinsisch Erwartungen einer solidarischen Kooperation verknüpft sind. Hegel, Durkheim und ihre Nachfolger haben eine solche moralisch erweiterte Sichtweise umrissen, weigern sie sich doch, die Vorgänge auf dem Markt bloß in Begriffen wirtschaftlich erfolgreicher Koordination zu erfassen; ihnen scheint es vielmehr selbstverständlich zu sein, die entsprechenden Austauschprozesse immer auch daran zu messen, ob sie die ihnen von den Teilnehmern selbst unterstellten Ansprüche einer gemeinsamen, kooperativen Lebensbewältigung erfüllen. Wird die Sphäre des Marktes so beschrieben, so verlangt das, in ihr selbst bereits moralische Größen wie Unrechtsempfindungen, diskursive Mechanismen und Gerechtigkeitsnormen unterzubringen; diese übernehmen dann deskriptiv die Rolle von Indikatoren, an denen sich abzeichnet, bis zu welchem Grad die zugrundeliegenden Solidaritätsprinzipien bereits verwirklicht sind.

Für die hier leitende Frage, woran eine normative Rekonstruktion innerhalb der heute existierenden Marktwirtschaft anknüpfen kann, um überhaupt noch institutionalisierter Prinzipien sozialer Freiheit ansichtig zu werden, hat der zuvor unternommene Versuch der Freilegung einer alternativen

Theorietradition daher zu einem eindeutigen Ergebnis geführt: Nur solange wir uns an das von Hegel und Durkheim entwickelte Bild der Marktsphäre halten, sind wir dazu in der Lage, im Wirtschaftsverkehr der liberaldemokratischen Gesellschaften normative Ansprüche angelegt zu sehen, die sich als allgemein akzeptierte Unterstellungen von sozialer Freiheit verstehen lassen. In unserer normativen Rekonstruktion sollten wir mithin so vorgehen, daß wir in der historischen Entwicklung des kapitalistischen Marktes idealisierend den Pfad freizulegen versuchen, der unter dem Druck sozialer Bewegungen, moralischer Proteste und politischer Reformen zu einer schrittweisen Realisierung der ihm zugrundeliegenden, seine Legitimation sichernden Prinzipien sozialer Freiheit geführt hat; als die institutionellen Mechanismen, auf deren Einbau wir dabei vor allem werden achten müssen, weil sie der faktischen Inkraftsetzung dieser regulativen Ideen dienten, werden sich nach dem Gesagten an vorderster Stelle einerseits diskursive Verfahren der Interessenabstimmung, andererseits rechtliche Verankerungen von Chancengleichheit erweisen müssen. Dementsprechend sollten sich normative Fortschritte in der Sphäre des kapitalistischen Marktes immer dann ausmachen lassen, wenn solche Mechanismen erfolgreich etabliert werden konnten, normative Fehlentwicklungen sollten hingegen immer dann festzustellen sein, wenn derartige Institutionalisierungen trotz öffentlichen Drucks über längere Zeit ausblieben oder gar zurückgenommen wurden.

Mit dieser Weichenstellung unserer normativen Rekonstruktion, also ihrer Orientierung am Vorbild des moralischen Ökonomismus, riskieren wir freilich den Vorwurf, uns unzulässiger Idealisierungen zu bedienen; denn nichts erscheint der zeitgenössischen Soziologie und Wirtschaftstheorie unwahrscheinlicher, als daß sich die Integrationsleistungen des Marktes primär aus einem normativen Einverständnis speisen, welches in der Idee nicht negativer, sondern kommunikativer Freiheit gründet. Sicherlich, schon immer haben marxistische Wirtschaftstheoretiker auf der einen und neoklassische Ökonomen auf der anderen Seite Zweifel an der Vorstellung geäußert, daß sich das Marktgeschehen ganz generell im Sinn einer Erfüllung von Legitimitätsansprüchen verstehen lassen soll; aus ihrer Sicht unterliegen die Austauschprozesse funktionalen Beschränkungen – sei es der Kapitalverwertung, sei es der Gewinnmaximierung –, die so stark sein sollen, daß von einer inneren Normativität der kapitalistischen oder modernen Wirtschaftsordnung nicht die Rede sein kann. Aber mit den Prozessen der ökonomischen Globalisierung, von denen heute kein Segment des Marktverkehrs mehr ausgenommen ist, haben solche Zweifel plötzlich vollkommen neue Nahrung erhalten, so daß weite Teile der Gesellschaftswissenschaften inzwischen von ihnen erfaßt sind; die funktionalen Zwänge, die gewiß schon vorher niemand leugnete, scheinen mit einem Mal aufgrund der Internationalisierung der Märkte ein so massives Eigengewicht erhalten zu haben, daß es als gänzlich unmöglich angesehen wird, sie noch einmal in den beanspruchten Legitimationshorizont der Wirtschaftsordnung einzupassen. Wo man sich daher auch umschaut in den entsprechenden Disziplinen, überall scheint mit einer irritierenden Beimischung von Triumphalismus die Neigung zu bestehen, die moderne Marktordnung doch wieder nur als ein »normfreies System«, als ein anonym sich vernetzendes Geschehen bar jeden normativen Einverständnisses zu beschreiben. Die funktionalen Imperative, denen die wirtschaftlichen Entscheidungen faktisch unterliegen, werden gänzlich isoliert von den Sinn- und Legitimitätserwartungen der Marktteilnehmer betrachtet, so als ob deren normative Reaktionen in Form von Selbstzweifeln, Unrechtsempfindungen, Erwartungshaltungen und Rollenzumutungen nicht Teil des Marktgeschehens selbst seien; infolge dieser Trennung von Faktizität und Geltung ist auch jedes Verständnis dafür erneut verlorengegangen, daß ökonomische Interessen ihrerseits formbar und deutungsoffen sind, daß auch Marktprozesse diskursive Mechanismen der Perspektivübernahme beinhalten können, daß an den Austauschprozessen im Regelfall auch kollektive Akteure beteiligt sind, deren Absichten sich nicht bloß als eine Summe aus individuellen Nutzenorientierungen beschreiben lassen, und daß schließlich auch die globalisierte Wirtschaft noch immer unter dem offiziell beglaubigten Anspruch der allgemeinen Chancengleichheit steht. Gegen die damit umrissenen Tendenzen der Verkümmerung und Vereinseitigung ist der Versuch gerichtet, in Anknüpfung an die Tradition des moralischen Ökonomismus die gegenwärtige Marktwirtschaft normativ unter dem Gesichtspunkt zu rekonstruieren, welche Ansatzpunkte und institutionelle Gestalten einer Verwirklichung sozialer Freiheit sich in ihr finden; dabei müssen wir uns, um es zu wiederholen, besonders auf diskursive Mechanismen und rechtliche Reformen konzentrieren, weil darin die Entfaltung der zugrundeliegenden Solidaritätsprinzipien stets am deutlichsten zur Verkörperung gelangen.

Es erübrigt sich beinah der Hinweis, daß in einer solchen Rekonstruktion die Darstellung von normativen Fehlentwicklungen, immer gemessen an den vorausgesetzten Legitimationsprinzipien, einen breiteren Platz einnehmen wird als diejenige von positiven Entwicklungsverläufen.

(b) Konsumsphäre

Die rasche Ausbreitung der kapitalistischen Marktwirtschaft in vielen Ländern Westeuropas ist im 20. Jahrhundert weitgehend mit Hilfe der religionssoziologischen These Max Webers erklärt worden, nach der der motivationale Boden für die erforderliche Bereitschaft zur Arbeitsleistung und Selbstdisziplinierung durch einige Unterströmungen des Protestantismus bereitet wurde, die die Hoffnung auf göttliche Gnadenwahl an die Voraussetzung der individuellen Erfüllung aller Berufspflichten gebunden haben;[197] erst in den letzten Jahrzehnten ist dagegen durch eine Reihe von wirtschaftssoziologischen Studien herausgearbeitet worden, daß eine ebenso starke Rolle bei der Dynamisierung der Marktsphäre die Entwicklung einer neuen Kultur des Konsumismus gespielt hat, die sich in England schon im 18. Jahrhundert zu etablieren beginnt.[198] Wie auch immer man das rapide Anwachsen der Konsumbedürfnisse an der Schwelle zur gesellschaftlichen Moderne deutet, ob es seinerseits auf religiöse Wurzeln zurückgeführt[199] oder nur unter Verweis auf ansteigende Wünsche nach persönlicher Authentizität erklärt wird,[200] fest steht inzwischen, daß sich sowohl das schnelle Wachstum als auch die soziale Legitimation des kapitalistischen Marktes schon früh in hohem Maße seiner scheinbaren Fähigkeit verdanken, Unternehmen zeitnah über die Güter zu informieren, die auf eine gewachsene Nachfrage beim »privaten« Konsumenten stoßen. Nicht zufällig läßt Hegel daher auch seine Darstellung der Marktwirtschaft mit einem Kapitel über das »System der Bedürfnisse« beginnen, worunter er nichts anderes versteht als die durch den ökonomischen Wettbewerb beschleunigte Befriedigung von sich immer weiter differenzierenden, längst über das Lebensnotwendige hinausgehenden Bedürfnissen der individuellen Einzelpersonen.[201] Freilich mutet das Bild, das Hegel von dieser marktvermittelten Sphäre des pri-

197 Max Weber, »Die protestantische Ethik und der Geist des Kapitalismus«, in: ders., *Gesammelte Aufsätze zur Religionssoziologie*, Tübingen 1972, S. 17-206.

198 Exemplarisch: Neil McKendrick/John Brewer/Jack H. Plumb, *The Birth of a Consumer Society: The Commercialisation of Eigthteenth-Century England*, London 1982.

199 Vgl. Colin Campbell, *The Romantic Ethic and the Spirit of Modern Consumerism*, Oxford 1987; vgl. dazu auch meine Auseinandersetzung: Axel Honneth, »Wurzeln des Hedonismus«, in: *Desintegration. Bruchstücke einer soziologischen Zeitdiagnose*, a. a. O., S. 39-47.

200 Vgl. etwa Charles Taylor, *Das Unbehagen an der Moderne*, Frankfurt/M. 1995.

201 Hegel, *Grundlinien der Philosophie des Rechts*, a. a. O., § 184-195.

vaten Konsums zeichnet, im Vergleich zu all dem, was sich später noch entwickeln wird, nahezu idyllisch an; zwar weiß er bereits, daß es häufig die »Meinung« ist, die bestimmt, was als ein durch Güter zu befriedigendes Bedürfnis gilt, spricht überdies schon von der Tendenz »der Engländer«, sich im Begriff des »comfortable« eine schier unendliche Klasse neuer Begehrlichkeiten zu eigen zu machen,[202] aber im wesentlichen bleiben alle diese »Vervielfältigungen« für ihn doch an die natürliche Basis von »Essen, Trinken, Kleidung usw.« gebunden.[203]

Stärker als viele seiner Zeitgenossen bringt Hegel sich in diesen Überlegungen zum »System der Bedürfnisse« zu Bewußtsein, daß mit der sich allmählich etablierenden Marktwirtschaft eine weitere Dimension der neuen Form von individueller Freiheit entsteht, die als ein System von bislang unbekannten Praktiken die Kultur der modernen Gesellschaften von nun an entscheidend mitbestimmen wird: Die Subjekte lernen sich mittels der ihnen durch den Gütermarkt eröffneten Möglichkeiten zum individuellen Einkauf als Konsumenten zu verstehen, die frei darin sind, ihren persönlichen Willen und damit ihre Identität auf dem Weg der lustvollen Suche nach und des befriedigenden Erwerbs von Waren zu formen. Der Konsumismus, um hier einen später zunehmend negativ verwendeten Terminus zu gebrauchen, wird von Hegel zunächst einmal als ein Einstellungssyndrom behandelt, in dem ein markanter Fortschritt in der institutionellen Etablierung von individueller Freiheit zum Ausdruck kommt.[204] Deutlicher als viele seiner Nachfolger hält er sich allerdings an dieser ganzen Sphäre des marktvermittelten Konsums noch vor Augen, daß es sich bei all dem »Wimmeln von Will-

202 Ebd., § 191 (der Hinweis auf »die Engländer« findet sich im Zusatz).

203 Ebd., § 189 (Zusatz).

204 Deutlich spiegelt sich diese Idee von neuerworbener Freiheit noch in dem vorzüglichen Überblicksartikel von Peter N. Stearns: ders., »Stages of Consumerism. Recent Work on the Issues of Periodization«, in: *The Journal of Modern History*, 69 (1997), Nr. 1, S. 102-117.

kür«[205] doch um ein Verhältnis intersubjektiven »Anerkanntseins«[206] handelt; denn wie vor ihm Adam Smith, der darin sehr rigoros war,[207] betont auch Hegel, daß sich die Interessen von Konsumenten und Produzenten oder Erwerbstätigen untereinander verzahnen, weil deren jeweilige Befriedigung nur in Wechselseitigkeit möglich ist.[208] Hegel geht sogar so weit, hier von der Notwendigkeit eines sich »nach dem andern richten« zu sprechen, weil beide Seiten die »Meinung« oder Handlungsabsichten des jeweils anderen berücksichtigen müssen, um ihren Zweck, das Konsumieren oder Produzieren, verwirklichen zu können.[209] Der Gütermarkt stellt mithin für den Autor der »Rechtsphilosophie«, wie solche Bestimmungen deutlich machen, ein abstraktes Medium der Anerkennung dar, das es ermöglicht, durch komplementäre Tätigkeiten gemeinsam individuelle Freiheit zu realisieren: Die Konsumenten erkennen die Erwerbstätigen als diejenigen an, die ihnen die Befriedigung ihrer Bedürfnisse ermöglichen, so wie diese umgekehrt jene als die anerkennen, die ihnen den Erwerb ihres Lebensunterhalts gewährleisten. Noch ist für Hegel der Konsument kein »souveräner« Aktor, der über seine »Präferenzen« in kompletter Isolation entscheidet, sondern ein anerkennungswilliger Marktteilnehmer, der sich seiner Angewiesenheit auf das produzierende Gewerbe stets bewußt bleibt.

Freilich finden sich bei Hegel nur wenige Hinweise auf Vorkehrungen, die wirksam werden könnten, wenn dieses noch durchsichtige, durch den Markt vermittelte Anerkennungsverhältnis zwischen Konsumenten und Produzenten einmal aus den Fugen zu geraten droht; er sieht zwar mit der »Polizey« bereits ein öffentliches Organ vor, dem die Einschränkung der »Gewerbefreiheit« zugunsten allgemein

205 Hegel, *Grundlinien der Philosophie des Rechts*, a. a. O., § 189 (Zusatz).
206 Ebd., § 192.
207 Smith, *Untersuchung über Wesen und Ursachen des Reichtums der Völker*, a. a. O., S. 645.
208 Hegel, *Grundlinien der Philosophie des Rechts*, a. a. O., § 192.
209 Ebd., § 192 (Zusatz).

erschwinglicher Preise und einer Sicherung der Produktqualität erlaubt ist,[210] kennt aber noch keinerlei institutionelle Mechanismen, die die Konsumenten vor einer Verzerrung oder Beeinflussung ihrer Bedürfnisse schützen könnten. Das ist um so erstaunlicher, weil Hegel andererseits hellsichtig genug ist, die Heraufkunft genau solcher Gefahren bereits historisch vorauszuahnen; so spricht er an einer Stelle geradezu seherisch davon, daß bestimmte Bedürfnisse der Verbraucher auch »durch solche hervorgebracht« werden könnten, »welche durch (ihr) Entstehen einen Gewinn suchen«,[211] an einer anderen Stelle heißt es nicht minder scharfsinnig, daß derartige Bedürfnisse in Zukunft auch darauf gerichtet sein könnten, »sich durch eine Auszeichnung geltend zu machen«.[212]

Es sind diese beiden von Hegel angedeuteten Möglichkeiten, die der unternehmerischen Bedürfnismanipulation und die der ostentativen, distinktionsschaffenden Konsumtion, die schon bald nach seinem Tod Wirklichkeit werden und damit die gesamte Sphäre des Gütermarktes erheblich verändern sollten. Hatten sich im 18. Jahrhundert die Konsuminteressen der wohlhabenden Schichten, also jener schmalen Kreise, die sich überhaupt Ausgaben jenseits des Lebensnotwendigen leisten konnten, noch auf die Steigerung der Erlebnisqualität durchaus alltäglicher Handlungsvollzüge bezogen, so begannen sie sich im Laufe des folgenden Jahrhunderts viel stärker an Zwecken des Statusbeweises, der symbolischen Abgrenzung und Selbstdarstellung auszurichten; erst jetzt entsteht allmählich das, was Thorsten Veblen 1899 als »demonstrativen Konsum« und Pierre Bourdieu achtzig Jahre später als »symbolische Distinktion« bezeichnen werden.[213]

210 Ebd., § 236.
211 Ebd., § 191 (Zusatz).
212 Ebd., § 193.
213 Thorsten Veblen, *Theorie der feinen Leute. Eine ökonomische Untersuchung der Institutionen* (1899), Köln 1938; Pierre Bourdieu, *Die feinen Unterschiede. Kritik der gesellschaftlichen Urteilskraft*, Frankfurt/M. 1982.

Den lebendigsten Einblick in die Veränderungen, die sich aus diesen Entwicklungen für die gesamte Konsumsphäre ergeben, gewähren zunächst einmal wieder die zahlreichen Romane, die sich in jenem Zeitraum des Themas annehmen; von Thackerays *Jahrmarkt der Eitelkeiten* über Zolas der Familie »Rougon-Macquart« gewidmeten Romanzyklus bis hin zu Balzacs *Comédie Humaine* wird in immer neuen Versionen geschildert, in welchem Maße die Produktion von Luxusgütern im 19. Jahrhundert dadurch angetrieben wird, daß das Bürgertum ein beinah grenzenloses Interesse an der expressiven Stilisierung kleinster Statusunterschiede ausbildet.[214] Aber die hier geschilderten Vorgänge, die erst ganz allmählich mit dem allgemeinen Anstieg des Wohlstands auch auf den Rest der Bevölkerung übergreifen werden, bilden nur eine der beiden Veränderungen, die von Hegel vorausgeahnt worden waren; die andere ergibt sich als Folge eines Lernprozesses, in dem die warenproduzierenden Unternehmen zu vergegenwärtigen beginnen, daß sie ihrerseits durch den Einsatz von manipulativen Verfahren auf die Bedürfnisbildung der Konsumenten Einfluß nehmen können. Der erste Einsatz von Reklametechniken, denen die Aufgabe zufällt, die Waren mit verkaufsfördernden Bedeutungen sozialer oder psychologischer Art zu versehen, wird im allgemeinen auf jenen Zeitraum datiert, als in den Großstädten mit den Kaufhäusern, den Einkaufspassagen, der Massenpresse und den Litfaßsäulen öffentliche Medien des Konsums entstehen; die dort angebotenen Artikel werden nun nicht mehr primär mit Verweis auf ihre »Annehmlichkeiten« oder ihren »Komfort«, also letztlich funktionalen Qualitäten, beworben, sondern mit Hilfe der gezielten Herausstreichung von Eigenschaften, die ihnen einen Platz in dem sei es erträumten, sei es verwirklichten Bild des eigenen Sozialstatus einräumen sol-

214 Zur Behandlung des Luxuskonsums in den Romanen des 19. Jahrhunderts vgl. etwa: Alain de Botton, *The Romantic Movement. Sex, Shopping and the Novel*, New York 1994.

len.[215] Von hier bis zu den riesigen Marketingabteilungen der Großkonzerne des 20. Jahrhunderts ist es zwar noch ein langer Weg, aber die Richtung, die er nehmen wird, ist mit diesen frühen Verwendungen von Reklametechniken schon vorgegeben: Die Bedürfnisse der Konsumenten, zunächst nur die der begüterten Schichten, später beinah der ganzen Bevölkerung, werden als ein Gegenstand genommen, den es unter Verwendung von zunehmend professionalisierten Methoden zu beeinflussen gilt, um den Absatz der bald standardisiert produzierten Güter zu beschleunigen und der Gefahr der kapitalistischen Überproduktion vorzubeugen.

Allerdings stellen diese beiden Prozesse einer gezielten Verwissenschaftlichung von Methoden der Bedürfnisstimulation auf der einen Seite, einer wachsenden Differenzierung von statussichernden Konsuminteressen auf der anderen Seite nur einen kleinen Ausschnitt aus den vielfältigen Veränderungen dar, die die institutionelle Sphäre der marktvermittelten Konsumtion seit den Tagen Hegels erfahren hat. Obwohl es von Beginn an der normative Anspruch dieses Systems war, die Bevölkerung dank der raschen Reaktion von Unternehmen auf Zeichen wachsender Nachfrage schnell mit allen lebenswichtigen Gütern zu versorgen, scheitert es doch schon früh mit desaströsen Folgen an der damit gestellten Herausforderung: Weil Investitionen in die Produktion von erschwinglichen Nahrungsmitteln, Kleidungsstücken und Wohnstätten häufig nicht rentabel genug sind, entstehen hier während des gesamten 19. Jahrhunderts immer wieder massive Versorgungslükken, an denen die vermögenslosen Schichten des Proletariats in einem heute kaum mehr vorstellbaren Maße leiden.[216] Die Folge sind nicht selten soziale Aufstände und Revolten, in de-

215 Vgl. exemplarisch: Rosalind H. Williams, *Dream Worlds. Mass Consumption in Late Nineteenth-Century France*, Berkeley 1982.

216 Vgl. exemplarisch: Friedrich Engels, »Die Lage der arbeitenden Klasse in England«, in: Karl Marx/Friedrich Engels, *Werke*, Bd. 2, S. 225-506, Berlin/DDR 1972.

nen die Betroffenen ihr Recht einklagen, als Konsumenten mit Grundgütern versorgt zu werden, die ihren finanziellen Mitteln entsprechen;[217] solche »Brotaufstände« und Güterboykotts müssen gemäß dem Vorsatz, den Markt nicht nur auf die im engeren Sinn ökonomischen Transaktionen zu reduzieren, als moralische Reaktionen dem Geschehen in der marktvermittelten Sphäre der Konsumtion selbst zugerechnet werden. Konsumenten und Produzenten stehen sich hier eben nicht nur in den Rollen von Nachfragern und Anbietern gegenüber, sondern sind durch weitaus komplexere Interaktionsbeziehungen aufeinander bezogen, zu denen gegebenenfalls auch normativer Einspruch, Konsumverweigerung und Protest gehören können;[218] genauer betrachtet wollen die Konsumenten durch solche Stellungnahmen die Produzenten daran erinnern, daß sie einem durch den Markt gestifteten Anerkennungsverhältnis verpflichtet sind, welches sie, in den Hegelschen Worten, zu einer gewissen Berücksichtigung der Absichten der Gegenseite nötigt. Weil eine solche Rücksichtnahme aber aufgrund der Hartnäckigkeit kapitalistischer Verwertungsinteressen nur selten direkt durch die Protestbewegungen zu erreichen war, sahen sich die staatlichen Obrigkeiten schon lange vor der Herausbildung des Sozialstaats häufig dazu verpflichtet, zugunsten von erschwinglichen Preisen für Lebensmittel in die Sphäre des Konsumentenmarktes einzugreifen – die Ausschaltung von Marktmechanismen, um die Grundversorgung der

217 Wiederum nur exemplarisch: John Stevenson, »Food Riots in England, 1792-1818«, in: Roland Quinault/John Stevenson, *Popular Protest and Public Order: Six Studies in British History, 1790-1920*, Oxford 1974, S. 33-74; Manfred Gailus/Heinrich Volkmann (Hg.), *Der Kampf um das tägliche Brot. Nahrungsmangel, Versorgungspolitik und Protest 1770-1990*, Opladen 1990.

218 Darauf hat vor allem Albert O. Hirschman unter Bezug auf die Konsumsphäre mit seiner Unterscheidung von »Voice« und »Exit«, von moralischem Engagement und Ausstieg, immer wieder hingewiesen: ders., *Engagement und Enttäuschung. Über das Schwanken der Bürger zwischen Privatwohl und Gemeinwohl*, Frankfurt/M. 1984, v. a. Kap. 4.

Bevölkerung sicherzustellen, war im Europa des 18. und sehr frühen 19. Jahrhunderts an der Tagesordnung.[219]

Die moralischen Reaktionen der Verbraucher beziehen sich jedoch schon im 19. Jahrhundert nicht mehr allein auf die Frage, welche Preise für elementare Gebrauchsgüter als legitim gelten können; sie haben vielmehr untergründig auch zum Thema, ob bestimmte Güter überhaupt dem Markt zugeführt werden sollten und wo die Grenzen eines noch als sozial vertretbar anzusehenden Konsums liegen. Die Idee, daß Konsumenten ihre Kaufentscheidungen »souverän« in bloßer Orientierung an ihrer individuellen Nutzenmaximierung fällen, hätte sich schon damals als fragwürdig erweisen müssen; denn die Erwägungen nicht weniger Käufer waren von Anfang an durch ethische Traditionen unterschiedlichster Provenienz beeinflußt, die in erheblicher Weise begrenzten, was als ein legitimer Gegenstand des finanziellen Erwerbs auf dem Markt betrachtet werden konnte.[220] Im gesamten 19. Jahrhundert kommt es daher immer wieder zu Praktiken der Konsumverweigerung, durch die zumeist moralisch motivierte Bewegungen zu erkennen geben, daß sie mit der scheinbar hemmungslosen Anstachelung immer neuer Käuferinteressen nicht einverstanden sind;[221] auch findet schon, nur selten freilich auf der Vorderbühne der politischen Öffentlichkeit, eine Vielzahl von Auseinandersetzungen darüber statt, welche Objekte überhaupt in dem Sinn vermarktlicht

219 Vgl. exemplarisch: Wolfgang Stromer von Reichenbach, »Verbraucherschutz in der Vergangenheit«, in: Erwin Dichtl (Hg.), *Verbraucherschutz in der Marktwirtschaft*, Berlin 1975, S. 97-112, bes. S. 106ff.

220 Daniel Horowitz, *The Morality of Spending. Attitudes toward the Consumer Society in America, 1875-1940*, London 1985; vgl. auch die Hinweise auf kulturelle Widerstände gegen den Luxuskonsum schon im 18. Jahrhundert in: Hirschman, *Engagement und Enttäuschung*, a. a. O., S. 57ff.

221 Vgl. exemplarisch: Noel Thompson, »Social Opulence, Private Asceticism: Ideas of Consumption in Early Socialist Thought«, in: Martin Daunton/Matthew Hilton (Hg.), *The Politics of Consumption: Material Culture and Citizenship in Europe and America*, Oxford 2001, S. 51-68.

werden sollen, daß sie jederzeit käuflich erwerbbar sind – die bekanntesten Beispiele hierfür sind die langgezogenen Debatten über die Frage, ob Alkohol oder sexuelle Dienste von Frauen legitimerweise als »Waren« auf einem Markt gehandelt werden dürfen.[222] Die Sphäre des marktvermittelten Konsums, so machen all diese Tendenzen deutlich, ist bereits im 19. Jahrhundert kein normfreier Raum mehr, in dem sich bloß zweckrational kalkulierende Akteure gegenüberstehen; allerdings fehlen den moralischen Auseinandersetzungen, die hier zwischen Konsumenten und Produzenten auch stattfinden, noch weitgehend jene diskursiven Mechanismen, die helfen könnten, die verhandelten Themen zu öffentlichen Angelegenheiten zu machen.

Erste Mechanismen solcher Art, Spuren einer »Vergesellschaftung« des Verbrauchermarktes, entstehen allerdings schon bald in einseitiger Form in England, wo unter dem Druck der ökonomischen Verhältnisse die ärmeren Schichten zu Mitteln der Selbsthilfe greifen, indem sie Konsumgenossenschaften bilden; unter Aufnahme der Ideen von Richard Owen, dem später Karl Polanyi in seiner *Great Transformation* größte Bewunderung zollen sollte,[223] kam es hier im Jahr

222 Die Debatte über die Legitimität der Kommerzialisierung weiblicher Sexualität beginnt im Prinzip schon mit Bernard Mandevilles *A Modest Defence of Publick Stews: or, an Essay upon Whoring* von 1724 (dt.: *Eine Bescheidene Streitschrift für Öffentliche Freudenhäuser oder Ein Versuch über die Hurerei*, München 2001); zu den Debatten und Auseinandersetzungen im 19. Jahrhundert vgl. u.a. Regina Schulte, *Sperrbezirke. Tugendhaftigkeit und Prostitution in der bürgerlichen Welt*, Frankfurt/M. 1979, v.a. Kap. I; Sabine Kienitz, *Sexualität, Macht und Moral. Prostitution und Geschlechterbeziehungen Anfang des 19. Jahrhunderts in Württemberg*, Berlin 1995; Larry Whiteaker, *Seduction, Prostitution, and Moral Reform in New York, 1830-1860*, New York/London 1997. Zu den Diskussionen und Auseinandersetzungen über die Legitimität der Vermarktlichung von Alkohol vgl. u.a. Alfred Heggen, *Alkohol und bürgerliche Gesellschaft im 19. Jahrhundert. Eine Studie zur deutschen Sozialgeschichte*, Berlin 1988.

223 Polanyi, *The Great Transformation*, a.a.O., v.a. S. 230-263. Auf die von Owen initiierten Experimente bezieht sich auch John Stuart Mill,

1844 zur Gründung eines ersten Konsumvereins, in dem sich Arbeiter, Handwerker und Bauern zusammenschlossen, um Güter des täglichen Bedarfs in großen Stückzahlen gemeinsam einzukaufen und sie anschließend in kleinen nach Fairneßgrundsätzen an die Mitglieder gegen Bezahlung zu verteilen.[224] Das englische Beispiel machte schnell Schule und binnen weniger Jahrzehnte waren in ganz Westeuropa eine Vielzahl von Verbrauchergenossenschaften gegründet, die alle das Ziel hatten, ihre Mitglieder durch die faire Umverteilung von in großen Mengen erworbenen Waren vor den chronisch wiederkehrenden Tendenzen der Überteuerung und Preistreiberei zu schützen; wie ihr Gegenstück, die Korporationen Hegels oder die späteren Produktionsgenossenschaften, waren diese Vereine aber auch Schulen der moralischen Sozialisation, in denen öffentlich eingeübt wurde, die durch den Markt ermöglichten Verwertungsstrategien der privatkapitalistischen Unternehmen zu unterlaufen.[225] Ansätze zu einer derartigen Sozialisierung der Konsumsphäre »von unten«, durch die der Gütermarkt nicht aufgehoben, sondern kollektiven Interessen nutzbar gemacht werden sollte, finden sich auch in der ersten Hälfte des 20. Jahrhunderts noch häufig; die Tatsache aber, daß sie heute nur noch eine marginale Rolle spielen, ist schon hier als erstes Zeichen einer Fehlentwicklung der kapitalistischen Marktwirtschaft zu verbuchen.

Daß das marktvermittelte System der Konsumtion von

wenn er die Bedeutung von Konsum- und Arbeitsgenossenschaften für die soziale Integration des kapitalistischen Marktes herausstreicht: ders., *Grundrisse der politischen Ökonomie*, 2. Bd., a. a. O., IV. Buch, Kap. 7.

224 Zu den Ideen Robert Owens vgl. Erwin Hasselmann, *Robert Owen. Sturm und Drang des sozialen Gewissens in der Frühzeit des Kapitalismus*, Hamburg 1959.

225 Einen Überblick gibt: Helmut Faust, *Geschichte der Genossenschaftsbewegung: Ursprung und Aufbruch der Genossenschaftsbewegung in England, Frankreich und Deutschland sowie ihre weitere Entwicklung im deutschen Sprachraum*, Frankfurt/M. 1965.

Haus aus eine normativ höchst sensible Sphäre bildet, die das sie legitimierende Versprechen einer allgemeinen Befriedigung aller »privaten«, durch ökonomischen Austausch stillzustellenden Bedürfnisse nicht einfach abschütteln kann, wird im 19. Jahrhundert nicht nur an den moralischen Reaktionen der Verbraucher, sondern auch an den staatlichen Regulationsmaßnahmen gegenüber den Produzenten deutlich; gewiß unterscheiden sich diese Eingriffe von Land zu Land erheblich – schon damals existierte das, was heute die »varieties of capitalism« genannt wird –,[226] aber gemeinsame Grundlinien sind doch unschwer zu erkennen. Der Markt selbst, rein als ein informationsschaffendes Medium der Koordinierung wirtschaftlichen Handelns betrachtet, verfügt über keinerlei Instrumente, um das Verhalten der an ihm Beteiligten normativ zu beeinflussen; daher haben wir die vielen Beschränkungen und Regulierungen, die ihm im Moment seiner gesellschaftlichen Institutionalisierung gleichwohl beigegeben sind, als Verkörperungen seiner vorvertraglichen Legitimationsgrundlagen begriffen. In den interventionistischen Tätigkeiten, die Hegel für das zwischen Staat und Markt vermittelnde Organ der »Polizey« vorsieht, kommen diese normativen Prinzipien schon in ersten Umrissen zum Tragen; denn dessen Verwaltungsaufgaben sollen sich nicht nur darauf beziehen, wie bereits kurz erwähnt, über die Rechtmäßigkeit von ökonomischen Transaktionen zu wachen und die für den Wirtschaftsverkehr erforderliche Infrastruktur bereitzustellen, sondern auch Maßnahmen zum Schutz der Konsumenten einschließen – gedacht ist hier wohl an regelmäßig durchzuführende Kontrollen der Qualität aller zum Verkauf stehenden Waren und an ständige Überwachungen der zur Preistreiberei neigenden Anbieter.[227]

226 Vgl. Peter A. Hall/David Soskice (Hg.), *Varieties of Capitalism. The Institutional Foundations of Comparative Advantage*, Oxford/New York 2001.

227 Hegel, *Grundlinien der Philosophie des Rechts*, a. a. O., § 236. Zu Hegels Einfluß auf den Gedanken des Verbraucherschutzes vgl. Rolf Geyer, *Der Gedanke des Verbraucherschutzes im Reichsrecht des Kaiserreiches und*

Hegel denkt sich solche Schutzvorkehrungen nicht als etwas, um es zu wiederholen, das wie von außen auf den Konsumgütermarkt einwirkt; vielmehr geht er ganz im Sinne seines moralischen Ökonomismus wie selbstverständlich davon aus, daß dadurch normative Mechanismen wirksam werden, die zur institutionellen Realität des Marktes selbst gehören. Halten wir uns an seinen Satz, wonach »die Gewerbefreiheit [...] nicht von der Art sein [darf], daß das allgemeine Beste in Gefahr kommt«,[228] so ist uns ein zwar leicht idealisierender, aber doch hilfreicher Leitfaden an die Hand gegeben, um die staatlichen Interventionen in die Konsumsphäre während des 19. Jahrhunderts normativ zu rekonstruieren.

Einen Verbraucherschutz in dem uns heute geläufigen Sinn, der, gemessen an den zugrundeliegenden Legitimationsprinzipien des Marktes, noch immer viel zu schmal ist, gibt es im Grunde genommen im 19. Jahrhundert nicht; und nur an dessen Ende entstehen auch überhaupt erst rudimentäre Ansätze einer Sozial- oder Wohlfahrtspolitik, die den Mitgliedern der ärmeren Schichten in ihrer Rolle als Konsumenten dadurch zu Hilfe kommen soll, daß sie ihnen eine rechtlich verbürgte Unterstützung bei der Beschaffung von Wohnraum oder Kleidung gewährleistet. Nimmt man nur den Fall Deutschlands, so gibt es zwar in der Gewerbeordnung Preußens bereits eine Reihe von rechtlichen Regelungen, die sich als Elemente eines Schutzes der als schwächere Marktteilnehmer begriffenen Gruppe der Konsumenten verstehen lassen; aber diese Vorkehrungen waren noch stark mit »sicherheitspolizeilichen« Motiven allgemeiner Art verknüpft, weil sie dem Ziel einer Reinigung des Marktgeschehens von »unseriösen« Absichten und Handlungen dienen sollten.[229]

der Weimarer Republik (1871-1933): Eine Studie zur Geschichte des Verbraucherrechts in Deutschland, Frankfurt/M. 2001, S. 152-156.

228 Hegel, *Grundlinien der Philosophie des Rechts*, a. a. O., § 236 (Zusatz).

229 Vgl. exemplarisch: Geyer, *Der Gedanke des Verbraucherschutzes im Reichsrecht des Kaiserreiches und der Weimarer Republik (1871-1933)*, a. a. O., S. 141.

Mit der Ausnahme solcher Enklaven also, für die Hegels Funktionsbestimmung der »Polizey« ein anschauliches Beispiel gibt, vollzieht sich ansonsten in den westlichen Ländern Europas in der ersten Hälfte des 19. Jahrhunderts eine so durchgreifende Liberalisierung der Märkte, daß von Eingriffen des Staates zugunsten der Interessen von Verbrauchern nur selten noch die Rede sein kann; kaum waren in den dreißiger Jahren in England die letzten Reste einer vorkapitalistischen Sozialfürsorge beseitigt, so macht etwa Polanyi im entsprechenden Kapitel seiner *Great Transformation* deutlich,[230] existierten auch keine Schutzvorrichtungen mehr, die den abhängigen Klassen bei der Besorgung elementarer Lebensgüter zu Hilfe gekommen wären. Das ändert sich erst, wie ebenfalls in Polanyis Studie nachzulesen ist, als sich in Reaktion auf die 1873 einsetzende Wirtschaftskrise mit ihren katastrophalen Folgen für die breite Masse der Bevölkerung in ganz West- und Mitteleuropa politische Kräfte unterschiedlichster Couleur formieren, die zum Zweck der Krisenbewältigung auf staatliche Eingriffe in den Wirtschaftssektor drängen;[231] obwohl die ökonomischen Verhältnisse im viktorianischen England, im Frankreich der Dritten Republik, im Preußen Bismarcks und im Habsburger Reich ganz verschieden sind, durchlaufen alle diese Länder seit den achtziger Jahren des 19. Jahrhunderts eine Periode der markteinschränkenden Gesetzgebung, in deren Zentrum Belange der öffentlichen Gesundheit, der Sozialversicherung, des Arbeitsschutzes und des Gemeinnutzes stehen. Im Schatten der damit angestoßenen Reformen entsteht nun auch zum ersten Mal eine Form staatlichen Handelns, die sich in unserem heutigen Sinn als Verbraucherschutz begreifen läßt.

Zwar wird in diesen Anfängen der rechtliche Schutz, der nun den Konsumenten auf dem Markt gewährt werden soll, zumeist noch nicht als Inbegriff eines neuen, originären

230 Polanyi, *The Great Transformation*, a. a. O., S. 124-146.
231 Ebd., S. 198-208.

Rechtsgebiets verstanden; es überwiegt vielmehr die Tendenz, solche Regelungen im Rahmen einer Revision der überkommenen Gewerbeordnungen vorzunehmen, die sich angesichts der Wirtschaftskrise als veraltet erwiesen hatten.[232] Aber an den Argumenten, die damals in den parlamentarischen Diskussionen zugunsten eines Schutzes der Konsumenten vorgebracht wurden, zeichnen sich im Kern schon all die Überlegungen ab, die später zur Herausbildung eines mehr oder weniger eigenständigen Verbraucherrechts führen sollten. Den Ausgang nahmen die entsprechenden Begründungen fast immer von dem Gedanken, daß die Großgruppe der privaten Konsumenten deswegen eines besonderen Rechtsschutzes bedürfe, weil sie den Übervorteilungen und Machenschaften »bedenklicher Gewerbebetriebe« hilflos ausgesetzt sei;[233] ohne es ausdrücklich zu sagen, war damit wie mit einem Schlage die bislang übliche, auch heute noch zu hörende Vorstellung in Frage gestellt worden, nach der die Konsumenten durch die Summe ihrer individuellen Kaufentscheidungen das Geschehen am Markt weitgehend diktieren. Zum ersten Mal wurden jetzt ganz im Gegenteil die Verbraucher auch »offiziell« als schwächeres, strukturell unterlegenes Glied in den Tauschbeziehungen begriffen, weil sie stets in Gefahr standen, durch gezielte Desinformationen und manipulative Einflußnahmen von den Unternehmen übervorteilt zu werden. Eine besonders radikale, zukunftsweisende Position nahmen in dieser Frage die im deutschen Kaiserreich wirkenden »Kathedersozialisten« ein, die als Vertreter der historischen Schule der Nationalökonomie noch vom moralischen Ökonomismus Hegels beeinflußt waren; sie ließen sich von der Überzeugung leiten, wie etwa einschlägige Überlegungen Gustav Schmollers

232 Dazu mit Blick auf die Entwicklung im deutschen Kaiserreich: Geyer, *Der Gedanke des Verbraucherschutzes im Reichsrecht des Kaiserreiches und der Weimarer Republik (1871-1933)*, a. a. O., Teil 2, bes. S. 9 f.

233 Ebd., S. 10; der Ausdruck »bedenkliche Gewerbebetriebe« stammt von dem dort zitierten Reichstagsabgeordneten Johannes Miquel.

zeigen, daß den häufig bildungsfernen, bewußt in Unkenntnis gelassenen Konsumenten schon deswegen das staatliche Recht zur Seite springen müsse, weil die privaten Transaktionen ansonsten ohne jede Kontrolle durch eine »Öffentlichkeit« vonstatten gehen könnten.[234] Der Verbraucherschutz taucht hier, in den Argumenten der Kathedersozialisten, plötzlich als ein Hebel auf, mit dem es rechtlich gelingen könnte, öffentlich über die »Gerechtigkeit« der auf dem Markt getätigten Geschäfte zu wachen; nicht abwegig wäre es gewesen, den damit angestoßenen Gedanken bis zu dem Punkt fortzuführen, an dem sich diskursive Mechanismen der gemeinsamen Interessenüberprüfung als angemessenes Mittel einer moralischen Einhegung des Marktes abgezeichnet hätten. Aber der Einfluß, den die kleine Gruppe um Gustav Schmoller auf den deutschen Reichstag nehmen konnte, währte nicht lange genug, um solchen politischen Weiterungen eine Chance zu geben.[235]

Im großen und ganzen bleibt daher an der Schwelle zum 20. Jahrhundert die Idee, daß die Interessen der Konsumenten gegenüber der Marktmacht der Unternehmen gestärkt werden müßten, in das Korsett einer nur gemäßigt reformierten Gewerbeordnung gezwungen; beschlossen werden im allgemeinen, ohne hier nationale Differenzen zu berücksichtigen, Maßnahmen zur Sicherung der Kunden bei Kreditgeschäften, Auflagen zur angemessenen Information der Abnehmer über Preis und Qualität der Waren sowie Verbote des unlauteren Wettbewerbs durch gezielte Fehlinformationen in Reklame und Werbung – alles Vorkehrungen, die Hegel im Prinzip bereits im Markt installiert hatte, ohne dabei allerdings das

234 Gustav Schmoller, *Über einige Grundfragen des Rechts und der Volkswirtschaft. Ein offenes Sendschreiben an Herrn Professor Dr. Heinrich Treitschke*, Jena 1875.

235 Zur Rolle der Kathedersozialisten bei der Reform der Gewerbeordnung im deutschen Reichstag vgl. wiederum: Geyer, *Der Gedanke des Verbraucherschutzes im Reichsrecht des Kaiserreiches und der Weimarer Republik (1871-1933)*, a.a.O., Teil 3, Kap. 7, S. 146-156.

ganze Ausmaß der später zum Einsatz gelangenden Verwertungsstrategien schon vor Augen zu haben. Wie weit die Konsumgüterindustrie gehen würde, um nach den Erschütterungen durch die Wirtschaftskrise den Absatz ihrer Waren sicherzustellen, zeichnet sich in vollem Umfang erst ab, nachdem das 19. Jahrhundert zur Neige gegangen war; es reichte nun nicht mehr, durch bloß laienhaft konzipierte Anzeigen und Plakate Aufmerksamkeit für die eigenen Produkte zu erzielen, vielmehr machten sich fast alle größeren Unternehmen jetzt daran, selbständige Werbeabteilungen aufzubauen, die sich mit professionellen Methoden der Förderung von Kaufinteressen annehmen sollten. In den ersten zehn Jahren des neuen Jahrhunderts vollzieht sich geradezu eine Revolution in der betrieblichen Verkaufsförderung, weil mit der Gebrauchsgrafik und der Werbepsychologie zum ersten Mal systematisch Disziplinen zum Einsatz gelangen, deren Entstehung und Logik sich allein dem Ziel der strategischen Beeinflussung der Konsumenten verdankte; selbst in Ländern wie Deutschland, in denen die großen Unternehmen dem allgemeinen Trend zur Intensivierung der Werbung bislang nur hinterhergeeilt waren, kommt es in diesem Zeitraum zu einem schnell vollzogenen Wandel, der die Werbeabteilungen mit ihrem Stab professionalisierter Angestellter zu einer normalen Erscheinung in der Konsumsphäre werden läßt.[236]

Die Tatsache, daß die Bevölkerung in den westlichen Ländern inzwischen dank der Globalisierung der Märkte und des weltweiten Absenkens der Preise für Agrarprodukte von der Sorge um die alltägliche Subsistenz weitgehend befreit war, machte nun auch die Mitglieder der ärmeren Schichten für Versprechungen der Konsumgüterwerbung empfänglich; erst jetzt vollzieht sich daher, wie wir aus entsprechenden Untersuchungen wissen, der Durchbruch zum modernen Massen-

236 Vgl. exemplarisch dazu: Dirk Reinhardt, *Von der Reklame zum Marketing. Geschichte der Wirtschaftswerbung in Deutschland*, Berlin 1993, v.a. Kap. II.

konsum.[237] Dem gewachsenen Bewußtsein der Unternehmen dafür, durch eigene Werbeabteilungen das Kaufinteresse stetig fördern zu müssen, entspricht auf seiten der Bevölkerung die allmähliche Ausweitung einer Konsumentenmentalität. Zwar kommt es auch hier wieder zu nationalen Ungleichzeitigkeiten, weil zu Jahrhundertbeginn in den USA und in Großbritannien das Leitbild des »Konsumbürgers« bereits etabliert war, während es in den Ländern des Kontinents noch nicht hatte Fuß fassen können; bereits vor dem Ersten Weltkrieg beginnen aber auch hier die Mitglieder der Arbeiter-, Angestellten- und Beamtenschaft, sich verstärkt als aktive Verbraucher zu verstehen.[238] Diese historisch neue Mentalität, in der das Konsumieren ethisch auf einen dem Arbeiten nahezu gleichwertigen Platz gerückt wird, bleibt freilich zumindest bei den ärmeren Schichten des Proletariats und der Landbevölkerung noch immer an elementare Reziprozitätsvorstellungen gebunden: Eine »anständige« Ernährung, damals also vor allem Fleisch und Gemüse, gilt als Symbol für eine menschenwürdige Existenz, deren Sicherung es aber verlangt, daß die Verbraucher von den Unternehmen »fair« behandelt werden.[239] Die Vorstellung, daß auch die marktvermittelte Konsumsphäre eine Institution sozialer Freiheit

237 Vgl. exemplarisch: Hans-Jürgen Teuteberg (Hg.), *Durchbruch zum modernen Massenkonsum*, München 1987; Stearns, *Stages of Consumerism*, a. a. O., bes. S. 109 ff. (hier auch Hinweise auf weiterführende Literatur).

238 Dazu höchst lesenswert: Christoph Nonn, »Die Entdeckung der Konsumenten im Kaiserreich«, in: Heinz-Gerhard Haupt/Claudius Torp (Hg.), *Die Konsumgesellschaft in Deutschland 1890-1990. Ein Handbuch*, Frankfurt/M. 2009, S. 221-231. Für die Angestellten vgl. besonders: Siegfried Kracauer, »Die Angestellten. Aus dem neuesten Deutschland«, in: ders., *Schriften*, Bd. 1, Frankfurt/M. 1971, S. 205-304, bes. S. 282-291.

239 Nonn, »Die Entdeckung der Konsumenten im Kaiserreich«, a. a. O., S. 226. Vgl. dazu auch insgesamt: Daunton/Hilton (Hg.), *The Politics of Consumption*, a. a. O.; speziell für die Arbeiterklasse vgl. auch: Josef Mooser, *Arbeiterleben in Deutschland 1900-1970*, Frankfurt/M. 1984, S. 184 f.

bildet, in der die verschiedenen Interessen komplementär ineinandergreifen, war auch damals noch nicht erloschen; sie lebt nicht nur in den weitverbreiten Erwartungen weiter, daß es auf dem Verbrauchermarkt »gerecht« zugehen müsse, sondern auch im kollektiven Bewußtsein der gerade jetzt vielerorts aus dem Boden sprießenden Konsumgenossenschaften, in denen das Konsumieren als soziale Tätigkeit begriffen wird. Nicht lange dauert es daher zu Beginn des 20. Jahrhunderts, bis auch die politischen Parteien sich der Verbraucherinteressen anzunehmen beginnen; selbst bei den Vertretern der Arbeiterbewegung sind nun die mentalen Hemmnisse entfallen, sich ihre Klientel als ein Kollektiv nicht nur von Produzenten, sondern auch von Konsumenten vorzustellen, dessen Begehrlichkeiten und Bedürfnisse es in den Parlamenten zu schützen gilt.[240] Die Folge dieses allgemeinen Bewußtseinswandels ist eine staatliche Intensivierung der Konsumpolitik, für die nun erweiterte Verordnungen zur Lebensmittelkontrolle ebenso selbstverständlich werden wie eine gewisse Beeinflussung der Preise durch bürokratische Steuerung des Außenhandels.[241]

Es wäre zu aufwendig, die beiden bislang festgestellten Entwicklungslinien innerhalb der Sphäre des marktvermittelten Konsums auch für die erste Hälfte des 20. Jahrhunderts weiterzuverfolgen; denn während dieses Zeitraums werden sowohl die Tendenzen zur wachsenden Beeinflussung der Konsumenten durch unternehmerische Werbestrategien als auch die Gegentendenzen einer versuchsweisen »Vergesellschaftung« des Konsumgütermarktes von »unten« wie von »oben« durch die beiden Weltkriege immer wieder verlangsamt oder unterbrochen, weil das Erfordernis militärischer Mobilmachung und kriegerischer Operationen in den beteiligten Län-

240 Nonn, »Die Entdeckung der Konsumenten im Kaiserreich«, a.a.O., bes. S. 224-227. Als ein Beispiel aus jener Zeit vgl. Karl Kautsky, »Konsumenten und Produzenten«, in: *Die Neue Zeit*, 30 (1912), Bd. 1, S. 452.

241 Ebd., S. 227f.

dern zu jeweils besonderen Konstellationen auf den entsprechenden Märkten führt.[242] Zwischen den beiden Weltkriegen, so viel läßt sich immerhin generalisierend sagen, nimmt nicht nur die industrielle Erzeugung von statussichernden Konsumbedürfnissen in den westlichen Ländern schnell ein bislang ungekanntes Ausmaß an, es werden nun Begehrlichkeiten und Interessen an Gütern geweckt, die dem 19. Jahrhundert als Gegenstände des käuflichen Erwerbs noch vollkommen fremd waren.[243] Vielmehr bildet sich in dieser Interimsphäre auch eine breite, lagerübergreifende Strömung der intellektuellen Kritik am Konsumismus heraus, die zwar an gewisse Vorkriegstraditionen anschließen kann, in ihrer Radikalität und Zuspitzung aber doch weit darüber hinausgeht; zum ersten Mal werden jetzt nicht mehr nur einzelne Erscheinungen des Luxuskonsums oder der Kulturindustrie kritisiert, sondern die gesamte Haltung des Konsumenten zu seiner Welt, sein rein nutzenorientierter Blick und damit sein Hang zum kurzlebigen Verbrauch, seine Verführbarkeit durch industriell erzeugte Anreize und damit seine wachsende Ich-Schwäche.[244] Auch wenn es nicht unbedingt solche Zeitdiagnosen der Philosophie oder Soziologie sind, die auf die Arbeiterbewegung in der Epoche der Weimarer Republik einwirken, so formiert sich doch auch in deren Reihen ein verstärkter Widerstand

242 Vgl. für die deutsche Geschichte: Belinda Davis, »Konsumgesellschaft und Politik im Ersten Weltkrieg«, in: Haupt/Torp (Hg.), *Die Konsumgesellschaft in Deutschland 1890-1990*, a.a.O., S. 232-249; Hartmut Berghoff, *Träume und Alpträume. Konsumpolitik im nationalsozialistischen Deutschland*, ebd., S. 268-288.

243 Hierunter fällt primär all das, was von den neuentstandenen Medientechnologien an individuell konsumierbaren Waren abfällt, also Rundfunkgeräte, Schallplatten, Kinobesuche, kurz, die Konsumgüter der Kulturindustrie.

244 Von großer Nachhaltigkeit bis in die Spätphase der Weimarer Republik hinein ist die Kritik, die Werner Sombart kurz vor dem Ersten Weltkrieg an der kapitalistischen Werbeindustrie geäußert hat: ders., *Der Bourgeois. Zur Geistesgeschichte des modernen Wirtschaftsmenschen*, München 1913, bes. S. 230f.

gegen die sich allmählich verselbständigenden Tendenzen des Konsumismus; hier sind es die Dramen Brechts, die Schriften Trotzkis oder die Romane Sinclair Lewis', die dazu beitragen, daß in proletarischen Gegenöffentlichkeiten Praktiken der Konsumverweigerung und des sparsamen, gebrauchswertorientierten Lebens eingeübt werden.[245] Schließlich erhalten die Konsumgesellschaften, schon immer institutionelle Speerspitzen einer Sozialisierung des Konsumgütermarktes, einen Auftrieb wie nie zuvor in ihrer noch kurzen Geschichte; in Deutschland nimmt die Zahl ihrer Mitglieder während der Zwischenkriegszeit kontinuierlich zu, so daß sie kurz vor der Machtergreifung der Nationalsozialisten die einzige wirkliche Massenorganisation der Arbeiterbewegung bilden.[246]

Bevor von dieser hier nur grob rekonstruierten Vorgeschichte aus nun der Versuch unternommen werden soll, die Chancen und Grenzen sozialer Freiheit in der marktvermittelten Konsumsphäre der Gegenwart auszutarieren, ist es wahrscheinlich sinnvoll, sich zunächst einmal resümierend ihre bislang zutage getretene Normativität vor Augen zu führen. Der Konsumgütermarkt läßt sich in der Tradition des moralischen Ökonomismus dann als ein institutionalisiertes Verhältnis wechselseitiger Anerkennung begreifen, wenn die unternehmerischen Anbieter und die Konsumenten als so aufeinander bezogen gedacht werden, daß sie komplementär zur Realisierung der legitimen Interessen der jeweils anderen Seite beitragen: Die Konsumenten können demnach ihre

245 Einen ersten Überblick über die sicherlich auch als konsumkritisch zu bezeichnenden Massenorganisationen der Arbeiterbewegung bietet Hartmann Wunderer, *Arbeitervereine und Arbeiterparteien. Kultur- und Massenorganisationen in der Arbeiterbewegung (1890-1933)*, Frankfurt/New York 1980, bes. Kap. 5.2.

246 Mooser, *Arbeiterleben in Deutschland 1900-1970*, a.a.O., S. 188f. Zur starken, politischen Bedeutung der Konsumgenossenschaften in der Weimarer Republik vgl. etwa auch Eduard Heimann, *Soziale Theorie des Kapitalismus. Theorie der Sozialpolitik*, Frankfurt/M. 1980, S. 104-108.

Freiheit der individuellen Bedürfnisbefriedigung nur dadurch verwirklichen, daß sie durch Nachfrage auf einem Markt den Unternehmen die Aussicht auf Gewinnmaximierung eröffnen, und die Unternehmen können diese Gewinnmaximierung umgekehrt nur dann realisieren, wenn sie tatsächlich die Güter produzieren, nach denen jene Konsumenten ursprünglich nachgefragt hatten. Aber keine der dabei ins Spiel kommenden Größen, weder die Gewinnspanne der Unternehmen noch die Art der überhaupt durch käuflichen Erwerb zu befriedigenden Bedürfnisse, weder die Mittel zur ökonomischen Bedürfnisanreizung noch die Weisen der Realisierung des Konsums, sind an sich schon durch den Markt selbst festgelegt oder bestimmt; vielmehr tun sich an all den genannten Stellen jeweils viele Alternativen auf, zwischen denen letztlich nur im Rückgriff auf normative Überlegungen und Gesichtspunkte zu entscheiden ist. In unserer kurzen Rekonstruktion ist diese moralische Plastizität des Konsumgütermarktes immer wieder dort schlaglichtartig zur Darstellung gelangt, wo kollektive Akteure auftraten, die im Bewußtsein der zugrundeliegenden Legitimationsprinzipien auf Veränderungen der herrschenden Regularien drängten. Das beginnt mit jenen sozialen Bewegungen, die angesichts massiver Unterversorgungen nach einer »gerechten« Preisgestaltung verlangten, setzt sich in den ethisch motivierten Gemeinschaften fort, die eine Einschränkung des Luxuskonsums forderten, findet Ausdruck auch in politischen Kräften, die einen öffentlich-rechtlichen Schutz der Verbraucher einklagten, und kommt nicht zuletzt durch die vielzähligen Konsumgenossenschaften zum Ausdruck, die sich an den Versuch machten, eine kooperative Nutzung des Gütermarktes einzuüben. Keine dieser Bewegungen agierte in dem Bewußtsein – es kann nicht schaden, darauf immer wieder hinzuweisen –, moralische Forderungen bloß wie von außen an das Marktgeschehen heranzutragen; vielmehr waren sie alle von der Vorstellung geprägt, daß es zu den normativen Ansprüchen und damit Rechtfertigungsbedingungen der Marktwirtschaft gehört, den von ihnen eingeklagten Maßnahmen Rechnung zu tragen. Man operierte nicht im gedanklichen Horizont der Alternative von Markt- und Planwirtschaft, sondern besann sich auf die moralischen Grundlagen, die der herrschenden Wirtschaftsordnung selbst zugrunde liegen.

Führen wir uns vor Augen, welches Spektrum an möglichen Eingriffen durch die zuvor dargestellten Konflikte und Bewegungen thematisiert wurde, so kommt auch genauer zum Vorschein, an wie vielen Stellen die Einrichtung der marktvermittelten Konsumsphäre auf normativen Vorentscheidungen beruht. So ist es in keiner Weise selbstverständlich, um mit basalen Weichenstellungen zu beginnen, welche Objekte oder Dienste überhaupt als austauschbare Waren dem Gütermarkt zugeführt werden sollen; im 19. Jahrhundert taucht diese Frage zwar nur erst undeutlich am Horizont auf, sobald über die Legitimität der Vermarktung von weiblicher Sexualität und Alkohol diskutiert wird, im Laufe des 20. Jahrhunderts aber wird sie in dem Maße an normativer Dringlichkeit zunehmen, in dem der technologische Fortschritt und ein gewachsenes Bewußtsein individueller Perfektibilität die Nachfrage nach zuvor unbekannten Gütern enorm ansteigen läßt.[247] An den »Brotaufständen« und Güterboykotts des 19. Jahrhunderts ist zweitens schon gut zu erkennen, daß auch die Preisgestaltung für bestimmte, als elementar angesehene Waren im Bewußtsein der meisten Beteiligten nicht einfach der marktvermittelten Konkurrenz um Angebot und Nachfrage überlassen werden darf; schon bald reagieren daher die staatlichen Organe auf solche moralischen Reaktionen mit Maßnahmen, die entweder in Form von gesetzlichen Regelungen oder ökonomischen Subventionen für die finanzielle Erwerbbarkeit von Wohnraum oder Lebensmitteln sorgen –

247 Schon hier sei auf die eindrucksvolle Studie von Debra Satz verwiesen: dies., *Why Some Things Should Not Be for Sale: The Moral Limits of Markets*, Oxford/New York 2010.

auch hier also unterliegt die marktvermittelte Sphäre des Konsums im allgemeinen politischen Regulationen, die bei genauerer Betrachtung zum Ausdruck bringen sollen, daß die Marktwirtschaft dem normativen Anspruch der Befriedigung elementarer Interessen der Konsumenten zu genügen hat. Eine dritte Kategorie von derartigen Forderungen und Zielsetzungen, die immanent auf die normative Ansprüchlichkeit des Prinzips einer marktvermittelten Konsumtion bezogen sind, berührt die Frage, wie umfangreich, luxurierend oder privatistisch überhaupt jene Bedürfnisse sein dürfen, die auf dem allgemeinen Gütermarkt Befriedigung finden sollen; hier verschaffen sich im 19. Jahrhundert zunächst vor allem ethische oder religiöse Vorbehalte Geltung, in deren Licht jede Überschreitung des gott- oder naturgegebenen Bedürfnisrahmens menschlichen Lebens als Frevel erscheint, während später mit der sozialen Entgrenzung des Luxuskonsums sozialistische oder ökologische Ideale die Vorherrschaft übernehmen, die das Verfolgen von individualisierenden, statusbezogenen Bedürfnissen als unvereinbar mit Gleichheitserfordernissen oder Überlebensimperativen erscheinen lassen.[248] An der raschen Ausbreitung, die seit Mitte des 19. Jahrhunderts die Konsumgenossenschaften erfahren, wird schließlich viertens deutlich, daß es auch keinesfalls selbstverständlich ist, wie der Kauf und Verbrauch der auf dem Markt verfügbaren Güter jeweils vollzogen wird; mit der Idee, die für den Lebensunterhalt erforderlichen Waren kooperativ zu erwerben und anschließend nach Fairneßgrundsätzen intern zu verteilen, tut sich nämlich die Alternative einer nichtprivatistischen Konsumtion auf. Die Institution des Konsumgütermarktes ist nicht, wie es den theoretischen Stammvätern der Marktwirtschaft zunächst erschienen sein mag, ausschließlich auf Transaktionen zwischen Unternehmen und individuellen Verbrauchern zugeschnitten; auf diesen Märkten können auch kollektive Akteure tätig

248 Als Überblick kann hier wiederum die Studie von Daniel Horowitz dienen: *The Morality of Spending*, a. a. O.

werden, die sich von moralischen Motiven leiten lassen und damit dem zugrundeliegenden Prinzip einer allgemeinen Bedürfnisbefriedigung Geltung verschaffen wollen.

Diese vier Klassen von normativen Weichenstellungen, deren Festlegung jeweils über die institutionelle Ausgestaltung der Konsumsphäre mitentscheidet, wurden hier allein rekonstruktiv aus Generalisierungen von Forderungen oder Einsprüchen gewonnen, die sich auf einer grundsätzlichen Ebene bereits im 19. Jahrhundert antreffen lassen; zwar verschärfen oder intensivieren sich die moralischen Ansprüche an den Verbrauchermarkt noch einmal in der ersten Hälfte des 20. Jahrhunderts, weil es der Arbeiterbewegung gelingt, zu kultureller und politischer Macht zu gelangen, aber das Spektrum der vorgebrachten Alternativvorstellungen bleibt im wesentlichen doch dasselbe, solange nicht die Idee einer Planwirtschaft ins Spiel gebracht wird – geschieht das, wie damals sicherlich bei einem großen Teil der organisierten Arbeiterschaft, so wird natürlich nicht mehr in Kategorien einer prinzipiellen Reformfähigkeit der marktvermittelten Konsumtion gedacht, sondern das ganz andere Modell einer zentralistischen (Gleich-)Verteilung von unter staatlicher Planungshoheit produzierten Gütern vorausgesetzt. Halten wir uns rekonstruktiv jedoch an die sozialen Bewegungen und Strömungen, die auf eine bloß interne Korrektur des Verbrauchermarktes gedrängt haben, so kann als deren gemeinsamer Fluchtpunkt bislang wohl doch die Idee genommen werden, die Marktbedingungen hier sozial so einzurichten, daß sie zumindest annäherungsweise den Erfordernissen sozialer Freiheit genügen können: Die Bedürfnisse der Konsumenten sollen derart aufeinander abgestimmt sein, die von den Unternehmen angestrebten Kapitalerträge in einem solchen allgemein erschwinglichen Rahmen verbleiben und die zum Angebot gelangenden Güter schließlich in dem Sinn als ethisch unbedenklich gelten können, daß der Markt von allen Beteiligten als ein institutionalisiertes Austauschmedium zu begreifen ist, kraft dessen sich beide Seiten,

Verbraucher und Produzenten, wechselseitig zur Realisierung ihrer jeweiligen Interessen verhelfen. Gewiß, schon während des Zeitraums von rund hundertfünfzig Jahren, den wir bislang grob inspiziert haben, war die Marktmacht der Unternehmen durch Konzentrationsprozesse, verfeinerte Werbestrategien und Internationalisierung des Handels derart angewachsen, daß die genannten Reformbemühungen nicht selten in Gefahr gerieten, sich wie seichte, kapitalismusfreundliche Ideologien auszunehmen: Von einer tatsächlich wirksamen Beeinflussung der Konsumgüterindustrie war man, trotz des inzwischen innerhalb Westeuropas halbwegs institutionalisierten Sozialstaats, weit entfernt; der rechtliche Schutz der Verbraucher verblieb in engsten Grenzen, die industrielle Anstachelung immer neuer, zumeist statusbezogener Verbraucherbedürfnisse nahm gerade in den 1920er Jahren bislang ungekannte Züge an, und nur die expandierenden Konsumgenossenschaften vermochten innerhalb dieser gesamten Sphäre als eine diskursive, kooperative Gegenmacht wirksam zu werden.[249] Aber trotzdem sorgten die verschiedenen, kaum aufeinander abgestimmten Bewegungen des Antikonsumismus, des Verbraucherschutzes, der Sozialfürsorge und der Konsumvereine zusammengenommen doch dafür, daß die voranschreitende, von den Großkonzernen mitbetriebene Privatisierung des marktvermittelten Konsums nicht ganz ohne Widerrede blieb; zwar nur fragil und relativ machtlos, standen der wachsenden Vereinseitigung des Verbrauchermarktes in Richtung eines bloß noch individualistischen, ja negativen Verständnisses von Freiheit immerhin noch reale Bemühungen und Aktivitäten gegenüber, die daran zu erinnern versuchten, daß die institutionelle Organisation dieser Sphäre nicht dem »individuell«, sondern, um mit Hegel zu sprechen, dem »allgemein Besten« zu dienen hat. Bis zum Ende der Weima-

249 Zu diesem »goldenen« Zeitalter der Konsumgenossenschaftsbewegung vgl. etwa: Erwin Hasselmann, *Geschichte der deutschen Konsumgenossenschaften*, Frankfurt/M. 1971, S. 401-441.

rer Republik überlebte in den westlichen Ländern, so ließe sich vielleicht auch sagen, ein praktisches, in Bewegungen verankertes Bewußtsein davon, daß es sich bei der durch den Markt vermittelten Konsumtion doch gemäß ihrer eigenen Ansprüche um ein System sozialer Freiheit handeln muß.

Die ersten Anzeichen, die zu erkennen geben, daß sich nach dem Ende des Zweiten Weltkrieges die Chancen dieses »allgemein Besten« in der Konsumsphäre noch wesentlich zu verschlechtern beginnen, sind schon im Niedergang der Konsumgenossenschaftsbewegung auszumachen. Waren die zahllosen Konsumvereine in der Zwischenkriegszeit zumeist noch Organisationen gewesen, die sich als Bollwerke einer »marktsozialistischen« Alternative zum privaten Handel und Verbrauch verstanden hatten, so stoßen derartige Zielsetzungen nach den verheerenden Erfahrungen von Krieg und Massenmord kaum mehr auf größeres Interesse bei der Bevölkerung; skeptisch gegenüber politischen »Ideologien« aller Art, die ja häufig als Ursache für die gerade überwundenen Katastrophen gedeutet wurden, ist der Masse der Verbraucher in den westeuropäischen Ländern vor allem daran gelegen, schnell wieder Zugang zu all den ein zufriedenstellendes Leben garantierenden Gütern zu finden. Unter dem Druck dieser Entpolitisierung in den Nachkriegsjahren bleibt der Bewegung der Konsumgenossenschaften kaum eine andere Chance, als sich ihrer Klientel als eine Heimstätte »haushälterischer Vernunft« zu empfehlen;[250] die normativen Zielsetzungen der Vergangenheit werden daher nun meistens rasch beiseite geschoben, um mit dem Versprechen kostengünstiger Großeinkäufe und eines nach innen entsprechend verbilligten Warenangebots so viele Mitglieder anzuwerben,

250 Carl Schumacher, ein führender Vertreter der Konsumgenossenschaften im Deutschland der 1950er Jahre, bezeichnet seinen Verband in einer Rede als ein »Bollwerk haushälterischer Vernunft«, hier zitiert nach: Hasselmann, *Geschichte der deutschen Konsumgenossenschaften*, a. a. O., S. 638.

daß überhaupt die Chance einer Konkurrenz mit dem rein privaten Konsum bestehenbleibt. Tatsächlich ist der damit eingeschlagene Weg in den fünfziger Jahren auch erfolgreich, die Mitgliederzahlen wachsen während des wirtschaftlichen Aufschwungs erneut beträchtlich an, aber mit dem alten, marktsozialistischen Anspruch der Bewegung ist es natürlich vorbei;[251] und bis auf den heutigen Tag werden die Konsumgenossenschaften nicht mehr, selbst dort nicht, wo sie wie in der Schweiz eine volkswirtschaftlich bedeutende Rolle behalten, zu dem moralischen Selbstverständnis zurückfinden, welches sie einstmals zu Speerspitzen des Versuchs einer Sozialisierung des Verbrauchsgütermarktes gemacht hatte.

Nicht viel besser ist es nach dem Zweiten Weltkrieg auch um jene konsumkritischen Strömungen bestellt, die sich in der Zeit der Weimarer Republik im kulturellen Umfeld der Arbeiterparteien und der bürgerlichen Lebensreformbewegungen etabliert hatten. Zwar gewinnen jetzt schon bald wieder die älteren Traditionen einer marxistischen Kritik am Warenfetischismus oder einer kulturkritischen Diagnose des Konsumismus intellektuell an Bedeutung – man denke nur an Horkheimers und Adornos *Dialektik der Aufklärung*, an Hannah Arendts *Vita Activa* oder an die Schriften Henri Lefebvres –,[252] aber in der breiten Masse der Bevölkerung bleiben diese philosophisch motivierten Vorbehalte zunächst ohne jeden Widerhall. Hat es seit Beginn der gesellschaftlichen Moderne jemals einen Zeitraum gegeben, in dem sich privatistische Einstellungen des Konsumismus beinah vollkommen ungehindert von sozialer Gegenwehr breitmachen konnten, so ist es die Epoche des Wirtschaftsaufschwungs in den fünfziger und frühen sechziger Jahren des 20. Jahrhun-

251 Ebd., S. 563-598.

252 Max Horkheimer/Theodor W. Adorno, *Dialektik der Aufklärung. Philosophische Fragmente* (1947), Frankfurt/M. 1969 (v.a. das Kapitel über die »Kulturindustrie«); Hannah Arendt, *Vita Activa oder Vom tätigen Leben* (engl. 1958), Stuttgart 1960, bes. § 17; Henri Lefebvre, *Kritik des Alltagslebens*, Bd. 1 u. 2 (frz. 1958/61), München 1974.

derts gewesen. In der Arbeiterschaft beginnt infolge der allmählichen Anhebung des Lebensstandards und des Ausbaus sozialpolitischer Sicherungen die kulturelle Bedeutung der Klassenzugehörigkeit zu verblassen,[253] so daß sich spezifisch »proletarische« Abwehrhaltungen gegen die Konsumentenmentalität kaum mehr ausmachen lassen; das Bürgertum ist viel zu sehr mit der schnellen Wiedergewinnung des einstigen Wohlstands und Lebenskomforts beschäftigt, als daß von ihm noch gedankliche Impulse zur Einschränkung des Privatkonsums ausgehen konnten. Die weitverbreitete Bereitschaft, sich für die bitteren Jahre der kriegsbedingten Entbehrungen durch den raschen Erwerb von möglichst vielen Verbrauchsgütern zu entschädigen,[254] weiß die Konsumgüterindustrie in den westlichen Ländern geschickt zu nutzen, indem sie in kurzer Abfolge ein Luxusgut nach dem anderen auf den Markt bringt; das beginnt mit der Vermarktung der nun in die Massenproduktion gehenden Fernsehgeräte, setzt sich fort über die Ankurbelung des Absatzes von Autos und mündet in der explosionsartigen Herausbildung der Tourismusbranche. Erst jetzt etabliert sich in der Konsumsphäre, wie sich vielleicht sagen ließe, insofern eine »kapitalistische Kultur«, als die Individuen die motivationale Disposition entwickeln, sich den Symbolwert der angebotenen und beworbenen Waren gänzlich zu eigen zu machen und der Deutung ihrer persönlichen Identität zugrunde zu legen; nicht mehr am Gebrauchscharakter der vermarkteten Güter richtet sich das Konsumverhalten der Verbraucher aus, sondern an dem in sie mit professionellem Sachverstand einmontierten Versprechen auf Lebensglück und Persönlichkeitserweiterung.[255] Gewiß

253 Vgl. für Deutschland: Mooser, *Arbeiterleben in Deutschland 1900-1970*, a.a.O., S. 224.

254 Zu diesen Zusammenhängen zwischen überwundenen Phasen ökonomischer Entbehrungen und anschließendem Anstieg des Privatkonsums vgl. Hirschman, *Engagement und Enttäuschung*, a.a.O., Kap. 1 u. 2.

255 Zur Bedeutung des privaten Konsumismus etwa in der deutschen Nachkriegsgesellschaft vgl. Paul Nolte, *Die Ordnung der deutschen*

stehen solche Motive nicht uneingeschränkt und unwidersprochen im individuellen Bedürfnishaushalt da, wahrscheinlich ist es vielmehr, daß ihnen durch ethische Überzeugungen anderer Art ständig wieder Fesseln angelegt werden; aber es fehlt in der damaligen Zeit jeder diskursive Mechanismus, jeder Ansatz einer intersubjektiven Willensbildung, der es ermöglicht hätte, den inneren Vorbehalten des einzelnen Individuums kollektiv Ausdruck zu verleihen.

Infolge dieser gewachsenen Atomisierung des Verbrauchers wurde nun das strukturelle Ungleichgewicht, das zwischen Unternehmen und Abnehmern auf den Konsumgütermärkten schon immer bestanden hatte, noch weiter verstärkt. Die unternehmerischen Anbieter, deren ökonomische Macht sich trotz des Weltkriegs aufgrund von voranschreitenden Konzentrationsprozessen kontinuierlich vermehrt hatte, verfügten mittlerweile gegenüber den restlos individualisierten Konsumenten über genügend Spielräume, um die Warenpreise je nach Einschätzung der Nachfrage souverän festzulegen und die Bedarfsentwicklung mit Hilfe von Marketingmethoden zu steuern. Die Idee der »Konsumentensouveränität«, seit jeher Legitimationsprinzip nicht einer sozialen, sondern einer liberalen Auffassung des Marktes, war damit endgültig ihres ideologischen Gehalts überführt; denn von einer irgendwie gearteten Macht der Verbraucher, durch die Aggregation ihrer individuellen Nachfragen darüber zu entscheiden, was in welcher Weise produziert wird, kann dort nicht die Rede sein, wo die Unternehmen ihrerseits befähigt sind, die Richtung des Bedarfs strategisch zu beeinflussen und auf die Preisbildung durch Kartellabsprachen willkürlich einzuwirken.[256]

Gesellschaft. Selbstentwurf und Selbstbeschreibung im 20. Jahrhundert, München 2000, S. 333-336.

256 Vgl. exemplarisch: Norbert Reich, »Markt und Verbraucherrecht«, in: ders., *Markt und Recht. Theorie und Praxis des Wirtschaftsrechts in der Bundesrepublik Deutschland*, Neuwied/Darmstadt 1977, S. 179-232, hier: S. 183 f. Angesichts der allgemeinen Kritik an der Idee der »Konsumentensouveränität« ist es um so erstaunlicher, daß David Miller

Zwar greift die staatliche Sozialpolitik, die nach dem Zweiten Weltkrieg schnell wieder zum grundrechtlichen Bestand fast aller westeuropäischen Demokratien wird, immer dann markteinschränkend in die Konsumsphäre ein, wenn es um die flächendeckende Versorgung mit elementaren Lebensgütern geht; ökonomische Subvention des Agrarsektors, um den Lebensmittelbedarf zu sichern, und staatliche Mietpreisbindungen, um eine hinreichende Versorgung mit Wohnraum zu garantieren, sind hier alsbald die Regel. Aber von einem aktiven Verbraucherschutz, wie sie die Idee einer sozialen Freiheit in der Konsumsphäre verlangen würde, sind solche staatlichen Maßnahmen natürlich denkbar weit entfernt.

Diese im ganzen äußerst ernüchternde Lage – für den Versuch einer normativen Rekonstruktion von marktvermittelten Gestalten sozialer Freiheit nahezu der Punkt des Eingeständnisses eines endgültigen Scheiterns – beginnt sich erst im Laufe der 1960er Jahre noch einmal zu ändern. Sowohl von »oben« wie von »unten«, von seiten sowohl der staatlichen Politik als auch kultureller Bewegungen, werden nun erneut Anstrengungen unternommen, auf den Konsumgütermarkt so einzuwirken, daß darin zumindest rudimentär das Versprechen einer wechselseitigen Bedürfnisbefriedigung wieder greifbar wird. Die legendäre Verbraucherbotschaft, die der amerikanische Präsident John F. Kennedy seinem Wahlvolk im Jahr 1962 unterbreitet, hat eine Wirkung weit über die Grenzen seines eigenen Landes hinaus;[257] die grundlegenden Rechte, die darin in Aussicht gestellt werden, um die private Entschei-

genau daran in seinem Entwurf eines Marktsozialismus (ders., *Market, State and Community. Theoretical Foundations of Market Socialism*, Oxford 1988, Kap. 5) festhält; mit Ausnahme einer »Verbrauchersteuer« für besonders »schädliche« Güter glaubt er aufgrund des liberalen Neutralitätsgebots, das jede ethische Beurteilung von Konsumbedürfnissen untersagt, kein staatliches Mittel angeben zu können, welches in vertretbarer Form geeignet wäre, die industrielle Manipulation solcher Bedürfnisse zu verhindern.

257 Vgl. Eike von Hippel, *Verbraucherschutz*, Tübingen 1974, S. 161 ff.

dungsfreiheit der Konsumenten angesichts von wachsenden Gefahren der Täuschung, der Übervorteilung und des individuellen Schadens wiederherzustellen, finden alsbald Einlaß in die Rechtspolitik fast aller europäischen Staaten.[258] Obwohl die rechtlichen Schutzvorkehrungen, auf die die Verbraucher seither in den liberaldemokratischen Ländern rechnen können, häufig in sich relativ vage bleiben und zudem jede sozioökonomische Begriffsbestimmung vermissen lassen, leisten sie immerhin doch, wozu nach unserer Analyse die Institution der rechtlichen Freiheit in der Lage ist: Sie sichern, faßt man die verschiedenen Gesetzesvorschriften zusammen, die private Autonomie des einzelnen Konsumenten, indem sie ihm gegenüber den Unternehmen ein verbürgtes Recht auf Schutz seiner Gesundheit und Sicherheit, seiner wirtschaftlichen Interessen, auf Wiedergutmachung sichtbaren Unrechts und schließlich auf Unterrichtung und Information einräumen.[259] Alles das ist natürlich nicht dazu angetan, diskursive Mechanismen innerhalb der marktvermittelten Konsumsphäre zu schaffen, wie sie erforderlich wären, wenn die Interessenlagen der Unternehmen selbst beeinflußt werden sollten; hier ist nicht die Rede von Mitspracherechten der Verbraucher, ja, es wird nicht einmal auf die Möglichkeit einer kollektiven Repräsentation ihrer Anliegen Bezug genommen, vielmehr bleiben diese Rechtsvorschriften gänzlich auf den einzelnen Konsumenten bezogen, so als würde er viele seiner Interessen nicht auch mit andern Akteuren teilen. Hätte sich am staatlichen Verbraucherrecht in den europäischen Ländern seit den sechziger Jahren nichts mehr geändert, so müßte man daher sagen, daß es im wesentlichen darauf zugeschnitten ist, ein bloß liberales Verständnis des Marktes zu stützen; es würde noch heute mit einer Vorstellung der privaten Autonomie von Anbietern und Abnehmern operieren, von der doch schon damals hätte klar sein können, daß ihr die notwendigen Vor-

258 Reich, »Markt und Verbraucherschutz«, a. a. O., S. 186 ff.
259 Ebd., S. 187 ff.

aussetzungen einer Gleichverteilung von Marktmacht fehlen. Allerdings zeichnen sich schon bald, also noch während der Ära John F. Kennedys, die Umrisse einer neuen, praktischen Konsumismuskritik ab, die längerfristig auch Einfluß auf die staatliche Verbraucherpolitik nehmen sollte; denn auch wenn die sich international ausbreitende Studentenbewegung der späten sechziger Jahre sicherlich vordergründig darauf abzielte, die kapitalistischen Produktionsverhältnisse in den westlichen Ländern zu beseitigen, so hat sie nachhaltig wohl doch primär dazu beigetragen, die inzwischen längst eingespielten, privatistischen Konsumgepflogenheiten moralisch in Frage zu stellen.[260]

Daß die Studentenbewegung nicht zuletzt bewirkt hat, den inzwischen unhinterfragt expandierenden Konsumismus der Nachkriegszeit einem öffentlichen Rechtfertigungsdruck zu unterwerfen und damit die gesamte Konsumsphäre erneut für diskursive Verständigungsprozesse zu öffnen, ist schon an der deutlichen Einschränkung des Luxuskonsums im Laufe der siebziger Jahre zu erkennen; nicht nur in den Kernländern der studentischen Unruhen, also Frankreich, Italien und Deutschland, sondern auch an deren Peripherie gewinnt nun eine Kritik in der breiteren Öffentlichkeit an Einfluß, die die existierenden Konsumbedürfnisse daraufhin befragt, ob sie angesichts der weltweiten Fortexistenz von Armut und Elend moralisch überhaupt vertretbar sind. Man wird den damit angestoßenen Stimmungswandel wohl am ehesten kenntlich

260 Diese kulturelle Wirkung der Studentenbewegung wird von denjenigen ihrer Geschichtsschreiber vollkommen ignoriert, die einzig auf die offiziellen, von den führenden Protagonisten praktizierten Zielsetzungen abheben, nicht aber die unterschwelligen Kritikformen im alltäglichen Netzwerk von Familie, Freunden, Kommilitonen und Berufskollegen zur Kenntnis nehmen. Als ein Beispiel für viele vgl. Wolfgang Kraushaar, *Achtundsechzig. Eine Bilanz*, Berlin 2008. Als eine Art von Gegengeschichtsschreibung, in der gerade diese Veralltäglichung der Konsumkritik zu Wort kommt, kann gelten: Peter Schneider, *Rebellion und Wahn – Mein '68. Eine autobiographische Erzählung*, Köln 2008.

machen können, indem man auf die allmähliche Umkehrung der Beweislast hinweist, die sich damals unterschwellig vollzogen hat: Nicht mehr diejenigen, die sich aus welchen Motiven auch immer dem allgemeinen Konsumismus verweigern, sondern diejenigen, die ihm leichten Herzens frönen, geraten zunehmend unter den Druck, ihr Handeln öffentlich rechtfertigen zu müssen – die alltäglichen Ausgaben für den individuellen Verbrauch werden in der Folge nun zwar nicht strikten Sparmaßnahmen unterworfen, aber doch viel skrupulöser als zuvor daraufhin geprüft, ob sie mit den inzwischen breiter akzeptierten Kriterien der Sozialverträglichkeit übereinstimmen. Dieser kulturelle Umschlag, genauestens wiederum erfaßt in Filmen und Romanen der damaligen Zeit oder im Rückblick,[261] spiegelt sich alsbald auch in erstarkenden Tendenzen einer Kritik an Werbe- und Reklametechniken wider; was in den ersten beiden Jahrzehnten der Nachkriegszeit unbefragt hingenommen worden war, nämlich die kapitalaufwendige Entwicklung von immer raffinierteren Methoden der Bedürfnisbeeinflussung, wird nun zunehmend skandalisiert, um Aufmerksamkeit dafür zu wecken, welche ökonomischen und moralischen Kosten mit einer solchen industriellen Anstachelung des Privatkonsums verknüpft sein könnten.[262] Die

261 Für den Film können als exemplarisch sicherlich gelten *Pierrot-le-fou* (Frankreich 1965) von Jean-Luc Godard und *Die Reifeprüfung* (*The Graduate*, USA 1967) von Mike Nichols; in den Romanen wird dieser Umschlag in die Konsumkritik zumeist im historischen Rückblick dargestellt, vgl. exemplarisch für Deutschland: Jochen Schimmang, *Das Beste, was wir hatten*, Hamburg 2009 – hier wird das spätere Ende dieses Einstellungswandels sogar auf ein bestimmtes Jahr, nämlich 1983, datiert: ebd., S. 168.

262 Vgl. zum Beispiel: Wolfgang Fritz Haug, *Kritik der Warenästhetik*, Frankfurt/M. 1971. Die Umrisse der damaligen Konsumkritik werden sehr schön in den dem Thema »Konsum und Kritik« gewidmeten Beiträgen des folgenden Sammelbandes dargestellt: Sven Reichardt/Detlef Siegfried (Hg.), *Das alternative Milieu: Antibürgerlicher Lebensstil und linke Politik in der Bundesrepublik Deutschland und Europa 1968-1983*, Göttingen 2010. Zur Diskussion über die Warenästhetik von damals bis heute vgl. den informativen Aufsatz von Heinz Drügh: »Warenästhetik.

Studentenbewegung hatte, auch wenn es nicht ihr zentrales Anliegen gewesen war, eine normative Problematisierung der herrschenden Formen der marktvermittelten Konsumtion in Gang gebracht, die weder die bestehenden Bedürfnisinterpretationen noch die Weisen ihrer strategischen Beeinflussung unangetastet ließ; damit war nach einem langen Zeitraum der widerstandslosen Expansion des privatisierten, ostentativen Konsums wieder Anschluß an jene älteren Bewegungen gefunden worden, die innerhalb dieser Sphäre des kapitalistischen Marktes darauf bestanden hatten, daß es auch hier einer vorgängigen Verallgemeinerung von Interessen und Absichten bedarf.

Freilich wäre diese Phase einer verstärkten Hinterfragung der praktizierten Weisen des Konsums und der industriellen Werbung insgesamt nur eine kurze Episode geblieben, hätte sie nicht einen institutionellen Niederschlag in politischen Bewegungen und rechtlichen Aktivitäten gefunden, die von größerer Dauer und Gestaltungsmacht waren. Wahrscheinlich hat nämlich all das, was heute gewöhnlich als eine »Moralisierung der Märkte« beschrieben wird,[263] seine Wurzeln letztlich in den moralischen Sensibilisierungen, zu denen die studentischen Proteste und Unruhen Jahrzehnte zuvor geführt hatten. Die verschiedenen Bürgerrechtsbewegungen und Parteien, die aus den Trümmern der an ihrem revolutionären Selbstanspruch gescheiterten Studentenbewegung in Westeuropa hervorgingen, machen sich in der Folgezeit schnell daran, die von ihren Vorgängern artikulierten Normen und Werte in praktikable Standards zur Beurteilung von politischen und ökonomischen Vorgängen umzuformulieren; auf diesem Weg, von führenden Protagonisten als der »lange Marsch durch die

Neue Perspektiven auf Konsum, Kultur und Kunst«, in: ders./Christian Metz/Björn Weyand (Hg.), *Warenästhetik*, Berlin 2011, S. 9-44.

263 Vgl. vor allem Nico Stehr, *Die Moralisierung der Märkte. Eine Gesellschaftstheorie*, Frankfurt/M. 2007; Rob Harrison/Terry Newholm/Deirdre Shaw (Hg.), *The Ethical Consumer*, London 2005.

Institutionen« bezeichnet, artikulieren sich in der zivilen Öffentlichkeit und den Parlamenten zunehmend Stimmen, die auf eine Berücksichtigung normativer Kriterien auch bei der Produktion von Konsumgütern drängen. Zunehmend fließen nun auch, angestoßen durch alarmierende Berichte über die Grenzen des industriellen Wachstums, ökologische Gesichtspunkte in den Katalog der einschränkenden Maßnahmen ein, die den güterproduzierenden Anbietern zur Auflage gemacht werden sollen: Nicht mehr nur Kriterien der Sozialverträglichkeit, also der angemessenen Preisgestaltung, eines ausgewogenen Angebots und des Schutzes von Arbeitnehmerinteressen, sollen von jetzt an bei der Produktion zwingend berücksichtigt werden, sondern auch solche der Naturverträglichkeit, wie sie sich aus den Erfordernissen der Bewahrung eines ökologischen Gleichgewichts ergeben. Parallel zu dem Versuch, die Konsumenten selbst für die nur schwer zu durchschauenden Konsequenzen ihres Kaufverhaltens zu sensibilisieren, ist damit endlich auch eine kritische Aufmerksamkeit für die Gegenseite geweckt worden, die sich im Interesse an der Kapitalakkumulation lange Zeit über alle Bedenken in bezug auf soziale oder natürliche Folgelasten hinweggesetzt hatte.

Die durch diese Initiativen in Gang gesetzten Reformbemühungen waren in einem gewissen Umfang, abhängig davon, über welche Verhandlungsmacht die entsprechenden Konzerne und Unternehmen verfügten, in großen Teilen Westeuropas auch erfolgreich; auf jeden Fall gelang es entweder in den nationalen Parlamenten oder auf der Ebene des sich allmählich herauskristallisierenden Europaparlaments, einige Gesetzesnovellen durchzusetzen, die die Industrie zur Berücksichtigung von sozialer und ökologischer Nachhaltigkeit an ihren Produktionsstätten verpflichteten. Nicht unbeträchtlich trug zu diesen relativen Erfolgen der Umstand bei, daß sich inzwischen auch das Recht wieder verstärkt dem Schutz der Verbraucherinteressen zugewandt hatte. Nachdem es hier bis in die späten sechziger Jahre des 20. Jahrhunderts hinein, wie wir gesehen haben, nur zu Vorstellungen über Gesetzesmaßnahmen gekommen war, die sich bestenfalls als »marktkonform« verstehen lassen,[264] hatte sich mittlerweile unter dem Eindruck der inner- und außerparlamentarischen Oppositionsbewegungen ein erheblicher Stimmungswandel vollzogen; mehr und mehr Juristen nahmen sich nun der bislang vernachlässigten Materie mit der weitaus radikaleren Absicht an, die Rechte der Konsumenten dadurch auszuweiten, daß ihnen nach Möglichkeit direkte Befugnisse zur Mitsprache bei der Preis- und Produktgestaltung eingeräumt werden sollten.[265] Das Spektrum der Alternativen, mit denen in diesem Zusammenhang gedanklich gespielt wurde, reichte von der Idee, den Verbrauchern sanktionsgeschützte Wege zur Verhandlung mit den Anbietern zu eröffnen, bis hin zu der Vorstellung, die Gegenmacht der Konsumenten entweder durch gewerkschaftsähnliche Organisationsformen oder unmittelbar durch gewerkschaftliche Vertretung zu stärken.[266] Auch wenn diese rechtspolitischen Pläne, die ihren Ausgang jeweils von der Konstatierung einer marktbeherrschenden Stellung der Unternehmen nahmen, bis auf den heutigen Tag nicht verwirklicht wurden ist, so hat doch allein schon deren bloße Verlautbarung in der politischen Öffentlichkeit erheblich dazu beigetragen, die Möglichkeiten für Markteingriffe zugunsten der Verbraucher klimatisch zu verbessern; auf jeden Fall wurden, angeregt durch die juristischen Diskurse in den meisten Ländern Europas und in den USA, die Befugnisse der entsprechenden Wettbewerbs- und Kartellbehörden wesentlich verstärkt, so daß Kontrollen des Marktverhaltens großer Unternehmen in Hinblick auf Preispolitik, Produktgestaltung und Werbemaßnahmen immerhin prinzipiell mög-

264 Vgl. dazu Reich, »Markt und Verbraucherrecht«, a. a. O., S. 198-214.

265 Vgl. aus der bundesrepublikanischen Rechtswissenschaft etwa: Gerhard Scherhorn, *Verbraucherinteresse und Verbraucherpolitik*, Göttingen 1975; Spiros Simitis, *Verbraucherschutz – Schlagwort oder Rechtsprinzip?*, Baden-Baden 1976; Reich, »Markt und Verbraucherrecht«, a. a. O.

266 Vgl. zu diesem Spektrum: ebd., a. a. O., S. 221-225.

lich wurden.[267] Solche Reformen kamen wiederum den Oppositionsparteien und Bürgerrechtsbewegungen zu Hilfe, die sich auf verschiedenen Kanälen in den siebziger und achtziger Jahren um eine rechtliche Fixierung von normativen Auflagen für die Güterproduktion bemüht hatten; in der wechselseitigen Verstärkung von advokatorischer Politik und rechtlichen Initiativen läßt sich in diesem Zeitraum daher durchaus ein gewisser Fortschritt bei dem Versuch beobachten, die Rechte der Konsumenten gegenüber den Interessen der Konzerne zu stärken. Trotz all der negativen Konsequenzen für die Arbeitsorganisation, auf die wir noch zu sprechen kommen werden, gehört dazu selbst noch die durch das europäische Parlament angestoßene Privatisierung großer Staatsbetriebe wie der Telefongesellschaften, durch die die Preise für die Abnehmer inzwischen erheblich gesunken sind.

Als eine Folge dieses Umschwungs wird heute häufig eine Tendenz hervorgehoben, für die sich die Bezeichnung einer »Moralisierung« oder »Ethisierung« des Konsumentenverhaltens eingebürgert hat; die Bürgerinnen und Bürger sollen sich viel stärker, als es früher der Fall gewesen ist, an entweder ökologischen oder sozialmoralischen Gesichtspunkten orientieren, wenn sie zu entscheiden haben, welche Produkte oder Dienstleistungen sie zu kaufen gewillt sind.[268] Bei der Auswahl von Lebensmitteln und Haushaltsgeräten, von Reisen und Energieformen spielen inzwischen, so viel ist sicherlich richtig, zumindest in bestimmten, zumeist akademisch gebildeten Sozialmilieus normative Kriterien eine Rolle, die mit Zielen der Natur- und Sozialverträglichkeit zusammenhängen; in solchen Kreisen, von der Soziologie in ihren Einstellungen häufig als »postmateriell« beschrieben, werden Kaufentscheidungen im Regelfall davon abhängig gemacht, ob die Produkte selbst oder die sie herstellenden Unternehmen moralischen Standards genügen, die die Schonung natürlicher Ressour-

267 Ebd., S. 218-221.
268 Stehr, *Die Moralisierung der Märkte*, a. a. O., S. 274-283.

cen oder des gesellschaftlichen Zusammenhalts betreffen.[269] Unbestreitbar ist wohl auch, daß dieser Stimmungswandel in einem Teil der Bevölkerung viele Firmen und Konzerne dazu veranlaßt hat, ihre Güter unter Berücksichtigung der nachgefragten Werte zu produzieren und die entsprechenden Qualitätsnormen in der Bewerbung viel stärker hervorzuheben.[270] Die Unternehmen folgen hier in ihrem Interesse an der Kapitalverwertung, so ließe sich sagen, den moralischen Signalen, die gewisse Gruppen der Konsumenten durch ihr gewandeltes Nachfrageverhalten gesendet haben, und erfüllen damit ihren dienenden Auftrag der Befriedigung von Verbraucherbedürfnissen. Insofern könnte man geneigt sein, in solchen Tendenzen einer »Moralisierung« des Konsumgütermarktes eine Bewegung zu erkennen, die immerhin die Aussicht auf eine stärkere Wechselseitigkeit zwischen den Konsumenten und Unternehmen wieder eröffnet; im Verbund mit den in den letzten Jahrzehnten gewachsenen Chancen, politisch in den Entscheidungsspielraum der Anbieter einzugreifen, hätte das gewandelte Nachfrageverhalten eines Teils der Bevölkerung dazu geführt, die Möglichkeit einer Realisierung von sozialer Freiheit in der Konsumsphäre erneut greifbar zu machen.[271]

Allerdings täuscht das Bild, das von der zuvor umrissenen These verbreitet wird, doch über eine Vielzahl von gravierenden Gegentendenzen hinweg. Das beginnt damit, daß nicht selten der Umfang derjenigen Kreise, die sich heute bei ihrem Konsumverhalten anscheinend von moralischen Gesichtspunkten leiten lassen, maßlos überschätzt wird; so gehören nach den empirischen Daten, die Lucia Reisch und Gerhard Scherhorn vorgelegt haben, in Deutschland nur etwa zwanzig Prozent der Bevölkerung dem »postmateriellen« Milieu an,

269 Lucia A. Reisch/Gerhard Scherhorn, »Nachhaltigkeit, Lebensstile und Konsumentenverhalten. Auf der Suche nach dem ›ethischen‹ Konsum«, in: *Der Bürger im Staat*, 48 (1998), H. 2, S. 92-99, hier: S. 97 f.

270 Dazu Stehr, *Die Moralisierung der Märkte*, a. a. O., S. 276 f.

271 Das ist zweifellos die optimistische Perspektive, die Nico Stehr in seiner Studie verfolgt: ebd., S. 296 ff.

das sich bei den Kaufentscheidungen tatsächlich an moralischen Gesichtspunkten orientiert, während die Hälfte der Bevölkerung entweder noch immer »promateriell«, also klassisch konsumistisch, eingestellt ist oder aber Züge der Desorientierung an den Tag legt.[272] Berücksichtigt man dabei, daß das Umweltbewußtsein der deutschen Bevölkerung vergleichsweise hoch ist,[273] so dürften sich diese quantitativen Ergebnisse auch auf andere Länder Westeuropas übertragen lassen, sofern es dort nicht sogar noch schlechter um das prozentuale Verhältnis bestellt ist. Aus der weitverbreiteten Einsicht in die Bedeutung, die moralische Kriterien der Natur- oder Sozialverträglichkeit beim Konsumverhalten genießen sollten, resultiert eben nicht immer schon das entsprechende Verhalten, da materielle Nöte, Ohnmachtsempfindungen oder schlicht egozentrische Interessenlagen Hindernisse auf dem Weg zur Umsetzung darstellen – häufig bleibt schon deswegen alles beim alten, also bei der bloß privaten Kaufentscheidung, weil jede institutionelle Anregung fehlt, das inzwischen erworbene Wissen mit anderen auszutauschen und derart den Druck auf das eigene Handeln zu erhöhen. Eine große Rolle spielt in diesem Zusammenhang gewiß, daß trotz der erkennbaren Umorientierung eines Teils der Konsumenten weiterhin öffentliche Foren fehlen, in denen die Art und der Zuschnitt der nachgefragten Bedürfnisse selbst einer gemeinsamen Prüfung unterzogen werden könnten; funktionale Äquivalente für die untergegangenen Konsumgenossenschaften, die solche Diskursivierungen befördert haben dürften, sind institutionell noch nicht gefunden, die etablierten Verbraucherverbände ähneln häufig viel zu sehr bürokratischen Großorganisationen, als daß sie vitale Stätten der Hinterfragung bestimmter

272 Vgl. dazu die empirischen Daten in: Reisch/Scherhorn, »Nachhaltigkeit, Lebensstile und Konsumentenverhalten«, a. a. O., S. 96 ff.

273 Peter Preisendörfer, *Umwelteinstellungen und Umweltverhalten in Deutschland. Empirische Befunde und Analysen auf der Grundlage der Bevölkerungsumfragen »Umweltbewußtsein in Deutschland«*, Opladen 1999.

Konsuminteressen bilden könnten – Alternativen zeichnen sich heute überhaupt nur in den auf den Verbrauchermarkt bezogenen Internetforen ab, auf deren Reichweite wir noch im Zusammenhang der heutigen Entwicklungen der demokratischen Öffentlichkeit zu sprechen kommen werden. Insgesamt aber mangelt es sicherlich in der Konsumsphäre gegenwärtig an diskursiven Mechanismen, an Verhandlungsorten und Diskussionsräumen, die dazu angetan wären, entweder unter den Verbrauchern selbst oder zwischen ihnen und den Unternehmen einen Prozeß der Perspektivübernahme in Gang zu setzen; nur die immer wieder aus dem Boden schießenden Bürgerinitiativen und bestimmte Nichtregierungsorganisationen, beides allerdings Typen sozialer Bewegungen, die sich nur auf einzelne Themen konzentrieren, stellen gelegentlich noch Arenen dar, die zu einer öffentlichen Verflüssigung von Konsuminteressen beitragen.

Dieser Mangel an diskursiven Mechanismen, ein deutliches Zeichen dafür, daß es um die behauptete »Moralisierung« der Märkte nicht allzugut bestellt sein kann, kommt heute in einer Wiederbelebung des ostentativen, rein statusmarkierenden Konsums zum Tragen. Hatte die durch die 68er-Bewegung erzeugte Stimmungslage dazu geführt, daß solche Formen privater Verausgabung allgemein mit einem gewissen Tabu belegt waren, so sind derartige Hemmnisse seit zwanzig Jahren in den »promateriell« eingestellten Kreisen der wohlhabenden Schichten wieder weitgehend entfallen; dort, wo genügend Vermögen vorhanden ist und alle Motive fehlen, den eigenen Konsum ethisch zu kontrollieren, wird erneut mit erkennbaren Gesten des Stolzes in möglichst viele Luxuswaren investiert, die keine weitere Funktion haben, als jeweils den Abstand zu den darunterliegenden Schichten zu markieren. Diese Rückkehr des ostentativen Konsums hilft zu erklären, warum es großen Teilen der Konsumgüterindustrie in der letzten Zeit gelungen ist, durch den geschickten Einsatz von Werbestrategien die Nachfrage nach zwischenzeitlich längst für überflüssig oder schädlich gehaltenen Luxusgütern wieder massiv in Gang zu bringen. Wurde beispielsweise in den späten siebziger Jahren verbreitet angenommen, daß die Automobile der Zukunft einen reinen Nutzencharakter ohne großen Schadstoffverbrauch haben werden, so sind die Straßen in den großen Städten Europas heute von sogenannten SUVs (*sport utility vehicles*) bevölkert, deren technisches Leistungsvermögen und Energieverbrauch in keinem Verhältnis zu ihrem alltäglichen Verwendungszusammenhang steht;[274] und ähnlich verhält es sich mit anderen Zweigen der Konsumindustrie, wie etwa der Gastronomie oder der Tourismusbranche, wo noch vor nicht allzu langer Zeit die Luxusgüter eher als problematisch angesehen wurden, während sie heute dank der raschen Wiederkehr des ostentativen Konsums wieder auf eine enorm gestiegene Nachfrage stoßen.

Das Irritierende an dieser Entwicklung ist, daß ihr Verhältnis zu der sich gleichzeitig in anderen Schichten vollziehenden Moralisierung des Konsumverhaltens öffentlich vollkommen unthematisiert und daher ungeklärt bleibt. Die Sphäre der marktvermittelten Bedürfnisbefriedigung bietet heute weniger ein Bild des »Wimmelns von Willkür«, wie es Hegel vor nahezu zweihundert Jahren beschrieben hat, als vielmehr eines der schroffen Entgegensetzung von höchst unterschiedlich gesonnenen Käuferkreisen, zwischen denen ein Austausch über Interessenlagen und Präferenzbildungen nicht stattfindet. Neben den Sozialmilieus, deren Mitglieder sich um den Erwerb des nur Lebensnotwendigen bemühen müssen, existieren gänzlich unvermittelt zwei weitere Großgruppen von Konsumenten, deren erste sich verstärkt von ethischen Motiven leiten läßt, während sich die zweite mit einer neuerworbenen Unschuld dem Kauf von Luxusgütern hingibt. Aufgrund des Fehlens übergreifender Kommunikationsmedien bleibt an dieser Spaltung der Verbraucher vollkommen unerörtert, ob

274 Vgl. zu diesem Beispiel: Streeck, *Re-forming Capitalism*, a.a.O., S. 263 f.

sich nicht die Verwendungsweisen der verschiedenen Klassen von Konsumgütern gegenseitig im Weg stehen, ja, wechselseitig sogar behindern: Wer zur Erledigung seiner täglichen Besorgungen leistungsstarke Sportfahrzeuge benutzt, trägt damit nicht nur zur Umweltzerstörung bei, sondern gefährdet auch die stetig wachsende Gruppe der ethisch motivierten Radfahrer, so wie umgekehrt der ökologisch eingestellte Konsument alles dafür tun wird, die Lebensmittel strikten Kontrollen auf ihre Naturverträglichkeit hin zu unterwerfen, wodurch deren Preise für den ebenfalls zunehmenden Kreis der Sozialhilfeempfänger immer weniger erschwinglich werden dürften. An einer diskursiven Abstimmung des Verbraucherverhaltens aufeinander, Vorbedingung aller sozialen Freiheit in dieser Sphäre, fehlt es im gegenwärtigen Zustand beinah vollständig; nicht einmal ein implizites Einverständnis unter den Konsumenten scheint es noch zu geben, das kraft einer gewissen Vereinheitlichung der Nachfrage dafür sorgen könnte, Druck auf die Preis- oder Produktgestaltung der Unternehmen auszuüben. Die Verbraucherschutzverbände in den verschiedenen Ländern stehen dieser Fehlentwicklung relativ machtlos gegenüber, weil sie aufgrund ihrer rein negativen, kontrollierenden Funktion und der großen Distanz zu ihrer Klientel kaum Möglichkeiten besitzen, auf die Meinungsbildung unter den Konsumenten selbst einzuwirken; anders als die untergegangenen Konsumgenossenschaften verfügen sie eben nicht über die sozialisatorische Macht, ihren Mitgliedern andere, kooperative Wesen der Nutzung des Marktes zu vermitteln.

Wie unschwer zu sehen ist, profitieren von der damit umrissenen Situation heute im wesentlichen die auf dem Konsumgütermarkt tätigen Unternehmen und Konzerne; denn diese sind dank der für sie deutlich wahrnehmbaren Segmentierung der Verbraucherinteressen dazu in der Lage, alle drei Verbrauchergruppen gleichzeitig zu bedienen oder sie im wechselseitigen Interesse unter sich aufzuteilen. Das beste Beispiel für die erste Alternative ist hier die deutsche Automobilindustrie, der es in den letzten Jahren trotz Finanz- und Wirtschaftskrise gelungen ist, den Absatz ihrer Produkte durch klare Diversifizierung der Angebotspalette und Erschließung ausländischer Märkte drastisch zu erhöhen; war, wie gesagt, den technisch hochgerüsteten, schadstoffreichen Automobilen vor rund dreißig Jahren noch das baldige Verschwinden aller Nachfrage vorausgesagt worden, so floriert inzwischen der Verkauf gerade solcher Fahrzeugtypen aufgrund ihrer gezielten Ausstattung mit einem hohen Symbolwert ganz außerordentlich. Ein Beispiel für die zweite Alternative, die der mehr oder weniger koordinierten Aufteilung der Märkte, bietet die Lebensmittelindustrie, wo die Hersteller oder der Zwischenhandel sich häufig darauf konzentriert haben, nur eine einzige Käuferschaft zu bedienen – man denke etwa an die exklusive, allein auf Luxusprodukte spezialisierte Handelskette *Rungis*, deren Bedeutung für die Konsumgewohnheiten der pompös ihren Reichtum demonstrierenden Schichten in Europa inzwischen so angewachsen ist, daß sich an ihr mittlerweile die revolutionäre Phantasie von linken Widerstandsgruppen entzündet hat.[275] Es ist wahrscheinlich irreführend, hier nur von einer gestiegenen Marktmacht der Unternehmen gegenüber den Verbrauchern zu sprechen; zwar beherrschen die Anbieter das Kommunikationssystem auf den entsprechenden Märkten heute beinah vollständig, so daß sie den Bedarf und die Präferenzen der Nachfrager einseitig beeinflussen können, aber diese Steuerungsmacht hat dank der medialen Omnipräsenz der Werbung längst die Grenzen ihres eigenen, ökonomischen Territoriums überschritten und ist bis in die kleinsten Poren des Alltags vorgedrungen. Das alarmierende Ausmaß, in dem inzwischen Jugendliche, ja Kinder, auf Marken fixiert sind,[276]

275 Vgl. Comité invisible (Hg.), *L'insurrection qui vient*, Paris 2007, S. 122.
276 Vgl. Martin Lindstrom/Patricia B. Seybold, *Brandchild: Remarkable Insights into the Minds of Today's Global Kids and their Relationships with Brands*, London 2003; Andreas Ebeling, *Das Markenbewußtsein von Kindern und Jugendlichen*, Münster 1994.

die enorme Schnelligkeit, mit der breitenwirksame Werbekampagnen in die Phantasiewelt vieler Menschen einzudringen vermögen, um von hier aus Selbstbilder und Identitätsentwürfe zu regieren,[277] all das sind deutliche Anzeichen für eine soziale Verkehrung, durch die die Verbraucher auch jenseits ihres Kaufverhaltens zu beeinflußbaren Größen geworden sind; die in der Konsumsphäre erfolgreichen Unternehmen, ihrer ursprünglichen, institutionell bezweckten Rolle nach eigentlich dienende Marktteilnehmer, die auf die sich wandelnden Bedürfnisse der Konsumenten sensibel reagieren sollen, haben im Zuge der hier verfolgten Entwicklung eine gestaltende Macht hinzugewonnen, die ihnen selbst die bittersten Realisten im 19. Jahrhundert kaum zugestanden hätten.[278]

So wünschenswert es wäre, so sehr es der Absicht einer normativen Rekonstruktion auch entgegenkommen würde, von einer »Moralisierung der Märkte« von unten, von seiten der Konsumenten, kann für die Gegenwart kaum gesprochen werden. Obwohl sich vereinzelt Tendenzen einer ethischen Selbstkontrolle des Kaufverhaltens finden, obwohl in der Europäischen Union den Unternehmen Prinzipien der Nachhaltigkeit zur zwingenden Auflage gemacht wurden, obwohl die rechtlichen Befugnisse der Kartellbehörden vielerorts angewachsen sind und in einer Reihe von Ländern nach amerikanischem Vorbild über die juristische Ermöglichung einer kollektiven Schadenersatzbefugnis von Verbraucherorganisationen nachgedacht wird, hat in den letzten Jahrzehnten die

277 Unter feministischen Gesichtspunkten sind diese Prozesse am Beispiel werbemäßig vermittelter Körperideale gut untersucht worden in: Vickie Rutledge Shields/Dawn Heinecken, *Measuring Up: How Advertising Affects Self-Image*, Philadelphia 2001.

278 Daran scheint auch die Installierung der Internetplattform eBay nichts zu ändern, die zwar auf den ersten Blick wie der erneute Versuch einer Vergesellschaftung des Konsumgütermarktes durch eine kollektiv koordinierte Zweitverwertung wirken könnte, aber im ganzen wohl doch eher der weiteren Stimulierung eines individualisierten Konsumverhaltens dient (vgl. dazu: Ken Hillis/Michael Petit [Hg.], *eVeryDay eBay. Culture, Collecting and Desire*, New York/London 2006).

Macht der Unternehmen auf den Konsumgütermärkten eher zu- als abgenommen. Das krasse Ungleichgewicht, mit dem wir mithin auf solchen Märkten ganz entgegen der ihnen innewohnenden Normen und regulativen Ideen heute konfrontiert sind, muß wohl aus einem »wahlverwandtschaftlichen« Zusammentreffen von ökonomischen Transformationen und kulturellen Wandlungsprozessen erklärt werden: In demselben Zeitraum, in dem sich der Verfügungsspielraum der Unternehmen durch die Internationalisierung von Produktion und Handel zu vergrößern begann, wuchs durch den Wegfall diskursiver Gegenmächte auch die Privatisierung der Konsumenten, so daß diese Seite der anderen zunehmend wehrlos ausgesetzt war.

Ein Baustein demokratischer Sittlichkeit ist, so muß man daher nüchtern konstatieren, die marktvermittelte Sphäre des Konsums in den letzten Jahrzehnten nicht geworden. Auch wenn sie unter Mithilfe diskursiver Mechanismen und entsprechender Regularien das normative Potential dazu hätte, dient sie heute weder der Einübung einer wechselseitigen Perspektivübernahme noch dem Erlernen von Praktiken der Bedürfnisbeschränkung, im Gegenteil: Es herrscht trotz der vielbeschworenen Moralisierung des Kaufverhaltens eine Mentalität des privaten Konsumismus vor, des rein individuellen Ansammelns von kurzlebigen Gütern,[279] die den Unternehmen einen extrem großen Spielraum bei der Realisierung ihrer weitgehend autonom definierten Ziele eröffnet. Diese Fehlentwicklungen wiegen im Augenblick aber um so schwerer, als gerade heute ein höheres Maß an intersubjekti-

279 Die hier implizit verwendete Unterscheidung von »kurzlebigen« und »langlebigen« Konsumgütern, die schon Hannah Arendt verwendet hatte (*Vita activa*, a.a.O., § 17) und die sich bei Albert O. Hirschman in systematischer Form wiederfindet (*Engagement und Enttäuschung*, a.a.O., Kap. 2), wird von Daniel Miller in problematischer Weise ignoriert, wenn er in seiner im ganzen eindrucksvollen Studie *Der Trost der Dinge* (Frankfurt/M. 2010) darangeht, dem privaten Konsumismus eine lebensweltliche Rechtfertigung zu verschaffen.

ver Koordinierung und Absprache unter den Konsumenten gefordert ist; denn nicht nur wird es die sich abzeichnende Klimakatastrophe erforderlich machen, den bislang sehr hohen Standard der Konsumtion in den westlichen Ländern zurückzuschrauben, vielmehr werden gegenwärtig auch verstärkt Güter dem Markt zugeführt, deren Eignung für den marktförmigen Handel unter ethischen Gesichtspunkten äußerst fragwürdig ist. Was die erste der beiden Herausforderungen anbelangt, die der ökologisch unvermeidlichen Drosselung bestimmter Konsumbedürfnisse in den Bereichen vor allem von Energie, Ernährung und Verkehr, so sind zwar bis zu einem gewissen Umfang rein finanzielle Anreizsysteme vorstellbar, die zu den gewünschten Effekten führen könnten; aber solchen Mitteln der bloß monetären Beeinflussung, etwa Konsumsteuern, die nur für Ausgaben jenseits eines bestimmten Sockels der Grundversorgung erhoben und daher einkommensschwache Schichten verschonen würden, haftet stets der Makel an, opportunistische Einstellungen und dementsprechend Umgehungsstrategien zu fördern. Langfristig wird zu einer wirksamen Einschränkung des Konsumniveaus mithin nur eine öffentliche Diskursivierung beitragen, wie sie diese gesamte Sphäre bereits in ihren regulativen Prinzipien normativ erforderlich macht; je stärker die Konsumenten durch intermediäre Organe der Meinungsbildung aufeinander bezogen sind und je nachhaltiger sie damit wechselseitig auf ihre jeweiligen Bedürfnisinterpretationen Einfluß nehmen können, desto eher werden sie dazu in der Lage sein, ihr Konsumverhalten auf dem Weg der Einsicht, also reflexiv, zurückzuschrauben.[280]

Ähnliches gilt ganz ohne Frage auch für die zweite Gefahr, die der Konsumsphäre heute zu erwachsen droht, weil sie zwischen sich privatistisch verhaltenden Verbrauchern und

280 Vgl. zu diesem gesamten Komplex: Claus Leggewie/Harald Welzer, *Das Ende der Welt, wie wir sie kannten: Klima, Zukunft und die Chancen der Demokratie*, Frankfurt/M. 2009.

nur ihren ökonomischen Vorteil suchenden Unternehmern hoffnungslos entzweit ist. In den letzten zwanzig, dreißig Jahren ist aufgrund des medizinisch-technischen Fortschritts der Bedarf an einer bestimmten Art von Gütern nach oben geschnellt, deren Besonderheit darin besteht, intrinsisch an den Funktionskreislauf des menschlichen Körpers gebunden zu sein; an vorderster Stelle sind hier bestimmte Organe des Menschen zu nennen, deren Transplantation das Überleben von Patienten gewährleisten kann, zu denken ist aber auch an die sogenannte Leihmutterschaft, die im Regelfall kinderlos gebliebenen Paaren doch noch einen Weg eröffnet, Eltern von Kindern zu werden, die biologisch als die eigenen betrachtet werden können.[281] Während es sich im ersten Fall moralisch schlechterdings verbietet, die Motive für den Erwerb derartiger, leibgebundener Güter selbst in Mißkredit zu bringen, tun sich in bezug auf den zweiten Fall durchaus ethische Zweifel auf, ob das zugrundeliegende Interesse seinerseits schon unter allen Umständen als legitim betrachtet werden kann; aber beide Fälle werfen ganz ungeachtet ihrer Differenzen die nur öffentlich zu beantwortende Frage auf, bis zu welchem Grad die in wachsendem Maße begehrten Güter einem Handel auf dem Markt zugänglich gemacht werden sollen. Fragen solcher Art stellen sich, so haben wir gesehen, keinesfalls zum ersten Mal in der Geschichte des modernen Konsumgütermarktes; schon immer war dessen Expansion von mehr oder weniger konflikthaften Auseinandersetzungen darüber begleitet, ob nicht bestimmte Güter aufgrund ihrer entweder suchtfördernden Eigenschaften oder ihrer erniedrigenden Konsequenzen grundsätzlich dem marktvermittelten Austausch entzogen bleiben sollten. Nie zuvor jedoch waren, so scheint es,

281 Vgl. exemplarisch für den ersten Fall: Satz, *Why Some Things Should not Be for Sale*, a. a. O., Part. III, Kap. 9; für den zweiten Fall vgl. Margaret Radin, »Market Inalienability«, in: *Harvard Law Review*, 100 (1987), S. 1849-1937; Elizabeth Anderson, »Der verkaufte Bauch – Schwangerschaft als Ware«, in: *WestEnd. Neue Zeitschrift für Sozialforschung*, 3 (2006), H. 1, S. 74-87.

die Konsumenten ihrerseits, also die Großgruppe aller direkt oder indirekt Betroffenen, in einem so geringen Umfang wie heute in den erforderlichen Entscheidungsprozeß einbezogen; der Mangel an intermediären Gruppen in dieser Sphäre, an Diskussionsräumen und damit an Mechanismen der Verallgemeinerung von Interessen, verhindert es, daß sich hier überhaupt eine übergreifende Meinung oder auch nur eine atmosphärische Stimmung herausbilden könnten, die öffentlich zur Kenntnis genommen werden müßten. Insofern vollziehen sich die Beschlußfassungen über solche Fragen der Marktregulierung, obwohl von politischer Seite immer wieder Versuche unternommen werden, Interessengruppen ein Gehör zu verschaffen, doch nur in einem engen Kreis von Regierungsorganen und Expertenverbänden, an dem die Konsumenten als solche keinen Anteil nehmen – auf die wechselnde Interventionsmacht von Internetforen werden wir, wie gesagt, später noch in anderen Zusammenhängen zu sprechen kommen.

Gemessen an den Kriterien, die wir mit Hilfe des moralischen Ökonomismus freigelegt haben, fehlen der marktvermittelten Sphäre des Konsums daher heute all die institutionellen Voraussetzungen, die sie zu einer gesellschaftlichen Institution der sozialen Freiheit machen könnten. Von einer institutionalisierten Wechselseitigkeit in der Befriedigung von Interessen oder Bedürfnissen kann hier nicht mehr wirklich gesprochen werden; denn die eine Seite, die der Konsumenten, verfügt inzwischen kaum noch über diskursive Instrumente, mit deren Hilfe sie die vielen auseinandertreibenden Präferenzen derart zu verallgemeinern in der Lage wäre, daß sie die andere Seite, die der Unternehmen, darauf verpflichten könnte, auf diese Präferenzen bei Strafe des Untergangs in der Produkt- und Preisgestaltung Rücksicht zu nehmen. Im Maße der Ausbreitung einer Mentalität des privatistischen Konsumismus, beschleunigt noch durch den Untergang der einstmals widerständigen Konsumgenossenschaften, hat sich vielmehr das immer schon bestehende, von Anfang an problematische Machtgefälle auf den Konsumgütermärkten derart vergrößert, daß die Anbieter mittlerweile mit einer hohen Erfolgsgarantie die Bedürfnisse der Verbraucher gemäß ihrer eigenen Interessenlagen zu beeinflussen vermögen; in Teilgruppen gespalten, zwischen denen Verständigungsprozesse nicht stattfinden und die in sich nur durch anonyme Vorgänge der Habitusbildung homogenisiert sind, können diese Konsumenten heute kein gemeinsames Bewußtsein mehr davon entwickeln, im Austausch mit der Gegenseite kooperativ ein Element ihrer individuellen Freiheit zu verwirklichen.

Als das größte Hindernis bei dem Versuch, die Gegenmacht der Verbraucher durch kommunikative Vereinheitlichung und entsprechende Rechtsnormen zu kräftigen, erweisen sich mittlerweile allerdings wieder die erneut anwachsenden Unterschiede der sozialen Lebenslagen und Einkommenshöhen. Auch das Recht kann durch Erweiterung der kollektiven Befugnisse von Verbraucherverbänden nur minimal dazu beitragen, das Druck- und Verhandlungspotential der Konsumenten zu stärken, wenn die gesellschaftlichen Voraussetzungen dafür fehlen, daß sich diese noch vor allen Kaufentscheidungen als Gesellschaftsmitglieder auf gleicher Augenhöhe begegnen; und diskursive Spielräume für die wechselseitige Korrektur von Bedürfnisinterpretationen entstehen unter den Verbrauchern überhaupt nur dort, wo die sozialen Lebenslagen nicht zu weit auseinanderklaffen, um sich noch in die Perspektive des anderen versetzen zu können. Alle Anstrengungen, soziale Freiheit innerhalb der Konsumsphäre wenigstens rudimentär zu verwirklichen, müssen scheitern, wenn die sozioökonomischen Abstände zwischen den sozialen Schichten derart zunehmen, daß daraus höchst unterschiedliche Zukunftsaussichten und Konsumchancen erwachsen. Um die sozialen Entwicklungen in den Blick nehmen zu können, die heute den erneuten Anstieg solcher Differenzen in den Lebenslagen verursachen, müssen wir nun freilich in unserer normativen Rekonstruktion von der Sphäre der marktvermittelten Konsumtion in die der marktvermittelten Arbeitsteilung hinüberwechseln; denn über die Position, die das einzelne Gesellschaftsmitglied in der Sozialstruktur einnimmt, entscheidet natürlich nicht seine Rolle im Prozeß der ökonomischen Zirkulation, sondern, marxistisch gesprochen, seine Stellung im System der kapitalistischen Produktion.[282]

(c) Arbeitsmarkt

Obwohl Hegel seinen Versuch, die neue, kapitalistische Wirtschaftsordnung als eine Stätte sozialer Freiheit zu erschließen, mit dem Konsumgütermarkt beginnen läßt, ist er sich doch darüber im klaren, daß deren eigentliches Herzstück die über den Markt vermittelte Sphäre gesellschaftlicher Arbeit ausmacht; denn viel stärker als die Tätigkeit des Konsumierens, die auch bei angemessener Organisation nur wenig zum individuellen Selbstwertgefühl beiträgt, ist die vergegenständlichende Tätigkeit der Arbeit auf eine wechselseitige Anerkennung im gesamtgesellschaftlichen Rahmen angewiesen, weil an ihr die ganze »Ehre« und die bürgerliche Freiheit des modernen Menschen oder, genauer, des modernen Mannes hängen soll.[283] Allerdings ist sich Hegel von Beginn an auch bewußt, daß der Arbeitsmarkt, der genau diese Anerkennung leisten und damit soziale Freiheit realisieren soll, an der ihm damit zugemuteten Aufgabe immer wieder zu scheitern droht: Bei Ausbleiben staatlicher Steuerungsmaßnahmen wird er einerseits, so ist der Autor der »Rechtsphilosophie« überzeugt,

282 Dazu sehr klärend: Reich, »Markt und Verbraucherrecht«, a.a.O., S. 190-194.

283 Zur Anerkennungsbedürftigkeit der Arbeit bei Hegel vgl. Hans-Christoph Schmidt am Busch, *Hegels Begriff der Arbeit*, Berlin 2002, Kap. II.

im »Pöbel« eine stetig wachsende Masse von verarmten, unterversorgten Menschen hervorbringen,[284] und andererseits unter dem Druck zur Steigerung der Produktivität eine »Mechanisierung« der Arbeit vorantreiben, die langfristig jeder Anerkennungswürdigkeit des produktiv Geleisteten Hohn spricht.[285] Beide Strukturprobleme haben in den auf Hegel folgenden Zeiten zu sozialen Deformationen geführt, die weit über das Maß hinausgingen, das dieser sich hatte vorstellen können; und man tut wohl nicht falsch daran, in der ersten der beiden Fehlentwicklungen die zentrale Herausforderung des 19., in der zweiten aber die des 20. Jahrhunderts zu sehen. Die Geschichte der kapitalistischen Organisation der Arbeit war in ihrer ersten Etappe von langen Wellen der physischen Verelendung begleitet, die große Teile der Unterschichten jedesmal um nichts anderes als das pure Überleben hat kämpfen lassen; und nachdem sich die Verhältnisse durch die allmähliche Etablierung des Wohlfahrtsstaats gebessert hatten, setzte mit ähnlicher Wucht eine technisch ermöglichte Dequalifizierung und Entleerung der Arbeit ein, die denselben Kreis der Bevölkerung nun mit dem ganz anderen Problem der schleichenden Aushöhlung ihrer beruflichen Tätigkeiten konfrontierte.

Als Hegel in den ersten Jahren des 19. Jahrhunderts mit der Rezeption der neuen Nationalökonomie beschäftigt war, befand sich die gesellschaftliche Organisationsform der Arbeit in einem radikalen Umbruch. In den Jahrhunderten zuvor hatten unter Bedingungen einer agrarischen Feudalherrschaft weitgehend vormundschaftliche Arbeitsverhältnisse geherrscht, die die Mitglieder der vermögenslosen Schichten dazu verpflichteten, gegen personengebundene Entschädigungen Frondienste für den Gutsherrn oder die politischen Obrigkeiten zu leisten; davon ausgenommen waren nur kleine

284 Hegel, *Grundlinien der Philosophie des Rechts*, a.a.O., §§ 241, 244, 245.

285 Ebd., § 198.

ökonomische Nischen, in denen entweder Handwerkerzünfte die Arbeitsbedingungen kontrollierten, erste Formen einer vertraglich geregelten Lohnarbeit ausgeübt wurden oder sogar, an der Peripherie Westeuropas, nicht nur der Handel mit, sondern auch die Beschäftigung von Sklaven zugelassen war.[286] Mit der industriellen Revolution, die von England ihren Ausgang nahm, begann sich nun diese relativ stabile Arbeitsorganisation allmählich zu verändern; zunehmend gingen jetzt Unternehmer mit »kapitalistischem Geist« daran, die technologisch erweiterten Möglichkeiten zum Anlaß für die Finanzierung von Fabrikanlagen zu nehmen, in denen unterbeschäftigte Arbeitskräfte vom Land bei geringster Bezahlung und unter vertraglich kaum geregelten Bedingungen angestellt wurden, um durch ihre körperliche Arbeit einen Mehrwert zu erwirtschaften. Freilich blieben die damit etablierten Lohnarbeitsverhältnisse, von Marx als »ursprüngliche Akkumulation« beschrieben, noch in einen ganzen Kranz von anderen, »protoindustriellen« Beschäftigungsformen eingebettet, zu denen neben dem von finanzstarken Kaufleuten betriebenen Verlagssystem weiterhin die bäuerlichen oder handwerklichen Kleinbetriebe mit ihren traditionellen Schutzvorkehrungen gehörten.[287] Bevor es zur endgültigen Etablierung eines freien, rein marktwirtschaftlich geregelten Arbeitsmarktes kommen konnte, wie ihn Hegel dann beschreiben sollte, mußten daher all diese teils noch zunftmäßig organisierten, teils schon handelskapitalistisch verfaßten Zwischenformen erst noch fallen. Mit der Freiheit, die uns die Absicht einer normativen Rekonstruktion erlaubt, können wir wohl sagen, daß sich in Westeuropa der Prozeß der Reinigung der Arbeitsverhältnisse von allen traditionellen Elementen der Fron-, Lehn- oder Zwangsarbeit um 1800 auf seinem Höhepunkt befindet. In Frankreich waren noch im Vorfeld der Revolution unter Anregung

286 Vgl. überblickshaft: Robert Castel, *Die Metamorphosen der sozialen Frage. Eine Chronik der Lohnarbeit*, Konstanz 2000, Kap. 2. u. 3.
287 Ebd., S. 106-114.

von Turgot die Zünfte mit ihren patriarchalischen Verfassungen und die Zwangsanstalten der sogenannten »Bettlerdepots« abgeschafft worden,[288] in England spitzte sich der Konflikt zwischen dem Feudaladel und dem liberalen Bürgertum über die Zukunft des noch vormundschaftlichen Armenrechts gerade zu,[289] in Deutschland schließlich, das damals den beiden anderen Ländern im Grad der Industrialisierung weit unterlegen war, begannen die obrigkeitsstaatlichen Verwaltungen damit, durch Einführung der Gewerbefreiheit und Abbau der ständischen Privilegien von Grund- und Gutsbesitzern die unteren Schichten für eine »freie« Tätigkeit am entstehenden Arbeitsmarkt zu gewinnen.[290] Auch wenn bis ans Ende des 19. Jahrhunderts viele der älteren Beschäftigungs- und Arbeitsformen bestehenblieben, war mit diesen Konflikten und Reformen doch der Weg gewiesen, auf dem sich von nun an der kapitalistische Arbeitsmarkt entwickeln sollte.

Mit der allmählichen Beseitigung aller institutionellen Hindernisse, die aus älteren Beschäftigungs- und Sicherungssystemen stammten, begann sich in den genannten Ländern ein sozialer Zustand zu etablieren, den Robert Castel mit einer geschickten Formulierung als »Nullpunkt des Lohnabhängigkeitsverhältnisses« bezeichnet hat:[291] Die zumeist vom Land vertriebenen, ihrer traditionellen Absicherungen beraubten, dafür aber nun rechtlich freien Arbeitskräfte waren gezwungen, ihre Leistungen mittels formaler Verträge zu Bedingungen zu verkaufen, die einzig durch die Nachfrage der ihren Befähigungen entgegenkommenden Unternehmen bestimmt waren; gewiß, es existierten auf dem Land oder in kleineren

288 Ebd., S. 151-162.

289 Polanyi, *The Great Transformation*, a. a. O., Zweiter Teil, Kap. 7 u. 8; vgl. dazu auch: Thomas H. Marshall, »Staatsbürgerrechte und soziale Klassen«, in: ders., *Bürgerrechte und soziale Klassen. Zur Soziologie des Wohlfahrtsstaates*, Frankfurt/New York 1992, S. 33-94, hier: S. 49 f.

290 Helmut Böhme, *Prolegomena zu einer Sozial- und Wirtschaftsgeschichte im 19. und 20. Jahrhundert*, Frankfurt/M. 1969, Kap. 2.

291 Castel, *Die Metamorphosen der sozialen Frage*, a. a. O., S. 189.

Städten noch die protoindustriellen Arbeitsformen, aber diese wurden nun zunehmend durch die Sogkraft der großindustriellen Arbeitsmärkte verdrängt.[292] In dieser ersten Stunde der neuen Organisationsform der gesellschaftlichen Arbeit, die von den Romanen des bürgerlichen Realismus alsbald aufs genaueste erfaßt werden sollte,[293] fehlten den Lohnabhängigen im Falle von Arbeitslosigkeit, Krankheit, körperlichem Verschleiß oder Alter alle sozialen oder ökonomischen Absicherungen; ein Arbeitsrecht in dem uns heute geläufigen Sinn existierte natürlich noch nicht, die Unternehmen waren zu keinerlei Versorgungsleistungen bei krankheits- oder betriebsbedingten Arbeitsausfällen verpflichtet, so daß sich bei Wegfall des kargen Lohns schnell größte Armut einstellte, die mangels traditioneller Sicherungssysteme nicht mehr abgefedert werden konnte. Es ist nicht leicht, sich auszumalen, welches der normativen Versprechen des neuen Systems der Marktwirtschaft unter diesen Bedingungen bei den Lohnabhängigen überhaupt auf fruchtbaren Boden hätte fallen können; zum Teil hatten wahrscheinlich die vorauslaufenden Prozesse einer moralisch-religiösen Indoktrination das Ihre getan, um die erforderliche Zeitdisziplin und Leistungsbereitschaft zu wecken,[294] zum Teil mögen es tatsächlich die Freiheitsver-

292 Vgl. zu diesem anfänglichen Nebeneinander von »protoindustriellen« und industriellen Beschäftigungsformen im frühen 19. Jahrhundert die entsprechenden Beschreibungen bei Robert Castel, der sich dabei auf die historischen Untersuchungen von Hans Medick zur »Protoindustrialisierung« (Peter Kriedte/Hans Medick/Jürgen Schlumbohm, *Industrialisierung vor der Industrialisierung: gewerbliche Warenproduktion auf dem Land in der Formationsperiode des Kapitalismus*, Göttingen 1978) stützt: Castel, *Die Metamorphosen der sozialen Frage*, a. a. O., S. 109-140.

293 Für England vgl. etwa: Charles Dickens, *Harte Zeiten* (1854), Berlin 1984; für Frankreich: Emile Zola, *Germinal* (1885), München 1976. Noch früher hatte allerdings schon Heinrich Heine die neuen Arbeitsverhältnisse in seinen 1827 verfaßten Berichten über London (veröffentlicht als »Englische Fragmente«) beschrieben, vgl. dazu: Gerhard Höhn, *Heine-Handbuch. Zeit-Person-Werk*, Stuttgart 1997, S. 257-265.

294 Vgl. exemplarisch für England: Edward P. Thompson, »Zeit, Arbeits-

heißungen des Marktes gewesen sein, die die Arbeitenden zur Übernahme der ihnen zugemuteten Belastungen motivierten, im großen und ganzen dürfte aber wohl nichts anderes als der pure Überlebensdruck dafür gesorgt haben, daß die harten Regeln einer Beschäftigung nach Angebot und Nachfrage stillschweigend akzeptiert wurden. Auf jeden Fall wäre es einigermaßen verwegen, schon diesen ersten Generationen von »reinen« Lohnabhängigen die arbeitsethische Überzeugung zu unterstellen, daß sie sich aus Gründen einer Verpflichtung zur Leistung dem ganzen Drangsal der damals herrschenden Arbeitsbedingungen hingegeben hätten. Zwar hatte, so viel steht außer Frage, die sich über Jahrhunderte hinziehende Aufwertung der Arbeit auch bei den sozialen Unterschichten ihre Wirkung getan, so daß man mit dem aufstrebenden Bürgertum inzwischen die ethische Verurteilung des aufwandslosen, ohne jede Leistung erworbenen Vermögens teilte; aber dieses Bewußtsein blieb doch im Unterschied zu den bürgerlichen Deutungen über einen längeren Zeitraum hinweg noch in den traditionellen Vorstellungshorizont eingebunden, wonach es der moralische Anstand gebiete, die Marktgesetze zugunsten der Bedürftigen und Mittellosen zu korrigieren.[295] Von Ideen solcher Art waren dann auch zumeist die vielen Selbsthilfeorganisationen beeinflußt, die sich vor allem in England und Frankreich in der ersten Hälfte des 19. Jahrhunderts bildeten, um in Fortsetzung ähnlicher Praktiken aus noch vorindustriellen Zeiten Schutz gegen die Widerfahrnisse einer vollkommen unreglementierten, ungeschützten Lohnarbeit zu bieten; vergleichbar den »solidarischen« Leistungen, die Hegel sich von den berufsständisch organisierten Korpo-

disziplin und Industriekapitalismus«, in: ders., *Plebeische Kultur und moralische Ökonomie. Aufsätze zur englischen Sozialgeschichte des 18. und 19. Jahrhunderts*, Frankfurt/Berlin/Wien 1980, S. 34-65.

295 Edward P. Thompson, »Die ›moralische Ökonomie‹ der englischen Unterschichten im 18. Jahrhundert«, in: ders., *Plebeische Kultur und moralische Ökonomie*, a. a. O., S. 66-129.

rationen versprach,[296] wurde in den englischen *friendly societies* und deren französischen Schwesterorganisationen, den *mutuelles*, mit Hilfe eines Umlageverfahrens dafür gesorgt, daß die Mitglieder oder deren Familien im Fall von Erkrankung, Entlassung, Alter oder Tod auf eine finanzielle, manchmal auch persönlich-karitative Unterstützung rechnen konnten.[297]

Während also die Unterschichten auf die jetzt schnell einsetzenden Wellen der physischen Verelendung, von denen vor allem die industriellen Zentren in Westeuropa erfaßt wurden, zunächst mit einer Mischung aus Fatalismus, kollektiv organisierter Selbsthilfe und traditionell gespeisten Unrechtsempfindungen reagiert haben dürften, sahen sich die intellektuellen Flügel des ökonomisch aufsteigenden Bürgertums nun vor die Aufgabe gestellt, für die neuentstandenen Krisenphänomene eine theoretische Erklärung und normative Legitimation zu finden; denn natürlich widersprachen die katastrophalen Zustände in vielen Gegenden auf das heftigste den Rechtfertigungsnarrativen, mit denen man zuvor im Sinn eines optimistischen Marktliberalismus die Ausweitung eines ungeregelten Arbeitsmarktes begründet hatte. Das Wort, das im Ausgang von den Verhältnissen in England bei den gebildeten Zeitgenossen rasch die Runde machte, um das ganze Ausmaß der Armutsbedingungen nicht nur auf einen Nenner zu bringen, sondern auch irgendwie zu erklären, lautete »Pauperismus«; gemeint war damit eine besonders krasse Form der Verelendung, deren Eigentümlichkeit im Unter-

296 Den Ausdruck »solidarisch« verwendet Hegel tatsächlich schon in einer seiner Vorlesungen zur »Rechtsphilosophie«, um die kooperativen Leistungen der Korporationen zu bezeichnen: G. F. W. Hegel, *Philosophie des Rechts. Die Vorlesung von 1819/20 in einer Nachschrift*, hg. von Dieter Henrich, Frankfurt/M. 1983, S. 203 (diesen Hinweis verdanke ich Stilian Yotov).

297 Vgl. zu den *friendly societies*: Peter Henry Gosden, *The Friendly Societies in England 1815-1875*, Manchester 1961; zur Geschichte der Bewegung der *mutuelles* vgl. Romain Lavielle, *Histoire de la Mutualité. Sa place dans le régime français de la sécurité sociale*, Paris 1964.

schied zu allen bislang gekannten Erscheinungsweisen der Armut darin bestehen sollte, daß die Betroffenen auch noch jeden Rest an zivilem Anstand und an bürgerlichem Wohlverhalten verloren hatten.[298] Zwar fanden sich soziale Verhältnisse wie diejenigen, die Victor Hugo in seinem Roman *Die Elenden* später rückblickend am Beispiel einer Gruppe von vagabundierenden Obdachlosen im Paris der dreißiger Jahre des 19. Jahrhunderts schildern wird,[299] wohl nur in den Regionen, in denen bereits großindustrielle Produktionsweisen überwogen; dort auf dem Land und in den kleineren Städten, wo weiterhin bäuerliche oder handwerkliche Kleinbetriebe die Arbeitsorganisation bestimmten, waren hingegen noch die Sicherungsmechanismen der traditionellen Sozialbeziehungen wirksam, so daß der Absturz ins physische und psychische Elend meistens verhindert werden konnte. Den intellektuellen Parteigängern des vermögenden Bürgertums aber reichte die Lage in den großindustriellen Zentren, um zunächst beschwörend das Bild der »gefährlichen« Klassen an die Wand zu malen; in einer Mischung aus Angst und Abscheu, die von nun an fester Bestandteil eines stets bereiten »Klassenrassismus« (Robert Castel) wurde, führte man die neuen, desozialisierenden Formen der Armut auf Tendenzen der Verwahrlosung zurück, die den Mitgliedern der Unterschichten von Natur aus beigegeben sein sollten.[300] Bis auf den heutigen Tag wird eine solche naturalistische Vorstellung, nach der die arbeitslosen und unterbeschäftigten Teile der Bevölkerung zur Primitivierung und zum »Sittenverfall« neigen und mithin ein bedrohliches Potential besitzen, immer wieder aus der Versenkung auftauchen, sobald das Versagen des

298 Castel, *Die Metamorphosen der sozialen Frage*, a.a.O., S. 193-204.
299 Victor Hugo, *Die Elenden* (1862), München 1968.
300 Vgl. exemplarisch: Louis Chevalier, *Classes laborieuses et classes dangereuses à Paris, pendant la première moitié du XIXe siècle*, Paris 1958. Zur Kontinuität des Bildes der »gefährlichen Klassen« vgl. am Beispiel der USA etwa: Frances Fox Piven, *Regulierung der Armut: die Politik der öffentlichen Wohlfahrt*, Frankfurt/M. 1977.

kapitalistischen Arbeitsmarktes es erforderlich macht, rechtfertigende Erklärungen für die daraus jeweils hervorgehenden Elendslagen zu liefern.

In Absetzung von Reaktionen dieser Art machen sich nur wenige Autoren der damaligen Zeit, unter ihnen aber Hegel und später natürlich die Frühsozialisten, an den Versuch, zu den wahren, sozioökonomischen Ursachen der sozialen Verwahrlosung vorzudringen, die doch den Stoff für die Schilderungen des Pauperismus abgegeben hatte; mit einem nüchternen Blick für die sich wandelnden Verhältnisse wird in diesen Zirkeln festgestellt, daß die großindustriellen Unternehmen unter Bedingungen eines freien Arbeitsmarktes schon deswegen immer wieder ein Riesenheer von vollkommen ungesicherten Arbeitslosen hervorbringen werden, weil sie bei einem absehbaren Nachlassen ihrer Absatzmöglichkeiten zu Massenentlassungen gezwungen sein würden. Auf den intellektuellen Wegen, die durch solche ersten, tastenden Erklärungsversuche gebahnt werden, rückt das zunächst noch »Pauperismus« genannte Phänomen alsbald in den Schatten der viel größeren Problematik, die von nun an als die »soziale Frage« verhandelt wird; unter diesem Terminus machen sich die Vertreter der im Entstehen begriffenen Marktwirtschaft zum ersten Mal klar, daß die prekarisierte Lage der arbeitenden Schichten nicht etwa selbstverschuldet ist, sondern mit den sozialen Entgrenzungen des kapitalistischen Arbeitsmarktes zusammenhängt.[301]

Zu dieser allmählichen Politisierung der Frage, wie die sozialen Konsequenzen der neuen Arbeitsorganisation einzuschätzen sind, trug in nicht geringem Umfang freilich auch die Tatsache bei, daß die betroffenen Schichten inzwischen zu stärkeren, vor allem aber moralisch artikulierteren

301 Zu diesem Umschlag der Pauperismus-Diskussion in die »soziale Frage« vgl. exemplarisch am Fall Deutschlands: Florian Tennstedt, *Vom Proleten zum Industriearbeiter. Arbeiterbewegung und Sozialpolitik in Deutschland 1800-1914*, Köln 1983, Kap. A. I. und II.

Formen des Widerstands übergegangen waren. Nach der anfänglichen Schockstarre, von der sich vielleicht durchaus sprechen läßt, weil die Konfrontation mit den lebensweltlichen Folgen eines unregulierten Arbeitsmarktes häufig innerhalb von nur wenigen Generationen erfolgte, wurde auf die verheerenden Zustände ja zunächst, wie erwähnt, mit dem Protestvokabular und den Schutzmechanismen einer traditionellen Moralökonomie reagiert – man klagte die Fabrikherren oder politischen Obrigkeiten an, Arbeitsbedingungen zuzulassen, die mit der angestammten Würde und Ehre der »kleinen Leute« als unvereinbar galten, man organisierte sich zum Schutz in Assoziationen der Selbsthilfe, die die größte Not abzuwenden halfen.[302] Aber im Zuge der Auseinandersetzungen, die an manchen Orten durchaus schon klassenkämpferische Töne anschlagen konnten, eigneten sich die Betroffenen doch allmählich auch die normativen Ideen an, die die Verfechter des neuen Systems selbst zur Begründung der neuen Arbeitsorganisation herangezogen hatten; statt auf überkommene Grundsätze des moralischen Anstands zurückzugreifen, wurden nun bei den Konflikten vermehrt Prinzipien ins Spiel gebracht, die letztlich auf die impliziten Legitimationsgrundlagen der kapitalistischen Wirtschaftsordnung selbst verwiesen. Am deutlichsten ist dieser sich nur unterschwellig vollziehende Wandel daran zu erkennen, daß im Vokabular des Widerstands jetzt mit einem Mal Rechtskategorien auftauchten, die die normativen Versprechungen des Marktes wörtlich zu nehmen schienen: Da ist, von nun an aus dem Wortschatz des Arbeiterprotestes kaum mehr wegzudenken, von einem »Recht auf Arbeit« die Rede, da wird von Ansprüchen auf Arbeitsschutz und elementare Sicherungen im Falle von Erkrankungen gesprochen, und natürlich läßt auch der Vorwurf der »Ausbeutung« nicht mehr lange auf sich

302 Vgl. Edward P. Thompson, *Die Entstehung der englischen Arbeiterklasse*, 2 Bde., Frankfurt/M. 1987, v.a. Bd. 1, Kap. 12, und Bd. 2, Kap. 14 u. 15.

warten.[303] Alle damit erhobenen Forderungen oder Anklagen, so dürfte leicht zu sehen sein, ergeben einen Sinn nur unter der Voraussetzung, daß die ganze Idee eines »freien« Arbeitsvertrags bereits normativ akzeptiert oder doch mindestens geduldet wurde: Wo ein »Recht« auf Arbeit eingeklagt wird, muß vorweg institutionell geregelt sein, daß die Arbeit nicht einfach vormundschaftlich zugewiesen oder angeordnet werden kann; wo Arbeitsschutz und Lohnfortzahlung im Krankheitsfall gefordert werden, ist der Gedanke im Spiel, daß die Einhaltung des Arbeitsvertrags vom Unternehmer implizit eine Reihe von Schutzmaßnahmen verlangt; und wo schließlich »Ausbeutung« zum Vorwurf gemacht wird, muß dem Arbeitssubjekt schon ein rechtlicher Anspruch auf den Ertrag seiner Tätigkeit eingeräumt worden sein. Innerhalb von nur wenigen Jahrzehnten hatten sich die Widerstandsformen der von den Verelendungswellen betroffenen Schichten der frühen Industriearbeiterschaft in Form eines raschen Lernprozesses dahingehend gewandelt, daß nun nicht mehr traditionelle Regeln des moralischen Anstands, sondern die normativen Ansprüche der neuen Arbeitsorganisation selbst den Bezugspunkt bildeten; noch vor der tatsächlichen Herausbildung einer organisierten Arbeiterbewegung hatte man sich unversehens zu Mitstreitern in einem erbittert geführten Deutungskonflikt entwickelt, der sich von jetzt an darum drehen sollte, welche moralischen Implikationen der Institution eines »freien« Arbeitsmarktes innezuwohnen hatten.

Nachdem sich in der Mitte des 19. Jahrhunderts in ganz Westeuropa die verschiedenen Flügel einer organisierten Arbeiterbewegung endgültig herausgebildet hatten, standen sich in der Auseinandersetzung um die »soziale Frage« nun zwei Fronten gegenüber, die sich entsprechend unserer normati-

303 Zu dieser allmählichen Verrechtlichung der Sprache des Protestes vgl. sehr gut: Michael Vester, *Die Entstehung des Proletariats als Lernprozeß. Die Entstehung antikapitalistischer Theorie und Praxis in England 1792-1848*, Frankfurt/M. 1970, Zweiter Teil, Kap. I und II.

ven Rekonstruktion als Repräsentanten von zwei entgegengesetzten Deutungen des dem Arbeitsmarkt zugrundeliegenden Freiheitsversprechens verstehen lassen: Während die eine Seite, die bei sträflichem Absehen von allen Differenzierungen als Partei der privatkapitalistischen Akteure zu verstehen sein dürfte, für ein rein individualistisches Verständnis der Vertragsfreiheit plädierte, wonach es völlig im Ermessen des jeweiligen Besitzers der Produktionsanlagen steht, unter welchen Bedingungen er seine Arbeitskräfte beschäftigt, vertrat die andere, hier ebenso abstrakt betrachtete Seite als Partei der industriellen Arbeiterschaft die Überzeugung, daß es das System solcher vertraglichen Freiheiten normativ erforderlich macht, auch für die sozialen Voraussetzungen der Möglichkeit ihrer Verwirklichung zu sorgen. Gewiß bringen solche groben Vereinfachungen die Gefahr mit sich, von der internen Dynamik und der besonderen Verlaufsform der Klassenauseinandersetzungen in den verschiedenen Ländern Westeuropas zur damaligen Zeit so weit absehen zu müssen, daß der geschichtlichen Wirklichkeit einfach Gewalt angetan wird; in England, Frankreich oder Deutschland, um nur diese drei Länder zu erwähnen, nimmt der soziale Kampf um die Verfassung der kapitalistischen Arbeitsorganisation schon deswegen eine jeweils spezifische Gestalt an, weil sich nicht nur der Grad der Industrialisierung erheblich voneinander unterscheidet, nicht nur die Zusammensetzung der sozioökonomischen Klassen damit eine andere ist und nicht nur deren politisches Gewicht dementsprechend stark voneinander abweicht, sondern auch und vor allem, weil die vermittelnde Rolle des Staates aufgrund von politisch-rechtlichen Traditionen in vielerlei Hinsichten differiert.[304] Aber die Abstraktion von den damit angedeuteten, im einzelnen sehr gravierenden Unterschieden scheint mir an dieser Stelle gerechtfertigt, weil es für unsere Zwecke nur darauf ankommt, die moralische Tiefengrammatik der damaligen

304 Vgl. überblickshaft: Jürgen Osterhammel, *Die Verwandlung der Welt. Eine Geschichte des 19. Jahrhunderts*, München 2009, Kap. XII.

Auseinandersetzungen über die »soziale Frage« freizulegen; und sehen wir demgemäß eben ab von ganz unterschiedlichen Konstellationen des Klassenkampfes in der Mitte des 19. Jahrhunderts, so wird sich wohl sagen lassen, daß die verschiedenen Flügel der Arbeiterbewegung, soweit sie nicht streng marxistisch geprägt waren, für eine radikale Vergesellschaftung der vom kapitalistischen Arbeitsmarkt vorausgesetzten Vertragsfreiheit kämpften, indem sie dazu auch die sozialen Bedingungen des Erwerbs, des Schutzes und der angemessenen Würdigung der menschlichen Arbeitsfähigkeiten rechnen wollten.

Die allmähliche Herausbildung einer staatlichen Sozialpolitik, wie sie sich dann gegen Ende des 19. Jahrhunderts in fast allen liberalen Ländern Westeuropas abzuzeichnen beginnt, wird dann auch in der heute vorherrschenden Geschichtsschreibung zumeist mit Verweis auf den massiven Druck erklärt, den die inzwischen stark organisierte Arbeiterbewegung auf die öffentliche Meinungsbildung und die parlamentarischen Gremien auszuüben vermochte: Angestoßen durch die Erfahrung, daß den wiederkehrenden Wellen der Pauperisierung durch die bislang wirksamen Maßnahmen der privaten Wohltätigkeitsorganisationen, der gesetzlichen Armenfürsorge und der zahlreichen Selbsthilfevereine nicht beizukommen war, und herausgefordert durch die militanten Arbeitskämpfe, die mittlerweile an der Tagesordnung waren, sahen sich die Regierungen in England, Frankreich, Schweden, Österreich oder Deutschland zunehmend veranlaßt, Gesetze zum Schutz und zur sozialen Sicherung der lohnabhängigen Schichten zu erlassen, die die Interessen der privatkapitalistischen Unternehmen nicht unerheblich einschränkten.[305]

305 Vgl. zu dieser »sozialen« oder auch laboristischen Erklärung der Entstehung des Sozialstaats den enorm hilfreichen Überblick in: Peter Baldwin, *The Politics of Social Solidarity. Class Bases of the European Welfare State 1875-1975*, Cambridge 1990, S. 1-54. Ein brilliantes Beispiel für einen solchen Erklärungsansatz bieten: Roger A. Cloward/Frances Fox Piven, »Moral Economy and Welfare State«, in: David Robbins u. a. (Hg.), *Rethinking Social Inequality*, Aldershot 1982, S. 148-164.

Aber gerade mit Blick auf Deutschland, das ja unter Federführung Bismarcks eine Vorreiterrolle in der Durchsetzung solcher sozialpolitischen Regulierungen übernahm,[306] besitzt dieser Erklärungsansatz doch auch erhebliche Lücken, weil nicht recht deutlich wird, daß die entsprechenden Maßnahmen häufig nur pazifizierenden oder kontrollierenden Zwekken dienen sollten; nicht nur die politischen Eliten, sondern auch die Unternehmerverbände hatten in kluger Antizipation der wachsenden Macht der Arbeiterbewegung ein starkes Interesse daran, so ist mit Verweis auf die Entwicklungen vor allem in Deutschland und England argumentiert worden,[307] die Lohnabhängigen dadurch in das existierende System einzubinden, daß ihnen staatlich verbürgte Ansprüche auf soziale Sicherheit und Arbeitsschutz zugebilligt wurden. Die sich in der Spannung zwischen diesen beiden Erklärungsansätzen dokumentierende Ambivalenz der sozialpolitischen Innovationen am Ende des 19. Jahrhunderts bringt zum Ausdruck, daß die regulativen Freiheitsideen der neuen, kapitalistischen Organisation der Arbeit zunächst nur in der einseitigen Gestalt von subjektiven Rechten institutionalisiert werden konnten.

Eine angemessene Institutionalisierung von sozialer Freiheit innerhalb der Sphäre des kapitalistischen Arbeitsmarktes verlangt, so haben wir im Rückblick auf die Tradition des moralischen Ökonomismus gesehen, hier neben rechtlichen Garantien der Chancengleichheit auch die Etablierung diskursiver Mechanismen, die es der erwerbstätigen Seite erlau-

306 Exemplarisch: Tennstedt, *Vom Proleten zum Industriearbeiter*, a.a.O., Kap. C; zusätzlich: Michael Stolleis, »Die Sozialversicherung Bismarcks. Politisch-institutionelle Bedingungen ihrer Entstehung«, in: Hans F. Zacher (Hg.), *Bedingungen für die Entstehung und Entwicklung der Sozialversicherung*, Berlin 1979, S. 387-410.

307 Vgl. überblickshaft zu diesem »bonapartistischen« Erklärungsansatz die Beiträge von Jürgen Tampke und Roy Hay in: Wolfgang J. Mommsen/Wolfgang Mock (Hg.), *Die Entstehung des Wohlfahrtsstaates in Großbritannien und Deutschland 1850-1950*, Stuttgart 1998, S. 79-91 bzw. S. 107-130.

ben, kollektiv oder in Form von Gruppen auf die Interessenfindung der Unternehmen Einfluß zu nehmen; daher hatte Durkheim schon zu der Zeit, von der im vorliegenden Zusammenhang gerade die Rede ist, zur Wiederbelebung von Berufskörperschaften geraten, die die Aufgabe übernehmen sollten, die wirtschaftlichen Beziehungen auf dem Markt korporativ zu regeln.[308] Auch wenn dieses Modell inzwischen sicherlich veraltet ist, weil es an die historische Voraussetzung klar abgrenzbarer Berufsfelder, ja überhaupt verberuflichter Tätigkeiten gebunden ist, so bietet es sich doch als Folie an, um uns die ganze Ambivalenz jener ersten sozialpolitischen Initiativen im Westen Europas vor Augen zu führen. Die Maßnahmen, mit denen die Regierungen der genannten Länder im letzten Drittel des 19. Jahrhunderts versuchten, die Erwerbstätigen vor den Widerfahrnissen eines unreglementierten Arbeitsmarktes zu schützen, sahen im allgemeinen rechtliche Vorschriften vor, die die Unternehmen darauf verpflichteten, feste Arbeitszeiten einzuhalten, bestimmte Sicherheitsvorkehrungen zu treffen und im Falle von Betriebsunfällen Entschädigungen zu zahlen; darüber hinaus wurden in einigen Staaten, allen voran Deutschland, bereits erste Schritte unternommen, um mit Hilfe von Sozialabgaben oder erhöhten Steuern ein öffentliches Versicherungswesen auszubauen, das den Lohnabhängigen einen finanziellen Ausgleich im Fall von Krankheit, Arbeitslosigkeit oder Ruhestand gewährleisten sollte.[309] Alle diese Regelungen waren, so ist unschwer zu sehen, in Form von individuellen Rechtsansprüchen formuliert, für deren Einklagbarkeit der Staat mit seiner Zwangsbefugnis die Gewähr zu übernehmen hatte; es war der einzelne Erwerbstätige, der von nun an ein staatlich verbürgtes Anrecht darauf besitzen sollte, vor den vielfältigen Risiken einer Beschäftigung nach Maßgabe allein des unternehmerischen Gewinninteresses geschützt zu sein. Zum er-

308 Durkheim, *Physik der Sitten und des Rechts*, a. a. O., S. 31 ff.
309 Vgl. Stolleis, »Die Sozialversicherung Bismarcks«, a. a. O.

sten Mal in der noch kurzen Geschichte der kapitalistischen Marktwirtschaft zeichnete sich damit in noch vagen Umrissen ein »neuartiges Lohnabhängigkeitsverhältnis« (Robert Castel) ab, das mehr vorsah, als den Arbeiter mit dem Lohn bloß »punktuell« für eine verrichtete Aufgabe zu vergüten; vielmehr wurde seine Stellung im Zuge der sozialpolitischen Initiativen jetzt intrinsisch mit elementaren Rechtsansprüchen versehen, die ihm den Zugang zu Leistungen eröffneten, welche sich jenseits der vertraglich vereinbarten Entlohnung für seine Arbeitstätigkeit befanden.[310] Der »Pauper« der ersten Stunde war auf dem Weg, ob nun durch den Erfolg seiner kämpferischen Anstrengungen oder dank der sicherheitspolitischen Weitsicht des Staates, zum statusgeschützten Lohnarbeiter des 20. Jahrhunderts zu werden.

Der Preis für diese ersten Besserstellungen, unzweideutig ein normativer Fortschritt im hier gemeinten Sinn, war freilich eine von nun an kaum mehr aufzuhaltende Individualisierung der Erwerbstätigen. In den Jahrzehnten, die dem Beginn der sozialpolitischen Maßnahmen von seiten des Staates vorausgegangen waren, hatten sich unter den weitgehend rechtlosen Lohnabhängigen rudimentäre Formen eines kollektiven Widerstands herausgebildet, die den täglichen Gefährdungen der eigenen Existenz dadurch entgegenzuwirken vermochten, daß sie Heimstätten wechselseitiger Hilfe, Interessenabsprachen und Perspektivübernahmen boten; die bereits erwähnten Selbsthilfeorganisationen, die vielen Arbeiterbildungsvereine, die sich in der Jahrhundertmitte gebildet hatten, die zuvor schon behandelten Konsumgenossenschaften und die nun überall entstehenden Gewerkschaften – all das waren Assoziationen der Unterschichten gewesen, deren (latente) Funktion darin bestanden hatte, unter den Arbeitern eine Art von ständischem Bewußtsein zu schaffen und ihnen damit Möglichkeiten einer kooperativ abgestimmten

310 Vgl. dazu eindrucksvoll: Castel, *Die Metamorphosen der sozialen Frage*, a. a. O., S. 283 ff.

Gegenwehr zu eröffnen.[311] Auch wenn diesen Gruppen und Vereinen natürlich nicht das Recht zustand, als Verhandlungsorgane direkt auf die Unternehmerverbände oder staatlichen Gremien einzuwirken, so hatten sie sich doch stark in die Sphäre der kapitalistischen Produktion hinein vorarbeiten können; durch Boykotts, Streiks, Manipulation an den Maschinen oder Selbstorganisation der Arbeitsabläufe gaben ihre Mitglieder an vorderster Front zu erkennen, daß sie auf die Entlohnung und Verwendung ihrer Arbeitskraft Einfluß nehmen wollten.[312] Solche Formen der kollektiven Gegenwehr wurden zudem noch dadurch beflügelt, daß inzwischen das Bewußtsein dafür gestiegen war, durch die Produktivität der eigenen Tätigkeit ganz entschieden zum Wirtschaftswachstum beizutragen; das seit nunmehr einhundert Jahren vom Bürgertum propagierte Leistungsprinzip, bislang nur in einseitiger Weise für die eigenen Berufsfelder institutionell zur Geltung gebracht, wurde jetzt zunehmend auch von der standesbewußten Arbeiterschaft reklamiert, indem man auf den gesellschaftlichen Wert und die Würde der Handarbeit verwies. Diesen Tendenzen einer Vergesellschaftung des Arbeitsmarktes von unten, dem Versuch also, kooperativ über die Austauschbedingungen der Ware Arbeitskraft mitzubestimmen, wurde aber nun durch die verrechtlichte Form der im Entstehen begriffenen Sozialpolitik wenn nicht ein Riegel vorgeschoben, so doch gewollt oder ungewollt entgegengewirkt; denn die sozialen Leistungsansprüche, die den Lohn-

311 Zu dieser Vielgestaltigkeit der Assoziationsformen innerhalb der Arbeiterbewegung im letzten Drittel des 19. Jahrhunderts vgl. exemplarisch am Beispiel Deutschlands: Wolfgang Hardtwig, »Verein (Gesellschaft, Geheimgesellschaft, Assoziation, Genossenschaft, Gewerkschaft)«, in: Otto Brunner/Werner Conze/Reinhart Koselleck (Hg.), *Geschichtliche Grundbegriffe: Historisches Lexikon zur politisch-sozialen Sprache in Deutschland*, Stuttgart 2004, Bd. 8, S. 789-829, bes. S. 816-827.

312 Zu solchen Arbeitskämpfen vor der Etablierung des tayloristischen Betriebssystems vgl.: Richard Edwards, *Herrschaft im modernen Produktionsprozeß*, Frankfurt/New York 1981, Kap. 4.

abhängigen von seiten des Staates zunehmend eingeräumt wurden, bezogen sich ihrer formalen Struktur nach nur auf den singulären Arbeitnehmer und mußten ihn dementsprechend administrativ aus den mittlerweile entstandenen Gemeinschaften wieder herauslösen. Hier offenbart sich einmal mehr, was wir über die desozialisierende Wirkung der subjektiven Rechte bereits in Erfahrung gebracht haben: Indem sie dem einzelnen den rechtlichen Schutz seiner Privatsphäre garantieren und ihm damit die Möglichkeit an die Hand geben, sich unzumutbarer Erwartungen und Belastungen zu erwehren, »entfremden« sie ihn der Tendenz nach zugleich auch von seiner kommunikativen Umwelt und lassen ihn als in sich selbst kreisendes, »monologisches« Rechtssubjekt zurück. Von ähnlicher Wirkung waren nun auch, so ist verschiedentlich gezeigt worden, die Schutzmaßnahmen und Sozialleistungen, mit deren Hilfe die staatlichen Organe gegen Ende des 19. Jahrhunderts darangingen, die »soziale Frage« zu lösen und damit die Gefahr einer regelmäßig wiederkehrenden Verelendung der arbeitenden Massen zu bannen: Weil all diese überfälligen Vorkehrungen nur in Gestalt subjektiver Rechte gewährt wurden, mußten sie im Fall von Konflikten und Auseinandersetzungen eine Rückkehr zu bloß individuellen Handlungsorientierungen nahelegen, so daß die inzwischen gewachsenen Impulse zur kollektiven Selbstorganisation nachträglich wieder gelähmt wurden.[313]

Natürlich soll das, um es zu wiederholen, die durch die damaligen Reformen bewirkten Verbesserungen nicht in Zweifel ziehen oder deren fortschrittlichen Gehalt in Frage stellen. Aber im Licht der Kriterien sozialer Freiheit, wie sie Durkheim seinen Überlegungen zu den Berufsgruppen zugrunde gelegt hat, treten an den Segnungen all dieser staat-

313 Vgl. exemplarisch: Ulrich Rödel/Tim Guldimann, »Sozialpolitik als soziale Kontrolle«, in: *Starnberger Studien 2 – Sozialpolitik als soziale Kontrolle*, Frankfurt/M. 1978, S. 11-56; Piven/Cloward, *Regulierung der Armut*, a. a. O., Kap. I.

lichen Maßnahmen eben auch deren Schattenseiten zutage, die zusammengenommen darin bestanden, die assoziativen Bestrebungen der Lohnabhängigen zu untergraben und damit den Versuchen einer kooperativen Beeinflussung des Arbeitsmarktes den Nährboden zu entziehen: Zwar waren die Beschäftigten nun als einzelne Arbeitnehmer besser geschützt und abgesichert als jemals zuvor in der Geschichte der kapitalistischen Arbeitswelt, dafür aber hatten sie tendenziell ihre spontane Fähigkeit eingebüßt, sich als Mitglieder eines zunehmend selbstbewußten Standes zu empfinden und gemeinsame Anstrengungen zur Umgestaltung der marktvermittelten Produktionssphäre zu unternehmen. Die Etablierung von sozialer Freiheit in dieser Sphäre, also deren Erweiterung zu einer »relationalen« Institution, verlangt, so hatten wir im Anschluß an Durkheim gesehen, sie institutionell mit diskursiven Mechanismen zu versehen, die es den Beteiligten erlauben, reziprok auf die jeweilige Interessenfindung einzuwirken und dadurch den übergreifenden Kooperationszielen allmählich Gestalt zu verleihen; auf beiden Seiten, der der Lohnabhängigen und der der Unternehmer, müssen institutionelle Regeln wirksam werden, die es mit sich bringen, die soziale, kooperative Bedeutung der wirtschaftlichen Tätigkeiten im Bewußtsein der Beteiligten zu verankern. Die Vergemeinschaftung der Arbeiter in Vereinen, Genossenschaften und Selbsthilfeorganisationen war auf dem damit umrissenen Weg ein erster Schritt gewesen, weil sie dazu geführt hatte, wenigstens auf der einen, unterlegenen Seite egoistisch-strategischen Verhaltensweisen vorzubeugen und übergreifende Verantwortungsgefühle zu wecken. In dem Maße nun, in dem diese Tendenzen einer stärkeren Vergesellschaftung des Marktes durch die ersten sozialpolitischen Initiativen wiederum verlangsamt oder konterkariert wurden, war es auch um die Chancen der sozialen Freiheit innerhalb der kapitalistischen Arbeitsorganisation schlechter bestellt; insofern besitzt der Sozial- oder Wohlfahrtsstaat von Haus aus einen

Doppelcharakter, weil er einerseits den Lohnabhängigen dank seiner Generierung von sozialer Sicherheit zu einer individuellen Form des Selbstwertgefühls verhilft, andererseits aber deren Vergemeinschaftung aufgrund seiner desozialisierenden Effekte doch wieder verhindert.[314]

Während desselben Zeitraums um die Jahrhundertwende, als um die Art und Weise der Institutionalisierung der sozialpolitischen Hilfsmaßnahmen gerade heftig gestritten wurde,[315] hatten sich freilich auch die Eigentumsverhältnisse in den kapitalistischen Unternehmen bereits erheblich zu verändern begonnen. Bis in die Mitte des 19. Jahrhunderts hinein war es die Regel gewesen, daß die Fabriken und Großbetriebe das Eigentum nur eines einzigen Privatunternehmers bildeten, der nach Gutdünken die Ziele und Risiken der von ihm bestimmten Produktion festlegen konnte; mit dem Anstieg der ökonomischen Produktivität war aber der Umfang der zu finanzierenden Unternehmungen inzwischen so stark angewachsen, daß nach rechtlichen Wegen gesucht werden mußte, um fremden Kapitaleignern die wirtschaftliche Beteiligung an den gewinnversprechenden Investitionen zu ermöglichen. Noch vor den Augen von Marx, der diesen Vorgängen ein faszinierendes Kapitel im dritten Band seines *Kapitals* gewidmet hat,[316] vollzieht sich daher die Umwandlung einer Vielzahl von bislang privatkapitalistisch geführten Unternehmen in Aktiengesellschaften; damit war dank der Rückstufung des Eigentümers zu einem bloßen »Dirigenten« und des entsprechenden Mitbestimmungsrechts der Aktienbesitzer,

314 Claus Offe, »Zu einigen Widersprüchen des modernen Sozialstaats«, in: ders., *Arbeitsgesellschaft. Strukturprobleme und Zukunftsperspektiven*, Frankfurt/New York 1984, S. 323-339.

315 Überblicke dazu geben: Baldwin, *The Politics of Social Solidarity*, a. a. O.; Guldimann, »Die Entwicklung der Sozialpolitik in England, Frankreich und Schweden bis 1930«, in: *Starnberger Studien* 2, a. a. O., S. 57-112.

316 Karl Marx, »Das Kapital«, Dritter Band, in: Karl Marx/Friedrich Engels, *Werke*, Bd. 25, Berlin 1970, Kap. 27.

wie es ein wenig zu optimistisch bei Marx heißt, ein »Durchgangspunkt« erreicht, an dem sich die »Rückverwandlung des Kapitals« in das »Eigentum des Produzenten« immerhin abzuzeichnen schien.[317] Tatsächlich aber hingen die Aussichten auf eine solche »Vergesellschaftung der Produktion« von oben ganz davon ab, wie das entsprechende Aktienrecht in den verschiedenen Ländern jeweils gefaßt war; gewiß hatten alle Beteiligten, angefangen von den Anlegern über die Kunden und Lieferanten bis hin zu den Beschäftigten, ein großes Interesse an Regelungen, die ihren jeweiligen Sicherheitsbedürfnissen Rechnung trugen, so daß schon von daher ein höherer Grad an sozialer Verallgemeinerung bei derart anonym gesteuerten Unternehmen zu erwarten war. Gleichwohl aber waren es die Gesetzgebungen in den einzelnen Ländern, die letztlich zu regeln hatten, in welchem Maße das neue Instrument des Aktienrechts die mächtigen Kapitalgesellschaften auf öffentliche, gemeinwohlorientierte Belange verpflichten sollte; und hier übernahmen vor allem die Regierungen derjenigen Staaten, die sich aufgrund der verspäteten Industrialisierung ihrer Volkswirtschaften zu erhöhten Interventionstätigkeiten gezwungen gesehen hatten, eine wegbereitende Rolle, weil sie darangingen, die Aktiengesellschaften als Hebel der öffentlichen Einflußnahme zu benutzen.[318] Vor allem in Deutschland gelang es den politischen Organen daher schon früh, die Chance der Neuzusammensetzung des kapitalistischen Eigentums zu nutzen, um den Unternehmen mit aktienrechtlichen Mitteln Verfassungen aufzuerlegen, die ihnen die Wahrung gesellschaftlicher Verpflichtungen abverlangten.[319]

317 Ebd., S. 453.

318 Vgl. die diesbezüglichen Überlegungen in: Streeck/Höpner, »Einleitung: Alle Macht dem Markt?«, in: dies., *Alle Macht dem Markt?*, a. a. O., bes. S. 12-14.

319 Vgl. Hans-Ulrich Wehler, »Der Aufstieg des organisierten Kapitalismus und Interventionsstaates in Deutschland«, in: Heinrich August Winkler (Hg.), *Organisierter Kapitalismus*, Göttingen 1974, S. 36-57.

Es sind diese beiden Entwicklungsstränge einer Intensivierung staatlicher Sozialpolitik und einer stärkeren Einbindung des kapitalistischen Eigentums gewesen, aus deren Zusammenschluß im ersten Drittel des 20. Jahrhunderts die sozioökonomische Formation erwuchs, die im Rückblick als »organisierter Kapitalismus« bezeichnet worden ist.[320] Der Arbeitsmarkt war nun in dem Sinn normativ wesentlich stärker geregelt als in der Phase seiner Entstehung, daß die Lohnabhängigen nicht nur über einen relativ gesicherten Status mit entsprechenden Rechtsansprüchen verfügten, sondern auch mittels ihrer Interessenorgane, den Gewerkschaften, einen gewissen Einfluß auf die unternehmerischen Entscheidungen ausüben konnten – die »spezifische Insekurität« des proletarischen Lebens,[321] resultierend aus den Schwankungen des Arbeitsmarkts und den weitgehend unkontrollierten Verhältnissen in den Betrieben, war fürs erste abgeschwächt worden, auch wenn aufgrund der weiterhin bestehenden Vermögensunterschiede und Bildungsbarrieren von einer Verwirklichung der Chancengleichheit natürlich nicht auch nur annähernd die Rede sein konnte. Die Anerkennungsverhältnisse in dieser ökonomischen Sphäre, die doch nach Hegel und Durkheim insofern egalitär sein sollten, als sich die Beteiligten im Lichte des übergreifenden Kooperationsprinzips wechselseitig als »ehrenhafte« oder leistungswillige Wirtschaftsbürger zu achten hatten und dementsprechend die gleiche Rücksichtnahme schuldeten, waren weiterhin höchst asymmetrisch angelegt; zwar kamen den Lohnabhängigen nun soziale Rechte zu, die sie als einzelne Individuen vor unternehmerischer Willkür und ökonomischen Unsicherheiten zu schützen vermochten, aber in ihrer Leistungsbereitschaft, in ihrem Wert für die ge-

320 Vgl. die Beiträge in: Winkler (Hg.), *Organisierter Kapitalismus*, a. a. O.

321 Der Ausdruck stammt von Goetz Briefs: »Gewerkschaftswesen und Gewerkschaftspolitik«, in: *Handwörterbuch der Staatswissenschaften*, hg. v. Ludwig Elster/Adolf Weber/Friedrich Wieser, Jena 1927, Bd. 4, S. 1108-1150, hier: S. 1111.

sellschaftliche Reproduktion und überhaupt in ihrem Streben nach Fortschritt und Produktivität galten sie doch nach wie vor den verschiedenen Schichten des Bürgertums als weit unterlegen.[322]

Die einzigen Organisationen, die hier hätten tätig werden können, um durch demonstrative Herausstellung des faktischen Leistungsanteils der Arbeiterschaft solchen kraß ungleichen Anerkennungsverhältnissen entgegenzuwirken, waren die Gewerkschaften; denn diese galten unter den meisten Lohnabhängigen inzwischen, nachdem die vielen Selbsthilfevereine des traditionellen Typs aufgrund der allgemeinen Hebung des Lebensstandards untergegangen waren, als die nahezu selbstverständlichen Organe einer Vertretung der eigenen Interessen, dazu berufen, eine Art von Gegenmacht zum organisierten Kapital zu bilden.[323] Allerdings war es innerhalb der intellektuellen Zirkel der Arbeiterbewegung eher umstritten, welche Aufgaben die Gewerkschaften in den Auseinandersetzungen um die Zukunft der kapitalistischen Produktion tatsächlich übernehmen sollten; über kaum ein anderes Thema wurden in der damaligen Zeit, also im ersten Drittel des 20. Jahrhunderts, heftigere und im übrigen auch anspruchsvollere Diskussionen geführt als über die Frage, welche Interessen der (Industrie-)Arbeiterschaft es nun seien, die die Gewerkschaften mit welchen Mitteln zu verteidigen hätten. Das Spektrum der Alternativen reichte hier, wenn wir uns nur auf Deutschland beschränken, von der liberalen Auffassung Lujo Brentanos, wonach den Gewerkschaften die marktkonforme, zunftähnliche Funktion zufällt, die Arbeitskraft vor

322 Als eine beinah skurrile Streitschrift aus der Frühphase des organisierten Kapitalismus, in der dieser latent verachtende Blicke auf die Lohnabhängigen deutlich zum Ausdruck gebracht wird, kann gelten: William Graham Sumner, *What Social Classes Owe to Each Other* (1883), Caldwell 1995. Seit ihrem ersten Erscheinen hat diese Schrift zwölf neue Auflagen erfahren.

323 Vgl. exemplarisch für Deutschland die Angaben von Mooser, *Arbeiterleben in Deutschland 1900-1970*, a.a.O., S. 190ff.

Verschleiß und Abnutzung zu schützen,[324] über die reformorientierte Vorstellung von Goetz Briefs, der ihnen über den »äußeren Zweck« eines Kampfes gegen die »Verdingung« der Arbeitskraft die »innere« Aufgabe zuschrieb, die »soziale Mindergeltung« der Lohnarbeiter zu beheben,[325] bis hin zu der kapitalismuskritischen These Eduard Heimanns, der zufolge die Gewerkschaften zu Organen einer sozialen Umgestaltung der Marktwirtschaft im ganzen werden sollten.[326] Halten wir uns an die beiden letzten der genannten Bestimmungen, also diejenigen Briefs' und Heimanns, so hätte es also durchaus nahegelegen, die Gewerkschaften nicht nur negativ als kartellähnliche »Schutzgehäuse gegen die Kommerzialisierung der menschlichen Arbeitskraft«[327] zu verstehen, sondern auch positiv als moralische Agenturen in einem Kampf um Anerkennung, in dem es um die soziale Aufwertung aller industriell geleisteten Tätigkeiten gegangen wäre. Kurz, diese Organisationen hätten sich auch dazu berufen fühlen können, für eine radikal erweiterte Deutung des bislang nur »bürgerlich« ausgelegten Leistungsprinzips zu streiten, um damit eine Umwertung der herrschenden Prinzipien der Statusordnung anzustoßen. Aber aus Gründen, von denen einige gleich noch zur Sprache kommen werden, haben sich die Gewerkschaften zu einem solchen normativen Selbstverständnis nie durchringen können; sie blieben schon in der Phase der Herausbildung des organisierten Kapitalismus im wesentlichen Interessenorganisationen, unfähig, die ungleichen Anerkennungs-

324 Lujo Brentano hatte seine Gewerkschaftstheorie schon in seiner klassischen Schrift über die »Arbeitergilden« entworfen (*Die Arbeitergilden der Gegenwart*, 2 Bde., Leipzig 1871/72), diese dann aber im neuen Jahrhundert in mehreren Artikeln aktualisiert.

325 Briefs, »Gewerkschaftswesen und Gewerkschaftspolitik«, a. a. O. Alle hier verwendeten Zitate sind diesem Lexikonartikel entnommen.

326 Heimann, *Soziale Theorie des Kapitalismus*, a. a. O., S. 251-262. Hier findet sich auch ein guter Überblick über die konkurrierenden Aufgabenbestimmungen der Gewerkschaften.

327 Briefs, »Gewerkschaftswesen und Gewerkschaftspolitik«, a. a. O., S. 1117.

verhältnisse in der Wirtschaftssphäre selbst zu thematisieren oder anzugreifen.

In einem nicht geringen Umfang mag für diese Selbstbeschränkung die Tatsache verantwortlich gewesen sein, daß sich seit Beginn des 20. Jahrhunderts in allen Ländern des westlichen Kapitalismus zwei neue Entwicklungsprozesse abzuzeichnen begannen, die die Auseinandersetzungen um die Organisation des Arbeitsmarktes mit ganz neuen Fragen konfrontierten. Schon im letzten Viertel des vorangegangenen Jahrhunderts hatten sich technologisch wesentlich verfeinerte Methoden der Betriebsführung herausgebildet, deren zeiteinsparende Maßnahmen aber nun erst in der ganzen Breite der industriellen Produktion zur Anwendung gelangten; die Folge der Durchsetzung dieser veränderten, als »tayloristisch« bezeichneten Organisationsprinzipien war ein rapides Anwachsen in der Mechanisierung der betrieblichen Tätigkeiten, das die Lohnabhängigen vor das Problem stellte, in den von ihnen zu vollziehenden Handgriffen nicht mehr den Ansatz für eine anerkennungswürdige, ihre Fähigkeiten widerspiegelnde Arbeit finden zu können.[328] In derselben historischen Phase, in der sich die damit angedeuteten Formwandlungen vollzogen, nahm aber noch ein zweiter Veränderungsprozeß in der Wirtschaftssphäre seinen Anfang, der langfristig von nicht geringerer Bedeutung für die mit ihr verbundenen Konflikte und Auseinandersetzungen sein sollte; denn inzwischen war mit der Angestelltenschaft eine neue, distinkte Schicht arbeitsmarktabhängiger Beschäftigter entstanden, die sich in der Art der beruflichen Vollzüge und damit in ihrer Mentalität so sehr von den traditionellen Lohnabhängigen unterschied, daß sie in das bisherige Interessen- und Wahrnehmungsschema der Arbeiterbewegung nicht mehr hineinzupassen schien.[329] Bin-

328 Vgl. dazu vor allem: Harry Braverman, *Die Arbeit im modernen Produktionsprozeß*, Frankfurt/New York 1977; Georges Friedmann, *Der Mensch in der mechanisierten Produktion*, Köln 1952.

329 Braverman, *Die Arbeit im modernen Produktionsprozeß*, a. a. O., Teil IV.

nen weniger Jahrzehnte hatte also nicht nur die Industriearbeit selbst eine vollkommen neue Gestalt angenommen, sondern neben ihr war auch ein zweiter Typ von Erwerbstätigkeit entstanden, der nach eigenständigen Formen einer Vertretung im Kampf um die Gestaltung der gesellschaftlichen Arbeitsorganisation zu verlangen schien.

Bereits Hegel hatte, wie erwähnt, einen Prozeß der Mechanisierung der Arbeit vorhergesehen, an dem ihn vor allem die Möglichkeit einer Ersetzung aller menschlichen Tätigkeiten durch die Maschinen interessierte;[330] nicht vorauszuahnen war von seiner Seite hingegen, daß diese Zunahme von maschinenvermittelten Fertigungsweisen einmal zu einem Zustand in der Industrieproduktion führen könnte, in dem die Lohnabhängigen Schwierigkeiten damit haben würden, in den ihnen auferlegten Handgriffen und Vollzügen überhaupt noch den Aspekt der Arbeit zu erkennen. Ein derartiger Gestaltwandel des Arbeitsprozesses sollte sich erst von dem historischen Augenblick an durchzusetzen beginnen, als der Ingenieur Frederick Winslow Taylor gegen Ende des 19. Jahrhunderts daranging, die Methoden der Betriebsführung wissenschaftlich zu revolutionieren; seine bahnbrechende Idee bestand darin, das allmähliche Verschwinden allen Handwerks aus der industriellen Produktion bis an den Punkt weiterzudenken, an dem die Arbeitenden nur noch bis ins kleinste zerlegte Verrichtungen auszuführen hätten, die von einem geschulten Management in genauester Kenntnis der maschinell vermittelten Abläufe vorausgeplant worden waren. Der Ertrag einer solchen methodischen Vereinfachung der separaten Arbeitsschritte sollte natürlich, wie Taylor unermüdlich betonte, der einer Verbilligung und zugleich Produktivitätssteigerung der individuellen Arbeitskraft sein: Dadurch, daß der einzelne Arbeiter immer weniger an Wissen und Fertigkeiten mitzubringen hatte, konnte auf der einen Seite sein

330 Hegel, *Grundlinien der Philosophie des Rechts*, a. a. O., § 198.

Lohn um den entsprechenden Qualifikationsanteil herabgesetzt werden, während er auf der anderen Seite doch mehr an Wert pro Zeiteinheit erwirtschaftete, weil sich das Tempo der Fertigungsprozesse inzwischen hatte steigern lassen.[331]

Nicht lange, nachdem Taylor dieses neue Betriebssystem in Veröffentlichungen publik gemacht hatte, kam es aufgrund der in Aussicht gestellten Produktivitätssteigerungen in den industriellen Großunternehmen des kapitalistischen Westens auch schon zur Anwendung. Noch vor dem Ende des Ersten Weltkriegs wurden in den USA, in England, Deutschland und Frankreich die meisten der technologisch entsprechend ausgerüsteten Fabrikanlagen auf die veränderten Fertigungsmethoden umgestellt, so daß hier von nun an ein professionalisiertes Management die erforderlichen Arbeitsabläufe rational zergliedern und die dadurch zustande gekommenen Kleinstverrichtungen auf einzelne Gruppen von nur gering qualifizierten Arbeitskräften verteilen konnte. Aus der Sicht der Lohnabhängigen bedeuteten diese Veränderungen freilich zunächst nur, wie viele zeitgenössische Berichte zu erkennen geben,[332] eine Enteignung und Entwertung ihres eigenen, zuvor ja noch handwerklich geprägten Arbeitswissens: Waren sie vor wenigen Jahrzehnten bei aller Insekurität immerhin noch zur Kontrolle ihrer Arbeitsverrichtungen halbwegs in der Lage gewesen, hatten angestammte Fertigkeiten eigeninitiativ anwenden und erworbene Kenntnisse flexibel zur Geltung bringen können, so mußten sie jetzt erleben, wie all jene Fähigkeiten gleichsam von ihnen abgezogen wurden, um sie zum Zweck der Produktionsbeschleunigung oben in den Führungsetagen anzusiedeln. Es bedarf keiner großen Phantasie, um sich klarzumachen, daß solche Dequalifizierungsprozesse von der Industriearbeiterschaft ganz in den Anfängen, also noch bevor Gewöhnung und Vergessen wirksam werden konnten, als Angriff auf ihr überliefertes Selbstverständnis wahrgenommen

331 Braverman, *Die Arbeit im modernen Produktionsprozeß*, a. a. O., Kap. 4.
332 Ebd., S. 108 f.

werden mußten: Das, was bislang, wenn überhaupt, ihren ganzen Stolz und ihr Leistungsbewußtsein ausgemacht hatte, die Tatsache nämlich der mit aller Handarbeit verknüpften Geschicklichkeit und körperlichen Stärke, war ihr nun mit der tayloristischen Fließbandproduktion gleichsam über Nacht genommen worden, so daß jeder Grund zur kollektiven Auszeichnung zukünftig zu fehlen schien. Auch über diese Stimmungslagen in der damaligen Arbeiterschaft informieren, wie so häufig, persönliche Erfahrungsberichte und Romane viel genauer als die wissenschaftliche Literatur, die zwangsläufig kollektive Ängste und Befürchtungen nur schwer wiedergeben kann.[333]

Allerdings waren nicht alle Gruppen der Industriearbeiterschaft in den 1910er und 1920er Jahren von diesen Tendenzen einer unternehmerischen Rationalisierung gleichermaßen erfaßt; vielmehr bildete sich an den technisch fortgeschrittenen Produktionsanlagen auch eine neue Arbeiterelite heraus, die durch umfassendere Qualifikationen und geringere Belastungen herausgehoben war. Hier konnte das alte Handwerkerideal in veränderter Form noch fortbestehen, weil Fertigkeiten und technologische Kenntnisse verlangt wurden, auf die man öffentlich einen exklusiven Anspruch zu erheben vermochte.[334] Es waren diese internen, sich an die stark kontrastierenden Qualifikationserfordernisse anlehnenden Differenzierungen der Arbeiterklasse, die nun die Gewerkschaften vor das besondere Problem stellten, die verschiedenen Interessenlagen im Kampf um den Arbeitsmarkt zu vereinheitlichen. Einerseits mußte gegen die Entleerung und Vereinseitigung der Arbeitsprozesse aufbegehrt werden, um den Erfahrungen

333 Als Beleg sei hier nur der höchst informative Erfahrungsbericht eines damaligen Pfarrers in Berlin genannt: Günther Dehn, *Proletarische Jugend. Lebensgestaltung und Gedankenwelt der großstädtischen Proletarierjugend*, Berlin 1929, Kap. 3. Historisch sehr ergiebig: Robert N. Stearns, *Arbeiterleben*, Frankfurt/M. 1980, Kap. 4.

334 Vgl. exemplarisch für Deutschland: Mooser, *Arbeiterleben in Deutschland 1900-1970*, a. a. O., S. 61-67.

der in die Fließbandproduktion gezwungenen Lohnabhängigen Rechnung zu tragen, andererseits durfte auch gegen die fortschreitende Technisierung der Produktion nicht frontal Stellung bezogen werden, da sie doch einem anderen, wenn auch geringeren Teil der Arbeiterschaft fraglos zugute kam. Von den damit angedeuteten Schwierigkeiten wußten sich die Gewerkschaften nicht selten nur dadurch zu befreien, daß sie sich auf politische und wirtschaftliche Forderungen beschränkten, für die beide Seiten an der betrieblichen Basis zu gewinnen waren; die weitergehenden Zielsetzungen, wie sie Goetz Briefs und Eduard Heimann umrissen hatten, als sie von den Erfordernissen eines Kampfes um die »Würde« und »Ehre« der Handarbeit sprachen, mußten auf dem Weg einer derartigen Kompromißbildung zwangsläufig auf der Strecke bleiben. Gleichwohl sind von nun an, seit den Jahrzehnten, in denen sich das tayloristische Betriebssystem in den Industrieunternehmen durchzusetzen begann, Ideen einer Humanisierung der Arbeitswelt aus dem Gedankengut der Arbeiterbewegung nicht mehr wegzudenken; sie entstanden schon damals, als die Industriearbeiter gegen die Enteignung ihrer überlieferten Fertigkeiten aufbegehrten,[335] und brechen bis heute immer wieder dann auf, wenn gesicherte Arbeitsverhältnisse es erlauben, auch die Qualität der betrieblichen Tätigkeiten zu hinterfragen.[336] Auf jeden Fall ist mit jenen ersten Kämpfen für eine »sinnvolle«, »humane« Arbeit innerhalb der Arbeiterbewegung das Bewußtsein dafür geschärft worden, daß es zu einer vollständigen Realisierung von sozialer Freiheit in der Produktionssphäre auch gehören würde, die auf dem Markt angebotenen Beschäftigungen von unterfordernden, bloß mechanisch zu verrichtenden Tätigkeiten freizuhal-

335 Vgl. zusammenfassend: Edwards, *Herrschaft im modernen Produktionsprozeß*, a. a. O., S. 66-74; Friedmann, *Der Mensch in der mechanisierten Produktion*, a. a. O., Zweiter Teil, Kap. 5.

336 Als Beispiel einer solchen Aktualisierung kann gelten: Oskar Negt, *Arbeit und menschliche Würde*, Göttingen 2008.

ten; denn, wie schon Durkheim wußte,[337] erlauben es solche, keinerlei Fähigkeiten und Eigeninitiative voraussetzende Arbeiten dem einzelnen nicht mehr, im gesellschaftlichen Kooperationszusammenhang die Stelle zu bestimmen, von der aus er einen wertvollen Beitrag erbringen könnte. Die Idee einer »Humanisierung« der Arbeitswelt, worunter im wesentlichen negativ die Vermeidung von rein fremdbestimmten, repetitiven Verrichtungen verstanden werden sollte, ist insofern intrinsisch mit dem Ziel einer Verwirklichung von sozialer Freiheit auf dem Arbeitsmarkt verschränkt.

Aber es war nicht nur die Schwierigkeit, derartige Forderungen öffentlich überhaupt zu vertreten und überdies noch mit den Interessen der hochqualifizierten Arbeiterschaft in Übereinstimmung zu bringen, die die Gewerkschaften in den 1920er Jahren vor ganz neue Herausforderungen stellte; inzwischen war nämlich aus der schmalen und relativ gutbezahlten Schicht von Bürogehilfen des zwanzigsten Jahrhunderts aufgrund der rapiden Ausweitung von Handel, Produktion und Bankwesen nahezu eine eigenständige Klasse von beruflich hochdifferenzierten Angestellten geworden, die sich trotz derselben Lohnabhängigkeit und entsprechender Insekurität im Habitus und Arbeitsverhalten so sehr von der traditionellen Schicht der Industriearbeiter unterschied, daß ihre Interessen durch die angestammten Organe der Arbeiterbewegung kaum mehr angemessen zu repräsentieren waren.[338] Während die Arbeiter sich, unabhängig davon, ob sie nun den geringer qualifizierten Gruppen oder der besser ausgebildeten »Elite« angehörten, gemeinsam als »Proletarier« empfanden und dem untersten Rang der gesellschaftlichen Statusordnung zurechneten, beanspruchten die Angestellten zumeist eine höhere so-

337 Durkheim, *Über die Teilung der sozialen Arbeit*, a. a. O., S. 413 ff.

338 Vgl. insgesamt Braverman, *Die Arbeit im modernen Produktionsprozeß*, a. a. O., Kap. 15. Für Deutschland siehe die großartige Studie: Hans Speier, *Die Angestellten vor dem Nationalsozialismus. Ein Beitrag zum Verständnis der deutschen Sozialstruktur 1918-1933*, Göttingen 1977.

ziale Geltung. Dieses Bewußtsein stützte sich, je nach Art des Betriebes und der ausgeübten Funktion sicherlich variierend, auf die Teilnahme am Ansehen der Unternehmensleitung, auf Prätentionen des Erwerbs von Kulturgütern und nicht selten auf die Demonstration einer nationalen Gesinnung.[339] Auch als die verschiedenen Angestelltenverbände infolge der politischen Unruhen und Aufstände am Ende des Ersten Weltkrieges dann in die Gewerkschaften integriert wurden, wie etwa in Deutschland, blieb es daher bei dem Problem, daß sich deren Mitglieder innerhalb ihrer neuen Organisation eher gegen als für die Verfolgung von Arbeitnehmerinteressen einsetzten; zwar gab es gelegentlich auch Streiks und Arbeitsniederlegungen auf seiten einzelner Gruppen von Angestellten, um beispielsweise Mitbestimmungsrechte zu erkämpfen, aber das Gros ihrer Repräsentanten widersetzte sich doch weiterhin jeder organisatorischen »Verproletarisierung« und bestand auf höherem Sozialprestige gegenüber den Arbeitern.[340] Ein Vorwurf war hier den Gewerkschaften gewiß nicht zu machen, sie standen vielmehr ungewollt und beinah ohnmächtig vor dem Dilemma, die Angestellten einerseits aufgrund ihrer objektiven, vom kapitalistischen Arbeitsmarkt bestimmten Lage vertreten zu müssen, obwohl sie andererseits doch um deren fortbestehenden Standesdünkel gegen alles Proletarische wußten; an den Bemühungen, diesen Zwiespalt innerorganisatorisch aufzulösen, ist damals nicht nur viel Energie für den Kampf um die Verbesserung der Arbeiterverhältnisse verlorengegangen, sondern auch das Ziel aus dem Blick geraten, aktive Maßnahmen zur sozialen Aufwertung der Arbeiterschaft im ganzen zu ergreifen.

Inzwischen hatten sich im Laufe der 1920er Jahre, nicht zuletzt dank des massiven Drucks der Arbeiterbewegung, die sozialen Errungenschaften des organisierten Kapitalismus so weit verfestigt, daß auch die Organisation der gesellschaft-

339 Ebd., Kap. VII.
340 Ebd., Kap. XII.

lichen Arbeit allmählich nach vorne weisende Züge annahm. Gewiß, das tayloristische Betriebssystem war nun in allen größeren Industrieanlagen etabliert, so daß hier bei der Fließbandproduktion hoher Zeitdruck, Zwang zu repetitiven, initiativlosen Verrichtungen und komplette Erfahrungsarmut herrschten;[341] auf der anderen Seite aber hatte mittlerweile in fast allen Ländern Westeuropas nicht nur das sozialstaatliche Versicherungswesen genügend Fuß gefaßt, um im Fall von Arbeitslosigkeit, Erkrankung oder Alter vor der gröbsten Not zu schützen, sondern in vielen Betrieben waren darüber hinaus auch erste diskursive Mechanismen installiert worden, die den Arbeitern ein gewisses Mitbestimmungsrecht zubilligten. Für die Absicht einer normativen Rekonstruktion, die am Leitfaden der Ermöglichung von sozialer Freiheit die Entwicklungsgeschichte der kapitalistischen Arbeitssphäre idealisierend nachvollziehen soll, verdient vor allem diese letzte Errungenschaft des organisierten Kapitalismus Erwähnung. Unter den Bedingungen der Kriegswirtschaft und bei bereits hoher Kapitalkonzentration war während des Ersten Weltkriegs den Gewerkschaften ein gewisses Mitspracherecht eingeräumt worden, das sich angesichts der erforderlichen Produktionssteigerungen auf Entscheidungen über die Höhe der Löhne und die Arbeitsplatzgestaltung erstreckte;[342] zum ersten Mal in der Geschichte des Kapitalismus hatte sich damit für die Lohnarbeiter die Möglichkeit eröffnet, trotz der privaten oder aktiengesellschaftlichen Verfügung über die Produktionsmittel im kleinen Umfang über ihre eigenen Arbeitsverhältnisse mitzubestimmen. Als nach dem Krieg aufgrund der einsetzenden Konjunkturkrise der Anreiz für die großen

341 Vgl. hierzu die noch immer sehr eindrucksvollen Tagebuchaufzeichnungen von Simone Weil, die auf Erfahrungen in verschiedenen Fabriken im Frankreich der frühen 1930er Jahre beruhen: dies., *Fabriktagebuch und andere Schriften zum Industriesystem*, Frankfurt/M. 1978.

342 Vgl. Charles S. Maier, »Strukturen kapitalistischer Stabilität in den zwanziger Jahren. Errungenschaften und Defizite«, in: Winkler (Hg.), *Organisierter Kapitalismus*, a. a. O., S. 195-213, hier: S. 197 f.

Kapitalgesellschaften verlorenging, mit den Gewerkschaften zu kooperieren, und sie statt dessen auf korporatistische Absprachen mit den staatlichen Verwaltungsorganen setzten,[343] war natürlich innerhalb der organisierten Arbeiterschaft die Erinnerung an diese Interimsphäre geduldeter oder sogar erwünschter Einflußnahme keinesfalls verflogen, im Gegenteil: Die Rückgewinnung solcher Mitspracherechte blieb von nun an ein ständiges Anliegen der gewerkschaftlichen Interessenverbände, deren Mehrheit darin die Chance eines allmählichen, gewissermaßen friedlichen Übergangs zur Wirtschaftsdemokratie erblickte.

Derjenige sozialistische Theoretiker, der derartige Ideen damals in Deutschland am entschiedensten zu verteidigen suchte, war Rudolf Hilferding; er hatte nicht nur den Begriff des »organisierten Kapitalismus« geprägt, sondern glaubte auch, daß die damit bezeichneten Verhältnisse einer konkurrenzeinschränkenden Absprache zwischen den Unternehmen und dem Staat ein Durchgangsstadium zur endgültigen Vergesellschaftung des Marktes bilden würden.[344] Zwar schwankte das Bild, das Hilferding von diesem Endzustand skizzierte, erheblich zwischen rein planwirtschaftlichen und, sagen wir einmal, marktsozialistischen Vorstellungen; aber als sicher galt ihm, daß es die in Gang befindliche Verflechtung zwischen Aktiengesellschaften, Banken und Staat über kurz oder lang erforderlich machen würde, auch die Organisationen der Lohnabhängigen in die Planungsprozesse mit einzubeziehen.[345] Für die Gewerkschaften in der Weimarer Republik stellten diese Ideen Hilferdings insofern ein starkes Mobilisierungspotential dar, als sie die Möglichkeit boten, zwischen den kurz zuvor gemachten Erfahrungen der Mitbestimmung

343 Ebd.

344 Vgl. dazu: Heinrich August Winklers »Einleitende Bemerkungen zu Hilferdings Theorie des organisierten Kapitalismus«, in: ders. (Hg.), *Organisierter Kapitalismus*, a. a. O., S. 9-18.

345 Vgl. etwa Rudolf Hilferding, »Probleme der Zeit«, in: *Die Gesellschaft*, 1 (1924), S. 1-17.

und den zukünftigen Aufgaben eine Kontinuität zu stiften; als ein wesentliches Ziel der Arbeitskämpfe konnten jetzt in kollektiver Übereinstimmung wirtschaftsdemokratische Regelungen begriffen werden, die es den Arbeitnehmern mit Hilfe ihrer Vertretungsorgane erlauben würden, öffentliche Interessen bei wirtschaftlichen Entscheidungen zur Geltung zu bringen. In Erinnerung an das, was wir bei Durkheim über die Rolle von diskursiven Mechanismen gelernt haben, läßt sich vielleicht auch sagen, daß in Form von Mitbestimmungsrechten die institutionellen Voraussetzungen dafür geschaffen werden sollten, rein egoistische Verhaltensweisen auf dem Markt zurückzudrängen, um sie durch gemeinsam ermittelte Richtlinien ökonomischen Handelns zu ersetzen; und auch wenn die aus diesen Bestrebungen resultierenden Kämpfe am Ende nur wenig erfolgreich waren, weil während der Zeit der Weimarer Republik nur minimale Mitbestimmungsmöglichkeiten erstritten werden konnten, so war damit doch von nun an die Idee einer stärkeren Demokratisierung der Unternehmen aus dem gedanklichen Reservoir der Arbeiterbewegung nicht mehr zu tilgen.

Wahrscheinlich waren es nicht nur die Erfordernisse einer forcierten Wirtschaftsankurbelung, sondern auch die für solche historischen Momente typischen Solidaritätsgefühle, die nach dem Ende des Zweiten Weltkriegs in den westeuropäischen Ländern dafür sorgten, daß die in der Weimarer Republik verfolgten Ziele der Arbeiterbewegung größere Chancen zur Durchsetzung erhielten. Gemessen an den Ansprüchen sozialer Freiheit hatte man ja bis 1929, dem Jahr des Ausbruchs der Weltwirtschaftskrise, im Hinblick auf die erforderliche Einbettung des Arbeitsmarktes noch nicht allzuviel erreicht. Sicher waren die Lohnabhängigen inzwischen dank der sozialpolitischen Maßnahmen des Staates rudimentär mit sozialen Rechten ausgestattet, die ihnen die Versorgung mit einem Minimum an lebensnotwendigen Gütern und Dienstleistungen garantierten, aber die psychischen Belastungen bei langanhaltender Arbeitslosigkeit und überhaupt die Gefühle eines bloßen Ausgeliefertseins an undurchschaubare Konjunkturentwicklungen hatten über die Jahrzehnte hinweg kaum an Bedeutung verloren;[346] gewiß war in den westeuropäischen Ländern ungefähr seit Jahrhundertbeginn ein allgemeines Recht auf angemessene Schulbildung geschaffen worden, so daß die Aussichten auf den Ertrag eigener Qualifikationsbemühungen gewachsen zu sein schienen, aber die Chancengleichheit für die Kinder der unteren Klassen hatte trotzdem kaum zugenommen, weil nach wie vor unterschwellige Bildungsbarrieren den Zugang zu den höheren Schulen und den Universitäten versperrten;[347] insgesamt waren zwar die Möglichkeiten zur Mitbestimmung für die Arbeiterschaft durch die Legalisierung gewerkschaftlicher Interessenvertretung und durch die Einrichtung von Betriebsräten vielleicht etwas verbessert worden, aber man war natürlich noch denkbar weit von institutionellen Verhältnissen entfernt, in denen diskursive Mechanismen die Einflußnahme auf unternehmerische Entscheidungen erlaubt hätten; und so sehr auch die technologische Entwicklung mittlerweile zur Schaffung einer Reihe von qualitativ anspruchsvollen und gutbezahlten Arbeitsplätzen beigetragen hatte, so breit war doch auch am unteren Ende der Produktionsabläufe noch der Sockel von Erwerbstätigkeiten, bei denen aufgrund des Grades an Monotonie und Fremdbestimmung überhaupt keine Möglichkeit zur Selbstverortung im System der sozialen Arbeitsteilung bestand.[348]

346 Zu den Wirkungen der Langzeitarbeitslosigkeit vgl. die immer noch klassische Untersuchung: Marie Jahoda, *Die Arbeitslosen von Marienthal. Ein soziographischer Versuch über die Wirkungen langandauernder Arbeitslosigkeit* (1933), Frankfurt/M. 1975.

347 Marshall, »Staatsbürgerrechte und soziale Klassen«, a. a. O., S. 77-81. Für Deutschland vgl. Ludwig von Friedeburg, *Bildungsreform in Deutschland. Geschichte und gesellschaftlicher Widerspruch*, Frankfurt/M. 1989, Kap. IV.

348 Vgl. zusammenfassend: Friedmann, *Der Mensch in der mechanisierten Produktion*, a. a. O.

Kurz, um die Chancen von sozialer Freiheit in der Sphäre der Organisation gesellschaftlicher Arbeit war es auch nach rund einhundert Jahren des Kampfes der Arbeiterbewegung nach wie vor nicht sehr gut bestellt; bis zu dem Zeitpunkt, als der Nationalsozialismus und damit wenig später der Zweite Weltkrieg hereinbrechen sollten, hatte man in bezug auf all die dafür erforderlichen Bedingungen – Lohn- und Arbeitsplatzsicherheit, faktische Chancengleichheit und demokratische Mitbestimmung – noch nicht allzuviel erreicht.

Daß sich nach dem Ende des Zweiten Weltkriegs die Spielräume zur Durchsetzung dieser Ziele erweitern sollten, mag, wie gesagt, letztlich auf den allgemeinen Zwang zur Wiederankurbelung der Wirtschaft und den kriegsbedingten Anstieg von Gefühlen nationalen Zusammenhalts zurückzuführen sein. Natürlich war die sozioökonomische Ausgangslage in den westeuropäischen Ländern damals höchst verschieden – hier das zunächst sowohl politisch als auch ökonomisch unselbständige Deutschland wie auch einige fortbestehende Diktaturen (Spanien), dort die wirtschaftlich nicht viel besser dastehenden Siegermächte, dazwischen die neutral gebliebenen Staaten –, aber es herrschte fast überall eine Grundstimmung des sozialen Egalitarismus, die nach staatlichen Interventionen in den Wirtschaftssektor verlangte und daher einer stärkeren Regulierung des Arbeitsmarktes entgegenkam. Es würde zu weit führen, im folgenden die unterschiedlichen Formen des organisierten Kapitalismus zu erläutern, die sich im Laufe der fünfziger Jahre in Westeuropa erneut herauszubilden begannen; genügen muß der Hinweis, daß in Frankreich zügig eine eher zentralistische Form der Wirtschaftssteuerung zum Tragen kam, die auf einem hohen Anteil an Staatsbetrieben beruhte und primär das Ziel der Vollbeschäftigung verfolgte, während sich in Westdeutschland bald nach der wiedergewonnenen Unabhängigkeit ein System der Verflechtung von Unternehmen, Großbanken und staatlichen Organen entwickelte, das auf föderaler Grundlage für eine soziale Einbindung des Marktgeschehens sorgte.[349] Was diese beiden Modelle einer organisierten Marktwirtschaft einte – und das britische System der Wirtschaftslenkung unterschied sich davon zu Beginn nur in Nuancen –,[350] war der Versuch, Interessen des Gemeinwohls in einem weiterhin privatkapitalistischen Rahmen zur Geltung zu bringen, um derart den erneut drohenden Klassenkonflikt abzuwenden und nach Möglichkeit ganz zu beseitigen. Den Zielen einer Ausweitung sozialer Freiheit kamen solche wirtschaftspolitischen Maßnahmen natürlich entgegen, weil nun mit Hilfe intermediärer Absprachen einige der Bedingungen institutionalisiert werden konnten, die eine notwendige Voraussetzung für die Stiftung von Kooperationsbeziehungen auf dem Markt bilden: Nicht nur waren staatlich garantierte Mindestlöhne jetzt bald überall die Regel, vielmehr wurden auch die Sätze für das Arbeitslosengeld schnell in fast allen Ländern des Westens großzügig erhöht, indem sie prozentual dem vorangegangenen Erwerbseinkommen angepaßt wurden;[351] je nach Art der Wirtschaftssteuerung erhielten die Gewerkschaften als Interessenorgane der Arbeiterschaft von nun an ein mehr oder minder starkes Mitspracherecht, das sich auf die Anlageentscheidungen der Unternehmen, die innerbetrieblichen Arbeitsverhältnisse, die Tarife der unterschiedlichen Lohngruppen und die gegebenenfalls erforderlichen Sozialpläne bei Entlassungen erstrekken konnte; und schließlich beförderte das allgemeine Klima breite Diskussionen über die Notwendigkeit einer »Huma-

349 Zur Differenz dieser beiden Modelle des organisierten Kapitalismus vgl. die bahnbrechende Studie von Andrew Shonfield: *Modern Capitalism. The Changing Balance of Public and Private Interest*, London 1965, Kap. V (für Frankreich) und Kap. XI (für Westdeutschland). Natürlich kommt es in Europa, was die Etablierung eines solchen organisierten Kapitalismus anbelangt, dort zu erheblichen Verzögerungen, wo weiterhin diktaturähnliche Verhältnisse herrschen, vgl. José María Maravall, *Regimes, Politics, and Markets. Democratization and Economic Change in Southern and Eastern Europe*, Oxford 1997.

350 Shonfield, *Modern Capitalism*, a.a.O., Kap. VI.

351 Ebd., S. 92.

nisierung der Arbeitswelt«, die immerhin dazu führten, daß Möglichkeiten eines Abbaus von Monotonie, Zeitdruck und kompletter Initiativlosigkeit überprüft wurden.[352]

Die Anerkennungsverhältnisse in der Sphäre der kapitalistischen Arbeitsorganisation hatten sich durch diese wettbewerbsbeschränkenden Maßnahmen zugunsten der Lohnabhängigen leicht verbessert.[353] Nicht, daß nun etwa die Leistung der industriellen Arbeiter – das, was sie tatsächlich zur ökonomischen Wertschöpfung beitrugen – in irgendeiner Weise öffentlich eine höhere Wertschätzung erfahren hätte; hier blieb es insofern bei den historisch eingespielten, hegemonialen Deutungen des Leistungsprinzips, als der Grad der sozialen Geltung einer Erwerbstätigkeit mit jedem scheinbaren Mehr an gedanklicher Eigeninitiative und planerischer Aktivität stieg, so daß in der sozialen Anerkennung weiterhin die unternehmerischen und akademischen Berufe vor den Dienstleistungsverrichtungen rangierten und diese wiederum vor allen industriellen »Handarbeiten«.[354] In vielen anderen Hinsichten jedoch, die weniger mit der Art der Tätigkeit als mit der puren Existenzberechtigung und der kollektiven Verhandlungsmacht zusammenhingen, dienten die zuvor umrissenen Verbesserungen durchaus der Stärkung des gemeinsamen Selbstbewußtseins:[355] Die Mitglieder der lohnabhängigen

352 Für die Diskussion in Frankreich vgl. Klaus Düll, *Industriesoziologie in Frankreich*, Frankfurt/M. 1975; für Deutschland: Heinrich Popitz u. a., *Technik und Industriearbeit*, Tübingen 1957.

353 Robert Castel führt diese Verbesserungen für Frankreich schon auf 1936 zurück, also dem Jahr des parlamentarischen Wahlerfolgs der Volksfront, siehe ders., *Die Metamorphosen der sozialen Frage*, a. a. O., S. 297-306.

354 Vgl. dazu eindrucksvoll: ebd., S. 300 ff.

355 Das gilt allerdings nicht für die nun bald massiv auf den Arbeitsmarkt drängenden Frauen, deren Entlohnung und Aufstiegschancen in den Betrieben bis heute weitaus schlechter als die der Männer sind. Vgl. zu diesem Gesamtkomplex, den ich hier sträflich vernachlässige: Karin Hausen, »Arbeit und Geschlecht«, in: Jürgen Kocka/Claus Offe (Hg.), *Geschichte und Zukunft der Arbeit*, Frankfurt/M. 2000, S. 343-361.

Schichten waren nun mittels ihrer Interessenorganisationen an bestimmten Entscheidungen der Unternehmensleitung zumindest geringfügig beteiligt, sie mußten ihre jeweilige Lage nicht mehr als bloßes Schicksal oder als Resultat unbeeinflußbarer Wirtschaftsvorgänge erleben und konnten darüber hinaus dank der erweiterten Statusrechte an der allgemeinen Wohlstandsmehrung partizipieren – man darf ja nicht vergessen, welche Aufwertungen der eigenen Selbstachtung in den 1950er und 1960er Jahren damit verknüpft waren, daß auch für die Arbeiterschaft die Konsummöglichkeiten stiegen, daß kollektive Privilegien, wie bezahlter Urlaub und Weihnachtsgeld, erkämpft wurden und daß die lebenslange Beschäftigung in einem einzigen Betrieb allmählich die Regel zu werden schien. Ein übriges trug zu dem Bewußtsein, auf dem Weg zu einer größeren Mitgestaltung der Arbeitsverhältnisse zu sein, schließlich auch die Tatsache bei, daß alsbald in fast allen Ländern Westeuropas umfassende Bildungsreformen einsetzten, deren öffentlich bekundetes Ziel es war, die Chancengleichheit zu erhöhen: Bei anhaltender Vollbeschäftigung sahen sich die Regierungen veranlaßt, die Barrieren zwischen den einzelnen Ausbildungsstufen zu verringern, um auf diesem Weg die bislang vollkommen unzulängliche Förderung von Begabungen und Talenten zu verbessern.[356] Auch wenn die damit angestoßenen Reformen häufig nur wenig mit egalitären Absichten zu tun hatten und viel eher dem Ziel dienten, dem sich abzeichnenden Mangel an Fachkräften im Beschäftigungssystem vorzubeugen, so darf doch deren Wirkung auf die sozialen Anerkennungsverhältnisse nicht unterschätzt werden: War den unteren Schichten der Lohnabhängigen, also der breiten Masse der Arbeiterschaft und den einfachen Angestellten, bislang weitgehend der Zugang zu höherer Bildung versperrt gewesen, so boten sich ihnen jetzt verstärkt Möglichkeiten, ihre Kinder auf weiterführende Schulen zu schicken und sich

356 Vgl. für die Bundesrepublik Deutschland: von Friedeburg, *Bildungsreform in Deutschland*, a. a. O., Kap. VI.

damit einen Weg zum Aufstieg zu eröffnen.[357] Dem Ziel einer tatsächlichen Chancengleichheit, wie es Durkheim vor Augen hatte, als er vom uneingeschränkten Recht eines jeden zur Entdeckung und Entfaltung seiner beruflichen Fähigkeiten sprach, war man damit ein kleines Stück nähergekommen; es mangelte zwar noch deutlich an auch nur annähernd gleichen Ausgangsbedingungen – es fehlten vor allem vorschulische Bildungseinrichtungen, die die anfänglichen Rückstände an kulturellen Anregungen hätten kompensieren können –, aber dem subjektiven Empfinden nach war ein erster Schritt zu größerer Gerechtigkeit auf dem Arbeitsmarkt sicherlich getan.

Den damit umrissenen Statusgewinnen, spürbaren Verbesserungen also in den die gesellschaftliche Arbeit umkreisenden Anerkennungsverhältnissen, liefen freilich in demselben Zeitraum der fünfziger und sechziger Jahre auch schon einige Entwicklungen zuwider, die ihre Ursachen in einer weiteren Differenzierung des Beschäftigungssystems hatten. Bereits kurz nach dem Ende des Zweiten Weltkriegs hatte Jean Fourastié in einer damals äußerst einflußreichen Schrift den unaufhaltsamen Aufstieg des Dienstleistungssektors prognostiziert und daran die Erwartung einer Auflösung aller der mit der technologischen Rationalisierung einhergehenden Übel geknüpft: Dadurch, daß die Nachfrage nach personenbezogenen, verwaltenden und organisatorischen Diensten stetig zunehmen würde, so war Fourastié überzeugt, käme in der gesellschaftlichen Arbeitsteilung zukünftig ein Typ von Tätigkeiten zur Vorherrschaft, der aufgrund seiner relativ geringen Arbeitsproduktivität nicht nur vor einsparenden Rationalisierungsmaßnahmen geschützt wäre, sondern auch Chancen zur Befreiung von jeglicher Monotonie und körperlicher Last bieten würde.[358] Nicht viele der Versprechen, mit denen diese

357 Vgl. dazu für die Bundesrepublik Deutschland: Mooser, *Arbeiterleben in Deutschland 1900-1970*, a. a. O., S. 113-125.

358 Jean Fourastié, *Die große Hoffnung des zwanzigsten Jahrhunderts*, Köln 1954. Zur optimistischen Emphase der frühen Theoretiker der Dienst-

frühe Theorie der Dienstleistungsgesellschaft aufwartete, sind dann auch tatsächlich eingetreten; schon bald machte sich, obwohl namhafte Soziologen wie Daniel Bell Fourastié zur Seite gesprungen waren,[359] eine große Ernüchterung breit, weil mehr und mehr Untersuchungen zeigten, daß die erhoffte Höherqualifikation der großen Masse aller Dienstleistungsbeschäftigten auszubleiben schien und statt dessen auch hier, wie schon im industriellen Sektor, von einer wachsenden Polarisierung der Qualifikationsprofile auszugehen war.[360] Der Aufstieg einer extrem gut ausgebildeten, hochbezahlten Schicht von technischen Führungskräften und Verwaltungsangestellten, den sogenannten *Cadres*,[361] ist dann wohl der einzige Veränderungsprozeß geblieben, der in den sechziger und den siebziger Jahren von dem grundlegenden Strukturwandel übriggeblieben ist, den Jean Fourastié und Daniel Bell vorausgesagt hatten; zwar war der Prozentsatz der Angestellten bis dahin schon beinah bis auf zwei Drittel aller Beschäftigten angewachsen, aber nur der geringste Teil von ihnen nahm auch Berufspositionen ein, die die prognostizierten Eigenschaften der geistigen Komplexität und Statussicherheit besaßen. Im Schatten dieses Wandlungsprozesses jedoch büßte zumindest jene Schicht der industriellen Arbeiterschaft, die über nur geringe oder keine Qualifikation verfügte, jene Statusgewinne wieder ein, die zuvor errungen worden waren; denn dank der gewachsenen Nachfrage nach ihren Tätigkeitsprofilen gelang es zwar nicht allen neuen Angestellten des expandierenden Dienstleistungssektors, aber doch den technisch und admi-

leistungsgesellschaft vgl. auch: Friederike Bahl/Philipp Staab, »Das Dienstleistungsproletariat. Theorie auf kalten Entzug«, in: *Mittelweg 36*, 19 (2010), H. 6, S. 66-93.

359 Daniel Bell, *Die nachindustrielle Gesellschaft*, Reinbek b. Hamburg 1979.

360 Braverman, *Die Arbeit im modernen Produktionsprozeß*, a. a. O., v. a. Kap. IV u. V.

361 Luc Boltanski, *Die Führungskräfte. Die Entstehung einer sozialen Gruppe*, Frankfurt/New York 1990.

nistrativ hochqualifizierten Teilgruppen unter ihnen, sich in einem Zeitraum von zwanzig Jahren all jene gut gesicherten, anspruchsvollen Arbeitsplätze auf den Arbeitsmärkten anzueignen, auf die sich in den Zeiten ihres sozialen Aufstiegs noch die industrielle Arbeiterschaft Hoffnung gemacht hatte. In diesen gesellschaftlichen Umschichtungsprozessen erblickt Robert Castel den Anfang der Herausbildung einer »peripheren« Lohnarbeiterschicht, die die kaum qualifizierten Teile nicht nur der Industriearbeiter, sondern auch der im Handel und Verkehr tätigen Angestellten umfaßt.[362]

Den Zeitpunkt, an dem dieser auch als »Segmentierung des Arbeitsmarktes« bezeichnete Spaltungsprozeß der Lohnabhängigen einsetzt, datiert Robert Castel auf die Mitte der siebziger Jahre des 20. Jahrhunderts; noch also hatte jener »neoliberale« Strukturwandel der westeuropäischen Wirtschaftssysteme gar nicht begonnen, der später zu einer weitgehenden Entgrenzung des Arbeitsmarktes führen sollte, vielmehr herrschen weiterhin die »korporatistischen« oder »zentralistischen« Formen des organisierten Kapitalismus, die bislang für eine relative Sicherheit der industriellen Arbeiterschaft gesorgt hatten. Aber schon jetzt nimmt eine Spreizung des Beschäftigungssystems ihren Gang, die eine schleichende Segmentierung des Arbeitsmarktes zur Folge hat: Sowohl im Produktions- als auch im Dienstleistungssektor entstehen auf der einen Seite ein geschützter Kern technisch anspruchsvoller, qualifikationsintensiver Anstellungsverhältnisse, auf der anderen Seite aber ein weitgehend ungeschützter Gürtel von initiativlosen, bloß angelernten Erwerbstätigkeiten. Zu Beginn schwankt die Industriesoziologie noch, ob nicht in der Wachstumsdynamik des ersten dieser beiden Beschäftigungsbereiche eine historische Chance zu sehen ist, die Bedingungen der Massenproduktion und damit überhaupt die Fron monotoner Fließbandarbeit hinter sich zu lassen; für einen

362 Castel, *Die Metamorphosen der sozialen Frage*, a. a. O., S. 306-325.

kurzen Augenblick, als in den Zentren der industriellen Produktion die Rationalisierung in eine Richtung der »Verganzheitlichung« von Tätigkeitsvollzügen zu weisen scheint, besteht die Hoffnung auf ein vollständiges Ende aller Fremdbestimmung in der Arbeit.[363] Aber schnell setzt sich die Einsicht durch, daß die Kehrseite der Höherqualifikation eines Teils der Beschäftigungen in Industrie, Handel und Verwaltung darin besteht, an ihren Rändern oder diesen vorauslaufend einen anderen Teil von Arbeitstätigkeiten zu erzeugen, der einen bloßen Hilfs- oder Zuliefercharakter besitzt und daher beinahe ohne jede vorbereitende Lehre auskommt; während sich dort, am oberen Ende von Produktion und Dienstleistung, die Beschäftigungsformen mit hoher Eigenverantwortung und flexibler Spezialisierung konzentrieren, machen sich hier, an den unteren Rändern, Tätigkeitsweisen breit, die keinerlei oder nur geringe Qualifikationen voraussetzen und häufig nicht mehr als nur die rasche Ausübung elementarer Fähigkeiten verlangen. Sobald sich diese »vertikalen Spaltungslinien«, die also die verschiedenen Zweige der Lohnabhängigkeit noch einmal in ein jeweiliges »Oben« und »Unten« teilen,[364] in der Arbeitswelt abzuzeichnen beginnen, werden sie, folgt man Robert Castel, auch schon vom traditionellen Industrieproletariat als Anfang einer kollektiven Deklassierung erlebt; denn man verliert nun in der öffentlichen Wahrnehmung nicht nur schnell die Aura der handarbeitenden, potentiell revolutionären Klasse, sondern jetzt wächst auch ein zunehmender Teil

363 Vgl. vor allem: Michael J. Piore/Charles F. Sabel, *Das Ende der Massenproduktion. Studie über die Requalifizierung der Arbeit und die Rückkehr der Ökonomie in die Gesellschaft*, Berlin 1985. Wesentlich skeptischer ist schon die Argumentation in: Horst Kern/Michael Schumann, *Das Ende der Arbeitsteilung? Rationalisierung in der Produktion*, München 1984.

364 Bahl/Staab, »Das Dienstleistungsproletariat«, a.a.O., S.72ff.; Vgl. dazu auch: Gösta Esping-Anderson, »Post-Industrial Class Structures: An Analytic Framework«, in: ders. (Hg.), *Changing Classes. Stratification and Mobility in Post-Industrial Societies*, London 1993, S.7-31.

der eigenen Mitglieder mit der unteren Schicht der Angestellten zusammen, mit der die unqualifizierte Form der Tätigkeit und das Gefühl bloßer Fremdbestimmung geteilt werden.[365] Im Grunde genommen setzt in jenem Zeitraum – wir reden mit Robert Castel weiterhin von den 1970er Jahren – eine vollständige Neukomposition dessen ein, was »Proletarität« heißt: Dieser Begriff ist nicht mehr Auszeichnung aller in der Industrieproduktion irgendwie produktiv Arbeitenden, sondern bezeichnet die Lage derjenigen, die bei geringster Qualifikation am unteren Ende der Produktions- und Dienstleistungsketten tätig sind – oder, wie sich umgekehrt auch sagen läßt, »eine neue Form von Arbeiterschaft« erhält »Einzug in die ›Welt der Angestellten‹«.[366]

Allerdings bleiben die Beschäftigungsverhältnisse auch dieses neuzusammengesetzten Proletariats noch so lange arbeitsrechtlich relativ geschützt, wie nicht jene Prozesse einer Entgrenzung des Arbeitsmarktes einsetzen, die mit der Auflösung des organisierten Kapitalismus in den westeuropäischen Ländern einhergehen. Bislang waren hier ja die großen Unternehmen, wie wir gesehen haben, halbwegs in ein soziales Rahmenwerk eingebettet gewesen, welches dadurch hatte errichtet werden können, daß entweder unter dirigistischer Hoheit des Staates oder mit Hilfe korporatistischer Absprachen öffentliche Belange für die Produktionsentscheidungen verpflichtend gemacht worden waren; die Profitabilitätsschwellen in den einzelnen Industrieunternehmen blieben durch derartige Arrangements relativ niedrig, ihr Beschäftigungsniveau dagegen verhältnismäßig hoch, überall war durch Betriebsratsgesetze und Mitbestimmungsregelungen dafür gesorgt, daß die Arbeitnehmer auf die sozialen, personellen und wirtschaftlichen Angelegenheiten in den Betrieben einen gewissen Einfluß ausüben konnten.[367] Für die westdeutsche Variante

365 Castel, *Metamorphosen der sozialen Frage*, a. a. O., S. 306 ff.
366 Bahl/Staab, »Das Dienstleistungsproletariat«, a. a. O., S. 75.
367 Vgl. erneut: Snowfield, *Modern Capitalism*, a. a. O., Part 2.

dieses organisierten Kapitalismus, die später als »rheinisch« bezeichnet werden sollte, galt darüber hinaus noch, daß die gewerkschaftlichen Interessenvertreter in den Aufsichtsräten der großen Unternehmen repräsentiert waren, was ihnen die Möglichkeit gab, gesamtgesellschaftliche Belange auch auf der höheren Ebene von Investitionsentscheidungen und Finanzierungsvorhaben zur Geltung zu bringen.[368]

All diese wirtschaftspolitischen Errungenschaften, im Rückblick wesentliche Zwischenschritte auf dem Weg zur Etablierung sozialer Freiheit in der marktvermittelten Sphäre gesellschaftlicher Arbeit, werden nun aber bekanntlich im Laufe der 1990er Jahre sukzessive wieder zurückgenommen; die einzelnen Großunternehmen beginnen sich erneut stärker an Rentabilitätsgesichtspunkten und Aktienkursen zu orientieren, die staatlichen Organe beschränken ihre vermittelnden und vergesellschaftenden Aktivitäten allmählich auf bloß äußere Aufsichtsfunktionen, und die Gewerkschaften verlieren infolge beider Entwicklungen zunehmend ihre starke Mitbestimmungsrolle. Versucht man, die Ursachen für die damit angedeutete Kehrtwende auszumachen, so stößt man auf ein ganzes Bündel von Faktoren, ohne daß deren Zusammenspiel und Gewichtung schon im einzelnen hinreichend geklärt worden wäre. Unter dem verstärkten Druck der ökonomischen Globalisierung vollzog sich auf seiten der politischen Akteure ein Wandel in den wirtschaftspolitischen Deutungsmustern, der es nun ratsam erscheinen ließ, die Unternehmen durch gezielte Steuerfreigaben und Förderungen des Finanzmarktes primär zur Verfolgung von Kapitalgewinnen anzuregen; gleichzeitig veränderte sich die Zusammensetzung der Akteure auf den Aktienmärkten dramatisch, weil jetzt in

368 Streeck/Höpner, »Einleitung: Alle Macht dem Markt«, a.a.O., S. 16-28; ferner: Kathleen Thelen/Lowell Turner, »Die deutsche Mitbestimmung im internationalen Vergleich«, in: Wolfgang Streeck/Norbert Kluge (Hg.), *Mitbestimmung in Deutschland. Tradition und Effizienz*, Frankfurt/M. 1999, S. 135-223.

wachsendem Maße institutionelle Großanleger die Bühne betraten, die die eher passiven Kleinanleger marginalisierten und mit Hilfe ihres umfangreichen Streubesitzes auf rasche Kapitalerträge drängten; die verschärfte Absatzkonkurrenz auf den Weltmärkten veranlaßte ferner viele Unternehmen dazu, ihre Produkte in den Kernbereichen dadurch konkurrenzfähiger zu machen, daß zum Zweck von Lohn- und Betriebseinsparungen betriebliche Umstrukturierungen zu Lasten der Arbeitnehmer vorgenommen werden; schließlich schienen sich in dem entsprechenden Zeitraum auch die Nachfrageprofile für die unternehmerischen Führungskräfte verändert zu haben, weil nun immer weniger Gewicht auf hausinterne Erfahrungen oder entsprechende Traditionswerte gelegt und statt dessen auf den Besitz rein »objektiver« Finanzkenntnisse gesetzt wurde.[369]

In der Summe führen diese verschiedenen Veränderungsprozesse zu einer erneuten Desorganisation der kapitalistischen Wirtschaft in den westeuropäischen Ländern, die freilich mehr impliziert als die bloße Wiederkehr eines staatlich weitgehend unregulierten Marktes und daher nur unzureichend als »neoliberal« zu bezeichnen ist; was sich in der Folge der »wahlverwandtschaftlichen« Bündelung jener genannten Wandlungen vollzieht, ist vielmehr eine schleichende Verselbständigung finanz- oder kapitalmarktspezifischer Imperative, die alsbald Folgen nicht nur für den Arbeitsmarkt, sondern auch für die angrenzenden Sozialsphären zeitigt. Innerhalb des kapitalistischen Arbeitsmarktes, der zwar seit den siebziger Jahren bereits Tendenzen der Segmentierung in einen geschützten Kern und eine unqualifizierte Peripherie aufweist, aber doch arbeitsrechtlich und sozialstaatlich noch relativ gesichert ist, beginnt nun infolge der Entriegelung von

369 Vgl. exemplarisch: ebd., S. 28-34. Sehr gut werden diese Transformationsprozesse auch erfaßt in: Ronald Dore, *Stock Market Capitalism: Welfare Capitalism. Japan and Germany versus the Anglo-Saxons*, Oxford 2000.

unternehmerischen Gewinninteressen, länderübergreifenden Unternehmensverflechtungen und transnationalen Produktionsstrategien der normative Status der Lohnabhängigkeit soweit zu erodieren, daß von einem realen Verlust der bislang erkämpften Errungenschaften gesprochen werden muß:[370] An vorderster Stelle steht hier eine kontinuierliche Schrumpfung der Tariflöhne, die auf das Zusammenwirken einerseits einer erzwungenen Lohnzurückhaltung von seiten der Gewerkschaften und andererseits einer Ausweitung von Niedriglohnsektoren zurückzuführen ist. In den letzten beiden Jahrzehnten waren die Gewerkschaften in vielen Ländern Westeuropas, allen voran in Deutschland,[371] angesichts wachsender Arbeitslosenzahlen genötigt, auf die Erkämpfung von anstehenden Lohnerhöhungen zu verzichten, um vorhandene Arbeitsplätze nicht zu gefährden; während desselben Zeitraumes ist aber auch der Arbeitsmarkt im wachsenden Maße dereguliert worden, so daß an dessen unterem Ende Teilzeitarbeit, Leiharbeit und Praktika die Regel werden, Beschäftigungsverhältnisse also, deren Löhne unterhalb des Existenzminimums liegen und daher die Inanspruchnahme von staatlichen Ersatzleistungen erforderlich machen.[372] Ganz abgesehen von den materiellen Gefährdungen, die aus diesen Entwicklungen für die Kinderbetreuung oder die Altersvorsorge resultieren, geht mit ihnen auch die Erfahrung einer massiven Entwertung der gesellschaftlichen Erwerbsarbeit einher; wenn nämlich, wie wir von Talcott Parsons gelernt haben, die jeweilige Lohnhöhe der symbolische Ausdruck für das Maß sozialer Wertschätzung von Arbeitsleistungen sein soll, so ist die wirtschaftspolitisch induzierte Einbuße von Einkommen, überhaupt die wachsende Prekarisierung von Beschäftigung, Zei-

370 Im folgenden orientiere ich mich an: Kerstin Jürgens, »Deutschland in der Reproduktionskrise«, in: *Leviathan*, 38 (2010), H. 4, S. 559-587.

371 Vgl. die Angaben: ebd., S. 564, Fußnote 11.

372 Ulrich Brinkmann/Klaus Dörre/Silke Röbenack, *Prekäre Arbeit: Ursachen, Ausmaß, soziale Folgen und subjektive Verarbeitungsformen unsicherer Beschäftigungsverhältnisse*, Bonn 2006.

chen eines kollektiv erfahrbaren Anerkennungsverlustes. Zu den Tendenzen des Lohnrückgangs kommt eine inzwischen nahezu selbstverständlich gewordene Unsicherheit über die Dauer und den zukünftigen Status des eigenen Arbeitsplatzes hinzu; längst ist nicht nur die einer älteren Generation noch vertraute Institution einer lebenslangen Beschäftigung in einem einzigen Unternehmen, markiert durch geregelte Wege des internen Aufstiegs, zu einer raren Ausnahme geworden, vielmehr ist das Wissen um die ständige Gefahr der Entlassung oder des erzwungenen Ortswechsels unter den Lohnabhängigen so verbreitet, daß selbst dort fatalistische Stimmungen des Ausgeliefertseins vorherrschen, wo die eigenen Arbeitsbedingungen noch keinen Anlaß dazu bieten.[373] Wird zu diesen Entwicklungen auf dem gegenwärtigen Arbeitsmarkt – der Schrumpfung der Reallöhne, der Prekarisierung von Beschäftigungsverhältnissen und der Ausweitung struktureller Unsicherheit – noch das hinzugenommen, was von soziologischer Seite als Entgrenzung der Arbeitsbedingungen beschrieben wird, nämlich die wachsende Zumutung, sich als Arbeitnehmer »marktgängig« zu verhalten und Leistungsanforderungen individuell zu verinnerlichen,[374] so dürfte nicht mehr überraschen, daß die heute in der marktvermittelten Sphäre gesellschaftlicher Arbeit etablierten Verhältnisse von großen Teilen der Lohnabhängigen als ungerecht angesehen werden, weil sie die eigenen Leistungen nicht angemessen würdigen und ein zu hohes Maß an Flexibilitätsbereitschaft verlangen;[375] daß die

373 Über die inzwischen bekannten Diagnosen etwa von Richard Sennett (*Der flexible Mensch. Die Kultur des neuen Kapitalismus*, Berlin 1998) hinaus sei hier nur auf den panoramaartigen Überblick verwiesen, den Marjorie L. DeVault zusammengestellt hat: dies. (Hg.), *People at Work. Life, Power and Social Inclusion in the New Economy*, New York 2008.

374 Vgl. exemplarisch: Günter G. Voß/Hans J. Pongratz, »Der Arbeitskraftunternehmer. Eine neue Grundform der Ware Arbeitskraft?«, in: *Kölner Zeitschrift für Soziologie und Sozialpsychologie*, 50 (1998), S. 131-158.

375 Vgl. die immer noch zu wenig beachtete Studie von François Dubet,

angewachsenen Belastungen längst durch eine Vielzahl von subtilen Regelverletzungen kooperativ unterlaufen werden, um überhaupt noch den andersgearteten Verpflichtungen im Familien- und Freundeskreis nachkommen zu können;[376] und daß schließlich die politische Repräsentation all dieser Unrechtsempfindungen und gegenläufigen Praktiken als vollkommen unzureichend angesehen wird.

Versucht man, den »moralischen Untergrund« (Lisa Dodson) zu benennen, der sich in Form solcher stummen Regelverletzungen und alltäglichen Verurteilungen an den gegenwärtigen Arbeitsverhältnissen auftut, so stößt man in Umrissen auf jene sozialmoralische Sicht des ökonomischen Marktes, die wir hier von Beginn an mit Hegel und Durkheim zugrunde gelegt haben: Die Institution des kapitalistischen Arbeitsmarktes wird ab dem Punkt für ungerechtfertigt oder illegitim gehalten, wo sie den an ihr Beteiligten kein lebenssicherndes Einkommen mehr garantiert, faktische Leistungen nur noch unzureichend in der Höhe der Entlohnung und sozialer Reputation würdigt sowie überhaupt kaum mehr Möglichkeiten zur Erfahrung des kooperativen Einbezogenseins in die gesellschaftliche Arbeitsteilung bietet. Gemessen an den institutionellen Errungenschaften, die in der »sozialdemokratischen Ära« (Ralf Dahrendorf) des organisierten Kapitalismus in Hinblick auf die Erweiterung sozialer Freiheit auf dem Arbeitsmarkt bereits etabliert waren, muß dessen aktueller Zustand mithin als Resultat einer Fehlentwicklung gedeutet werden: Die Chancen, sich als ein Gleicher unter Gleichen in den Kooperationszusammenhang des kapitalistischen Marktes einbezogen zu wissen, haben sich für die Mehrheit der Lohnabhängigen in den letzten zwanzig Jahren eher verringert als vergrößert.

Ungerechtigkeiten. Zum subjektiven Ungerechtigkeitsempfinden am Arbeitsplatz, Hamburg 2008.

376 Lisa Dodson, *The Moral Underground. How Ordinary Americans Subvert an Unfair Economy*, New York 2009.

Allerdings entzünden sich an diesen Mißständen in der Sphäre der gesellschaftlichen Arbeit, die subjektiv ja durchaus registriert und weitgehend für »ungerecht« gehalten werden, schon seit längerem kaum mehr kollektive Abwehrreaktionen, wie sie Hegel noch in seinem Begriff der »Empörung« gefaßt hatte.[377] Alles, was sich innerhalb der sozialen Lebenswirklichkeit des Arbeitsmarktes an »Negationen« zeigt, besitzt heute eher den Charakter von eigentümlich lautlosen, häufig individualisierten Vermeidungsstrategien, denen die Kraft zu fehlen scheint, sich öffentlich zu artikulieren; in der empirischen Sozialforschung wird, wie erwähnt, von subversiven Beistandspraktiken berichtet, die helfen sollen, den einzelnen von unzumutbaren Bestrebungen zu befreien.[378] Die Rede ist von einer deutlichen Zunahme an »Krankheitsverleugnungen«, mit denen versucht wird, in der Konkurrenz um den Arbeitsplatz zu bestehen,[379] und weit über die Grenzen Frankreichs hinaus bekannt geworden sind jene spektakulären Fälle von »betriebsbedingten« Selbstmorden bei *France Télécom*, von denen es heißt, daß sie auf den erhöhten Leistungsdruck in Folge der Privatisierung des Unternehmens zurückzuführen seien.[380] Solche Individualisierungen der Gegenwehr, hilflose Abwehrkämpfe ohne jede Adressierung eines Publikums, durchziehen heute den Alltag der neuen Arbeitswelt in fast allen Ländern des kapitalistischen Westens; wohin hier auch immer eine investigative Publizistik oder die empirische Sozialforschung den Blick lenkt, ob an die unteren Ränder des wachsenden Dienstleistungssektors (im Einzelhandel, in der Gebäudereinigung, in der Altenpflege, in den Paketdiensten) oder an die qualifikationslose Peripherie der schrumpfenden Industriearbeit (im

377 Vgl. die Hinweise in Teil A, Fn. 111.

378 Vgl. erneut: Dodson, *The Moral Underground*, a. a. O.

379 Stephan Voswinkel/Hermann Kocyba, »Krankheitsverleugnung – Das Janusgesicht sinkender Fehlzeiten«, in: *WSI – Mitteilungen*, 60 (2007), S. 131-137.

380 Christophe Déjours/Florence Bègue, *Suicide et travail: que faire?*, Paris 2009.

Bauwesen oder in der Automobilindustrie),[381] stets stoßen wir statt auf kollektive Interessenartikulationen nur noch auf privatisierte Formen des Widerstands. Der Assoziationsgrad in diesen Zonen purer Routinetätigkeiten ist schon seit Jahren äußerst gering – in Deutschland etwa sind 1998 nur 18 Prozent der Arbeitnehmerinnen und Arbeitnehmer im Bereich »einfacher« Dienstleistungen gewerkschaftlich organisiert, im Bereich unqualifizierter Industriearbeiten immerhin noch 39 Prozent –,[382] eine kommunikative Verständigung über gemeinsame Belange findet also kaum mehr statt, jede Erinnerung an die Anstrengungen der Arbeiterbewegung, den Markt von unten zu vergesellschaften, scheint hier erloschen zu sein.

Die Gründe für diesen Kontinuitätsbruch, die unsere normative Rekonstruktion in die Verlegenheit bringt, innerhalb der Sphäre des Arbeitsmarktes selbst kaum mehr Anhaltspunkte für kollektive Bestrebungen von dessen normativer Eingrenzung finden zu können, hängen freilich wohl nur zu einem Teil mit der vollkommen veränderten Schichtung des Proletariats zusammen, von der zuvor die Rede war. Zwar spricht einiges dafür, sich die Tendenzen zur Privatisierung der Gegenwehr und zum Ausbleiben öffentlicher Empörung vor allem mit dem Umstand zu erklären, daß die Mehrheit der heute von Prekarisierung, Unterbezahlung und Flexibilisierung Betroffenen inzwischen in Dienstleistungsbereichen tätig ist, in der eine Tradition des Arbeitskampfes kaum je existiert hat und Chancen solidarischer Kooperation eher gering sind. Als besonders hilfreich erweisen sich in diesem Zusammenhang die Überlegungen, mit denen Friederike Bahl und Philipp Staab jüngst versucht haben, in der Arbeitsform der unteren Dienstleistungen selbst die Ursachen dafür aus-

381 Vgl. exemplarisch: Barbara Ehrenreich, *Arbeit poor. Unterwegs in der Dienstleistungsgesellschaft*, Reinbek b. Hamburg 2003; Günter Wallraff, *Aus der schönen neuen Welt. Expeditionen ins Landesinnere*, Köln 2009.

382 Ich stütze mich auf Angaben in: Bahl/Staab, »Das Dienstleistungsproletariat«, a. a. O., S. 74, dort: Fn. 51.

zumachen, warum hier moralisierende Sichtweisen betrieblicher Konflikte vorherrschen und Beschreibungskategorien zur realistischen Erfassung der eigenen Lage komplett fehlen.[383] Im Unterschied zum traditionellen Industrieproletariat, das auf eine Erfolgsgeschichte sozialer Auseinandersetzungen zurückblicken konnte, in den Betrieben zur gemeinsamen Gegenwehr angehalten wurde und in der »Handarbeit« über ein wirkmächtiges Symbol der eigenen Leistungen verfügte, mangelt es dem neuen Dienstleistungsproletariat nicht nur an jeder erzählbaren Kollektivgeschichte und der Aussicht auf einen produktiven Arbeitserfolg, sondern auch an Gelegenheiten zur Identifizierung betrieblicher Herrschaft; wer heute im Bereich der konsumorientierten oder sozialen Dienstleistungen tätig ist, also die Kassiererin im Einzelhandel, die Altenpflegerin im Krankenhaus oder der Postzusteller, so vermuten Bahl und Staab, wird kaum noch der eigenen Arbeitgeber ansichtig, so daß sich die gesellschaftliche Erfahrung häufig allein noch auf die Interaktion mit dem Kunden und den Kollegen beschränkt.[384] Aber all diese Deutungsversuche, so geeignet sie auch sein mögen, die Tendenzen zur Strukturlosigkeit im Gesellschaftsbild des heutigen Proletariats verständlich zu machen, dürften wohl nicht ausreichen, um das ganze Ausmaß des Wegfalls von öffentlich sichtbarer Empörung zu erklären. Auch bei jenen Teilen der Mittelschicht, die aufgrund der inzwischen selbst in ihren Erwerbsbereichen zutage getretenen Prekarisierungen und Lohneinbußen von Abstiegsängsten erfaßt worden sind,[385] haben in den letzten beiden Jahrzehnten die Bestrebungen nicht zugenommen, sich gemeinsam der voranschreitenden Deregulierung des Ar-

383 Ebd., S. 82-93.

384 Ebd., S. 88 ff.

385 Holger Lengfeld/Jochen Hirschle, »Die Angst der Mittelschicht vor dem sozialen Abstieg. Eine Längsschnittanalyse 1984-2007«, in: *Zeitschrift für Soziologie*, 38 (2009), S. 379-398. Vgl. auch die sozialtheoretisch anspruchsvolle Studie von Berthold Vogel, *Wohlstandskonflikte. Soziale Fragen, die aus der Mitte kommen*, Hamburg 2009, bes. Kap. IV.

beitsmarktes zu widersetzen; sogar hier, wo doch Bildung und bewährte Kommunikationsnetze es leichter machen müßten, die Besorgnis zu teilen und in Gegenöffentlichkeiten zu artikulieren, scheint eher eine Bereitschaft zur Privatisierung des Unmuts zu bestehen, so, als sei man ausschließlich selbst verantwortlich für die drohende Entlassung oder die bevorstehende Versetzung. In diesem zuletzt genannten Eindruck, dem Gefühl also, allein verantwortlich zu sein für das eigene Erwerbsschicksal, mag daher vielleicht auch der Schlüssel liegen für die beklemmende Sprachlosigkeit, mit der gegenwärtig all die Entsicherungen und Flexibilisierungen in der Sphäre gesellschaftlicher Arbeit hingenommen werden: Während noch vor nicht mehr als vierzig Jahren öffentlich die Auffassung vorherrschte, gegenseitig die Verantwortung zu tragen für die Widerfahrnisse des Arbeitsmarktes und mithin gemeinsam für dessen soziale Einhegung sorgen zu müssen, hat sich inzwischen die Vorstellung verbreitet, das Auskommen und den Erfolg im Erwerbsleben nur noch den eigenen Anstrengungen zu verdanken. Wäre dem so, hätte sich tatsächlich innerhalb des letzten Vierteljahrhunderts eine massive Individualisierung der Verantwortungszuschreibung in bezug auf Arbeitsbiographien und Erwerbsschicksale zugetragen, so würde die ausbleibende Empörung allerdings mehr offenbaren als nur ein personalisiertes Gesellschaftsbild der neuen Unterschichten oder eine noch nicht bewältigte Verunsicherung der mittleren Einkommensgruppen: Zum ersten Mal seit dem Ende des Zweiten Weltkriegs, ja vielleicht sogar seit den ersten Schritten zur Etablierung des Wohlfahrtsstaates, wäre wieder eine Deutung des kapitalistischen Marktes kulturell zur Vorherrschaft gelangt, nach der dieser nicht eine Sphäre sozialer, sondern rein individueller Freiheit bildet.

Schon immer standen sich in den modernen Gesellschaften Westeuropas, so haben wir gesehen, zwei Auffassungen des ökonomischen Marktes gegenüber, deren Unterschiede daran zu ermessen waren, ob dessen soziale Einrichtung eher als Ermöglichung von wechselseitiger Interessenbefriedigung oder von individueller Vorteilsmehrung verstanden wurde. Die Anstrengungen nicht nur der Arbeiterbewegung, sondern auch vieler Wohltätigkeitsorganisationen, »bürgerlicher« Parteien und staatlicher Organe, den Arbeitsmarkt sozial einzuhegen, indem soziale Rechte etabliert, Maßnahmen zur Humanisierung der Arbeitswelt ergriffen und Mitbestimmungsmöglichkeiten geschaffen wurden, waren Ausdruck einer gewissen Dominanz der ersten dieser beiden Vorstellungen des Marktes: Es sollten in einer Perspektive kontinuierlichen Fortschritts all die rechtlichen, bildungspolitischen und innerbetrieblichen Voraussetzungen institutionalisiert werden, die es am Ende jedem Lohnabhängigen erlauben würden, sich unter Bedingungen faktischer Chancengleichheit in die soziale Arbeitsteilung einbezogen zu wissen, um hier im marktvermittelten Austausch seiner Leistungen das eigene, zufriedenstellende Auskommen zu sichern und sich derart seiner Anerkennung als vollwertiges Gesellschaftsmitglied zu vergewissern. In unserer idealisierenden, eine solche aufsteigende Linie unterstellenden Rekonstruktion haben wir nicht nur gesehen, auf wie viele Widerstände in unternehmerischen Verwertungsinteressen derartige Versuche einer Realisierung von sozialer Freiheit jeweils gestoßen sind, sondern auch, daß mit jedem erkämpften Zwischenschritt der Umfang der normativ erforderlichen Maßnahmen nur immer größer zu werden schien: Der Etablierung sozialer Rechte, die vor den größten Risiken marktabhängiger Beschäftigung schützen sollten, folgte die Einsicht in die Notwendigkeit von Bildungsreformen, welche die Bedingungen von Chancengleichheit zu verbessern hatten, schon kurz danach setzte sich die Erkenntnis durch, daß auch monotone, rein routinemäßig zu bewältigende Tätigkeiten letztlich zu beseitigen seien, weil sie jede Erfahrung der arbeitsteiligen Mitwirkung verunmöglichten, und schließlich – wir sind nun schon in der Mitte des 20. Jahrhunderts – gewann allmählich die Überzeugung an Boden, wonach nur eine aktive Einbeziehung der Lohnabhängigen in die betrieblichen Entscheidungsprozesse tatsächlich zur Zähmung unternehmerischer Verwertungsinteressen und damit zur kooperativen Einhegung des Marktes führen würde. Sicherlich, kaum eine dieser im Laufe von hundertfünfzig Jahren des sozialen Konfliktes gewonnenen Einsichten ist je schon auch nur halbwegs zu institutioneller Verwirklichung gelangt; stets wieder wurden politisch ins Auge gefaßte Reformen abgebrochen, scheiterten an der Marktmacht großer Kapitalunternehmen, versandeten aufgrund von finanziellen Engpässen des Staates oder kamen, trotz anfänglicher Erfolge, infolge wirtschaftspolitischer Stimmungswechsel zum Erliegen. Aber immerhin schien es im Lichte einer zwar diskontinuierlichen, in der Abfolge der Generationen jedoch ohne weiteres erkennbaren Aufwärtslinie sozialer Errungenschaften möglich zu sein, die schrittweise Reform des Arbeitsmarktes als ein gesellschaftliches Projekt zu begreifen, das von einer breiten Zustimmung zu einer sozialmoralischen Sicht der kapitalistischen Wirtschaft getragen wurde; die Bedingungen der sozialen Chancengleichheit mußten verbessert, die entwürdigenden Formen einer eintönigen, zermürbenden Arbeit beseitigt und die Mitgestaltungsmöglichkeiten der Lohnabhängigen in den Betrieben erhöht werden, weil man im Grunde, zwar nicht immer ausdrücklich, aber doch im Sinn einer stillschweigenden Nötigung des Gewissens, die Überzeugung teilte, daß der ökonomische Markt allen Beteiligten zugute kommen sollte und also als eine Institution der sozialen Freiheit zu verstehen sein müßte. Wenn sich in den letzten Jahrzehnten nun tatsächlich, wofür viele Anhaltspunkte sprechen,[386] die Zuschreibung von Verantwortung im Kontext marktwirtschaftlichen Handelns stark individualisiert hätte, so daß nicht mehr »wir«, sondern

386 Vgl. zusammenfassend: Klaus Günther, »Zwischen Ermächtigung und Disziplinierung. Verantwortung im gegenwärtigen Kapitalismus«, in: Axel Honneth (Hg.), *Befreiung aus der Mündigkeit. Paradoxien des gegenwärtigen Kapitalismus*, Frankfurt/M. 2002, S. 117-139.

der oder *die* einzelne für den eigenen ökonomischen Erfolg zuständig wären, so würde das eine Auflösung genau dieser normativen Hintergrundüberzeugung nahelegen: Der Markt würde von den Beteiligten nicht mehr vornehmlich als eine soziale Einrichtung begriffen, die uns gemeinsam die Möglichkeit eröffnet, in ungezwungener Gegenseitigkeit unsere Interessen zu befriedigen, sondern als ein Organ des Wettbewerbs um die möglichst kluge Maximierung des eigenen Nutzens. Alles, was in der Vergangenheit als ein notwendiger Schritt der Annäherung an einen Zustand marktvermittelten Zusammenwirkens begriffen werden konnte, müßte in dieser veränderten Deutung des Marktes bestenfalls als ein pazifizierendes, den Klassenkampf stillstellendes Reformwerk, schlechtestenfalls als ein überflüssiges Produkt sozialer Gesinnungen betrachtet werden, dazu angetan, die Anstrengungen des einzelnen Wirtschaftssubjekts erlahmen zu lassen und den Konkurrenzdruck ungerechtfertigterweise abzumildern.

Es ist sicherlich zu früh, soziologisch beurteilen zu wollen, ob sich ein solcher allgemeiner Einstellungswandel im Begriff des Marktes in den letzten Jahrzehnten wirklich vollzogen hat; und wahrscheinlich gehört schon die bloße Erwägung eines derartigen Stimmungsumschwungs genau zu jener Klasse von sozialdiagnostischen Hypothesen, über die sich eine endgültige Klarheit nie wird gewinnen lassen, weil sie sich der empirischen Überprüfung letztlich entziehen. Es stehen uns aber kaum andere Deutungen zur Verfügung, um den relativ plötzlichen Wegfall aller sichtbaren »Empörung« auf den flexibilisierten Arbeitsmärkten zu erklären, so daß es durchaus sinnvoll sein mag, der nur erst vagen Vermutung einer Wandlung in der öffentlichen Wahrnehmung des Marktes weiter nachzugehen.

Fragt man sich in diesem Sinne, welche soziale Ursachen nun ihrerseits einen derartigen Einstellungswandel bewirkt haben könnten, so stößt man schnell auf jenes Bündel an wirtschaftspolitischen und unternehmerischen Maßnahmen, mit denen vor etwa zwanzig Jahren der Prozeß der Desorganisation des Kapitalismus in den westeuropäischen Ländern eingeleitet wurde. Damals, als unter dem Druck der ökonomischen Globalisierung die staatlichen Regierungen ihre gesellschaftlichen Kontrolltätigkeiten zurückschraubten und statt dessen institutionelle Großanleger die Gewinnmargen in den größeren Unternehmen festzulegen begannen, fand ja weitaus mehr statt als bloß eine erneute Verselbständigung kapitalistischer Verwertungsimperative; vielmehr wurde das zunächst nur auf die großen Kapitalgesellschaften angewandte Paradigma der berechenbaren Renditefähigkeit aller sektoral getätigter Investitionen nun auch im Überschwang des Glaubens an die Effizienz marktvermittelten Wettbewerbs auf viele andere Bereiche übertragen, so daß alsbald auch die öffentlichen Dienste und der gesamte Bildungssektor unter den Druck der finanziellen Konkurrenzfähigkeit gerieten.[387] Was in der Folge für die entsprechenden Behörden, Ausbildungseinrichtungen und Wohlfahrtsverbände bedeutete, sich auf eine verstärkte Überprüfung einzelner Kostenfaktoren umzustellen und im ganzen eine Strategie der inneren und äußeren Vermarktlichung zu entwickeln, hatte für die dort Beschäftigten einen massiven Wandel in der Einstellung gegenüber ihren Tätigkeiten zur Konsequenz. Diese selbst mußten nun aus der Binnenperspektive viel entschiedener als früher als steigerungsfähige Größen in einer übergreifenden Kosten-Nutzen-Analyse betrachtet werden, so daß auch hier, wie schon in den privaten Unternehmen, Zwänge der individuellen Selbstvermarktung um sich zu greifen begannen. Solche Prozesse einer Verallgemeinerung des Verhaltensstils strategischer Selbstoptimierung steigern vermutlich, so ließe sich weiter schließen,

387 Für die öffentlichen Dienste vgl. Mark Freedland, »The Marketization of Public Services«, in: Colin Crouch/Klaus Eder/Demian Tambini (Hg.), *Citizenship, Markets, and the State*, Oxford 2001, S. 90-110; für die Universitäten: Sheila Slaughter/Gary Rhoades, *Academic Capitalism and the New Economy. Markets, State, and Higher Education*, Baltimore 2009.

die Tendenzen zur Wahrnehmung der Gesellschaft als eines Netzwerkes von nur noch auf ihren eigenen Nutzen bedachten Akteuren; und nichts liegt daher näher, als darin zugleich auch die Ursache zu sehen für jene Individualisierung der Verantwortungszuschreibung, die wir zuvor als Scharnier der Rückkehr zu einer desozialisierten Sicht des ökonomischen Marktes ausgemacht haben. Sobald Beschäftigungsverhältnisse und Sozialleistungen, deren Bereitstellung bislang noch als gemeinschaftliche Aufgabe einer demokratisch organisierten Zivilgesellschaft aufgefaßt werden konnte, einem Diktat der Kommerzialisierung, der Steigerung des ökonomischen Ertrags aller getätigten Ausgaben unterworfen werden, ändert sich infolge des dadurch bewirkten Wandels im Selbstverständnis der Beteiligten wahrscheinlich auch das Bild des Marktes im ganzen: Dieser wird nicht mehr als eine soziale Einrichtung gesehen, für die wir gemeinsam als Mitglieder einer Kooperationsgemeinschaft die Verantwortung tragen, sondern als Stätte einer Konkurrenz um die jeweils selbst zu verantwortende Nutzenoptimierung.

Einen solchen kausalen Zusammenhang zwischen dem Dominantwerden finanzmarktlicher Leitvorstellungen und einem kulturellen Wandel im herrschenden Bild des Marktes zu unterstellen heißt natürlich, um es zu wiederholen, nur eine mögliche Kausalkette unter anderen hervorzuheben und sie zur alles bestimmenden Ursache zu machen; es mag sein, daß sich in Zukunft alternative Deutungsansätze als weitaus geeigneter erweisen werden, um die gegenwärtig stattfindende Individualisierung der Verantwortungszuschreibung in der Sphäre marktwirtschaftlichen Handelns zu erklären. Aber dieser Umstand selbst, die wachsende Aushöhlung der normativen Leitidee gesellschaftlicher Mitverantwortung, dürfte sich im Augenblick wohl kaum in Zweifel ziehen lassen; nicht nur in empirischen Untersuchungen, sondern auch in literarischen Zeugnissen spiegelt sich schon seit Jahren, daß Erfolg oder Mißerfolg bei der Bewährung auf den ökonomischen Märkten heute zunehmend als etwas erfahren werden, das nur dem Geschick, dem Engagement und notgedrungen dem Glück des je einzelnen zugeschrieben werden kann.[388] Ist ein derartiger Wandel im Verantwortungsbegriff die semantische Oberfläche, unter der sich eine grundsätzliche Veränderung in der kollektiven Wahrnehmung des Marktes verbirgt, so läßt sich damit der irritierende Wegfall aller sichtbaren »Empörung« über die wachsende Entgrenzung des Arbeitsmarktes erklären: Während vorher, bis in die siebziger und achtziger Jahre hinein, eine noch relativ intakte Vorstellung der kooperativen Rahmung von Märkten dafür gesorgt hat, daß auf jeden Vorstoß einer solchen Flexibilisierung öffentlich erkennbare Gegenreaktionen erfolgten, ist heute eine weitgehend desozialisierte Vorstellung des Marktes verantwortlich für die Tendenz, das moralische Unbehagen allein privat zu artikulieren und nur zu entsprachlichten Formen der Abwehr zu greifen.

Die damit umrissene Fehlentwicklung, mehr als nur eine Verselbständigung finanzkapitalistischer Imperative, sondern auch eine entsprechende Verschiebung in den kulturellen Deutungsmustern des Marktes, bringt unsere normative Rekonstruktion in die Verlegenheit, so hatte ich oben schon gesagt, auf normative Gegenbewegungen im Augenblick nicht mehr setzen zu können; der demokratischen Sittlichkeit, deren Chancen für die Gegenwart wir hier nachzuspüren versuchen, fehlt damit eines ihrer Kernelemente, weil von der Aussicht auf eine vollständige Einhegung des Arbeitsmarktes letztlich abhängt, ob sich die Gesellschaftsmitglieder mittels ihrer ökonomischen Tätigkeiten in einen Kooperationszusammenhang einbezogen wissen können. Eine derartige soziale Freiheit aber, Legitimationsgrundlage des Marktes seit jeher, scheint aus der institutionellen Sphäre der Erwerbsarbeit

388 Vgl. das großartige Kapitel »The Cult of Personal Responsability« von Brian Barry in: ders., *Why Social Justice Matters*, Cambridge 2005, Kap. IV.

inzwischen so gut wie verbannt; alles Auskommen und jeder Erfolg hängen hier, der offiziellen, weitverbreiteten Doktrin nach, allein vom Durchsetzungsvermögen des einzelnen ab, so als sei dieses nicht eigentlich durch die Klassenlage und die Bildungschancen der jeweiligen Herkunftsfamilie bestimmt. Folgerichtig sind an die Stelle der älteren Ideen, wonach Chancengleichheit, Arbeitsplatzverbesserungen und Mitbestimmung erforderlich seien, um die normativen Versprechungen des Arbeitsmarktes zu erfüllen, längst Programme der allseitigen Selbstaktivierung getreten, die mit blankem Zynismus suggerieren, jeder sei für sein Erwerbsschicksal ausschließlich allein verantwortlich.[389] Der Grad der Fehlentwicklung, mit dem wir es heute in der marktvermittelten Sphäre der gesellschaftlichen Arbeit zu tun haben, ist exakt an dieser Rückverwandlung des Versprechens sozialer Freiheit in die Verheißung von bloß noch individueller Freiheit zu ermessen.

Eine Alternative zu diesen rückschrittlichen Entwicklungen scheint sich im Augenblick nur dort aufzutun, wo organisierte Gegenkräfte darangehen, auf transnationaler Ebene für eine erneute Eingrenzung des Arbeitsmarktes zu kämpfen. Weil die nationalstaatlichen Regierungen in Westeuropa in den letzten Jahrzehnten einiges von ihrer Fähigkeit verloren haben, mit den eigenen Mitteln der Einflußnahme regulierend auf die verwertungsbestimmten Bedingungen in der Produktions- und Dienstleistungssphäre einzuwirken, wird nur eine nachholende Internationalisierung von Gegenbewegungen die Chance mit sich bringen, die ursprünglichen Absichten von Mindestlohn, von Arbeitsplatzsicherheit und selbst von Mitbestimmung noch einmal wiederaufleben zu lassen. Unter dem Druck von transnationalen Gewerkschafts-

389 Zu diesem Übergang von der Idee der staatlichen Wohlfahrt zu der der »privaten Sicherungsverantwortung« und den damit einhergehenden Aktivierungsprogrammen vgl. Stephan Lessenich, *Die Neuerfindung des Sozialen*, Bielefeld 2008.

verbänden und Nichtregierungsorganisationen sind erste Verfahren schon geschaffen worden, die es erlauben, auf die Normen der längst global vonstatten gehenden Erwerbsregulierung einen Einfluß zu nehmen; Zertifizierungen von Standards der Arbeitsqualität, Prozeduren der Überwachung von getroffenen Vereinbarungen und öffentliche Kampagnen über Ländergrenzen hinweg scheinen die Wege zu sein, die heute eingeschlagen werden müssen, um wieder Anschluß an die abgebrochene Geschichte einer schrittweisen Vergesellschaftung des Arbeitsmarktes zu finden.[390] Je stärker die transnationalen Gemeinschaften sein werden, die sich zum Zweck der Verfolgung solcher Projekte zusammenzuschließen vermögen, über je mehr an öffentlich gestützter Vetomacht sie verfügen werden, um Normen sozialer Freiheit in den deregulierten Erwerbsverhältnissen der global vernetzten Unternehmen durchzusetzen, desto eher wird sich von neuem die Aussicht auf eine moralische Zivilisierung der kapitalistischen Marktwirtschaft eröffnen.[391] Allerdings dürfte es sich bei der gesellschaftlichen Rückgewinnung eines solchen Projekts, berücksichtigt man das Ausmaß der Fehlentwicklungen, die in den letzten Jahrzehnten hier hingenommen werden mußten, vorläufig nur um die Wiedereroberung eines bereits einmal erfolgreich erkämpften Territoriums handeln.

3. Das »Wir« der demokratischen Willensbildung

Jeder Versuch, sich heute der »Wirklichkeit« der Freiheit in den hochentwickelten Gesellschaften des Westens zu versichern und damit die Chancen einer demokratischen Sittlichkeit auszuloten, wird als deren Herzstück die politische Sphäre

390 Vgl. dazu: Ludger Pries, *Erwerbsregulierung in einer globalisierten Welt*, Wiesbaden 2010.

391 Marie-Laure Djelic/Sigrid Quack (Hg.), *Transnational Communities. Shaping Global Economic Governance*, Cambridge 2010.

der öffentlichen Deliberation und Willensbildung ausmachen wollen. Schon Hegel hat seine Rekonstruktion moderner Sittlichkeit ja in die Institution des »Staates« münden lassen, ohne dabei allerdings seiner eigenen Auflage hinreichend Folge zu leisten, der zufolge es sich bei solchen Sphären doch um Einrichtungen der ungezwungenen Wechselseitigkeit in der Befriedigung von Bedürfnissen, Interessen oder Zielsetzungen handeln müsse; die Schilderung der innerstaatlichen Ordnung ist ihm vielmehr so zentralistisch und substanzhaft geraten, war so unbekümmert um institutionelle Vorkehrungen mit Blick auf die horizontalen Beziehungen unter den Bürgern, daß seither mit Recht der Verdacht besteht, seine Sittlichkeitslehre sei letztlich an der wirklichen Befähigung zur Demokratie herzlich wenig interessiert.[392] Vom Vorbild der Hegelschen »Rechtsphilosophie« werden wir daher Abstand nehmen müssen, wenn wir uns nun an die normative Rekonstruktion jener dritten Sphäre machen, die wiederum nur dann angemessen zu analysieren ist, wenn sie als eine Verkörperung von sozialer Freiheit begriffen wird: der Institution der demokratischen Öffentlichkeit als einem gesellschaftlichen Zwischenraum, in dem sich unter den Bürgerinnen und Bürgern im deliberativen Widerstreit die allgemein zustimmungsfähigen Überzeugungen bilden sollen, an die sich dann gemäß rechtsstaatlicher Verfahren die parlamentarische Gesetzgebung im weiteren zu halten hat.

In dieser gesellschaftlichen Einrichtung moderner Rechtsstaaten soll nach herrschender Vorstellung sogar die Reihe der freiheitsverbürgenden Sphären, die wir bisher rekonstruktiv durchschritten haben, überhaupt erst zu ihrer letzten und

392 Vgl. Michael Theunissen, »Die verdrängte Intersubjektivität in Hegels Philosophie des Rechts«, in: Dieter Henrich/Rolf-Peter Horstmann (Hg.), *Hegels Philosophie des Rechts: Die Theorie der Rechtsformen und ihre Logik*, Stuttgart 1982, S. 317-381; für den vorliegenden Kontext siehe auch: Jürgen Habermas, *Strukturwandel der Öffentlichkeit. Untersuchungen zu einer Kategorie der bürgerlichen Gesellschaft*, Frankfurt/M. 1990 (Neuausgabe), bes. S. 195-201.

höchsten Bestimmung gelangen, weil hier die Bürgerinnen und Bürger im diskursiven Austausch ihrer Meinungen über deren wünschenswerteste Verfassung jeweils gemeinsam befinden: Zwar wird der kapitalistische Markt zumeist unter der Hand oder ausdrücklich von der Gesetzeskompetenz des parlamentarisch repräsentierten Volkes ausgenommen, aber im Prinzip gilt doch, daß die institutionelle Ausgestaltung der Bereiche der persönlichen Beziehungen und des wirtschaftlichen Handelns dem rechtsstaatlich gesicherten Verfahren der demokratischen Willensbildung obliegen soll. Eine solche »prozeduralistische« Vorstellung ist allerdings, wie wir schon am Ende unserer »historischen Vergegenwärtigung« gesehen haben (S. 104 f.), dazu genötigt, die Angewiesenheit einer solchen deliberativen Entscheidungsfindung auf entsprechend »freiheitliche« Voraussetzungen in den anderen konstitutiven Sphären der Gesellschaft entweder gänzlich zu ignorieren oder empirisch herunterzuspielen:[393] Sind in den beiden Handlungssystemen der persönlichen Beziehungen und des marktvermittelten Wirtschaftsverkehrs nicht annähernd jene Bedingungen sozialer Freiheit verwirklicht, die gemäß ihrer selbstbezüglichen Legitimationsprinzipien hier jeweils herrschen sollen, so fehlt es den Bürgerinnen und Bürgern an den sozialen Verhältnissen, die ihnen eine unbeschränkte und zwanglose Teilnahme an der demokratischen Willensbildung allererst ermöglichen. Daher darf die politische Sphäre der Öffentlichkeit nicht, wie heute in Demokratietheorien gemeinhin üblich, als ein oberster Gerichtshof begriffen werden, in dem letztlich vollkommen freistehend darüber ent-

393 Zu letzterem, der Tendenz also, diese Angewiesenheit bloß als glückliche Fügung, nicht aber als normativ erforderlich zu verstehen, siehe etwa die Formulierungen in: Jürgen Habermas, *Faktizität und Geltung. Beiträge zur Diskurstheorie des Rechts und des demokratischen Rechtsstaats*, Frankfurt/M. 1992, S. 434. Vgl. dazu die Überlegungen von: Robin Celikates/Arndt Pollmann, »Baustellen der Vernunft. 25 Jahre ›Theorie des kommunikativen Handelns‹«, in: *WestEnd. Neue Zeitschrift für Sozialforschung*, 3 (2006), H. 2, S. 97-113.

schieden wird, wie die rechtsstaatlich zu regelnden Bedingungen in den beiden anderen Handlungssphären beschaffen sein müssen; das Verhältnis zwischen den drei Sphären ist weitaus komplizierter, weil die Verwirklichung von sozialer Freiheit in der demokratischen Öffentlichkeit ihrerseits an die Voraussetzung gebunden ist, daß auch in den Sphären der persönlichen Beziehungen und der Marktwirtschaft die jeweils eigenen Prinzipien sozialer Freiheit zumindest halbwegs verwirklicht sind. Insofern sind der deliberativen Willensbildung, die in den weitverzweigten Foren der Öffentlichkeit stattfinden soll, von vornherein bestimmte Grenzen gesetzt; sie wird ihren eigenen Legitimationsprinzipien nur dann gerecht, wenn sie in einem Prozeß wiederholter Auseinandersetzungen über die Bedingungen sozialer Einbeziehung[394] lernt, daß den Kämpfen um soziale Freiheit in den beiden anderen Sphären Beistand zu leisten ist.

Bevor freilich dieser Verweisungszusammenhang zwischen den verschiedenen Sphären demokratischer Sittlichkeit dargelegt werden kann, bedarf es zunächst des Nachweises, warum es sich bei der im 19. Jahrhundert entstandenen Institution der politischen Öffentlichkeit überhaupt um ein Handlungssystem sozialer Freiheit handelt. Dem steht ja auf den ersten Blick die Einsicht entgegen, daß der für unsere heutigen Gesellschaften charakteristische Raum einer öffentlichen Austragung von Meinungsverschiedenheiten aus der sozialen Verallgemeinerung der liberalen Freiheitsrechte hervorgegangen ist und daher auch nur als eine institutionelle Verkörperung von individueller Freiheit verstanden werden darf; sobald diese demokratische Öffentlichkeit mit Zumutungen komplementärer Rollenverpflichtungen ausgestattet wird, so könnte es scheinen, nimmt man ihr den für sie typischen Zug einer grundrechtlichen Ermöglichung der nur privaten Meinungs-

394 Die Idee einer solchen »Iteration« als Lernmechanismus demokratischer Öffentlichkeiten entnehme ich: Seyla Benhabib, *Kosmopolitismus und Demokratie. Eine Debatte*, Frankfurt/M. 2008, bes. S. 64-66.

bildung im Spiegel öffentlich ausgetragener Kontroversen. Um dem damit umrissenen Einwand vorzubeugen, soll hier in einem ersten Schritt der Versuch unternommen werden, die historische Entwicklung der demokratischen Öffentlichkeit bis in die Gegenwart hinein normativ zu rekonstruieren, so daß sich im Spiegel ihrer Angewiesenheit auf kommunikative Praktiken zugleich ihre heutigen Defizite zeigen werden (a); in einem zweiten Schritt ist es parallel dazu dann möglich, den Entwicklungsprozeß auch des modernen Rechtsstaates bis in die Gegenwart hinein zu verfolgen, um an ihr den aktuellen Zustand sozialer Freiheit zu analysieren (b). Den Schlußpunkt wird schließlich die Rückkehr zum Verweisungszusammenhang der einzelnen sittlichen Sphären untereinander bilden, indem ich exemplarisch umreiße, wie eine politische Kultur demokratischer Sittlichkeit heute beschaffen sein müßte (c).

(a) Demokratische Öffentlichkeit

Obwohl von einer demokratischen Öffentlichkeit in der politischen Geschichte Westeuropas frühestens in der zweiten Hälfte des 19. Jahrhunderts gesprochen werden kann, tut man gut daran, die normative Rekonstruktion dieser institutionellen Sphäre schon mit deren bürgerlichen oder »literarischen« Vorformen beginnen zu lassen; denn die ganze Idee, daß es eines öffentlichen Raumes jenseits der staatlichen Verfügungsmacht bedarf, um sich darin frei und ungezwungen im diskursiven Austausch eine politische Meinung zu bilden, ist Ausdruck und Vollzugsform der revolutionären Erhebung des Bürgertums gegen die angestammte Herrschaft des Adels. Eine »Öffentlichkeit« in diesem Sinn, verstanden noch nicht als Quelle der demokratischen Legitimität staatlichen Handelns, sondern nur als Forum einer gegen die überkommene Staatsordnung gerichteten Willensbildung unter den wirtschaftlich unabhängigen Bürgern, entsteht in den entwickelten Ländern Westeuropas im Laufe des 18. Jahrhunderts:[395] Im Schutz der allmählich im Umfang zunehmenden Freiheitsrechte bildet sich hier zwischen der Privatsphäre der patriarchalischen Familie und der Regierungsgewalt ein sozialer Binnenraum heraus, in dem die männlichen Vertreter der über ökonomisches Eigentum verfügenden Schichten zusammenkommen, um sich unter Verwendung der nun aus dem Boden sprießenden Zeitungen und Journale über die sie gemeinsam interessierenden Angelegenheiten zu verständigen.[396] Auch wenn diese Kommunikationsformen zu Beginn nur dem wirtschaftlich selbständigen Bürgertum vorbehalten sind und noch nicht ernsthaft bezwecken, die politische Machtausübung des Hofes oder der Fürsten in Frage zu stellen, kommt in ihnen doch schon in ersten Ansätzen ein neues Legitimitätsprinzip zum Tragen, das nur wenige Jahrzehnte später eine enorme Sprengkraft entwickeln sollte: Jede Regierungstätigkeit, also die Ausübung der Befugnis, über das innere und äußere Wohl eines politischen Gemeinwesens zu entscheiden, würde sich schon alsbald jener »öffentlichen Meinung« zu stellen haben, die sich im diskursiven Widerstreit der Argumente in den Foren des aus Privatleuten bestehenden Publikums herausgeschält hatte.[397]

Bevor es allerdings zur öffentlichen Artikulation und erst recht zur gesellschaftlichen Institutionalisierung eines solchen allgemeinen Demokratieprinzips in Westeuropa kommen konnte, bedurfte es zunächst einer Reihe von sozialen, politischen und rechtlichen Wandlungen, die hier nur kursorisch rekonstruiert werden können. Jene anfänglich eher »literarische«, sich aber allmählich politisierende Öffentlichkeit, die

395 Vgl. dazu und zum folgenden vor allem: Habermas, *Strukturwandel der Öffentlichkeit*, a.a.O.

396 Ebd., § 3; vgl. zusätzlich: Hannah Barker/Simon Burrows (Hg.), *Press, Politics and the Public Sphere in Europe and North America, 1760-1820*, Cambridge 2002.

397 Zum Begriff der »öffentlichen Meinung« vgl. Habermas, *Strukturwandel der Öffentlichkeit*, a.a.O., Kap. IV.

sich im Laufe des 18. Jahrhunderts in den großen Städten des Kontinents und in England herausgebildet hatte, war ja zunächst, wie gesagt, nur den männlichen Mitgliedern der kapitalbesitzenden Schichten zugänglich: Man diskutierte, so können wir vermuten, primär über gemeinsame Belange des ökonomischen Geschäfts, verständigte sich aber auch schon im Spiegel der inzwischen entstandenen Tagespresse über kulturelle und politische Angelegenheiten von übergreifendem Interesse, um sich derart ein verallgemeinerbares Urteil zu bilden. So unvorstellbar es diesen zwischen der familiären Sphäre und der feudalen Obrigkeit angesiedelten Vereinigungen auch sein mochte, Männern niederen Standes oder gar Frauen die Teilnahme zu erlauben, so deutlich standen sie andererseits doch schon unter dem unausgesprochenen Gesetz einer Inklusion aller der an ihren Themen Interessierten; denn das öffentliche Räsonnement, zu dem sie sich mit Blick auf die Kunst, die zivilen Verkehrsformen und die politischen Normen berufen sahen, sollte am Ende ja mittels der wechselseitigen Relativierung von individuellen Standpunkten zu Urteilen führen, die den Anspruch auf generelle, für alle gültige Richtigkeit erfüllen.[398]

Freilich waren es nicht bloß die Vorurteile ihrer Zeit, die die Vertreter dieser ersten Formen einer bürgerlichen Öffentlichkeit daran hinderten, ihren selbsterhobenen Prinzipien Folge zu leisten und die Mitgliedschaft auch von anderen gesellschaftlichen Gruppen und Rängen zuzulassen. Viel stärker wirkte sich auf die nahezu für selbstverständlich gehaltene Praxis der sozialen Exklusion wahrscheinlich die Tatsache aus, daß die liberalen Freiheitsrechte in den meisten westeuropäischen Ländern während des 18. Jahrhunderts erst allmählich Fuß faßten und noch längst nicht auf alle Gesellschaftsmitglieder gleichermaßen ausgeweitet worden waren: Frauen und Tagelöhner, überhaupt die ökonomisch Unselbständigen,

398 Ebd., S. 118 ff.

wurden von den elementaren Rechten auf Vertragsfreiheit und Arbeit fast immer ausgenommen, so daß sie über den Status einer vollwertigen Bürgerin oder eines vollwertigen Bürgers noch gar nicht verfügten. Zwar profitierten auch diese Gesellschaftsmitglieder von der sich ausweitenden, vor allem in England energisch vorangetriebenen Presse- und Meinungsfreiheit, die die Entstehung der bürgerlichen Öffentlichkeit überhaupt erst ermöglicht hatte, aber von deren Praktiken eines deliberativen Meinungsaustauschs blieben sie vorläufig ausgeschlossen. Die Selbstverständlichkeit, mit der nur die Männer der ökonomisch unabhängigen Klasse an solchen vermittelnden Prozessen der öffentlichen Willensbildung teilnahmen, verführte natürlich nicht nur dazu, das jeweils ermittelte Gemeinsame in den individuellen Überzeugungen stets schon für das »allgemein« Richtige zu halten, sondern auch zur kompletten Ignoranz gegenüber allen sich bereits parallel etablierenden, später als »plebejisch« bezeichneten Öffentlichkeiten; denn während des 18. Jahrhunderts hatten sich auch an den unteren Rändern der damaligen Gesellschaft schon soziale Vereinigungen gebildet, in denen ebenfalls Themen von öffentlichem Belang debattiert wurden, ohne daß für die Ergebnisse dieser gemeinsamen Diskussionen jedoch ein Anspruch auf allgemeine Geltung erhoben wurde.

Die Vereine, Unterstützungskassen und Wohltätigkeitsorganisationen, die unter den Handwerkern und frühen Lohnabhängigen – auch hier nur männliche Mitglieder – schon in der zweiten Hälfte des 18. Jahrhunderts entstanden waren, besaßen gewiß kein ihren bürgerlichen Schwesterinstitutionen vergleichbares Bewußtsein aufklärerischer Fortschrittlichkeit und repräsentativer Universalität. Sie waren zumeist, wie wir bereits im Zusammenhang mit der Entstehung eines Arbeitsmarktes gesehen haben (Kap. III. 2 [c]), aus Erfordernissen der Bewältigung von purer Not hervorgegangen, dienten der wechselseitigen Hilfestellung und organisierten nach Möglichkeit bereits erste Streiks und Arbeitskämpfe; wo es mit Hilfe von Brauchtum, eigenem Liedgut und erprobten Ritualen gelang, so etwas wie eine Subkultur zu bilden, kam sie sicherlich auch der Steigerung der kollektiven Selbstachtung zugute.[399] Aber trotz aller Nähe zu den Betriebsstätten, trotz der großen Bedeutung von Arbeitserfahrungen wuchs natürlich auch in diesen Notgemeinschaften eine Tradition des öffentlichen Debattierens und Meinungsaustauschs heran, die den bürgerlichen Zirkeln nur im Grad der kulturellen Bildung, nicht aber im gesellschaftlichen Gewicht der verhandelten Themen nachstand; man diskutierte auch hier, zwar nicht in Salons und Kaffeehäusern, aber doch in Vereinslokalen und Wirtshäusern, neben Herausforderungen des Erwerbslebens auch Dinge von allgemein-politischem Belang, erwog gemeinsam die Normen des gesellschaftlichen Zusammenlebens und stellte die Legitimität der feudalen Obrigkeit in Frage.[400] Noch vor der Französischen Revolution mit ihren Nachwirkungen in den »demokratischen Konvulsionen« (Jürgen Osterhammel) der ersten Hälfte des 19. Jahrhunderts hatte sich also in der intermediären Sphäre zwischen dem Privatbereich der Familie und der feudalstaatlichen Regierung eine »proletarische« Öffentlichkeit etabliert, in der mit ebenso großer moralischer Vehemenz, aber geringerem Anspruch auf Allgemeinheit darangegangen wurde, die Legitimitätsgrundlagen aller bisherigen Herrschaft in Zweifel zu ziehen. Und nicht lange sollte es dauern, bis die tragenden Ideen des Bürgertums auch in diesen aus der Not geborenen Diskussionsge-

399 Vgl. für Deutschland: Andreas Grießinger, *Das symbolische Kapital der Ehre. Streikbewegungen und kollektives Bewußtsein deutscher Handwerksgesellen im 18. Jahrhundert*, Frankfurt/Berlin/Wien 1981; für England natürlich: Thompson, *Die Entstehung der englischen Arbeiterklasse*, Bd. 1, a. a. O., S. 447-459.

400 Ebd., v. a. S. 449-453; eine faszinierende Untersuchung solcher plebejischen Formen der Öffentlichkeit im 18. Jahrhundert liefert auch: Arlette Farge, *Lauffeuer in Paris. Die Stimme des Volkes im 18. Jahrhundert*, Stuttgart 1993 (den Hinweis auf dieses Buch verdanke ich Yves Sintomer).

meinschaften auf so starke Resonanz stießen, daß sie sich von nun an ebenfalls als Organe in der Sphäre der zivilen Willensbildung verstehen konnten.[401]

Als dann auf dem Höhepunkt der Französischen Revolution, noch vor dem sich ausbreitenden Terror, die Allgemeinen Menschenrechte verkündet wurden, verbesserte sich dank deren europaweiter Ausstrahlung die Lage für diese verschiedenen Öffentlichkeiten insofern erheblich, als sie nun mit der Idee der prinzipiellen Gleichheit aller Bürger über die gedanklichen Mittel verfügten, sich nachträglich einen legitimen Rechtsstatus zu erkämpfen; war das 18. Jahrhundert weitgehend eine Epoche der Verallgemeinerung der liberalen Freiheitsrechte gewesen, so hat Thomas Marshall sehr schön deutlich gemacht, sollte das 19. Jahrhundert vor allem eine Periode der Erstreitung von politischen Teilnahmerechten werden.[402] Die verschiedenen Öffentlichkeiten, die wir bislang beschrieben haben, ob nun eher auf die Kultur oder stärker auf die Arbeitswelt bezogen, ob also »bürgerlich« oder »proletarisch«, hatten nicht nur gemeinsam, daß sie neuartige Foren der diskursiven Austragung von Meinungsverschiedenheiten boten, die um die erstrebenswerte Einrichtung der Gesellschaft kreisten; was sie in unterschiedlichen Graden vielmehr auch teilten, war die Erfahrung, daß die Ergebnisse ihrer intersubjektiven Beratungen trotz aller Publizität ohne nennenswerte Folgen für die politische Machtausübung blieben, weil jede Möglichkeit einer legitimen Einflußnahme auf die jeweilige Staatsgewalt weiterhin fehlte; gewiß, in England existierte seit der Glorious Revolution neben der Krone bereits ein mit legislativen Aufgaben betrautes Parlament, aber dieses unterlag in seiner Zusammensetzung so sehr der Kon-

401 Vgl. dazu Geoff Eley, »Nations, Publics, and Political Cultures. Placing Habermas in the Nineteenth Century«, in: Craig Calhoun (Hg.), *Habermas and the Public Sphere*, Cambridge/Mass. 1992, S. 289-339, hier: S. 304.

402 Marshall, »Staatsbürgerrechte und soziale Klassen«, a. a. O., S. 42 f.

trolle durch die landbesitzende Oberschicht, daß es sich der in einer regen Presse widergespiegelten »public opinion« bis kurz vor Ende des 18. Jahrhunderts erfolgreich verschließen konnte.[403] Über noch viel weniger politisches Gewicht verfügten jene zumeist nebeneinander bestehenden, sich nur selten berührenden Öffentlichkeiten aber überall dort, wo der Schritt zur Parlamentarisierung der Staatsgewalt noch gar nicht gemacht worden war; hier mangelte es, weil die fürstliche oder monarchische Herrschaft ihrem Prinzip nach nicht repräsentativ war, schon an der bloßen Vorstellung eines möglichen politischen Adressaten, obwohl doch die gemeinsamen Beratschlagungen und Dispute letztlich auf nichts anderes zielten als auf eine Dezentrierung der Machtausübung. Mit der Französischen Revolution oder, genauer, mit dem endgültigen Sturz Napoleons, änderte sich diese mißliche Situation der bereits bestehenden Öffentlichkeiten nun aber deswegen, weil in beinahe ganz Westeuropa ein Prozeß der »Konstitutionalisierung« einsetzte, der auf dem Weg entweder einer Demokratisierung des Wahlrechts oder einer Parlamentarisierung des politischen Systems zu einer Ausweitung der demokratischen Partizipation führte: In einigen Ländern, wie etwa Deutschland, wurde zwar im 19. Jahrhundert das aktive Wahlrecht allmählich auf alle Männer eines bestimmten Alters ausgeweitet, ohne daß dem ein Machtzuwachs der demokratisch gewählten Parlamente entsprochen hätte, in anderen Ländern wiederum, beispielsweise in England, blieb das Wahlrecht in demselben Zeitraum aufgrund von Besitzqualifikationen nur einem Teil der männlichen Erwachsenen vorbehalten, dafür verfügte das Parlament aber über eine ungleich größere Entscheidungsmacht.[404] Auf jeden Fall existierten am Ende des

403 Für die Entwicklung in England siehe: Habermas, *Strukturwandel der Öffentlichkeit*, a. a. O., § 8.

404 Zu diesen unterschiedlichen Wegen der politischen Demokratisierung in Westeuropa vgl. Wolfgang Reinhard, *Geschichte der Staatsgewalt*, München 1999, Kap. V.1.

19. Jahrhunderts für die Staatsbürger – noch immer nicht für die Frauen, und für die Lohnabhängigen sicher in noch geringerem Umfang als für die Besitzbürger – mit dem »allgemeinen« Wahlrecht, dem Recht auf Versammlung sowie dem Recht auf politische Vereinigungen eine Reihe von legitimen Einflußmöglichkeiten, die die Rolle, die Zusammensetzung und den Charakter jener bereits zuvor aktiven Öffentlichkeiten jetzt grundlegend verändern sollten; von nun an waren sie nämlich in ihren jeweiligen Aufmerksamkeiten und Themen viel stärker aufeinander bezogen, weil sie sich zunehmend als Organe verstehen konnten, die in ein und demselben politischen Rahmen der zusammen mit den Verfassungsbemühungen entstandenen Nationalstaaten tätig waren.[405]

Die drei genannten Rechte, die mit gewissen Verzögerungen und Abstufungen alsbald in allen Verfassungen der sich nun oder binnen kurzem nationalstaatlich verstehenden Länder Westeuropas zum Tragen kamen, waren ihrer normativen Struktur nach ganz anders verfaßt als die bereits zuvor etablierten Freiheitsrechte. Zwar bestand während des gesamten 19. Jahrhunderts noch eine gewisse Neigung, diese politischen Rechte, vor allem das Wahlrecht, nur als eine »untergeordnete Frucht« (Thomas Marshall) der liberalen Rechte zu betrachten, weil beide mancherorts weiterhin an die Verfügung über wirtschaftliches Vermögen gebunden waren; aber spätestens als im Jahr 1918 solche internen Verknüpfungen mit dem ökonomischen Status aus nahezu allen Verfassungen gestrichen wurden – nur den Frauen blieb jetzt das allgemeine Wahlrecht in vielen Staaten noch vorenthalten –, mußte im

405 Vgl. Eley, »Nations, Publics, and Political Cultures«, a. a. O., S. 289-339; zur Habermasschen Ausblendung der Rolle der Nation oder des Nationalstaats bei der Etablierung schichtübergreifender Öffentlichkeiten vgl. Lennart Laberenz, »Die Rationalität des Bürgertums. Nation und Nationalismus als blinder Fleck im Strukturwandel der Öffentlichkeit«, in: ders. (Hg.), *Schöne neue Öffentlichkeit. Beiträge zu Jürgen Habermas' ›Strukturwandel der Öffentlichkeit‹*, Hamburg 2003, S. 130-170.

Rückblick klarwerden, daß man mit den politischen Rechten ein sehr anderes normatives Instrument geschaffen hatte als mit den liberalen Freiheitsrechten. Während diese, so haben wir gesehen, von Beginn an darauf angelegt waren, dem einzelnen Gesellschaftsmitglied eine Schutzzone privater Willkürfreiheit zu eröffnen, ließen sich die politischen Rechte schon deswegen nicht nach einem solchen Muster deuten, weil sie doch zu etwas befähigen sollten, was alleine und in einer Haltung des individuellen Rückzugs gar nicht zu leisten war: Zu wählen hieß, auch wenn vieles – nicht alles – dafür zu sprechen schien, die Abstimmung im »Geheimen« durchzuführen,[406] einen Entscheidungsakt zu vollziehen, der im Prinzip vor allen anderen Rechtsgenossen gerechtfertigt werden konnte, weil er sich auf das gemeinsame Wohl des gesamten Gemeinwesens beziehen sollte.[407] Insofern sprachen die politischen Rechte, und selbst schon das individualistisch wirkende Wahlrecht, nicht den einzelnen als einzelnen an, sondern den Staatsbürger als Mitglied einer demokratischen Rechtsgemeinschaft; dieser sollte von den Rechtfertigungszumutungen seiner politisch-moralischen Umwelt gerade nicht wie mit Hilfe der liberalen Freiheitsrechte entlastet, sondern genau umgekehrt zu einer solchen deliberativen Kommunikation überhaupt erst befähigt werden, um seine intersubjektiv überprüften Ratschlüsse an ein dafür vorgesehenes Gremium delegieren zu können. Was freilich das allgemeine Wahlrecht vielleicht noch zu verschleiern vermochte, weil es den adressierten Staatsbürger zugleich auch vor illegitimer Einflußnahme schützen mußte, stand den beiden anderen im

406 Zu den großen Unterschieden im Wahlrecht der europäischen Länder während des 19. Jahrhunderts vgl. Daniele Carameni, *Elections in Western Europe since 1813. Electorial Results by Constituencies*, London 2004; Reinhard, *Geschichte der Staatsgewalt*, a. a. O., S. 431-435.

407 Vgl. zu den Argumenten, die weiterhin für eine öffentliche Stimmabgabe sprechen, die hochinteressante Studie von Hubertus Buchstein, *Öffentliche und geheime Stimmabgabe. Eine wahlrechtshistorische und ideengeschichtliche Studie*, Baden-Baden 2000.

19. Jahrhundert aus der Taufe gehobenen politischen Rechten förmlich auf die Stirn geschrieben: Mit dem Versammlungs- und dem Vereinigungsrecht waren in den meisten westeuropäischen Ländern die grundrechtlichen Voraussetzungen dafür geschaffen worden, daß die kommunikativ aufeinander bezogenen Staatsbürger sich im Schutze des Staates politisch organisieren und ihren diskursiv abgestimmten Überzeugungen öffentlich Ausdruck verleihen konnten. Aus dem bloßen Anspruch der verschiedenen Öffentlichkeiten des 18. Jahrhunderts, ihre diskursiv ermittelten Meinungen in die staatliche Politik einfließen zu lassen, war nun das verbürgte Recht der politischen Öffentlichkeit geworden, in verzweigten Netzwerken von Assoziationen und Vereinen die Grundsätze allen Regierungshandelns festzulegen.

Wird der langwierige und konfliktreiche Prozeß, in dem der grundrechtliche Rahmen dieser politischen Öffentlichkeit im 19. Jahrhundert revolutionär erkämpft oder von oben konzediert wurde, von seinem Ergebnis aus betrachtet, so läßt er sich mithin als institutionelle Wegbereitung einer dritten Sphäre von sozialer Freiheit begreifen; durch die allmähliche Verschränkung des allgemeinen Wahlrechts mit den Rechten auf Versammlungsfreiheit und politische Vereinigung waren, eher unversehens denn beabsichtigt, die kommunikativen Bedingungen etabliert worden, unter denen sich ein Publikum von Staatsbürgern in freiwilligen Assoziationen diskursiv darüber verständigen konnte, welche praktisch-politischen Grundsätze von den repräsentativen Körperschaften der parlamentarischen Gesetzgebung umgesetzt werden sollten. Wie bereits in den Sphären persönlicher Beziehungen und wirtschaftlichen Handelns war damit auch hier, im Herzen der gerade erst im Entstehen begriffenen Verfassungen der demokratischen Nationalstaaten, eine Idee von Freiheit institutionalisiert worden, die eine bloß individualistische Ausdeutung nicht mehr zuließ; der einzelne Staatsbürger sollte vielmehr erst dadurch zu seiner neuen Freiheit der politischen Gesetzgebung gelangen, daß er sich im diskursiven Austausch und Widerstreit mit anderen Staatsbürgern eine intersubjektiv geprüfte Meinung über die Zielsetzungen bildete, die die gewählte Volksvertretung von nun an weiterzuverfolgen hatte.[408] Die Entstehung dieser Sphäre einer allgemeinen Willensbildung ging Hand in Hand mit der Ausdifferenzierung von sich wechselseitig ergänzenden Rollenmustern, die in den verschiedenen »Öffentlichkeiten« des vorangegangenen Jahrhunderts zwar schon hatten eingeübt werden können, für die aber die rechtlichen Grundlagen noch nicht vorhanden gewesen waren: Jeder Teilnehmer an den politischen Assoziationen und Vereinen, die nun mit der Rückendeckung des Verfassungsrechts aus dem Boden schossen, mußte sich zugleich in die Rolle eines öffentlichen Sprechers und die eines öffentlichen Zuhörers versetzen können, hatte also je nach Situation einmal vor einem Publikum Argumente vorzubringen, das andere Mal aus einem Publikum heraus Argumente abzuwägen. In den sozialen Praktiken, die sich mit der Ausübung solcher Rollen institutionell zu verstetigen begannen, kam ein Prinzip der reziproken Anerkennung zum Tragen, welches allen Beteiligten nach Jahrhunderten der politischen Bevormundung und der ständischen Rangunterschiede vollkommen neu sein mußte: Alle erwachsenen (und zunächst nur männlichen) Gesellschaftsmitglieder sollten sich jetzt untereinander als gleichberechtigte Staatsbürger in einem Nationalstaat anerkennen können, weil bei der Formung eines demokratischen Willens das Argument des einen so viel Gewicht hatte wie das eines jedes anderen.

Allerdings dürfen weder die damalige Verbreitung noch die grundsätzliche Machart dieser neu entstehenden Praktiken in irgendeiner Weise idealisiert werden. So wenig, wie schon die romantische Idee sozialer Freiheit in persönlichen Beziehungen im 19. Jahrhundert sofort zur Verwirklichung gelangt

408 Zum Zusammenhang von privater und öffentlicher Autonomie vgl. Habermas, *Faktizität und Geltung*, a. a. O., Kap. III.I.

ist, wird auch das demokratische Prinzip einer mündigen, in sich assoziativ verzweigten Öffentlichkeit direkt nach seinem Entstehen zur sozialen Realität; wohl waren in den gelehrten Gesellschaften und »plebejischen« Wirtshäusern des 18. Jahrhunderts Praktiken der öffentlichen Deliberation schon eingeübt worden, wohl hatten diese durch die politischen Teilnahmerechte nun ein institutionelles Gehäuse gefunden, aber vorläufig blieb die Idee einer zwanglosen Willensbildung unter gleichberechtigten Staatsbürgern nur objektiver Anspruch, wirksam zwar in sozialen Kämpfen, aber noch ohne gesellschaftliche Wirklichkeit. Die kulturellen Grenzen zwischen den klassenspezifischen Milieus existierten überall dort weiter, wo es aufgrund der fehlenden Voraussetzung eines Nationalstaats noch nicht zur Herausbildung eines Bewußtseins der gemeinsamen Zugehörigkeit zu einem einzigen Staatswesen gekommen war; in solchen, politisch in mehrere Einheiten zersplitterten Reichen mangelte es bereits schon an einem übergreifenden Kommunikationsraum, in dem die lokalen Öffentlichkeiten sich hätten begegnen können.[409] Auch in der Mitte des 19. Jahrhunderts läßt sich daher gewiß noch nicht von der erfolgreichen Institutionalisierung einer Sphäre der Zivilgesellschaft im westlichen Europa sprechen; weiterhin fehlen dafür sowohl die erforderlichen Mentalitäten, also etwa eine verinnerlichte Haltung politischer Gleichheit, als auch die notwendigen rechtlichen Voraussetzungen, nämlich ein wirklich allgemeines Wahlrecht.[410]

Der nüchterne Blick auf die damals nur erst im Entstehen begriffene Sphäre der demokratischen Öffentlichkeit macht aber auch deutlich, wie abwegig es wäre, die mit ihr verbundenen Praktiken auf das öffentliche Geben und Nehmen von verallgemeinerbaren Argumenten zu reduzieren. Gerade jene

409 Vgl. die Hinweise in: Osterhammel, *Die Verwandlung der Welt*, a. a. O., S. 850-856.

410 Einen Überblick bietet: Reinhard, *Geschichte der Staatsgewalt*, a. a. O., S. 431-434.

langgestreckte Anfangsphase einer Erkämpfung von politischen Partizipationsrechten, als es noch nötig war, Barrikaden im Straßenkampf zu errichten und Propagandamaterial in umständlicher Weise zu vervielfältigen, läßt schlaglichtartig hervortreten, daß zu den Praktiken des demokratischen Meinungsaustauschs als materielle Unterseite stets auch die handfeste politisch-handwerkliche Arbeit gehört: Die technische Vorbereitung von Diskussionsveranstaltungen, die Mobilisierung von Anhängern, die organisatorische Durchführung von Demonstrationen bis hin zur Produktion von Flugblättern, all das sind Aufgaben, deren arbeitsteilige Bewältigung das demokratische Verfahren einer zwanglosen Willensbildung ebenso erfordert wie die im engeren Sinn öffentlichen Beratschlagungen.[411] Bestünde unter den Staatsbürgerinnen und -bürgern nicht die Bereitschaft, auch solche »niederen«, nichtdiskursiven Tätigkeiten zu übernehmen, so käme der Prozeß des diskursiven Meinungsaustauschs schon deswegen bald zum Erliegen, weil jene Meinungen gar keine Chance zur Erregung öffentlicher Aufmerksamkeit hätten; technische Handlungsvollzüge – das Anbringen von Plakaten, das Anmieten von Räumen, die Abwicklung von Demonstrationen – müssen in kooperativer Weise zunächst erledigt werden, bevor der einzelne seine Freiheit der politischen Gesetzgebung dadurch ausüben kann, daß er sich mit allen anderen über die gemeinsam zu vertretenden Grundsätze verständigt. Insofern umfaßt die soziale Freiheit, die die Gesellschaftsmitglieder in der institutionellen Sphäre der demokratischen Öffentlichkeit praktizieren, mehr als nur die reziproke Übernahme der Rollen von Sprecher und Zuhörer; sie lebt stets auch von der Erfüllung eher instrumenteller Aufgaben, die so ineinandergreifen, daß sie zusammengenommen dem vitalen Austausch konkurrierender Meinungen dienen.

411 Eindrucksvoll dazu: Michael Walzer, »Deliberation … und was sonst?«, in: ders., *Vernunft, Politik und Leidenschaft*, Frankfurt/M. 1999, S. 39-65.

Die Entwicklung dieser Sphäre der politischen Öffentlichkeit wird nun seit Mitte des 19. Jahrhunderts im wesentlichen durch die beiden enorm dynamischen Prozesse einerseits der Veränderung der politischen Kommunikationsräume und andererseits der Steigerung der Medientechnologie vorangetrieben. Ganz zu Beginn, als die verschiedenen, klassenspezifischen Öffentlichkeiten noch kaum über irgendwelche Rechte verfügten, um mit den von ihnen ausgehandelten Meinungen demokratisch auf das Regierungshandeln einzuwirken, existierten überhaupt nur in England und Frankreich übergreifende Bühnen eines politischen Lebens; hier waren bereits im 18. Jahrhundert die Grenzen einer bloß lokalen Verständigung eingerissen worden, weil sich London und Paris zu kulturellen Zentren entwickelt hatten, in denen alles, was landesweit von Bedeutung zu sein schien, öffentlich zur Kenntnis genommen und verhandelt werden mußte.[412] Zur Entstehung von vergleichbaren Kommunikationsräumen konnte es in vielen anderen Ländern Westeuropas erst kommen, nachdem mit der Französischen Revolution Vorstellungen politischer Gleichheit entstanden waren, deren rechtliche Anwendung die Schaffung von artifiziellen, »imaginierten« Gemeinschaften verlangte, in denen die Mitglieder sich untereinander als zu egalitären Beziehungen berechtigt ansehen konnten;[413] kaum hatten Ideen dieser Art kulturell Fuß gefaßt, kam es überall dort, wo nicht schon Staatsnationen bestanden, also etwa in Deutschland und Italien, zur Formierung von mächtigen Nationalbewegungen, in deren Gefolge sich dann die politische Kommunikation von lokalen Verständigungshorizonten zu lösen begann und mehr und mehr eine bevölkerungsübergreifende Gestalt annahm.[414]

412 Osterhammel, *Die Verwandlung der Welt*, a. a. O., S. 855.

413 Vgl. zu diesem Prozeß: Benedict Anderson, *Die Erfindung der Nation. Zur Karriere eines erfolgreichen Konzepts*, Frankfurt/New York, 1988.

414 Vgl. zum Ineinandergreifen von Nationalstaatsbildung und Demokratisierung: Reinhard, *Geschichte der Staatsgewalt*, a. a. O., Kap. V.2. Eine systematische Analyse der Entstehung von nationalen Kommunika-

Eine politische Öffentlichkeit, verstanden nun als diskursive Sphäre der demokratischen Willensbildung in einem sich als Souverän begreifenden Volk, entsteht daher faktisch erst mit den Nationalstaaten des 19. Jahrhunderts; deren nach innen entgrenzte und nach außen begrenzte Kommunikationsräume gestatten es nun, Themen von gemeinsamem Interesse zu identifizieren und im weiteren öffentlich zu verhandeln. Auch die Arbeiterbewegung in den verschiedenen Ländern wird sich alsbald, wenn auch nicht ohne innere Zerreißproben und heftigste Diskussionen, in diesen politischen Rahmen einfügen und damit die nationale Loyalität ihrer Mitglieder noch vor deren internationale Gesinnung stellen.[415] Im Guten wie im Schlechten bleibt von nun an, seit der Mitte des 19. Jahrhunderts, die Existenz einer demokratischen Sphäre der Willensbildung vorläufig an die kulturelle Voraussetzung der nationalstaatlichen »Identität« eines »Volkes« gebunden; nur weil die Bürgerinnen und Bürger sich als Mitglieder eines Nationalstaats zu begreifen lernen, können sie fortan über ihre vorpolitischen Differenzen hinwegsehen und sich in der zweifelhaften Illusion wiegen, von denselben Vorgängen in der gleichen Weise betroffen zu sein.

Freilich wäre diese erste Stufe in der Entwicklung der politischen Öffentlichkeit nicht möglich gewesen, hätte sich nicht zeitgleich auch eine Kommunikationstechnologie herausgebildet, die räumliche Distanzen in der Verständigung zu überbrücken und die Zirkulation von Informationen zu beschleunigen half. Schon zur Zeit der frühen, politisch noch einflußlosen Öffentlichkeiten des Bürgertums war es ja die damals gerade entstehende Tagespresse, die es ermöglichte,

tionsräumen und damit den ersten Formen bevölkerungsübergreifender Öffentlichkeiten liefert Karl W. Deutsch, *Nationalism and Social Communication. An Inquiry into the Foundations of Nationality*, Cambridge/Mass. 1966, v. a. Kap. 2, 3 und 4.

415 Vgl. etwa für Deutschland: Werner Conze/Dieter Groh, *Die Arbeiterbewegung in der nationalen Bewegung. Die deutsche Sozialdemokratie vor, während und nach der Reichsgründung*, Stuttgart 1966.

sich an verschiedenen Orten eines Landes über die gleichen Vorgänge in Wirtschaft, Kultur und Politik zu verständigen;[416] und auch die aus der Not geborenen, lokal nur begrenzt agierenden Vereine der Unterschichten konnten sich untereinander über gemeinsame Zielsetzungen nur dadurch ins Benehmen setzen, daß sie zwischen den Ortschaften Broschüren in Umlauf brachten, die über die jeweiligen Stimmungen und Absichten informierten.[417] Sobald nun im Laufe des 19. Jahrhunderts der grundrechtliche Rahmen für eine politische Öffentlichkeit im engeren Sinn geschaffen worden war und von einem nationalstaatlich geeinten Publikum auch zur demokratischen Meinungsbildung genutzt werden konnte, mußte sich der Bedarf an solchen Medien natürlich enorm erhöhen; je stärker sich die Willensbildung von den konkreten Schauplätzen einer Versammlung von anwesenden Staatsbürgern zu lösen und auf die anonyme Masse eines ganzen Staatsvolks auszudehnen begann, desto mehr war man nun auf die technische Herstellung eines virtuellen Austauschs zwischen Sprechern und Zuhörern, zwischen Autoren und Lesern angewiesen. Diese Aufgabe erfüllten zu Beginn ausschließlich Druckerzeugnisse, also die Zeitungs- und Zeitschriftenpresse sowie die Buchverlage, die nach anfänglichen Schwierigkeiten mit der Zensur bald zum alles dominierenden Medium der Meinungsbildung in den national verfaßten Kommunikationsräumen der politischen Öffentlichkeit aufstiegen; man hatte sich in den publizistischen Unternehmen inzwischen auf ganz neue Leserschichten eingestellt, war also von der Orientierung auf das bildungsbürgerliche Publikum abgerückt und bediente zunehmend auch die Informations- und Unterhaltungsbedürfnisse der unteren Klassen Die hier verhandelten Themen waren gewiß breiter und diffuser als diejenigen in den bürgerlichen Öffentlichkeiten der ersten Stunde, dafür

416 Habermas, *Strukturwandel der Öffentlichkeit*, a. a. O., S. 77 ff.
417 Thompson, *Die Entstehung der englischen Arbeiterklasse*, Bd. 1, a. a. O., Kap. 12.

aber konnten sie gelegentlich die Aufmerksamkeit des ganzen Staatsvolkes auf sich ziehen, weil sie auf »national« definierte Problemlagen und Ereignisse zugeschnitten waren. In solchen, insgesamt recht seltenen Sternstunden der politischen Öffentlichkeit im ausgehenden 19. Jahrhundert konnte es dann geschehen, daß man sich über die existierenden Klassendifferenzen hinweg anhand von Artikeln in der Tagespresse darüber zu verständigen begann, wie etwa eine Kriegsniederlage kollektiv verarbeitet werden sollte oder ob der Ausbau eines landesweiten Eisenbahnnetzes im allgemeinen Interesse liegen könnte.[418]

Allerdings kommt an manchen Punkten solcher landesweit erregt geführten Debatten bereits auch zum Vorschein, wie gefährlich die Mitgift war, die diese ersten Ausprägungen einer politischen Öffentlichkeit in Westeuropa durch ihre Einbindung in den Nationalstaat erhalten hatten; denn hier war zwar mit dem nationalstaatlichen Rahmen im Prinzip nur das rechtliche Ordnungsgefüge geschaffen worden, in dem nun politische Gleichheit unter den Bürgerinnen und Bürgern herrschen sollte, aber das schützte diesen Rahmen schon damals nicht vor anderen Auslegungen, bei denen Kriterien wie die Zugehörigkeit zu einem natürlichen Volk oder gar zu einer Rasse eine entscheidende Rolle spielen sollten. Schon in der feindlichen, ja aggressiven Stimmung, die die öffentliche Meinung während des Deutsch-Französischen Krieges auf beiden Seiten prägte, kommt die ganze Ambivalenz der sich ausschließlich nationalstaatlich verstehenden Öffentlichkeiten jener Jahrzehnte zum Ausdruck; viel stärker noch zeigt sie sich jedoch an einem politischen Skandal, der wie kaum ein anderer beinahe eine ganze Nation zu einem heftig diskutie-

418 Vgl. zum ersten Beispiel anhand von Frankreich nach 1871: Wolfgang Schivelbusch, *Die Kultur der Niederlage*, Berlin 2001, Kap. III; für die öffentliche Diskussion über die Eisenbahn vgl. ders., *Geschichte der Eisenbahnreise. Zur Industrialisierung von Raum und Zeit im 19. Jahrhundert*, Frankfurt/M. 2000.

renden Publikum zusammenschweißte: der Dreyfus-Affäre im Frankreich des ausgehenden 19. Jahrhunderts.[419] Als im Jahr 1894 der jüdische Generalstabsoffizier Alfred Dreyfus wegen angeblicher Spionage für das Deutsche Reich von einem französischen Militärgericht verurteilt wurde, kam in den sich anschließenden, beinahe alle Schichten der Bevölkerung erfassenden Debatten schnell ein antisemitisches Ressentiment zum Vorschein, das auf Vorstellungen einer natürlichen, letztlich biologischen Verbundenheit der in der Nation vereinigten »Franzosen« basierte; vor allem der katholische Klerus und die antirepublikanisch eingestellten Führungsriegen der Armee waren es, die solche nationalistischen Gesinnungen geschickt mit Hilfe von willfährigen Presseorganen zu schüren wußten und dabei auch vor der wahnwitzigen Legende einer jüdischen Weltverschwörung nicht zurückschreckten.[420] Es verstrich nur kurze Zeit, bis auch jene deklassierten Schichten der französischen Bevölkerung, die Hannah Arendt »Mob« genannt hat,[421] in die heftig geführten Auseinandersetzungen eingriffen, indem sie begannen, die kleine Schar der Dreyfus-Anhänger, die sogenannten Dreyfusards, persönlich zu terrorisieren; teilweise direkt organisiert durch den Generalstab der französischen Armee, teilweise angestachelt durch reaktionäre Tageszeitungen, ging man daran, die sich öffentlich für den jüdischen Offizier einsetzenden Personen zu verfolgen, bewarf das Haus Émile Zolas mit Steinen oder attackierte andere Fürsprecher auf offener Straße.[422] Die politische Öffentlichkeit, soeben doch erst entstanden aus dem Gedanken einer gleichberechtigten Einbeziehung aller Bürger (und Bürgerinnen) in die demokratische Selbstregierung eines grundrechtlich verfaßten Nationalstaats, hatte hier, im Land

419 Dazu und zum Folgenden vgl. die eindrucksvolle Analyse von Hannah Arendt in *Elemente und Ursprünge totaler Herrschaft*, Frankfurt/M. 1955, Kap. I.4.
420 Ebd., S. 171 f.
421 Ebd., S. 170-185.
422 Ebd., S. 175 f.

ihrer revolutionären Entstehung, plötzlich ein ganz anderes Gesicht angenommen; die Assoziationen und politischen Vereinigungen, die die Organe der allgemeinen Meinungs- und Willensbildung darstellen sollten, waren über Nacht zu Stoßtrupps eines Fremdenhasses geworden, der sich einer naturalistischen Auffassung nationaler Zugehörigkeit verdankte.

Die politischen Vorgänge im Anschluß an die Verurteilung von Dreyfus sind, wie hinlänglich bekannt ist, nur ein schwacher Vorschein der antisemitischen Haßbewegungen gewesen, von denen im 20. Jahrhundert vor allem Deutschland erfaßt werden sollte; von nun an mußte bis auf weiteres beinahe in ganz Europa, gewiß mit Ausnahme der skandinavischen Länder, stets damit gerechnet werden, daß sich in der politischen Öffentlichkeit ein Publikum mit extrem nationalistischen Gesinnungen organisierte, gewillt, die jeweils als fremd definierten Gruppen von den Bürgerrechten auszuschließen.[423] Diese grundsätzliche Ambivalenz der Institution der Öffentlichkeit hing, so können wir heute im Rückblick sagen, mit einer tiefsitzenden Unklarheit über die Art der politischen Einheit zusammen, innerhalb derer sich die Gesellschaftsmitglieder durch wechselseitige Anerkennung als gleichberechtigte Staatsbürger zum vielstimmigen »Wir« der öffentlichen Willensbildung zu formieren begannen: Einerseits schien klar, daß sich die entsprechende Mitgliedschaft nur an der formalen, verfahrensmäßig geregelten Zugehörigkeit zum jeweiligen Nationalstaat zu bemessen hatte, andererseits aber konnte von dem damit konstruierten Gebilde das »Staatliche« jederzeit leicht abgezogen werden, so daß sich die Mitgliedschaft allein noch aus der Zugehörigkeit zu einer wie auch immer definierten »Nation« ergab; und je stärker dieses »Nationale« dann essentialistisch im Sinne eines kulturell oder gar biologisch definierten Volkes verstanden wurde, desto leichter fiel

423 Einen höchst interessanten Versuch der Systematisierung der Ursachen für einen solchen Umschlag unternimmt Ernest Gellner in: *Nationalismus und Moderne*, Berlin 1991, v.a. Kap. 6 u. 7.

es, bestimmten Gruppen aufgrund des Fehlens jener kollektiven Eigenschaften die bislang bestehenden Staatsbürgerrechte vorzuenthalten.[424] Die Gründung der liberalen Nationalstaaten im 19. Jahrhundert – in England und Frankreich aus der politischen Transformation schon bestehender Territorialstaaten erwachsen, in Deutschland und Italien durch nationale Vereinigungsbewegungen angestoßen und im Fall Österreichs und Ungarns schließlich aus der Zerstörung übernationaler Großstaaten hervorgegangen –[425] muß insofern zusammenfassend als ein höchst zweischneidiger Akt betrachtet werden: Sie war fortan Bedingung einer einheitlichen politischen Öffentlichkeit und Quelle eines bedrohlichen Nationalismus in einem. Entscheidend für den Weg in eine dieser beiden Richtungen war in Zukunft zumeist nur, ob die Beziehungen der Staatsbürger untereinander eher als Ausdruck einer vorpolitischen, sei es ethnischen oder biologischen Einheit, oder als Verkörperung der neuen, allgemeinen Freiheits- und Gleichheitsprinzipien verstanden wurden; schlug man den ersten Pfad ein, wie in Deutschland, wo ein naturalistischer Begriff des »Volkes« die fehlende politische Einheit ersetzen mußte, so war der Hinwendung zu einem »völkischen« Nationalismus kein Riegel mehr vorgeschoben;[426] bewegte man sich hingegen auf dem zweiten Pfad, wie es über große Zeiträume hinweg in Frankreich der Fall war, wo die Idee der Republik die Einheit des Staatsvolkes bestimmte, konnte dieser Gefahr aus eigenen Kräften widerstanden werden.

424 Einen sehr guten Überblick darüber, wo und wie während des 19. Jahrhunderts der Nationalismus in einen Rassismus umschlug, verschafft: George M. Frederickson, *Rassismus. Ein kritischer Abriß*, Stuttgart 2011, v.a. S. 70-134.

425 Zu diesen Unterscheidungen vgl. Reinhard, *Geschichte der Staatsgewalt*, a.a.O., S. 446ff. Reinhard stützt sich bei der Unterscheidung dieser drei Wege auf: Theodor Schieder, *Nationalismus und Nationalstaat*, Göttingen 1991.

426 Arendt, *Elemente und Ursprünge totaler Herrschaft*, a.a.O., S. 254-263; zusätzlich: Helmuth Plessner, *Die verspätete Nation* (1959), Frankfurt/M. 1974.

Ein großartiges Beispiel für den Versuch, genau dies im Frankreich des *fin du siècle* zu leisten, also im Schatten der Dreyfus-Affäre einen politischen Begriff des *demos* zu fixieren, stellen Durkheims Vorlesungen zur »staatsbürgerlichen Moral« dar;[427] schon häufiger haben uns dessen Schriften ja als Brücke zwischen Hegels Sittlichkeitslehre und der Gegenwart gedient, und auch jetzt, im Zusammenhang einer normativen Rekonstruktion der demokratischen Öffentlichkeit, können sie uns wieder ein entscheidendes Stück weiterhelfen. In seinen Vorlesungen zur *Physik der Sitten und des Rechts*, die er 1896 in Bordeaux zu halten beginnt, beschäftigt sich Durkheim im mittleren Teil mit dem, was er die »staatsbürgerliche Moral« nennt; darunter will er all die geschriebenen und ungeschriebenen Moralnormen verstanden wissen, deren Einhaltung die Mitglieder eines demokratischen Staatswesens dazu befähigt, sich trotz der wechselseitigen Respektierung ihrer individuellen Unterschiede an der gemeinsamen Beratschlagung und Aushandlung von allgemeinverbindlichen Grundsätzen staatlichen Handelns zu beteiligen.[428] Bevor Durkheim aber darangehen kann, solche Pflichten der Staatsbürgerinnen und -bürger im einzelnen zu bestimmen, muß er sich einem Problem zuwenden, das ihm angesichts der noch schwelenden Dreyfus-Affäre wohl von größter Dringlichkeit erscheint: Von welcher Art sollen die Gefühle sein, die die Gesellschaftsmitglieder überhaupt erst dazu motivieren könnten, ihre individuellen Präferenzen hinter das Wohl der demokratischen Gemeinschaft zu stellen und sich gemeinsam für deren gedeihliche Entwicklung einzusetzen?[429] Zurückbezogen auf die Institution der demokratischen Öffentlichkeit, die Durkheim in demselben Zusammenhang auch schon ins Spiel bringt, lautet die von ihm aufgeworfene Frage also, aus welcher Quelle die

427 Durkheim, *Physik der Sitten und des Rechts*, a. a. O., vierte bis neunte Vorlesung.

428 Ebd., fünfte Vorlesung.

429 Ebd., S. 106 f.

solidarischen Empfindungen stammen sollen, die erforderlich wären, um die ansonsten ja höchst unterschiedlich eingestellten Staatsbürgerinnen und -bürger an die gemeinsame Aufgabe der öffentlichen Beratschlagung zu binden.

Es ist mit Sicherheit nicht übertrieben, in der Antwort Durkheims auf diese selbstgestellte Frage den ersten Vorschlag zur Idee eines Verfassungspatriotismus zu vermuten.[430] Nüchtern ist zunächst einmal der Befund, mit dem seine Überlegungen zur affektiven Ergänzungsbedürftigkeit aller demokratischen Öffentlichkeiten anheben: Weil die Bürgerinnen und Bürger sich nur unter der Bedingung bereit finden, aktiv an der Meinungsbildung in einem demokratischen Staat mitzuwirken, daß sie dessen Ziele und Werte für erstrebenswert, ja verteidigungswürdig erachten, bedarf es hier stets eines gewissen Maßes an »Patriotismus«, also der emotional verankerten Verpflichtung auf das Wohl des eigenen Gemeinwesens.[431] Schon im nächsten Schritt räumt Durkheim aber ein, daß mit der Existenz solcher patriotischen Gesinnungen die Gefahr verknüpft sein könnte, »nationale Zwecke« allen universalistischen Moralprinzipien überzuordnen und in der Folge dann jede als extern bestimmte Gruppe zum Feind zu erklären – »als könnte man«, so heißt es lakonisch, »die eigene Bindung an die nationale Gruppe, der man angehört, nur dann beweisen, wenn diese Gruppe sich im Streit mit einer anderen Gruppe befindet«.[432] Um der damit angedeuteten Tendenz eines aggressiven Nationalismus vorzubeugen, versucht Durkheim nun im letzten Schritt seines Gedankengangs, den für notwendig erachteten Patriotismus auf die ganz andere Grundlage eines moralischen Universalismus zu stellen; das ist in

430 Zur Geschichte und zum Konzept des Verfassungspatriotismus vgl. jetzt: Jan-Werner Müller, *Verfassungspatriotismus*, Berlin 2010. Aus seiner historischen Darstellung spart Müller allerdings die intellektuelle Vorgeschichte dieser Idee, also etwa die bedeutenden Überlegungen Durkheims, vollkommen aus.

431 Durkheim, *Physik der Sitten und des Rechts*, a. a. O., S. 107 f.

432 Ebd., S. 109 f.

seinen Augen nur dann möglich, wenn als der emotional bejahenswerte Zweck demokratischer Staaten die jeweils partikulare Verwirklichung der allgemeinen Menschheitsziele von Freiheit und Gerechtigkeit begriffen wird: »Solange es Staaten gibt, wird es auch eine gesellschaftliche Eigenliebe geben, und nichts ist legitimer als das. Aber die Gesellschaften könnten ihre Eigenliebe und ihren Ehrgeiz darauf verwenden, nicht die größten und reichsten zu sein, sondern die gerechtesten, die am besten organisierten, die Gesellschaften mit der besten moralischen Verfassung.«[433]

Das in dieser Formulierung noch fehlende Glied, nämlich den Hinweis auf die Verkörperung jener universalistischen Moralnormen in den Verfassungen demokratischer Staaten, hatte Durkheim schon auf den vorangehenden Seiten erbracht; dort war von ihm verschiedentlich hervorgehoben worden, daß die in der Folge der Französischen Revolution entstandenen Nationalstaaten allesamt auf Verfassungen beruhen, die in der Proklamierung allgemeiner Bürgerrechte verankert sind. Mithin läuft der Gedanke, mit dem Durkheim die in Nationalstaaten stets präsente Gefahr eines Umschlags in einen ausschließenden Nationalismus zu bannen versucht, auf eine frühe Form dessen hinaus, was heute gemeinhin als »Verfassungspatriotismus« bezeichnet wird: Die Bürgerinnen und Bürger könnten sich dadurch in ihrer politischen Zusammengehörigkeit bestätigt fühlen und dementsprechend emotional aufeinander bezogen wissen, daß sie die Verfassungen ihrer demokratischen Gemeinwesen als Ansporn zu verstehen lernen, die darin verkündeten universalistischen Moralprinzipien im Licht ihrer eigenen historischen Erfahrungen immer besser zu verwirklichen. So sehr ist sich Durkheim der Notwendigkeit bewußt, den »Nationalstolz« ansprechen zu müssen, wenn es die individuelle Bereitschaft zur demokratischen Mitgestaltung zu erklären gilt, daß er selbst vor dem

433 Ebd., S. 110.

Gedanken eines moralischen Wettstreits zwischen den demokratischen Staaten nicht zurückschreckt: Je deutlicher dem einzelnen Staatsbürger vor Augen steht, daß es bei der politischen Realisierung der Verfassungsgrundsätze um die moralische Überbietung anderer, um die eigene Vervollkommnung ringender Länder geht, desto entschlossener und engagierter wird er sich nach Auffassung Durkheims für die gemeinsame Sache einsetzen.[434]

Aber nicht nur mit diesen Überlegungen zum Verfassungspatriotismus hat Durkheim damals, am Ende des 19. Jahrhunderts, theoretisches Neuland betreten; auch der Teil seiner Vorlesungen zur »staatsbürgerlichen Moral«, der der Rolle der demokratischen Öffentlichkeit gewidmet war, sollte seiner Zeit weit vorausgreifen, weil sich darin Bestimmungen finden, die bereits an die dreißig Jahre später veröffentlichte, bahnbrechende Schrift von John Dewey gemahnen.[435] Wie wir gesehen haben, hatten sich inzwischen in vielen Ländern Europas dank der synthetisierenden und grundrechtlichen Leistungen des Nationalstaats erste Formen einer schichtübergreifenden Öffentlichkeit herausgebildet, in deren Foren zumindest die männlichen Gesellschaftsmitglieder in einem gewissen Umfang bei der politischen Entscheidungsfindung mitwirken konnten; gewiß, einige dieser nationalen Kommunikationsräume waren über bestimmte Zeiträume hinweg zur Bühne von nationalistischen, gelegentlich rassistischen Gesinnungen geworden, anderen wiederum fehlte es an einem hinreichend dichten Netzwerk von zivilen Vereinigungen und politischen Parteien, um tatsächlich schon zum Austragungsort übergreifender Debatten werden zu können. Im ganzen jedoch hatte wohl ein Prozeß der Institutionalisierung einer Diskussionskultur eingesetzt, in der öffentlich über die Vor- und Nachteile politischer Zielsetzungen befunden werden konnte. Allerdings mangelte es gleichzeitig noch deutlich an

434 Ebd., S. 109.
435 John Dewey, *Die Öffentlichkeit und ihre Probleme*, Bodenheim 1996.

Versuchen, die damit etablierten Öffentlichkeiten mit einem Begriff ihrer selbst auszustatten; zwar konnte man sich in den gebildeten Kreisen Deutschlands auf das Publizitätsgebot Kants[436] besinnen, zwar standen in Frankreich mit Tocquevilles Betrachtungen zur amerikanischen Zivilgesellschaft[437] und in England mit John Stuart Mills Plädoyer für eine Belebung der Meinungsvielfalt[438] schon Versatzstücke einer Theorie der Öffentlichkeit zur Verfügung, aber es fehlte bis dahin ohne Zweifel an einer konsistenten und umfassenden Bestimmung der politischen Rolle der Öffentlichkeiten in demokratischen Gesellschaften. Dieses intellektuelle Defizit wollte Durkheim offenbar beheben, als er über mehrere Jahre hinweg in einem weiteren Teil seiner Vorlesungen regelmäßig daranging, sein Publikum über die unverzichtbare Funktion der öffentlichen Beratschlagung im politischen Prozeß zu unterrichten.[439] Die Idee, die der Soziologe hier von der demokratischen Öffentlichkeit zu umreißen versucht, ist schon deswegen derjenigen ähnlich, die Dewey einige Jahrzehnte später entwickeln wird, weil auch sie vollkommen auf den epistemischen Mehrwert eines möglichst inklusiven, sich öffentlich vollziehenden Reflexionsprozesses abhebt.[440]

Alles Regierungshandeln ist zunächst, so setzt Durkheim in seiner Argumentation ein, das Ergebnis einer kognitiven, auf Beobachtung und Kontrolle fußenden Anstrengung, soziale Probleme auf intelligente Weise erfolgreich zu lösen; insofern ist der Staat, wie es in der für ihn typischen Terminologie heißt, das spezialisierte »Organ des gesellschaftlichen

436 Vgl. dazu: Habermas, *Strukturwandel der Öffentlichkeit*, a. a. O., Kap. IV, § 13.

437 Alexis de Tocqueville, *Über die Demokratie in Amerika*, Zürich 1987.

438 John Stuart Mill, *Über die Freiheit*, Leipzig/Weimar 1991.

439 Durkheim, *Physik der Sitten und des Rechts*, a. a. O., siebte Vorlesung.

440 Vgl. zu einer solchen »epistemologischen« Rechtfertigung der Demokratie: Hilary Putnam, »A Reconsideration of Deweyan Democracy«, in: ders., *Renewing Philosophy*, Cambridge/Mass. 1992, S. 180-200.

Denkens«.[441] Allerdings spielt sich der hier angesiedelte Denkprozeß so lange unter höchst eingeschränkten Bedingungen ab, so behauptet Durkheim weiter, wie es den zuständigen Akteuren aufgrund ihrer politischen Isolation nicht möglich ist, sich von den sozialen Problemlagen ein hinreichend klares Bild zu machen; wie durch »undurchdringliche Trennwände« sind die Regierenden in zentralistischen Systemen »gegen den Rest der Gesellschaft abgeschotte[t]«,[442] so daß sie über die realen Vorgänge im gesellschaftlichen Leben keine empirischen Kenntnisse besitzen können. Diese epistemische Schranke läßt sich nur in dem Maße beseitigen, folgert Durkheim, in dem zwischen Regierungsorganen und Bevölkerung Brücken der Kommunikation geschaffen werden, auf denen Informationen nicht nur von oben nach unten, sondern auch von unten nach oben, von der »kollektiven Masse« an die Spitzen der staatlichen Verwaltung gelangen können; und je breiter der Kreis derer ist, die dank solcher Informationskanäle ihre Sorgen und Nöte publik machen können, je mehr Menschen also in den öffentlichen Erfahrungsaustausch zwischen beiden Seiten einbezogen sind, desto intelligenter dürften nach seiner Meinung die Lösungen sein, mit denen der Staat gesellschaftlich drängende Probleme zu beheben versucht. Sobald nun aber derartige Prozesse der wechselseitigen Informierung ihrerseits eine reflexive Form annehmen, indem sie in gemeinsame Beratungen über die ausgetauschten Sachverhalte übergehen, wird sich die Intelligenz der staatlichen Problemlösungen noch einmal erhöhen; denn jetzt unterwirft man sich reziprok einer gedanklichen Kontrolle, die dazu zwingt, alles ins öffentliche Bewußtsein zu heben, was der möglichst überlegten Reaktion auf gesellschaftliche Probleme dienlich ist. Erst ab dieser Schwelle, ab der öffentliche Einrichtungen der »Beratung« und »Abwägung«[443] sozial institutionalisiert

441 Durkheim, *Physik der Sitten und des Rechts*, a. a. O., S. 115.
442 Ebd., S. 116.
443 Ebd.

sind, spricht Durkheim von der »demokratischen Öffentlichkeit«; sie ist der epistemische Garant dafür, daß in komplexen, arbeitsteiligen Gesellschaften das politische Handeln die Fähigkeit der rationalen Problembewältigung besitzt: »Jedermann stellt sich die Fragen, die sich die Regierenden stellen, und denkt darüber nach oder hat wenigstens die Möglichkeit, darüber nachzudenken. In einem natürlichen Gegenzug wirken dann all die verstreuten Reflexionen, die sich nun einstellen, auf das staatliche Denken zurück, aus dem sie hervorgegangen sind. Sobald das Volk sich dieselben Fragen stellt wie der Staat, kann der Staat bei deren Lösung nicht mehr davon absehen, was das Volk darüber denkt [...]. Daher die Notwendigkeit mehr oder weniger häufiger und regelmäßiger Konsultationen.«[444]

Allerdings kommt bei einer solch starken Hervorhebung der kognitiven Rolle demokratischer Öffentlichkeiten zu kurz, daß diese ihrer normativen Idee nach doch auch eine Sphäre sozialer Freiheit bilden sollen: Das in den Verfassungen schon rudimentär verankerte Recht des Staatsvolkes, sich im öffentlichen Meinungsaustausch auf die fortan von der Regierung umzusetzenden Grundsätze zu einigen, war ja als Instrument nicht nur der Steigerung von politischer Problemlösungskapazität, sondern auch und gerade der Inkraftsetzung jener Kommunikationsvoraussetzungen gedacht, unter denen man in wechselseitiger Einnahme der Rollen von Sprecher und Zuhörer ungezwungen die eigenen politischen Absichten zu klären und zu realisieren vermochte. Von diesem der demokratischen Öffentlichkeit innewohnenden Freiheitsversprechen ist in Émile Durkheims Vorlesungen kaum die Rede; erst John Dewey wird darauf in seiner Schrift viel stärker eingehen, allerdings unter gesellschaftlichen und kulturellen Vorzeichen, die sich gegenüber den Zeiten des Begründers der französischen Soziologie stark gewandelt haben würden.

444 Ebd., S. 118.

Für Durkheim war das zentrale Medium der öffentlichen Meinungs- und Willensbildung noch die Zeitungs- und Zeitschriftenpresse; gewiß auch mit Blick auf die Dreyfus-Affäre hob er immer wieder hervor, daß es ohne die Zirkulation solcher Druckerzeugnisse für ein anonymisiertes Publikum gar nicht möglich wäre, jene kollektive Reflexion auszuüben, die ihm bei der Thematisierung der Öffentlichkeit vor Augen stand.[445] Zwar gab es schon vor der Jahrhundertwende in fast allen Ländern Europas ein öffentliches Telefonnetz, das aber sicherlich eher zum fernmündlichen Austausch privater Angelegenheiten als zur Besprechung von politischen Angelegenheiten genutzt wurde;[446] und auch der Telegrafenverkehr, der in den USA bereits ab 1850 zur Anwendung gekommen war, diente vor allem dem schnellen Datenaustausch im wirtschaftlichen Handel, nicht aber der Verbreitung von Informationen innerhalb der politischen Öffentlichkeit.[447] Eine neuerliche Revolution in den Kommunikationstechnologien, die auch die Bedingungen des öffentlichen Informations- und Meinungsaustauschs nachhaltig veränderte, vollzog sich daher erst mit der Einführung des Radios; die technischen Voraussetzungen für dieses neue Medium waren schon vor dem Ersten Weltkrieg geschaffen worden, aber die ersten größeren Sender nahmen in den westeuropäischen Ländern nicht vor Beginn der zwanziger Jahre des 20. Jahrhunderts ihren Betrieb auf. Waren die nationalistischen Stimmungen, die sich in den politischen Öffentlichkeiten, zumal derjenigen Deutschlands, vor dem Ausbruch des Ersten Weltkriegs aufgestaut hatten, vor allem mit Hilfe des Pressewesens ver-

445 Vgl. etwa: ebd., S. 120.

446 Vgl. Horst A. Wessel, »Die Rolle des Telefons in der Kommunikationsrevolution des 19. Jahrhunderts«, in: Michael North (Hg.), *Kommunikationsrevolution. Die neuen Medien des 16. und 19. Jahrhunderts*, Köln/Weimar/Wien 2001, S. 101-128.

447 Jorma Ahvenainen, »The Role of Telegraphs in the 19th-Century Revolution of Communications«, in: North (Hg.), *Kommunikationsrevolution*, a. a. O., S. 73-80.

breitet worden, so würden vergleichbare Mobilisierungen in der näheren Zukunft viel stärker mittels des Radios in Gang gebracht werden.[448]

Dabei spielte paradoxerweise keine geringe Rolle, daß in den meisten Ländern Europas die Einrichtung der Rundfunkanstalten unter staatliche Kontrolle genommen wurde, um die Herausbildung einer der Entwicklung in der Zeitungsindustrie vergleichbaren Medienmacht gerade zu verhindern; was dort nämlich seit einem halben Jahrhundert unter privatkapitalistischen Bedingungen an ökonomischen Konzentrationsprozessen stattgefunden und zur Entstehung von mächtigen Monopolunternehmen mit kaum steuerbaren Möglichkeiten der politischen Einflußnahme geführt hatte, sollte hier dadurch vermieden werden, daß man die neuen Medien von vornherein als öffentliche oder halböffentliche Körperschaften organisierte.[449] Im ersten Jahrzehnt seiner Etablierung, also während des Zeitraums der Weimarer Republik, zeigte diese Organisationsform des Rundfunkwesens auch die gewünschten Wirkungen: In England, Frankreich und Deutschland nahmen eine Reihe von staatlich kontrollierten Sendeanstalten den Betrieb auf, um ihrem publizistischen Auftrag der Informierung und Bildung der Öffentlichkeit gerecht zu werden; nicht selten wurden solche Rundfunkhäuser jetzt sogar, wie wir etwa durch die Arbeiten Walter Benjamins wissen,[450] zu Vorreitern in der Erprobung ästhetischer Innovationen, indem sie den neuen Formaten der Alltagsreportage und des Hörspiels zum Durchbruch verhalfen. Überhaupt schien das Radio viel besser als die Zeitung dazu geeignet, Kommuni-

448 Vgl. allgemein: Heinz Pohle, *Das Radio als Instrument der Politik*, Hamburg 1955.

449 Habermas, *Strukturwandel der Öffentlichkeit*, a. a. O., S. 282 f.

450 Walter Benjamin, »Hörmodelle«, in: ders., *Gesammelte Schriften*, Bd. IV, 2, Frankfurt/M. 1972, S. 627-720. Vgl. dazu insgesamt: Sabine Schiller-Lerg, »Die Rundfunkarbeiten«, in: Burkhardt Lindner (Hg.), *Benjamin-Handbuch. Leben–Werk–Wirkung*, Stuttgart 2006, S. 406-420.

kationen in einer weitverzweigten Öffentlichkeit medial zu vermitteln, weil es die Chance bot, die Reaktionen des Hörers direkt in die Ausstrahlung der Sendung miteinzubeziehen; auf diese Weise war es möglich, vor einem Massenpublikum solche Formen eines spontanen Meinungsaustauschs stattfinden zu lassen, wie sie sich sonst nur in der Interaktion unter physisch Anwesenden abspielten; unzählig daher die Experimente in jenen ersten Jahren des Rundfunks, zur Belebung der demokratischen Willensbildung dadurch beizutragen, daß man das Publikum zur Übernahme von Sprecherrollen zu animieren versuchte.[451] Dieser anfängliche Optimismus begann sich freilich schnell zu legen, so werden wir noch sehen, als die Regierungsorgane im nationalsozialistischen Deutschland systematisch darangingen, das öffentliche Radio als ein Mittel ihrer politischen Propaganda einzusetzen;[452] hatte vorher schon das Zeitungswesen seine ursprüngliche Unschuld verloren, weil es unter Bedingungen der Monopolbildung zu Zwecken der Meinungsmanipulation genutzt werden konnte, so sollte mit der faschistischen Gleichschaltung des Rundfunkwesens deutlich werden, daß auch der Weg einer öffentlichen Organisation der Medien Gefahren für die demokratische Meinungs- und Willensbildung enthielt.[453]

451 Statt vieler Hinweise sei hier nur Bertolt Brechts Empfehlung an einen fiktiven Radiointendanten zitiert: »Außerdem können Sie vor dem Mikrophon an Stelle toter Referate wirkliche Interviews veranstalten, bei denen die Ausgefragten weniger Gelegenheit haben, sich sorgfältige Lügen auszudenken, wie sie dies für die Zeitungen tun können. Sehr wichtig wären Disputationen zwischen bedeutenden Fachleuten. Sie können in beliebig großen oder kleinen Räumen Vorträge mit Diskussion veranstalten.« (Ders., »Vorschläge für den Intendanten des Rundfunks« [1927], in: ders., *Gesammelte Werke*, Bd. 18, Frankfurt/M. 1967, S. 121-123, hier: S. 122)

452 Ansgar Diller, *Rundfunkpolitik im Dritten Reich* (*Rundfunk in Deutschland*, Bd. 2), München 1980.

453 Etwas anders verhielt es sich in den USA, wo auch der Rundfunk sich von Beginn an in der Organisationsform privatwirtschaftlicher Unternehmen entwickelte; auf die dortigen Verhältnisse ist die berühmte Analyse von Theodor W. Adorno gemünzt: »The Psychological Tech-

In diesen Zeitraum eines turbulenten Strukturwandels der Öffentlichkeit – zwar noch vor dem Beginn der politischen Instrumentalisierung des öffentlichen Radios, aber doch schon nach Einsetzen der wirtschaftlichen Vermachtung in der Zeitungs- und Zeitschriftenindustrie, inmitten der Prozesse einer Ausweitung politischer Teilhaberechte auch auf bislang ausgeschlossene Gruppen, die jedoch begleitet waren vom regelmäßigen Wiederaufflackern nationalistischer Gesinnungen in den westlichen Demokratien – in diesen Zeitraum also fällt die Veröffentlichung der Schrift, in der John Dewey das Thema der demokratischen Öffentlichkeit aufgreift. Auch wenn der intellektuelle Kontext seiner Interventionen ein sehr anderer ist – er reagiert auf zwei Bücher von Walter Lippmann, in denen einer demokratischen Elitenherrschaft das Wort geredet wird –,[454] stimmt Dewey, wie gesagt, im zentralen Anliegen seiner Argumentation, ohne sie zu nennen, mit den wesentlichen Absichten von Émile Durkheim überein: Wie der französische Soziologe möchte auch der amerikanische Philosoph die Demokratie als eine »Herrschaftsform der Reflexion« (Durkheim) verstanden wissen, die nach ihren eigenen epistemischen Standards um so besser funktioniert, je mehr Gesellschaftsmitglieder mittels öffentlicher Beratungs- und Willensbildungsprozesse in sie einbezogen sind. Selbst der erstaunlichen Schlußfolgerung Durkheims, wonach »die moralische Überlegenheit der Demokratie« vor allem darin bestehe, sich in gemeinsamer Anstrengung von den »Gesetze[n] der Dinge« zu »befreien« und sie in zuträgliche Bedingungen vernünftigen Handelns zu übersetzen,[455] hätte Dewey wohl noch zustimmen können; auf jeden Fall finden sich in seiner Schrift genügend Stellen,

nique of Martin Luther Thomas' Radio Addresses«, in: ders., *Gesammelte Schriften*, Bd. 9.1, Frankfurt/M. 1971, S. 7-141.

454 Vgl. zu diesem Hintergrund: Robert B. Westbrook, *John Dewey and American Democracy*, Ithaca 1991, S. 293-300.

455 Durkheim, *Physik der Sitten und des Rechts*, a. a. O., S. 131.

die den Schluß erlauben, die Demokratie sei für ihn primär deswegen die überlegene Regierungsform, weil sie bei der reflexiven Bewältigung gesellschaftlicher Probleme von der Intelligenz aller betroffenen Subjekte Gebrauch mache.[456] Aber vor einer solch ausschließlich epistemologischen Rechtfertigung der Demokratie bewahrt ihn dann doch die seit seiner Jugend verfochtene Idee, daß das kooperative Zusammenwirken in der öffentlichen Willensbildung zunächst und vor allem sowohl Mittel als auch Zweck der individuellen Selbstverwirklichung sei;[457] diese Idee sozialer Freiheit bringt Dewey in seinem »Öffentlichkeits«-Buch immer dort besonders klar zum Ausdruck, wo er die wachsende Vermarktung der publizistischen Medien zum Gegenstand seiner Kritik macht.

Im fünften Kapitel seiner Abhandlung, nachdem er seinen berühmten, an Durkheim erinnernden Gedanken dargelegt hat, daß die demokratische Öffentlichkeit eine Art experimenteller Forschungsgemeinschaft bildet, die die sozialen Bedingungen eines friedfertigen Zusammenlebens erkundet und daraus dann eine gemeinsame Vorstellung des politisch Wünschens- und Erstrebenswerten entwickelt,[458] kommt Dewey auf die Bedingungen eines solchen freien und ungezwungenen Meinungsaustauschs zu sprechen. Neben den grundrechtlichen Voraussetzungen der Meinungsfreiheit und der politischen Teilnahme, deren Einschränkung eine Verletzung des Gebots der »Volksherrschaft« bedeuten würde, gehörte dazu nach seiner Überzeugung vor allem die »Kunst«, die gesellschaftlichen Kommunikationsverhältnisse so einzurichten,

456 Vgl. v. a. ebd., S. 117-122.

457 Vgl. vor allem: John Dewey, »The Ethics of Democracy«, in: ders., *The Early Works*, Bd. 1, Carbondale/Edwardsville 1969, S. 227-249; vgl. zu diesem gesamten Themenkomplex auch meinen Aufsatz: »Demokratie als reflexive Kooperation. John Dewey und die Demokratietheorie der Gegenwart«, in: Axel Honneth, *Das Andere der Gerechtigkeit. Aufsätze zur praktischen Philosophie*, Frankfurt/M. 2000, S. 282-309.

458 Dewey, *Die Öffentlichkeit und ihre Probleme*, a. a. O., S. 129.

daß eine »freie [...] Zirkulation von Ideen« möglich wäre;[459] von »Kunst« ist hier die Rede, weil es großer, erst zu erlernender Fertigkeiten bedarf, Wege der Präsentation öffentlichkeitsrelevanter Sachverhalte zu finden, die hinter »der Kruste des konventionalisierten und routinisierten Bewußtseins« das sozial Herausfordernde kenntlich zu machen wissen.[460] Bevor Dewey nun aber beginnt, die Grundzüge einer derartigen »Kunst« der öffentlichen Kommunikation zu umreißen, geht er zunächst auf den Abstand ein, der die zeitgenössischen Verhältnisse von dem angedeuteten Ideal trennt; und hier, in der Kritik an den damaligen Verfallserscheinungen der Öffentlichkeit, kommen indirekt jene normativen Ideen sozialer Freiheit zum Tragen, die wir an der von Durkheim und Dewey gelieferten Rechtfertigung der öffentlichen Sphäre ungezwungener Willensbildung bislang vermißt haben.

Dewey beklagt im Zusammenhang seiner Zeitdiagnose zwar das Anwachsen von »Apathie« in seinem Heimatland,[461] nimmt irritiert auch zur Kenntnis, daß sich in den nationalen Öffentlichkeiten Westeuropas immer wieder nationalistische Stimmungen verbreiten,[462] aber beides ist nicht das, was ihn am Zustand der öffentlichen Willensbildung vor allem beunruhigt; viel stärker fällt für ihn ins Gewicht, daß die für die mediale Vermittlung des Meinungsaustauschs zuständigen Organe, allen voran das Pressewesen, das er für noch wichtiger hält als das gerade erst aufkommende Radio, eine Entwicklung nehmen, die ihrer eigentlichen Aufgabe strikt zuwiderläuft. In den vorangegangenen Jahrzehnten, im Grunde genommen seit der Mitte des 19. Jahrhunderts, hatte sich aus seiner Sicht ein Strukturwandel des Zeitungs- und Zeitschrif-

459 Ebd., S. 144.
460 Ebd., S. 155.
461 Ebd., S. 109.
462 Ebd., S. 115, S. 145. In diesem Zusammenhang erwähnt Dewey allerdings überraschenderweise nicht den Rassismus, der für die politische Öffentlichkeit seines eigenen Landes ja eine vergleichbare Herausforderung darstellt.

tengewerbes vollzogen, der mit dem unregulierten Konkurrenzdruck zusammenhing, welcher auf den zuvor noch publikumsorientierten Verlagen lastete; unter dem Zwang, die Auflage durch die Ankurbelung der Nachfrage zu steigern, waren aus den Presseorganen kapitalistische Unternehmen geworden, die ihre Produkte von nun an nach marktwirtschaftlichen Gesichtspunkten absetzen können mußten. Im Zuge dieser Kommerzialisierung haben sich, so vermerkt Dewey an mehreren Stellen seiner Studie,[463] sowohl die innerbetrieblichen Arbeitsverhältnisse als auch die Weisen der Nachrichtenvermittlung in den Tages- und Wochenzeitungen erheblich verändert: Die publizistische Autonomie der Redakteure und Berichterstatter ist eingeschränkt worden, weil sie nur noch als weisungsgebundene Angestellte in einem hierarchisch organisierten Erwerbsunternehmen arbeiten, die Auswahl und Präsentation des Materials erfolgt beinahe ausschließlich nur noch nach Kriterien der schnellen Stimulierung von Käuferinteressen. In einem Satz, der erstaunlich ist, weil er unserer Gegenwart entsprungen zu sein scheint, faßt Dewey zusammen, was die Bedeutung von »Publizität« in seiner Zeit ausmacht: »Werbung, Propaganda, das Eindringen in das Privatleben, das ›Featuren‹ von ablaufenden Ereignissen auf eine Art, die jedem logischen Handlungszusammenhang Gewalt antut und die uns mit jenen vereinzelten Zudringlichkeiten und Erschütterungen zurückläßt, in denen das Wesen von ›Sensationen‹ besteht.«[464]

In dieser Kritik an der Vermarktlichung des Pressewesens stimmt Dewey bis in einzelne Formulierungen hinein – er spricht nicht nur von der künstlichen Erzeugung von »Sensationen«, sondern auch von der Produktion beliebiger »Zerstreuungen« –[465] mit der vernichtenden Diagnose überein, die einige Jahre später Max Horkheimer und Theodor W. Adorno

463 Vgl. etwa ebd., S. 144 f., S. 152 ff.
464 Ebd., S. 144.
465 Ebd., S. 145.

über die »Kulturindustrie« treffen werden;[466] der ganze Unterschied zwischen den beiden Ansätzen besteht freilich darin, daß Dewey den Zustand der Nachrichtenindustrie am Ideal der medialen Vermittlung eines freien Meinungsaustauschs mißt, während sich die beiden Autoren der Kritischen Theorie eher am Vorbild der autonomen Kunst orientieren. Für Dewey lassen sich die genannten Entwicklungen aus dem Grund als Inbegriff einer »sozialen Pathologie« bezeichnen,[467] wie es bei ihm heißt, weil die jetzt in den Zeitungs- und Zeitschriftenorganen vorherrschende Aufbereitung des publizistischen Stoffes all dem widerspricht, wofür diese doch eigentlich in der demokratischen Kultur einzustehen haben: Ihr Auftrag, ja, ihre ganze Existenzberechtigung wäre es, die Bürgerinnen und Bürger verständlich und nachvollziehbar darüber zu informieren, welche neuen Sachverhalte des sozialen Lebens sie bei ihrer gemeinsamen Willensfindung vernünftigerweise zu berücksichtigen hätten; statt dessen aber beschränken sie sich inzwischen beinahe nur noch darauf, solche Ereignisse darzustellen, die im Leser einen möglichst großen »Schock« erzeugen – als Beispiel nennt Dewey, wiederum als sei es aus unserer Gegenwart gegriffen, »Kriminalität, Unglücke, Familienskandale, persönliche Kollisionen und Konflikte«.[468] Die Abweichung vom Ideal einer sachlich informierenden, soziologisch aufklärenden Berichterstattung ist für Dewey in ihren Wirkungen deswegen so schädlich und fatal, weil dadurch im Grunde genommen verhindert wird, daß sich eine Öffentlichkeit überhaupt erst zu bilden vermag; denn das würde nach seiner Überzeugung verlangen, daß sich eine durch die Verschränktheit ihrer Einzelhandlungen zustande gekommene Gruppe von Menschen gemeinsam darüber klar wird, welche »Folgen« ihre »assoziierten Tätigkeiten« für sie haben

466 Horkheimer/Adorno, *Dialektik der Aufklärung. Philosophische Fragmente*, a. a. O., S. 128-176.
467 Dewey, *Die Öffentlichkeit und ihre Probleme*, a. a. O., S. 145.
468 Ebd., S. 152.

und welche davon sie tatsächlich übereinstimmend für wünschenswert halten können; erst wenn eine solche kommunikative Verständigung über die Bewertung der Konsequenzen des bereits assoziierten Handelns in der Gruppe stattgefunden hat, läßt sich daher eigentlich vom »Wir« einer Öffentlichkeit sprechen.[469] Ist diese Gruppe nun so umfangreich wie die Bevölkerung in den nationalstaatlich organisierten Gesellschaften, deren Mitglieder sich untereinander nicht mehr von Angesicht zu Angesicht begegnen können, obwohl ihre Handlungen doch in höchstem Maße wechselseitig verschränkt sind, so muß deren gemeinsame Bewertung durch das Hilfsmittel publizistischer Medien vermittelt werden; die Zeitung, die Zeitschrift und das Radio dienen demnach Dewey zufolge zunächst und vor allem dem Ziel, Informationen über soziale Gegebenheiten zu verbreiten, die es einem anonymen Publikum erlauben, sich über die Folgen des eigenen Tuns derart Klarheit zu verschaffen, daß ihnen gegenüber eine gemeinsam verabredete Haltung eingenommen werden kann. All die kommunikativen Prozesse, die es den Mitgliedern »großer Gesellschaften« mit Hilfe der Nachrichtenmedien erlauben, sich in die Perspektive eines derartigen »Wir« (der Beurteilung von Handlungskonsequenzen) hineinzuversetzen, nennt Dewey nun in ihrer Gesamtheit »demokratische Öffentlichkeit«; diese ist für ihn insofern eine Gestalt sozialer Freiheit, als sie es dem einzelnen im Austausch mit allen anderen Gesellschaftsmitgliedern ermöglicht, seine Absicht einer Verbesserung der eigenen Lebensumstände zu verwirklichen.

Allerdings hat Dewey die Idee sozialer Freiheit, die er hier ins Spiel bringt, viel emphatischer formuliert, als es in dieser eher blassen Beschreibung zum Ausdruck kommt. Er erhofft sich von jener bereits erwähnten »Kunst« der Kommunikation – von der wir jetzt genauer wissen, daß sie von den Medien eine »subtile« und »empfindsame« Vergegenwär-

469 Ebd., S. 131.

tigung der noch unbekannten Folgen gesellschaftlichen Zusammenlebens verlangt – nichts Geringeres als eine Entbindung der kreativen Intelligenz aller Gesellschaftsmitglieder; würde jeder Staatsbürger mit Hilfe der Medien in die Lage versetzt werden, seine eigenen Vorschläge in die öffentlichen Beratungen über die angemessenen Mittel zur Vervollkommnung des Gemeinwesens einzubringen, so wäre damit aus der Sicht Deweys ein Zustand der ungezwungenen Kooperation erreicht, der erst eigentlich den Namen der »demokratischen Freiheit« verdienen würde. Es ist das zwischen mystischer Natur- und Gemeinschaftsbeschwörung oszillierende Werk Walt Whitmans,[470] auf das sich Dewey beruft, wenn er diese Idee einer Freiheit durch öffentliche Kommunikation zusammenzufassen versucht: »Wenn das Maschinenzeitalter seine Maschinerie [d. h., die Kommunikationsmedien, A. H.] auf diese Weise vervollkommnet, wird sie ein Mittel des Lebens und nicht sein despotischer Gebieter sein. Die Demokratie wird dann zeigen, was in ihr steckt, denn Demokratie ist ein Name für ein Leben in freier und bereichernder Kommunion. Sie hatte ihren Seher in Walt Whitman. Sie wird ihre Erfüllung finden, wenn die freie Sozialforschung unauflöslich mit der Kunst unumschränkter und ergreifender Kommunikation vermählt ist.«[471] Zieht man von diesen Sätzen die Elemente ab, die sich dem demokratischen Vitalismus Whitmans verdanken, so bleibt eine halbwegs tragfähige Bestimmung der sozialen Freiheit in der zivilen Sphäre der Öffentlichkeit zurück: Sobald die Kommunikationsmedien ihrer Aufgabe gerecht würden, alle die für die Behandlung sozialer Probleme erforderlichen Kenntnisse allgemein nachvollziehbar bereitzustellen, wären die Gesellschaftsmitglieder unter der Bedingung gleicher Freiheits- und Teilnahmerechte in der Lage, sich untereinander in der Erkundung der angemessenen Lösungswege zu beraten und also kooperativ bei

470 Vgl. Walt Whitman, *Grasblätter* (1891/92), München 2009.
471 Dewey, *Die Öffentlichkeit und ihre Probleme*, a. a. O., S. 155.

der experimentellen Vervollkommnung ihres Gemeinwesens zusammenzuwirken.

Nun waren allerdings die Zeiten, in denen John Dewey seine Studie über die demokratische Öffentlichkeit veröffentlichte, also die Jahre um 1930, alles andere als dazu angetan, den darin formulierten Idealen eine Chance auf soziale Verwirklichung zu geben. Halten wir uns nur an die bislang schon verwendeten Indikatoren – Umfang und Generalisierungsgrad der politischen Rechte, die Existenz schichtübergreifender Kommunikationsräume und den Entwicklungsstand der Medientechnologie –, so konnte es nach außen zwar den Anschein haben, als sei die Institutionalisierung einer zivilen Sphäre der demokratischen Willensbildung auf einem erfolgreichen Weg: Der Erste Weltkrieg hatte einen Schub in der Ausdehnung des allgemeinen Wahlrechts auf die weiblichen Gesellschaftsmitglieder ausgelöst; dem Beispiel vieler skandinavischer Länder, die schon vorher ein Frauenstimmrecht eingeführt hatten, folgten 1917 die Niederlande und Rußland, 1918 Deutschland, Österreich, Polen, Schweden und die Tschechoslowakei, 1920 die USA und 1928 Großbritannien – die Schlußlichter in dieser Reihe sollten viel später Frankreich (1944) und die Schweiz (1971) bilden.[472] In den meisten der hier genannten Länder existierte inzwischen, befördert sicherlich auch durch die einheitsstiftenden Erfahrungen in dem je gemeinsam durchgestandenen Weltkrieg, ein die ganze Nation umfassender Kommunikationsraum, der konzentrisch um das Gravitationszentrum der jeweiligen Hauptstadt herum angelegt war – was hier an für öffentlichkeitsrelevant gehaltenen Informationen kursierte, sprach sich über Nacht mittels der Medien auch in den entlegeneren Provinzen herum; was dort an politisch wichtigen Ereignissen stattfand, floß wiederum in den Nachrichtenagenturen der Hauptstadt zusammen und wurde von hier aus an die lokalen

472 Vgl. zu diesen Angaben: Reinhard, *Geschichte der Staatsgewalt*, a. a. O., S. 434.

Zwischenglieder weitervermittelt. Für diese schnelle Zirkulation von Informationen innerhalb der nationalstaatlichen Grenzen sorgte eine mittlerweile hochentwickelte Medientechnologie, die neben dem Telegrafen, dem Telefon sowie den Zeitungen und Zeitschriften auch den Rundfunk umfaßte; vor allem dieses letzte Medium, das Radio, hatte in der kurzen Zeit seiner Existenz äußerst schnell Verbreitung gefunden und war als »Volksempfänger«, wie es treffend im Deutschen hieß, dazu in der Lage, auch komplexere Nachrichten und politische Stellungnahmen innerhalb der Bevölkerung in Umlauf zu bringen.

Aber hinter diesen rohen Daten verbargen sich soziale Verwerfungen und politische Gesinnungen, die die nationalen Öffentlichkeiten der damaligen Zeit in einem wesentlich schlechteren Licht erscheinen lassen. In einigen europäischen Ländern existierten nationale oder ethnische Minderheiten, die allein schon durch die Vorenthaltung politischer Rechte aus der demokratischen Öffentlichkeit ausgeschlossen waren; und auch dort, wo ihnen solche Grundrechte eingeräumt wurden, mangelte es ihnen häufig aufgrund der offenen Mißachtung ihrer kulturellen Besonderheiten an jeder realistischen Aussicht, die eigenen Überzeugungen in den Prozeß der diskursiven Willensbildung einzubringen.[473] Nicht unähnlich erging es damals in den meisten Ländern den Frauen, denen nun zwar unter dem Druck von Reformbewegungen sukzessive das allgemeine Wahlrecht zugestanden wurde, die aber weiterhin kaum eine aktive Rolle in den öffentlichen Auseinandersetzungen übernehmen durften; eine Mischung aus männlichen Vorurteilen, erzwungener Bindung an die Hausfrauenrolle und internalisiertem Selbstverständnis sorgte dafür, daß die demokratische Öffentlichkeit eine männliche Domäne blieb, in der die Frauen nur gelegentlich, sei es vereinzelt als Intellektuelle oder Künstlerinnen, sei es kollektiv in

473 Vgl. überblickshaft: Arendt, *Elemente und Ursprünge totaler Herrschaft*, a. a. O., S. 402-434.

Gestalt feministischer Gruppen, intervenierten.[474] Zu diesen mehr oder weniger formalisierten Exklusionen kam hinzu, daß sich die national umgrenzten Kommunikationsräume in der Zwischenkriegszeit stark entlang von Klassen- oder Schichtgrenzen versäult hatten; viele soziale Milieus verfügten trotz der zentrierenden Kraft des Nationalstaats über ihre je eigenen kleinen Öffentlichkeiten, in deren Nischen mit Hilfe der Zirkulation von Broschüren und Zeitungen gelegentlich eine vom herrschenden Konsens massiv abweichende Auffassung kultiviert wurde. Obwohl die darin angelegte Aufspaltung der politischen Öffentlichkeit auch den Vorzug mit sich brachte, minoritären Überzeugungen überhaupt noch eine Überlebenschance zu bieten – man denke nur an die bizarre Konservierung des Monarchismus in der Weimarer Republik –,[475] führte sie doch nicht selten zu einer so weitgehenden Dezentrierung der öffentlichen Meinung, daß sich zwischen den Parteien ein gemeinsamer Boden der übergreifenden Willensbildung gar nicht mehr zu bilden vermochte. In dieser Versäulung des öffentlichen Meinungsstreits zeichnete sich damals, in den Jahren kurz vor der nationalsozialistischen Machtergreifung, zum ersten Mal ab, was seither zu einer ständigen Herausforderung für die liberaldemokratischen Demokratien werden sollte: Solange nicht dank der medialen Präsenz eines hinreichend pluralistischen Meinungsspektrums gewährleistet war, daß ein ausgewogenes Verhältnis zwischen zentrifugalen und zentripetalen Kräften innerhalb der Sphäre der öffentlichen Willensbildung bestand, würde diese stets der Gefahr einer sozialen Zersplitterung ausgesetzt sein, weil die abweichenden Gruppen zur selbstisolierenden Errichtung von Nischenöffentlichkeiten gezwungen wären.

474 Vgl. beispielsweise: Anne-Marie Sohn, »Zwischen den beiden Weltkriegen. Weibliche Rollen in Frankreich und England«, in: Duby/Perrot (Hg.), *Geschichte der Frauen*, a.a.O., Bd. 5 (20. Jahrhundert), S. 111-139.

475 Vgl. dazu etwa: Robert S. Garnett, *Lion, Eagle, and Swastika: Bavarian Monarchism in Weimar Germany, 1918-1933*, New York 1991.

Daß in demselben Zeitraum freilich auch schon die entgegengesetzte Gefahr wahrgenommen wurde, nämlich die einer zu starken Vereinheitlichung der demokratischen Öffentlichkeit, zeigte sich an den kritischen Diagnosen, die den konformistischen Wirkungen der Massenmedien gewidmet waren; nicht nur das Pressewesen, sondern auch die neuen elektronischen Medien, zunächst das Radio, dann der Film, nahmen in den Augen vieler zeitgenössischer Intellektueller eine Entwicklung, die der Aufgabe einer Vermittlung von öffentlichkeitsrelevanten Informationen und Kenntnissen geradezu zuwiderlief. Von John Dewey haben wir ja bereits gesehen, wie stark er Ende der 1920er Jahre davon überzeugt war, daß die amerikanische Tages- und Wochenpresse inzwischen kapitalistischen Verwertungszwängen unterstand, die sie eher an der Stimulierung von Entspannungsreizen als an der Erzeugung einer kritisch-räsonierenden Haltung interessiert sein ließ; wenn es auch vorerst bloße Spekulation blieb, hatte Dewey aus diesen Entwicklungen bereits gefolgert, daß sie in weiten Kreisen der Bevölkerung einen »seichten Optimismus« befördern könnten, der alles Krisenhafte mit dem sentimentalen Anstrich des rein persönlichen Schicksalsschlags versah.[476] In Westeuropa, wo die großen Tageszeitungen ein vergleichsweise hohes Niveau beibehalten hatten, weil sie in den kulturellen Zentren mit einer breiten Leserschicht rechnen konnten, war man mittlerweile zu ähnlichen Schlußfolgerungen mit Blick auf den Rundfunk und den gerade entstandenen Film gelangt: Das Radio, in das anfänglich die schon erwähnten Erwartungen einer demokratischen Rückkoppelung gesetzt worden waren, hatte binnen weniger Jahre seinen ursprünglichen Glanz fast vollkommen verloren, nicht nur, weil es zunehmend der bloßen Zerstreuung zu dienen schien, sondern auch, weil es die Distanz zum Rezipienten erheblich verringerte und damit der politischen Manipulation

476 Dewey, *Die Öffentlichkeit und ihre Probleme*, a. a. O., S. 145.

größere Angriffsflächen als etwa die Tageszeitung bot;[477] und auch gegenüber dem Film, dessen massenhafte Verbreitung in den 1920er Jahren einsetzte, war die zunächst interessierte, ja optimistische Haltung äußerst schnell einer allgemeinen Skepsis unter den kritischen Zeitgenossen gewichen, die auf der Einschätzung beruhte, daß dieses neue Medium einer kulturbeflissenen Mittelschicht vor allem eine die soziale Realität verklärende, märchenhafte Scheinwelt vermittelte.[478] Insgesamt bestand daher unter den Intellektuellen jener Zeit bereits die Tendenz, die alten und neuen Medien einer, wie es dann wenig später bei Horkheimer und Adorno heißen würde, »Kulturindustrie« zuzuschlagen: Das Radio, das Kino und, zumindest Dewey zufolge, auch die Tagespresse schienen in ihrem gegenwärtigen Zustand eher dazu angetan, eine Bereitschaft zum Konformismus in großen Teilen des Publikums zu wecken, als irgendwie geeignet, die zwanglose Deliberation in der Öffentlichkeit zu stimulieren.

Wird zu diesen kritischen Diagnosen hinzugenommen, was zuvor über die Gefahr der Versäulung und die verschiedenen Ausschließungsmechanismen gesagt wurde, so bot die demokratische Öffentlichkeit zu Beginn der 1930er Jahre in den westlichen Staaten ein äußerst ernüchterndes Bild: Von einer nennenswerten Ausweitung der vom Prinzip der demokratischen Willensbildung in Aussicht gestellten Freiheit konnte hier schon deswegen nicht die Rede sein, weil von dem dazu erforderlichen Meinungsaustausch viele Gruppen der Bevölkerung weiterhin rechtlich oder informell ausgeschlossen blieben, andere durch kulturelle Selbstisolierung die Teilnahme verweigerten, und die gesellschaftliche »Mitte« schließlich

477 Dieser Umschlag in der Einschätzung des Rundfunks wird sehr schön deutlich in: Siegfried Kracauer, »Literatur und Rundfunk«, in: ders., *Werke*, Bd. 5.3 (»Essays, Feuilletons, Rezensionen 1928-1931«), Berlin 2011, S. 612-615.

478 Vgl. exemplarisch: Siegfried Kracauer, »Der heutige Film und sein Publikum«, in: ders., *Werke*, Bd. 6.2 (»Kleine Schriften zum Film 1928-1931«), Frankfurt/M. 2004, S. 151-166.

daran nur geringes Interesse zeigte, weil sie, pauschal formuliert, den Privatisierungsversprechen der Massenmedien erlegen war. Gewiß, dieses Bild ist holzschnittartig und wird längst nicht allem gerecht, was sich an zivilen Aktivitäten, Disputen und Auseinandersetzungen innerhalb der öffentlichen Sphäre der Willensbildung damals vollzog; aber es soll hier auch nur der typisierenden Skizzierung einer historischen Zwischenstation dienen, derer wir uns in der normativen Rekonstruktion der demokratischen Öffentlichkeit versichern müssen, um ihren gegenwärtigen Zustand richtig einschätzen zu können.

Überdies ist das skizzierte Bild geeignet, etwas an der in der öffentlichen Sphäre verankerten Freiheit hervortreten zu lassen, was sie von den sozialen Freiheiten in den beiden anderen Sphären der persönlichen Beziehungen und des marktwirtschaftlichen Handelns maßgeblich unterscheidet. Versuchen wir uns die Ursachen vor Augen zu führen, die für die Einschränkungen jener Freiheiten in den nationalstaatlich gerahmten Öffentlichkeiten der 1920er Jahre verantwortlich waren, so kommen nicht nur rechtliche oder informelle, staatlich sanktionierte oder kulturell wirksame Hindernisse in den Blick; vielmehr scheint es vielen Gesellschaftsmitgliedern ganz generell an der motivationalen Bereitschaft gefehlt zu haben, sich an dem öffentlichen Meinungsstreit und Willensbildungsprozeß überhaupt zu beteiligen. Diese Sphäre, in der wir uns als politisch argumentierende Staatsbürgerinnen und Staatsbürger wechselseitig ergänzen, ist kein institutioneller Komplex, keine relationale Institution, an der wir gleichsam von Haus aus, sei es aufgrund von gegebenen Bedürfnissen, sei es aufgrund von lebenswichtigen Interessen, teilnehmen müßten; während wir in die beiden anderen Sphären sozialer Freiheit im Regelfall immer schon einbezogen sein wollen, weil uns »natürliche« Wünsche oder Zwänge des materiellen Überlebens dazu anhalten, müssen wir uns hier, in der Sphäre der demokratischen Willensbildung, erst zur Mitwirkung entschließen. Daher taucht erst in diesem letzten Schritt unserer normativen Rekonstruktion ein Problem auf, mit dem wir vorher noch gar nicht konfrontiert sein konnten: das des schlichten Desinteresses an den institutionell versprochenen Freiheiten. Der Begriff, mit dem schon Dewey die damit umrissene Gefährdung in seiner Schrift kennzeichnet, lautet »Apathie«,[479] andere Ausdrücke, die später Ähnliches bezeichnen sollten, sind »Privatisierung« oder »Entpolitisierung«; wir werden von nun an immer wieder auf solche Begriffe stoßen, wenn wir die Entwicklung der demokratischen Öffentlichkeit bis in die Gegenwart weiterverfolgen.

Kurz nach der hier als Zwischenstation beschriebenen Phase kam es freilich erst einmal zu einer Unterbrechung im zögerlichen Prozeß der Institutionalisierung demokratischer Öffentlichkeiten; denn in Deutschland hatte im Jahr 1933 mit den Nationalsozialisten eine politische Partei die Macht übernommen, deren Fähigkeit zur Mobilisierung der Massen bald ganz Europa in Mitleidenschaft ziehen sollte. In der Dreyfus-Affäre war zwar in den europäischen Demokratien zuvor schon einmal die Gefahr aufgeblitzt, daß die Foren der politischen Öffentlichkeit plötzlich auch zu Arenen der Demonstration eines nationalistischen Volkswillens werden konnten; aber im Deutschen Reich vollzog sich nach der nationalsozialistischen Machtergreifung eine solche Umfunktionierung mit einer Schnelligkeit, Perfektion und Brutalität, für die es in der jüngeren Geschichte noch kein Beispiel gegeben hatte.[480] Binnen weniger Jahre gelang es den neuen Machthabern unter Verwendung zugleich von politischem Terror und politischer Propaganda, die aus der Zeit der Weimarer Republik stammenden Gefühle des nationalen Ressentiments und

479 Dewey, *Die Öffentlichkeit und ihre Probleme*, a. a. O., S. 109.

480 Arendt, *Elemente und Ursprünge totaler Herrschaft*, a. a. O., Kap. III; eine davon abweichende Analyse liefert: Franz Neumann, *Behemoth. Struktur und Praxis des Nationalsozialismus 1933-1944* (1944, 2. erweiterte Auflage), Frankfurt/M. 1977.

Antisemitismus in der deutschen Bevölkerung so zu schüren, daß sie für die Verriegelung des öffentlichen Raumes gegenüber allen als »artfremd« oder feindlich klassifizierten Gruppen mobilisiert werden konnten; eine, wie bereits erwähnt, nicht geringe Rolle spielte bei dieser gewaltsamen, allerdings von vielen Schichten aktiv mitgetragenen Erzeugung einer »Volksgemeinschaft« das System des öffentlichen Rundfunks, dessen lokale Sendeanstalten schnell dem Propagandaministerium unterstellt wurden, um die äußerst beliebten Unterhaltungsprogramme für die geschickte Einflechtung von nationalistischen Botschaften und Entwicklungsparolen zu nutzen.[481] Später ist gelegentlich die inszenierte Omnipräsenz einer solchen Volksgemeinschaft, ihre ständige Sichtbarkeit im öffentlichen Raum – man denke nur an die perfekt einstudierten Massenaufmärsche, die Filmästhetik Leni Riefenstahls und den kultischen Einsatz klassischer Musik – als Inbegriff einer »faschistischen Öffentlichkeit« beschrieben worden;[482] die Verwendung dieser Kategorie läßt aber verschwimmen, daß hier der allem »Öffentlichen« seit Beginn der gesellschaftlichen Moderne innewohnende Verweis auf Meinungsfreiheit und zwanglose Willensbildung nicht einmal mehr vorgespielt wurde, sondern durch die Inszenierung eines einheitlichen Volkswillens vollständig ersetzt worden war; es wäre also besser, auf den Begriff im Zusammenhang des Nationalsozialismus gänzlich zu verzichten und statt dessen nur noch von der neuen Erscheinung einer propagandistisch erzeugten und mit Hilfe aller zur Verfügung stehenden Medien weltweit präsentierten »Volksgemeinschaft« zu sprechen. Die Ambivalenz, die der politischen Öffentlichkeit spätestens seit der Mitte des 19. Jahrhunderts innewohnte, als sich der Kreis der legi-

481 Vgl. v. a. Diller, *Rundfunkpolitik im Dritten Reich*, a. a. O.; Inge Marßolek/Adelheid von Saldern (Hg.), *Zuhören und Gehörtwerden I. Radio im Nationalsozialismus*, Tübingen 1998.

482 Vgl. das Themenheft »Faschistische Öffentlichkeit« der Zeitschrift *Ästhetik und Kommunikation*, 7 (1976).

tim an ihr Mitwirkenden auf die der »Nation« angehörenden Staatsbürger zu reduzieren begann, war hier zum ersten Mal vollständig in das eine mögliche Extrem umgeschlagen: Teilnehmen an dem, was trotz der diktatorischen Maßnahmen euphemistisch noch als Bildung eines Volkswillens beschrieben wurde, durfte nur, wer nachweislich aufgrund seiner »natürlichen« Abstammung als Deutscher gelten konnte.

Die gewaltsame Zerstörung jeder tatsächlichen Öffentlichkeit in Deutschland, die mit dem rechtlichen Ausschluß der Juden aus der zivilen Sphäre begann, setzte politische Reaktionen in ganz Europa in Gang, mit denen alsbald alle Anstrengungen zur Erweiterung demokratischer Spielräume zum Erliegen kamen. Zwar war schon vor der nationalsozialistischen Machtergreifung ein totalitäres Regime in Italien errichtet worden, zwar nahm in Spanien mit dem 1936 von Franco initiierten Militärputsch der Bürgerkrieg seinen Anfang, aber keiner dieser Vorgänge sollte von ähnlich desaströser Wirkung auf die demokratische Kultur der Nachbarländer sein wie der Nationalsozialismus: Die zunächst noch geheimgehaltenen, dann aber zunehmend sichtbar werdenden Pläne einer Massenvernichtung der Juden, die kaum verborgenen Absichten einer kriegerischen Eroberungspolitik, der bizarre, rein strategische Pakt mit Stalin, all diese unübersehbaren Warnsignale lösten politische Vorsichtsmaßnahmen in den liberalen Staaten Europas aus, die – sei es willentlich oder reaktiv – die bislang bestehenden demokratischen Freiheiten und Partizipationsmöglichkeiten zumindest gefährdeten. Mit dem Ausbruch des Zweiten Weltkriegs, eingeleitet durch den Überfall der deutschen Armee auf Polen, war es dann europaweit um alle Chancen auf eine zwanglose, öffentliche Willensbildung endgültig geschehen; von den freiwilligen Assoziationen und zivilen Einrichtungen, die zuvor als Organe einer kritischen Publizität die Sphäre der demokratischen Öffentlichkeit ausgemacht hatten, blieben häufig nur noch nationale Widerstandsgruppen oder Partisanenverbände übrig, das Geschäft einer Verteidigung von Rechtsstaatlichkeit und Demokratie aber hatten die Armeen und Geheimdienste der alliierten Mächte zu übernehmen.

Auf die Verbrechen gegen die Menschlichkeit, die dem »Dritten Reich« nach dem Ende des Zweiten Weltkriegs zur Last gelegt wurden, reagierte eine Mehrheit der zivilisierten Staaten mit der Gründung der Vereinten Nationen; als deren Generalversammlung im Jahr 1948 eine Allgemeine Erklärung der Menschenrechte verabschiedete, verbesserte sich damit auch der Schutz der demokratischen Öffentlichkeiten in den westlichen Ländern erheblich, weil von nun an den einzelstaatlich verbürgten Grundrechten eine Ebene der völkerrechtlich kodifizierten Verbote und Gebote vorgeordnet war.[483] Hatte der nationalsozialistische Staat die in der Weimarer Verfassung festgeschriebenen Freiheits- und Teilnahmerechte noch beliebig einschränken können, ohne mit völkerrechtlich legitimierten Sanktionen rechnen zu müssen, so war nun solchen Spielräumen staatlicher Souveränität immerhin ein erster Riegel vorgeschoben worden; in Zukunft sollte daher auch der Bestand der verfassungsmäßig garantierten Grundrechte in den westeuropäischen Rechtsstaaten relativ unangetastet bleiben, auch wenn es gelegentlich selbst hier zu gravierenden Verletzungen kam und in den unmittelbaren Nachbarländern Diktaturen beinahe unbehelligt fortbestanden. Die Menschenrechtserklärung der Vereinten Nationen hatte aber nicht nur in deren Unterzeichnerländern den grundrechtlichen Rahmen der demokratischen Willensbildung gefestigt, sondern auch bereits erste Spielräume für zivilisierende Aktivitäten jenseits der nationalstaatlichen Grenzen eröffnet; eine der ersten Nichtregierungsorganisationen, die auf europäischem Boden mit dem Ziel gegründet wurde, über die Einhaltung der Grundrechte zu wachen und deren Verletzungen gegebenenfalls publik zu machen, war das 1966

483 Vgl. die entsprechenden Artikel in: Rüdiger Wolfram, *Handbuch Vereinte Nationen*, München 1991.

von Bertrand Russell ins Leben gerufene *Russell-Tribunal*, das eine Vorreiterrolle für die sich später entwickelnden Praktiken einer öffentlichen Zurschaustellung von rechtlicher Willkür und politischem Terror übernehmen sollte.

Waren somit die rechtlichen Voraussetzungen für eine demokratische Willensbildung in den europäischen Rechtsstaaten nach dem Zweiten Weltkrieg relativ gesichert, so drohten ihr in der näheren Zukunft Gefahren und Beeinträchtigungen von ganz anderer Seite. Erinnern wir uns wieder an die schon zuvor verwendeten Indikatoren – Umfang der politischen Rechte, Existenz schichtübergreifender Kommunikationsräume, Stand der Medientechnologie – und fügen ihnen als ein viertes Element dasjenige des Grades der zivilen Beteiligung und Aktivitäten hinzu, auf das wir bei der Beschäftigung mit John Dewey gestoßen waren, dann wird schnell deutlich, daß einer weiteren Expansion der sozialen Freiheit in dieser Sphäre nun zunächst, zumindest aus der Sicht einiger führender Intellektueller, eine medial verstärkte Apathie der Bevölkerung im Weg stand. Es ist im Rückblick nach wie vor erstaunlich, wie stark sich die beiden maßgeblichen Analysen der Öffentlichkeit aus den späten 1950er Jahren, die von Hannah Arendt und die von Jürgen Habermas,[484] in dieser zeitdiagnostischen These berühren; bei allen Unterschieden in der geschichtlichen Herleitung und begrifflichen Fassung der »Öffentlichkeit« stimmen sie doch in der Behauptung überein, daß deren Bestand als eine Sphäre der politischen Verständigung zur damaligen Zeit vor allem durch ein Dominantwerden von Einstellungen des privaten Konsumismus gefährdet war.

In dem Jahrzehnt nach der Deklaration der Menschenrechte, um uns zunächst einmal der zeitgeschichtlichen Umstände zu vergewissern, herrschte gewiß nicht in allen Ländern Westeuropas eine Stimmung der politischen Apa-

484 Arendt, *Vita Activa*, a. a. O.; Habermas, *Strukturwandel der Öffentlichkeit*, a. a. O.

thie; zwar läßt sich für Westdeutschland zunächst von einer allgemeinen Tendenz der Politikferne und des Rückzugs in die Privatsphäre sprechen, die sich in einem beklemmenden Verschweigen der gerade erst begangenen Verbrechen niederschlug, aber in Großbritannien und Frankreich spitzten sich die öffentlichen Auseinandersetzungen gerade erst wieder zu, weil die Nachkriegsjahre die Chance eines politischen Neuanfangs boten und nach richtungsweisenden Entscheidungen über die zukünftige Einrichtung der Gesellschaft verlangten. Nicht anders verhielt es sich im übrigen in den USA, wo die Bürgerrechtsbewegung gerade daranging, den fortbestehenden Rassismus und die damit verbundenen Benachteiligungen zu attackieren. Eine generelle Zurückhaltung der Bevölkerung bei der Behandlung politisch-praktischer Probleme, eine allgemeine Abkehr vom Raum der demokratischen Willensbildung kann es daher nicht gewesen sein, was Arendt und Habermas damals gleichermaßen veranlaßte, die Gefahr einer privatistischen Entleerung der Öffentlichkeit heraufzubeschwören. Das Bild verändert sich freilich etwas, sobald in Rechnung gestellt wird, daß sich in demselben Zeitraum, wie wir bereits gesehen haben, mit dem allmählich wiedergewonnenen Lebensstandard auch Einstellungen eines individuellen Konsumismus massiv verbreiteten; wie nie zuvor herrschte länder- und schichtübergreifend eine Tendenz vor, sich für die entbehrungsreichen Jahre des Krieges durch die Anschaffung möglichst vieler, Sicherheit und Annehmlichkeit signalisierender Konsumgüter zu entschädigen. Zu diesen Entwicklungen, die Arendt und Habermas jeweils ins Zentrum ihrer kritischen Diagnosen stellten, kam hinzu, daß die Massenmedien immer stärker von der ihnen eigentlich zugewiesenen Aufgabe abzurücken schienen; neben dem Rundfunk und dem Film war inzwischen mit dem Fernsehen ein drittes Kommunikationsmedium entstanden, dessen privatisierende und manipulative Effekte nach ersten Analysen noch viel weitreichender waren als die der bisher in Umlauf gebrachten Medien – Unterhaltung und Information schienen hier stärker zu verschwimmen, die Flut der Bilder sollte bewußtseinszersetzender, die Haltung der Rezipienten passiver, der Einfluß der Werbung mächtiger sein.[485]

Auch wenn in den Analysen von Arendt und Habermas von solchen ersten Reaktionen noch kaum die Rede war – in der *Vita activa* findet das Fernsehen gar keine Erwähnung, im *Strukturwandel der Öffentlichkeit* insgesamt nur an drei Stellen –, so dürften sie untergründig doch stark zum atmosphärischen Hintergrund der äußerst negativen Bewertung der Massenmedien beigetragen haben: Keiner der beiden Autoren traute damals dem Rundfunk, dem Film oder dem Fernsehen noch die Fähigkeit zu, durch kritische Berichterstattung ein anonymes Publikum darüber aufzuklären, welche Gesichtspunkte bei der öffentlichen Meinungs- und Willensbildung zu berücksichtigen seien. Die skeptische Bewertung der Entwicklungen in der Tagespresse, die Arendt und Habermas ebenfalls teilten, tat dann ihr übriges, um beide zur Überzeugung einer schleichenden Reprivatisierung der politischen Öffentlichkeit gelangen zu lassen: Diese Sphäre sozialer Freiheit, ursprünglich als Ort der kommunikativen Schlichtung des politischen Streits (Arendt) oder der räsonierenden Beratung über verallgemeinerbare Zielsetzungen (Habermas) gedacht, schien zur Begegnungsstätte von nur noch privat agierenden Konsumenten zu werden.

Es ist müßig, hier auf die historisch-politischen Entwicklungen zu verweisen, die schon damals diesen Verfallsprognosen widersprachen; auf die Bürgerrechtsbewegung in den USA, die in den Jahren der Entstehung beider Bücher den staatlichen Rassismus erfolgreich zum Thema der Massenmedien machte, ist schon verwiesen worden; auch das Faktum einer starken Präsenz sozialistischer Alternativen in den na-

485 Vgl. exemplarisch: Theodor W. Adorno, »Fernsehen als Ideologie« (1953), in: ders., *Gesammelte Schriften*, Bd. 10.2, Frankfurt/M. 1977, S. 518-532.

tionalen Öffentlichkeiten Frankreichs und Großbritanniens könnte in demselben Zusammenhang Erwähnung finden. Die Analysen Arendts und Habermas' verdankten sich ersichtlich der normativen Überpointierung eines Ausgangsmodells, dessen kaum zu bestreitende Auflösung beiden so stark vor Augen stand, daß demgegenüber andere, sowohl verstärkende als auch widersprechende Tendenzen empirisch ins Hintertreffen gerieten. Zu den ihre pessimistischen Diagnosen eher unterstützenden Umständen gehörte damals sicherlich, daß die Mitglieder sozialer Unterschichten inzwischen viel größere Schwierigkeiten als vor der Zeit des Nationalsozialismus hatten, mit ihren Themen und Nöten Zugang zur massenmedialen Berichterstattung zu finden, weil sie nicht mehr auf das organisierte Pressewesen einer proletarischen Gegenöffentlichkeit zurückgreifen konnten; erst jetzt, nachdem sich infolge einer beispiellosen Anhebung des Lebensstandards und einer daraus resultierenden Angleichung der Lebensformen eine distinkte Arbeiterbewegungskultur aufzulösen begann,[486] trat die soziale Selektivität der Berichterstattung in den Medien deutlich in Erscheinung – daher der Versuch vieler Schriftsteller in den späten 1950er und frühen 1960er Jahren, mit einer Art von »Arbeiterliteratur« ein belletristisches Genre zu schaffen, das den täglichen Belangen der unteren Schichten Gehör in der politischen Öffentlichkeit verschaffen sollte.[487] Zu den sozialen Entwicklungen, die den Diagnosen von Arendt und Habermas aber deutlich widersprachen, gehörte eine allmähliche Wiederanheizung

486 Zu diesen Entwicklungen vgl. für Deutschland: Mooser, *Arbeiterleben in Deutschland 1900-1970*, a. a. O., Kap. IV.

487 Ich verweise exemplarisch nur auf Alan Sillitoe in England (*Samstagnacht und Sonntagmorgen* [1958], Zürich 1970; *Die Einsamkeit des Langstreckenläufers* [1959], Zürich 1967), der eine ganze Welle des proletarischen Romans und Films am Ende der 1950er Jahre auslöste. Für Deutschland vgl. v. a. Max von der Grün, *Irrlicht und Feuer*, Recklinghausen 1963, ein Roman, auf den die Gründung der sogenannten »Gruppe 61« zurückgeht.

öffentlicher Debatten, die dem Jahrzehnt der Aufarbeitung der Kriegsfolgen in vielen Ländern allmählich ein Ende bereitete: In den heftig geführten bundesrepublikanischen Kontroversen über die »Wiederbewaffnung« oder, wenig später, die Pläne einer Notstandsgesetzgebung, in den in Frankreich militant ausgetragenen Konflikten über die Legitimität der andauernden Kolonialpolitik in Nordafrika, in dem in England aufbrechenden Streit über die Zukunft der Wirtschaftspolitik – in all diesen Auseinandersetzungen zeichnete sich eine Revitalisierung der demokratischen Öffentlichkeit ab, die der These einer um sich greifenden Privatisierung, einer wachsenden Apathie der Staatsbürger sichtbar entgegenstand. Auch war es um das kritische und probleminduzierende Vermögen der Massenmedien um einiges besser bestellt, als es Arendt und Habermas über weite Strecken glauben machten: Nicht nur waren der Rundfunk und das Fernsehen in den westeuropäischen Ländern noch komplett in öffentlicher Hand und unterlagen medienrechtlichen Bestimmungen, in denen sich die negativen Erfahrungen mit der nationalsozialistischen Propagandamaschinerie insofern niedergeschlagen hatten, als jeder Einfluß von politischer Seite ausgeschlossen werden sollte und ein bestimmter Programmanteil zumeist ausdrücklich der unparteilichen Berichterstattung vorbehalten war; nicht nur befand sich das Pressewesen – da nach dem Weltkrieg die Zeitungen und Zeitschriften häufig von kleinen Unternehmen neu- oder wiedergegründet worden waren und ein Prozeß der wirtschaftlichen Monopolisierung noch gar nicht eingesetzt hatte – auf einem insgesamt zufriedenstellenden Niveau, zwar nicht schon sensibles Organ einer aufgeklärten Öffentlichkeit, wie es sich Dewey erhofft hatte, aber doch hinreichend differenziert und wißbegierig genug, um zumindest den vielstimmigen Überzeugungen der mittleren und oberen Schichten Ausdruck zu verleihen; vor allem aber hatten die ästhetischen Avantgarden Westeuropas während der Zeit der Naziherrschaft ihren Innovationsgeist und ihre

Experimentierlust so massiv unterdrücken müssen, daß diese Kräfte nun geradezu explosionsartig im Film, im Theater und selbst im Radio zur Entfaltung kamen, wo sie zu neuen, bislang unerprobten Darstellungsformen fanden – erinnert sei nur an den neorealistischen Film Italiens, die existentialistischen Dramen in Frankreich und die Serie bahnbrechender Hörspiele im Westdeutschen Rundfunk, durchgängig Werke der Kunst, die ein gebildetes Publikum aufstörten und zu Reaktionen zwangen, ohne in den Studien von Arendt oder Habermas überhaupt nur Erwähnung zu finden.[488]

Können all die damit umrissenen Tendenzen als Indizien gelten, die deutlich machen, daß die Zerfallsprognosen von Arendt und Habermas ihren Grund in der Stilisierung einer überkommenen Form von Öffentlichkeit hatten, so sollte diese normative Fixierung in Zukunft doch auch ihre guten Seiten unter Beweis stellen; denn beide Autoren hatten in der jeweils von ihnen präferierten Sozialfigur des öffentlichen Lebens eine Gestalt von sozialer Freiheit verwirklicht gesehen, die von nun an, einmal zu Papier gebracht und publik gemacht, als Anspruch und kritischer Maßstab alle weiteren historischen Entwicklungen begleiten sollte – und wir tun wohl richtig daran, einen solchen Einfluß der Habermasschen Kategorie der diskursiven Öffentlichkeit zunächst einmal für den Zeitraum der 1960er und 1970er Jahre zu vermuten, den der Arendtschen Kategorie des »öffentlichen Raumes« hingegen in die 1980er Jahre zu legen, als sich in Osteuropa ein ziviler Widerstand gegen die kommunistischen Parteidiktaturen zu regen begann.

488 Aufgrund dieser Bedeutung der Kunst für die Revitalisierung der Öffentlichkeit könnte man geneigt sein, die »ästhetische Freiheit« – falls sie denn eine eigenständige Kategorie der Freiheit darstellt – der Sphäre der demokratischen Öffentlichkeit zuzuschlagen, gewissermaßen als deren andere, die Tendenz zum Konformismus stets wieder untergrabende Seite. Diese Auffassung vertritt in einer enorm anregenden, demnächst erscheinenden Studie Juliane Rebentisch: *Die Kunst der Freiheit. Zur Dialektik demokratischer Existenz*, Berlin 2012.

Habermas hatte seinen Begriff einer räsonierenden Öffentlichkeit ersichtlich anhand der literarischen Salons und Diskussionszirkel des Bürgertums im 18. Jahrhundert gewonnen; der Frage, wie im darauffolgenden Jahrhundert diese Praktiken einer öffentlichen Meinungs- und Willensbildung sozial verallgemeinert zum fragilen Gerüst nationalstaatlicher Demokratien werden konnten, war er dann in seiner historischen Strukturanalyse nicht weiter nachgegangen, sondern hatte direkt den Bogen zum 20. Jahrhundert geschlagen, um hier dann einen Prozeß der sozialen Aushöhlung jenes Ausgangsmodells zu konstatieren. Neben den vielen Nachteilen, die eine solche Vorgehensweise mit sich brachte – die Ausblendung der nationalstaatlichen Rahmung machte sozusagen blind für die Gefahr der nationalistischen Umfunktionierung –,[489] war es aber ihr großer Vorzug, daß sie sich die ursprünglich mit der öffentlichen Willensbildung verknüpften Normen und Ideale gewissermaßen rein und historisch noch unbefleckt vor Augen zu führen vermochte; überzeugender als es John Dewey vor ihm gelungen war und sicherlich prägnanter als alle Autoren, die ihm folgen würden, hat Habermas in der historischen Gestalt der bürgerlichen Öffentlichkeit einen Zusammenhang von Erkenntnis- und Freiheitsgewinn freilegen können, der von nun an aus dem normativen Selbstverständnis liberaldemokratischer Gesellschaften nicht mehr einfach wegzudenken sein sollte. Ohne hier in die Details gehen zu können,[490] bestand die zentrale Einsicht der historischen Studie von Habermas darin, daß die vom Bürgertum im 18. Jahrhundert beanspruchte Identifikation von

489 Vgl. hierzu erneut: Lennart Laberenz, »Die Rationalität des Bürgertums. Nation und Nationalismus als blinder Fleck im Strukturwandel der Öffentlichkeit«, in: ders. (Hg.), *Schöne neue Öffentlichkeit: Beiträge zu Habermas' ›Strukturwandel der Öffentlichkeit‹*, a. a. O., S. 130-170.

490 Zum Zusammenhang von Öffentlichkeitsbegriff, Sprachkonzept und Diskursprinzip bei Habermas vgl. etwa: Maeve Cooke, *Language and Reason: A Study of Habermas's Pragmatics,* Cambridge/Mass. 1994.

»öffentlicher Meinung« mit der Vernünftigkeit politischen Handelns nur dann glaubwürdig und widerspruchsfrei aufrechtzuerhalten war, wenn letztlich alle die von den Entscheidungen Betroffenen als Teilnehmer an einer ungezwungenen Meinungs- und Willensbildung gedacht werden konnten; mithin bestand von Anfang an zwischen der Absicht einer Rationalisierung der Politik durch gemeinsames Räsonnement und der Idee kommunikativer Freiheit ein intrinsischer Zusammenhang, weil die politischen Entscheidungen nur dann für sich reklamieren durften, vernünftig und richtig zu sein, wenn alle Staatsbürgerinnen und Staatsbürger gleichberechtigt und zwanglos bei der Entscheidungsfindung hatten zusammenwirken können.[491] Gewiß, in vielem ähnelte diese Konzeption einer deliberativen Öffentlichkeit den schon von Dewey in seiner Schrift entwickelten Gedankengängen; aber durch die historische Rückbindung, die Habermas im Unterschied zu Dewey vorgenommen hatte, war zum ersten Mal deutlich geworden, daß die Idee eines kooperativen Zusammenwirkens in der demokratischen Öffentlichkeit nicht bloß eine gutgemeinte Konstruktion war, sondern einen bereits institutionalisierten Anspruch darstellte, der so lange Geltung besitzen würde, wie politisches Handeln vernünftig zu sein intendierte.

Auch wenn ein direkter Einfluß kaum behauptet werden kann, so war doch die Kritik, die Habermas auf der Basis dieser normativen Ideale am Nachkriegszustand der Massenmedien geübt hatte, sicherlich unterschwellig an der Formierung einer ersten öffentlichen Auseinandersetzung mit dem Pressewesen und dem Fernsehen in den frühen 1960er Jahren beteiligt; auf jeden Fall entstand, kurz nachdem der *Strukturwandel der Öffentlichkeit* erschienen war, eine kritische Bewegung, deren Ziel es war, die konformistischen und manipulativen Tendenzen in der sich inzwischen stark verändernden

491 Habermas, *Strukturwandel der Öffentlichkeit*, a. a. O., § 7.

Medienlandschaft aufzuzeigen. Die demokratische Öffentlichkeit sah sich in diesem Zeitraum vor eine Reihe neuer Herausforderungen gestellt, von denen aber zunächst nur die der wachsenden Macht der Medien thematisiert wurde, während die anderen vorläufig noch unbemerkt blieben: Mit den Römischen Verträgen des Jahres 1957 war in Westeuropa eine Wirtschaftsgemeinschaft (EWG) ins Leben gerufen worden, der nach Überzeugung der beteiligten Regierungen alsbald eine stärker politische Integration folgen sollte, ohne daß das damit verknüpfte Problem eines erforderlichen Aufbrechens der bislang nur nationalstaatlich verfaßten Bürgerschaften überhaupt aufgeworfen wurde;[492] seit spätestens Mitte der 1950er Jahre begann in vielen Ländern Westeuropas ein Zuzug entweder von Angehörigen der inzwischen in die staatliche Souveränität entlassenen Kolonien (England, Frankreich, Belgien) oder von im Ausland angeworbenen Arbeitsimmigranten (Bundesrepublik), womit über kurz oder lang die brisante Frage verknüpft war, ob und wie diese neuen Gesellschaftsmitglieder in die Prozesse der demokratischen Selbstbestimmung einbezogen werden sollten;[493] schließlich setzte ungefähr zum gleichen Zeitpunkt – zunächst nur langsam, dann infolge wachsenden Selbstbewußtseins immer stärker – ein Zustrom von Frauen auf den Arbeitsmarkt ein, so daß die herkömmliche Trennung zwischen einer weiblich bestimmten Privatsphäre und einer männlich dominierten Öffentlichkeit zunehmend nur noch der Fassade nach aufrechtzuerhalten war und nach Wegen einer abermaligen Erweiterung der demokratischen Willensbestimmung gesucht werden

492 Eine relativ frühe Reaktion auf dieses Problem stellt der im ganzen aber sehr skeptische Aufsatz von Raymond Aron dar: »Kann es eine multinationale Staatsbürgerschaft geben?« (1974), in: Heinz Kleger (Hg.), *Transnationale Staatsbürgerschaft*, Frankfurt/M. 1997, S. 23-41.

493 Zum Problem siehe exemplarisch: Nina Glick Schiller/Linda Basch/Christina Blank-Szanton, *Towards a Transnational Perspective on Migration: Race, Class, Ethnicity and Nationalism Reconsidered*, New York 1992.

mußte.[494] Alle diese neuen Herausforderungen, die gemäß unserer Indikatoren die Dimensionen des Inklusionsgrades der staatsbürgerlichen Teilnahmerechte und des Umfangs der jeweiligen Kommunikationsräume berührten, wurden nun freilich von der sich in den 1960er Jahren allmählich formierenden Studentenbewegung gerade nicht aufgegriffen; in Deutschland, Frankreich und Großbritannien blieb man trotz der sich sichtbar aufdrängenden Benachteiligung der politischen oder wirtschaftlichen Immigranten gegenüber Fragen der rechtlichen Inklusion relativ verschlossen, und das Problem der kulturellen, sei es nationalen, sei es geschlechtlichen Exklusivität der demokratischen Öffentlichkeit schien sich zu Beginn noch gar nicht ernsthaft zu stellen. Sofern die Studentenbewegung sich überhaupt das Ziel einer Erweiterung jener besonderen Form von sozialer Freiheit stellte, die innerhalb der öffentlichen Sphäre durch die Institutionalisierung einer der Idee nach zwanglosen Meinungs- und Willensbildung etabliert worden war, ging es ihr beinahe ausschließlich um eine radikale Kritik der Meinungsmanipulation von seiten der herrschenden Massenmedien; auf diesem Terrain, der Skandalisierung der nun zunehmenden Konzentrationsprozesse in der Zeitungsindustrie und der schleichenden Trivialisierung der öffentlichen Nachrichtenübermittlung, war die Habermassche Studie über die Öffentlichkeit, ob nun direkt durch Lektüre oder vermittelt durch Hörensagen, zu großer Wirksamkeit gelangt.

Die Auseinandersetzung der Öffentlichkeit mit ihren eigenen Bestandsvoraussetzungen hatte von nun an in der Beschäftigung mit dem Zustand der Massenmedien einen dauerhaften Schwerpunkt gefunden; ihm gegenüber traten zunächst einmal die drängenden Probleme, die eher die

494 Zum Problem siehe Nancy Fraser, »Neue Überlegungen zur Öffentlichkeit. Ein Beitrag zur Kritik der real existierenden Demokratie«, in: dies., *Die halbierte Gerechtigkeit. Schlüsselbegriffe des postindustriellen Sozialstaats*, Frankfurt/M. 2001, S. 107-150.

grundrechtlichen oder kulturellen Voraussetzungen des Zugangs zur demokratischen Willensbildung betrafen, thematisch in den Hintergrund. In der Serie der Infragestellungen der Demokratietauglichkeit der Medien bildete die Kritik der westdeutschen Studentenbewegung an der monopolartigen Macht der Springer-Presse den Auftakt;[495] alles, was Habermas in seiner Studie bereits beschrieben hatte, die Tendenz zur »Personalisierung« politisch relevanter Entwicklungen und die damit einhergehende Entgrenzung des Privaten und des Öffentlichen, kam in den Zeitungen und Zeitschriften dieses Verlagshauses geradezu penetrant zur Anwendung, so daß das Verfehlen aller demokratischen Aufklärungspflichten außer Frage stand. Auch die Kritik, die alsbald in der Bundesrepublik und vielen anderen Ländern Europas an der privatisierenden Wirkung des Fernsehens einsetzte, hätte aus der Studie von Habermas abgeschrieben sein können, selbst wenn diese sich mit dem relativ neuen Medium noch gar nicht gesondert beschäftigt hatte; dieselbe Hoffnung, die dreißig Jahre zuvor zunächst den demokratischen Rückkoppelungseffekten des Rundfunks entgegengebracht worden war, hatte zwar auch hier anfänglich bestanden,[496] war dann aber doch einer wachsenden Skepsis und schließlich massiven Vorbehalten gewichen, weil selbst das öffentlich-rechtliche Fernsehen zunehmend unter den Druck der Erhöhung der Zuschauerzahlen und in Abhängigkeit von der Werbeindustrie geriet. Seither, also seit den späten 1960er Jahren, ist die Frage, bis zu welchem Grad dieses einflußreichste aller Massenmedien in seiner Programmstruktur und seinen Präsentationsweisen vornehmlich entpolitisierenden Entspannungsbedürfnissen entspricht oder doch auch Funktionen des informierten Meinungsaustauschs erfüllt, zu einem festen Bestandteil der

495 Vgl. den interessanten Rückblick von Peter Schneider, *Rebellion und Wahn – Mein '68*, a. a. O.

496 Raymond Williams, *Television: Technology and Cultural Form*, London 1974.

Selbstthematisierung der demokratischen Öffentlichkeit geworden; über fast dreißig Jahre hinweg glich die Debatte einer Wellenbewegung des Für und Wider, weil auf jede Phase des scheinbar überzeugenden Nachweises der Verdummungseffekte des Fernsehens unmittelbar eine Phase der kultursoziologischen Gegenrechnung folgte, in der auf sein subversives, emanzipatorisches Potential aufmerksam gemacht wurde,[497] bis dann auch die in Westeuropa einsetzende Entgrenzung des medialen Marktes schroff vor Augen führte, daß sich die monopolhafte Verfügung über Sendeanstalten direkt in politischen Einfluß und Meinungsführerschaft niederschlagen konnte; heute überwiegt, wie wir noch sehen werden, wohl angesichts der leichten Überführbarkeit von Medienmacht in Regierungshoheit, eher blankes Entsetzen darüber, wie wenig ein weitgehend privatisiertes Fernsehen noch seinem ursprünglichen Auftrag einer Informierung und Aufklärung des Publikums gerecht zu werden vermag.

Gegenüber diesen medienpolitischen Fragen, bei deren Beantwortung direkt auf die entsprechenden Studien von Dewey oder Habermas zurückgegriffen werden konnte, war der ganz andere Problemkomplex der rechtlichen und kulturellen Zugangsbedingungen zu den weiterhin national gefaßten Öffentlichkeiten, wie gesagt, zunächst thematisch ins Hintertreffen geraten. Der allmählich anwachsende Zustrom von Angehörigen anderer Kulturen und Ethnien in die wirtschaftlich prosperierenden Länder Westeuropas auf der einen Seite, die lauter werdenden Proteste der inzwischen entstandenen Frauenbewegung gegen den zwar nicht rechtlichen, so aber doch informellen Ausschluß der Staatsbürgerinnen von der öffentlichen Willensbildung auf der anderen Seite began-

497 Überblicke über die Diskussionslandschaft geben: Douglas Kellner, »Kulturindustrie und Massenkommunikation«, in: Wolfgang Bonß/Axel Honneth (Hg.), *Sozialforschung als Kritik*, Frankfurt/M. 1982, S. 482-515; Angela Keppler, »Drei Arten der Fernsehkritik«, in: Barbara Becker/Josef Wehner (Hg.), *Kulturindustrie Reviewed. Ansätze zur kritischen Reflexion der Mediengesellschaft*, Bielefeld 2006, S. 183-190.

nen schon im Laufe der siebziger Jahre des 20. Jahrhunderts zu Herausforderungen zu werden, die nach einer Neubestimmung des »Wir« der demokratischen Selbstbestimmung verlangten. Dieses »Wir« hatte sich erst, so haben wir gesehen, in einem langwierigen Prozeß der Institutionalisierung einer nationalen Öffentlichkeit herausgebildet, in deren Kommunikationsräume zunächst nur die männlichen Mitglieder der über Eigentum verfügenden Schichten einbezogen waren, weil allein sie über die notwendige Voraussetzung eines individuellen Wahlrechts verfügten; nachdem sich auch die Männer der lohnabhängigen Klassen das Wahlrecht erkämpft hatten, was sich in den meisten europäischen Ländern bis zum Beginn des 20. Jahrhunderts hinzog, umfaßte dieses »Wir« nun zwar offiziell alle Staatsbürger eines nationalstaatlich verfaßten Gemeinwesens, untergründig aber wirkte eine Reihe von kulturellen Ausschließungsmechanismen fort, die viele Angehörige der unteren Schichten davon abhielten, ihre Stimme im öffentlichen Meinungsaustausch zu erheben; zu den Voraussetzungen, die erfüllt sein mußten, um tatsächlich im Prozeß der demokratischen Willensbildung Gehör zu finden, gehörten eben nicht nur die entsprechenden rechtlichen Attribute einer vollwertigen Staatsbürgerschaft, sondern auch die Beherrschung jener kulturellen Verhaltensstile, die Pierre Bourdieu dann später im Begriff des »bürgerlichen Habitus« zusammengefaßt hat.[498] Verstärkt wurden solche informellen Benachteiligungen noch durch die thematische und stilistische Selektivität der Massenmedien, die ja den öffentlichen Meinungsaustausch über die lokalen und schichtspezifischen Kommunikationszentren hinweg zu vermitteln hatten; hier kamen, ob nun in der Presse oder im Rundfunk, häufig nur

498 Pierre Bourdieu, *Die feinen Unterschiede. Kritik der gesellschaftlichen Urteilskraft*, Frankfurt/M. 1982, Teil 3, Kap. 5. Für den Prozeß des demokratischen Meinungsaustauschs vgl. auch: ders., *Die verborgenen Mechanismen der Macht. Schriften zu Politik und Kultur*, Hamburg 1992.

jene Überzeugungen und Ansichten zur Darstellung, die in bezug auf Inhalt oder Präsentationsweise einem durch kulturelle Hegemonie gesicherten Hintergrundkonsens entsprachen. All dem sollten nun zwar die durch die Arbeiterbewegung gegründeten Gegenöffentlichkeiten entgegenwirken, indem sie Raum und mediale Aufmerksamkeit für die Artikulation abweichender Meinungen bereitzustellen versuchten, aber häufig hatte das nur die weitere Abschottung der bislang schon marginalisierten Sichtweisen zur Folge.

Als in dieses hochgradig gestaffelte »Wir« der demokratischen Willensbildung dann durch die Zuerkennung politischer Rechte auch die Frauen formal einbezogen wurden – ein Prozeß sozialer Kämpfe, der sich in einigen Ländern bis nach dem Ende des Zweiten Weltkriegs hinziehen sollte –, kamen jene bereits zuvor wirksamen kulturellen Ausschließungsmechanismen nur um so stärker und unverhohlener zur Anwendung: War den männlichen Mitgliedern der Unterschichten bislang eher unter der Hand die Fähigkeit abgesprochen worden, am öffentlichen Meinungsaustausch teilzunehmen, weil ihnen dazu angeblich die erforderliche Bildung fehlte, so schlug den Frauen nun nahezu offiziell das Vorurteil entgegen, daß sie zu einer solchen Mitwirkung nicht qualifiziert genug seien, weil ihnen die Bindung an hausfrauliche und mütterliche Tätigkeiten die Sicht für politische Belange versperre. Bis in die 1960er Jahre hinein blieben derartige Zuschreibungen kulturell in Kraft, ja, fanden häufig genug sogar ausdrücklich Bestätigung in den Debatten der nationalen Parlamente, so daß trotz der mittlerweile erkämpften Rechte von einer tatsächlichen Einbeziehung der Staatsbürgerinnen in das »Wir« der demokratischen Öffentlichkeit nicht die Rede sein konnte – es genügt ein Blick in die autobiographischen Berichte von Politikerinnen oder Journalistinnen, die ihre Karriere in der Nachkriegszeit begonnen hatten, um zu sehen, wie arglos und selbstverständlich ihnen damals jede Befähigung zur politischen Meinungsbildung abgesprochen wurde.[499] Erst als im Windschatten der Studentenbewegung erste Gruppierungen eines feministischen Widerstands entstanden, setzte ein langsamer Prozeß der öffentlichen Diskreditierung solcher naturalistisch begründeten Stereotypen ein; freilich bedeutete das zumeist nur, daß an die Stelle der offen vorgetragenen Vorurteile nun vermehrt jene verdeckt wirkenden Ausschließungsmechanismen traten, die in Form einer Kontrolle von Habitus und Wohlverhalten ein halbes Jahrhundert zuvor schon die männlichen Mitglieder der Unterschichten häufig vom öffentlichen Meinungsaustausch abgehalten hatten: Statt wegen ihrer angestammten Rollen für untauglich befunden zu werden, zur demokratischen Willensbildung der Männer etwas Substantielles beitragen zu können, wurden Frauen jetzt zumeist aufgrund eines unmerklich getesteten Mangels an politischer Entschlußkraft und Besonnenheit, überhaupt an männlich definierten Attributen der Wettbewerbsfähigkeit vom Kreis des räsonierenden Publikums informell ausgeschlossen;[500] weiterhin galten sie bestenfalls als Adressatinnen der, nicht aber als Mitwirkende an der nationalstaatlich gerahmten Selbstgesetzgebung.

Ungefähr zu demselben Zeitpunkt, als die feministischen Bewegungen damit begannen, diese männliche Definitionsmacht über das »Wir« der demokratischen Öffentlichkeit zu attackieren, wurde auch deren bislang für vollkommen selbstverständlich gehaltene nationale Grundlage zum ersten Mal erschüttert. Bislang hatte sich ja die Frage, ob zum Kreis der

499 Vgl. exemplarisch: Simone Veil, *Und dennoch leben. Die Autobiographie der großen Europäerin*, Berlin 2009, etwa S. 120ff.; Annemarie Renger, *Ein politisches Leben. Erinnerungen*, Stuttgart 1993, S. 237-247; Hildegard Hamm-Brücher, »Politik als Frauenberuf – ein Erfahrungsbericht«, in: Maybrit Illner, *Frauen an der Macht*, München 2005, S. 55-66; Heli Ihlefeld, *Auf Augenhöhe oder wie Frauen begannen, die Welt zu verändern*, München 2008, v. a. Kap. II.

500 Vgl. etwa Pierre Bourdieu, »Die männliche Herrschaft«, in: Irene Dölling/Beate Krais (Hg.), *Ein alltägliches Spiel. Geschlechterkonstruktion in der sozialen Praxis*, Frankfurt/M. 1997, S. 153-217.

an der öffentlichen Selbstgesetzgebung Beteiligten auch Bürgerinnen und Bürger anderer kultureller Herkunft gehören durften, in der Geschichte der westeuropäischen Verfassungsstaaten kaum je gestellt; sicherlich, auch in der Vergangenheit war es bei Arbeitskräftemangel gelegentlich zur Immigration aus innereuropäischen Armutszonen gekommen, wie etwa von Polen aus ins Ruhrgebiet in der zweiten Hälfte des 19. Jahrhunderts, aber dieser Zuzug von Fremden hatte schon deswegen keine rechtlichen Probleme der staatsbürgerlichen Integration aufgeworfen, weil die lohnabhängigen Massen der Aufnahmeländer ihrerseits noch gar nicht über die Rechte zur demokratischen Mitbestimmung verfügten;[501] die Demokratie war noch weitgehend eine Sache der wohlhabenden Bürger. Damit verhielt es sich freilich jetzt, in den siebziger Jahren des 20. Jahrhunderts, vollkommen anders, als der Zustrom von Angehörigen anderer Kulturen und Ethnien in die westeuropäischen Länder erheblich zuzunehmen begann, weil hier nun alle einheimischen Gesellschaftsmitglieder ab einem gesetzlich geregelten Alter gleichermaßen über die ganze Palette der jeweiligen staatsbürgerlichen Rechte verfügten; die Vorenthaltung dieser Rechte gegenüber Bürgern anderer Herkunft war nun nicht länger mit Verweis auf ohnehin bestehende rechtliche Ungleichheiten zu rechtfertigen, sei es zunächst die als selbstverständlich genommene Benachteiligung der ökonomisch Unselbständigen oder später die der Frauen, so daß sich mit der Konsequenz normativer Implikationen die Frage aufdrängte, ob nicht die Bindung des »Wir« der demokratischen Selbstbestimmung an eine nationale Hin-

501 Zur Immigration polnischer Bergarbeiter ins Ruhrgebiet nach 1870 vgl. die vorzügliche Studie von Christoph Kleßmann, *Polnische Bergarbeiter im Ruhrgebiet 1870-1945. Soziale Integration und nationale Subkultur einer Minderheit in der deutschen Industriegesellschaft*, Göttingen 1978. Zur rechtlichen Lage nationaler Minderheiten in Deutschland während des 19. Jahrhunderts vgl. zudem: Hans Henning Hahn/Peter Kunze (Hg.), *Nationale Minderheiten und staatliche Minderheitenpolitik in Deutschland im 19. Jahrhundert*, Berlin 1999.

tergrundkultur preiszugeben sei.[502] Auf Ideen solcher Art waren wir schon bei Durkheim gestoßen, als er den demokratischen Gesellschaften seiner Zeit die Orientierung an einer Art von »Verfassungspatriotismus« empfohlen hatte, um der Gefahr vorzubeugen, daß aus der nationalen Solidarität der Staatsbürger ein aggressiver, ausgrenzender Nationalismus erwachsen könnte; aber jetzt, siebzig Jahre später, war aus seiner Empfehlung nahezu eine Überlebensfrage der westlichen Demokratien geworden, weil sich der Zusammenhalt der Staatsbürger untereinander allein schon um der erforderlichen Einbeziehung der Migranten willen nicht mehr ohne weiteres aus einer gemeinsamen Nationalkultur speisen konnte. Die Idee der demokratischen Öffentlichkeit war es gewesen, wie wir im Verlauf unserer bisherigen Rekonstruktion gesehen haben, jeden in die freie Willensbildung über die zukünftige politische Ordnung miteinzubeziehen, der von den dabei gefällten Entscheidungen in der einen oder anderen Weise betroffen sein könnte; auf eine gemeinsame politische Kultur und die damit verknüpften Loyalitäten war dieser demokratische Prozeß von Beginn an angewiesen, weil sich sonst jene individuellen Bereitschaften gar nicht hätten einstellen können, bei der Willensbildung zusammenwirken und gegebenenfalls von der eigenen Überzeugung abweichende Mehrheitsbeschlüsse zu akzeptieren; aber es gab kein in der Sache selbst liegendes, kein der Idee der demokratischen Öffentlichkeit als solcher innewohnendes Argument dafür, daß diese unverzichtbare Hintergrundkultur zwangsläufig einen nationalen Charakter besitzen müsse, so als sei die Volkssouveränität ein für allemal mit der nationalen Identität eines Staatsvolkes verwachsen; schon traditionelle Einwanderungsländer wie die USA und Kanada hatten hier ein ganz anderes Beispiel gegeben, das

502 Vgl. dazu und zum Folgenden: Jürgen Habermas, »Die postnationale Konstellation und die Zukunft der Demokratie«, in: ders., *Die postnationale Konstellation. Politische Essays*, Frankfurt/M. 1998, S. 91-169, bes. S. 105-122.

nun die westeuropäischen Länder offensichtlich nachholen mußten, indem sie versuchten, ihre bislang durch nationale Homogenität bestimmten politischen Kulturen so weit zu öffnen, daß auch jene Bürgerinnen und Bürger sich darin wiederfinden konnten, die zwar nicht dieselbe Herkunft teilten, aber doch von den demokratisch zu fällenden Entscheidungen betroffen sein würden.

Allerdings war es zu einem klaren Bewußtsein der damit umrissenen Herausforderungen in den 1970er Jahren noch gar nicht gekommen. Die Zuwanderungsströme, die sich häufig aus nachziehenden Familienmitgliedern der entweder angeworbenen oder geduldeten Immigranten speisten, hielten sich noch in Grenzen, die es den politischen Verantwortlichen und zivilen Akteuren erlaubten, sich dem bereits abzusehenden Problem zu verschließen; auch die Studentenbewegung, die ja in Form von Splittergruppen oder neugegründeten Parteien durchaus noch weiterexistierte, nahm sich des Themas nicht an, weil für sie der Ausschluß von kulturell Fremden oder Frauen aus der demokratischen Öffentlichkeit nie eigentlich einen Stachel der politischen Revolte dargestellt hatte – ein Grund, der es später interessierten Kritikern ermöglichen sollte, ihr nationalistische oder patriarchalistische Verblendungen vorzuwerfen. Erst als im darauffolgenden Jahrzehnt die Zuwanderungsströme noch einmal anschwollen, war das Problem nun nicht nur nicht länger zu verschweigen, sondern hatte an Gewicht, Umfang und Sichtbarkeit zugleich erheblich zugenommen; denn über die wachsende Gruppe der Migranten hinaus stellten jetzt auch andere, gewissermaßen einheimische kulturelle Minoritäten den Anspruch, ohne Mißachtung ihrer kollektiven Identität in den demokratischen Prozeß der Willensbildung einbezogen zu werden: Die Frauenbewegung war inzwischen zu genügend Macht gelangt, um die weiterhin herrschenden Ausschließungsmechanismen öffentlich zu attackieren; in ihrem Windschatten hatten sich darüber hinaus sexuelle Minderheiten soweit organisieren können, daß sie eigenständig Forderungen nach Berücksichtigung ihrer kulturellen Besonderheiten in der Mehrheitskultur erhoben.[503] Aus dem anfänglich nur peripheren Problem, wie die Einwanderer aus fremden Ethnien und Kulturen Zugang zur demokratischen Öffentlichkeit in ihrem neuen Heimatland finden sollten, war binnen eines Jahrzehnts die Belastungs- und Bewährungsprobe des »Multikulturalismus« geworden: »Die zur nationalen Kultur aufgespreizte ›Mehrheitskultur‹ mußte lernen«, so heißt es bei Habermas, »sich aus ihrer geschichtlich begründeten Fusion mit der *allgemeinen* politischen Kultur [zu] lösen, wenn sich alle Bürger gleichermaßen mit der politischen Kultur ihres Landes soll[t]en identifizieren können«.[504]

An dieser Stelle ist es wahrscheinlich angebracht, unsere normative Rekonstruktion kurz zu unterbrechen, um uns einen Überblick über die bislang schon freigelegten Bedingungen der sozialen Freiheit in der Sphäre der demokratischen Öffentlichkeit zu verschaffen. Gibt es eine zentrale Lehre, die wir aus den rekonstruktiv nachvollzogenen beinahe zweihundert Jahren sozialer und politischer Kämpfe um die Verwirklichung von kommunikativer Freiheit innerhalb des neugeschaffenen Raumes der allgemeinen Willensbildung ziehen können, so ist es die, daß dazu die staatliche Gewährung von individuellen Rechten der freien Meinungsäußerung und der politischen Teilnahme bei weitem nicht ausreicht; zwar ist die verfassungsmäßig garantierte Verfügung über derartige Rechte eine notwendige Voraussetzung, um im diskursiven Austausch mit allen von den zukünftigen politischen Entscheidungen Betroffenen am demokratischen Prozeß der kollektiven Selbstgesetzgebung teilnehmen zu können, aber

503 Vgl. dazu: Axel Honneth, »Umverteilung als Anerkennung. Eine Erwiderung auf Nancy Fraser«, in: Nancy Fraser/ders., *Umverteilung oder Anerkennung. Eine politisch-philosophische Kontroverse*, Frankfurt/M. 2003, S. 129-224, hier: S. 201.

504 Habermas, »Die postnationale Konstellation und die Zukunft der Demokratie«, a. a. O., S. 114.

einer faktischen Einbeziehung in diese Praktiken der Willensbildung steht eine Vielzahl von weiteren Hindernissen entgegen, die erst im Laufe der selbstbezüglichen Anwendung des Prinzips der Volkssouveränität allmählich zutage getreten sind.[505] Halten wir uns wieder an die Gesichtspunkte, die wir zuvor unterschieden hatten, so lassen sich in der historischen Reihenfolge ihrer Bewußtwerdung die folgenden zusätzlichen Voraussetzungen benennen, die mittlerweile für eine gleichberechtigte Ausübung von sozialer Freiheit in der demokratischen Öffentlichkeit als unerläßlich gelten können: Über die *erste* Bedingung der erforderlichen Rechtsgarantien hinaus bedarf es *zweitens*, so zeigte sich schon bei der Transformation der »bürgerlichen« in die »demokratische« Öffentlichkeit, wie sie vom neuen Prinzip der Volkssouveränität gefordert wurde, der Existenz eines schichtübergreifenden, allgemeinen Kommunikationsraumes, der es den verschiedenen, von den politischen Entscheidungen betroffenen Gruppen und Klassen ermöglicht, überhaupt in einen Meinungsaustausch zu treten. Zu Beginn, also im langen, an Revolten reichen 19. Jahrhundert, wurde ein solcher Raum gemeinsamer Aufmerksamkeit und Betroffenheiten durch die mit nationaler Identität aufgeladenen Verfassungsstaaten der europäischen Moderne geschaffen, deren Schattenseiten sich immer dann zeigten, wenn der gemeinsamkeitsstiftende in einen ausschließenden Nationalismus umkippte. Inzwischen sind aufgrund der weltgesellschaftlichen Interdependenzen von den Regierungsbeschlüssen des einen Nationalstaates längst mehr als nur

505 Gemessen an dem äußerst nüchtern und skeptisch gehaltenen Begriff der Öffentlichkeit von Bernhard Peters (*Der Sinn von Öffentlichkeit*, Frankfurt/M. 2007) stellen alle die fünf folgenden Bedingungen natürlich prinzipiell unerfüllbare Voraussetzungen dar – aber ohne sie würde nicht nur die ganze Idee hinfällig, die demokratische Öffentlichkeit überhaupt als eine Sphäre sozialer Freiheit zu begreifen, sondern es ginge auch jeder Richtungssinn für Fehlentwicklungen und Beeinträchtigungen der Öffentlichkeit verloren. An gewissen Stellen räumt das Bernhard Peters bereits selbst ein.

dessen eigene Staatsbürgerinnen und Staatsbürger betroffen, sind einzelstaatliche Entscheidungen generell viel stärker auf internationale Arrangements und Absprachen angewiesen, so daß mit der Abnahme der »Kongruenz zwischen Beteiligten und Betroffenen« (Habermas) die einst sinnvolle Bindung des demokratischen Kommunikationsbedarfs an nationalstaatliche Grenzen jede Berechtigung zu verlieren beginnt. Zwar zeichnet sich auch heute noch bei internationalen Krisen oder Naturkatastrophen schnell wieder eine Rezentrierung der öffentlichen Debatten auf den national begrenzten Kommunikationsraum ab – insofern dürfen dessen Auflösungserscheinungen gegenwärtig gewiß nicht überbetont werden –, aber längerfristig scheint sich dieser Raum doch eher in die doppelte Richtung einerseits einer Transnationalisierung und andererseits einer thematischen Auffächerung zu entwickeln.

Bedeutet die Existenz eines solchen gemeinsamen Kommunikationsraumes nur, daß die an der demokratischen Willensbildung Beteiligten die Chance haben, bestimmte Vorgänge als in ihrem gemeinsamen Interesse liegend zu identifizieren, so wird die öffentliche Diskussion über deren politische Bewertung in weiträumigen Gesellschaften überhaupt erst durch Kommunikationsmedien ermöglicht. Daher bedarf es *drittens*, wie sich spätestens gegen Ende des 19. Jahrhunderts zeigte, als das Vordringen kapitalistischer Gewinninteressen im Pressewesen zu einer ersten Runde der massiven »Popularisierung« von Zeitungen und Zeitschriften führte, eines hochdifferenzierten Systems von Massenmedien, die durch erhellende Aufklärung über die Entstehung, die Ursachen und das Deutungsspektrum sozialer Probleme das Publikum zur informierten Meinungs- und Willensbildung befähigen.[506] Schon vor rund achtzig Jahren hat John Dewey,

506 Vgl. Michael Gurevitch/Jay G. Blumler, »Political Communication Systems and Democratic Values«, in: Judith Lichtenberg (Hg.), *Democracy and Mass Media*, Cambridge/Mass. 1990, S. 269-289. Dazu auch: Habermas, *Faktizität und Geltung*, a. a. O., S. 451-458.

wie wir gesehen haben, die Idee einer »Kunst der Kommunikation« entworfen, die mit Blick auf das Zeitungswesen genau auf diese *dritte* Bedingung sozialer Freiheit zugeschnitten war: Damit die Mitglieder eines anonymen Publikums in einem für Dewey noch selbstverständlich nationalstaatlich gerahmten Kommunikationsraum in die Lage versetzt werden, sich untereinander im Wechsel der Rolle von Sprecher und Zuhörer eine nach Möglichkeit übereinstimmende Meinung über die wünschenswerteste Lösung sozialer Probleme zu bilden, ist es aus seiner Sicht unerläßlich, daß die Massenmedien eine besondere Sprache zu verwenden lernen, die zugleich soziologisch problemgenau und verständlich, kontexterhellend und doch allgemein nachvollziehbar ist. Der technologische Stand, den sowohl die Print-, die Ton- als auch die Bildmedien inzwischen erreicht haben, würde heute die Entwicklung einer derartigen Kunstfertigkeit nahezu spielerisch ermöglichen; gerade das Radio und das Fernsehen, soweit sie dank einer öffentlich-rechtlichen Verfassung überhaupt noch medienethischen Standards unterworfen und nicht gänzlich kapitalistischen Verwertungszwängen ausgeliefert sind, böten genügend Möglichkeiten, die Recherche von sozialen Problemlagen geradezu in Form von »Gruppenexperimenten«[507] durchzuführen und damit für ein größeres Publikum verständlich zu halten. Aber die tatsächliche Entwicklung dieser Medien weist heute auch in den Ländern Westeuropas in die ganz andere Richtung einer wachsenden Abhängigkeit von privaten Produktionsformen und der Werbeindustrie, so daß dem eigensinnigen Berufsethos der für die Kommunikationsvermittlung zuständigen Professionen immer geringere Spielräume bleiben – John Dewey war nur einer der ersten in einer langen Reihe von Intellektuellen, die am Wandel des Berufsbildes des Journalisten vom öffentlichkeitsrelevanten

507 Friedrich Pollock, *Gruppenexperiment. Ein Studienbericht*, Frankfurt/M. 1955, zum Rückbezug dieser Methode auf die »öffentliche Meinung« vgl. bes. S. 17-24.

Berichterstatter zum willfährigen »Entertainer« den Prozeß der Kommerzialisierung der Massenmedien anschaulich zu machen versuchten.[508] Ob die explosionsartige Verbreitung des Internets, einer dritten, nunmehr digitalen Generation von Kommunikationsmedien dazu angetan ist, den angedeuteten Entwicklungen durch eine »Vergesellschaftung« journalistischer Aktivitäten und medienvermittelter Interaktionen entgegenzusteuern, wird eine Frage sein, auf die wir bei der Vervollständigung unserer normativen Rekonstruktion zurückkommen müssen.

Eine weitere, *vierte* Bedingung sozialer Freiheit in der demokratischen Öffentlichkeit, auf die wir in unserem idealisierenden Nachvollzug gestoßen sind, ist die Bereitschaft der sich an der diskursiven Willensbildung beteiligenden Staatsbürger, unvergütete Dienstleistungen bei der Vorbereitung und Abwicklung publikumsbezogener Veranstaltungen der Meinungspräsentation zu erbringen. Nicht selten nähren heute die gängigen Demokratietheorien die Fiktion, daß sich der zum Zweck der demokratischen Willensbildung nötige Meinungsaustausch allein auf die reflexiven Vollzüge des Sprechens und Zuhörens beschränkt; obwohl im allgemeinen betont wird, daß zur lebendigen Verständigung über alternative Ansichten auch die Mittel der leibgebundenen Versammlung unter Gleichgesinnten, der öffentlichen Demonstration und selbst des zivilen Ungehorsams gehören,[509] bleibt daran meistens der Anteil an materiellen Vermittlungstätigkeiten unerwähnt. Die Idee des Meinungsstreits und der diskursiven Aushandlung wird fast immer am Modellvorbild des Gesprächs unter Anwesenden gewonnen und dann unter Hinzufügung

508 Neben Dewey, auf dessen Beschreibungen ich schon hingewiesen habe, vgl. etwa: Georg Lukács, »Die Verdinglichung und das Bewußtsein des Proletariats«, in: ders., *Geschichte und Klassenbewußtsein* [1923], (*Werke*, Bd. 2), Neuwied und Berlin 1968, S. 257-397, hier: S. 275.

509 Vgl. etwa: Jürgen Habermas, »Ziviler Ungehorsam – Testfall für den demokratischen Rechtsstaat«, in: ders., *Die neue Unübersichtlichkeit*, Frankfurt/M. 1985, S. 79-99.

technischer Kommunikationsmedien auf die große Masse eines anonymisierten Staatsvolkes übertragen, ohne daß bei dieser Generalisierung noch Berücksichtigung findet, in welchem Maße auch die medienvermittelte Deliberation stets wieder auf die symbiotische Rückbindung an erfahrungsnahe, konkrete Interaktionen angewiesen ist.[510] Auch bei idealer Verfassung der Massenmedien käme der öffentliche Meinungsstreit alsbald zum Erliegen, würde unter den Beteiligten die Bereitschaft zur Rekonkretisierung der kommunikativen Verständigung über einen längeren Zeitraum hinweg ausbleiben. Insofern bedarf es von seiten der Staatsbürgerinnen und Staatsbürger, um überhaupt gemeinsam die Freiheit einer demokratischen Selbstgesetzgebung ausüben zu können, mehr als nur der abwechselnden Übernahme der komplementären Rollen von Sprecherin und Zuhörer, von Autorin und Leser; unerläßlich ist dafür auch die individuelle Bereitschaft, die Öffentlichkeit dadurch stets wieder aus dem drohenden Zustand einer Versandung aller Meinungsstreitigkeiten herauszureißen, daß arbeitsteilig freiwillige, zivile Dienstleistungen übernommen werden, die der materiellen Vorbereitung und Durchführung von physisch präsenten Veranstaltungen dienen.[511]

Allerdings macht gerade das damit umrissene Erfordernis nur um so deutlicher, wie entscheidend die *fünfte* Bedingung sozialer Freiheit in der Sphäre der demokratischen Öffentlichkeit ist, auf die wir im Zuge unserer normativen Rekonstruktion gestoßen sind; der Anlaß, sich dieser Voraussetzung bewußt zu werden, war die von John Dewey diagnostizierte Gefahr der politischen Apathie, die er auf Tendenzen des Zerfalls einer politischen Kultur des zivilen Engagements zurückführte. Im Unterschied zu den anderen Sphären sozialer Freiheit, so haben wir gesehen, bedarf die

510 Zur Bedeutung solcher »symbiotischer Mechanismen« vgl. Niklas Luhmann, *Macht*, Stuttgart 1975, bes. S. 61-64.

511 Vgl. erneut: Walzer, »Deliberation … und was sonst?«, a. a. O.

Teilnahme an der demokratischen Öffentlichkeit und damit die Ausübung der in ihr beheimateten Freiheit zunächst eines individuellen Entschlusses, private Ziele hinter die Verfolgung des Gemeinwohls zurückzustellen, um sich im kooperativen Zusammenwirken mit anderen für eine Verbesserung der sozialen Lebensbedingungen einzusetzen; die Motive für ein solches öffentliches Engagement entspringen in modernen Demokratien gewöhnlich, wie schon Durkheim wußte, den Bindungskräften einer staatsbürgerlichen Solidarität, die die Angehörigen darauf verpflichtet, sich füreinander verantwortlich zu fühlen und nötigenfalls Opfer zu erbringen. Mithin ist die Existenz einer politischen Kultur, die derartige Solidaritätsgefühle speist und permanent beflügelt, die elementare Voraussetzung einer Vitalisierung, ja überhaupt erst einer Inkraftsetzung der demokratischen Öffentlichkeit; damit diese Sphäre nicht ein leerer Raum bleibt, grundrechtlich zwar vorgesehen als Ort der Selbstgesetzgebung des Volkes, aber von keinem seiner Mitglieder belebt und zur Meinungsäußerung genutzt, bedarf es des zivilen Engagements von Staatsbürgern, die sich trotz aller gegenseitigen Fremdheit ihrer politischen Gemeinsamkeiten gewiß sind. Nun war freilich in der Vergangenheit der europäischen Staaten, wie wir ebenfalls gesehen haben, ein solcher Hintergrundkonsens über lange Zeit hinweg durch die kulturelle Hegemonie der jeweils herrschenden Gruppen gesichert, die auf diesem Weg den Zugang zur öffentlichen Meinungsäußerung zu kontrollieren vermochten; die nationale Identität, die bis vor kurzem die einzige Quelle aller staatsbürgerlichen Solidarität bildete, wurde in ihrem normativen Gehalt zunächst, nämlich im 19. Jahrhundert, beinah ausschließlich von den männlichen Mitgliedern der bürgerlichen Klassen bestimmt,[512] später unter Einbeziehung auch der lohnabhängigen Männer definiert, bevor dann unter dem Druck der

512 Vgl. dazu auch das eindringliche Kapitel »Bürger und Quasi-Bürger« in: Osterhammel, *Die Verwandlung der Welt*, a.a.O., S. 1079-1104.

feministischen Bewegung das männliche Interpretationsmonopol gebrochen wurde und einer wesentlich breiteren Auslegung Platz machte; inzwischen ist aufgrund der weiteren Pluralisierung der Lebensformen diese nationale Basis der staatsbürgerlichen Solidarität selbst in Auflösung begriffen, so daß eine teils bizarre, teils produktive Suchbewegung danach eingesetzt hat, durch welche noch abstrakteren Formen der Solidarität der kulturelle Zusammenhang der Staatsbürgerinnen und Staatsbürger bewahrt werden kann. Wir werden am Ende unseres rekonstruktiven Durchgangs sehen, wie die schon von Durkheim angestoßene und von Habermas unter Rückgriff auf Dolf Sternberger weiterverfolgte Idee des Verfassungspatriotismus[513] vielleicht so mit narrativen Gehalten gefüllt werden kann, daß sie etwas von ihrer emotionalen Blässe, ihrer Tendenz zum bloß moralisch Erstrebenswerten, verliert.

Es ist klar, daß mit diesen fünf Bedingungen die sozialen Voraussetzungen noch längst nicht vollständig benannt sind, die es heute allen Mitgliedern der westlichen, kulturell zunehmend heterogener werdenden Gesellschaften erlauben würden, von den ihnen gewährten Grundrechten der Mitwirkung an der demokratischen Selbstgesetzgebung auch tatsächlich Gebrauch zu machen; neben einem hinlänglich überblickbaren Kommunikationsraum, einem System qualitativ informierender Massenmedien, den Bereitschaften zur aktiven Mitgestaltung und einer politischen Kultur, die solche demokratischen Tugenden bei allen Beteiligten wachzuhalten in der Lage wäre, gehören dazu sicherlich noch sozialpolitische Maßnahmen, die jedem Interessierten den Lebensunterhalt gewährleisten würden, der zur ungezwungenen Meinungsäußerung in der Öffentlichkeit erforderlich ist. An dieser Stelle berühren sich, wie leicht zu sehen ist, die sozialen Freiheiten, die die Institution der demokratischen Öffentlich-

513 Zu Sternbergers Konzeption vgl. die im Band X seiner *Schriften* gesammelten Beiträge (Frankfurt/M. 1990).

keit in Aussicht stellt, mit den vom kapitalistischen Markt normativ versprochenen sozialen Freiheiten: Erst, wenn dessen Legitimationsprinzipien zumindest teilweise verwirklicht wären und also annähernd Bedingungen der ungezwungenen Wechselseitigkeit in der wirtschaftlichen Interessenbefriedigung herrschen würden, wären auch von ökonomischer Seite die sozialen Hindernisse beseitigt, die einer chancengleichen Nutzung der gleichverteilten Bürgerrechte bis heute im Weg stehen. Sobald unsere Rekonstruktion der Sphäre der öffentlichen Willensbildung abgeschlossen sein wird, werden wir sehen, welche normative Nötigung sich aus diesem intrinsischen Zusammenhang zwischen den beiden Sphären für die demokratische Selbstgesetzgebung ergibt.

Nehmen wir nun den Faden unserer normativen Rekonstruktion dort wieder auf, wo wir ihn vor diesem Überblick über die Bedingungen sozialer Freiheit in der demokratischen Öffentlichkeit liegengelassen haben, also im Zeitraum der 1980er Jahre, so fällt daran neben den bereits erwähnten Entwicklungen ins Auge, daß die von Hannah Arendt entworfene Theorie der Öffentlichkeit erheblich an Bedeutung gewann und derjenigen von Habermas beinahe den Rang streitig machte. Der Wandel in der theoriepolitischen Orientierung hing zu großen Teilen mit dem Umstand zusammen, daß sich in den kommunistischen Diktaturen Osteuropas damals ein ziviler Widerstand zu regen begann, für den Arendts Konzeption die besseren Deutungsmittel bereitzuhalten schien. Viel stärker als Habermas, der sich vornehmlich für die normativen Implikationen der bürgerlichen Öffentlichkeit interessiert hatte, um daran deren Zerfall in der Gegenwart zu messen, war Arendt an vielen Stellen ihrer Studie der dynamischen, ja revolutionären Rolle nachgegangen, die die Eroberung des öffentlichen Raumes durch die Bevölkerung im historischen Prozeß häufig übernommen hatte; ihre Beispiele für eine gelungene Form von Öffentlichkeit waren daher, soweit sie nicht in die Welt der antiken Polis abschweifte, die amerikanische Revolution oder die Aufstände von Arbeiterräten, an denen sie zeigen wollte, wie schnell sich eine Sphäre kommunikativer Freiheit auftun konnte, wenn nur eine Gruppe von Gleichgesinnten entschieden genug darum kämpfte.[514] Dieses »Assoziations«-Modell der Öffentlichkeit, wie Seyla Benhabib es genannt hat, um den Unterschied zum ebenfalls von Arendt vertretenen Modell einer eher repräsentativen, auf individueller Selbstdarstellung beruhenden Öffentlichkeit zu betonen,[515] schien all das zu beinhalten, was theoretisch erforderlich war, um die Widerstandskräfte in Osteuropa mit einer ermutigenden Vorstellung von ihrer eigenen Gestaltungsmacht auszustatten: Sobald eine hinreichend große Vereinigung von Menschen entschlossen war, so konnte man bei Hannah Arendt lesen, sich Räume der öffentlichen Verständigung über die sie gemeinsam betreffenden Angelegenheiten anzueignen, mußte sich in politisch verkrusteten, autoritären Systemen das Kräfteverhältnis zugunsten einer demokratischen Zivilgesellschaft verschieben. Auf dem Umweg über die kommunistischen Diktaturen, wo solche Ideen natürlich begierig aufgenommen wurden und schnell zur politischen Selbstverortung der verschiedenen Oppositionsgruppen beitrugen,[516] gelangte dieses »Assoziations«-Modell dann zurück in die westlichen Demokratien, um hier die zum Erliegen gekommene Debatte über die sozialen Erfordernisse einer funktionstüchtigen Öffentlichkeit erneut zu beleben; stärker als zwanzig Jahre zuvor, als noch die Habermassche Konzeption die politischen Aus-

514 Hannah Arendt, *Über die Revolution* (1963), München 1974.

515 Seyla Benhabib, »Modelle des ›öffentlichen Raums‹. Hannah Arendt, die liberale Tradition und Jürgen Habermas«, in: dies., *Selbst im Kontext. Kommunikative Ethik im Spannungsfeld von Feminismus, Kommunitarismus und Postmoderne*, Frankfurt/M. 1995, S. 96-130, bes. S. 101 ff.

516 Vgl. die entsprechenden Beiträge in John Keane (Hg.), *Civil Society and the State: New European Perspectives*, London 1988. Rainer Deppe/Helmut Dubiel/Ulrich Rödel (Hg.), *Demokratischer Umbruch in Osteuropa*, Frankfurt/M. 1991.

einandersetzungen weitgehend beherrscht hatte, wurde jetzt vor allem die Angewiesenheit der demokratischen Willensbildung auf nichtstaatliche, freiwillige Vereinigungen hervorgehoben, die den öffentlichen Meinungsstreit stets wieder »von unten« mit neuen Anregungen und kreativen Vorschlägen zu versorgen vermochten.[517] Im Zuge der Diskussion, die damit in Gang gesetzt war, verschmolz freilich die Kategorie der »Öffentlichkeit« nicht selten so nahtlos mit dem doch eher diffusen Begriff der »Zivilgesellschaft«,[518] daß die normativ höchst anspruchsvollen, grundrechtlichen und medienethischen Voraussetzungen der demokratischen Willensbildung aus dem Blick zu geraten drohten; häufig blieben von den vielen institutionellen Erfordernissen, die Habermas als unverzichtbar für eine freie und gleichberechtigte Ausübung von Volkssouveränität in der Öffentlichkeit benannt hatte, nur die mehr oder weniger organisierten Bürgerforen und zivilen Assoziationen übrig, ohne daß klar wurde, wie diese von sich aus dazu in der Lage sein sollten, die Macht der Medien zu brechen und die fortbestehenden sozialen Benachteiligungen zu bekämpfen.[519]

Es mag die Fallhöhe des überschwenglichen Glaubens an die Vitalität und Innovationskraft solcher freiwilliger Vereinigungen gewesen sein, die im Laufe der 1990er Jahre angesichts einiger ernüchternder Befunde dazu führte, daß die

517 John Keane, *Democracy and Civil Society: on the Predicaments of European Socialism, the Prospects for Democracy, and the Problem of Controlling Social and Political Power*, London 1988.

518 Vgl. meine Bedenken in: Axel Honneth, »Fragen der Zivilgesellschaft«, in: ders., *Desintegration. Bruchstücke einer soziologischen Zeitdiagnose*, Frankfurt/M. 1994, Kap. 8 (S. 80-89).

519 Einen Versuch, beide Begriffe, den der »Zivilgesellschaft« und den der »demokratischen Öffentlichkeit«, in einem einzigen, historisch und systematisch angelegten Ansatz zu verschmelzen, haben Jean Cohen und Andrew Arato unternommen: dies., *Civil Society and Political Theory*, Cambridge/Mass. 1992. Diese Konzeption hat bis heute nichts von ihrer Bedeutung für eine Klärung der Bestandsvoraussetzungen demokratischer Öffentlichkeiten verloren.

politisch aufgeheizten Debatten um die »Zivilgesellschaft« ebenso schnell versandeten, wie sie im vorausgegangenen Jahrzehnt entstanden waren. Die revolutionären Veränderungen in Ost- und Mitteleuropa, die nicht zuletzt durch den Widerstand friedlich operierender Bürgerrechtsbewegungen zustande gekommen waren, hatten zur Etablierung von formaldemokratischen Verhältnissen geführt, in denen aber nun unter dem Druck einer schnellen Durchkapitalisierung der Wirtschaft die zuvor meinungsbildenden Assoziationen rasch ihre zentrale Rolle wieder verloren; in Westeuropa und in den USA waren ungefähr zur selben Zeit, also entweder kurz vor oder nach dem Fall des »Eisernen Vorhangs«, eine Reihe von empirischen Studien erschienen, die den Schluß nahelegten, daß es hier um die Aktivität und die Mitgliederzahlen solcher zivilen Organisationen wesentlich schlechter bestellt war, als man nur ein Jahrzehnt früher erhofft hatte – der Grad der Individualisierung habe in den westlichen Ländern so zugenommen, so lautete im allgemeinen die soziologische Erklärung, daß die Bereitschaft der Gesellschaftsmitglieder zum öffentlichen Engagement und zur politischen Mitgestaltung rapide im Schwinden begriffen sei.[520] Die Suggestivkraft dieser beiden Momentaufnahmen – die einer forcierten Entmächtigung der Bürgerbewegung im Osten und die einer wachsenden Privatisierung der Bürger im Westen – reichte aus, um binnen kürzester Zeit all die in den 1980er Jahren genährten Hoffnungen auf eine resistenzfähige, stets vibrierende Zivilgesellschaft wieder in sich zusammenfallen zu lassen; zwar hat die Kategorie der Zivilgesellschaft seit den 1990er Jahren ihre Bedeutung für die einzelwissenschaftliche Forschung nicht mehr verloren, wo sie weiterhin als begrifflicher Platzhalter für Verkehrs- und Organisationsformen einer demokratischen

520 Vgl. exemplarisch: Robert Putnam, *Bowling Alone. The Collapse and Revival of American Community*, New York 2000; Robert N. Bellah u. a., *Gewohnheiten des Herzens. Individualismus und Gemeinsinn in der amerikanischen Gesellschaft* (1985), Köln 1987.

Öffentlichkeit gilt,[521] aber um ihre politische Strahlkraft, ihren nahezu revolutionären Nimbus war es geschehen – in die intellektuellen und publizistischen Diskussionen über den Zustand der Öffentlichkeit kehrten nun mit der bedrohlichen Apathie der »Massen« und der zunehmenden Entpolitisierung die Themen zurück, die schon zuvor die Aufmerksamkeit bestimmt hatten.

Der schnelle Aufstieg und Fall der Idee der Zivilgesellschaft war freilich auch ein erstes Warnsignal dafür, daß jede theoretische Beschäftigung mit der Öffentlichkeit zunehmend in Gefahr stand, in eine irritierende, paradoxe Abhängigkeit von gewissen Entwicklungen in ihrem eigenen Gegenstandsbereich zu geraten. Die meinungsbildende Macht der Massenmedien war inzwischen durch eine enorme Verbreiterung ihres Einflußbereichs, durch eine Angleichung der Informationsverarbeitungsstrategien und durch eine daraus resultierende wechselseitige Verstärkung der Aufmerksamkeitslenkung so angewachsen, daß es für viele Rezipienten immer schwerer wurde, vom medial konstruierten Bild der sozialen Realität noch die Wirklichkeit selbst zu unterscheiden; längst konnten das Fernsehen oder die Zeitungen dadurch, daß ein geschickt plaziertes Thema wie von unsichtbarer Hand gelenkt durch alle Kanäle oder Feuilletonseiten wanderte, ganze Pseudowelten erzeugen, die dann aber ihrerseits auf die Debatten in der Politik oder sogar in der Wissenschaft zurückwirkten. Auch die Behauptung, daß die wachsende Individualisierung von Lebensläufen und Wertorientierungen im Westen inzwischen zu einem gänzlichen Erlöschen allen öffentlichen Engagements geführt habe, war weitgehend das Produkt einer solchen selbstreferentiellen Realitätskonstruktion durch die Massenmedien und andere meinungsbildende

521 Vgl. die eher nüchterne Bestandsaufnahme in: Jürgen Habermas, »Vorwort zur Neuauflage 1990«, in: ders., *Strukturwandel der Öffentlichkeit*, a. a. O., S. 11-50, hier: S. 45-48. Noch skeptischer ist Peters, *Der Sinn von Öffentlichkeit*, a. a. O., S. 34.

Organisationen gewesen; gewiß gab es genügend empirische Indikatoren, die eine soziale Verbreitung von privatistischen, ausschließlich auf das eigene Fortkommen gerichteten Einstellungen nahelegten, aber nur die Verstärker- und Dramatisierungseffekte der medialen Berichterstattung hatten daraus die brisante These werden lassen, daß der Einsatz für gesamtgesellschaftliche Belange dramatisch zurückgegangen und jeder allein noch an seinem individuellen Glück interessiert sei; in Wirklichkeit waren weder die Mitgliederzahlen in Freizeitvereinen und politischen Vereinigungen alarmierend gesunken, noch hatte etwa die private Spendenbereitschaft sichtbar nachgelassen.[522] Insofern läßt sich ohne Übertreibung sagen, daß sowohl am Anfang als auch am Ende der kurzen Periode einer euphorischen Beschwörung der »Zivilgesellschaft« und ihrer Resistenzkräfte eine medial erzeugte Fiktion gestanden hatte: Zu Beginn war man der empirisch nicht weiter geprüften Vorstellung erlegen, wonach wie in Osteuropa auch in Westeuropa ein energiegeladenes Netzwerk von stets engagierten Bürgervereinigungen existierte; diese fiktive Idee aber hatte man umgehend wieder fallengelassen, sobald durch die Medien das Bild einer um sich greifenden Privatisierung der Staatsbürger geisterte. Zum ersten Mal war hier eine Theorie der demokratischen Öffentlichkeit in die Fallstricke der medialen Selbstthematisierung ihres eigenen Objektbereichs geraten; man hatte sich in den Vorstellungen verfangen, die die Öffentlichkeit mittels der in den Massenmedien und Think-Tanks zirkulierenden Realitätsdeutungen jeweils für einen kurzen Augenblick von ihrem eigenen Zustand besaß.

In dieser gewachsenen Fähigkeit der Massenmedien und anderer ideengenerierender Einrichtungen, durch wechselseitige Verstärkung derselben Themen virtuelle Beschreibungen

522 Vgl. etwa für Deutschland die Angaben über Vereinsmitgliedschaften in: Wolfgang Vortkamp, *Integration durch Teilhabe. Das zivilgesellschaftliche Potenzial von Vereinen*, Frankfurt/M. 2008, bes. Kap. 4.

der sozialen Realität zu erzeugen, die dann auf das Verhalten des Publikums selbst zurückschlagen, ist sicherlich eine der größten Herausforderungen zu sehen, denen die Sphäre der demokratischen Öffentlichkeit seit, grob gesagt, den neunziger Jahren des letzten Jahrhunderts ausgesetzt ist. Nicht, daß nicht auch davor schon Tendenzen einer derartigen selbstreferentiellen Konstruktion von Wirklichkeit in den Tageszeitungen, im Fernsehen oder im Radio bestanden hätten. Aber erst zu jener Zeit setzte mit der europäischen Liberalisierung des Zugangs zu den elektronischen Medien und der Verstärkung des Konkurrenzkampfes auf dem Zeitungsmarkt ein Prozeß ein, der den Druck auf die Steigerung der Einschaltquoten oder der Auflage derartig erhöhte, daß im Interesse an der Gewinnung von Aufmerksamkeit möglichst überraschend wirkende, effektvolle Themen erzeugt werden mußten; und unter der Nötigung, solche aufmerksamkeitsheischenden Beiträge schon aus Gründen der Konkurrenzfähigkeit nicht zu übergehen, wurden diese dann von allen anderen Organen der Massenmedien weiterverbreitet, bis am Ende ein Stück in sich geschlossener, rein fiktionaler Wirklichkeit entstanden war, das in seiner Fiktionalität für das Publikum undurchschaubar blieb.[523] In diesen Virtualisierungstendenzen der herkömmlichen Medien, die nach den der demokratischen Öffentlichkeit selbst innewohnenden Kriterien gewiß als eine Fehlentwicklung betrachtet werden müssen, weil nicht mehr nur ungenügend informiert, sondern Realität selbstreferentiell erzeugt wird, steckt eine erhebliche Schwierigkeit für den Versuch einer normativen Rekonstruktion, wie wir sie hier unternehmen; denn stärker noch als andere gesellschaftliche Bereiche werden gerade die Kommunikationsprozesse in der

523 Für das Fernsehen insgesamt: Pierre Bourdieu, *Über das Fernsehen*, Frankfurt/M. 1998; am Beispiel der USA vorzüglich: Hal Himmelstein, *Television Myth and the American Mind*, Westport 1994 (2. Auflage), v.a. Kap. 7 mit Blick auf Nachrichtensendungen. Zusätzlich: Patrick Rössler, *Agenda-Setting. Theoretische Annahmen und empirische Evidenzen einer Medienwirkungshypothese*, Opladen 1997.

öffentlichen Sphäre, um deren gegenwärtige Situation es uns ja letztlich geht, durch die mediale Berichterstattung mit immer neuen, jedesmal anders dramatisierten Zustandsbeschreibungen versehen, so daß es überhaupt nicht leicht ist, hier die Spreu vom Weizen zu trennen und relativ nüchtern die realen Entwicklungen zur Kenntnis zu nehmen – man bedenke nur, wie massiv in den letzten Jahren das Bild des Publikums davon, wie es selbst mit den Problemen der kulturellen Integration umgeht, von der jeweiligen Akzentsetzung und Farbgebung in den Beschreibungen der Massenmedien abhängig gewesen ist. Um solchen Rückkoppelungseffekten nicht zu verfallen, bedarf es also bei der historischen Vervollständigung unserer normativen Rekonstruktion der öffentlichen Sphäre einer empirischen Vorsicht und Zurückhaltung, die bei den beiden anderen Sphären nicht in demselben Maße erforderlich war.[524]

Die verschiedenen sozialen Entwicklungen, die im letzten Vierteljahrhundert die Vollzugsform der demokratischen Willensbildung in der offiziellen Sphäre noch einmal wesentlich verändert haben, lassen sich mit der gebotenen Vorsicht wohl am ehesten zusammenfassen, wenn man sie als sich kreuzende Prozesse einerseits der sich steigernden Vermachtung und Stratifizierung der Öffentlichkeit und andererseits ihrer verstärkten Öffnung und Vitalisierung beschreibt; die entscheidende Frage, die sich angesichts der damit angedeu-

524 Gerade unter dem Gesichtspunkt der hier angemahnten Skepsis und Zurückhaltung ist es besonders bedauerlich, daß Bernhard Peters seine großangelegte, systematische Studie zur »Öffentlichkeit« nicht hat vollenden können; denn wie kaum ein zweiter war er bei seiner Arbeit zu diesem Thema darum bemüht, alle – seien es alarmierende oder normativ idealisierende Tendenzen – zu vermeiden, um zu einer möglichst realistischen Beschreibung der gegenwärtigen Verfaßtheit der demokratischen Öffentlichkeit zu gelangen. Vgl. zu den Absichten der von Peters geplanten Studie: Hartmut Weßler/Lutz Wingert, »Der Sinn von Öffentlichkeitsforschung: Worum es Bernhard Peters ging. Eine Einleitung«, in: Peters, *Der Sinn von Öffentlichkeit*, a. a. O., S. 11-27.

teten Situation heute stellt, ist die, ob eine politische Kultur im Entstehen begriffen oder zumindest denkbar ist, die diese gegenläufigen Tendenzen in dem für die öffentliche Selbstgesetzgebung erforderlichen Maße noch zu integrieren vermag. Auf einen der Prozesse, die seit einiger Zeit zu einer stärkeren Vermachtung, ja zu einer massiven Fremdbestimmung des öffentlichen Meinungsaustauschs geführt haben, ist soeben durch den Verweis auf die mediale Erzeugung von gesellschaftlichen Artefakten hingewiesen worden; statt soziale Probleme sorgfältig aufzuspüren, wie es sich Dewey erhofft hatte, werden davon häufig genug stark überzeichnete, die Neugier weckende Bilder geliefert, nur um Aufmerksamkeit zu binden und im ökonomischen Konkurrenzkampf zu bestehen. Gewiß gibt es noch immer beträchtliche Ausnahmen von dieser Regel, also Tageszeitungen, Fernsehkanäle oder Sendeanstalten, die es sich in standesethischer Verantwortung weiterhin zur Aufgabe machen, gesellschaftliche Vorkommnisse möglichst genau zu recherchieren, um dem Publikum eine Handhabe zur informierten und überlegten Stellungnahme zu geben; die Chancen solcher widerspenstiger Organe, ihrem demokratischen Auftrag der unparteilichen und aufklärenden Berichterstattung treu zu bleiben, dürften im allgemeinen desto größer sein, je unabhängiger sie in ihrer Organisationsform vom Einfluß politischer Verbände oder privatkapitalistischer Verwertungsinteressen sind. Den historischen Erfahrungen nach, die im letzten halben Jahrhundert zu machen waren, ist freilich eine derartige Unabhängigkeit inzwischen längerfristig wohl nur zu sichern, solange die entsprechenden Organe der Massenmedien einer öffentlich-rechtlichen Konstitutionalisierung unterworfen sind, wie es in vielen europäischen Ländern noch immer bei den Rundfunk- und Fernsehanstalten der ersten Stunde der Fall ist – ein Blick in die Programme dieser Anstalten genügt, um sich den großen Abstand vor Augen zu führen, den sie bei aller auch hier bestehender Tendenz zur Boulevardisierung weiterhin zu den rein kommerzialisierten

Kanälen bewahren.[525] Insofern wird sich dem demokratischen Meinungsaustausch über kurz oder lang die Frage aufdrängen, ob nicht angesichts der bedrohlichen Lage fast aller unabhängigen Tageszeitungen in Europa heute auch im Pressewesen Wege einer öffentlich-rechtlichen Institutionalisierung gefunden werden müssen;[526] als abschreckendes Beispiel könnte in solchen zukünftigen Debatten der Fall Italiens dienen, wo die schwärzesten Visionen des »Kulturindustrie«-Kapitels aus der *Dialektik der Aufklärung* mittlerweile insofern buchstäblich Realität geworden sind, als hier die oligopolistische Verfügung über Medienmacht erfolgreich in stabile Regierungshoheit überführt werden konnte.[527]

Macht die jüngere Entwicklung in Italien deutlich, daß selbst die stabilen Demokratien Westeuropas nicht vor der Gefahr einer Austrocknung der öffentlichen Sphäre der Willensbildung gewappnet sind, sobald die rein profitorientierte Nutzung der Massenmedien überhandnimmt,[528] so ist es aber auch bei einer öffentlich-rechtlichen Gewährleistung der Meinungsvielfalt um die Lage des demokratischen Publikums nicht zum besten bestellt. Diejenigen Organe des Medienkomplexes, die ihrer demokratischen Aufgabe weiterhin gerecht werden, müssen einen Kreis von aufgeklärten Lesern, Zuhörern oder Zuschauern ja nicht nur mit Kontext- und

525 Ein starkes Plädoyer für eine öffentlich-rechtliche Einrahmung der Massenmedien hat am Beispiel des Fernsehens Cass R. Sunstein unterbreitet: »Das Fernsehen und die Öffentlichkeit«, in: Lutz Wingert/Klaus Günther (Hg.), *Die Öffentlichkeit der Vernunft. Festschrift für Jürgen Habermas*, Frankfurt/M. 2001, S. 678-701.

526 Vgl. etwa Jürgen Habermas, »Medien, Märkte und Konsumenten – Die seriöse Presse als Rückgrat der politischen Öffentlichkeit«, in: ders., *Ach, Europa. Kleine politische Schriften XI*, Frankfurt/M. 2008, S. 131-137.

527 Horkheimer/Adorno, *Dialektik der Aufklärung*, a. a. O., S. 128-176.

528 Vgl. exemplarisch die Analysen in: Gian Enrico Rusconi/Thomas Schlemmer/Hans Woller (Hg.), *Berlusconi an der Macht*, München 2010. Einen eher journalistischen, aber lesenswerten Bericht liefert: Birgit Schönau, *Circus Italia. Aus dem Inneren der Unterhaltungsdemokratie*, Berlin 2011.

Hintergrundinformationen versorgen, sondern ihn umgekehrt auch als kritischen und lernbereiten Widerpart voraussetzen können; denn das Verhältnis zwischen Kommunikationsmedien und Rezipienten war von Beginn an – schon der Wortbestandteil »Kommunikation« verrät es – weniger als einseitige Informationsbelieferung denn als wechselseitiger Austausch vorgestellt worden, in dem die rezeptive Seite den Produzenten Anregungen über die Art des benötigten Wissens geben sollte. Der Erfolg eines solchen reziproken Aufklärungsprozesses bemißt sich nun aber daran, bis zu welchem Maße das Publikum überhaupt die erforderliche Lern- und Kritikfähigkeit besitzt, um die Berichterstattung von sich aus mit den entsprechenden Hinweisen zu beeinflussen; je schmaler der Kreis derer ist, die über derartige Fähigkeiten verfügen, so läßt sich sagen, desto stärker wird sich dieser Kommunikationsprozeß sozial nach oben hin verlagern und zu einer Angelegenheit bloß noch der gebildeten Schichten werden. Auf den Zustand einer solchen elitären Abkapselung, der mit dem der ersten Hälfte des 20. Jahrhunderts nicht vergleichbar ist, weil es damals noch das kulturelle Gegengewicht einer Arbeiterbewegungsöffentlichkeit gegeben hatte, steuert heute der dem professionalen Berufskodex noch verpflichtete Teil der Massenmedien unaufhaltsam zu; die europäischen Qualitätszeitungen und die meinungsbildenden Programmteile des öffentlichen Fernsehens und Rundfunks haben inzwischen jeden Kontakt mit einem immer noch weiter anwachsenden Teil der Bevölkerung verloren, weil hier entweder die nötigen Bildungsvoraussetzungen, die finanzielle Beweglichkeit oder auch nur die erforderlichen Zeitnischen fehlen, um sich der responsiven Auseinandersetzung mit informativen und aufklärenden Gehalten zu widmen.[529]

529 Vgl. exemplarisch: Benjamin J. Page, *Who Deliberates? Mass Media in Modern Democracy*, Chicago 1996.

Die andere Seite dieser Stratifizierung der Presse-, Rundfunk- und Fernsehlandschaft, bei der allerdings auch die »oben« angesiedelten Organe nicht frei von Tendenzen zur medialen Selbstreferentialität bleiben, ist das stetige Anwachsen und Wuchern eines gesonderten »Unterschichtenmarktes«; wo vor hundert Jahren in England, Frankreich oder Deutschland in den vermögenslosen Schichten der Bevölkerung eine eigenständige, klassenbewußte Medienöffentlichkeit etabliert werden konnte, macht sich heute ein durch die Werbeindustrie massiv mitfinanzierter Unterhaltungsjournalismus breit, dessen nüchtern kalkuliertes Abzielen auf bloße Entlastungsbedürfnisse nicht einmal mehr der Form nach demokratisch legitimiert wird. Verstärkt wird die ökonomische Expansion dieses Sektors – von sich höher gebildet wähnenden Kreisen in Deutschland mit einem falschen Zungenschlag »Unterschichtenfernsehen« genannt – inzwischen noch dadurch erheblich, daß weder von staatlicher noch von privater Seite aus gezielte Versuche unternommen werden, die breiter werdenden Migrantenströme in den verbleibenden Horizont einer medialen Kommunikation miteinzubeziehen; deren Angehörige müssen daher mangels erforderlicher Sprach- und Kulturkenntnisse entweder auf die Berichterstattung ihrer Herkunftsländer zurückgreifen oder aber Zuflucht zu denjenigen Medienangeboten nehmen, deren primitive, sich weitgehend auf visuelle Stimuli stützende Darstellungsform ihnen den Zugang erleichtert. Der ausschließliche Rückgriff auf den Ton und damit das Fehlen jeglicher optischer Vergnügungsanreize erklärt im übrigen wohl auch, warum der Rundfunk trotz europaweiter Öffnung des elektronischen Netzes das einzige Massenmedium geblieben ist, das bislang von der durch eine gewinnorientierte Unterhaltungsindustrie ausgelösten kulturellen Abwärtsspirale noch nicht vollständig erfaßt wurde – zumindest in diesem Punkt hat Bertolt Brecht mit seiner Vermutung recht behalten, daß das Radio mit seiner Konzentration auf das Hören gegenüber kapitalistischen Verwertungsinteressen relativ immun ist. Die nationalen Kommunikationsräume, in denen sich die Massenmedien des 20. Jahrhunderts ja noch immer weitgehend bewegen,[530] bieten mithin heute tendenziell das Bild einer Kegel- oder Bowlingfigur, an deren Spitze sich der recht kleine Kreis der akademisch ausgebildeten und interessierten Schichten befindet, die sich mit Hilfe einer vergleichsweise zuverlässigen Berichterstattung über gesellschaftliche Herausforderungen verständigen können, während die sich in dem langgezogenen, zylinderartigen Fuß zu verortenden Schichten kaum mehr mit den erforderlichen Informationen versorgt werden; dort, wo sich dieser Kegel zwischen seinen beiden Enden verjüngt, liegt eine unsichtbare Grenze, die die medial in die deliberative Willensbildung einbezogenen Gruppen der Bevölkerung von den aus ihr ausgeschlossenen, umfangreicheren Gruppen trennt. Allerdings ist das damit umrissene Bild insofern unvollständig, als die nationalen Kommunikationsräume heute, wie bereits erwähnt, in wachsendem Maße von außen aufgebrochen und durchlöchert werden, weil immer mehr politisch relevante Informationen über die nationalstaatlichen Grenzen hinweg in sich ständig erweiternden Netzwerken ausgetauscht, diskutiert und beurteilt werden; den Prozessen einer sozialen Stratifizierung der politischen Öffentlichkeit im Inneren stehen mithin also gegenwärtig Tendenzen der Herausbildung weitgehend enthierarchisierter Öffentlichkeiten im globalen Maßstab gegenüber.

Die Wegbereiter solcher sich transnational verständigenden Kommunikationsgemeinschaften waren sicherlich die seit dem letzten Jahrzehnt des 20. Jahrhunderts vermehrt gegründeten Nichtregierungsorganisationen, die der wachsenden Interdependenz und Verzahnung einzelstaatlichen

530 Vgl. dazu die Beobachtungen von Bernhard Peters, »Nationale und transnationale Öffentlichkeit – eine Problemskizze«, in: ders., *Der Sinn von Öffentlichkeit*, a. a. O., S. 283-297.

Handelns darin folgten, sich in global vernetzten Bündnissen von politisch Gleichgesinnten um die Skandalisierung und Bearbeitung von national gar nicht mehr zu bewältigenden Mißständen, Notlagen und Ungerechtigkeiten zu kümmern; das Spektrum dieser ununterbrochen an Einfluß gewinnenden Vereinigungen, dem *neuen* kollektiven Aktor auf der politischen Bühne, reicht inzwischen von nichtkommerziellen Buchverlagen, die von einem einzigen Standort aus mit Hilfe von Informanten Menschenrechtsverletzungen auf der ganzen Welt recherchieren und dokumentieren – genannt sei hier nur die großartige, von Dave Eggers mitbegründete Publikationsreihe *Voice of Witness* –,[531] bis hin zu den bereits international als offizielle Verhandlungspartner auftretenden Großorganisationen wie *Amnesty International*, *Ärzte ohne Grenzen* oder *Greenpeace*. Freilich wäre eine derart rapide und erfolgreiche Institutionalisierung dieser global agierenden Nichtregierungsorganisationen nicht möglich gewesen, hätte in dem Zeitraum seit deren Gründungen nicht ein neues Kommunikationsmedium mit enormer Schnelligkeit weltweit Fuß gefaßt, das in Hinblick auf Tempo, Ubiquität und Spontaneität der Nachrichtenübermittlung allen bisherigen Massenmedien weit überlegen ist: Mit dem auf digitaler Technik basierenden Internet sind die nationalen Grenzen der öffentlichen Kommunikation so spielerisch überwindbar, ist der globale Informationsaustausch so unkontrollierbar geworden, daß die Folgen für die Rekonfiguration des Verhältnisses von nationalstaatlich eingehegter Öffentlichkeit und transnationalen Öffentlichkeiten vollkommen unabsehbar sind.

Das Internet versetzt das einzelne Individuum in seiner physisch isolierten Existenz vor dem Computer in die Lage, instantan mit einer großen Gruppe von Personen auf der ganzen Welt zu kommunizieren, deren Anzahl im Grunde

531 Vgl. die am Ende des letzten von Dave Eggers recherchierten Romans *Zeitoun* (2009, dt.: Köln 2011) veröffentlichte Liste der Publikationen des Verlages *Voice of Witness*: ebd., S. 363 ff.

nur durch die eigene Verarbeitungskapazität und Aufmerksamkeitsspanne begrenzt ist; da diese Kommunikationsprozesse nicht vollständig, aber doch fast unkontrolliert bleiben, können sie dem Austausch über die verschiedensten Themen dienen, von privaten Angelegenheiten bis hin zu kriminellen Machenschaften, und sind nicht von Haus aus auf politisch-öffentliche Gehalte abgestellt. Inzwischen aber scheint sich ein solcher politischer Gebrauch des Internets doch massiv verbreitet und verstetigt zu haben, so daß weltweit eine nicht mehr überblickbare Menge von digital vernetzten Öffentlichkeiten existiert, deren Lebensdauer, Umfang und Funktion je nach Anlaß erheblich variieren: Das eine Mal – dann, wenn sie um ein zeitlich befristetes Ereignis kreisen – können sie schon nach wenigen Tagen wieder in sich zusammenfallen, das andere Mal konzentrieren sie sich so stark auf ein einziges öffentlichkeitsrelevantes Thema, daß sie mit der Zeit wie eine in ihrem personellen Bestand unbestimmbare Geheimgesellschaft wirken.[532] Überhaupt sind die fließenden, auch von den Mitgliedern nicht einschätzbaren Außengrenzen ebenso ein Charakteristikum dieser neuen Netzöffentlichkeiten wie ihre Abgelöstheit von allen nationalen Kommunikationsräumen: Jederzeit kann sich ein weiterer Teilnehmer mit einem notdürftig assimilierten Englisch in die wuchernden Verständigungsprozesse einschalten und sie mit eigenen Beiträgen fortspinnen, ohne daß seine Herkunft zunächst überhaupt von Belang wäre, weswegen die zustande kommenden Gemeinschaften auch nicht eigentlich transnational, sondern vielmehr in irritierender Weise vollkommen delokalisiert sind.

Der Preis für die Grenzen- und Ortlosigkeit der Netzöffentlichkeiten ist freilich, daß hier all die Rationalitätszumutungen nahezu entfallen, die in den herkömmlichen, national gerahmten Willensbildungsprozessen zumindest dort noch bestehen, wo die eigene Meinung entweder im medial

532 Einen guten Überblick gibt: Stefan Münker, *Emergenz digitaler Öffentlichkeit*, Frankfurt/M. 2009.

vermittelten Kommunikationsprozeß oder im Gespräch unter Anwesenden an den Stellungnahmen des jeweiligen, das eine Mal verallgemeinerten, das andere Mal konkreten Gegenübers überprüft werden muß; im Fall der Lektüre einer ihrem Auftrag weiterhin verpflichteten Tageszeitung oder des Anschauens einer politisch informativen Fernsehsendung sorgt das idealerweise abgewogen wiedergegebene Meinungsspektrum, im Fall des politischen Gesprächs die Reaktion der Beteiligten, dafür, daß das individuelle Urteil in einem gewissen Umfang auf seine Verallgemeinerungsfähigkeit hin getestet wird und nur in dieser rational geläuterten Form in die öffentliche Willensbildung einfließt. In den sich heute im *World Wide Web* auftürmenden Internetforen mit ihren eher diffusen Öffentlichkeiten scheint hingegen eine solche minimale Kontrollfunktion der Tendenz nach zu entfallen, nicht nur, weil ein Kommunikationsabbruch jederzeit möglich ist, sondern auch, weil eine Reaktion des anonymen Gegenübers gar nicht mehr zwingend erfolgen muß; gewiß gilt das viel weniger für die sachlich hochfokussierten Netzöffentlichkeiten, in denen das erforderliche Fachwissen und das nötige Engagement vergleichbare Rationalitätszwänge etablieren, dafür aber um so stärker für jene ausufernden Internetgemeinschaften, die keine von den Teilnehmern überprüfbaren Zugangsbegrenzungen kennen und in denen daher die aberwitzigsten Stellungnahmen unkommentiert die Runde machen können; hier gestaltet sich die Willensbildung nicht nur amorph und frei von jeglichem rationalen Begründungsdruck, sondern bietet Platz auch für allerlei apokryphe und antidemokratische Einzelmeinungen und Sammelbewegungen.

Für jene wachsenden Gruppen in den Ländern Westeuropas, die aus den zuvor analysierten Gründen von den durch die klassischen Medien vermittelten Kommunikationsprozessen über öffentlich relevante Themen ausgeschlossen sind, schafft das Internet im Prinzip eine Vielzahl von Möglichkeiten, erneut Zugang zu öffentlichen Formen der Meinungsbildung zu finden; verfügt man über das digitale Know-how und einen Computer, was in ökonomischen Notlagen allerdings keine Selbstverständlichkeit ist, so kann man unaufwendig an die jeweils erwünschten politischen Informationen gelangen und Anschluß an die bevorzugten Netzgemeinschaften finden. Allerdings ist in der empirischen Forschung vollkommen unklar, was längerfristig die politischen Folgen des allgemein erhöhten Gebrauchs von digitalen Plattformen sein werden; neben der These einer zunehmenden Abkehr von politisch einschlägigen Themen durch die Internetnutzung und der entgegengesetzten These einer durch sie ausgelösten Revitalisierung der politischen Willensbildung findet sich auch die nicht unplausible Annahme einer Digital Divide, also einer sozialen Spaltung in der Art des Umgangs mit dem neuen Medium, durch die sich die bereits bestehenden Differenzen im Grad der demokratischen Beteiligung nur noch weiter vertiefen könnten.[533] Auch wenn hier empirische Sicherheit im Augenblick nicht zu gewinnen sein wird – wahrscheinlich handelt es sich um eine jener Fragen, die ohne eine Beimischung verallgemeinernder Hypothesen kaum zu beantworten sind –, so dürfte doch außer Zweifel stehen, daß bei politisch-partizipativer Nutzung des Internets die sich aufbauenden

533 Vgl. zu der ersten These etwa Anthony G. Wilhelm, *Democracy in the Digital Age*, London 2000; zur zweiten These einer »Revitalisierung«: Lawrence K. Grossman, *The Electronic Republic*, New York 1995; zur These eines »Digital Divide«: Pippa Norris, *Digital Divide*, Cambridge/New York 2001; Heinz Bonfadelli, »The Internet and Knowledge Gaps: A Theoretical and Empirical Investigation«, in: *European Journal of Communication*, 17 (2002), H. 1, S. 65-84. Einen sehr guten Überblick über die verzweigte Diskussion geben: Martin Emmer/Gerhard Vowe, »Mobilisierung durch das Internet. Ergebnisse einer empirischen Längsschnittuntersuchung zum Einfluß des Internets auf die politische Kommunikation der Bürger«, in: *Politische Vierteljahresschrift*, 45 (2004), H. 2, S. 191-212. Die empirischen Ergebnisse, die die beiden Autoren vorlegen, weisen eher in die Richtung eines »Virtuous Circle«, der besagt, daß bereits bestehende Bereitschaften zur politischen Beteiligung durch die Internetnutzung nur verstärkt werden: ebd., S. 207 f.

Kommunikationsnetze sowie die darin verfolgten Themen eher die Ländergrenzen überschreiten und also stärker der transnationalen als der nationalstaatlich gerahmten Willensbildung zugute kommen; wie kein anderes Massenmedium ist der Computer aufgrund der Ortlosigkeit aller durch ihn vermittelten Interaktionen geeignet, themen- oder gesinnungsspezifische Öffentlichkeiten entstehen zu lassen, die quer zu den herkömmlichen Foren des demokratischen Prozesses verlaufen und daher zu seiner weiteren Dezentrierung beitragen. Allerdings sollte an dieser Stelle auch erwähnt werden, daß das Internet in repressiven Staaten nicht selten dazu beiträgt, eine Gegenöffentlichkeit im nationalen Rahmen überhaupt erst entstehen zu lassen – man denke nur an die jüngsten Revolten in Ägypten oder den zivilen Widerstand im Iran oder in China, um sich von dieser Wirkung einen lebendigen Eindruck zu verschaffen.

Wie auch immer mithin heute die politischen Wirkungen des Internets empirisch einzuschätzen sind, ob sie eher eine aktivierende oder eine demobilisierende Richtung nehmen, seine delokalisierenden Kräfte erweisen sich in den gegenwärtigen Umbrüchen als stärkster Motor bei der erforderlichen Transnationalisierung der öffentlichen Meinungs- und Willensbildung. Die wachsende Interdependenz der Einzelstaaten und der damit verknüpfte Souveränitätsverlust nationaler Regierungen, die Internationalisierung von ökonomischen, sozialen und kulturellen Austauschbeziehungen, all das zieht, so haben wir gesehen, einen demokratischen Legitimationsbedarf nach sich, zu dessen Deckung die bislang bestehenden Formen der politischen Kommunikation nicht mehr ausreichen; weil das nationalstaatliche Kollektiv der Selbstgesetzgebung längst nicht mehr mit dem Kreis derer identisch ist, die von den politischen Entscheidungen tatsächlich betroffen sind, bedarf es in verstärktem Maße der Herausbildung von transnationalen Öffentlichkeiten, in denen die zu vollziehenden Beschlüsse gemeinsam zur Kenntnis genommen, eruiert und legitimiert werden können.[534] Gewiß fördern und beschleunigen auch andere gegenwärtige Entwicklungen den Ausbau solcher Foren einer öffentlichen Meinungsbildung über die nationalstaatlichen Grenzen hinweg: Der Massentourismus sorgt nicht nur für die weltweite Verbreitung von kulturellen, zumeist von den USA geprägten Lebensstilen, sondern fördert auch den grenzüberschreitenden Austausch über die jeweiligen Vorstellungen des politisch Guten und Richtigen. Die Internationalisierung der Berichterstattung in den klassischen Medien, die in den letzten Jahren erheblich zugenommen hat, vergrößert die wechselseitige Kenntnis der nur in gemeinsamer Absprache zu lösenden Probleme – aber kein anderes Mittel dürfte heute seiner ganzen Operationsweise nach geeigneter sein, transnationale Kommunikationsgemeinschaften zu bilden, als das des Internets.

Allerdings sind die Fliehkräfte dieses neuen Mediums so stark, daß sie die zentrifugalen Spannungen innerhalb der nationalstaatlichen Demokratien gegenwärtig wohl nur noch weiter verschärfen. Das Internet fördert, so hatte es eben geheißen, im Fall seiner politischen Nutzung eine Verlagerung des demokratischen Meinungsaustauschs nach außen, in Gesprächsforen und interaktive Netzwerke hinein, für die Ort und Zeit keine Begrenzungen mehr darstellen; damit aber entzieht es der öffentlichen Willensbildung im Inneren möglicherweise die solidarischen Energien und Bereitschaften, die nötig wären, um hier der wachsenden Stratifizierung, ja Zersplitterung des Publikums entgegenzuwirken. Derselbe Sachverhalt könnte mit Hilfe der Indikatoren, die wir in diesem Kapitel durchgängig verwendet haben, auch so ausgedrückt werden, daß die digital ermöglichte Ausweitung und Entgrenzung des politischen Kommunikationsraumes die paradoxale Folge haben könnte, jene politische Kultur in den gewachsenen Demokratien zu zerstören oder zumindest zu schwächen,

534 Vgl. dazu Peters, »Nationale und transnationale Öffentlichkeit«, a. a. O., S. 288-295.

die bislang moralische Anstrengungen einer Einbeziehung aller Bürger in den Raum der kollektiven Selbstgesetzgebung motiviert hat; der eine Prozeß, der in die Richtung der Belebung einer transnationalen Öffentlichkeit weist, würde sich mit dem anderen Prozeß, der wachsende Bevölkerungsteile aus den nationalstaatlichen Willensbildungsprozessen ausschließt, nicht nur überkreuzen, sondern ihm strikt zuwiderlaufen, weil er die normativen Ressourcen austrocknen ließe, die zuvor einen solidarischen Zusammenhalt der Staatsbürgerinnen und Staatsbürger untereinander immerhin vorstellbar gemacht hatten.[535] Wäre dem so, liefen sich die beiden analysierten Prozesse also tatsächlich strikt zuwider, so würde sich heute über die Köpfe der von politischer Marginalisierung bedrohten Unterschichten hinweg – dem neuen Dienstleistungsproletariat, den Migrantengruppen und Sozialhilfeempfängern – ein transnational entgrenzter Raum der demokratischen Meinungs- und Willensbildung entwickeln, dessen Auswirkungen aber diesen vor Ort und in ihren jeweiligen Notlagen nicht zugute kämen; die soziale Freiheit der demokratischen Selbstgesetzgebung würde sich für die eine Gruppe, die der kosmopolitisch orientierten Eliten, vergrößern, für die andere aber aufgrund des fehlenden Zugangs zu den öffentlich relevanten Informationen und Themen eher verringern. Freilich wird sich die Frage, wie es um die Gegenläufigkeit dieser beiden Prozesse wirklich bestellt ist, erst beantworten lassen, wenn die Aussichten auf eine der politischen Transnationalisierung nachwachsende Kultur der demokratischen Einbeziehung angemessen eingeschätzt werden können; bevor ich darauf in der Abschlußbetrachtung kurz eingehen kann, muß zuvor aber rekonstruktiv geprüft werden, wie sich die

535 Unter gerechtigkeitstheoretischen, nicht mediensoziologischen Gesichtspunkten analysiert diesen Prozeß einer wachsenden Schere zwischen entterritorialisierten Öffentlichkeiten und nationalstaatlich ausgeschlossenen Minderheiten: Paul Dumouchel, *Le sacrifice inutile. Essai sur la violence politique*, Paris 2011, Kap. 6.

dargestellten Prozesse der Transnationalisierung in der Instanz niedergeschlagen haben, die von Beginn an als eigentliches Erfüllungsorgan der demokratischen Freiheit der Selbstgesetzgebung gedacht worden ist: dem demokratischen Rechtsstaat. Die dieser institutionalisierten Sphäre normativ zugedachte Leistung tritt in den Blick, sobald wir uns einer weiteren, gewissermaßen *sechsten* Bedingung der sozialen Freiheit der demokratischen Willensbildung zuwenden, die bisher als eine gesonderte Voraussetzung noch gar nicht vorgekommen ist, weil sie implizit und partiell in der ersten Bedingung bereits enthalten war: Die sich im kommunikativen Meinungsstreit ergänzenden Gesellschaftsmitglieder müssen im Vollzug ihrer sozialen Praktiken die Vorstellung besitzen können, daß ihre Willensbildungen effektiv genug sind, um in der sozialen Wirklichkeit zur Durchsetzung zu gelangen – das soziale Organ, das ihren Überzeugungen eine derartige Effektivität gewährleisten soll, ist seit Beginn der politischen Revolutionen des 18. und 19. Jahrhunderts der demokratische Rechtsstaat.

(b) Demokratischer Rechtsstaat

Anders als es sich Hegel im letzten Teil seiner »Rechtsphilosophie« vorstellen wollte, wo er die Grundlagen einer konstitutionellen Monarchie unter weitgehender Absehung von allen Einwirkungsmöglichkeiten der Bürger skizziert hat, wurde der moderne Staat seit der Französischen Revolution von den aufgeklärten Zeitgenossen zumeist als ein, in den gleichlautenden Worten Durkheims und Deweys, »intellektuelles Organ« gedacht, durch das der demokratisch ausgehandelte Wille des Volkes klug und pragmatisch angemessen umgesetzt werden sollte. In den staatsrechtlichen Diskussionen des 19. und 20. Jahrhunderts sind diesem Prinzip der Rückbindung des Staates an die öffentliche Willensbildung gewiß sehr unterschiedliche Deutungen verliehen worden, die das eine Mal stärker in die von Rousseau vorgezeichnete Richtung einer plebiszitären Rolle, das andere Mal stärker in die vom klassischen Liberalismus umrissene Richtung einer bloß repräsentativen Rolle der gesetzgebenden Körperschaften wiesen. In der für uns hier wegweisenden Tradition allerdings, in der es ja das Ergebnis der sozialen Freiheit von sich untereinander verständigenden Bürgerinnen und Bürgern sein soll, das im politischen Handeln der dafür vorgesehenen Organe zur Umsetzung gelangt, ist von Durkheim über Dewey bis zu Habermas das Verhältnis von Staat und Öffentlichkeit doch nach einem anderen, weder plebiszitären noch repräsentativen Muster begriffen worden.[536]

Gemäß diesem dritten Vorstellungsmodell, für das, um es der Bedeutung wegen zu wiederholen, die Idee einer staatlichen Ermöglichung und Verwirklichung von sozialer Freiheit federführend ist, stellt das Resultat der öffentlichen Meinungs- und Willensbildung nicht etwas dar, was von den staatlichen Instanzen entweder aufgrund seiner hypothetischen Einheit bloß geradlinig realisiert oder aber aufgrund seiner empirischen Unzuverlässigkeit erst repräsentativ zur Vernunft gebracht werden muß; vielmehr soll sich unter der Voraussetzung einer wirklich funktionstüchtigen, ihren eigenen normativen Ansprüchen genügenden Öffentlichkeit in den als permanente Forschungs- (Durkheim/Dewey) oder Diskussionsveranstaltungen (Habermas) gedachten Willensbildungsprozessen ein stets wieder revidierbarer, notfalls durch Kompromisse herbeizuführender Konsens herausbilden, dessen richtungsgebende Anweisungen dann durch die politisch verantwortlichen Gesetzeskörperschaften unter strikter Einhaltung demokratischer Verfahren in bindende Beschlüsse transformiert werden. Alle normative Aufmerksamkeit wird in dieser Staatskonzeption daher zunächst einmal von den staatlichen Organen abgezogen und auf die Bedingungen

536 Vgl. dazu und zum Folgenden: Habermas, *Faktizität und Geltung*, a. a. O., S. 208-237.

einer zwanglosen Selbstgesetzgebung unter den Bürgerinnen und Bürgern selbst verlagert, also jener Sphäre, die wir soeben normativ rekonstruiert haben; solange die dort angesiedelten Forschungsaktivitäten oder Deliberationen nicht unter den Voraussetzungen einer gleichberechtigten Teilnahme, ausreichenden Informiertheit und größtmöglichen Freiheit aller Betroffenen stattfinden, so sind sowohl Durkheim und Dewey als auch Habermas überzeugt, steht jede im Namen des Volkes ergehende Beschlußfassung moderner Staaten unter dem massiven Vorbehalt, demokratisch nicht hinreichend legitimiert zu sein. Aus einer solchen Umkehrung des logischen Begründungs- und Abhängigkeitsverhältnisses – nicht der Staat begründet und schafft die Öffentlichkeit, sondern diese den Staat, heißt es bei Dewey ausdrücklich –[537] ergibt sich, daß auch alle die für den modernen Verfassungsstaat als konstitutiv angesehenen Elemente, also vor allem seine rechtliche Verfaßtheit und die Gewaltenteilung, von den Aufgaben her verstanden werden müssen, die sich ihm dadurch stellen, daß er die Willensbildung der Bürgerschaft zugleich vorauszusetzen, zu schützen und umzusetzen hat; schon für Durkheim besteht die erste und wesentliche Tätigkeit des Staates darin, jene Rechte zu institutionalisieren und auszubauen, die die Bürger sich im Prinzip bereits selbst untereinander zum Zweck einer ungezwungenen Selbstgesetzgebung eingeräumt haben;[538] und Habermas wird rund hundert Jahre später die Gewaltenteilung zwischen den staatlichen Organen der Exekutive, Legislative und Verwaltung aus der Idee heraus begründen, daß sie eine wechselseitige Kontrolle gewährleisten soll, die einzig und allein der überprüfbaren und neutralen Umsetzung der deliberativ ausgehandelten Mehrheitsmeinung des Volkes zu dienen hat.[539] In derartigen Bestimmungen wird also

537 Dewey, *Die Öffentlichkeit und ihre Probleme*, a. a. O., S. 46, S. 53.
538 Durkheim, *Physik der Sitten und des Rechts*, a. a. O., fünfte Vorlesung, bes. S. 89.
539 Habermas, *Faktizität und Geltung*, a. a. O., S. 209-237.

der moderne Staat von der ihm gedanklich vorauszuschaltenden Bedingung einer sozialen Freiheit der sich wechselseitig in ihrer Urteilsfähigkeit anerkennenden Gesellschaftsmitglieder her gedacht: Er stellt das »reflexive Organ« oder das Netzwerk von politischen Instanzen dar, mit dessen Hilfe jene miteinander kommunizierenden Individuen versuchen, ihre »experimentell« oder »deliberativ« ermittelten Vorstellungen über die moralisch und sachlich angemessenen Lösungen sozialer Probleme in die Wirklichkeit umzusetzen.

Nun war oder ist keiner der drei Autoren selbstverständlich jemals der Überzeugung gewesen, daß sich das faktische Verhalten der staatlichen Organe tatsächlich nach dem skizzierten Muster erklären ließe; von Durkheim ist bekannt, wie skeptisch er dem französischen Staat seiner Zeit gegenüberstand,[540] von Dewey haben wir bereits gesehen, daß er die staatliche Entgrenzung des kapitalistischen Marktes für die Gefährdungen der Öffentlichkeit zumindest mitverantwortlich machte,[541] und für Habermas stellt das demokratische Defizit des gegenwärtigen Staates sogar ein Zentrum seiner gesamten politischen Theorie dar.[542] Die normative Idee einer Verankerung des Rechtsstaates in den kommunikativen Willensbildungen seiner Bürgerinnen und Bürger soll in all diesen Fällen nur als eine, allerdings historisch längst institutionalisierte und insofern legitimationswirksame Richtschnur dienen, an der sich empirisch ermessen läßt, bis zu welchem Grad die staatlichen Organe die ihnen bereits zugewiesene Aufgabe jeweils erfüllt haben; hier ist keine idealisierende Konzeption im Spiel, keine Überbietung der Wirklichkeit durch einen bloß

540 Vgl. Durkheim, *Physik der Sitten und des Rechts*, a. a. O., S. 135-139.

541 Dewey, *Die Öffentlichkeit und ihre Probleme*, a. a. O., S. 152 ff. Viel ausführlicher legt Dewey seine kapitalismuskritischen Überlegungen allerdings dar in: »Liberalism and Social Action«, in: ders., *The Later Works*, Bd. 11, 1935-1937, Carbondale/Edwardsville 1991, S. 1-65.

542 Das reicht von der Schrift *Legitimationsprobleme im Spätkapitalismus* (Frankfurt/M. 1973) bis zu *Faktizität und Geltung* (a. a. O., S. 516-537).

moralischen Begriff, sondern nur der historische Ausgang von einer Vorstellung, die seit den Tagen der Französischen Revolution im Westen Europas dem Prinzip nach allgemein akzeptiert ist. Für uns bedeutet ein solches Vorgehen, daß wir es nun seinerseits als einen methodischen Leitfaden unserer eigenen normativen Rekonstruktion zugrunde legen können; denn mit der Anweisung, den modernen Staat aufgrund seiner Legitimationsbedingungen als ein »Organ« oder als eine in sich gegliederte Körperschaft der praktischen Umsetzung demokratisch ausgehandelter Willensbeschlüsse zu begreifen, ist uns eine Handhabe gegeben, die Chancen einer Verwirklichung von sozialer Freiheit auch in dieser, der Sphäre staatlichen Handelns zu ermitteln.

Aus Sicht einer moralisch ernüchterten, realistischen Geschichtsschreibung stellt sich allerdings die Entwicklung des modernen Staates seit seiner Gründung nur als ein Prozeß des unaufhörlichen Wachstums einer nur fadenscheinig legitimierten Gewalt dar. Immer wieder sind wir im Zuge unserer normativen Rekonstruktion, ohne es ausdrücklich zu erwähnen, historischen Ereignissen oder Prozessen begegnet, die im Rückblick nichts anderes zu belegen scheinen als eine allmähliche Steigerung der Verfügungsmacht staatlicher Organe; das begann mit der Feststellung des staatlichen Einsatzes von Steuermitteln zu Kriegszwecken, zeigte sich indirekt an der Zwangsvereinigung verschiedener Völker und Ethnien zu nationalstaatlichen Gebilden, kam zum Vorschein bei der beiläufigen Zurkenntnisnahme kolonialistischer Bestrebungen, fand Erwähnung beim Verweis auf sozialstaatliche Kontrollmaßnahmen und mündete schließlich in der Darlegung der staatlichen Mobilisierung der deutschen Bevölkerung für den Völkermord im Nationalsozialismus. Abstrahiert man von allen gegenläufigen Tendenzen und zieht durch diese Vorkommnisse den roten Faden einer permanenten Ausweitung staatlicher Zuständigkeiten und Kontrollbefugnisse, so liegt es nahe, die Geschichte des demokratischen Rechtsstaates als einen Prozeß der Pervertierung eines ursprünglich als Mittel gedachten Apparates in den Selbstzweck einer ausschließlich mit der eigenen Machterweiterung beschäftigten Großorganisation zu beschreiben; der Unterschied zwischen dem Sozialstaat der hinter uns liegenden »sozialdemokratischen« Epoche und dem totalitären Staat des »Dritten Reiches« liegt dann, überspitzt gesagt, nur in der Verwendung von einmal »weichen«, das andere Mal »harten« Instrumenten der Kontrolle der »Untertanen«.[543] Der Preis für eine solche radikale Außenperspektive, die ihr Gutes sicherlich darin hat, gegen Illusionsbildungen zu wappnen, ist allerdings nicht unerheblich, weil man aller Möglichkeiten der Bewertung und vor allem normativen Abstufung der beschriebenen Vorgänge beraubt ist; wird darauf verzichtet, den modernen Rechtsstaat an die Aufgabe des Schutzes und der Befolgung der öffentlichen Willensbildung wenigstens kontrafaktisch zurückzubinden, so begibt man sich der Chance, Fortschritte und Rückschritte, normative Errungenschaften und Fehlentwicklungen in der Sphäre des staatlichen Handelns überhaupt noch zu beurteilen.

Bei der Einnahme der entgegengesetzten, also normativen Perspektive, bei der am modernen Staat dessen Legitimationsverpflichtungen hervortreten, dürfen freilich jene zuvor erwähnten Züge einer einseitigen Gewaltausübung und Kontrolltätigkeit nun nicht einfach in Abrede gestellt werden; es ändert sich aber ihre historische Rolle und Bedeutung, weil sie nun nicht mehr als Indikatoren einer intrinsischen Tendenz zur Machtsteigerung, sondern der illegitimen, häufig interessengebundenen Anwendung bloß entliehener Zwangs- und Gewaltbefugnisse in den Blick rücken. An zwei Stellen seines ihm demokratisch zugewiesenen Tätigkeitsbereichs ist der Rechtsstaat besonders anfällig für solche Zweckentfremdungen des ihm übertragenen Gewaltmonopols: Er kann einer-

543 Vgl. die erstaunlichen Formulierungen in: Reinhard, *Geschichte der Staatsgewalt*, a. a. O., S. 29.

seits die ihm nach dem eingangs geschilderten Staatsmodell auferlegte Funktion des Schutzes und der Erweiterung einer öffentlichen Sphäre der demokratischen Willensbildung nur unvollständig oder sogar selektiv ausüben, und er kann andererseits die Ergebnisse einer solchen diskursiven Selbstgesetzgebung bloß einseitig oder sogar »parteilich« umzusetzen versuchen; je höher und bestimmter die Selektivität des Staates an diesen beiden Scharnierstellen seiner Rückbindung an die demokratische Öffentlichkeit ist, so läßt sich mithin vermuten, desto stärker wird er seine legitime Aufgabe verfehlen und gegebenenfalls bloß noch als »Erfüllungsorgan« partikularer gesellschaftlicher Interessen tätig sein.[544] Natürlich ist ein derartiges, allein auf »Selektivität« abzielendes Vorstellungsmodell noch immer unvollständig, weil es die Möglichkeit außer acht läßt, daß die staatlichen Organe ihrerseits auch mit Mitteln der direkten oder indirekten Einflußnahme auf die Prozesse der demokratischen Willensbildung einwirken können; die Nutzung des öffentlich-rechtlichen Rundfunks zu Zwecken der faschistischen Propaganda oder des politischen Terrors des NS-Staates waren nur besonders krasse Beispiele für eine solche aktiv-unterdrückende Rolle des Staates, auf die wir in unserer normativen Rekonstruktion der demokratischen Öffentlichkeit gestoßen sind – ihnen ließen sich ohne weiteres viele andere Fälle einer solchen außerrechtlichen Gewaltpraxis moderner, dem Anspruch nach bereits »demokratischer« Staaten zur Seite stellen.[545] Aber auch für diese dritte Möglichkeit ei-

544 Ich verwende hier das von Claus Offe vor vierzig Jahren entwickelte Instrumentarium der »klassenspezifischen Selektivität« staatlichen Handelns, um es für die Aufgabe einer normativen Rekonstruktion des Rechtsstaats fruchtbar zu machen: ders., »Klassenherrschaft und politisches System. Zur Selektivität politischer Institutionen«, in: ders., *Strukturprobleme des kapitalistischen Staates*, Frankfurt/M. 1972, S. 65-105; hilfreich ist auch: Peters, »Staat und politische Öffentlichkeit als Formen sozialer Selbstorganisation«, in: ders., *Der Sinn der Öffentlichkeit*, a. a. O., S. 31-54, hier: S. 49 f.

545 Vgl. den instruktiven Überblick, den Alf Lüdtke in Form einer Sammelrezension gegeben hat: ders., »Genesis und Durchsetzung des

ner Zweckentfremdung staatlicher Macht, deren Inanspruchnahme für die gezielte Unterdrückung oder Beeinflussung der öffentlichen Meinung, gilt, daß sie als »Zweckentfremdung« und damit als Mittel illegitimer Machtausübung überhaupt nur zutage treten kann, solange die normative Perspektive einer demokratischen Legitimationsbedürftigkeit staatlichen Handelns eingenommen wird; entfällt die Grundlage eines solchen Begriffs des Rechtsstaates in der historischen Rückbetrachtung, wie etwa in der Machttheorie Foucaults oder bei einer »realistischen« Geschichtsschreibung,[546] so können sowohl die »Selektivitäten« als auch die außerrechtlichen Gewalttätigkeiten nur als ganz normale Vollzüge des modernen Staates erscheinen.

Versetzen wir uns also in eine normative Perspektive, in der genügend Spielraum für die Wahrnehmung solcher gegenläufiger Phänomene bleibt, so sind wir in der Lage, die Geschichte des modernen Staates am Leitfaden der Realisierung sozialer Freiheit knapp zu rekonstruieren, ohne dabei moralischen Illusionen zu verfallen. Schon der historische Punkt, an dem wir den Faden einer derartigen Rekonstruktion aufnehmen müssen, belehrt uns sogleich über jenes »illusorische ›Allgemein‹-Interesse ›Staat‹«, von dem Marx und Engels lakonisch in der »Deutschen Ideologie« gesprochen hatten:[547] In der Übergangszeit von der absolutistischen

›modernen Staates‹. Zur Analyse von Herrschaft und Verwaltung«, in: *Archiv für Sozialgeschichte*, 20 (1980), S. 470-491. Zur Ausübung kolonialer Gewalt durch Verfassungsstaaten vgl. exemplarisch: Susanne Kuß, *Deutsches Militär auf kolonialen Kriegsschauplätzen. Eskalation von Gewalt zu Beginn des 20. Jahrhunderts*, Berlin 2010.

546 Vgl. exemplarisch: Michel Foucault, *Überwachen und Strafen. Die Geburt des Gefängnisses*, Frankfurt/M. 1976; dazu kritisch: Axel Honneth, *Kritik der Macht. Reflexionsstufen einer kritischen Gesellschaftstheorie*, Frankfurt/M. 1989, Kap. 6. Zur »realistischen Geschichtsschreibung« der Entwicklung des modernen Staates vgl. etwa Reinhard, *Geschichte der Staatsgewalt*, a. a. O., Kap. V.

547 Karl Marx/Friedrich Engels, »Die deutsche Ideologie« (1845/46), in: dies., *Werke*, Bd. 3, a. a. O., S. 9-530, hier: S. 34.

Monarchie zum modernen Verfassungsstaat im ersten Drittel des 19. Jahrhunderts wurden in fast allen Ländern Westeuropas nach dem Vorbild der französischen Republik stark zentralisierte und bereits mit straff organisierten Bürokratien versehene Staatsapparate geschaffen, die zwar der Idee nach für das Wohl des ganzen Volkes tätig sein sollten, faktisch aber aufgrund ihrer nicht mehr mediatisierten Vollmachten nur um so leichter durch die ökonomisch mächtigen Schichten zur Durchsetzung eigener Interessen genutzt werden konnten; alles, was an reproduktionssichernden und verwaltenden Tätigkeiten von den politischen Instanzen zu leisten war, geschah bei nur geringer eigener Akzentsetzung in Form einer synthetisierenden Zusammenfassung und anschließenden Umsetzung der Belange, die von einem staatsnahen Bürgertum oder, wie in Frankreich oder England, von einer sich aus Bürgern und Adligen rekrutierenden Herrschaftselite als wichtig oder förderlich angesehen wurden. Nur ganz allmählich wurden diese neuen Staatsgebilde, deren Autoritätsbefugnisse je nach Land einmal stärker in nationalen Parlamenten, in gewaltenteilig aufeinander bezogenen Regierungsorganen oder in monarchischen Fürstenhäusern verankert waren, mit grundrechtlichen Verfassungen ausgestattet, die aus dem Untertanen der feudalen Ständegesellschaft den gleichberechtigten Bürger eines demokratischen Gemeinwesens machen sollten.[548] Wir haben aber im Zusammenhang unserer Rekonstruktion der demokratischen Öffentlichkeit schon gesehen, wie dünn, exklusiv und bloß formal die damals verliehenen Bürgerrechte in den meisten Staaten noch waren, und daß sie zudem nur den männlichen Gesellschaftsmitgliedern gewährt wurden – in Frankreich, das ja nach der Revolution bereits 1791 eine solche Verfassung erhalten hatte, blieben, um nur ein weiteres anschauliches Beispiel zu geben, knapp drei Siebtel aller Männer aufgrund von mangelnder ökono-

548 Zu den unterschiedlichen Wegen der Verfassungsgebung in Westeuropa vgl. Reinhard, *Geschichte der Staatsgewalt*, a. a. O., S. 410-426.

mischer Selbständigkeit vom Stimmrecht ausgeschlossen.[549] Von einer auch nur halbwegs intakten Öffentlichkeit im Sinn jener sozialen Sphäre, in der sich unter den Bürgerinnen und Bürgern im Meinungsstreit ein gemeinsamer Wille hätte herausbilden können, kann also für die erste Hälfte des 19. Jahrhunderts noch gar nicht gesprochen werden; wenn überhaupt, so waren hier nur die männlichen Mitglieder des Bürgertums oder des Adels vertreten,[550] die freilich auch über andere, nichtdiskursive Wege der politischen Einflußnahme verfügten, während die Mitglieder der lohnabhängigen Klassen trotz bestehender Assoziationen der Meinungsfindung von formalen Wegen der Beeinflussung der Parlamente oder konstitutionellen Körperschaften abgeschnitten waren. Auch die Vorstellung, daß während dieses Zeitraums der moderne Staat bereits nur selektiv die Ergebnisse einer öffentlich-demokratischen Willensbildung zur Kenntnis genommen hätte, ist dann natürlich eher irreführend: Eine derartige Selektivität der Informations- und Themenverarbeitung war dort noch gar nicht erforderlich, wo die politisch zu bewältigenden Belange ausschließlich von überhaupt nur wenigen, ökonomisch führenden Schichten öffentlich wahrnehmbar artikuliert wurden.

Die dunkle Seite dieser eher geradlinigen und selektionsarmen Umsetzung klassenspezifischer Interessen durch die gerade etablierten Verfassungsstaaten – die, so gesehen, »bürgerliche« Staaten in der rein exklusiven Bedeutung des Wortes waren – bildete die entweder polizeiliche oder militärische, auf jeden Fall zentralistisch verfügte Ausübung von Gewalt zum Zweck einer politischen Ausgrenzung und Disziplinierung der

549 Ebd., S. 413, S. 432.

550 Einen anschaulichen Überblick für Deutschland gibt: Jürgen Kocka, »Zivilgesellschaft in historischer Perspektive«, in: ders., *Arbeiten an der Geschichte. Gesellschaftlicher Wandel im 19. und 20. Jahrhundert*, Göttingen 2011, S. 191-202; insgesamt: Nancy Bermeo/Philip Nord (Hg.), *Civil Society before Democracy. Lessons from Nineteenth Century Europe*, Lanham 2000.

lohnabhängigen Klassen.[551] Gewiß, der Grad der Anwendung solcher physischen Erzwingungsmittel variierte wiederum von Land zu Land, war manchmal von den bereits bestehenden Verfassungen noch gedeckt, manchmal weit jenseits ihres Ermessensspielraums, aber kaum irgendwo in Westeuropa wurden die Mitsprache- und Partizipationsforderungen der proletarischen Schichten nicht gewaltsam unterdrückt. Unter dem Druck dieser politischen Bewegungen, die in einigen Ländern durchaus aus Koalitionen zwischen Vertretern der Arbeiterschaft und des Bürgertums bestehen konnten, weil hier auch die Mitglieder der ökonomisch selbständigen Schichten von jeder demokratischen Mitwirkung ausgeschlossen blieben, änderten sich freilich die Kräfteverhältnisse allmählich etwas zugunsten einer stärkeren Rolle der Volksvertretung; herrschte selbst in Frankreich, dem europäischen Mutterland der Idee einer demokratischen Selbstgesetzgebung, bis 1830 noch eine dualistische Auslegung der neuen Verfassung vor, der zufolge den parlamentarischen Repräsentationsorganen ein Monarch als *pouvoir neutre* übergeordnet sein mußte, um jene gegebenenfalls in die Schranken zu weisen,[552] so setzte nach der Julirevolution ein Parlamentarisierungsschub ein, der bald auch viele andere Länder erfaßte: Die gesetzgebende Rolle der Volksvertretungen in den jeweiligen Parlamenten wurde aufgewertet, die des Monarchen entsprechend herabgestuft, so daß sich zum ersten Mal in groben Umrissen in England, Frankreich, Belgien oder den Niederlanden das institutionelle Gebilde eines demokratischen Rechtsstaates abzeichnete, umhüllt zwar noch vom Schleier monarchisti-

551 Vgl. exemplarisch: Alf Lüdtke, »The Role of State Violence in the Period of Transition to Industrial Capitalism: the Example of Prussia from 1815-1848«, in: *Social History*, 4 (1979), Nr. 2, S. 169 ff. Über die Literatur zu diesem Thema unterrichtet vorzüglich: Lüdtke, »Genesis und Durchsetzung des ›modernen Staates‹«, a. a. O.

552 Der Schlüsselautor dieser Lehre war Benjamin Constant, »Grundprinzipien der Politik«, in: ders., *Werke*, Bd. IV, Berlin 1972, S. 9-244, Kap. II.

scher Elemente, aber schon verankert im Prinzip der Selbstgesetzgebung des Volkes.[553] Nur Deutschland blieb vorläufig von dieser damit einsetzenden Parlamentarisierung des politischen Systems abgeschnitten, weil es bis 1918 den instabilen Sonderweg einer konstitutionellen Überordnung des monarchistischen Prinzips über die demokratische Willensbildung einschlug.[554]

Allerdings entsprach der durch politische Aufstände und intellektuelle Bemühungen angestoßenen Demokratisierung der europäischen Verfassungsstaaten keineswegs eine parallele Aufwertung und Entgrenzung der politischen Öffentlichkeit als Sphäre einer ungezwungenen Willensbildung; je stärker die gesetzgebende Funktion der parlamentarischen Körperschaften hier in der zweiten Hälfte des 19. Jahrhunderts ausgebaut wurde, so läßt sich vielleicht sagen, desto massiver begannen jene beiden klassenspezifischen Selektionsmechanismen wirksam zu werden, auf die wir zuvor verwiesen haben. Nicht nur unternahmen die legislativen Organe dieser sich allmählich demokratisierenden Staaten kaum oder keinerlei Anstrengungen, um den Mitgliedern der lohnabhängigen Schichten sei es organisatorisch oder rechtlich die Mitwirkung an der öffentlichen Willensbildung überhaupt zu ermöglichen; obwohl inzwischen in Ergänzung oder Ersetzung der alten Honoratiorenverbände, reinster Ausdruck einer ungebrochenen Klassenherrschaft, in den meisten Ländern politische Parteien als intermediäre Organe zwischen Zivilgesellschaft und Staat rechtlich zugelassen waren, blieb den Organisationen der Arbeiterbewegung ein solches öffentliches Existenzrecht fast überall verwehrt. Das Wahlrecht war weiterhin nur den männlichen Angehörigen der ökonomisch selbständigen Schichten vorbehalten, politische Erhebungen von »unten« mit dem Ziel der Eroberung von demokratischer Mitsprache

553 Über die unterschiedlichen Entwicklungswege unterrichtet: Reinhard, *Geschichte der Staatsgewalt*, a. a. O., Kap. V. 1.

554 Ebd., S. 426-431.

und -wirkung wurden unter Einsatz von militärischer Gewalt nicht selten niedergeworfen; legendär und wie ein Kantisches Geschichtszeichen steht dafür bis heute die Zerschlagung der Pariser Commune im Jahr 1871.[555] Aber selbst dort, wo trotz all dieser wie selbstverständlich praktizierten Ausgrenzungen die Willensbekundungen der vermögenslosen Klassen, des Industrieproletariats, der Bauern oder frühen Angestellten, öffentlich zur Darstellung gelangten – immerhin gab es bereits viele Gegenöffentlichkeiten und eine auflagenstarke Massenpresse –, wurden die entsprechenden Belange durch vorgeschobene Selektionsmechanismen in den parlamentarischen Gremien nur unzureichend zur Kenntnis genommen; vor allem das, was allgemein die »soziale Frage« genannt wurde, gelangte nur in dem kleinen thematischen Ausschnitt zur Debatte in den »bürgerlich« besetzten Parlamenten, der übrigblieb, nachdem sie als ein Thema durch die Filtersysteme des herrschenden, national geprägten Wertekanons und der bürokratischen Prozeßlogik gelaufen war.[556]

Während dieses Zeitraums, also im letzten Drittel des 19. Jahrhunderts, vollzog sich freilich gleichzeitig eine beschleunigende Ausdifferenzierung und institutionelle Aufforstung der verschiedenen Organe der im Entstehen begriffenen Rechtsstaaten. Der Machtzuwachs der nationalen Parlamente wurde von einem Prozeß der weiteren Zentralisierung und bürokratischen Straffung der Verwaltungsbehörden begleitet, weil sich mit dem unter öffentlichem Druck langsam wachsenden Aufmerksamkeitsspektrum der Abgeordneten auch die Zahl der staatlich zu bewältigenden Aufgaben allmählich

555 Schon Marx wußte um die historische Bedeutung der damaligen Aufstände in Paris: »Der Bürgerkrieg in Frankreich«, in: Marx/Engels, *Werke*, Bd. 17, a. a. O., S. 313-365; vgl. zudem: Pjotr L. Lawrow, *Die Pariser Kommune vom 18. März 1871. Geschehnisse – Einfluß – Lehren*, Münster 2001.

556 Vgl. dazu u. a. für Deutschland: Tennstedt, *Vom Proleten zum Industriearbeiter*, a. a. O., vor allem Teil D; für Frankreich: Castel, *Die Metamorphosen der sozialen Frage*, a. a. O., v. a. Kap. 5.

vergrößerte; allein in Deutschland, das wie Italien inzwischen auch die nationalstaatliche Vereinigung erlangt hatte, wurden kurz nach der Reichsgründung mindestens ein halbes Dutzend neuer Reichsämter geschaffen, die nun unter Aufsicht der weiterhin monarchistischen Regierung Funktionen zu erledigen hatten, für die bislang ein gesonderter Verwaltungsbedarf noch gar nicht für nötig befunden worden war.[557] In diesem Ausbau von Verwaltungsbehörden und ihrer relativen Verselbständigung gegenüber den beiden anderen Staatsorganen, Prozesse einer politischen Differenzierung, die in den bereits existierenden Nationen Westeuropas schon etwas früher eingesetzt hatten, zeichnete sich die Herausbildung eines neuen Typs staatlicher Tätigkeiten ab, die von nun an die Entwicklung des demokratischen Rechtsstaates stark prägen sollten. Hatten zwar die Regierungen der europäischen Länder auch zuvor schon stärker in die Wirtschaftssphäre und die gesellschaftliche Infrastruktur eingegriffen, als es das Bild vom Laisser-faire-Staat suggerieren mag, indem sie in synthetisierender Umsetzung kapitalistischer Verwertungsinteressen die erforderlichen Verkehrswege erschlossen, kompensatorisch die Bedarfsdeckung großer Bevölkerungsschichten übernahmen oder kolonialistische Eroberungsfeldzüge durchzuführen begannen,[558] so verwandelte sich jetzt eine solche doch eher indirekte, nur gelegentlich aktive Ordnungs- in eine dauerhaft steuernde Interventionspolitik. Auf die Frage, ob diese sich vor allem in sozialpolitischen Vorsorgeleistungen niederschlagende Transformation den bislang rein »bürgerlichen«

557 Vgl. Jürgen Kocka, »Nation und Gesellschaft in Deutschland 1870 bis 1945«, in: ders., *Arbeiten an der Geschichte*, a.a.O., S. 241-255, bes. S. 243 f. Insgesamt zur Entwicklung des politischen Systems im deutschen Kaiserreich: Hans-Ulrich Wehler, *Das deutsche Kaiserreich 1871-1918*, Göttingen 1973.

558 Vgl. exemplarisch: Dennis Sherman, »Governmental Responses to Economic Modernization in Mid-Nineteenth Century France«, in: *Journal of European Economic History*, 6 (1977/78), S. 717-736; insgesamt: Polanyi, *The Great Transformation*, a.a.O., S. 187-208.

Staaten auf ein wachsendes Kontrollbedürfnis oder aber auf die parlamentarische Verarbeitung eines öffentlichen Drucks zurückzuführen ist, sind wir im Zusammenhang der Geschichte des Arbeitsmarktes schon eingegangen (S. 422-427); wahrscheinlich liegt die Wahrheit hier in der Mitte, nämlich einer durch die massive Gegenwehr der Arbeiterbewegung zugleich erzwungenen und ermöglichten Ausweitung rechtsstaatlicher Zuständigkeiten.

Die Entstehung einer staatlichen Sozialpolitik, wie sie in den achtziger Jahren des 19. Jahrhunderts durch die Einführung einer Sozialversicherung im deutschen Kaiserreich maßgeblich vorbereitet wurde, erhöhte gegen Ende des Jahrhunderts die politischen Partizipationsmöglichkeiten der lohnabhängigen Massen ein wenig, darf aber in ihrer demokratischen Wirkung keinesfalls überschätzt werden; die Sicherung eines wirtschaftlichen Mindestunterhalts, die die westeuropäischen Staaten nun bei Arbeitslosigkeit, Erkrankung oder im Alter zu übernehmen begannen,[559] erweiterte zwar den Spielraum für politische Aktivitäten in der öffentlichen Sphäre, stärkte sicherlich auch die Gefühle nationaler Zugehörigkeit, wurde jedoch im allgemeinen weder durch eine durchgreifende Erweiterung des Wahlrechts noch durch gezielte Maßnahmen zur rechtlichen Sicherung des freien Meinungsaustauschs begleitet. Die modernen Verfassungsstaaten, ihrer institutionalisierten Idee nach doch eigentlich zur Einbeziehung aller erwachsenen Staatsbürgerinnen und Staatsbürger in die Prozesse der demokratischen Willensbildung verpflichtet, blieben weiterhin in ihrer Gesetzgebung von einer relativ engen, parlamentarisch vermittelten Absprache zwischen wirtschaftlichen Eliten, bürgerlichen Parteien und Regierungen abhängig. Nicht unwesentlich trugen zu diesem Fortbestand der politischen

559 Hans-Jürgen Puhle, »Vom Wohlfahrtsausschuß zum Wohlfahrtsstaat«, in: Gerhard A. Ritter (Hg.), *Vom Wohlfahrtsausschuß zum Wohlfahrtsstaat. Der Staat in der modernen Industriegesellschaft*, Köln 1973, S. 29-68.

Ausschließung der lohnabhängigen Schichten und damit der Aufrechterhaltung einer, so muß man wohl auch jetzt wieder sagen, politischen Klassenherrschaft die sich immer stärker versäulenden Bürokratien der Staatsapparate bei. Obwohl ihrer verfassungsrechtlichen Bestimmung nach als Instanzen der neutralen Anwendung von gesetzlichen Aufträgen gedacht und der Kontrolle durch Regierung sowie Parlament unterstellt, boten die staatlichen Behörden doch auch immer Raum für politische Entscheidungen von seiten der jeweils ausführenden Personengruppen;[560] eine Beamtenschaft, deren Angehörige im allgemeinen eher dem mittleren Bürgertum entstammten und Vorstellungen demokratischer Gleichheit noch längst nicht verinnerlicht hatten, neigte im bürokratischen Alltag häufig zur Ausnutzung solcher Ermessensfreiheiten zum Zweck der Festigung der eigenen Machtpositionen oder derjenigen ihrer Herkunftsklasse. Ähnliche Erfahrungen einer systematischen, nämlich klassenspezifischen Willkür, wie sie daher der Umgang mit den Verwaltungsbehörden vermittelte, mußten die Mitglieder der unteren Schichten um die Jahrhundertwende auch in der Konfrontation mit der staatlichen Gerichtsbarkeit machen. Wie der administrative Apparat, so war das Rechtswesen innerhalb der staatlichen Organe von den Verfassungsgrundsätzen her als eine neutrale Instanz gedacht, deren Aufgabe in der rechtsförmigen Anwendung von demokratisch zustande gekommenen Regierungsbeschlüssen auf die Vielfalt der sozialen Konfliktlagen bestehen sollte: Die Justiz muß im Einzelfall »autoritativ«, aber im Lichte erlassener Gesetze, entscheiden, »was jeweils recht und unrecht ist«.[561] So groß wie im Bereich bürokratischen Handelns war aber natürlich auch hier der Spielraum für Ermessensabwägungen, die aufgrund der sozialen Herkunft der juristischen Amtsträger zugunsten einer Stabilisierung der bürgerlichen

560 Vgl. dazu allgemein: Wolfgang Schluchter, *Aspekte bürokratischer Herrschaft*, München 1972.

561 Habermas, *Faktizität und Geltung*, a. a. O., S. 229.

Klassenherrschaft genutzt werden konnten; die Rede von der »Klassenjustiz« spiegelt bis auf den heutigen Tag die in die Vergangenheit des späten 19. und frühen 20. Jahrhunderts zurückreichende Erfahrung der vermögenslosen Schichten, machtlos einem Rechtswesen ausgesetzt zu sein, das in der Anwendung der Gesetze von stummen Vorurteilen, feindlichen Absichten oder deutlich erkennbaren Herrschaftsinteressen getrieben war.[562]

An dieser Stelle empfiehlt es sich, unsere höchst summarische Rekonstruktion zu unterbrechen, um ein normativ bedeutendes Zwischenergebnis festzuhalten. Im Laufe des 19. Jahrhunderts hatte der moderne Staat seine geschichtliche Herkunft aus einer um die Anerkennung ihrer politischen Macht kämpfenden bürgerlichen Emanzipationsbewegung noch keineswegs abgestreift; zwar war mit der Abschaffung der feudalen Ständegesellschaft durch die Französische Revolution das neue Legitimationsprinzip der Volkssouveränität infolge politischer Kämpfe und Reformbemühungen schrittweise in allen Ländern institutionalisiert worden, so daß von nun an die Ausübung staatlicher Herrschaft an die Bedingung einer demokratischen Willensbildung unter allen Bürgerinnen und Bürgern geknüpft sein sollte, aber die lohnabhängigen Männer und die Gesamtheit der Frauen blieben von dieser versprochenen Freiheit der deliberativen Selbstgesetzgebung vorläufig noch ausgeschlossen. Allerdings hatte während desselben Zeitraums der normative Selbstanspruch dieses veränderten

562 Bedeutend für dieses Thema ist vor allem: Detlef Joseph (Hg.), *Rechtsstaat und Klassenjustiz. Texte aus der sozialdemokratischen »Neuen Zeit« 1883-1914*, Freiburg/Berlin 1996. Sehr grundsätzlich und äußerst erhellend wird die Möglichkeit der Klassenjustiz behandelt von Ernst Fraenkel, »Zur Soziologie der Klassenjustiz«, in: ders., *Zur Soziologie der Klassenjustiz*, Darmstadt 1968, S. 1-41. Einen berühmten, inzwischen unumstrittenen Fall von Klassenjustiz stellt in den USA das gegen die beiden Arbeiter Nicola Sacco und Bartolomeo Vanzetti verhängte Todesurteil dar; vgl. dazu eindrucksvoll Felix Frankfurter, *The Case of Sacco and Vanzetti: A Critical Analysis for Lawyers and Laymen* (1927), New York 2003.

Systems politischer Herrschaft auch schon insofern erhebliche organisatorische Wirkungen gezeigt, als, wiederum unter dem Druck von intellektuellen Reformanstrengungen, die einzelnen staatlichen Organe stärker voneinander abgehoben und in ein rudimentäres Verhältnis der wechselseitigen Kontrolle gebracht, die Befugnisse der (bürgerlich besetzten) Parlamente gegenüber der (zumeist monarchistischen) Regierungsspitze erhöht und schließlich Parteien als intermediäre Organe der Willensbildung zugelassen worden waren; des weiteren hatte die inzwischen europaweit vollzogene Nationalstaatsbildung dafür gesorgt, daß mit der Existenz einer zwar weiterhin hegemonial definierten, aber doch schichtübergreifend akzeptierten Kultur immerhin die mentalen Voraussetzungen gegeben waren, unter denen sich die Mitglieder eines politischen Gemeinwesens überhaupt als aufeinander bezogene und gegenseitig verpflichtete Staatsbürger verstehen konnten. Als gegen Ende des Jahrhunderts dann in verschiedenen Staaten unter dem Druck der Arbeiterbewegung erste rechtliche Schritte unternommen wurden, um die formal den männlichen Gesellschaftsmitgliedern ja bereits zugestandenen Bürgerrechte sozialstaatlich zu unterfüttern, schien zumindest für diesen Teil der lohnabhängigen Bevölkerung die Aussicht auf eine Einbeziehung in die demokratische Selbstgesetzgebung greifbar nahe; gewiß, das Wahlrecht wurde in einigen Ländern weiterhin an die Voraussetzung bestimmter Bildungsqualifikationen oder ökonomischer Selbständigkeit gebunden, aber es war ersichtlich nur eine Frage der Ausdauer im Erstreiten historisch uneingelöster Rechtsansprüche, bis auch solche letzten formalen Barrieren fallen würden. An diesem historischen Punkt, also um die Jahrhundertwende, tat sich aber nun ein weiteres Hindernis in der Durchsetzung des Rechtsstaates auf, dessen Bedeutung für die Beurteilung seiner tatsächlichen Funktionstüchtigkeit gar nicht hoch genug veranschlagt werden kann: Auch bei einer schon gegebenen oder doch absehbaren Rechtsgleichheit unter den Staatsbürgern konnten sich gravierende Benachteiligungen für Teile der Bevölkerung daraus ergeben, daß in den staatlichen Behörden und im Justizwesen die demokratischen Einstellungen noch gar nicht hinreichend verbreitet waren, die für eine faire und gleichmäßige Anwendung von Gesetzesbeschlüssen eine notwendige Voraussetzung bildeten. Die im politischen Abwehrkampf gewonnenen Begriffe der »Klassenjustiz« und der »Behördenwillkür« signalisierten die Möglichkeit, daß die Gewohnheiten und Sichtweisen des Personals der staatlichen Organe hinter den normativen Erfordernissen zurückblieben, die mit den formalen Standards der grundrechtlichen Reformen bereits etabliert worden waren; zwischen den Legitimationsprinzipien des Rechtsstaates und ihrer politischen Verwirklichung klafften also nicht nur der Abstand noch uneingelöster Rechtsansprüche, sondern auch derjenige von nicht entsprechend nachgewachsenen Gesinnungen und institutionellen Gewohnheiten. Daher ist jede Konzeption des demokratischen Rechtsstaates schlecht beraten, die ihr normatives Augenmerk allein auf die rechtlichen Funktionserfordernisse einer deliberativen Willensbildung und einer demokratisch legitimierten Machtausübung richtet; es bedarf ebensosehr einer Berücksichtigung solcher nichtrechtlichen Komponenten wie Sitten, Gebräuche und Verhaltensstile, um nicht aus den Augen zu verlieren, daß in den staatlichen Ausführungsorganen – in Polizei, Justiz, Bürokratie und selbst im Militär – die Prinzipien der Rechtsgleichheit mehr oder weniger angemessen, demokratisch oder autoritär praktiziert werden können.[563]

Das Ende des Ersten Weltkriegs, dessen Vorgeschichte und

563 Aus dieser Einsicht hat Avishai Margalit die Grundannahmen seiner Theorie einer »decent society« entwickelt. Siehe ders., *Politik der Würde. Über Achtung und Verachtung*, Berlin 1997. Im Rückgriff auf John Dewey betont auch Martin Hartmann die Notwendigkeit, bei der Behandlung demokratischer Verfahren stärker auf die in den politischen Institutionen praktizierten Verhaltensstile zu achten: *Die Kreativität der Gewohnheit. Grundzüge einer pragmatistischen Demokratietheorie*, Frankfurt/M. 2003, v. a. Teil II.

Verlauf gezeigt hatten, zu welch einer Mobilisierung von Bevölkerungsmassen und militärischen Vernichtungsmitteln der moderne Staat inzwischen aufgrund seines Machtzuwachses in der Lage war, stellt in der hier rekonstruktiv verfolgten Geschichte einen tiefen Einschnitt dar; denn mit den Revolutionen, Erhebungen oder politischen Reformen, die in vielen Ländern Europas den entweder erfolgreichen oder negativen Ausgang des Krieges besiegelten, kamen fast überall, wo dies noch nicht geschehen war, sozialpolitische Maßnahmen in Gang, die für eine stärkere Einbeziehung der lohnabhängigen Schichten in den demokratischen Prozeß sorgen sollten. Zwar blieb Europa ein wahrer Flickenteppich von sehr unterschiedlichen politischen Verfassungen mehr oder weniger parlamentarischer Ausrichtung – liberale Monarchien wie in Belgien, Ungarn oder Polen, demokratische Republiken wie in Deutschland oder Frankreich, konstitutionelle Monarchien mit großen internen Spannungen wie in Spanien oder Portugal, wo alsbald autoritäre faschistische Diktaturen die Macht übernehmen sollten –, aber nirgendwo war nun mehr die Legitimität des Kampfes um politische Gleichstellung einfachhin zu bestreiten. Eine geradezu natürliche Konsequenz dieser veränderten Wahrnehmung sollte es daher sein, wie wir bereits gesehen haben, daß in den meisten europäischen Ländern die Ausweitung des Wahlrechts auf Frauen nicht mehr lange auf sich warten ließ; und wir haben auch schon feststellen müssen, daß eine solche rechtliche Einbeziehung vorläufig nur wenig an der Wirkung der kulturellen Ausschließungsmechanismen zu ändern vermochte.

Den Tendenzen einer Ausweitung der Rechtsbefugnisse der modernen Staaten standen freilich im selben Zeitraum Anstrengungen gegenüber, ihren Machtzuwachs angesichts des katastrophalen Verlaufs des Ersten Weltkriegs politisch auch wieder einzuschränken oder zumindest intellektuell zu hinterfragen; wohl erst damals wird jene eigentümliche, die Entwicklung des Rechtsstaates seither begleitende Doppelbewegung angestoßen, die darin besteht, daß im Namen des zugrundeliegenden Legitimationsprinzips einer demokratischen Selbstgesetzgebung eine Erweiterung staatlicher Zuständigkeiten zugleich gefordert und auch wieder in Frage gestellt wird. Nicht nur die Tatsache, daß die Verfassungsstaaten, zumal das deutsche Kaiserreich mit seiner rudimentär demokratischen Verfassung, in der Vorkriegszeit dazu in der Lage gewesen waren, große Bevölkerungsteile für ihre politischen Kriegsziele zu mobilisieren, sondern auch der enorme Umfang der dann zum Einsatz gebrachten Waffen hatten bei vielen Intellektuellen erste Zweifel am normativen Sinn der neuen Staatsgebilde aufkommen lassen; dabei stand mehr noch als die nationale Hintergrundkultur dieser demokratischen Staaten, was problematisch genug war, die ihnen scheinbar innewohnende Tendenz zum administrativen Interventionismus und zur souveränen Machtbefugnis zur Debatte. Unter den vielen Auseinandersetzungen, die über diese entscheidende Frage direkt nach Ende des Ersten Weltkriegs geführt wurden, dürfte wohl eine der erhellendsten diejenige gewesen sein, die untergründig zwischen Sigmund Freud und Hans Kelsen ausgetragen wurde.

Freud hatte mit seiner 1921 veröffentlichten Studie »Massenpsychologie und Ich-Analyse«[564] ganz offensichtlich auf die ihn massiv umtreibenden Vorgänge im Vorfeld und im Verlauf des Weltkriegs reagieren wollen, indem er nach einer Erklärung für die leichte Mobilisierbarkeit großer Bevölkerungsteile durch die staatlichen Machtapparate suchte – die Vernachlässigung psychologischer Faktoren bei Armeen schien ihm, wie es mit einem Seitenblick auf den »preußischen Militarismus« heißt, »nicht nur ein theoretischer Mangel, sondern auch eine politische Gefahr«.[565] Die Lösung des Rätsels, warum Menschen, sobald sie sich zu einer Masse vereinigt haben, so

564 Sigmund Freud, »Massenpsychologie und Ich-Analyse« (1921), in ders., *Gesammelte Werke*, Bd. XIII, Frankfurt/M. 1972 (7. Auflage), S. 71-161.

565 Ebd., S. 103.

leicht verführbar sind, erblickte Freud darin, daß sich deren Mitglieder miteinander in hohem Maße identifizieren, weil sie sich gemeinsam in bewundernder und ehrfürchtiger Liebe auf das gleiche Objekt beziehen, dem sie als einzelne jeweils ihr Ich-Ideal geopfert haben;[566] mit dem Wegfall dieser reflexiven Instanz erlösche auch jedes Distanzierungs- und Kritikvermögen, so daß man kollektiv in beinahe höriger Weise für alle erdenklichen Anweisungen empfänglich ist, die von dem als »Führer« oder »Oberhaupt« begriffenen Liebesobjekt ergehen. Eine gewisse Schwierigkeit bei einer solchen Annahme erblickte Freud allerdings darin, daß Armeen, Kirchen oder auch Staaten nicht einfach nur kurzlebige Massenphänomene bilden, sondern auf Dauer gestellte und in normativen Erwartungen verankerte Organisationen; hier wird das individuelle Verhalten daher durch eine Reihe von für Rechtens gehaltenen »Normen der Sittlichkeit«[567] im Zaum gehalten, welche den Subjekten ersatzweise einige der reflexiven Attribute des Selbstbewußtseins zurückerstatten, die sie in der rein beweglichen, spontanen Masse verloren hatten.[568] Gleichwohl wollte Freud aus dieser Differenz nicht den Schluß ziehen, in beiden Arten der Masse herrschten ganz andere, qualitativ verschiedene Gesetzmäßigkeiten; die aus dem Nichts entstehenden, vollkommen willfährigen Massen sind, so heißt es in einer berühmt gewordenen Metapher, »den letzteren [also den organisierten Massen, A. H.] gleichsam aufgesetzt, wie die kurzen, aber hohen Wellen den langen Dünungen der See«.[569]

Für Freud mußte sich aus diesen massenpsychologischen Betrachtungen ergeben, daß Staaten mit allumfassenden Zuständigkeiten und entsprechend starken Rechtsbefugnissen auch dann ein zivilisatorisches Risiko darstellen, wenn sie normativ in demokratischen Verfassungen verankert sind; denn

566 Ebd., S. 128.
567 Ebd., S. 89.
568 Ebd., S. 94.
569 Ebd., S. 90.

ihre ubiquitäre Präsenz, ihr Monopol auf die Lösung verschiedenster Lebensprobleme mache sie zu institutionellen Gebilden, die sich in idealer Weise dazu eignen, von einer Vielzahl von Individuen spontan als »Liebesobjekt« verehrt zu werden, so daß deren Aufgehen in der beliebig steuerbaren Masse keine Grenzen mehr gezogen sind. Wenn die beweglichen, von seiten ihrer Mitglieder vollkommen distanzlos miterlebten Massen nur, wie Freud gesagt hatte, die »hohen« Wellen waren, die aus dem ruhigen Meer der institutionell geregelten Massenverbände jederzeit emporschlagen können, dann war der moderne Rechtsstaat ein besonders gefährliches Gebilde solcher Art, weil er aufgrund seiner erweiterten Eingriffsmöglichkeiten mehr an unkontrollierbarer Bindungsenergie enthielt als die älteren, viel weniger zentralisierten Staaten.[570] Nur ein Jahr, nachdem Freud in seiner Studie eine derart pessimistische Schlußfolgerung zumindest angedeutet hatte, reagierte darauf der bedeutende Rechtsgelehrte Hans Kelsen mit einer eingehenden, beinah fünfzig Seiten umfassenden Besprechung, die in der psychoanalytischen Zeitschrift *Imago* veröffentlicht wurde;[571] die Ausführlichkeit, mit der er sich dem Thema widmete, läßt darauf schließen, daß es ihm weit über die rein theoretische Auseinandersetzung hinaus auch um die politische Absicht ging, dem drohenden Vertrauensschwund gegenüber dem Rechtsstaat entgegenzuwirken und für dessen normative Verläßlichkeit zu werben.

Im Zentrum der Kritik, die Kelsen bei aller immer wieder betonten Wertschätzung an Freud übte, liegt dessen Unterscheidung von bloß kurzlebigen und stabil organisierten, von spontan aufflammenden und normativ eingehegten Massen; diese Differenzierung fällt nach Meinung des Rechtstheo-

570 Zur politischen Theorie von Freud vgl. u. a. José Brunner, *Psyche und Macht. Freud politisch lesen*, Stuttgart 2001, v. a. Teil II.

571 Hans Kelsen, »Der Begriff des Staates und die Sozialpsychologie. Mit besonderer Berücksichtigung von Freuds Theorie der Masse«, in: *Imago*, Bd. VIII (1922), H. 2, S. 97-141.

retikers viel zu schwach aus, weil sie unberücksichtigt läßt, daß es sich im zweiten Fall eigentlich gar nicht mehr um ein »psychologisches« Phänomen handelt.[572] Sobald nämlich eine Vielzahl von Individuen durch organisierte Mitgliedschaft in einem Staatsgebilde vereinigt sind, lasse sich deren Verhältnis untereinander nicht mehr nach dem Muster von »affektiven Bindungen« verstehen; denn an die Stelle solcher aus libidinösen Quellen stammenden Vergemeinschaftungen sind jetzt rein rechtliche Beziehungen getreten, deren besondere Eigenschaft darin besteht, daß die Subjekte sich nur noch miteinander identifizieren, wenn sie sich gemeinsam rational auf den Staat als eine »führende Idee« beziehen.[573] Diese »Sublimierung« ihrer sozialen Bindungen, wie sich vielleicht sagen läßt, führt Kelsen zufolge dazu, daß jene »Regression« erst gar nicht einsetzt, die für jede Art von Massenbildung aus der Sicht Freuds charakteristisch sein soll; vielmehr bleibt die kritische Reflexionstätigkeit des normalen Erwachsenen hier in Kraft, weil der Staat eben als ein Ich-Ideal, nicht aber als ein verinnerlichtes Liebesobjekt des einzelnen verstanden werden muß. Die Eigentümlichkeit der durch staatliche Autorität gestifteten Rechtsbeziehungen, so faßte Kelsen seinen Einwand zusammen, erschließt sich nur bei Berücksichtigung der »Soll-Geltung«[574] von Normen, die von grundsätzlich anderer Art sei als die empirische Wirkung von libidinösen Bindungen.

Gewiß, diese Kritik, die ja im wesentlichen auf die kategoriale Differenz von normativ regulierten und affektiv gespeisten Sozialbeziehungen hinauslief, fiel ein wenig harmlos aus gegenüber den von Freud heraufbeschworenen Bildern irrational enthemmter Massen, die er ganz offenbar der unmittelbaren Vorkriegszeit entnommen hatte; aber immerhin war es Kelsen gelungen, die normative Idee des modernen Rechtsstaates vor den Verdächtigungen in Schutz zu nehmen, die

572 Ebd., S. 119.
573 Ebd., S. 123.
574 Ebd., S. 124.

sich von psychoanalytischer Seite aus ergeben mußten, weil zwischen staatlicher Autorität und affektiver Führerbindung nur ein gradueller Abstand zu bestehen schien. Solange ein solcher demokratischer Rechtsstaat intakt wäre, so wollte Kelsen letztlich sagen, würden die normativen Einstellungen der Bürgerinnen und Bürger vielmehr von einer Art sein, die einer Herabsetzung reflexiver Ich-Fähigkeiten gar keinen Raum ließe; insofern bedurfte es aus seiner Sicht gerade in historischen Zeiten, die Zweifel an der Legitimität moderner Staatlichkeit aufkommen ließen, verstärkter Anstrengungen der institutionellen Verlebendigung rechtsstaatlicher Prinzipien.

Mit seiner Verteidigung des demokratischen Rechtsstaates gegenüber Zweifeln, die aus der Erfahrung von staatlich erzeugter Kriegsbegeisterung und Fremdenfeindlichkeit erwachsen waren, stand Hans Kelsen zu Beginn der 1920er Jahre natürlich nicht allein; viele Rechtstheoretiker machten sich jetzt daran, dabei häufig weit über Kelsen hinausgehend, die demokratischen Legitimationsgrundlagen des modernen Staates aufzuzeigen, um auf diese Weise den Unterschied zu aller bloß instrumentellen oder manipulativen Nutzung des staatlichen Gewaltmonopols herauszustellen; und nur wenige Jahre mußten noch verstreichen, bis ein großer Kreis von über ganz Europa verstreuten Juristen und Sozialpolitikern es als das wesentliche Erfordernis einer erneuten Verfassungsreform ansah, die sozialen Rechte der mittellosen Schichten so zu stärken, daß jeder Staatsbürger in den Genuß einer Mitwirkung an der demokratischen Selbstgesetzgebung kam und Gefahren der bloß passiven Hinnahme von Regierungsbeschlüssen damit ausgeschlossen wären.[575] Von ebenso großer

575 Vgl. für Deutschland höchst eindrucksvoll: Heimann, *Soziale Theorie des Kapitalismus*, a. a. O., v. a. vierter Abschnitt; Franz Neumann, »Die soziale Bedeutung der Grundrechte in der Weimarer Verfassung«, in: ders., *Wirtschaft, Staat, Demokratie. Aufsätze 1930-1954*, Frankfurt/M. 1978, S. 57-75; für Frankreich argumentiert in eine ähnliche Richtung der Durkheim-Schüler Emmanuel Lévy, *La vision socialiste du droit*, Paris 1926. Vgl. dazu sehr informativ: Bruno Karsenti, »La vision

Bedeutung für das normative Selbstverständnis der europäischen Staaten wie solche rechtstheoretischen Bemühungen war aber die Tatsache, daß die Regierungen der Siegermächte aus den Ursachen und dem Verlauf des Ersten Weltkriegs eine moralische Lektion gezogen zu haben schienen. Auf Vorschlag des amerikanischen Präsidenten Woodrow Wilson waren nämlich schon während des Krieges Pläne geschmiedet worden, in Zukunft eine Art von friedenssichernder Weltorganisation zu etablieren, die nun nach 1918 zunehmend mit Leben gefüllt wurden und im Jahr 1920 zur Gründung des Völkerbundes führten. Auch wenn dieser internationalen Organisation, die sich neben der Friedenssicherung wohlweislich auch schon den Schutz nationaler Minderheiten zur Aufgabe gestellt hatte, im Verlauf ihrer Tätigkeit kein großer Erfolg beschieden war – weder den Einfall Japans in China noch die Eroberung Äthiopiens durch Italien vermochte sie zu verhindern –, konnte ihre pure Existenz doch als ein erstes Zeichen gedeutet werden, daß die Staaten um die Gefahren einer unbeschränkten Souveränität ihres Handelns wußten und zumindest Absichten einer ersten Einhegung besaßen. Die beiden Probleme, deren Bewältigung sich der Völkerbund zu seinem zentralen Anliegen gemacht hatte, sollten aber für die nähere Zukunft ein dauerndes Konfliktpotential der internationalen Staatengemeinschaft bilden: Auch die modernen Verfassungsstaaten würden weiterhin ihre hochzentralisierten Machtmittel gelegentlich dazu verwenden, aus geopolitischen oder wirtschaftlichen Interessen kriegerische Landnahmen vorzunehmen, die Lage der nationalen oder ethnischen Minderheiten würde selbst in manchen demokratischen Staaten stets wieder so bedrohlich werden können, daß sich Fragen der internationalen Sanktion, wenn nicht sogar der militärischen Intervention zwangsläufig stellten.

Innerhalb der westeuropäischen Länder waren es freilich

d'Emmanuel Lévy«, in: ders., *La société en personnes. Études durkheimiennes*, Paris 2006, S. 115-143.

zunächst zwei andere Probleme, die während der Epoche der Weimarer Republik in den Vordergrund der Auseinandersetzungen um die Zukunftsfähigkeit der demokratischen Rechtsstaaten rückten. Auf der einen Seite hatten sich dort, wo inzwischen parlamentarisch-demokratische Republiken etabliert worden waren, dank der nun staatlich verbürgten Teilnahme- und Teilhaberechte relativ stabile politische Öffentlichkeiten entwickeln können, an denen je nach Dringlichkeit der zu lösenden Probleme auch ein Großteil der Staatsbürger aktiv partizipierten; als Vermittlungsorgane zwischen dieser zivilen Sphäre und den parlamentarischen Körperschaften wirkten jetzt die über eigene Organisationsmacht verfügenden Parteien und die mit sozialem Rückhalt versehenen Interessenverbände, die sich jeweils über das ganze Spektrum der in der Bevölkerung vertretenen politischen Überzeugungen verteilten. Je stärker aber die Bandbreite der derart repräsentierten Interessen und Ideen auseinandergezogen wurde, je massiver nun also auch sozialistische oder kommunistische Verbände die öffentliche Willensbildung mitbestimmen konnten, als desto weniger geeignet für die politische Integration aller Bürgerinnen und Bürger mußte sich der aus der Vorkriegszeit stammende, zumeist »bürgerlich« oder gar militaristisch definierte Nationalismus erweisen; die nationale Grundlage der Verfassungsstaaten, die im vorangegangenen Jahrhundert deren soziale Vereinheitlichung doch überhaupt erst ermöglicht hatte, geriet im Laufe der 1920er und 1930er Jahre zunehmend in Konflikt mit der demokratischen Idee selbst, weil deren normatives Versprechen ja gerade darin bestand, die Legitimität staatlichen Handelns an die Selbstgesetzgebung aller Staatsbürger zu binden, unabhängig von ihren kulturellen Hintergrundüberzeugungen. In fast allen Ländern Westeuropas – nicht nur in Deutschland, wo sich das Problem aufgrund der als kollektive Demütigung empfundenen Versailler Verträge gewiß am vehementesten stellte – bildete sich daher während dieses Zeitraums eine nationale Rechte, die der parlamentarisch-demokratischen Republik nicht zugestand, »Fortsetzerin der Nationalgeschichte zu sein«;[576] infolge der damit angestoßenen Konfliktdynamik verlor der demokratische Rechtsstaat allmählich seinen kulturellen Mutterboden, ohne daß es einer der involvierten Parteien überhaupt erkennbar gewesen wäre, woher dieser Staat in Zukunft den Stoff zur politischen Integration einer zunehmend heterogenen Bevölkerung beziehen könnte.

Neben diesem Problem einer von vielen Seiten als unangemessen empfundenen und daher heftig umkämpften Hintergrundkultur erwies sich als ein zweiter Konfliktherd in den westeuropäischen Ländern alsbald die Frage der erforderlichen Neutralität staatlichen Handelns. Bislang waren ja die klassenspezifischen Selektionsleistungen des jeweiligen Regierungssystems, auf die wir schon zuvor gestoßen sind, mangels einer hinreichend funktionstüchtigen, pluralistisch aufgefächerten Zivilgesellschaft nie wirklich zum Thema innerhalb der demokratischen Öffentlichkeit selbst geworden; es gab zwar solche Begünstigungs- und Auswahlmechanismen in hohem Maße, die staatlichen Organe waren trotz aller institutionalisierten Unabhängigkeit nicht nur in ihrer personellen Zusammensetzung, sondern auch in ihren Verfahrensweisen und unbefragten Handlungsprämissen auf die Aufgabe einer Sicherung »bürgerlicher« Klasseninteressen zugeschnitten, aber diese Selektivität spielte sich gewissermaßen nahezu im stillen ab, weil die Gegenseite über die Mittel eines allgemein wahrnehmbaren Einspruchs noch gar nicht verfügte und ihr häufig nur der Weg der politischen Skandalisierung in einer mehr oder weniger isolierten Gegenöffentlichkeit blieb. Das alles hatte sich

576 Kocka, »Nation und Gesellschaft in Deutschland 1870 bis 1945«, a. a. O., S. 254; vgl. für Frankreich: Michael Hoffmann, *Ordnung, Familie, Vaterland. Wahrnehmung und Wirkung des Ersten Weltkriegs auf die parlamentarische Rechte im Frankreich der 1920er Jahre*, München 2008, v. a. Teil III; für Großbritannien: Martin Pugh, *›Hurrah for the Blackshirts!‹. Fascists and Fascism in Britain Between the Wars*, London 2005.

freilich mit den erzwungenen Reformschüben nach dem Ende des Ersten Weltkriegs erheblich geändert, jetzt existierten die zivilgesellschaftlichen und parlamentarischen Möglichkeiten, um gegen die strukturellen Einseitigkeiten oder Dethematisierungen der staatlichen Organe unter Erregung öffentlicher Aufmerksamkeit vorzugehen. Zu einem Dauerthema in den politischen Auseinandersetzungen der 1920er und 1930er Jahre wurde daher die Frage, ob und in welchem Maße das Handeln der Regierungen oder einer ihrer Abteilungen einem bestimmten, nämlich »bürgerlichen« oder »kapitalistischen« Klasseninteresse verhaftet sei; derartige Bindungen sollten sich nicht erst an bestimmten Einzelbeschlüssen oder am Verhaltensstil spezifischer Ausführungsorgane (»Klassenjustiz«) zeigen, sondern bereits an relativ unverrückbaren Vorentscheidungen, die der öffentlichen Diskussion prinzipiell entzogen waren und dem politischen System als Richtlinien seines Handelns dienten – erinnert sei nur daran, welche Bedeutung in den Debatten der politischen Öffentlichkeit und der Parlamente das Thema »Privateigentum« erhielt, an dessen politischer Rolle sich die Frage der staatlichen Klassenherrschaft zu entscheiden schien.[577] Was während des gesamten 19. Jahrhunderts von weiten Teilen einer ohnmächtigen Bevölkerung noch nahezu als selbstverständlich hingenommen und von Marx nur als theoretische Banalität präsentiert worden war, daß nämlich der moderne (Rechts-)Staat bei allem Anspruch auf Allgemeinheit doch nichts anderes sei als das Instrument einer Durchsetzung partikularer, bürgerlicher Klasseninteressen, wurde nun in seiner Faktizität nicht länger geduldet und zum Thema öffentlicher Auseinandersetzungen gemacht. Die westeuropäischen Staaten hatten, so ließe sich auch sagen, durch die allmähliche Institutionalisierung ihrer eigenen Legitimationsgrundlagen – der sozialstaatlichen und politischen

577 Vgl. exemplarisch: Otto Kirchheimer, »Eigentumsgarantie in Reichsverfassung und Rechtsprechung« (1930), in: ders., *Funktionen des Staates und der Verfassung. 10 Analysen*, Frankfurt/M. 1972, S. 7-27.

Universalisierung der Bürgerrechte – selbst den Weg dafür bereitet, nun ihrerseits in ihrer eigenen Funktionsweise zum Gegenstand des demokratischen Meinungsstreits zu werden.

Allerdings verbarg sich hinter der vehement diskutierten Frage, ob die existierenden Staaten im wesentlichen der Durchsetzung kapitalistischer Verwertungsimperative dienten, das noch viel grundsätzlichere Problem der ethischen Neutralität von Rechtsordnung und Politik. Ihrem normativen Selbstverständnis nach mußten sich die demokratischen Rechtsstaaten ja als politische Organe verstehen lassen, die die Ergebnisse der öffentlichen Willensbildung gemäß allgemein akzeptierter Verfahren in konkrete Beschlüsse umsetzen und diese dann zur Richtschnur ihrer weiteren Aufgabenbewältigung machen; dabei durften im Prinzip weder in der Rechtssetzung noch in den politischen Maßnahmen die konkreten Wertorientierungen einer partikularen Gruppe bevorzugt zum Ausdruck kommen, vielmehr sollte sich der Staat möglichst unparteiisch und in dem Sinne neutral gegenüber allen Vorstellungen des Guten verhalten, zumindest so lange, wie sie innerhalb der eigenen Bevölkerung umstritten waren. Gewiß war die Brüchigkeit einer solchen Neutralitätsverpflichtung demokratischer Rechtsstaaten schon während des gesamten 19. Jahrhunderts immer wieder zutage getreten; so fühlte sich etwa die katholische Minderheit im deutschen Kaiserreich stets von der Verfassung ausgeschlossen, weil diese nach der Reichsgründung im Jahr 1871 eine deutlich preußisch-protestantische Prägung erhalten hatte.[578] Aber die Auseinandersetzungen, die vor dem Ersten Weltkrieg über die ethische Imprägnierung der Rechtsstaaten in verschiedenen Ländern stattfanden, blieben doch meistens auf religiöse Minderheiten beschränkt und einer größeren Öffentlichkeit schon deswegen entzogen, weil für deren Existenz die rechtlichen und kulturellen Voraussetzungen noch gar nicht geschaffen waren. Mit

578 Wilfried Loth, *Katholiken im Kaiserreich. Der politische Katholizismus in der Krise des wilhelminischen Deutschlands*, Düsseldorf 1984.

den Debatten jedoch, die in der Zeit der Weimarer Republik in Großbritannien, Frankreich oder Deutschland nicht nur auf den Straßen, sondern auch in den Parlamenten über die Klassenbasis des modernen Staates geführt wurden, trat diese Frage der ethischen Neutralität plötzlich von der Hinter- auf die Vorderbühne des öffentlichen Lebens; denn die »strukturelle« Vorentscheidung staatlichen Handelns zugunsten kapitalistischer Verwertungsimperative, über die jetzt zwischen den Parteien so erbittert gestritten wurde, ließ sich ja nicht nur im Sinne der Bevorzugung bestimmter, gruppenspezifischer Interessen, sondern einer ganzen, eben »kapitalistischen« Lebensweise verstehen. An dem unscheinbar wirkenden Problem, ob in den Verfassungen demokratischer Staaten ein Recht auf Privateigentum festgeschrieben sein dürfte, kam zum ersten Mal für die gesamte Bevölkerung die große Bedeutung, ja die enorme Tragweite des Prinzips der ethischen Neutralität staatlichen Handelns zum Vorschein.

Wahrscheinlich ist es nicht falsch, die historischen Ursachen für das letztliche Scheitern des demokratischen Rechtsstaates in der Mitte Europas in der fatalen Dynamik auszumachen, mit der sich die beiden zuvor umrissenen Konfliktherde allmählich wechselseitig verstärkten: Unter dem Druck von sozialen Konflikten um den Klassencharakter staatlicher Politik radikalisierte sich einerseits der schon längst nicht mehr integrativ wirkende Nationalismus immer entschiedener zur nationalistischen Ideologie einer vormals unhinterfragt herrschenden Elite, was andererseits nun in der Folge das tiefsitzende Mißtrauen von Teilen der Arbeiterbewegung gegenüber der Neutralität des demokratischen Rechtsstaates nur noch weiter anstachelte, so daß beide Spannungszentren nicht nur voneinander abhängig wurden, sondern sich wechselseitig anzutreiben und aufzuladen begannen.[579] Die

579 So zumindest läßt sich die These verstehen, die Jürgen Kocka in seinem eindrucksvollen Ansatz entwickelt: »Nation und Gesellschaft in Deutschland 1870-1945«, a.a.O.

nationale Rechte, keine Besonderheit Deutschlands in jenem Zeitraum zwischen den beiden Weltkriegen, wie wir gesehen haben, entwickelte aus der Dynamik dieser Konfliktsteigerung heraus Pläne zur Revision sowohl des Zustands der internationalen Beziehungen als auch der demokratischen Staatsverfassung; beides sollte wieder den Erfordernissen angepaßt werden, die sich aus dem Bedürfnis nach einer Fortsetzung der zwischenzeitlich durch »innere« und »äußere« Feinde unterbrochenen Nationalgeschichte eines natürlich verstandenen »Volkes« ergaben. Als mit der Machtergreifung Hitlers aus solchen nationalistischen Absichten dann Wirklichkeit wurde und der andere Konfliktherd sozialer Klassenkonflikte durch gewaltsame Herstellung einer ideologischen Volksgemeinschaft bei Ausschluß und schließlicher Vernichtung aller »volksfremden« Minoritäten trockengelegt werden konnte, war es um die Chancen eines weiteren Ausbaus, geschweige denn nur einer Stabilisierung des demokratischen Rechtsstaates auch in den anderen Ländern Westeuropas vorläufig geschehen; nicht nur sympathisierte die dort jeweils schon bestehende nationale Rechte mehr oder weniger direkt mit den Plänen Hitlers, so daß ihm durchaus von außen Unterstützung winkte; vielmehr wurde auch die demokratische Mehrheit alsbald in die Schrecknisse eines von Deutschland ausgelösten Weltkriegs hineingezogen, der an Brutalität, Entmenschlichung und Opferzahlen die des Ersten Weltkriegs noch wesentlich überstieg. Für eine normative Rekonstruktion, wie wir sie hier durch alle in den liberaldemokratischen Gesellschaften institutionalisierten Sphären der Freiheit hindurch vornehmen, bleibt dieser Zeitraum der nationalsozialistischen Gewaltherrschaft stets das nicht zu integrierende Andere ihres eigenen Gesichtspunktes; an ihm muß sich eine am Leitfaden der sozialen Verwirklichung von individueller Freiheit orientierte Fortschrittsgeschichte immer wieder vor Augen führen, wie brüchig, dünn und zerreißbar der Faden ist, den sie durch alle Fehlentwicklungen hindurch zu ziehen versucht, weil jede Erweiterung von Freiheit mit der Gefahr eines Umschlags in Angst und Furcht vor ihr einherzugehen scheint.[580]

Obwohl nach der Zerschlagung der Hitler-Diktatur und damit dem Ende des Zweiten Weltkriegs in vielen Ländern Europas die sozialen Stimmungen und Bestrebungen zunächst in eine andere Richtung zu weisen schienen, blieben die beiden aus der Phase der Weimarer Republik stammenden Konfliktherde des demokratischen Rechtsstaates von nun an bestehen, wenn auch zunächst in erheblich abgeschwächter Form. Absichten, den strukturellen Vorrang kapitalistischer Verwertungsinteressen durch die Sozialisierung von Großunternehmen zu brechen und damit die Neutralität der wiedererrichteten parlamentarischen Staatsgebilde von Anfang an zu sichern, gab es zwar vor 1950 nicht nur im besiegten und wirtschaftlich ruinierten Deutschland, sondern auch in Großbritannien und Frankreich;[581] aber nur selten kam es auch nur zu ersten Schritten einer Realisierung solcher Pläne, teilweise scheiterten sie, wie in Westdeutschland, am Einspruch der Besatzungsmächte, teilweise an den Zwängen einer schnellen Wiederankurbelung der Volkswirtschaft. Gleichwohl bildeten sich in den meisten dieser Länder, wie wir bereits gesehen haben (S. 445 f.), schnell Tendenzen einer Stärkung des Staatsinterventionismus heraus, die wenn nicht zu einer Außerkraftsetzung kapitalistischer Verwertungszwänge, so doch zu deren sozialer Mäßigung führten. In der demokratischen Öffentlichkeit, die zumindest in ihren formalrechtlichen Voraussetzungen selbst in den vormals totalitär regierten Ländern mit der Ausnahme fortbestehender Diktaturen bald wiederhergestellt war, blieb nun zwar die Fragwürdigkeit der kapitalistischen Wirtschaftsordnung vorläufig ein Thema, nicht aber die »ethi-

580 Noch immer die beste Studie in diesem Zusammenhang ist: Erich Fromm, *Die Furcht vor der Freiheit* (1941), Stuttgart 1983.

581 Vgl. dazu Göran Therborn, *Die Gesellschaften Europas 1945-2000*, Frankfurt/M. 2000, S. 39 ff.

sche« Imprägnierung des Rechtsstaates durch die partikulare Kultur oder Wertorientierung des Kapitalismus; es herrschte vielmehr sogar, gefördert entweder durch die Erfahrung des nationalen Sieges oder durch die verschwiegene Schmach der kollektiven Schuld, ein gewisses Vertrauen in die Funktionsfähigkeit der rechtsstaatlichen Organe vor, durchaus im Sinne einer Verlängerung der gemeinsamen Freiheit demokratischer Selbstgesetzgebung in die Programmierung der politischen Apparate hinein – eine Illusion sicherlich, aber doch ein Element sozialer Wirklichkeit. All das bedeutete gewiß nicht, daß von nun an begründete Zweifel an der neutralen Umsetzung der öffentlichen Willensbildung durch die dafür vorgesehenen Staatsorgane ein für allemal erloschen wären; es bedurfte nur, wie sich noch zeigen wird, der kleinsten Anzeichen für eine erneute Selektivität staatlicher Politik zugunsten kapitalistischer Verwertungsinteressen, um das historisch gewachsene Mißtrauen wieder emporschnellen zu lassen. Der in der Zeit der Weimarer Republik entstandene Konfliktherd, als zum ersten Mal öffentlich über die Spannungen zwischen kapitalistischer Wirtschaftsordnung und demokratischem Rechtsstaat gestritten wurde, war noch längst nicht erloschen, sondern nur vorübergehend abgekühlt.

Aber auch der andere in der Zwischenkriegszeit virulente Konflikt, der nämlich um die Vereinbarkeit von Nationalismus und Rechtsstaat, von nationalistischer Gesinnung und republikanischem Universalismus, blieb in den westeuropäischen Ländern nach der Zerschlagung der Hitler-Diktatur unterschwellig bestehen, ohne daß sich vorläufig eine Lösung abzeichnete. Zwar waren nun überall aufgrund der Kriegserfahrungen die militärisch-obrigkeitsstaatlichen Traditionen kulturell entmachtet, aus denen sich das radikale Gedankengut der nationalen Rechten zuvor gespeist hatte; in Deutschland und Österreich wurden zudem unter dem Druck der Besatzungsmächte gesonderte Anstrengungen unternommen, um die soziale Vorrangstellung des militärischen Adels zu brechen, der nicht unwesentlich zur Radikalisierung der nationalistischen Orientierungen beigetragen hatte. Jenseits solcher Trockenlegungen der einstigen Quellen eines völkischen Nationalismus blieb es jedoch vorläufig vollkommen unklar, wie es um die Zukunft des kulturellen Rahmens der demokratischen Verfassungsstaaten bestellt sein sollte. Bei den westeuropäischen Siegermächten, in Großbritannien und in Frankreich, vollzog sich die ökonomische und politische Restrukturierung anfänglich durchaus noch im Geiste eines wiedererlangten Nationalstolzes; in Deutschland hingegen herrschte eine beklemmende Stimmung des Beschweigens der jüngsten Vergangenheit,[582] so daß die politische Integration zunächst eher auf dem negativen Weg der Inklusion in eine stumme Schicksalsgemeinschaft erfolgte, bevor dann die ersten Erfolge beim ökonomischen Wiederaufbau eine Atmosphäre des privaten Konsumismus aufkommen ließen. Die Allgemeine Erklärung der Menschenrechte, auf die die neugegründeten Vereinten Nationen sich 1948 geeinigt hatten, war immerhin dazu in der Lage, dem unbekümmerten Wiederanknüpfen an die alten Souveränitätsansprüche der Nationalstaaten normativ einen Riegel vorzuschieben; weil von nun an die einzelstaatlich verbürgten Grundrechte im Prinzip durch völkerrechtlich vereinbarte Grundsätze überprüfbar bleiben sollten, konnte auch das kulturelle Selbstverständnis der Staatsbürgerinnen und Staatsbürger in den westeuropäischen Ländern nicht mehr einfach in demselben Sinn »national« sein wie vor dem Zweiten Weltkrieg; in das Verständnis der je eigenen politischen Geschichte mußte dem Anspruch nach von nun an eine moralische Außenperspektive eingebaut sein, aus der heraus kontrollierbar blieb, ob die jeweilige Gesetzgebung mit dem übergeordneten Katalog der Menschenrechte überhaupt in Übereinstimmung stand.

582 Alexander Mitscherlich/Margarete Mitscherlich, *Die Unfähigkeit zu trauern. Grundlagen kollektiven Verhaltens*, in: Alexander Mitscherlich, *Gesammelte Schriften*, Bd. IV, Frankfurt/M. 1983.

Wichtiger noch als diese nunmehr institutionalisierte Nötigung zur Außenperspektive waren aber, was die allmähliche Delegitimation des alten Nationalstaatsgedankens anbelangte, die kurz nach Kriegsende einsetzenden Unabhängigkeitsbestrebungen der Kolonien einiger europäischer Staaten. Der Befreiungskampf, den die in politischer und ökonomischer Abhängigkeit gehaltenen Länder in Asien und Afrika seit 1945 gegen die westeuropäischen Kolonialmächte zu führen begannen, mußte nicht nur deren Glauben an die Superiorität ihrer eigenen Institutionen erschüttern, sondern vor allem auch zu inneren Zerreißproben über die bislang ausgeübte, durchaus rassistisch grundierte Großmachtpolitik führen;[583] der Algerienkrieg, der Frankreich in den späten 1950er Jahren an den Rand eines Bürgerkriegs brachte, löste eine breite Gegenbewegung gegen den gerade wiederaufkeimenden Nationalstolz aus, die den in Großbritannien damals wachsenden Zweifeln an der moralischen Vorbildlichkeit der eigenen Nationalgeschichte in nichts nachstand. Als dann wenig später der Strom der Immigranten aus den befreiten Kolonien in die ehemaligen Mutterländer anschwoll und damit ganz andere Kulturen und Lebensstile in ihnen heimisch zu werden begannen, mußte sich den staatlichen Organen und der politischen Öffentlichkeit die Frage aufdrängen, ob auch in Zukunft die politische Integration der Staatsbürger noch aus den alten Quellen einer nationalistischen Grundeinstellung gespeist werden könnte; die Spannung zwischen Nationalismus und Rechtsstaat, die sich direkt nach dem Krieg angesichts nationalstaatlicher Erfolge zunächst abgemindert zu haben schien, war erneut aufgebrochen und sollte von nun an in allen westeuropäischen Staaten an Bedeutung nur immer weiter zunehmen.[584]

583 Einen sehr guten Überblick verschafft wiederum: Reinhard, *Geschichte der Staatsgewalt*, a. a. O., S. 500-508.

584 Vgl. Therborn, *Die Gesellschaften Europas 1945-2000*, a. a. O., Teil II, Kap. 1.

Bevor aber die beiden Konfliktherde tatsächlich erneut zum Ausbruch kamen, entwickelten sich die Staatsapparate in allen westeuropäischen Ländern zunächst entlang einer Linie wachsender Steuerungskapazitäten und ansteigender Kontrollfähigkeiten; die Aufgabenfelder des Staates hatten sich nämlich inzwischen erheblich ausgeweitet, weil die erhöhten Verpflichtungen zu wohlfahrtsstaatlichen Leistungen permanent mit den ebenfalls expandierenden Bedürfnissen der kapitalistischen Unternehmen nach Sicherung ihrer Verwertungsbedingungen in Übereinstimmung gebracht werden mußten. Infolgedessen bildeten sich jetzt dort, wo nicht schon wie in Frankreich kurz nach dem Krieg stark zentralisierte Interventionshoheiten des Staates geschaffen worden waren, allmählich Abstimmungsmechanismen zwischen Regierung, Arbeitgeberverbänden und Gewerkschaften heraus, die die Planungseffektivität staatlichen Handelns durch quer zu den Parlamenten stehende Interessenrepräsentationen verbessern sollten – die »Konzertierte Aktion« in Westdeutschland, die »Sozialpartnerschaft« in Österreich und der »National Economic Development Council« in Großbritannien sind dafür nur Beispiele.[585] Ihrem Anspruch nach sollten solche Formen eines »liberalen Korporatismus«, wie das neue System staatlicher Steuerung bald genannt wurde,[586] in Vorwegnahme eines demokratischen Willensbildungsprozesses der politischen Steigerung des Gemeinwohls dienen; faktisch aber handelte es sich häufig nur um der parlamentarischen Diskussion vorgelagerte Allianzenbildungen, die durch Interessenabsprache einen wechselseitigen Verzicht auf das jeweilige Obstruktionspotential bezweckten, um soziale Konflikte niederzuhalten oder im Keim zu ersticken. Der Erfolg dieser korpora-

585 Über einige dieser Strategien der Steigerung von staatlicher Steuerungseffektivität berichtet vorzüglich: Fritz W. Scharpf, *Planung als politischer Prozeß*, Frankfurt/M. 1973.

586 Vgl. für Deutschland: Wolfgang Streeck, *Korporatismus in Deutschland. Zwischen Nationalstaat und Europäischer Union*, Frankfurt/M. 1999, Teil I.

tistischen Arrangements, im Grunde genommen »parakonstitutionelle« Instrumente der politischen Steuerung, hing freilich stark davon ab, ob die erwünschten Wirkungen einer Sicherstellung gleichzeitig von wohlfahrtsstaatlichen Leistungen und kapitalistischen Verwertungsbedingungen tatsächlich erzielt werden konnten; versagte das Instrument an einer der beiden Zielsetzungen, so mußte sich entweder Enttäuschung und Legitimationsentzug von seiten der Bevölkerung oder erneute Kaprizierung auf die nur eigene Interessenlage von seiten der Unternehmen einstellen – auf jeden Fall aber stand das neue System staatlicher Steuerung von Anfang an, wie Claus Offe gesagt hat, »in einem verfassungstheoretisch ungeklärten Konkurrenzverhältnis zum ›eigentlichen‹ Kanal staatlicher Willensbildung«,[587] weil es ja diesem vorgelagert oder an ihm vorbei Richtlinien politischen Handelns auszuhandeln versuchte, für die demokratische Zustimmung erforderlich gewesen wäre.

Läßt sich daher bereits die Herausbildung des staatlichen Korporatismus im Lichte der dem Rechtsstaat zugrundeliegenden Prinzipien als eine normative Fehlentwicklung beschreiben, so tritt diese als solche allerdings erst mit der sich seit den 1980er Jahren verstärkt abzeichnenden Finanzkrise des Staates ins öffentliche Bewußtsein. Solange die politischen Organe ihren gewachsenen Steuerungsaufgaben einer gleichzeitigen Befriedigung von sozialstaatlich legitimierten Ansprüchen und kapitalistischen Verwertungsinteressen mit Hilfe der dafür erforderlichen, durch Steuern und Abgaben erhobenen Finanzmittel hinlänglich nachkommen konnten, schien die Verlagerung der zu treffenden Entscheidungen in die Vorhöfe korporatistischer Aushandlungen von einer im

587 Claus Offe, »Unregierbarkeit. Zur Renaissance konservativer Krisentheorien«, in: ders., *Herausforderungen der Demokratie. Zur Integrations- und Leistungsfähigkeit politischer Institutionen*, Frankfurt/M. 2003, S. 42-61, hier: S. 50; vgl. zusätzlich: Habermas, *Faktizität und Geltung*, a. a. O., S. 523 ff.

ganzen davon profitierenden Bevölkerung zumindest geduldet zu werden; zwar machte sich immer dann schnell politische Unruhe und soziale Empörung breit, wenn trotz solcher Vorabsprachen einmal wirtschaftliche Branchen in Not gerieten oder ein kulturell verändertes Sicherheits- und Umweltbewußtsein empfindlich verletzt worden war – typischerweise in thematischen Bereichen, für die sich keiner der involvierten Verhandlungspartner (Arbeitgeberverbände, Gewerkschaften, Parteien, Gebietskörperschaften) repräsentativ in der Verantwortung sah –, aber die Legitimität des parakonstitutionellen Vorgehens als solches wurde von der demokratischen Mehrheit nach allen denkbaren Indikatoren nicht ausdrücklich in Frage gestellt. Das begann sich erst allmählich zu wandeln, als der Staat seit Beginn der 1980er Jahre durch eine wachsende Schere zwischen schrumpfenden Einnahmen und monetär zu erledigenden Aufgaben in eine Finanzkrise geriet, die ihm die gleichmäßige Befriedigung aller zuvor als legitim behandelten Interessen immer weniger erlaubte;[588] denn nun kam eine Dynamik der wechselseitigen Verstärkung von wohlfahrtsstaatlicher Leistungsminderung und »Kapitalflucht« – nämlich Verlagerung von Produktions- und Vertriebsstätten in kostengünstigere Länder – in Gang, die nach Maßgabe des bislang geltenden Hintergrundkonsenses von der politischen Öffentlichkeit als Folge eines »Staatsversagens« interpretiert werden mußte. Seither existiert in der Bevölkerung der westeuropäischen Länder eine mehr oder weniger deutlich artikulierte Wahrnehmung der Spannung zwischen kapitalistischer Wirtschaftsordnung und demokratischem Rechtsstaat; allerdings schlägt sich dieses Bewußtsein weniger in Erscheinungen des politischen Protestes als in dumpfen Stimmungen der sogenannten »Politikverdrossenheit« nieder – einem ungerichteten Mißtrauen, das hinter jeder als demokratisch ausgewiesenen

588 Als erster hat diese staatliche Finanzkrise am Beispiel der USA der Wirtschaftstheoretiker James O'Connor analysiert: *Die Finanzkrise des Staates*, Frankfurt/M. 1974.

Entscheidung nicht vollkommen zu Unrecht eine informelle Absprache vermutet.

Diese Tendenzen einer öffentlichen Abkehr von jeder staatlich vermittelten Politik, die mit der zuvor behandelten, schon von Dewey thematisierten »Apathie« der Öffentlichkeit (S. 517; S 544-546) nicht verwechselt werden darf, weil sie nicht in mangelndem Interesse, sondern in erfahrungsgesättigtem Mißtrauen verwurzelt ist, haben in den letzten Jahren noch zusätzlichen Auftrieb dadurch erfahren, daß auf organisierte Prozesse der korporatistischen Absprache bei der politischen Steuerung inzwischen beinahe gänzlich verzichtet wird; an die Stelle solcher zwar informellen, über die jeweils eigenen Interessenverbände aber immerhin noch nachvollziehbaren Aushandlungen ist mittlerweile in vielen westeuropäischen Ländern ein System des verwilderten Lobbyismus getreten, bei dem der Erfolg der Einflußnahme sich häufig nur noch entweder an der Stärke des mobilisierbaren Obstruktionspotentials oder der Höhe der in Aussicht gestellten Wirtschaftserträge bemißt.[589] Nach US-amerikanischem Muster werden auf diese Weise politische Entscheidungen zunehmend dem parlamentarischen Gesetzgeber entzogen oder nur noch dem Schein nach ihm überlassen, um statt dessen in einem regierungsnahen, demokratisch nicht mehr kontrollierbaren Vorfeld von verschwiegenen Absprachen mit den großen Wirtschaftsverbänden direkt zu den erforderlichen Beschlüssen zu gelangen; kaschiert wird eine solche, an Zeiten der Honoratiorendemokratie erinnernde Praxis der Patronagebeziehung häufig nur dadurch, daß das jeweilige Regierungsoberhaupt dem Publikum mit Hilfe der medialen Berichterstattung als eine Person präsentiert wird, die unter Aufbietung aller staatsmännischen Tugenden der Entschlußkraft und Weitsicht bei unklarer Entscheidungslage beherzt einsame Entschlüsse zu

589 Vgl. für Deutschland den ausgezeichneten Sammelband: Thomas Leif/Rudolph Speth (Hg.), *Die fünfte Gewalt. Lobbyismus in Deutschland*, Wiesbaden 2006.

fassen hat. Der Außerkraftsetzung von demokratischen Verfahren, die ja auf eine wechselseitige Befruchtung von Parlament und Öffentlichkeit angewiesen wären, entspricht heute zudem die wachsende Verstaatlichung der politischen Parteien. Ursprünglich gedacht als assoziative Organe, die durch die argumentative Profilierung von normativen Überzeugungen und entsprechend ausgerichteten Sozialisationsprozessen zur politischen Willensbildung beitragen sollten, haben sich die Parteien in einem langen, in seinen Anfängen schon von Robert Michels analysierten Strukturwandel[590] inzwischen weitgehend in bürokratische Verbände mit der Aufgabe der Personalrekrutierung für die Vertretung politischer Ämter verwandelt; sicherlich gibt es auch hier immer wieder einmal Ausnahmen – jeder neugegründeten Partei haftet zu Beginn etwas von der Kraft und der Frische einer moralischen Sammelbewegung an –,[591] aber dem Durchschnitt nach bilden sie doch längst eher staatsübergreifende »Machtkartelle« (Habermas), die die demokratische Öffentlichkeit beliebig zu instrumentalisieren versuchen, um ihr Personal mit einflußreichen und ertragreichen Posten zu versorgen.

Faßt man diese jüngeren Entwicklungen zusammen und erkennt in ihnen das Muster einer zunehmenden Entkoppelung des politischen Systems von der demokratischen Willensbildung, so muß hinter dem, was heute schlagwortartig »Politikverdrossenheit« genannt wird, wie gesagt, eine ganz andere, normativ ungleich gehaltvollere Reaktionsbildung vermutet werden; in Wiederaufnahme von Einstellungssyndromen, auf die wir schon bei den lohnabhängigen Massen in der Periode der Weimarer Republik gestoßen waren, herrscht gegenwärtig bei großen Teilen des politischen Publikums erneut der Ver-

590 Robert Michels, *Zur Soziologie des Parteienwesens in der modernen Demokratie* (1901), Stuttgart 1970.

591 Vgl. die Fallstudie zur Entstehung der GRÜNEN: Andreas Pettenkofer, *Die Entstehung der grünen Politik. Kultursoziologie der westdeutschen Umweltbewegung*, Frankfurt/M. 2011.

dacht vor, daß die staatlichen Organe nicht in dem Maße dem Gebot der Neutralität verpflichtet sind, wie es die demokratische Verfassung verlangen würde. Allerdings unterscheidet sich dieses gegenwärtige Mißtrauen von all seinen Vorläufern durch den höheren Grad der bloß abstrakten Zurechnung und damit eine wesentlich geringere Anschaulichkeit: Während vor achtzig bis hundert Jahren aus der Öffentlichkeit heraus noch konkrete Vorgänge namhaft gemacht werden konnten, an denen die klassengebundene Selektivität des Staatsapparats demonstrierbar war, scheint sich heute eine solche Voreingenommenheit staatlichen Handelns zugunsten kapitalistischer Verwertungsbedingungen gänzlich dem öffentlichen Blick zu entziehen, weil die erforderlichen Rücksichtnahmen in den parlamentarischen Körperschaften entweder gar nicht mehr thematisiert oder im Ernstfall mit Verweis auf Sachzwänge gerechtfertigt werden.[592] Den Staatsbürgerinnen und Staatsbürgern aber reicht offenbar der bloße, nur gelegentlich durch journalistische Recherchen erhärtete Verdacht aus, daß sich die Einzelentscheidungen der staatlichen Gewalten zur systematischen Privilegierung von wirtschaftlichen Interessen aufaddieren, um sich aus den offiziellen Arenen der politischen Willensbildung zurückzuziehen; nicht eine um sich greifende Privatisierung, nicht politisches Desinteresse sind dafür die Ursache, sondern die ernüchternde Einsicht, daß die soziale Freiheit der demokratischen Selbstgesetzgebung sich nicht in die dafür vorgesehenen Organe des Rechtsstaates hinein verlängert.

Einen Ausweg aus dieser Krise des demokratischen Rechtsstaates böte heute nur die Bündelung der öffentlichen Macht von Verbänden, sozialen Bewegungen und zivilen Assoziationen, um koordiniert den parlamentarischen Gesetzgeber massiv unter Druck zu setzen, Maßnahmen zur sozialen Wiedereinbettung des kapitalistischen Marktes zu ergreifen (vgl.

592 Vgl. zu all diesen politischen Entwicklungen: Colin Crouch, *Postdemokratie*, Frankfurt/M. 2008.

Teil C, Kap. III, Abschnitt 2); denn je größer in den letzten fünfundzwanzig Jahren der Spielraum der Unternehmen für die ausschließliche Verfolgung von Verwertungsinteressen geworden ist, so scheint es, desto stärker sind die staatlichen Instanzen ihrerseits in Abhängigkeit von deren gewachsenem Obstruktionspotential geraten. Allerdings steht der Herausbildung einer öffentlichen, vielstimmigen Gegenmacht inzwischen als ein Hindernis entgegen, daß die dafür erforderlichen Ressourcen einer gemeinsamen Hintergrundkultur allmählich zu versiegen beginnen; die nationalstaatliche Form der politischen Integration, die in der Vergangenheit die moralischen Motive für eine solche Bündelung unterschiedlicher Kräfte hat freisetzen können, stößt heute aufgrund von Prozessen der Globalisierung und der weltweiten Migration an ihre Grenzen, ohne daß sich alternative Quellen der staatsbürgerlichen Solidarität überhaupt nur abzuzeichnen scheinen.

Das Thema einer Spannung zwischen Nationalismus und Rechtsstaat, das in der Zeit der Weimarer Republik die politischen Debatten in Europa stark geprägt hatte und nach dem Ende des Zweiten Weltkriegs zunächst im Hintergrund verblieben war, drängte sich seit den 1970er Jahren wieder mit Macht ins öffentliche Bewußtsein. Der Anlaß war nicht nur das Anwachsen einer teils gewünschten, teils geduldeten und teils erfolglos abgewehrten Immigration in die wohlhabenden Länder des europäischen Westens, die die ethnische und kulturelle Heterogenität der Bevölkerung hier alsbald erheblich steigern sollte (S. 535-539), sondern auch und vor allem deren sukzessiver Zusammenschluß zum neuartigen Gebilde der Europäischen Union; mit dieser transnationalen, im Selbstverständnis ständig zwischen Bundesstaat und Staatenbund changierenden Gemeinschaft, die sich im Laufe der 1970er und 1980er Jahre auf eine Reihe von Feldern engster Zusammenarbeit einigte und sich bereits 1984 eine gemeinsame Verfassung mit europäischer Regierung und Zweikammerparlament auferlegte,[593] schien es nämlich um den souveränen Nationalstaat klassischer Prägung endgültig geschehen zu sein, so daß sich die Frage nach dem Verhältnis von demokratischer Selbstgesetzgebung und Rechtsstaat gänzlich neu stellen mußte. Die Hoheit der öffentlichen Willensbildung, normativer Dreh- und Angelpunkt aller demokratischen Verfassungen, konnte ersichtlich nicht bei einer nationalstaatlich integrierten Bürgerschaft verbleiben, wenn deren politische Körperschaften Teile ihrer souveränen Macht an eine überstaatliche Staatengemeinschaft abgetreten hatten, von deren Entscheidungen fortan die Angehörigen aller beteiligten Länder betroffen sein würden; dem Akt der Schaffung einer europäischen Zentralregierung mit demokratischer Verfassung mußte daher aus der Sicht zunächst nahezu aller involvierten Staaten ein Prozeß der Entgrenzung der öffentlichen Selbstgesetzgebung folgen, die sich nicht mehr länger innerhalb der nationalstaatlichen Territorien, sondern quer zu diesen unter den gleichberechtigten Staatsbürgerinnen und Staatsbürgern aller Mitgliedsstaaten zu vollziehen hätte.

Allerdings standen einem solchen Projekt von Anfang an eine Reihe von erheblichen Hindernissen entgegen, an deren Bewältigung die Europäische Gemeinschaft bis heute, so muß man wohl nüchtern sagen, gescheitert ist; denn einerseits verlangte die erforderliche Ausweitung der demokratischen Selbstgesetzgebung auf eine »europäische« Bürgerschaft eine weitgehende Angleichung der politischen und sozialen Rechte, weil sich die Willensbildung ja unter Bedingungen der Gleichberechtigung zu vollziehen hätte; gleichzeitig bedurfte es der Herausbildung einer gemeinsamen Hintergrundkultur, weil nur deren Integrationskraft die für ein politisches Zusammenwirken erforderlichen Solidaritäten unter den Bürgerinnen und Bürgern freizusetzen in der Lage wäre. Angesichts dieser großen Herausforderungen vor das Di-

593 Vgl. zur Entstehungs- und Verlaufsgeschichte der Europäischen Gemeinschaft: Reinhard, *Geschichte der Staatsgewalt*, a. a. O., S. 525-535.

lemma gestellt, entweder auf eine politische Integration jenseits des Nationalstaates um den Preis erheblicher sozialstaatlicher Disparitäten unter den Mitgliedsstaaten zu verzichten oder bei allen kulturellen Widrigkeiten und Anstrengungen der Rechtsangleichung auf die Entstehung von europaweiten Solidaritätsbeziehungen zu hoffen,[594] hat sich die Mehrheit der europäischen Staaten bislang für die erste der beiden Alternativen entschieden; damit aber scheint im Augenblick der Weg freigegeben für eine nur noch negative, ausschließlich den ungehinderten Wirtschaftsverkehr ermöglichende Integration der Europäischen Gemeinschaft, an dessen Ende, wie Claus Offe gesagt hat, der »Euro-Bürger allein mit der Rechtsausstattung eines (neo-)liberalen Marktteilnehmers«[595] stehen könnte. An dieser Stelle hängen sogar die beiden von uns über einen Zeitraum von achtzig bis neunzig Jahren hinweg rekonstruierten Spannungen, nämlich die des demokratischen Rechtsstaates einerseits mit dem Nationalismus, andererseits mit der kapitalistischen Wirtschaftsform, wie in einem Teufelskreis miteinander zusammen: Je deutlicher sich auch weiterhin die politische Integration der Europäischen Gemeinschaft nur unter Beibehaltung einer jeweils nationalstaatlich gefaßten Willensbildung vollziehen wird, desto eher wird sich hier die Transnationalisierung der Bürgerrechte auf eine Sicherung von ausschließlich liberalen Freiheitsrechten beschränken, wodurch wiederum kollektiven Bestrebungen einer sozialstaatlichen Rückeinbettung des Marktes der Boden entzogen sein dürfte.[596]

Das Spannungsverhältnis zwischen Nationalismus und

594 Zu diesem Dilemma vgl. den vorzüglichen Aufsatz von Claus Offe, »Demokratie und Wohlfahrtsstaat. Eine europäische Regimeform unter dem Streß der europäischen Integration«, in: ders., *Herausforderungen der Demokratie*, a. a. O., S. 239-273.

595 Ebd., S. 251.

596 Interessant hierzu: Christian Joppke, »The Inevitable Lightening of Citizenship«, in: *Archives Européennes de Sociologie*, LI (2010), H. 1, S. 9-32.

Rechtsstaat bleibt, obwohl doch alles – nicht nur der politische Zusammenschluß der europäischen Staaten, sondern auch die gewachsene Heterogenität ihrer Bevölkerungen – in Richtung einer Loslösung der demokratischen Willensbildung und ihrer politischen Organe von den Grundlagen nationaler Identität drängt, weiterhin ungelöst; es mangelt auf allen Seiten an Vorstellungen darüber, wie sich die politische Integration von Staatsbürgern, die ja längst nicht mehr nur über ihr eigenes Wohl und Wehe entscheiden, jenseits der kulturellen Binnenverhältnisse einer »Nation« vollziehen könnte. Die Idee des Verfassungspatriotismus, auf die wir in unserer normativen Rekonstruktion mehrfach gestoßen sind, besitzt vorläufig zu wenig affektive Anziehungskraft, um schon als eine tragfähige Alternative zur nationalstaatlichen Form der staatsbürgerlichen Solidarität gelten zu können; ihr fehlt es an historischer Konkretion, an einer erzählbaren Geschichte von kollektiven Erfolgen und Mißerfolgen, in deren Licht sich die Bürgerinnen und Bürger als Mitglieder einer zur wechselseitigen Unterstützung verpflichteten Schicksalsgemeinschaft verstehen könnten. Insofern sind wir am Ende unseres Durchgangs durch die Prozesse einer gesellschaftlichen Verwirklichung von rechtlicher, moralischer und sozialer Freiheit mit der Frage konfrontiert, woher die moralischen Ressourcen stammen sollen, die es einer demokratischen Bürgerschaft in Solidarität ermöglichen könnten, sich all den von uns zwischenzeitlich diagnostizierten Fehlentwicklungen entgegenzustemmen.

(c) Politische Kultur – ein Ausblick

Unsere normative Rekonstruktion der sozialen Sphären oder relationalen Institutionen, in denen sich in den modernen Gesellschaften des Westens Formen einer nicht nur individuellen, sondern kommunikativen Freiheit institutionalisiert finden, ist mit guten Gründen in die Darlegung und Überprüfung des Komplexes der demokratischen Willensbildung gemündet; denn von der hier stattfindenden Selbstgesetzgebung aus wird nach heute allgemein geteilter Überzeugung eine politisch-rechtliche Regelung auch der anderen Freiheitssphären erwartet, so daß sie gleichsam das aktive Zentrum der gesamten institutionellen Ordnung bildet. Eine solche Vorstellung muß sich aber, wie wir im Zuge unseres normativ stilisierten Durchgangs gesehen haben, dann in erhebliche Schwierigkeiten verwickeln, wenn die Idee des Zentrums allzu wörtlich genommen und daraus der Gedanke einer schöpferischen Macht des demokratischen Prozesses abgeleitet wird. Die Schwierigkeiten beginnen damit, daß sich im historischen Rückblick gezeigt hat, in welch geringem Umfang sich die Gegebenheiten in den anderen institutionellen Sphären einfach durch rechtsstaatliche Mittel haben beeinflussen lassen: Weder im institutionellen Bereich der persönlichen Beziehungen noch in dem des wirtschaftlichen Marktverkehrs, die jeweils selbstbezüglichen Normen einer eigenständigen Form von sozialer Freiheit unterstehen, sind im historischen Verlauf die Realisierungschancen der zugrundeliegenden Prinzipien entscheidend durch politisch-rechtliche Eingriffe verbessert worden; solche Fortschritte haben sich vielmehr zumeist, wie zu sehen war, aus konfliktvermittelten Wandlungen in der kollektiven Wahrnehmung und Mobilisierung der entsprechenden Freiheitsprinzipien ergeben. Das Recht hatte hier, wenn überhaupt, häufig nur die Funktion einer nachträglichen Legalisierung bereits erkämpfter Verbesserungen, gelegentlich aber war eine derartige staatliche Fixierung entweder gar nicht möglich oder nicht erforderlich, und die errungenen Fortschritte schlugen sich allein in veränderten Gewohnheiten und Praktiken nieder. Der Motor und das Medium von geschichtlichen Prozessen der Realisierung institutionalisierter Freiheitsprinzipien ist nicht in erster Linie das Recht, sondern sind soziale Kämpfe um deren angemessenes Verständnis und die sich daraus ergebenden Verhaltensänderungen; daher ist auch die Orientierung der zeitgenössischen Gerechtigkeitstheorie beinahe ausschließlich am Paradigma des Rechts ein theoretischer Irrweg; es bedarf ebenso der Berücksichtigung von Soziologie und Geschichtsschreibung, weil diese Disziplinen von Haus aus die größere Aufmerksamkeit für Wandlungen im moralischen Alltagsverhalten besitzen.

Die andere Schwierigkeit, die sich ergibt, wenn der demokratische Prozeß mit der Macht einer Bestimmung und rechtsstaatlichen Realisierung von individueller Freiheit ausgestattet wird, ist die, daß dann seine eigene Abhängigkeit von Bedingungen einer bereits rudimentär verwirklichten Freiheit in den ihn umgebenden Sozialsphären gar nicht mehr in den Blick kommt. Es bedurfte gewiß nicht erst der hier vorgenommenen normativen Rekonstruktion, um deutlich zu machen, in welchem Maße die Vervollkommnung einer demokratischen Öffentlichkeit von sozialen Voraussetzungen zehrt, die sie selbst nicht hat hervorbringen können; weder die heute anzutreffenden, relativ gleichberechtigten und ihrerseits demokratisierten Familienverhältnisse noch die gelegentlich von uns registrierten Bestrebungen, die Konsumsphäre oder den Arbeitsmarkt stärker zu »vergesellschaften« – beides Voraussetzungen für eine ungezwungene Teilnahme an der öffentlichen Willensbildung –, waren nicht einfach auf die Initiativen eines demokratischen Gesetzgebers zurückzuführen, sondern verdankten sich zumeist Kämpfen um die soziale Verwirklichung des den jeweiligen Handlungssphären eigensinnig innewohnenden Freiheitsversprechens. Abstrahieren wir von diesen historischen Befunden und versuchen, aus ihnen allgemeine Schlüsse zu ziehen, so gelangen wir zu der These, daß die Chancen einer gleichberechtigten Einbeziehung in den demokratischen Prozeß für jedes Gesellschaftsmitglied in dem Maße steigen, in dem die in den benachbarten Sphären der persönlichen Beziehungen und des ökonomischen Marktes jeweils institutionalisierten Prinzipien sozialer Freiheit ihrerseits freigesetzt und verwirklicht werden; zurückübersetzt in die Sprache gegenwärtiger Debatten über politische Gerechtigkeit heißt das, daß Theorien einer deliberativen Demokratie »gerechte«, nämlich ihren eigenen Prinzipien gemäße Verhältnisse in der Wirtschaftssphäre und in den Familien bereits voraussetzen müssen – und nicht erst als Ergebnis des von ihnen ins Zentrum gerückten Prozesses betrachten dürfen.[597] Die Idee der »demokratischen Sittlichkeit« trägt diesem Sachverhalt dadurch Rechnung, daß sie Demokratie letztlich nur dort für gegeben hält, wo die in den verschiedenen Handlungssphären institutionalisierten Freiheitsprinzipien tatsächlich verwirklicht sind und sich in entsprechenden Praktiken und Gewohnheiten niedergeschlagen haben; zwischen den jeweiligen Sphären besteht daher dasselbe Verhältnis kontributiver Wechselseitigkeit, das innerhalb der einzelnen Sphären zwischen den rollenspezifischen Tätigkeiten der zu einem »Wir« vereinigten Individuen existiert.

Der Widerspruch, der sich an dieser Stelle abzuzeichnen scheint – einerseits muß die demokratische Willensbildung bestimmte Freiheitsverhältnisse schon voraussetzen können, andererseits soll sie doch als ergebnisoffen und in diesem Sinne als erst freiheitsstiftend gedacht werden –, läßt sich nur auflösen, wenn die öffentliche Selbstgesetzgebung als ein normativ gerichteter Lernprozeß verstanden wird, in dem es um die Vergegenwärtigung und Einholung von vorausgelagerten und eigentlich anderswo beheimateten Freiheiten als Bedingung ihrer eigenen Verwirklichung geht: Ihrem normativen Anspruch einer ungezwungenen Einbeziehung aller Betroffenen wird die politische Sphäre der demokratischen Willensbildung überhaupt nur gerecht, wenn die an ihr Teilnehmen-

597 Für die Wirtschaft vgl. den ausgezeichneten Aufsatz von Joshua Cohen: »The Economic Basis of Deliberative Democracy«, in: *Social Philosophy & Policy*, 6 (1989), H. 2, S. 25-50; für die Familie vgl. u. a. Beate Rössler, *Der Wert des Privaten*, Frankfurt/M. 2001, bes. S. 302 ff.

den lernen, daß die sozialen Kämpfe um die Realisierung des jeweils in den anderen Handlungssphären institutionalisierten Freiheitsanspruchs deswegen Unterstützung verdienen, weil dabei auch die eigenen Freiheitsvoraussetzungen auf dem Spiel stehen. Das gesellschaftliche System der demokratischen Sittlichkeit stellt nämlich ein kompliziertes Netzwerk von reziproken Abhängigkeiten dar, in dem die Verwirklichung der eigensinnigen Freiheit in der einen Handlungssphäre darauf angewiesen ist, daß auch in den anderen Sphären die jeweils zugrundeliegenden Freiheitsprinzipien realisiert werden; der freie Marktteilnehmer, die selbstbewußte, demokratische Staatsbürgerin und das emanzipierte Familienmitglied, alles Figuren, die den in unserer Gesellschaft institutionalisierten Idealen der jeweiligen Sphäre entsprechen, bedingen sich gegenseitig, weil die Eigenschaften der einen letztlich nicht ohne die der beiden anderen zu verwirklichen sind.

Daher besitzt die Sphäre der öffentlichen Willensbildung nur aus zwei Gründen eine den beiden anderen Sphären gegenüber übergeordnete Stellung; sie verfügt erstens gemäß modernen Verfassungsprinzipien mit den rechtsstaatlichen Organen auch über die legitime Gewalt, kraft derer sich die gesellschaftlich erkämpften Veränderungen in verschiedenen Handlungsbereichen in sanktionsbewährte Tatbestände und damit in rechtliche Garantien verwandeln lassen; die demokratische Selbstgesetzgebung und der ihr beigesellte Rechtsstaat bilden gleichsam inmitten anderer in jeweils eigensinnigen Freiheitsnormen verankerten Zentren ein institutionell besonders herausgehobenes Zentrum, weil nur dieses mit der allgemein anerkannten Macht ausgestattet ist, den Fluß der anderswo stattfindenden Auseinandersetzungen zu unterbrechen und deren Ergebnisse mit Hilfe rechtlicher Satzungen zu fixieren. Darüber hinaus ist zweitens nur die Sphäre der demokratischen Willensbildung ihrem ganzen Freiheitsprinzip nach als ein Ort der reflexiven Selbstthematisierung angelegt.

In den beiden anderen sozialen Sphären können sich solche diskursiven Mechanismen zwar infolge von Kämpfen und Auseinandersetzungen jederzeit bilden – wir haben das sowohl an den jüngsten Entwicklungen in der Familie als auch an vorübergehenden Errungenschaften in der kapitalistischen Wirtschaft gesehen –, aber sie sind hier institutionell nicht von Anfang an vorgesehen. Dieser Unterschied ergibt sich aus den Differenzen zwischen den in den Sphären jeweils institutionalisierten Formen sozialer Freiheit: Nur in der politisch-demokratischen Sphäre ist das Zusammenwirken der Subjekte als ein reziproker Austausch von Argumenten, also als ein reflexiver Prozeß, gedacht, während in den beiden anderen Sphären das kooperative Zusammenwirken primär als eine wechselseitige Ergänzung von praktischen Handlungsvollzügen oder -leistungen angelegt ist und nur sekundär durch reflexive Mechanismen ergänzt werden kann – dann nämlich, wenn die Abstimmung der komplementären Beiträge aufeinander selbst zum Thema einer ungezwungenen Aushandlung werden soll. Sind solche diskursiven Mechanismen mithin im Bereich der persönlichen Beziehungen oder des wirtschaftlichen Marktverkehrs im Prinzip institutionalisierbar, um die Verteilung der reziproken Verpflichtungen von einer reflexiven Erörterung unter allen Beteiligten abhängig zu machen – wir sprechen dann etwa von einer »Demokratisierung« der Familie oder der Wirtschaft –, so stellen sie im Bereich der öffentlichen Willensbildung den Boden und das Gerüst der in Aussicht gestellten Freiheiten selbst dar: Wir sind hier im wesentlichen zu nichts anderem angehalten, als uns in Form von Diskursen eine nach Möglichkeit gemeinsame Vorstellung darüber zu bilden, wie wir die als Probleme erachteten Herausforderungen der gesellschaftlichen Entwicklung durch die dafür vorgesehenen staatlichen Organe gelöst haben wollen. Auch um dieser institutionalisierten Reflexivität willen, in der die kommunikative Zusammenwirkung nur der Aufhebung des selbstverständlich Gegebenen dient, besitzt die politischdemokratische Sphäre in unseren Gesellschaften einen gewissen Vorrang vor den beiden anderen, ebenfalls von Ideen sozialer Freiheit zehrenden Handlungssphären: Dort kann und sollte dem Anspruch nach alles zum Thema werden, was hier aufgrund von herrschaftsbedingten Blockierungen oder Fehlentwicklungen der Diskussion vorläufig noch entzogen ist.

Nun steht allerdings der demokratische Prozeß, wie wir zuvor gesehen haben, seinerseits unter einer gewissen normativen Nötigung, die sich daraus ergibt, daß er seinem eigenen Freiheitsanspruch nur gerecht wird, wenn er gleichzeitig die freiheitlichen Bestrebungen auch in den beiden anderen Handlungssphären ermutigt und bekräftigt; denn die Gesellschaftsmitglieder sind um so gleichberechtigter, ungezwungener und selbstbewußter in die öffentliche Willensbildung einbezogen, je weiter die Verwirklichung von sozialer Freiheit in den persönlichen Beziehungen und im wirtschaftlichen Markverkehr bereits fortgeschritten ist. Insofern können sich diejenigen, die sich in der Rolle von Staatsbürgerinnen und Staatsbürgern über das Wohl ihres Gemeinwesens beraten und zu verständigen suchen, gegenüber den sozialen Verhältnissen in diesen beiden Sphären nicht einfach indifferent verhalten; sie unterliegen vielmehr dem eigentümlichen, sich aus den selbstbezüglichen Normen des demokratischen Prozesses selbst ergebenden Zwang, für all das Partei ergreifen zu müssen, was dort im jeweiligen historischen Augenblick einer Realisierung des institutionalisierten Freiheitsprinzips entgegenkommt. Ohne ein solches Element der moralischen Parteilichkeit, ohne einen derartigen Richtungssinn verselbständigt sich, so ließe sich vielleicht sagen, die Freiheit der demokratischen Willensbildung gegenüber den anderen sozialen Freiheiten, mit denen sie doch seit Beginn der modernen Gesellschaften ein institutionelles Netzwerk von wechselseitigen Abhängigkeiten bildet; und jede Demokratietheorie, die diese Verschränkung nicht sieht und daher den demokratischen Prozeß aller normativen Kriterien beraubt, verfehlt die besondere Bedeutung, die ihm als reflexive Instanz inmitten der anderen Handlungssphären zukommt.[598]

Freilich erwachsen nun aus dem, was soeben »moralische Parteilichkeit« oder »Richtungssinn« genannt wurde, besondere Ansprüche an jenes Bündel verpflichtender Motive, das in Gestalt einer gemeinsamen Hintergrundkultur den Willensbildungsprozeß in einer demokratischen Öffentlichkeit überhaupt erst ermöglicht. Immer wieder sind wir bei unserer normativen Rekonstruktion dieser letzten Sphäre darauf gestoßen, daß es zunächst der Zugehörigkeit zu einer als »Nation« verstandenen Gemeinschaft bedurfte, bevor die Bürger (und später auch die Bürgerinnen) sich genügend Vertrauen und Solidarität entgegenbrachten, um sich wechselseitig die Miturheberschaft an der kollektiven Selbstgesetzgebung zuzumuten; ohne das Gefühl, entweder durch Herkunft oder Einbürgerung einem solchen »nationalen« Gemeinwesen anzugehören, wäre die motivationale Bereitschaft erst gar nicht entstanden, die erforderlich war, wenn klaglos Verpflichtungen nachgekommen, persönliche Einbußen oder Opfer erbracht werden mußten, die sich jederzeit als Konsequenzen aus der demokratischen Willensbildung ergeben konnten. Insofern war, so können wir zusammenfassend mit Claus Offe sagen, die »Nation« ein kulturelles Deutungsschema, das es den Bürgern noch vor aller Anerkennung staatlicher Autorität erlaubte, sich wechselseitig »als hinreichend ›gutwillig‹ (vertrauenswürdig) und ›nicht-indifferent‹ (solidarisch)«[599]

598 Hier habe ich vor allem die an Claude Lefort und Hannah Arendt anschließenden Demokratietheorien vor Augen, die heute auf starkes Interesse stoßen. Zur Demokratietheorie von Lefort vgl.: ders., »Die Frage der Demokratie«, in: Ulrich Rödel (Hg.), *Autonome Gesellschaft und libertäre Demokratie*, Frankfurt/M. 1990, S. 281-297; zum theoretischen Kontext vgl. darüber hinaus: Oliver Marchart, »Die politische Theorie des zivilgesellschaftlichen Republikanismus: Claude Lefort und Marcel Gauchet«, in: André Brodocz und Gary Schaal (Hg.), *Politische Theorien der Gegenwart II*, Opladen 2006, S. 221-251.

599 Offe, »Demokratie und Wohlfahrtsstaat«, a. a. O., S. 245.

anzuerkennen. Es wäre nun sicherlich übertrieben und historisch auch abwegig, wenn diesen durch eine nationale Kultur gestifteten Anerkennungsbeziehungen zugleich noch jene moralische Parteilichkeit unterstellt würde, von der zuvor als einer schwachen Nötigung des demokratischen Prozesses die Rede war; zwar konnte unter besonderen historischen Umständen das Gefühl nationaler Zugehörigkeit auch bei nicht betroffenen Staatsbürgern die Bereitschaft wecken, sich in der Öffentlichkeit für Verbesserungen sei es in den familiären Beziehungen oder auf dem kapitalistischen Arbeitsmarkt einzusetzen, also etwa Partei zu ergreifen für die Emanzipation der Frauen oder die Abschaffung erniedrigender Arbeit, aber das war nicht die Regel und erst recht kein der öffentlichen Willensbildung innewohnendes Gesetz. Gleichwohl sorgte die nationalstaatliche Form der politischen Integration immerhin dafür, daß geteilte Aufmerksamkeiten für alle relevanten Handlungssphären bestanden, weil jede von ihnen als in die gemeinsame Verantwortung fallend angesehen werden mußte; die solidarischen Verpflichtungen erstreckten sich ihrem Umfang nach über den Staatsbürger hinaus auch auf das Familienmitglied und das Arbeitssubjekt, denn in all diesen Rollen blieb der einzelne nicht nur Angehöriger der nationalen Gemeinschaft, sondern trug der Idee nach auch seinen Teil zu deren gesellschaftlicher Reproduktion bei. Der politischen Kultur des Nationalismus war, kurz gesagt, ein totalisierender Blick auf das gesamte Netzwerk der institutionalisierten Handlungssphären zu eigen, der es der in ihrem Geist agierenden Öffentlichkeit zur Aufgabe machte, sich für die Belange einer jeden von ihnen zu interessieren und einzusetzen.

Mit dem tendenziellen Souveränitätsverlust der Einzelstaaten und der wachsenden Heterogenität ihrer Bevölkerungen büßt diese nationale Hintergrundkultur jedoch in den Mitgliedsländern der Europäischen Gemeinschaft allmählich ihre bislang wie selbstverständlich geltende Bedeutung ein; zwar spielen die Identifikationsfiguren des Nationalstaats und der

Nationalgeschichte da und dort noch eine integrative Rolle, erhalten in Krisensituationen stets schnell wieder Geltungsmacht und werden auch auf absehbare Zeit sicherlich nicht vollkommen verblassen, aber das Projekt einer demokratischen und nicht nur ökonomischen Vereinigung Europas verlangt über kurz oder lang doch, wie wir gesehen haben, nach einem erweiterten Bezugsrahmen der politischen Integration. Hier stellt sich dann allerdings sofort die Frage, woher die Ressourcen für eine solche neue, europäische Kultur der öffentlichen Willensbildung stammen sollen; auf diese wären ja, um nur das Nötigste zu sagen, all die Leistungen zu übertragen, die bislang im einzelstaatlichen Rahmen die geschichtlich verwurzelte Vorstellung der nationalen Zugehörigkeit erbracht hat, also neben der Stiftung von vertrauensbildenden und solidarischen Anerkennungsbeziehungen auch die Erzeugung von geteilten Aufmerksamkeiten für alle moralisch sensiblen, die Freiheit des einzelnen berührenden Handlungsfelder. Angesichts der Schwierigkeiten, für das Entstehen einer mit derartigen Aufgaben versehenen Kultur auch nur die ersten Anzeichen auf europäischem Boden zu finden, kann es nicht überraschen, daß heute eher eine gewisse Skepsis gegenüber den Chancen einer wirklich demokratischen Integration Europas überwiegt;[600] obwohl von fast allen Seiten eingeräumt wird, daß nur eine die nationalen Grenzen sprengende, länderübergreifende Öffentlichkeit der politischen Willensbildung den Gefahren trotzen könnte, die mit einer allein auf freien Handels- und Wirtschaftsverkehr abstellenden Einigung einhergehen, hat man inzwischen Vorstellungen oder Beschwörungen eines europäischen »Demos« weitgehend fallengelassen.

600 Eine solche skeptische Position vertritt etwa Dieter Grimm: *Braucht Europa eine Verfassung?*, München 1995; die Chancen der Herausbildung einer europäischen Öffentlichkeit untersuchen empirisch: Michael Brüggemann u. a., »Segmentierte Europäisierung. Trends und Muster der Transnationalisierung von Öffentlichkeiten in Europa«, in: Peters, *Der Sinn der Öffentlichkeit*, a. a. O., S. 298-321.

Ein etwas anderes, günstigeres Bild könnte an dieser Stelle freilich eine Rückerinnerung an den Weg entstehen lassen, den wir hier im historischen Durchgang durch die verschiedenen Freiheitssphären rekonstruktiv durchschritten haben. Nicht, daß ein solcher Blick zurück Anlaß zu der Hoffnung gäbe, wir bewegten uns zumindest innerhalb Westeuropas auf einer kontinuierlichen Bahn des Fortschritts in der Erweiterung individueller und sozialer Freiheiten; gerade in der jüngsten Vergangenheit sind wir an zu vielen Stellen auf soziale Gefährdungen von historisch bereits erreichten Errungenschaften gestoßen – auf gesellschaftliche Fehlentwicklungen, wie wir sie im Rückgriff auf die normativ zugrundeliegenden Freiheitsprinzipien genannt haben –, als daß Grund zu der Annahme einer derartigen automatischen Progression bestünde. Für die hier interessierende Frage ist aber viel entscheidender, daß keiner der Entwicklungsverläufe in den unterschiedlichen Sphären institutionalisierter Freiheit, seien es nun normative Fort- oder Rückschritte, überhaupt nur zu beschreiben war, ohne nicht auf Vorgänge oder Ereignisse zugleich in verschiedenen Ländern Westeuropas Bezug zu nehmen: Die konfliktreiche, immer wieder gewaltsam unterbrochene Verwirklichung der Freiheiten, die mit dem kulturellen und gesellschaftlichen Durchbruch zur Moderne in den konstitutiven Handlungssphären als integrative und legitimierende Prinzipien institutionalisiert wurden, vollzog sich auf europäischem Boden in einem so engen Geflecht von Interaktions- und Austauschbeziehungen, daß kein Geschehnis in einem Land nicht auch Wirkungen im anderen erzielt, kein sozialer Zusammenstoß diesseits nicht auch zu Auseinandersetzungen jenseits der jeweiligen Ländergrenzen geführt hätte. Innerhalb Europas oder, wie wir vorsichtigerweise immer gesagt haben, innerhalb Westeuropas findet der Kampf um die Einlösung der normativen Erwartungen, die am Ende des 18. Jahrhunderts dadurch geweckt worden waren, daß die Rechtsverhältnisse, das Moralverständnis, die persönlichen Beziehungen, der wirtschaftliche Austausch und die politische Herrschaft auf jeweils besondere Ideen von Freiheit umgestellt wurden, von Anfang an in einem transnationalen, die Ländergrenzen mühelos überschreitenden Kommunikationsraum statt; gewiß, dieser Resonanzboden ist noch längst nicht das, was eine demokratische Willensbildung als verdichtetes Interaktionsnetz benötigen würde, aber er reicht über die zweihundert Jahre hinweg aus, um Wellen der Empörung von einem Land ins andere überschwappen zu lassen und Gegenreaktionen in verschiedenen Staaten gleichzeitig zu erzeugen – weder sind die Französische Revolution oder die Pariser Commune rein »französische« Vorgänge, noch ist die Machtergreifung Francos eine Herausforderung allein für das freiheitliche Spanien gewesen. All diese Stationen eines Kampfes um die Verwirklichung bereits institutionalisierter Freiheitsnormen stellen – daher die Analogie zum »Geschichtszeichen« Kants (S. 579) – historische Ereignisse dar, auf die inzwischen die Mehrheit der Bevölkerung in ganz Westeuropa mit dem gleichen Gefühl entweder der enthusiastischen Zustimmung im Fall emanzipatorischer Bemühungen oder der Verachtung im Fall freiheitseinschränkender Bestrebungen zurückblickt; längst haben sich daher solche gleichlautenden Urteile über die Ländergrenzen hinweg zu einem kollektiven Gedächtnis aufaddiert, in dem als Zeichen eines gesellschaftlichen Fortschritts vermerkt ist, was in seiner Zeit die Realisierung einer der institutionell versprochenen Freiheiten beförderte. Die Geschichtserzählung, die diesem Archiv von Siegen und Niederlagen im gemeinsamen Kampf um die Freiheit entspringt, enthält weit mehr an Geschehnissen und historischen Vorgängen, als sich dem erfolgreichen Ringen um die Verwirklichung der jeweiligen Verfassungsnormen jemals entnehmen ließe; darin sind auch Errungenschaften im Kampf gegen entwürdigende Arbeitsbedingungen oder weibliche Rollenzumutungen festgehalten, die nicht einfach als moralische Aufforderungen aus dem Text einer der europäischen Verfassungen herauszulesen sind. Bleibt die Idee des Verfassungspatriotismus zu sehr allein dem Medium des Rechts verhaftet, so ist der dem europäischen Archiv kollektiver Freiheitsbestrebungen innewohnende Patriotismus auf die Verwirklichung aller in den verschiedenen Sphären institutionalisierten Freiheitsversprechen gerichtet. Und wenig mehr als die Hoffnung, daß sich auf dem Boden eines derartigen Geschichtsbewußtseins eine europäische Kultur geteilter Aufmerksamkeiten und erweiterter Solidaritäten entwickeln könnte, bleibt nicht in Zeiten, in denen die Verteidigung bereits errungener und die Erkämpfung noch unerfüllter Freiheitsansprüche nichts stärker benötigen würde als eine transnationale, engagierte Öffentlichkeit.

Sachregister[1]

1 Das Sachregister nimmt nur Begriffe auf, die für die Gesamtargumentation von tragender Bedeutung sind und daher nicht nur für einzelne Sphären Relevanz besitzen.

Axel Honneth
im Suhrkamp Verlag

Das Andere der Gerechtigkeit. Aufsätze zur praktischen Philosophie. stw 1491. 340 Seiten

Das Ich im Wir. Studien zur Anerkennungstheorie. stw 1959. 308 Seiten

Kampf um Anerkennung. Zur moralischen Grammatik sozialer Konflikte. stw 1129. 301 Seiten

Kritik der Macht. Reflexionsstufen einer kritischen Gesellschaftstheorie. stw 738. 408 Seiten

Pathologien der Vernunft. Geschichte und Gegenwart der Kritischen Theorie. stw 1835. 239 Seiten

Das Recht der Freiheit. Grundriß einer demokratischen Sittlichkeit. 628 Seiten. Gebunden

Umverteilung oder Anerkennung? Axel Honneth/Nancy Fraser. Eine politisch-philosophische Kontroverse. stw 1460. 320 Seiten

Unsichtbarkeit. Stationen einer Theorie der Intersubjektivität. stw 1616. 162 Seiten

Verdinglichung. Eine anerkennungstheoretische Studie. Broschur. 109 Seiten

Die zerrissene Welt des Sozialen. Sozialphilosophische Aufsätze. stw 849. 203 Seiten

NF 157/1/8.12

Axel Honneth als Herausgeber

Bob Dylan. Ein Kongreß. Herausgegeben von Axel Honneth, Peter Klemper und Richard Klein. es 2507. 345 Seiten

Dialektik der Freiheit. Frankfurter Adorno-Konferenz 2003. Hg. von Axel Honneth. stw 1728. 366 Seiten

Michel Foucault. Zwischenbilanz einer Rezeption. Frankfurter Foucault-Konferenz 2001. Hg. von Axel Honneth und Martin Saar. stw 1617. 384 Seiten

Kommunikatives Handeln. Beiträge zu Jürgen Habermas' »Theorie des kommunikativen Handelns«. Hg. von Axel Honneth und Hans Joas. Erweiterte und aktualisierte Ausgabe. stw 625. 521 Seiten

Von Person zu Person. Zur Moralität persönlicher Beziehungen. Herausgegeben von Axel Honneth und Beate Rössler. stw 1756. 361 Seiten

Zwischenbetrachtungen. Im Prozeß der Aufklärung. Jürgen Habermas zum 60. Geburtstag. Hg. von Axel Honneth, Thomas McCarthy, Claus Offe und Albrecht Wellmer. 528 Seiten. Gebunden

NF 157/2/8.12

Georg Wilhelm Friedrich Hegel im Suhrkamp Verlag

stw-Werkausgabe in zwanzig Bänden. Redaktion: Eva Moldenhauer und Karl Markus Michel. Mit einem Registerband. (Die Ausgabe ist text- und seitenidentisch mit der 1969 ff. erschienenen Theorie-Werkausgabe.) 12618 Seiten

Die Bände sind auch einzeln lieferbar

1: Frühe Schriften. stw 601. 637 Seiten

2: Jenaer Schriften. 1801-1807. stw 602. 593 Seiten

3: Phänomenologie des Geistes. stw 603. 599 Seiten

4: Nürnberger und Heidelberger Schriften 1808-1817. stw 604. 623 Seiten

5: Wissenschaft der Logik I. Erster Teil. Die objektive Logik. Erstes Buch. stw 605. 457 Seiten

6: Wissenschaft der Logik II. Erster Teil. Die objektive Logik. Zweites Buch. Zweiter Teil. Die subjektive Logik. stw 606. 575 Seiten

7: Grundlinien der Philosophie des Rechts oder Naturrecht und Staatswissenschaft im Grundrisse. Mit Hegels eigenhändigen Notizen und den mündlichen Zusätzen. stw 607. 531 Seiten

8: Enzyklopädie der philosophischen Wissenschaften im Grundrisse 1830. Erster Teil. Die Wissenschaft der Logik. Mit den mündlichen Zusätzen. stw 608. 393 Seiten

NF 115/1/6.09

9: Enzyklopädie der philosophischen Wissenschaften im Grundrisse 1830. Zweiter Teil. Die Naturphilosophie. Mit den mündlichen Zusätzen. stw 609. 539 Seiten

10: Enzyklopädie der philosophischen Wissenschaften im Grundrisse 1830. Zweiter Teil. Die Naturphilosophie. Dritter Teil. Die Philosophie des Geistes. Mit den mündlichen Zusätzen. stw 610. 432 Seiten

11: Berliner Schriften 1818-1831. stw 611. 432 Seiten

12: Vorlesungen über die Philosophie der Geschichte. stw 612. 568 Seiten

13: Vorlesungen über die Ästhetik I. stw 613. 546 Seiten

14: Vorlesungen über die Ästhetik II. stw 614. 462 Seiten

15: Vorlesungen über die Ästhetik III. stw 615. 578 Seiten

16: Vorlesungen über die Philosophie der Religion I. stw 616. 442 Seiten

17: Vorlesungen über die Philosophie der Religion II. Vorlesungen über die Beweise vom Dasein Gottes. stw 617. 540 Seiten

18: Vorlesungen über die Geschichte der Philosophie I. stw 618. 560 Seiten

19: Vorlesungen über die Geschichte der Philosophie II. stw 619. 600 Seiten

20: Vorlesungen über die Geschichte der Philosophie III. stw 620. 566 Seiten

NF 115/2/6.09

Einzelausgaben

Die Philosophie der Kunst. Vorlesung von 1826. Herausgegeben von Annemarie Gethmann-Siefert, Jeong-Im Kwon und Karsten Berr. stw 1722. 297 Seiten

Die Philosophie des Rechts. Vorlesung von 1821/22. Herausgegeben von Hansgeorg Hoppe. stw 1721. 237 Seiten

Zu Georg Wilhelm Friedrich Hegel
Eine Auswahl

Materialien zu Hegels ›Phänomenologie des Geistes‹. Herausgegeben von Hans Friedrich Fulda und Dieter Henrich. stw 9. 445 Seiten

Materialien zu Hegels Rechtsphilosophie. Herausgegeben von Manfred Riedel. Band 1. stw 88. 437 Seiten

Der Weg zum System. Materialien zum jungen Hegel. Herausgegeben von Christoph Jamme und Helmut Schneider. stw 763. 307 Seiten

Herbert Schnädelbach (Hg.). Hegels Philosophie – Kommentare zu den Hauptwerken. Drei Bände.
stw 1475-1477. 1500 Seiten
- Band 1: Ludwig Siep, der Weg der »Phänomenologie des Geistes«. stw 1475 384 Seiten
- Band 2: Herbert Schnädelbach, Hegels praktische Philosophie. stw 1476. 400 Seiten
- Band 3: Hegels »Enzyklopädie der philosophischen Wissenschaften« (1830). Von Hermann Drüe, Annemarie Gethmann-Siefert, Christa Hackenesch, Walter Jaeschke, Wolfgang Neuser und Herbert Schnädelbach. stw 1477. 568 Seiten

NF 115/3/6.09

Sozialphilosophie im Suhrkamp Verlag
Eine Auswahl

Rainer Forst
- Kontexte der Gerechtigkeit. Politische Philosophie von Liberalisums und Kommunitarismus. stw 1252. 480 Seiten
- Toleranz im Konflikt. Geschichte, Gehalt und Gegenwart eines umstrittenen Begriffs. stw 1682. 816 Seiten

Stefan Gosepath. Gleiche Gerechtigkeit. Grundlagen eines liberalen Egalitarismus. stw 1665. 508 Seiten

Axel Honneth
- Das Andere der Gerechtigkeit. Aufsätze zur praktischen Philosophie. stw 1491 340 Seiten
- Kampf um Anerkennung. Zur moralischen Grammatik sozialer Konflikte. stw 1129. 301 Seiten
- Kritik der Macht. Reflexionsstufen einer kritischen Gesellschaftstheorie. stw 738. 408 Seiten
- Pathologien der Vernunft. Geschichte und Gegenwart der Kritischen Theorie. stw 1835. 239 Seiten
- Unsichtbarkeit. Stationen einer Theorie der Intersubjektivität. stw 1616. 162 Seiten
- Verdinglichung. Eine anerkennungstheoretische Studie. Broschur. 109 Seiten
- Die zerrissene Welt des Sozialen. Sozialphilosophische Aufsätze. Erweiterte Ausgabe. stw 849. 279 Seiten

Axel Honneth/Nancy Fraser. Umverteilung oder Anerkennung? Eine politisch-philosophische Kontroverse. stw 1460. 320 Seiten.

NF 123/1/6.07

Hans Joas
- Die Entstehung der Werte. stw 1416. 321 Seiten
- Die Kreativität des Handelns. stw 1248. 415 Seiten
- Pragmatismus und Gesellschaftstheorie. stw 1018. 323 Seiten

Angelika Krebs. Arbeit und Liebe. Die philosophischen Grundlagen sozialer Gerechtigkeit. stw 1564. 336 Seiten

George Herbert Mead. Gesammelte Aufsätze. Band 1. Herausgegeben und eingeleitet von Hans Joas. Übersetzt von Klaus Laermann u.a. stw 678. 476 Seiten

George Herbert Mead. Gesammelte Aufsätze. Band 2. Herausgegeben von Hans Joas. Übersetzt von Hans Günter Holl, Klaus Laermann u.a. stw 679. 485 Seiten

George Herbert Mead. Geist, Identität und Gesellschaft. Aus der Sicht des Sozialbehaviorismus. Einleitung von Charles W. Morris. Übersetzt von Ulf Pacher. stw 28. 456 Seiten

Bernhard Peters. Der Sinn von Öffentlichkeit. Herausgegeben von Hartmut Weßler. Mit einem Nachwort von Jürgen Habermas. stw 1836. 410 Seiten

Beate Rössler. Der Wert des Privaten. stw 1530. 384 Seiten

NF 123/2/6.07

Soziologie und Ökonomie
im Suhrkamp Verlag
Eine Auswahl

Dirk Baecker
- Organisation und Management. Aufsätze. stw 1614. 352 Seiten
- Die Form des Unternehmens. stw 1453. 288 Seiten
- Organisation als System. Aufsätze. stw 1434. 377 Seiten

Ulrich Bröckling. Das unternehmerische Selbst. Soziologie einer Subjektivierungsform. stw 1832. 327 Seiten

Exklusion. Die Debatte über die »Überflüssigen«. Herausgegeben von Heinz Bude und Andreas Willisch.
stw 1819. 335 Seiten

Paschen von Flotow. Geld, Wirtschaft und Gesellschaft. Georg Simmels Philosophie des Geldes. stw 1144. 168 Seiten

Eva Illouz
- Gefühle in Zeiten des Kapitalismus. Adorno-Vorlesungen 2004. Aus dem Englischen von Michael Hartmann.
  stw 1857. 170 Seiten
- Der Konsum der Romantik. Liebe und die kulturellen Widersprüche des Kapitalismus. Aus dem Englischen von Andreas Wirthensohn. Mit einem Vorwort von Axel Honneth. stw 1858. 352 Seiten

Georg Simmel. Philosophie des Geldes. stw 806. 787 Seiten

Urs Stäheli. Spektakuläre Spekulation. Das Populäre der Ökonomie. stw 1810. 401 Seiten

NF 163/1/4.08

Nico Stehr

- Die Moralisierung der Märkte. Eine Gesellschaftstheorie. stw 1831. 379 Seiten
- Wissen und Wirtschaften. Die gesellschaftlichen Grundlagen der modernen Ökonomie. stw 1507. 451 Seiten

Hartmut Winkler. Diskursökonomie. Versuch über die innere Ökonomie der Medien. stw 1683. 258 Seiten

NF 163/2/4.08